# Entscheidungen des
# Bundesarbeitsgerichts

Herausgegeben
von den Mitgliedern des Gerichtshofes

Berlin 1958

Walter de Gruyter & Co.
vormals G. J. Göschen'sche Verlagshandlung / J. Guttentag, Verlagsbuchhandlung / Georg Reimer / Karl J. Trübner / Veit & Comp.

# Entscheidungen des
# Bundesarbeitsgerichts

4. Band

Berlin 1958

Walter de Gruyter & Co.
vorm. G. J. Göschen'sche Verlagshandlung / J. Guttentag, Verlagsbuchhandlung / Georg Reimer / Karl J. Trübner / Veit & Comp.

ZITIERWEISE

Für die Zitierung dieser Sammlung wird die Abkürzung BAG empfohlen, z. B. BAG 1,70 (= Band 1 Seite 70).

Archiv-Nr. 28 19 58

Satz und Druck: Berliner Buchdruckerei Union G. m. b. H., Berlin SW 61

# INHALT

## Berichtigungen

**Band 3:** S. 106, 8. Zeile von oben lies: „DR 1944" statt „DR 1954".

**Band 4:** S. 262, 8. Zeile von unten lies: „2 AZR 84/55" statt „2 AZR 48/55";
S. 269, 13. Zeile von oben lies: „1 ABR 1/56" statt „ABR 1/56";
S. 275, 2. Zeile von oben lies: „1 AZR 249/56" statt „1 AZR 249/57".

## 1

**1. Die Bundespost hat allgemein gesehen ein dringendes betriebliches Interesse daran, daß entsprechend den Stellenplänen Beamtendienststellen soweit wie möglich mit Beamten besetzt werden.**

**2. Bei der Prüfung der Frage, ob Änderungskündigungen gegenüber Angestellten zum Zwecke des Freimachens von Beamtendienststellen im Einzelfall durch dieses dringende betriebliche Erfordernis bedingt sind, müssen alle maßgebenden Umstände erwogen werden, auch das Interesse des Angestellten an der Erhaltung seines Arbeitsplatzes.**

KSchG § 1.

III. Senat. Urteil vom 26. Februar 1956 i. S. D. B. (Bekl.) w. S. (Kl.) 3 AZR 278/54.

I. Arbeitsgericht Frankfurt a. M. — II. Landesarbeitsgericht Frankfurt a. M.

Die jetzt etwa 40jährige Klägerin war bereits von 1939 bis zu ihrer Verheiratung im Jahre 1942 im Fernmeldedienst beim Fernsprechamt in F. tätig. Ihr Ehemann ist im letzten Weltkrieg gefallen. Sie hat zwei minderjährige Kinder. Im Februar 1948 trat sie erneut als Angestellte bei ihrer früheren Dienststelle ein. Sie wurde zunächst nach der Vergütungsgruppe IX TO.A bezahlt, rückte aber noch im Jahre 1948 in die Gruppe VII auf, wie es ihrer Tätigkeit im Fernsprechaufsichtsdienst entsprach.

Auf Grund eines Erlasses des Bundesministers für das Post- und Fernmeldewesen vom 24. Dezember 1952 (betr. die „dienstpostenmäßige Verwendung des Personals" wurde festgestellt, daß beim Fernsprechamt F. vier unterwertig beschäftigte Beamtinnen vorhanden waren. Deshalb wurden vier Angestellte, darunter die Klägerin, aus dem Aufsichtsdienst zurückgezogen und ab 1. April 1953 im Schrankdienst beschäftigt. Ihre Arbeitsplätze im Aufsichtsdienst wurden mit den vier Beamtinnen besetzt. Den Arbeitsplatz der Klägerin im Aufsichtsdienst erhielt die Postsekretärin D. Die Tätigkeit im Schrankdienst entspricht den Merkmalen der Vergütungsgruppe VIII. Mit Schreiben vom 22. September 1953 kündigte die Beklagte der Klägerin ihr Arbeitsverhältnis daher zur Herabstufung von Gruppe VII nach Gruppe VIII zum 31. Dezember 1953.

Gegen diese Änderungskündigung richtet sich die vorliegende Klage, mit der die Klägerin die Feststellung begehrt, daß die Kündigung sozial ungerechtfertigt und daher rechtsunwirksam sei. Die Beklagte hat sich demgegenüber auf dringende betriebliche Erfordernisse berufen. Das Arbeitsgericht hat der Klage stattgegeben, das Landesarbeitsgericht die Berufung der Beklagten zurückgewiesen.

Die Revision der Beklagten führte zur Aufhebung und Zurückverweisung an das Landesarbeitsgericht.

Aus den Gründen:

1. Daß eine Kündigungsschutzklage nicht nur gegenüber einer gewöhnlichen, d. h. auf Beendigung des Arbeitsverhältnisses gerichteten Kündigung, sondern auch, wie hier, gegenüber einer bloßen Änderungskündigung gegeben ist, entspricht der jetzt nahezu allgemeinen Auffassung (Hueck, KSchG, 3. Aufl., Anm. 30 mit Nachweisungen) und auch der Rechtsprechung des Bundesarbeitsgerichts (Urteil vom 29. 1. 1957, 3 AZR 417/54). Für die materielle Berechtigung einer solchen Klage kommt es dann aber nicht darauf an, ob die Beendigung des Arbeitverhältnisses, sondern darauf, ob seine Änderung sozial ungerechtfertigt war (Herschel-Steinmann, KSchG, 3. Aufl., Anm. 13 ff. zu § 1).

2. Nach § 1 Abs. 2 Satz 1 KSchG ist eine Kündigung dann sozial ungerechtfertigt, wenn sie nicht durch Gründe, die in der Person oder in dem Verhalten des Arbeitnehmers liegen, oder durch dringende betriebliche Erfordernisse bedingt ist.

Ein solches dringendes betriebliches Erfordernis, das die Änderungskündigung sozial rechtfertigen soll, erblickt die Beklagte hier in der Notwendigkeit, den zur Besetzung mit einem Beamten geschaffenen Arbeitsplatz der Klägerin im Aufsichtsdienst für eine Beamtin freizumachen.

Daß Beamtendienstposten grundsätzlich und in der Regel von Beamten und nicht von Angestellten versehen werden, muß als ein betriebliches Erfordernis bei der Beklagten anerkannt werden. Die Unterscheidung zwischen Beamten und Angestellten im öffentlichen Dienst ist in Deutschland herkömmlich und durch Rechtsvorschriften sanktioniert. Die Bestrebungen in der Übergangszeit nach 1945, diesen Unterschied zu beseitigen oder wenigstens abzuschwächen und die beiden Kategorien schließlich miteinander zu verschmelzen (vgl. Art. 29 der Hess. Verf. vom 11. 12. 1946, Hess. GVBl. S. 229; Hess. Ges. vom

12. 11. 1946 über die Rechtsstellung der Beamten und Angestellten im öffentlichen Dienst, Hess. GVBl. S. 205; Mil. Reg. Ges. Nr. 15 vom 15. 3. 1949) sind ohne Erfolg geblieben. Art. 33 Abs. 4 des Grundgesetzes für die Bundesrepublik Deutschland bestimmt, daß die Ausübung hoheitsrechtlicher Befugnisse — und dazu gehört in weitem Umfang auch die Tätigkeit der Bundespost — als ständige Aufgabe in der Regel Angehörigen des öffentlichen Dienstes zu übertragen ist, die in einem öffentlich-rechtlichen Dienst- und Treueverhältnis stehen. Damit sind aber, wie sich aus § 2 Abs. 1 des Bundesbeamtengesetzes vom 14. Juli 1953 (BGBl. S. 551) ergibt, nur die Beamten und nicht die Angestellten des öffentlichen Dienstes gemeint. Wenn auch das Dienstverhältnis dieser Angestellten dem Beamtenverhältnis in mancher Hinsicht ähnlich geworden ist, so ist es doch seinem Wesen nach ein kündbares privatrechtliches Arbeitsverhältnis geblieben. Die Unterscheidung zwischen Beamten und Angestellten in den Haushaltsplänen und Stellenplänen ist also innerlich gerechtfertigt. Dies gilt auch für die Beklagte. Sie muß deshalb im Interesse einer einwandfreien Organisation ihrer Dienststellen dafür sorgen, daß die Stellenpläne nach Möglichkeit eingehalten werden, d. h. daß so weit wie möglich Beamtendienststellen mit Beamten und Angestelltenstellen mit Angestellten besetzt werden. Ihr Interesse geht infolgedessen auch dahin, daß überall da, wo infolge der Personalnot und des Beamtenmangels in der Nachkriegszeit Verschiebungen wie hier zu Gunsten der Angestellten eingetreten sind, diese bei gegebener Gelegenheit wieder ausgeglichen werden.

Dieses betriebliche Erfordernis muß auch, zunächst ganz allgemein gesehen, als dringend im Sinne von § 1 Abs. 2 KSchG anerkannt werden. Für den ähnlich liegenden Fall, daß in einem Haushaltsplan die Einsparung bestimmt bezeichneter Stellen angeordnet ist, hat der Große Senat des Bundesarbeitsgerichts in seinem zur Veröffentlichung in der amtlichen Sammlung vorgesehenen Beschluß vom 28. November 1956 (GS 3/56) entschieden, daß die zur konkreten Durchführung des Haushaltsplans ausgesprochenen Kündigungen unter gewissen Voraussetzungen ohne weiteres dringenden betrieblichen Erfordernissen entsprechen. Wenn auch dort die formelle Rechtslage im Hinblick auf das Wesen des Haushaltsplanes eine andere ist, so liegen doch Maßnahmen, die der Durchsetzung des Stellenplanes dienen sollen, auf derselben Ebene wie Maßnahmen zur Erfüllung des Haushaltsplanes. Auch das angefochtene Urteil zieht die allgemeine Notwendigkeit, daß sich die Behörden nach ihren Stellenplänen richten müssen, nicht in Zweifel.

3. Damit ist aber nicht gesagt, daß der bloße Hinweis auf den Stellenplan ohne weiteres genügt, um jede Änderungskündigung gegenüber einem Angestellten zu rechtfertigen, der eine Beamtendienststelle verwaltet. Es muß vielmehr geprüft werden, ob die Kündigung im Einzelfall durch das allgemeine betriebliche Erfordernis, dem Stellenplan zur Geltung zu verhelfen, auch wirklich „bedingt" ist. Zum Tatbestand des § 1 Abs. 2 KSchG gehört auch eine Abwägung der beiderseitigen Interessen (vgl. BAG 1, 117 [119]). Im vorliegenden Falle muß also das Interesse der Beklagten an einer Änderung des Arbeitsverhältnisses der Klägerin (Zurückstufung von Gruppe VII nach Gruppe VIII) gegen das Interesse der Klägerin an dem unveränderten Fortbestehen ihres Arbeitsverhältnisses unter Berücksichtigung aller Umstände abgewogen werden. Es ist daher zu prüfen, ob die eine Angestellte verdrängende Beamtin auf einem anderen, noch freien Beamtendienstposten oder ob die Angestellte auf einem anderen gleichwertigen Dienstposten einschließlich eines unbesetzten Beamtendienstpostens eingesetzt werden konnte. Erst wenn sich alles dies nicht als möglich erweist, ist die Änderungskündigung der Angestellten zu Gunsten der Beamtin durch den Stellenplan auch konkret bedingt.

Die Notwendigkeit einer Interessenabwägung verkennt auch das angefochtene Urteil nicht. Sie ist aber lückenhaft und beruht auf rechtsirrigen Vorstellungen. Das Landesarbeitsgericht geht davon aus, es komme hier nicht entscheidend darauf an, ob die Beklagte einen begründeten Anlaß hatte, die Klägerin aus dem Aufsichtsdienst in den Schrankdienst zu versetzen, sondern auf die — nach Meinung des Landesarbeitsgerichts zu bejahende — Frage, ob der Beklagten zuzumuten sei, die Klägerin trotz dieser Versetzung weiterhin nach Gruppe VII zu bezahlen. Diese beiden Fragen lassen sich jedoch nicht in dieser Weise voneinander trennen. Wenn die Beklagte aus dringenden betrieblichen Gründen im konkreten Falle berechtigt war, die Klägerin auf einen nach seinen Tätigkeitsmerkmalen geringer bewerteten Arbeitsplatz zu setzen, dann muß sich die Klägerin grundsätzlich auch mit der entsprechend niedrigeren Bezahlung begnügen. Denn ein Anspruch auf übertarifliche Bezahlung besteht in der Regel nicht. Die Beklagte muß es wegen der gebotenen Sparsamkeit mit öffentlichen Mitteln möglichst vermeiden, zwei Arbeitskräfte höher zu bezahlen, wenn sie nur eine höher bezahlte Arbeitskraft braucht. Deshalb war es hier von vornherein unerläßlich, zunächst die betriebliche Notwendigkeit der Versetzung der Klägerin zu überprüfen.

In seinen weiteren Ausführungen geht das Landesarbeitsgericht dann allerdings, in gewissem Widerspruch zu dem von ihm vorher Gesagten, doch noch auf diese Frage ein. Es stellt als gerichtsbekannt fest, daß allein bei den in F. gelegenen Dienststellen der Beklagten viel mehr als nur vier Beamtendienststellen vorhanden sind, die mit den unterzubringenden vier bisher unterwertig beschäftigten Beamtinnen besetzt werden könnten. Weiter sei gerichtsbekannt, daß bei den mit Frauen besetzten Arbeitsplätzen ein häufigerer Wechsel eintrete als bei den mit Männern besetzten. Dies rechtfertige, ohne daß genaue Zahlen festgestellt werden müßten, die Annahme, daß die Beklagte — zwar vielleicht nicht innerhalb weniger Wochen und Monate, sicherlich aber auf etwas längere Sicht in übersehbarer Zeit — in der Lage gewesen wäre, jene vier Beamtinnen zweckentsprechend unterzubringen, ohne daß ihnen dabei Angestellte wie die Klägerin zu weichen brauchten. Diese Ausführungen greift die Revision mit Recht an. Sie sind zu allgemein gehalten, um dem Erfordernis einer konkreten Interessenabwägung zu genügen. Rechtlich nicht zu beanstanden ist es zwar, daß das Landesarbeitsgericht die Versetzung der Klägerin dann für sozial ungerechtfertigt hält, wenn auch ohnedies mit dem Freiwerden von zur Unterbringung der vier Beamtinnen geeigneten Stellen in voraussehbarer, nicht zu lang bemessener Zeit bestimmt zu rechnen war. Jedoch kann von der Beklagten nicht verlangt werden, auf das Freiwerden einer solchen Stelle durch allgemeine natürliche Ursachen wie Tod, Zurruhesetzung, u. a. eine nicht begrenzte Zeit zu warten. Denn das liefe darauf hinaus, eine Änderungskündigung in solchen Fällen praktisch unmöglich zu machen und hieße die Fürsorgepflicht der Beklagten überspannen. Anscheinend neigt das Landesarbeitsgericht der Annahme einer so weitgehenden Fürsorgepflicht der Beklagten deshalb zu, weil es meint, die Verwendung der Klägerin in einer Beamtendienststelle sei ein schuldhafter Fehler in der Personalpolitik der Beklagten gewesen, den sie jetzt nicht auf Kosten der Klägerin beseitigen dürfe. Dabei wird aber nicht berücksichtigt, daß die Verwendung der Klägerin im Aufsichtsdienst im Jahre 1948 durch den damaligen Mangel an geeigneten Beamtinnen bedingt war. Es entspricht, wie die Beklagte zutreffend ausgeführt hat, durchaus der Funktion einer Angestellten, in einem solchen Notfall auf begrenzte Zeit auszuhelfen, ohne daß ihr dadurch ein Anspruch auf dauernde Beschäftigung auf einem Beamtendienstposten erwächst.

4. Unter diesen Umständen hätte das Landesarbeitsgericht auf die von der Beklagten gegebene Darstellung der Personallage beim Fern-

sprechamt in F. eingehen und erforderlichenfalls die angebotenen Beweise erheben müssen. Da es das nicht getan hat, muß das angefochtene Urteil aufgehoben und die Sache zurückverwiesen werden. Bei einer neuen Entscheidung wird das Landesarbeitsgericht die widerstreitenden Interessen der Parteien nach den vorstehenden Richtlinien erneut abzuwägen haben. Zunächst wird zu erörtern sein, ob die vier Beamtinnen, insbesondere die Postsekretärin D. auch auf anderen als der von der Klägerin besetzten Beamtendienststelle untergebracht werden konnte. Stellt sich das als unmöglich heraus, dann ist zu prüfen, ob für die Klägerin eine andere gleichwertige Angestellten- oder Beamtenstelle frei war. Diese Prüfung ist allerdings grundsätzlich auf den Bereich des Fernsprechamts F. zu beschränken (BAG vom 25. 9. 1956, abgedr. in AP Nr. 18 zu § 1 KSchG, zur Veröffentlichung in der amtlichen Sammlung bestimmt). Schließlich mag einerseits zu Gunsten der Klägerin erwogen werden, daß sie Kriegerwitwe ist, für zwei Kinder zu sorgen und über vier Jahre zufriedenstellend im Aufsichtsdienst gearbeitet hat, und andererseits zu Gunsten der Beklagten, daß sie nach der Ablösung der Klägerin aus dem Aufsichtsdienst noch ein halbes Jahr mit der Änderungskündigung gewartet hat.

## 2

**1. Die auf Grund des § 16 Abs. 1 AOGÖ erlassenen Dienstordnungen sind nicht durch das Kontrollratsgesetz Nr. 56 außer Kraft gesetzt worden.**

**2. Diese Dienstordnungen konnten seit dem Außerkrafttreten des AOGÖ im Jahre 1947 nicht mehr einseitig vom Arbeitgeber aufgehoben werden.**

**3. Betriebliche Regelungen (Betriebsvereinbarungen, Dienstvereinbarungen, Dienstordnungen) können im Zweifel nur als Ganzes gekündigt werden.**

**4. Ist die Aufhebung einer Dienstordnung durch ministeriellen Erlaß unwirksam, so ist auch jede Maßnahme unwirksam, die zur Ausführung des ministeriellen Erlasses getroffen wird. Dazu gehört auch eine Änderungskündigung. Für eine Prüfung, ob die Änderungskündigung gemäß § 1 Abs. 2 KSchG sozial gerechtfertigt war, bleibt dann kein Raum mehr.**

KSchG § 1 Abs. 2; AOGÖ § 16 Abs. 1.

III. Senat. Urteil vom 19. März 1957 i. S. D. B. (Bekl.) w. D. (Kl.)
3 AZR 249/54.

I. Arbeitsgericht Köln. — II. Landesarbeitsgericht Düsseldorf in Köln.

Der Kläger ist seit 1938 bei der beklagten Bundespost als Vorhandwerker in einer Werkstätte für Postkraftwagen tätig. Dort wurde er nach Gedingegrundsätzen entlohnt.

Das Gedingeverfahren in diesen Werkstätten beruht auf § 13 der Dienstordnung für die Arbeiter der Deutschen Reichspost (DOArb vom 1. Juli 1938), wo es heißt, daß für die Ausführung von Arbeiten im Gedinge besondere Bestimmungen gelten. Dazu sind vom Reichspostminister „Grundsätze für die Ausführung von Arbeiten im Gedinge" als Beilage 2 zur Amtsblattverfügung Nr. 587/1938 (Amtsblatt des Reichspostministers 1938 S. 825) erlassen worden. Im Abschnitt c dieser Beilage, welcher die Gedingegrundsätze in den Werkstätten für Postkraftwagen näher regelt, heißt es, daß alle Arbeiten, bei denen das Gedinge möglich und wirtschaftlich ist, im Gedinge zu vergeben und auszuführen sind. Vom Gedinge „insbesondere" ausgeschlossen sind Arbeiten, bei denen eine Vorausbestimmung der Stückzahl unmöglich ist (gedingeunfähige Arbeiten), und Arbeiten, bei denen die Ermittlung der Mehrleistung unwirtschaftlich oder störend wäre. Die Bestimmung darüber, welche Arbeiten nicht im Gedinge auszuführen sind, steht dem Amtsvorsteher zu. Vor seiner Entscheidung ist der Vertrauensrat zu hören. Unter Nr. 9 des Abschnittes c heißt es weiter, daß bestimmten Arbeitern (z. B. Lehrgesellen, Zeitermittler, Einfahrer, Motorprüfer) eine Bewertungszulage von 25 % gewährt wird, „soweit ihnen ein Arbeiten in dem sonst bei der Werkstatt bestehenden Gedinge versagt ist".

Am 23. Juli 1941 verfügte der Reichspostminister in einem an die Oberpostdirektionen gerichteten Erlaß die allgemeine Einführung des Gedingeverfahrens in allen Werkstätten für Postkraftwagen ohne Rücksicht auf seine Wirtschaftlichkeit. In dem Erlaß ist weiter bestimmt, daß außer den Arbeitern, denen die in Nr. 9 der Gedingegrundsätze vorgesehene Bewertungszulage bisher bereits gewährt wurde, nunmehr alle anderen Gruppen von Arbeitern eine gestaffelte Zeitlohnzulage erhalten sollen, sofern nur ihre Tätigkeit im Zusammenhang mit den im Gedingeverfahren ausgeführten Arbeiten steht.

Nach dem Zusammenbruch im Jahre 1945 wurde das Gedingeverfahren allgemein nicht mehr gehandhabt. Im Jahre 1946 wurde es in den Bezirken von sechs Oberpostdirektionen (Bremen, Dortmund, Düsseldorf, Frankfurt, Köln, Hannover) wieder eingeführt. Am 19. Mai 1953 ordnete der Bundesminister für das Post- und Fernmeldewesen durch einen an diese sechs Oberpostdirektionen gerichteten Erlaß allgemein die Aufhebung des Gedingeverfahrens in den Werkstätten für Postkraftwagen an. Demgemäß wurde dem Kläger am 29. Mai 1953 das Arbeitsverhältnis zum 31. August 1953 gekündigt und ihm gleichzeitig die Fortsetzung des Arbeitsverhältnisses gegen den tariflichen Zeitlohn angeboten. Im Kündigungsschreiben wurde der Kläger gebeten, innerhalb von drei Wochen zu erklären, ob er zu den neuen Bedingunger weiterarbeiten wolle. Er erklärte seine Bereitschaft „unter Vorbehal der Erhebung seiner Ansprüche im Klagewege". Diese Erklärung wie die Beklagte zurück. Um seinen Arbeitsplatz nicht zu verlieren, erklärt sich der Kläger dann am 12. Juni 1953 ohne Vorbehalt bereit, da Dienstverhältnis zu den neuen Bedingungen fortzusetzen.

Der Kläger bittet festzustellen, daß die Änderungskündigung unwirksam sei. Seine Klage hatte in allen Rechtszügen Erfolg.

Aus den Gründen:

1. Zutreffend ist der Berufungsrichter davon ausgegangen, daß der Abschnitt c der Gedingegrundsätze von 1938 sowie der Erlaß vom 23. Juli 1941 weder gewohnheits- noch gesetzesrechtlich außer Kraft getreten sind. Es kann dahingestellt bleiben, ob die Gedingegrundsätze gewohnheitsrechtlich in den 14 Oberpostdirektionsbezirken aufgehoben sind, in denen das Gedingeverfahren in den Werkstätten für Postkraftwagen nach 1945 nicht wieder eingeführt wurde. In den anderen sechs Oberpostdirektionsbezirken aber sind die Gedingegrundsätze schon deswegen nicht außer Kraft getreten, weil die Unterbrechung in der Anwendung dieser Grundsätze zu kurz und die allgemeinen Zustände im Jahre 1945 und Anfang 1946 zu ungewöhnlich waren, als daß sich ein entsprechendes Gewohnheitsrecht hätte bilden können. Die Beklagte geht dementsprechend selbst davon aus, daß die Gedingegrundsätze damals gewohnheitsrechtlich nicht außer Kraft getreten sind.

Auch durch das Kontrollratsgesetz Nr. 56 ist die Rechtsgültigkeit der Gedingegrundsätze nicht beeinträchtigt worden. Diese Grundsätze sind ein Bestandteil der DOArb (§ 13), die auf Grund des § 16 Abs. 1 des AOGÖ vom 23. März 1934 (RGBl. S. 220) erlassen worden ist. Zwar ist das AOGÖ durch das Kontrollratsgesetz Nr. 56 vom 30. Juni 1957 „einschließlich aller zusätzlichen und zu seiner Durchführung erlassenen Gesetze, Verordnungen, Bestimmungen und Erlasse" aufgehoben (Art. I). Nach Art. II a. a. O. bleiben aber bestehende Tarifordnungen bis zu ihrer Aufhebung, Änderung oder anderweitigen Neufassung seitens der zuständigen Behörden weiterhin in Kraft. Dienstordnungen werden zwar vom Kontrollratsgesetz Nr. 56 nicht ausdrücklich erwähnt. Sie sind aber, mindestens soweit auf sie in Tarifordnungen wegen einer weiteren Regelung ausdrücklich verwiesen wird, als eine Ergänzung dieser Tarifordnung anzusehen und deshalb mit dem Kontrollratsgesetz Nr. 56 nicht weggefallen (BAG 1, 250). Das gleiche muß aber auch gelten, soweit eine ausdrückliche Verweisung nicht besteht. Dienstordnungen sind nicht „zusätzlich" oder „zur Durchführung" des AOGÖ erlassen, wie es Art. I Kontrollratsgesetz Nr. 56 verlangt. Sie sind vielmehr a u f G r u n d des AOGÖ erlassene betriebliche Normen, die seit ihrem Erlaß ein Eigenleben führen (Schnorr, AP 52 Nr. 134 mit weiteren Nachweisungen). Die DOArb ist daher vom Kontrollratsgesetz Nr. 56 unberührt geblieben.

2. Mit dem Erlaß vom 19. Mai 1953 hat der Bundespostminister nicht etwa nur eine allgemeine Anweisung an die Amtsvorsteher gegeben, im Rahmen der Gedingegrundsätze nach Prüfung der Gedingemöglichkeit und Gedingewirtschaftlichkeit die Gedingearbeit in den Wertkstätten für Postkraftwagen einzuschränken und eventuell aufzuheben. Der Erlaß weist zwar darauf hin, daß nach den Gedingegrundsätzen nur solche Arbeiten im Gedinge ausgeführt werden dürfen, bei denen das Gedinge möglich und wirtschaftlich sei, und geht von der Feststellung aus, daß „ausgesprochen gedingefähige Arbeiten" in den Kraftwagenwerkstätten nur in geringem Umfange anfielen. Dann heißt es aber wörtlich: „Das Gedingeverfahren ist daher sogleich bei allen Kw-Werkstätten aufzuheben." Der Erlaß ordnet also die Aufhebung des Gedingeverfahrens in den Werkstätten für Postkraftwagen schlechthin an. Die Ansicht der Beklagten, der Minister habe als Vorgesetzter der Amtsvorsteher nur deren Befugnisse aus Abschnitt c Nr. 1 der Gedingegrundsätze an sich gezogen, nämlich zu beurteilen, ob das Gedingeverfahren in den jeweils noch danach arbeitenden Kraftwagenwerkstätten möglich und wirtschaftlich sei, ist mit dem ganz allgemeinen, das Gedingeverfahren in den Postkraftwerkstätten schlechthin beseitigenden Inhalt des Erlasses vom 19. Mai 1953 trotz der voraufgehenden Motivierung dieser Maßnahme nicht vereinbar. Denn nach dem Erlaß bleibt überhaupt kein Raum dafür, im einzelnen noch festzustellen, welche Arbeiten gedingeunfähig, gedingeunwirtschaftlich oder gedingestörend sind. Der Erlaß trifft seinem Inhalt nach die bisher bestehenden Grundsätze selbst und nicht deren Anwendung. Schließlich erfaßt die Weisung: „Das Gedingeverfahren ist sogleich bei allen Werkstätten aufzuheben" nicht nur die Gedingearbeiten selbst, sondern auch alle

daran anknüpfenden Bewertungszulagen. Der Erlaß von 1953 bedeutet somit inhaltlich eine Aufhebung des Abschnittes c der Gedingegrundsätze.

3. Zu einer derartigen Aufhebung des Abschnittes c fehlt der Beklagten jedoch die Befugnis. Während nach den Abschnitten a (Telegrafenbaudienst) und b (Telegrafenzeugämter u. ä.) ein Anspruch auf Übertragung von Gedingearbeiten ausdrücklich nicht besteht (vgl. jeweils Ziffer 3 Abs. 2), besteht nach Abschnitt c in den Werkstätten für Postkraftwagen ein Anspruch auf Vergebung im Gedinge („sind zu vergeben") für alle Arbeiten, bei denen das Gedinge möglich und wirtschaftlich ist. Die Gedingegrundsätze sind wegen § 13 der DOArb ein Teil dieser Dienstordnung. Unter der Herrschaft des AOGÖ stellten Dienstordnungen autonomes Betriebsrecht dar (Hueck-Nipperdey-Dietz, AOG, 4. Aufl., 1943 § 16 AOGÖ Anm. 1). Unter dem Nationalsozialismus konnte der Arbeitgeber allein derartige Betriebsnormen erlassen und aufheben. Das ist heute nicht mehr möglich. Der Arbeitgeber kann nur mit der betrieblichen Arbeitnehmervertretung eine Betriebs- oder Dienstvereinbarung schließen, die normativ auf den Inhalt der Arbeitsverträge einzuwirken im Stande wäre. Das ergibt sich schon aus dem Kontrollratsgesetz Nr. 22. Der Arbeitgeber ist aber seit der Aufhebung des AOGÖ im Jahre 1947 auch nicht mehr befugt, betriebliche Normen, d. h. auch Dienstordnungen, einseitig aufzuheben; denn für die Befugnis zur einseitigen Aufhebung der Dienstordnung bildete das inzwischen aufgehobene AOGÖ die alleinige Rechtsgrundlage. Die Beklagte meint allerdings, daß ihr auch nach Aufhebung des AOGÖ das Recht zustehen müßte, Dienstordnungen, die sie allein habe erlassen können, auch allein wieder aufzuheben. Das folge aus der Lehre vom sog. contrarius actus, wonach derjenige, der ein Recht begründet hat, es auch wieder aufheben darf. Diese Auffassung ist jedoch dann nicht zutreffend, wenn die rechtlichen Grundlagen für eine einseitige betriebliche normative Gestaltung inzwischen überhaupt fortgefallen sind.

4. Es kann dahingestellt bleiben, ob die Beklagte die Dienstordnung (etwa ebenso wie eine Betriebsvereinbarung, vgl. dazu BAG vom 15. Februar 1957 — 1 ABR 10/55 — zur Veröffentlichung bestimmt) kündigen konnte. Denn als eine solche Kündigung der Dienstordnung kann der Erlaß vom 19. Mai 1953 nicht angesehen werden. Die Kündigung einer Dienstordnung wie einer Betriebs- oder Dienstvereinbarung geschieht gegenüber dem Betriebsrat oder der Personalvertretung. Der genannte Erlaß ist aber den Präsidenten der Oberpostdirektionen zugestellt und von dort aus an die nachgeordneten Dienst-

stellen, nicht dagegen an die Personalvertretungen weitergeleitet worden. Aber selbst wenn man zu Gunsten der Beklagten unterstellen wollte, daß die Personalvertretung Kenntnis von dem Erlaß erhalten hat und man rechtlich diese Kenntnis unter Berücksichtigung besonderer Umstände schon als ein Zugehen der Kündigung genügen lassen wollte, so ist diese Kündigung unwirksam. Denn Kündigungen können im Zweifel nicht auf einen Teil eines Rechtsverhältnisses beschränkt werden (Molitor, Die Kündigung, 2. Aufl., S. 45). Dieser Grundsatz hat auch bei Tarifverträgen und Betriebs- bzw. Dienstvereinbarungen sowie bei Tarif- und Dienstordnungen Bedeutung, da diese als ein in sich zusammengehöriges Ganzes angesehen werden müssen. Die Kündigung einzelner Bestimmungen daraus ist grundsätzlich nur möglich, wenn dies vorbehalten ist. Davon kann hier nicht die Rede sein. Aber selbst wenn man unter besonderen Umständen eine Beschränkung der Kündigung auf den Teil eines betrieblichen Normenkomplexes genügen lassen würde, nämlich etwa dann, wenn dieser Teil als offenbar in sich abgeschlossen und von dem Übrigen unabhängig innerhalb eines umfangreicheren betrieblichen oder tatriflichen Normentextes sich befindet, so kann von einer solchen nur rein äußerlichen und zufälligen Verbindung des Abschnittes c der Gedingegrundsätze mit den Abschnitten a und b, über deren Kündigung nichts vorgetragen ist, keine Rede sein. Darüber hinaus verweißt § 13 der DOArb. ausdrücklich auf die „für die Ausführung von Arbeiten im Gedinge geltenden besonderen Bestimmungen" und versteht sie ihrem Zusammenhang. Es ist daher ausgeschlossen, daraus einen Teil einseitig durch eine Teilkündigung herausbrechen zu wollen. Wollte man hier nicht sehr enge Grenzen ziehen, so könnte jede Seite die ihr ungünstigen Bestimmungen eines tariflichen Normenkomplexes durch Teilkündigung mehr oder weniger willkürlich beseitigen und nur den Rest bestehen lassen. Der Erlaß von 1953 konnte daher nicht als Kündigung des Abschnittes c der Grundsätze für die Ausführung von Arbeiten im Gedinge wirksam werden.

5. Bei dieser Rechtslage sind die vorliegenden Änderungskündigungen unwirksam. Soweit es sich um Arbeiter handelt, die im Gedinge gearbeitet oder die nach Nr. 9 der Gedingegrundsätze Bewertungszulagen erhalten haben (Lehrgesellen und dergl.), stehen den Kündigungen die Gedingegrundsätze entgegen. Abschnitt c dieser Grundsätze gewährt den Arbeitern einen Anspruch auf das Gedinge und folglich auch auf die Bewertungszulage. Da diese Ansprüche auf einer Dienstordnung beruhen, sind sie, ebenso wie tarifliche und gesetzliche Ansprüche, nicht Inhalt der einzelnen Arbeitsverträge geworden. Hätte

der Erlaß von 1953 die Gedingegrundsätze wirksam außer Kraft gesetzt, dann wären auch die darin wurzelnden Ansprüche ohne weiteres weggefallen. Umgekehrt ist jede Maßnahme, die — ganz gleich in welcher Form — zur Ausführung des ministeriellen Erlasses von 1953 getroffen wird, unwirksam (vgl. ähnlich — bei Verletzung des sozialen Mitbestimmungsrechts — das zur Veröffentlichung bestimmte Urteil des Ersten Senats vom 1. Februar 1957 — 1 AZR 521/54 —). Für eine Prüfung, ob die vorliegende Änderungskündigung gemäß § 1 Abs. 2 KSchG sozial gerechtfertigt war, bleibt daher kein Raum.

6. Die Beklagte hatte übrigens auch kein Recht, die sog. Zeitlohnzulagen zu kündigen. Diese Zeitlohnzulagen, die z. B. Pförtner und Hofkehrer erhielten, beruhten zwar nicht auf den Gedingegrundsätzen, sondern auf dem Erlaß von 1941. Ob es sich bei diesem Erlaß ebenfalls um eine Dienstordnung handelt, braucht nicht geklärt zu werden. War er eine solche, dann gilt für die Zeitlohnzulagen das gleiche wie für die Ansprüche aus den Gedingegrundsätzen. War er es nicht, dann konnten die Zeitlohnzulagen aus anderen Gründen nicht gesondert abgeschafft werden. Der Erlaß von 1953 hatte nämlich die Abschaffung der Zeitlohnzulagen zusammen mit der allgemeinen Abschaffung des Gedingeverfahrens vorgesehen. Da die allgemeine Abschaffung des Gedingeverfahrens unwirksam ist, bleibt im Hinblick auf § 139 BGB zu prüfen, ob die Zeitlohnzulage auch für sich allein abgeschafft worden wäre. Hierzu hat die Beklagte nichts vorgetragen. Vielmehr wollte sie das Gedingeverfahren wegen seiner Unwirtschaftlichkeit, also nur im ganzen abschaffen. Daneben aber die zusätzliche Zeitlohnzulage nach dem Erlaß von 1941 zu belassen, hatte keinen Sinn. Daher kann nicht angenommen werden, daß die Beklagte auch dann den Wegfall der Zeitlohnzulage gewollt hätte, wenn ihr bekannt gewesen wäre, daß die Abschaffung des Gedingeverfahrens im Wege des Erlasses von 1953 unwirksam ist.

7. Dieses Ergebnis wird auch nicht durch die Erklärung des Klägers vom 12. Juni 1953 beeinflußt, in der er sich vorbehaltlos mit den neuen Arbeitsbedingungen einverstanden erklärt hat. Es mag dahingestellt bleiben, ob diese Erklärung unwirksam ist, weil die Beklagte daran kein wesentliches Interesse haben konnte. Denn sie ist jedenfalls aus einem anderen Grunde unbeachtlich: Die Ansprüche des Klägers beruhen auf einer Dienstordnung. Es ist allgemein anerkannt, daß ein Arbeitnehmer während des Arbeitsverhältnisses auf dienst- und tarifordnungsmäßige Ansprüche im voraus nicht verzichten kann. Uneinigkeit besteht in Rechtsprechung und Literatur nur darüber, ob der-

artige Ansprüche neuerdings wegen § 4 Abs. 4 Satz 1 TVG genau wie tarifvertragliche Ansprüche auch noch nach Beendigung des Arbeitsverhältnisses unverzichtbar sind (vgl. Hueck-Nipperdey, Lehrbuch des Arbeitsrechts, 6. Aufl., Bd. 2 S. 440 mit weiteren Zitaten). Diese Frage braucht indessen hier nicht entschieden zu werden, weil das Arbeitsverhältnis des Klägers nicht beendet worden ist. Die Verzichtserklärung des Klägers vom 12. Juni 1953 steht deshalb seiner gegenwärtigen Klage nicht im Wege.

### 3

**1. Der durch eine mehrjährige vorbehaltlose Zahlung entstandene Rechtsanspruch auf Weihnachtsgratifikation ist regelmäßig nicht von der Bedingung abhängig, daß die wirtschaftliche Lage des Arbeitgebers günstig ist.**

**2. Der Anspruch auf die volle Weihnachtsgratifikation wird durch den Konkurs über das Vermögen des Arbeitgebers jedenfalls in der Regel dann nicht berührt, wenn der Betrieb in der bisherigen wirtschaftlichen Form zu bestehen aufhört.**

BGB § 242, § 611 (Weihnachtsgratifikation)

II. Senat. Urteil vom 17. April 1957 i. S. Sp. (Bekl.) w. M. (Kl.)
2 AZR 411/54

I. Arbeitsgericht Essen. — II. Landesarbeitsgericht Düsseldorf.

Der Kläger war bei der Beklagten vom 1. August 1946 an als Buchhalter beschäftigt. Am 30. September 1953 wurde über ihr Vermögen das Konkursverfahren eröffnet. Der Konkursverwalter entließ den überwiegenden Teil der Arbeitnehmer und kündigte dem Kläger zum 31. März 1954. Bis dahin war der Kläger für den Konkursverwalter mit der Abwicklung des Konkurses beschäftigt. Das Konkursverfahren ist durch den Beschluß des Amtsgerichts Essen vom 16. Februar 1956 auf Grund eines Zwangsvergleichs aufgehoben worden.

Seit dem Eintritt im Jahre 1946 erhielt der Kläger wie alle anderen Arbeitnehmer der Beklagten regelmäßig zu Weihnachten eine Gratifikation in der Höhe eines halben Monatsgehalts. Die Beklagte leistete diese Zahlung ohne jeden Vorbehalt. Der Kläger begehrt nunmehr auch die Zahlung der Weihnachtsgratifikation für das Jahr 1953. Er hat mit seiner Klage in beiden Vorinstanzen Erfolg gehabt. Die Revision der Beklagten führte zur Aufhebung und Zurückverweisung an das Landesarbeitsgericht.

Aus den Gründen:

Das angefochtene Urteil hat ohne Rechtsirrtum grundsätzlich einen Anspruch des Klägers auf Zahlung der Weihnachtsgratifikation bejaht, weil die Beklagte mehr als drei Jahre lang ohne jeden Vorbehalt die Gratifikation gezahlt hat. Dies wird auch von der Revision nicht angergiffen.

1. Die stillschweigend von der Beklagten übernommene Verpflichtung, auch an künftigen Weihnachten dem Kläger eine Weihnachtsgratifikation in der bisherigen Höhe zu zahlen, stand nicht unter der stillschweigenden Bedingung einer günstigen wirtschaftlichen Lage der Beklagten.

Eine solche Bedingung ist allgemein nicht selbstverständlich und daher auch aus der allgemeinen Lebenserfahrung nicht als stillschweigend vereinbart zu entnehmen; dies trägt auch die Revision selbst nicht mehr vor. Allerdings ist die Sonderzuwendung ihrem Wesen nach besonders stark von der wirtschaftlichen Lage des Arbeitgebers und seines Unternehmens abhängig (Nikisch, Arbeitsrecht, 2. Auflage, 1. Band, Seite 238). Dies galt ursprünglich auch für die Weihnachtsgratifikation. Sie hing häufig mit dem alsbald nach Weihnachten stattfindenden Jahresabschluß zusammen; regelmäßig wird der Jahresabschluß zu Weihnachten, wenigstens in gewissen Umrissen, übersehbar sein. Wird er als günstig eingeschätzt, so kann dies dem Arbeitgeber einen Anlaß geben, seinen Arbeitnehmern über die an sich geschuldete Vergütung hinaus aus Anlaß des Weihnachtsfestes und als Beihilfe für die damit zusammenhängenden vermehrten Ausgaben einen besonderen Geldbetrag zuzuwenden. Im umgekehrten Falle hatte der Arbeitgeber weniger Grund zu einer solchen Sonderzuwendung.

Indes hat die Weihnachtsgratifikation, wie das Landesarbeitsgericht richtig ausführt, im Laufe der Entwicklung eine Selbständigkeit erreicht, die sie von dieser häufigen ursprünglichen Entstehungsgrundlage unabhängig gemacht hat. Daher kann es jedenfalls für die Zeit nach dem zweiten Weltkrieg nicht mehr als selbstverständlich angesehen werden, daß der stillschweigenden Verpflichtung zur Zahlung der Weihnachtsgratifikation auch stillschweigend die Bedingung beigefügt worden ist, daß das Geschäftsergebnis günstig ist.

Besondere Umstände, die auf die stillschweigende Vereinbarung einer Bedingung des bezeichneten Inhalts schließen lassen, sind aus den Besonderheiten des vorliegenden Falles nicht zu erkennen.

2. Hat hiernach die Beklagte im Grundsatz die von der wirtschaftlichen Lage ihres Unternehmens nicht bedingte Verpflichtung übernommen, an den Kläger die Weihnachtsgratifikation zu zahlen, so kann die wirtschaftliche Lage des Betriebes doch unter einem anderen rechtlichen Gesichtspunkte als dem der Bedingung eine Bedeutung für den Fortbestand dieser Verpflichtung haben (RAG 22, 176). Gerade das enge persönliche Verhältnis der Parteien des Arbeitsvertrages zueinander und die daraus entspringende gegenseitige Treuepflicht ist letzten Endes die Grundlage für die zunächst freiwillig gezahlte Weihnachtsgratifikation. Wenn sich nun aus einer solchen zunächst freiwilligen mehrfachen Zahlung allmählich die rechtliche Verpflichtung zur Zahlung der Weihnachtsgratifikation entwickelt hat, so wird eine so entstandene Rechtsverpflichtung doch in besonders hohem Maße von der Pflicht zur gegenseitigen Treue überlagert. Regelmäßig wird daher der Arbeitgeber freiwillig übernommene Leistungen, die in einem künftigen Zeitraum die Grenzen der ihm zumutbaren Belastung übersteigen, nach § 242 BGB auf ein erträgliches Maß zurückführen oder — wenn auch vielleicht nur vorübergehend — ganz in Wegfall bringen können (Nikisch, Arbeitsrecht, 2. Aufl., 1. Band, Seite 351). So kann eine Notlage des Betriebes, die die Fortzahlung des Ruhegeldes in der bisherigen Höhe nicht mehr tragbar erscheinen läßt, auf den Bestand und die Höhe der Verpflichtung zur Zahlung von Ruhegehalt von Einfluß sein (BAG 3, 12).

3. Ob nun die Treuepflicht des Arbeitnehmers eine Kürzung oder gar den Wegfall der Weihnachtsgratifikation rechtfertigt, wenn ein Betrieb notleidend wird, kann nur im einzelnen Falle nach dessen jeweils besonderen Verhältnissen und nicht abstrakt ein für allemal entschieden werden. Die folgenden Gesichtspunkte werden für den hier in Frage kommenden Fall des wirtschaftlichen Zusammenbruchs, wie er in der Eröffnung des Konkurses über das Vermögen des Inhabers zu Tage tritt, in Betracht kommen.

a) Ein wirtschaftlicher Zusammenbruch kann die Herabsetzung oder den Wegfall der Weihnachtsgratifikation rechtfertigen. Der dem Berechtigten im Falle der Fortführung des notleidenden Betriebes zugemutete Verzicht kommt dann im wesentlichen beiden Teilen des Arbeitsvertrages zugute; die Ersparung der Aufwendungen für die Gratifikation kann den Arbeitgeber in der Möglichkeit unterstützen, seinen Betrieb über die Zeit der Not hinweg fortzuführen; die Arbeitnehmer behalten andererseits regelmäßig ihren Arbeitsplatz, der sonst gefährdet wäre.

b) Anders kann der Fall aber liegen, wenn der Betrieb überhaupt nicht fortgeführt, sondern das vorhandene Betriebsvermögen zur Befriedigung der Gläubiger verwandt wird. Die Interessenlage ist dann eine ganz andere. Die im andern Falle gleichlaufenden Interessen von Arbeitgeber und Arbeitnehmern gehen auseinander. Würden in einem solchen Fall die Arbeitnehmer des notleidenden Betriebes gezwungen, ihre rechtlichen Ansprüche nachzulassen, so käme dies gar nicht mehr der Fortführung des Betriebes zugute, sondern einseitig dem Unternehmer und seinen Gläubigern, die ihre Forderungen mit besserem Ergebnis erfüllt erhalten. Dann ist es aber — auch von der Treuepflicht der Arbeitnehmer her — nicht mehr sinnvoll, daß die Arbeitnehmer ihren nun einmal unbedingt erworbenen Rechtsanspruch ganz oder teilweise verlieren.

4. Diese rechtlichen Gesichtspunkte gelten auch im Falle des Konkurses über das Vermögen des Inhabers des Betriebes und des hierin zum Ausdruck kommenden wirtschaftlichen Zusammenbruchs. Auch das Konkursverfahren schließt die Fortführung des Betriebes keineswegs in jedem Falle aus. Wird trotz des Konkursverfahrens der Betrieb fortgeführt, so ist es immerhin auch denkbar, daß durch einen Nachlaß von Ansprüchen der Arbeitnehmer auf ihre Weihnachtsgratifikation die Möglichkeit dieser Fortführung gefördert wird.

Die Ansicht der Revision, daß der Anspruch auf die Weihnachtsgratifikation der Freigebigkeit des Gemeinschuldners entspringe und daher im Konkursverfahren nach § 63 Nr. 4 KO überhaupt nicht geltend gemacht werden könne, ist deshalb rechtsirrig, weil die ursprünglich freiwillige Zuwendung zu einem Anspruch verstärkt worden und ihr damit das Merkmal der Freigebigkeit im Sinne des § 63 Nr. 4 KO genommen ist.

5. Den erörterten rechtlichen Gesichtspunkten wird das angefochtene Urteil nicht gerecht. Es stellt sich auf den starren Standpunkt, daß, wenn erst einmal ein Rechtsanspruch auf die Weihnachtsgratifikation entstanden ist, dieser Anspruch völlig von der wirtschaftlichen Lage des Betriebes unabhängig sei. Dieser Standpunkt ist aber zu eng.

6. Daß der Betrieb hier nicht fortgeführt worden ist, geht aus den tatsächlichen Feststellungen des Landesarbeitsgerichts nicht hervor; der Umstand, daß der Konkursverwalter zunächst den überwiegenden Teil der Arbeitnehmer entlassen hat, läßt eine solche Schlußfolgerung umsoweniger mit Sicherheit zu, als gerade das Zustandekommen eines Zwangsvergleichs für das Gegenteil sprechen könnte.

Das angefochtene Urteil kann also mit der gegebenen Begründung nicht aufrecht erhalten werden. Es bedarf noch der tatsächlichen Klärung, ob der Betrieb fortgeführt worden ist und ob und welchen Einfluß der etwaige Wegfall oder die Minderung der Weihnachtsgratifikation der Arbeitnehmer auf die Möglichkeit dieser Fortführung hätte haben können.

Diese Klärung wird das Landesarbeitsgericht nachholen müssen; erst dann ist der Rechtsstreit entscheidungsreif.

## 4

**1. Sind für ein unter die TO.A fallendes Arbeitsverhältnis die Tätigkeitsmerkmale in der Anlage 1 zur TO.A nicht aufgeführt, so ist die Einstufung des Angestellten in die seiner Tätigkeit entsprechende Vergütungsgruppe im Wege der sinngemäßen Lückenausfüllung vorzunehmen.**

**2. Ein in der Anlage 1 zur TO.A nicht genannter Erzieher kann nicht nach den für Verwaltungsangestellte im Büro- und sonstigen Innendienst geltenden Tätigkeitsmerkmalen eingestuft werden. Vielmehr ist die Einstufung danach vorzunehmen, wie im Tarifgefüge solche Tätigkeiten bewertet sind, die der von dem Erzieher ausgeübten Tätigkeit artverwandt und deshalb vergleichbar sind.**

**3. Läßt sich aus einem Vergleich mit den in der Anlage 1 zur TO.A aufgeführten Tätigkeitsmerkmalen die richtige Vergütungsgruppe für eine dort nicht genannte Tätigkeit nicht eindeutig bestimmen, so können zur Lückenausfüllung auch Dienstordnungen jedenfalls dann herangezogen werden, wenn und soweit sie die Einordnung ähnlicher Sachverhalte in die Vergütungsgruppen der TO.A regeln und das einzugruppierende Arbeitsverhältnis in ihren räumlichen Geltungsbereich fällt.**

TO.A § 3 Abs. 2 Satz 1, TO.A Anlage 1 Vergütungsgruppe VI b

I. Senat. Urteil vom 6. Februar 1957 i. S. Stadt B. (Bekl.) w. B. (Kl.) 4 AZR 142/55.

I. Arbeitsgericht Berlin. — II. Landesarbeitsgericht Berlin.

Der Kläger wird von der Beklagten der Stadt B. als Erzieher im „G. H.", einem Heim für schwererziehbare Knaben und Lehrlinge, beschäftigt und ist in die Vergütungsgruppe VII TO.A eingestuft. Er ist der Ansicht, daß ihm nach seiner Tätigkeit die Vergütungsgruppe VI b TO.A zustehe, und hat einen Teilbetrag der Gehaltsdifferenz eingeklagt. Arbeitsgericht und Landesarbeitsgericht gaben der Klage statt. Die Revision der Beklagten führte zur Aufhebung und Klageabweisung aus folgenden

Gründen:

Das Berufungsgericht geht richtig davon aus, daß das Arbeitsverhältnis des Klägers unter den Geltungsbereich der TO.A fällt. Zwar bestimmt § 1 Abs. 3 i Satz 1 TO.A, daß diese nicht auf Verwaltungs- und Betriebsstellen anzuwenden ist, die der Förderung der Gesundheit, der Krankenpflege oder der Fürsorge für jugendliche, obdachlose, alte, gebrechliche oder erwerbsbeschränkte Personen dienen. Hierunter fällt nach seiner Zweckbestimmung auch das „G. H", in dem der Kläger beschäftigt ist. Soweit die genannten Verwaltungs- oder Betriebsstellen nicht unter eine andere Tarifordnung fallen, bestimmt aber § 1 Abs. 3 i Satz 2 TO.A weiter, daß die TO.A durch Dienstordnung insoweit eingeführt werden soll, als die Betriebsverhältnisse dies im einzelnen zulassen. Das ist durch „Besondere Dienstordnung (BDO) des Oberbürgermeisters der Reichshauptstadt Berlin zur TO.A für Gefolgschaftsmitglieder im öffentlichen Dienst für den Geschäftsbereich der Stadtverwaltung im engeren Sinne" vom 18. Juni 1938 geschehen. Ausgenommen von der Anwendung der TO.A sind nach der BDO lediglich die unter die Tarifordnung für Angestellte in Kranken-, Heil- und Pflegeanstalten (KrT) fallenden und einige besonders genannte Betriebe, zu denen das „G. H." jedoch nicht gehört. Wegen der Weitergeltung der Dienstordnungen wird auf die Entscheidung des Bundesarbeitsgerichts BAG 1, 250 verwiesen.

Fällt somit das Arbeitsverhältnis des Klägers unter die TO.A, so ist er auch gemäß § 3 Abs. 2 Satz 1 TO.A in die seiner überwiegenden Tätigkeit entsprechende Vergütungsgruppe einzureihen. Dem steht nicht entgegen, daß die vom Kläger ausgeübte Tätigkeit eines Heimerziehers unter den in der Anlage 1 zur TO.A festgelegten Tätigkeitsmerkmalen nicht aufgeführt ist. In solchem Falle ist die Eingruppierung in die der Tätigkeit ensprechende Vergütungsgruppe im Wege einer sinngemäßen Lückenausfüllung vorzunehmen (ebenso Nipperdey, Lehrbuch, 6. Aufl., II, 2 § 26 S. 365; Gramm, AR-Blattei, Tarifliche Eingruppierung I A).

Hieraus ergibt sich, daß der Kläger nicht, wie das Berufungsgericht verfahren ist, nach den Tätigkeitsmerkmalen eingestuft werden kann, die in der Anlage 1 zur TO.A für die Angestellten im Büro-, Buchhalterei-, Kassen-, Sparkassen- und sonstigen Innendienst aufgestellt sind. Denn der Tätigkeit dieser Angestellten ist die Tätigkeit eines Erziehers in keiner Weise vergleichbar. Auch enthalten die für die Angestellten im Bürodienst usw. aufgestellten Tätigkeitsmerkmale der vielseitigen gründlichen Fachkenntnisse und der selbständigen Leistungen nicht etwa Oberbegriffe für die in der gleichen Vergütungsgruppe aufgeführten anderen Tätigkeitsgruppen; vielmehr werden nach dem Aufbau der Tätigkeitsmerkmale in der Anlage 1 zur TO.A die verschiedenen Arten der Bediensteten, die unter dieselbe Vergütungsgruppe fallen, jeweils für sich und besonders erfaßt (BAG 1, 85). Es kann daher unerörtert bleiben, ob das Berufungsgericht die von ihm herangezogenen Tätigkeitsmerkmale der Büroangestellten als Rechtsbegriffe richtig erkannt hat. Denn die Einstufung des Klägers muß danach vorgenommen werden, wie im Tarifgefüge der TO.A solche Tätigkeiten bewertet sind, die der vom Kläger ausgeübten Erzieh.ertätigkeit artverwandt und deshalb vergleichbar sind.

Für einen solchen Vergleich können aus der vom Kläger in Anspruch genommenen Vergütungsgruppe VI b der Anlage 1 zur TO.A nur folgende Tätigkeitsgruppen in Betracht gezogen werden:

Angestellte in der Tätigkeit von Gewerbelehrern und von Lehrern bei den Vollzugsanstalten;

Leiterinnen von Kinderheimen mit größeren Kindertagesstätten mit staatlicher Prüfung als Jugendleiterin.

Volks- (Gesundheits-) Pfleger mit staatlicher Anerkennung; Fürsorger bei den Vollzugsanstalten der Justizverwaltung mit staatlicher Anerkennung.

Ein Vergleich der Tätigkeit des Klägers mit diesen Tätigkeitsgruppen rechtfertigt die Einstufung des Klägers in die gleiche Vergütungsgruppe nicht. Die Lehrer und Kinderheimleiterinnen üben zwar auch eine erzieherische Tätigkeit aus. Dei Gewerbelehrer und Lehrer an den Vollzugsanstalten müssen aber darüber hinaus einen erheblichen Wissensstoff beherrschen und methodisch vermitteln, was beim Kläger nicht der Fall ist. Bei den Leiterinnen von Kinderheimen handelt es sich um eine rische Tätigkeit aus. Die Gewerbelehrer und Lehrer an den Vollzugsdem unstreitigen Sachverhalt einer von 21 Erziehern, die nicht nur dem beamteten Erziehungsleiter, sondern auch noch einem der drei leitenden Erzieher (Gruppenleiter) unterstellt sind. Die Tätigkeit der unter der Vergütungsgruppe VI b genannten Lehrer und Kinderheimleiterinnen geht daher nach dem Wert der Leistung (§ 3 Abs. 1 TO.A) erheblich über das hinaus, was vom Kläger gefordert wird. Schließlich ist das Aufgabengebiet der Gesundheitspfleger und Fürsorger mit staatlicher

Anerkennung der Tätigkeit eines Heimerziehers kaum noch vergleichbar und jedenfalls erheblich umfangreicher und schwieriger als das des Klägers.

Läßt sich also aus einem Vergleich mit den in der Anlage 1 zur TO.A aufgeführten Tätigkeitsmerkmalen der Anspruch des Klägers auf Einstufung in die Vergütungsgruppe VI b TO.A nicht herleiten, so ermöglicht andererseits ein Vergleich der Tätigkeit des Klägers mit den für die Vergütungsgruppe VII in der Anlage 1 zur TO.A genannten Tätigkeitsmerkmalen auch nicht ohne weiteres eine eindeutige Feststellung, ob der Kläger in der Vergütungsgruppe VII richtig eingestuft ist; für eine solche Feststellung sind die Tätigkeitsmerkmale der bei der Vergütungsgruppe VII aufgeführten vergleichbaren Berufe der Volkspfleger, Fürsorger und Kindergärtnerinnen der Tätigkeit eines Erziehers wiederum nicht ähnlich genug. Deshalb war weiter zu prüfen, ob auf Grund der AOGÖ erlassene Dienstordnungen in Geltung sind, die für ähnliche Betriebe oder Anstalten wie das „G. H." die Einstufung von Erziehern in bestimmte Vergütungsgruppen der TO.A normieren. Solche Dienstordnungen konkretisieren für ihren Bereich die Vergütungsmaßstäbe der Anlage 1 zur TO.A und ergänzen sie sinngemäß für besondere Verhältnisse, die nicht unmittelbar durch die TO.A ergriffen werden. Daher können zur Lückenausfüllung auch Dienstordnungen jedenfalls dann herangezogen werden, wenn und soweit sie die Einordnung ähnlicher Sachverhalte in die Vergütungsgruppen der TO.A regeln und das einzugruppierende Arbeitsverhältnis in ihren räumlichen Geltungsbereich fällt.

Nun bestimmt die gemeinsame Dienstordnung des Reichs- und Preußischen Ministers des Innern (GDO des RuPrMdI) zur TO.A vom 9. September 1941 (RMBliV S. 1612) in Beilage 1:

„Soweit für Angestellte von Erziehungsanstalten für Fürsorgezöglinge gemäß § 1 Abs. 3 i Satz 2 TO.A — in der Fassung der Fünften Tarifordnung zur Änderung der Tarifordnung A für Angestellte im öffentlichen Dienst (TO.A) vom 29. Mai 1940 (RABl. S. IV 999) — durch Dienstordnung die TO.A eingeführt wird, gelten die nachstehenden ergänzenden Bestimmungen zur Anlage 1 zur TO.A:

Zur Vergütungsgruppe VII:

T ä t i g k e i t s m e r k m a l e.

Erzieher (Erzieherinnen) mit gehobener Verantwortung.

Zur Vergütungsgruppe VIII:

Tätigkeitsmerkmale.

Erzieher mit Verwaltungseigener Prüfung."

Diese GDO erfaßt nach Ziffer 2 unter anderem die bei Verwaltungen und Betrieben der Gemeinden (§1 Abs. 1 c TO.A) beschäftigten Angestellten, soweit sie unter die TO.A fallen. Sie gilt also auch für die Verwaltungen und Betriebe von Berlin, da Berlin nach Art. 1 seiner Verfassung ein deutsches Land und zugleich eine Stadt ist. Sie gilt insbesondere auch für die Berliner Erziehungsanstalten für Fürsorgezöglinge, weil, wie schon ausgeführt, die TO.A durch BDO des Oberbürgermeisters von Berlin für die im § 3 Abs. 3 i genannten Verwaltungs- und Betriebsstellen eingeführt worden ist und damit diese Voraussetzung für die Anwendung der in Beilage 1 der GDO getroffenen ergänzenden Bestimmungen zur TO.A erfüllt ist. Entgegen der Ansicht der Revision finden allerdings die in der GDO zu den Vergütungsgruppen VII und VIII TO.A für Erzieher normierten Tätigkeitsmerkmale auf den Kläger keine unmittelbare Anwendung. Denn die GDO beschränkt die Anwendung dieser ergänzenden Bestimmungen ausdrücklich auf Erziehungsanstalten für Fürsorgezöglinge, und eine solche ist das „G. H." nach dem vom Berufungsgericht festgestellten Sachverhalt nicht. Indessen dient diese Anstalt einer Art vorbeugender Fürsorge. Ihr Zweck ist es, normal begabte, aber schwer erziehbare Jungen und Jugendliche zu lebenstüchtigen Menschen zu erziehen. Der Anstaltszweck und die Tätigkeit der im „G. H." beschäftigten Erzieher sind dem Zwecke der Fürsorgeanstalten und der Tätigkeit der in ihnen tätigen Erzieher so ähnlich, daß sich zur Ausfüllung der in den tariflichen Tätigkeitsmerkmalen für die Eingruppierung der Erzieher des „G. H." bestehenden Lücken gerade die Vorschriften besonders eignen, die in Berlin für die Erzieher in Erziehungsanstalten für Fürsorgezöglinge gelten.

Nach den Feststellungen des Berufungsgerichts hat der Kläger eine Gruppe von 15 bis 18 schwer erziehbaren Jungen zu betreuen. Er hat sie bei den Schularbeiten und bei den Mahlzeiten zu beaufsichtigen und hat ihre Freizeit nach Richtlinien zu gestalten. Er untersteht hierbei einem der als Gruppenleiter eingesetzten leitenden Erzieher. Hiernach geht der Wert seiner Leistungen jedenfalls nicht über die Tätigkeit eines Erziehers mit gehobener Verantwortung in einer Fürsorgeanstalt hinaus (Vergütungsgruppe VII TO.A). Wenn der Kläger meint, daß seine Erziehungstätigkeit schwieriger sei als die eines Erziehers mit besonderer Verantwortung in einer Fürsorgeanstalt, so widerspricht das der Erfahrung. Im übrigen unterliegt es nicht der Entscheidung des Gerichts, ob die dem Kläger zustehende tarifliche Vergütung für die von ihm geforderten Leistungen angemessen ist, und ob überhaupt die Bewertung der Erzieherarbeit in Tarif- und Dienstordnungen richtig erscheint; zu entscheiden war vielmehr allein darüber, ob der Kläger die Tätigkeitsmerkmale der beanspruchten Tarifgruppe erfüllt.

Der Kläger kann seinen Anspruch auf die Bezüge der Vergütungsgruppe VI b TO.A auch nicht auf den sogenannten Gruppenplan der Stadt Berlin für den öffentlichen Dienst vom 17. Juli 1948 (Dienstblatt des Magistrats von Groß-Berlin, Teil I S. 105) stützen. Dieser konnte und wollte die Tätigkeitsmerkmale der Anlage 1 zur TO.A nicht außer Kraft setzen; er wollte sie lediglich übersichtlich machen und verdeutlichen, wie sich aus seiner Einleitung ergibt (BAG 2, 310 [314]). Im übrigen enthält auch der Gruppenplan keine bessere Bewertung der Tätigkeit des Klägers. Nach ihm sind „Erzieher in Heimen für Schwererziehbare mit besonderer Fachausbildung als solche oder gleichwertige Kräfte an Stellen von besonderer Bedeutung" in die Vergütungsgruppe VI b TO.A einzureihen. Nach dem Zusammenhang beziehen sich die Worte „in Stellen von besonderer Bedeutung" nicht nur auf „gleichwertige Kräfte", sondern auch auf die zuerst genannten „Erzieher in Heimen für Schwererziehbare mit besonderer Fachausbildung als solche". Es spricht aber nichts dafür und wird vom Landesarbeitsgericht nicht angenommen, daß der Kläger als einer von 21 Erziehern, die noch einem Gruppenleiter unterstellt sind, eine Stelle von besonderer Bedeutung innehat. Überdies verlangt der Grupenplan für die Einreihung in die Vergütungsgruppe VI b TO.A nicht nur eine besondere Fachausbildung als Heimerzieher, sondern eine besondere Fachausbildung „als solcher", d. h. als „Erzieher in Heimen für Schwererziehbare".

## 5

**1. Gegen das Grundrecht der Koalitionsfreiheit wird schon dann verstoßen, wenn auf einen Arbeitnehmer ein Druck in der Richtung ausgeübt wird, daß er sich den Bestimmungen eines Tarifvertrages unterwirft, der von einer ihm fremden Gewerkschaft abgeschlossen worden ist und von seiner eigenen Gewerkschaft abgelehnt wird.**

**2. Eine Änderungskündigung unterliegt wie jede andere ordentliche Kündigung den Schutzbestimmungen des KSchG.**

**3. Lehnt der Arbeitnehmer die in der Änderungskündigung enthaltenen Vorschläge des Arbeitgebers zur Neugestaltung von Arbeits-**

**vertragsbedingungen ab, so kann nicht schon darin ein für die Kündigung ausreichender Grund, der in der Person oder in dem Verhalten des Arbeitnehmers liegt, gesehen werden. Vielmehr ist erste Voraussetzung für die Wirksamkeit einer solchen Änderungskündigung, daß sie zunächst ohne Rücksicht auf das Verhalten des Arbeitnehmers zum Abänderungsvorschlag des Arbeitgebers durch die in § 1 Abs. 2 KSchG genannten Gründe bedingt ist.**

Art. 2, 9 GG; KSchG § 1.

I. Senat. Urteil vom 15. Februar 1957 i. S. des Kreises L. (Bekl.) w. Dr. E. (Kl.) 1 AZR 391/55.

I. Arbeitsgericht Detmold. — II. Landesarbeitsgericht Hamm.

Der im Jahre 1919 geborene Kläger ist verheiratet und Vater von drei Kindern. Er ist seit dem 1. Januar 1947 im Krankenhaus des Beklagten, eines Kreises, und zwar z. Zt. als erster Assistenzarzt, beschäftigt. Ein schriftlicher Arbeitsvertrag ist nicht abgeschlossen worden. Der Kläger bezieht Gehalt nach der Vergütungsgruppe II TO.A.

Der Beklagte ist Mitglied der arbeitsrechtlichen Vereinigung der Gemeinden und gemeinwirtschaftlichen Unternehmen in Nordrhein-Westfalen. Diese schloß mit der Gewerkschaft ÖTV am 30. April 1952 einen Tarifvertrag ab. Der Beklagte war bestrebt, die Arbeitsverhältnisse mit den bei ihr angestellten Ärzten den Bestimmungen dieses Tarifvertrages anzugleichen. Während sich die übrigen acht Ärzte im Krankenhaus des Beklagten damit einverstanden erklärten, verweigerte der Kläger, der nicht Mitglied der ÖTV, sondern des Marburger Bundes ist, seine Zustimmung. Am 22. Februar 1955 erhielt er deshalb vom Beklagten folgendes Kündigungsschreiben:

„Da Sie sich nicht bereit erklärt haben, der Unterstellung Ihres Dienstvertrages unter die Bestimmungen des Vergütungstarifvertrages vom 30. 4. 1952 zuzustimmen, kündigen wir hiermit den mit Ihnen abgeschlossenen Dienstvertrag zum 30. 6. 1955.

Für den gleichen Zeitpunkt bieten wir Ihnen den Abschluß eines neuen, ebenfalls unbefristeten Dienstvertrages an, der neben den bisherigen Bestimmungen folgendes enthält:

1. Auf das Vertragsverhältnis finden die Bestimmungen des Vergütungstarifvertrages für angestellte Ärzte vom 30. 4. 1952 sowie die Bestimmungen der ATO, TO.A und Kr.T, soweit sie nicht durch den Vergütungstarifvertrag vom 30. 4. 1952 außer Kraft gesetzt sind, und die dazu erlassenen allgemeinen und besonderen Dienstanordnungen Anwendung.

2. Der Arzt wird in die Vergütungsgruppe II des Vergütungstarifvertrages für angestellte Ärzte vom 30. 4. 1952 eingereiht."

Der Kläger hat beantragt, diese Kündigung für unwirksam zu erklären. Er hat ausgeführt, betriebliche Gründe für die Kündigung, die er für einen unzulässigen Eingriff in sein Recht auf freie Entfaltung seiner Persönlichkeit und in sein Koalitionsrecht hält, lägen nicht vor. Er könne nicht gezwungen werden, sein Arbeitsverhältnis nach einem Tarifvertrag auszurichten, der von einer Gewerkschaft abgeschlossen sei, der er nicht angehöre. Zudem würden seine Arbeitsbedingungen, wenn sie sich nach dem Tarifvertrag vom 30. April 1952 richten würden, gegenüber dem bisherigen Stand verschlechtert.

Der beklagte Kreis hat in Abrede gestellt, daß, wenn sich der Kläger den Bestimmungen des Tarifvertrages vom 30. April 1952 unterwürfe, seine Arbeitsbedingungen geändert oder gar verschlechtert würden. Insbesondere würde der Kläger nach wie vor gemäß Vergütungsgruppe II TO.A bezahlt werden. Der Beklagte hat einen unzulässigen Eingriff in das Recht des Klägers auf freie Entfaltung seiner Persönlichkeit und in sein Koalitionsrecht in Abrede gestellt und die Ansicht vertreten, die Kündigung sei durch Gründe bedingt, die in der Person des Klägers lägen; denn dieser habe zu Unrecht die ihm zumutbaren Bedingungen des Tarifvertrages vom 30. April 1952 abgelehnt.

Die Parteien haben das Arbeitsverhältnis nach Ablauf der Kündigungsfrist weiter fortgesetzt. Aus ihrem Verhalten im Laufe des Prozesses hat der Vorderrichter den Schluß gezogen, daß der Kläger neue Arbeitsbedingungen nur dann annehmen will, wenn die Änderungskündigung zu Recht erfolgt ist, und daß sich der Beklagte mit der Weiterbeschäftigung des Klägers über den Ablauf der Kündigungsfrist hinaus bis zur Entscheidung des Prozesses einverstanden erklärt hat.

Die Klage hatte in allen Instanzen Erfolg.

### Aus den Gründen:

Die Klage ist innerhalb der Dreiwochenfrist des § 3 KSchG erhoben. Trotz der Fortsetzung des Arbeitsverhältnisses über den Kündigungstermin hinaus besteht das Rechtsschutzinteresse für die Klage fort; denn die Kündigung hat ihre Bedeutung behalten. Zwar bestimmt § 625 BGB, daß ein Arbeitsverhältnis, das über seinen Endtermin hinaus fortgesetzt wird, als auf unbestimmte Zeit verlängert gilt. § 625 BGB ist jedoch nachgiebigen Rechts (Palandt, BGB, 15. Aufl., Anm. zu § 625). Nach der vom Landesarbeitsgericht durch Auslegung des

Parteiverhaltens ohne Rechtsverstoß getroffenen Feststellung (vgl. RAG ARS 16, S. 284; 18, S. 42, beide mit zustimmenden Anmerkungen von Hueck) liegt eine Vereinbarung vor, nach der die Änderungskündigung erst wirksam werden soll, wenn das Gericht ihre Wirksamkeit rechtskräftig feststellt. Die Fiktion des § 625 BGB (vgl. RGRK, 10. Aufl., Anm. 1 zu § 625 BGB) ist damit widerlegt, und die Kündigung vom 22. Februar 1955 ist durch die Fortsetzung des Arbeitsverhältnisses über den Kündigungstermin hinaus nicht wirkungslos geworden.

Diese Kündigung ist jedoch aus anderen Gründen unwirksam. Nach dem eigenen Vortrag des Beklagten sollte sie nicht dem Zweck dienen, den arbeitsrechtlichen Status des Klägers in für ihn ungünstiger Weise zu ändern. Das legt die Annahme nahe, daß durch die Kündigung ein unzulässiger Eingriff in das Persönlichkeits- und Koalitionsrecht des Klägers und in etwa auch in das Koalitionsrecht des Marburger Bundes erfolgt sein könnte (Art. 2, 9 GG, vgl. Hueck-Nipperdey, Lehrbuch, 6. Aufl., Bd. 2 S. 99, 109 ff.). Der Schutz, den das Grundrecht des Art. 2 GG gewährleistet, ist auch dem einzelnen Rechtsgenossen gegenüber gegeben. Für das Koalitionsrecht des Art. 9 GG ist das gleiche ausdrücklich ausgesprochen. Gegen diese Grundrechte wird nicht nur dann verstoßen, wenn einem Arbeitnehmer der Austritt aus einer bestimmten Organisation und der Eintritt in eine andere Organisation aufgezwungen werden soll. Ein Verstoß gegen diese Rechte ist vielmehr auch dann denkbar, wenn sich der Druck, der auf den Arbeitnehmer ausgeübt wird, nicht dahin richtet, daß er dessen Mitgliedschaft zu einer Organisation ändern will. Es kann gegen die Koalitionsfreiheit auch dadurch verstoßen werden, daß ein Arbeitnehmer gezwungen werden soll, sich einer Tarifvereinbarung zu unterwerfen, die von einer ihm fremden Gewerkschaft abgeschlossen worden ist und von seiner eigenen Organisation abgelehnt wird. Auch eine so erzwungene Anerkennung fremder Tarifbestimmungen durch den Arbeitnehmer kann zu einer Aushöhlung seiner Koalitionsfreiheit und zu einem Verstoß gegen die Koalitionsfreiheit seiner Organisation führen.

Hier bedarf jedoch diese Frage keiner abschließenden Beurteilung; denn jedenfalls ist die Kündigung, wenn sie nicht schon wegen Verstoßes gegen das GG nichtig ist, nach § 1 KSchG unwirksam. § 1 KSchG gilt auch für Abänderungskündigungen (vgl. Herschel-Steinmann, KSchG, 3. Aufl., § 1 Anm. 13; Hueck, KSchG, 3. Aufl. § 1 Anm. 30; Erdmann-Müller, KSchG, 2. Aufl., § 1 Anm. 12; Rohlfing, KSchG, § 13 Anm. 9). Auch eine Abänderungskündigung ist im Bereich des KSchG grundsätzlich unwirksam, es sei denn, daß ihr ein Rechtfertigungsgrund i. S. des § 1 Abs. 2 und 3 KSchG zur Seite steht. Eine Abänderungskündigung ist somit nur dann sozial gerechtfertigt, wenn sie durch Gründe, die in der Person oder dem Verhalten des Arbeitnehmers liegen, oder durch dringende betriebliche Erfordernisse bedingt ist.

Der Beklagte kann sich aber weder auf dringende betriebliche Erfordernisse noch auf in der Person oder dem Verhalten des Klägers liegende Gründe berufen. Er trägt selbst vor, daß sich in den Arbeitsbedingungen des Klägers nichts ändern würde, wenn sich dieser auf den in der Änderungskündigung enthaltenen Vorschlag einlassen würde. Inwiefern dann dringende betriebliche Gründe die Kündigung erforderlich gemacht haben sollen, ist schlechterdings nicht einzusehen.

Es wäre auch rechtsirrig, wollte man das Verhalten des Klägers, das darin zum Ausdruck gekommen ist, daß er sich auf die Änderungskündigung nicht eingelassen hat, als ein zur Begründung des Kündigungsrechts ausreichendes Verhalten i. S. des § 1 Abs. 2 KSchG ansehen; denn mit einer solchen Begründung könnten die Schutzbestimmungen des KSchG in vielen Fällen umgangen werden, indem der Arbeitgeber zur Änderungskündigung greift, weil ihm z. Zt. ausreichende Kündigungsgründe nicht zur Verfügung stehen. Das aber ist mit dem Grundgedanken des KSchG, nämlich dem des Bestandschutzes, nicht zu vereinbaren. Es ist vielmehr auch im Fall der Änderungskündigung zunächst darzutun, daß überhaupt einer der Gründe vorliegt, die nach dem KSchG zur Kündigung berechtigen. Insofern fehlt es aber hier an jeder Darlegung seitens des beweispflichtigen Beklagten.

Es kommt deshalb auch nicht darauf an, ob sich der Kläger bei Annahme des Vorschlags des Beklagten in seinen Arbeitsbedingungen verschlechtern würde. Die Bedenken, die sich aus der Tarifausschlußklausel des § 5 Abs. 3 des Tarifvertrages vom 30. April 1952 ergeben (vgl. hierzu Hueck-Nipperdey, a. a. O., S. 123), können vielmehr ebenso unberücksichtigt bleiben wie die Frage, ob nicht die Vereinbarung von Ausschlußfristen gemäß § 8 des Tarifvertrages den Kläger deshalb schlechter stellt, weil sich dieser Ausschluß nicht auf tarifliche, sondern auf einzelvertragliche Arbeitsbedingungen beziehen und deshalb im Zweifel wirksam sein würde. Auch auf die hinsichtlich der Schiedsklausel des § 7 des Tarifvertrages bestehenden Bedenken — der Kläger müßte es hiernach hinnehmen, daß eine Schiedsstelle gebildet wird und indirekt auch über seine Belange entscheidet, auf deren Bestellung nicht seine eigene Organisation, sondern eine ihm fremde Gewerkschaft ein

Vorschlags- und Bestimmungsrecht hat — braucht nicht weiter eingegangen zu werden. Vielmehr verstößt die Kündigung vom 22. Februar 1955 auch ohne eine solche Schlechterstellung bereits gegen § 1 KSchG und ist deshalb unwirksam. Diese Unwirksamkeit haben die Vorinstanzen mit Recht festgestellt, so daß der Revision der Erfolg zu versagen ist.

## 6

**1. Die Anhörung des Betriebsrats nach § 38 Hess. Betr.-Rätegesetz (= § 66 BetrVG) ist keine Wirksamkeitsvoraussetzung für eine außerordentliche fristlose Kündigung.**

**2. Die Nichtanhörung des Betriebsrats im Falle einer außerordentlichen fristlosen Kündigung kann zur Folge haben, daß der Begriff des wichtigen Grundes verkannt ist.**

Hess. Betr. Rätegesetz § 38; BetrVG § 66; KSch § 1.

I. Senat. Urteil vom 1. März 1957 i. S. Land Hessen (Bekl.) w. B. (Kl.) 1 AZR 433/55.

I. Arbeitsgericht Gießen. — II. Landesarbeitsgericht Frankfurt a. M.

Der Kläger ist 33 Jahre alt, verheiratet und Vater eines Kindes. 1939 ist er als Angestellter bei dem Forstamt G. eingetreten. 1941 wurde er zum RAD, anschließend zur Wehrmacht eingezogen. 1944 wurde er schwer verwundet: Er trug Verletzungen an der Wirbelsäule und am Mastdarm davon. Die durch die Verwundung hervorgerufenen Lähmungserscheinungen sind teilweise abgeklungen. Jedoch mußte ein künstlicher Darmausgang geschaffen werden. Bis 1946 war der Kläger im Lazarett. 1947 nahm er seinen Dienst bei dem Forstamt N.-O. in G. wieder auf.

Zur Milderung der Folgen der Verwundung und der damit verbundenen Schmerzen wurde dem Kläger häufig Opium verschrieben. Das hatte eine gewisse Rauschmittelsucht bei ihm zur Folge. Nachdem sein Vater das festgestellt hatte, versuchte dieser, den Opiumverbrauch beim Kläger einzuschränken. Daraufhin ging der Kläger, um trotz seiner Schmerzen und der durch die Verwundung bedingten Behinderung dem erhöhten Arbeitsanfall in der Dienststelle gerecht werden zu können, dazu über, sich selbst Opium zu verschaffen. Da sein Gehalt von 250,— DM brutto zuzüglich Rente für diese zusätzlichen Ausgaben nicht ausreichte, verschaffte er sich Geld dadurch, daß er das Holz, das er als Angehöriger der Forstverwaltung als Deputat erhielt, verkaufte. Ein solcher Verkauf war, wenn auch unzulässig, doch üblich.

Als das Holzdeputat des Klägers erschöpft und eine neue Zuteilung an ihn noch nicht erfolgt war, fälschte er, um die Holzabfuhr durch die Käufer zu ermöglichen, in einem Falle ein Formular, während er in zwei weiteren Fällen Formulare unberechtigt ausstellte und unterschrieb. Den Kaufpreis für das Holz ließ er sich in bar auszahlen. Durch das am 8. Januar 1954 rechtskräftig gewordene Urteil des Schöffengerichts Gießen vom 8. September 1953 ist er wegen fortgesetzten Betruges in Tateinheit mit Urkundenfälschung an Stelle einer an sich verwirkten Gefängnisstrafe von sechs Wochen zu 150,— DM Geldstrafe verurteilt worden.

Wegen dieser Straftaten entließ das beklagte Land den Kläger am 6. Februar 1953 fristlos. Der Betriebsrat wurde zu dieser Kündigung nicht gehört und war an ihr auch sonst nicht beteiligt. Gegen die Kündigung hat der Kläger am 25. Februar 1953 Klage erhoben mit der Begründung, daß wegen der Besonderheit seines Leidens seine Straftaten keinen ausreichenden Grund zu seiner fristlosen Entlassung darstellten, sondern gerade der Staat als Arbeitgeber auf sein Kriegsleiden besonders hätte Rücksicht nehmen müssen. Das beklagte Land habe zur Verschlimmerung seines Leidens dadurch beigetragen, daß es ihn überbeansprucht, von ihm Überstunden verlangt und ihm seinen Urlaub stets nur in kleinen Raten gewährt habe. Der Betriebsrat sei bei seiner Entlassung rechtswidrig, schuldhaft und vorsätzlich nicht hinzugezogen worden. Eine Wiederholungsgefahr scheide aus, weil er sich mit Erfolg einer Entwöhnungskur unterzogen habe.

Das beklagte Land hat Klageabweisung beantragt und die Ansicht vertreten, es liege ein zur fristlosen Kündigung ausreichender Grund vor, zumal es sich um eine Anstellung im öffentlichen Dienst handele und Wiederholungsgefahr bestehe. Dieser Ansicht des beklagten Landes hat sich das Arbeitsgericht angeschlossen und die Klage abgewiesen. Auf die Berufung des Klägers hat das Landesarbeitsgericht unter Abänderung des erstinstanzlichen Urteils der Klage aus dem Grunde stattgegeben, weil eine Anhörung des Betriebsrats anläßlich der Entlassung des Klägers unterblieben war. Die Revision des beklagten Landes führte zur Aufhebung und Zurückverweisung an das Landesarbeitsgericht.

Aus den Gründen:

Der Ansicht des Landesarbeitsgerichts kann nicht gefolgt werden, daß die dem Kläger gegenüber ausgesprochene Kündigung infolge der Nichtanhörung des Betriebsrats unwirksam sei. Zwar ist dem Vorderrichter darin beizupflichten, daß diese Nichtanhörung rechtswidrig, schuldhaft und vorsätzlich erfolgt ist. Das ergibt sich aus den von ihm ohne Rechtsverstoß getroffenen Feststellungen.

Ist das Landesarbeitsgericht somit zu Recht davon ausgegangen, daß die Nichtanhörung des Betriebsrats rechtswidrig, schuldhaft und vorsätzlich gewesen ist, so sind doch die von ihm hieraus gezogenen Schlußfolgerungen rechtsirrtümlich. § 38 des Hessischen Betriebsrätegesetzes, gegen dessen Weitergeltung gemäß § 88 BetrVG keine Bedenken bestehen, bestimmt, daß vor jeder Kündigung im öffentlichen Dienst der Betriebsrat anzuhören ist. Es deckt sich seinem Wortsinn nach genau mit § 66 BetrVG. Es bestehen deshalb keine Bedenken, die Rechtsgrundsätze, die der erkennende Senat zum Anhörungsrecht des § 66 Abs. 1 BetrVG herausgearbeitet hat, auch im vorliegenden Fall heranzuziehen.

Der erkennende Senat hat in seiner Entscheidung BAG 1, 69 die Bestimmung über die Anhörung des Betriebsrats nach § 66 BetrVG dahin ausgelegt, daß in ihr im Falle einer ordentlichen fristgemäßen Kündigung keine Wirksamkeitsvoraussetzung für die Kündigung zu sehen ist. Dieser Grundsatz ist entgegen der Ansicht von Engler (Betriebsrätegesetz für das Land Hessen, 1949, S. 127) und entgegen der Rechtsprechung des Hessischen Verwaltungsgerichtshofs (ESVGH 2, 20; 3, 194; Urteil vom 13. März 1953, OS I 100/51; Beschluß vom 19. Dezember 1956, OS I 26/55; anders noch in dem nicht veröffentlichten Beschluß vom 10. August 1950, B 119/50) auch auf die insoweit gleichlautende Regelung des § 38 Hess. BetrRG anzuwenden. Er muß auch dann Anwendung finden, wenn es sich nicht um eine fristgemäße, sondern um eine außerordentliche fristlose Kündigung handelt. Selbst wenn man von der Erwägung, daß der allgemeine Kündigungsschutz durch das Kündigungsschutzgesetz erschöpfend im Sinne einer Kodifikation geregelt ist, absehen wollte, so treffen doch alle sonstigen Erwägungen des Senats in der Entscheidung BAG 1, 69, die dabei jeweils für sich tragend sind, in gleicher Weise bei der hier in Rede stehenden Kündigung zu. Nicht zuletzt sei auch darauf hingewiesen, daß die Vorschrift des § 38 Hess. BetrRG ebenso wie die des § 66 BetrVG in erster Linie kollektivrechtlichen Charakter trägt. Sie will die Einwirkungsmöglichkeit des Betriebsrats auf den das betriebliche Geschehen regelnden und damit auch die Einzelarbeitsverhältnisse berührenden Willen des Arbeitgebers sicherstellen, ist aber ihrem Wesen nach nicht kündigungsrechtlicher Art. Erst als Folgeerscheinung äußert § 66 BetrVG — und ebenso also auch § 38 Hess. BetrRG — individualrechtliche Wirkungen. Da die Anhörung des Betriebsrats v o r der

Kündigung im Ergebnis für den Arbeitnehmer außerordentlich wichtig ist, kann man nur insofern sagen, daß § 66 Abs. 1 BetrVG — und in gleicher Weise § 38 Hess. BetrRG — auch eine Kündigungsschutzfunktion hat (BAG 1, 69 [76]).

Bei der Frage, inwieweit die §§ 38 Hess. BetrRG, 66 Abs. 1 BetrVG sich bei einer außerordentlichen fristlosen Kündigung auswirken, ist von der bisherigen Rechtsprechung des Senats auszugehen, von der abzuweichen kein Anlaß besteht. Nach dieser Rechtsprechung ist es im Fall einer ordentlichen fristgemäßen Kündigung, die rechtswidrig, schuldhaft und vorsätzlich ohne Beachtung der Anhörungspflicht erfolgt, dem Arbeitgeber verwehrt, sich auf die soziale Rechtfertigung der Kündigung nach § 1 KSchG zu berufen. Eine Berufung darauf, daß die Kündigung nicht sozialwidrig nach § 1 KSchG ist, kommt bei einer außerordentlichen fristlosen Kündigung allerdings nicht in Frage, da eine solche nicht unter dem Gesichtspunkt der Sozialwidrigkeit, sondern unter dem des wichtigen Grundes zu prüfen ist (vgl. Herschel-Steinmann, KSchG, 3. Aufl., § 11 Anm. 5).

Die Nichtanhörung des Betriebsrats bei einer außerordentlichen fristlosen Kündigung kann nun nicht die Folge haben, daß sie sich auf den Begriff des wichtigen Grundes selbst auswirkt, etwa in dem Sinne, daß nunmehr an diesen schärfere Anforderungen gestellt werden müßten. Das würde dazu führen, daß es zwei verschiedene Betrachtungsweisen des wichtigen Grundes, sozusagen einen doppelten Begriff desselben gäbe. Ein wichtiger Grund zur fristlosen Kündigung durch den Arbeitgeber liegt dann vor, wenn für ihn das Arbeitsverhältnis für die Zukunft untragbar geworden und es ihm unzumutbar ist, das Arbeitsverhältnis auch nur für die Dauer der Kündigungsfrist fortzusetzen. Dann soll er zu dessen sofortiger Lösung berechtigt sein. Würde die Tatsache der Nichtanhörung des Betriebsrats es dem Arbeitgeber verwehren oder auch nur erschweren, sich auf den wichtigen Grund zu berufen, so würde dadurch der Begriff des wichtigen Grundes verändert werden. Das würde aber der personenrechtlichen Struktur des Arbeitsverhältnisses widersprechen, die es nicht zuläßt, jemanden gegen seinen Willen an ein Arbeitsverhältnis zu binden, dessen Fortsetzung eben auch nur für die Dauer der Frist bei einer ordentlichen Kündigung unerträglich geworden ist. Entweder ist eine solche Fortsetzung zumutbar, oder sie ist es nicht. Über die Unzumutbarkeit hinaus gibt es nichts. Diese ist unbeeinflußbar durch eine Anhörung oder Nichtanhörung des Betriebsrats, zumal das Mitwirkungsrecht des Betriebsrats im Falle einer Kündigung sich doch auf ein Angehörtwerden beschränkt, nicht aber ein Mitgestaltungsrecht ist.

Daß die Nichtanhörung des Betriebsrats ohne Einfluß auf die Frage des wichtigen Grundes ist, hat der Senat in seiner Entscheidung BAG 1, 69 [77] bereits dadurch zum Ausdruck gebracht, daß er ausgesprochen hat, bei einer fristlosen Kündigung sei die Anhörung des Betriebsrats in der Regel (im allgemeinen) unmöglich oder unzumutbar. Hier ist auch im Fall einer Nichtanhörung des Betriebsrats einzig und allein nach den Regeln der Zumutbarkeit zu entscheiden.

Haben hiernach die Nichtanhörung und der wichtige Grund insofern nichts miteinander zu tun, als erstere nicht die Wirkung äußert, daß an den Begriff des wichtigen Grundes andere, und zwar schärfere Maßstäbe anzulegen sind als im Falle der Anhörung, so ist die Nichtanhörung bei einer fristlosen außerordentlichen Kündigung aber doch nicht überhaupt ohne jede Folgewirkung. Das ergibt sich bereits aus den §§ 38 Hess. BetrRG, 66 BetrVG. Diese erstrecken sich sowohl auf fristgemäße wie auf fristlose Kündigungen. Soll im Falle einer außerordentlichen fristlosen Kündigung das Mitwirkungsrecht des Betriebsrats nicht nur auf dem Papier stehen, so ist es erforderlich, der Nichtanhörung auch im Fall einer fristlosen Kündigung Bedeutung beizumessen.

Der Zweite Senat des Bundesarbeitsgerichts (BAG 2, 214) hat den Standpunkt vertreten, es sei bei einer Kündigung aus wichtigem Grund erforderlich, daß der Arbeitgeber den Sachverhalt in seiner Gänze würdigt. Dem schließt sich der erkennende Senat an. Unter diesem Blickwinkel ist die Anhörung des Betriebsrats auch im Fall einer fristlosen Kündigung nicht ohne mögliche Auswirkung; denn es sind durchaus auch bei einer fristlosen Entlassung aus wichtigem Grund Fälle denkbar, in denen es nicht auszuschließen ist, daß der Betriebsrat, wäre er gehört worden, bedeutsame Gesichtspunkte vorgetragen haben würde, welche dem Arbeitgeber Veranlassung gegeben hätten, von seiner Kündigungsabsicht abzugehen oder wenigstens die Kündigungsfrist durchzuhalten. Durch die Anhörung kann in solchen Fällen die Frage, ob ein wichtiger Grund vorliegt, verschoben werden. Läßt sich das feststellen, so hat der Arbeitgeber, der das Anhörungsrecht des Betriebsrats verletzt, den Sachverhalt bei Ausspruch der Kündigung nicht erschöpft und damit den Begriff des wichtigen Grundes verkannt. Die Nichtanhörung des Betriebsrats darf nicht zu einer Verschärfung der Merkmale des wichtigen Grundes führen, es muß aber wegen des Anhörungsgebotes — und zwar im Ergebnis auch im Interesse seiner Beachtung — die Prüfung erfolgen, ob nicht der Arbeitgeber damit die erforderliche umfassende Betrachtung unterlassen hat.

Der Senat ist der Auffassung, daß gerade der vorliegende Fall Besonderheiten in der eben aufgezeigten Richtung bietet. Es ist keineswegs ausgeschlossen, daß der Betriebsrat im Falle seiner vorherigen Anhörung Argumente vorgebracht hätte, die das beklagte Land bei seiner Entschließung nicht gekannt und deshalb nicht berücksichtigt hat, die ihm jedoch Veranlassung gegeben hätten, den vom Schicksal schwer verfolgten Kläger nicht fristlos zu entlassen. Zu denken ist dabei etwa daran, daß der Kläger nach seiner Tat Reue gezeigt oder Wiedergutmachung zugesagt haben könnte, was zwar nicht dem beklagten Land, wohl aber dem Betriebsrat bekannt gewesen und von diesem im Falle seiner Anhörung vorgebracht worden wäre, und zwar mit dem Erfolg, daß dem Kläger nicht fristlos gekündigt worden wäre. Kann derartiges festgestellt werden, so handelt es sich bei dem vorliegenden Fall nicht um einen solchen, in dem die Anhörung des Betriebsrats unmöglich oder unzumutbar im Sinne der Entscheidung BAG 1, 69 war. Wenn die Anhörung des Betriebsrats hier unterlassen worden ist, so sind deshalb nicht alle Umstände hinsichtlich des wichtigen Grundes erschöpfend gewürdigt und der Begriff des wichtigen Grundes ist nicht richtig angewandt worden.

Ob die vorgenannten Voraussetzungen hier vorliegen, hat das Landesarbeitsgericht, das den Fall unter diesen Gesichtspunkten nicht geprüft hat, obwohl er dazu mit Rücksicht auf das Schicksal des Klägers Veranlassung bietet, nicht festgestellt. Es handelt sich hierbei um tatsächliche Feststellungen, die vorzunehmen Sache der Tatsacheninstanz ist, an die der Rechtsstreit deshalb zurückverwiesen werden muß.

## 7

**Eine Bindung an Anrechnungen früherer Dienstzeiten durch vorhergehende Dienststellen gemäß § 7 Abs. 3 Satz 3 ATO besteht nicht.**

ATO § 7 Abs. 3 Satz 3.

III. Senat. Urteil vom 12. März 1957 i. S. W. (Kl.) w. L. V. (Bekl.)
3 AZR 538/54.

I. Arbeitsgericht Hannover. — II. Landesarbeitsgericht Bayern in München.

Aus den Gründen:

1. pp.

2. Das Berufungsgericht ist nach dem gesamten Inhalt seiner Entscheidung davon ausgegangen, daß die Kündigung des Klägers als eine ordentliche Kündigung anzusehen ist. Die Auslegung des Kündigungsschreibens als eine ordentliche Kündigung ist bedenkenfrei. Der hiergegen gerichtete Angriff der Revision des Beklagten ist unbegründet.

Es fragt sich jedoch, ob eine ordentliche Kündigung des Klägers nach § 16 Abs. 4 TO.A zulässig ist. Nach dieser Bestimmung ist ein Angestellter nach einer Dienstzeit von 25 Jahren unkündbar. Im vorliegenden den Falle kommt es also darauf an, ob dem Kläger seine frühere Dienstzeit als Baumeister in Berchtesgaden angerechnet werden kann. Nach § 7 Abs. 3 ATO besteht auf die Berücksichtigung von Dienstzeiten, die vor einer früheren Entlassung geleistet worden sind, kein Anspruch, wenn der Arbeitnehmer diese Entlassung selbst zu vertreten hatte. Dies ist hier der Fall; denn der Kläger ist nach der Entscheidung des Disziplinargerichts wegen eines Dienstvergehens entlassen worden. In einem solchen Falle kann nach § 7 Abs. 3 Satz 3 ATO der Behörden- oder Dienststellenleiter des Betriebes die ausfallende Dienstzeit nach billigem Ermessen berücksichtigen. Der Kläger meint, daß für den Beklagten in diesem Punkte eine Bindung bestehe, weil die Heeresbauverwaltung München ihm im Jahre 1938 das Treuedienstzeichen für eine 25jährige Dienstzeit im öffentlichen Dienst verliehen habe. Das Berufungsurteil läßt es dahingestellt, ob die Entscheidung der Heeresbauverwaltung in Kenntnis der disziplinären Entlassung des Klägers erfolgt sei und verneint eine Bindung des Beklagten an diese Entscheidung. Der Kläger greift diese Ansicht zu Unrecht an. Nach der Fassung des § 7 Abs. 3 Satz 3 ATO kann „der Behörden- oder Dienststellenleiter des Betriebes" die an sich ausfallende Dienstzeit im Einzelfall nach billigem Ermessen berücksichtigen. Es wird mithin schon nach dem Wortlaut der Bestimmung auf eine Entscheidung des Leiters des Betriebes, der den Arbeitnehmer einstellen will, abgestellt. Da die Entscheidung über die Anrechnung nach „billigem Ermessen" erfolgen soll, schließt dies auch sachlich eine Berücksichtigung der Interessen des jeweiligen Betriebes neben den Interessen des Arbeitnehmers ein. Es kann daher auch nach dem sachlichen Inhalt der Bestimmung eine Bindung an Anrechnungen dieser Dienstzeiten durch frühere Dienststellen nicht angenommen werden. Gegenüber dieser bestimmten Regelung muß der allgemeine Grundsatz, daß im öffentlichen Dienst geleistete Dienstzeiten zusammengerechnet werden sollen (§ 7 Abs. 1 ATO), zurücktreten. A. A. Bogs in Anm. zu AP 51 Nr. 156, der jedoch dem im § 7 Abs. 3 aufgestellten weiteren Grundsatz nicht gerecht wird, daß eben freiwilliges

Ausscheiden und Entlassung aus einem zu vertretenden Grunde die Zusammenziehung der öffentlichen Dienstzeiten zu einer Gesamtberechnung allgemein nicht begründen. Es kann dahingestellt bleiben, ob eine Bindung an eine früher vorgenommene Anrechnung dann anzunehmen ist, wenn der Behördenleiter des Betriebes diese Anrechnung kennt und hierzu bei der Einstellung des Arbeitnehmers keine Stellung nimmt. Dieser Fall liegt nicht vor. Der Kläger hat zwar darauf hingewiesen, daß ihm im Jahre 1938 das Treuedienstzeichen für 25jährige Dienstzeit verliehen worden ist. Die dieser Verleihung zu Grunde liegende Berechnung der Dienstzeit erfolgte aber nach der Durchführungsverordnung zur Verordnung über die Stiftung des Treuedienst-Ehrenzeichens vom 30. Januar 1938 (RGBl. I S. 49) nach anderen Grundsätzen und läßt sich mit der Regelung des § 7 ATO nicht vergleichen. Nach allem ist daher die ordentliche Kündigung des Klägers als zulässig anzusehen.

3. pp.
4. pp.

## 8

**1. Das Gesetz zur Wiederherstellung des Berufsbeamtentums vom 7. April 1933 (RGBl. I, 175) ist durch das Kontrollratsgesetz Nr. 1 nicht mit rückwirkender Kraft, sondern nur für die Zukunft aufgehoben worden.**

**2. Einem Angestellten, dem auf Grund dieses Gesetzes oder seiner Durchführungsverordnungen gekündigt und ein geringeres als das erdiente Ruhegehalt gewährt worden ist, stehen infolge der Aufhebung des Gesetzes, vorbehaltlich eines etwaigen Wiedergutmachungsanspruchs nach dem Gesetz zur Regelung der Wiedergutmachung nationalsozialistischen Unrechts für Angehörige des öffentlichen Dienstes, höhere Ruhegehaltsansprüche nicht zu.**

Gesetz zur Wiederherstellung des Berufsbeamtentums vom 7. April 1933 (RGBl. I S. 175)

IV. Senat. Urteil vom 20. März 1957 i. S. O. (Bekl.) w. AOK S (Kl.) 4 AZR 217/55

I. Arbeitsgericht Solingen. — II. Landesarbeitsgericht Düsseldorf.

Der am 15. Mai 1894 geborene Beklagte trat 1915 als Geschäftsführer in den Dienst der Klägerin und wurde 1930 als dienstordnungsmäßiger Angestellter auf Lebenszeit übernommen.

Auf Grund der Nr. 6 der Zweiten Verordnung zur Durchführung des Gesetzes zur Wiederherstellung des Berufsbeamtentums (BBG) vom 4. Mai 1933 (RGBl. I S. 233) kündigte die Klägerin dem Beklagten zum 31. März 1935. Vom 1. April 1935 ab erhielt er die in dieser Vorschrift (in der Fassung der Dritten Verordnung zur Änderung und Ergänzung der Zweiten Durchführungsverordnung vom 7. Mai 1934, RGBl. I S. 373) vorgesehenen Bezüge in Höhe von drei Vierteln des erdienten Ruhegehalts.

Im Mai 1945 stellte die Klägerin die Zahlung der Versorgungsbezüge ein. Nachdem der Beklagte am 22. September 1948 im Entnazifizierungsverfahren in die Kategorie IV eingestuft worden war, gewährte ihm die Klägerin für die Zeit vom 1. April 1949 ab wieder Versorgungsbezüge in der in Nr. 6 der Zweiten Verordnung zur Durchführung des BBG vorgesehenen Höhe unter Brücksichtigung der Ersten Verordnung der Landesregierung von Nordrhein-Westfalen zur Sicherung der Währung und öffentlichen Finanzen vom 19. März 1949 (GVBl. NRW S. 25, Erste Sparverordnung). Mit Bescheid vom 7. November 1950 stufte der Entnazifizierungshauptausschuß — Pensionsüberprüfungsausschuß — in Düsseldorf den Beklagten in die Kategorie V ein und erkannte ihm „das volle gesetzliche Ruhegehalt entsprechend der Dritten Sparverordnung vom 19. März 1949" (GVBl. NRW S. 29) zu. Die Klägerin setzte darauf das Ruhegehalt des Beklagten durch Bescheid vom 22. November 1950 wiederum nach Maßgabe der Zweiten Durchführungsverordnung zum BBG und der Ersten Sparverordnung fest.

Gegen den Festsetzungsbescheid der Klägerin vom 22. November 1950 rief der Beklagte erfolglos das Versicherungsamt an. Auf seine Beschwerde verurteilte das Oberversicherungsamt die Klägerin durch Beschluß vom 3. März 1952, dem Beklagten das Ruhegehalt in der jeweils gesetzlichen Höhe zu gewähren, und zwar ab 1. April 1949 nach der Ersten Sparverordnung und ab 1. Oktober 1950 nach der Dritten Sparverordnung.

Die Klägerin hat gegen diese Entscheidung fristgemäß nach § 358 RVO Klage erhoben. Nachdem das Arbeitsgericht diese Klage abgewiesen hatte, hat das Landesarbeitsgericht antragsgemäß festgestellt, daß der Beklagte keine höheren Versorgungsansprüche als 75 % der jeweiligen Versorgungsbezüge habe, und hat den Beklagten verurteilt, an die Klägerin 4590,30 DM zurückzuzahlen.

Die Revision des Beklagten blieb ohne Erfolg.

Aus den Gründen:

Mit Recht hat das Landesarbeitsgericht das Gesetz zur Regelung der Rechtsverhältnisse der unter Art. 131 des Grundgesetzes fallenden Personen unberücksichtigt gelassen. Nach § 63 Ges. 131 finden die dort genannten Vorschriften dieses Gesetzes auf bestimmte versorgungsberechtigte Personen dann Anwendung, wenn diese keine oder keine entsprechende Versorgung mehr erhalten. Der Beklagte aber erhält die ihm zustehende Versorgung.

Zutreffend führt das Berufungsgericht aus, daß dem Beklagten auch nach Aufhebung des BBG und seiner Durchführungsverordnungen nur die in der Zweiten Durchführungsverordnung vorgesehenen drei Viertel des erdienten Ruhegehalts zustehen. Denn die Aufhebung des BBG und der zu seiner Durchführung erlassenen Verordnungen durch das Gesetz Nr. 1 des Kontrollrats hatte nicht etwa zur Folge, daß die auf Grund des BBG und seiner Durchführungsverordnungen getroffenen Maßnahmen rückwirkend beseitigt wurden. Das Kontrollratsgesetz hat die Gesetze der nationalsozialistischen Zeit nur für die Zukunft aufgehoben (BGHZ 5, 76 [94 f.]). Davon geht auch die Gesetzgebung zur Wiedergutmachung nationalsozialistischen Unrechts aus. So gewährt das Gesetz zur Regelung der Wiedergutmachung nationalsozialistischen Unrechts für Angehörige des öffentlichen Dienstes vom 18. März 1952 (BGBl. I S. 137) Beamten und Angestellten unter bestimmten Voraussetzungen Entschädigung für die in der nationalsozialistischen Zeit erfolgte Entziehung oder Kürzung von Versorgungsbezügen. Durch die dem Beklagten auf Grund des BBG ausgesprochene Kündigung ist somit sein Dienstverhältnis rechtswirksam beendet worden, wie es übrigens schon durch Urteil des Reichsarbeitsgerichts rechtskräftig festgestellt worden ist. Da ein Versorgungsfall während der Dauer des Dienstverhältnisses des Beklagten nicht eingetreten ist, stehen ihm Versorgungsbezüge auch nur in dem Umfange zu, wie sie ihm die Zweite Durchführungsverordnung zum BBG gewährt hat. Denn eine sonstige Rechtsgrundlage für Versorgungsansprüche besteht nicht.

Höhere Versorgungsbezüge stehen dem Beklagten auch auf Grund der Entscheidung des Entnazifizierungs- (Pensionsüberprüfungs-)Ausschusses nicht zu. Wenn diese Entscheidung dem Beklagten „das volle gesetzliche Ruhegehalt entsprechend der Dritten Sparverordnung vom 19. März 1949" zuerkennt, so ist das, wie das Berufungsgericht zutreffend dargelegt hat, dahin auszulegen, daß dem Beklagten die ihm zustehende Versorgung in vollem Umfange belassen wird. Diese Auslegung stimmt mit dem Wortlaut der Entscheidung überein. Denn das gesetzliche Ruhegehalt ist das dem Beklagten nach den gesetzlichen Bestimmungen, also nach der Zweiten Durchführungsverordnung zum BBG zustehende Ruhegehalt. Wenn ausdrücklich gesagt wird, daß dem Beklagten das volle gesetzliche Ruhegehalt zuerkannt werde, so wird damit nur zum Ausdruck gebracht, daß gegen ihn keine Sühnemaßnahme verhängt werde. Der Hinweis auf die Dritte Sparverordnung besagt nur, daß das Ruhegehalt des Beklagten den allgemeinen Kürzungen dieser Verordnung unterliege. Es besteht kein Grund anzunehmen, daß der Ausschuß dem Beklagten eine höhere Pension zubilligen wollte, als diesem nach dem Gesetz zustand. Hierfür fehlte dem Ausschuß auch jede Zuständigkeit. Denn seine Aufgabe war es lediglich, darüber zu entscheiden, ob und welche Sühnemaßnahmen gegen ehemalige Nationalsozialisten, zu denen der Beklagte gehört, zu verhängen waren. Hingegen war der Ausschuß nicht befugt, eine Besserstellung ehemaliger Nationalsozialisten gegenüber der bisherigen Rechtslage dieser Personen zu verfügen. Sollte dies der Ausschuß mit seiner Entscheidung gleichwohl beabsichtigt haben, so wäre sie insoweit mangels jeglicher Rechtsgrundlage nichtig.

## 9

**1. Die Gerichte für Arbeitssachen sind bei der Entscheidung von Ansprüchen aus dem Einzelarbeitsverhältnis nicht gehalten, von Amts wegen zu prüfen, ob das Arbeitsverhältnis von tariflichen Normen beherrscht wird.**

**2. Ergibt sich jedoch aus dem Parteivortrag, daß tarifliche Normen für die Entscheidung erheblich sein könnten, so haben die Gerichte für Arbeitssachen den Inhalt dieser Rechtsnormen nach den Grundsätzen des § 293 ZPO zu ermitteln.**

**3. Der Grundsatz der Tarifeinheit schließt nicht nur aus, daß ein Arbeitsverhältnis von mehreren konkurrierenden Tarifverträgen geordnet wird, sondern besagt auch, daß alle Arbeitsverhältnisse in dem Betrieb grundsätzlich nach demselben Tarifvertrag geordnet werden.**

**4. Hat der Betrieb verschiedene Zwecke, so ist für die Tarifanwendung die Betriebstätigkeit maßgebend, die dem Betriebe überwiegend das Gepräge gibt. Der Tarif ist anzuwenden, der der zur Erreichung des Betriebszweckes in dem Betriebe überwiegend geleisteten Arbeit am meisten entspricht.**

TVG §§ 1, 3, 4; ZPO § 293.

I. Senat. Urteil vom 29. März 1957 i. S. D. (Kl.) w. die Firma H. GmbH (Bekl.). 1 AZR 208/55.

I. Arbeitsgericht Essen. — II. Landesarbeitsgericht Düsseldorf.

Der Kläger war seit dem 24. März 1954 bei der Beklagten, einem Unternehmen, das sich mit der Herstellung und Anbringung von Blitzschutzanlagen sowie mit Ausbesserungsarbeiten an Kaminen (nicht mit der Neuerrichtung von Kaminen) beschäftigt, als Kaminbauer tätig. Das Arbeitsverhältnis endete am 7. Mai 1955 durch eine von der Beklagten ausgesprochene außerordentliche Kündigung.

Der Kläger hat mit der am 17. Juni 1954 zur Niederschrift der Rechtsantragsstelle erklärten und am 19. Juni 1954 der Beklagten zugestellten Klage Ansprüche auf Auszahlung eines seiner Behauptung nach rückständigen Lohnes in Höhe von 467,50 DM geltend gemacht. Er ist jedoch in den beiden Vorinstanzen mit der Klage abgewiesen. Sowohl das Arbeitsgericht wie das Landesarbeitsgericht sind in ihren Entscheidungen davon ausgegangen, daß das Arbeitsverhältnis zwischen dem Kläger und der Beklagten den normativen Regelungen des allgemein verbindlichen Rahmentarifvertrages für das Baugewerbe (RTV) unterliege. Etwa dem Kläger noch zustehende Ansprüche aus dem Arbeitsverhältnis seien nach § 9 RTV Bau verfallen, da der Kläger solche Ansprüche nicht in der Frist und in der Form des § 9 rechtzeitig geltend gemacht habe. Dies gelte auch dann, wenn die Beklagte den RTV entgegen § 7 TVG nicht an geeigneter Stelle im Betriebe ausgelegt habe.

Mit der Revision macht der Kläger geltend, der RTV finde deshalb auf das Arbeitsverhältnis keine Anwendung, weil der Betrieb der Beklagten sich nicht mit der Neuerrichtung von Kaminen beschäftigte. Auch könne die Beklagte sich nicht auf die Verfallklausel des § 9 RTV berufen, weil sie den RTV in ihrem Betriebe nicht ausgelegt habe und dadurch, daß sie den Kläger im Akkord habe beschäftigen wollen, den Anschein erweckt habe, daß der RTV auf das Arbeitsverhältnis keine Anwendung finde. Die Vereinbarung von Akkordlohn sei nämlich nach dem RTV Bau unzulässig.

Die Revision führte zur Aufhebung des angefochtenen Urteils und zur Zurückverweisung an das Landesarbeitsgericht.

Aus den Gründen:

Das Berufungsgericht ist in seiner Entscheidung davon ausgegangen, daß das Arbeitsverhältnis der Parteien dem RTV unterstanden habe und daß deshalb der Kläger gehalten gewesen sei, seine vermeintlichen Ansprüche in der Frist und Form des § 9 RTV geltend zu machen. Die Feststellung, daß dieser RTV auf das Arbeitsverhältnis der Parteien Anwendung gefunden hat, ist aber nach dem der Beurteilung des Revisionsgerichts zugrundeliegenden Sachverhalt noch nicht zu rechtfertigen.

In dem Schriftsatz vom 18. Februar 1955 hat die Beklagte ausgeführt, sie sei gehalten, für Richt- und Ausbesserungsarbeiten an Kaminen die Löhne nach dem RTV zu zahlen und hat hinzugesetzt: „Soweit die Beklagte Blitzschutzanlagen errichtet oder ausbessert, ist dafür ein gesonderter Tarif maßgebend". Auch auf diesen Schriftsatz hat das Landesarbeitsgericht in dem Tatbestand seines Urteils dadurch verwiesen, daß es „wegen weiterer Einzelheiten des Parteivorbringens auf den vorgetragenen Akteninhalt" Bezug genommen hat. Dieser Hinweis der Beklagten hätte dem Landesarbeitsgericht zu der Prüfung Anlaß geben müssen, ob ein solcher „gesonderter Tarif für die Errichtung und Ausbesserung von Blitzschutzanlagen" bestand und ob die Parteien an ihn tarifgebunden sein können, ob sie also unter die Tarifwirkung dieses besonderen Tarifes fallen können. Die Gerichte für Arbeitssachen sind zwar nicht gehalten, von Amts wegen nachzuprüfen und insoweit von Amts wegen Ermittlungen anzustellen, ob ein ihrer Beurteilung unterliegendes Arbeitsverhältnis überhaupt tariflich geregelt ist. Denn bei den Tarifvertragsnormen, die ein Arbeitsverhältnis regeln können, handelt es sich nicht um staatliches Gesetzesrecht, sondern um kraft der Ermächtigung des Tarifvertragsgesetzes von den Tarifvertragsparteien gesetztes autonomes Recht. Solches von den Tarifvertragsparteien gesetzte autonome Recht, das Gesetz im materiellen Sinne ist, muß nach den Grundsätzen des § 293 ZPO behandelt werden (RAG 14, 268; Rosenberg, Lehrbuch § 112 IV). Ergibt sich daher aus dem Vortrag der Parteien im Rechtsstreit, daß tarifliche Normen bestehen oder bestehen könnten, die für die Entscheidung des Rechtsstreites erheblich sein könnten, so muß das Gericht diesem Vortrag nach Maßgabe des § 293 ZPO nachgehen. Es muß diese etwaigen tariflichen Normen ermitteln und daraufhin prüfen, ob sie auch das der Entscheidung unterliegende Arbeitsverhältnis betreffen.

Denn das Bestehen eines solchen anderen Tarifvertrags könnte die Entscheidung dieses Rechtsstreites beeinflussen. Dies wäre dann möglich, wenn auch ein Tarifvertrag „über die Errichtung und Ausbesserung von Blitzschutzanlagen" besteht und das zwischen den Parteien bestehende Arbeitsverhältnis nach seinem räumlichen, betrieblichen, fachlichen, persönlichen und zeitlichen Geltungsbereich erfaßt und wenn die Parteien dieses Rechtsstreites auch persönlich tarifgebunden sind, sei es daß sie den Tarifvertragsparteien dieses Tarifvertrages als Mitglieder angehören oder weil auch dieser Tarifvertrag ebenso wie der RTV Bau für allgemein verbindlich erklärt worden ist. In diesem Fall besteht die Möglichkeit, daß der RTV Bau auf das Arbeitsverhältnis der Parteien überhaupt keine Anwendung findet: nämlich dann, wenn nach dem Grundsatz der Tarifeinheit nur der Tarif für die „Errichtung und Ausbesserung von Blitzschutzanlagen" auf den Betrieb der Beklagten zur Anwendung kommt. Nach dem Grundsatz der Tarifeinheit ist nicht nur auf ein und dasselbe Arbeitsverhältnis nur ein Tarifvertrag anzuwenden; dieser Grundsatz besagt vielmehr auch, daß in jedem Betrieb grundsätzlich für alle in diesem Betrieb begründeten Arbeitsverhältnisse nur ein Tarifvertrag anzuwenden ist (vgl. dazu Hueck-Nipperdey, Lehrbuch des Arbeitsrechts, 6. Aufl., S. 361, 463). Eine bestehende Tarifkonkurrenz, also der Fall, daß mehrere Tarifverträge auf ein Arbeitsverhältnis nach ihrem räumlichen, tariflichen, fachlichen, zeitlichen und persönlichen Geltungsbereich Anwendung finden könnten, ist dahin zu lösen, daß der Tarifvertrag anzuwenden ist (und damit nach dem Grundsatz der Tarifeinheit die Anwendung des oder der anderen Tarifverträge ausschließt), der der Eigenart und den besonderen Bedürfnissen des Betriebes und der in ihm beschäftigten Arbeitnehmer nach der Zielsetzung des Betriebes und der zur Erreichung dieses Zieles verlangten und geleisteten Arbeit am meisten entspricht. Dabei ist entscheidend die Betriebstätigkeit, die im Betriebe überwiegt und dem Betrieb und der in ihm geleisteten Arbeit das Gepräge gibt. Der danach anzuwendende Tarifvertrag schließt grundsätzlich die Anwendung konkurrierender Tarifverträge aus, es sei denn, daß organisatorisch eindeutig auch nach dem Produktionsziel getrennte Betriebe oder ein echter Mischbetrieb vorliegt, bei denen ausnahmsweise die Arbeitsverhältnisse verschiedenen für die einzelnen so getrennten Geschäftszweige anwendbaren Tarifverträgen unterstehen könnten.

Das Landesarbeitsgericht wird sonach im Hinblick auf den Vortrag der Beklagten unter Anwendung der Grundsätze des § 293 ZPO zu prüfen haben, ob ein solcher besonderer Tarifvertrag „für die Errichtung und Ausbesserung" von „Blitzschutzanlagen" besteht, ob die Parteien des Arbeitsverhältnisses an diesen gebunden sind und zur Anwendung welches Tarifvertrages der Grundsatz der Tarifeinheit führt. Die Nachprüfung kann auch zu dem Ergebnis führen, daß das Arbeitsverhältnis von keinem Tarif erfaßt wird (Hueck-Nipperdey, II

S. 361 Anm. 25). Bei der Ermittlung der tariflichen Rechtsnormen ist das Landesarbeitsgericht nach § 293 ZPO nicht auf die von den Parteien erbrachten Nachweise beschränkt, es darf vielmehr auch andere Erkenntnisquellen benutzen und insoweit das Erforderliche von Amts wegen anordnen. Eine Feststellung dahin, daß der RTV Bau auf das Arbeitsverhältnis anzuwenden war, ist jedenfalls zur Zeit noch nicht möglich; deshalb kann der Senat auch nicht zu der Frage Stellung nehmen, welche Folgen eine Verletzung des § 7 TVG durch die Beklagte haben würde.

## 10

**Unter den Begriff der Teilnahme an der Arbeitsniederlegung als solcher fallen außer der eigentlichen Arbeitsniederlegung Handlungen, die sich im Rahmen der Gesetze halten und mit dem Streik aufs engste verbunden sind. Nicht darunter fallen Maßnahmen, die besonders von der Rechtsordnung geschützte Interessen verletzen, deren Verletzung der Streik als solcher keineswegs erfordert.**

GG Art. 9 (Arbeitskampf; ArbGG §§ 67, 69, 72; ZPO §§ 232, 272 b, 529.

I. Senat. Urteil vom 29. März 1957 i. S. L. (Kl.) w. die Firma F. W. (Bekl.) 1 AZR 547/55.

I. Arbeitsgericht Nürnberg. — II. Landesarbeitsgericht Bayern in Nürnberg.

Der Kläger, 62 Jahre alt, verheiratet und Vater von zwei Kindern, war bei der Beklagten seit 1938, zuletzt als Pförtner, beschäftigt. Er leidet an Herzmuskelschwäche und ist zu 60 % erwerbsbeschränkt.

Im Zuge des bayerischen Metallarbeiterstreiks wurde auch der Betrieb der Beklagten bestreikt, und zwar vom 11. August 1954 an. An diesem Streik beteiligte sich der Kläger. Unter dem 12. August 1954 schrieb ihm deshalb die Beklagte:

„Sie haben am 11. August 1954 streikweise Ihre Arbeit niedergelegt.

Wir verständigen Sie hiermit von der fristlosen Lösung Ihres Arbeitsverhältnisses mit uns.

Eventuelle Lohn- und Gehaltsansprüche können nach Beendigung des Streiks geltend gemacht werden.“

Am 26. August 1954 schrieb sie ihm:

„Im Nachtrag zu unserer fristlosen Entlassung vom 12. August 1954 kündigen wir Ihnen noch vorsorglich wegen Arbeitsmangels zum nächstzulässigen Termin

d. i. zum 25. September 1954."

Der Streik wurde am 1. September 1954 durch Schiedsspruch vom 27. August 1954 beendet, dessen Ziffer 8 folgenden Wortlaut hat:

„Maßregelungen aus Anlaß der Lohn- und Gehaltsbewegung sowie des Streiks sind unzulässig.

Arbeitnehmer, die lediglich wegen Teilnahme an der Arbeitsniederlegung als solcher entlassen worden sind, werden zu den alten Rechten unverzüglich wieder eingestellt, soweit nicht zwingende Gründe eine spätere Arbeitsaufnahme bedingen.

Die nachweisbare Beleidigung oder Benachteiligung von Arbeitnehmern wegen Nichtteilnahme oder Teilnahme am Streik in Wort und Tat nach Arbeitsaufnahme ist ein Grund zur fristlosen Entlassung."

Der Kläger wurde nicht wieder eingestellt. Er hat deshalb am 13. September 1954 Klage erhoben, mit der er die Verurteilung der Beklagten, ihn, den Kläger, unverzüglich wieder einzustellen, begehrt hat.

Die Beklagte hält sich zur Wiedereinstellung für nicht verpflichtet, da der Kläger als Streikposten am 23. August 1954 einen Arbeitswilligen unter Drohen mit der Faust mit folgenden Worten beschimpft habe:

„Du warst schon immer eine große Drecksau, jetzt bist Du noch eine größere. Die anderen, wo drin sind, sind dieselben Drecksäue."

Arbeitsgericht und Landesarbeitsgericht haben die Klage abgewiesen. Die Beweisanträge des Klägers aus der Berufungsbegründung und aus dem Verhandlungstermin 2. Instanz hinsichtlich der Beschimpfung hat das Landesarbeitsgericht als verspätet zurückgewiesen, da sie der Kläger in 1. Instanz trotz Setzung einer Ausschlußfrist zu stellen unterlassen habe.

Mit seiner Revision verfolgt der Kläger den Antrag weiter. Er rügt die Zurückweisung seiner Beweisanträge wegen Verspätung. Ferner wendet er sich gegen die Ansicht des Landesarbeitsgerichts, daß seine oben wiedergegebene Bemerkung, wenn sie gefallen wäre, ausreichen würde, um seine Nichtwiedereinstellung zu rechtfertigen.

Die Revision hatte Erfolg.

### Aus den Gründen:

Das Landesarbeitsgericht hat festgestellt, daß der Kläger den Zeugen D. beschimpft hat. Es gründet diese Feststellung auf die Aussagen des Zeugen D. in erster und zweiter Instanz und hat angenommen, daß diese Beschimpfung über den Begriff der Teilnahme am Streik als solcher, von der der Schiedsspruch spricht, hinausgeht und deshalb die Wiedereinstellungspflicht beseitigt. Der Kläger hat mit der Revision dagegen die prozessuale Rüge mangelnder Sachaufklärung sowie die materiell-rechtliche Rüge einer falschen Auslegung der tariflichen Maßregelungsklausel erhoben.

Die materiell-rechtliche Rüge (ihre Prüfung ist vorwegzunehmen; denn wenn sie durchgreifen würde, käme es auf die Rüge mangelnder Sachaufklärung nicht an) greift nicht durch. Vielmehr ist die Auslegung des Schiedsspruchs, der von der Teilnahme am Streik als solcher spricht, vom Vorderrichter rechtsirrtumsfrei vorgenommen worden.

Ziffer 8 Absatz 2 des Schiedsspruchs spricht zwar nur von Kündigungen, die lediglich wegen Teilnahme an der Arbeitsniederlegung als solcher ausgesprochen worden sind. Es kann hieraus aber nicht der Schluß gezogen werden, daß alle zwischen dem Ausspruch einer solchen Kündigung und dem Zeitpunkt der Beendigung des Streiks liegenden Handlungen eines Streikenden ohne Bedeutung für die Frage der Wiedereinstellungspflicht wären. Einer solchen Auslegung, die auf eine nachträgliche Sanktionierung auch der ärgsten Streikexzesse — wenn sie nur nach Ausspruch der Kündigung erfolgt sind — hinauslaufen würde, wird weder vom Vorderrichter noch vom Kläger selbst das Wort geredet. Ziffer 8 Absatz 2 des Schiedsspruchs kann vielmehr nur als ein Unterfall des Abs. 1 angesehen werden, der Maßregelungen anläßlich der Arbeitsniederlegung verbietet. Richtig verstanden — und davon gehen beide Parteien auch zutreffend aus — will Ziffer 8 Absatz 2 des Schiedsspruchs ohne Rücksicht auf die Motivierung einer Kündigung die Wiedereinstellungspflicht des Arbeitgebers nur in all den Fällen begründen, in denen der streikende Arbeitnehmer nichts anderes und nichts weiteres getan hat, als sich auf die Teilnahme an der Arbeitsniederlegung als solche zu beschränken.

Nach der Auffassung des Senats fallen entgegen der Ansicht von Dietz (Samml. ArbG 54, 89 ff.) unter den Begriff der Teilnahme an der Arbeitsniederlegung als solcher außer der eigentlichen Arbeitsniederlegung auch etwa die Mitwirkung in der Streikleitung, das Streikpostenstehen, wenn es sich auf gütliches Zureden, nicht im Betrieb zu arbeiten, beschränkt, und sonstige, sich im Rahmen der Gesetze mit dem Streik aufs engste verbundene Einwirkungen auf Arbeitskollegen. Vgl. hierzu Hueck-Nipperdey, Lehrbuch, 6. Aufl., Bd. 2 S. 215. Dagegen muß dort eine Grenze gezogen werden, wo der betreffende Arbeitnehmer über eine bloße Teilnahme am Streik als solche hinausgegangen ist. Der Senat ist der Auffassung, daß durch diese Klausel solche Maßnahmen nicht gerechtfertigt sind, die besonders von der Rechtsordnung geschützte Interessen verletzen, deren Verletzung der Streik als solcher keineswegs erfordert. Gegen solche geschützten Interessen, deren Verletzung durch den Streik als solchen nicht gerechtfertigt ist, verstoßen aber nicht nur Tätlichkeiten, sondern auch Beleidigungen. Auch die Ehre ist in der deutschen Rechtsordnung durch die Gesetze besonders geschützt. Dabei kommt es nicht darauf an, ob sich der Angriff, wenn er mit dem Streik im Zusammenhang steht, gegen die Ehre des Arbeitgebers oder eines Arbeitskollegen richtet.

Der Vorderrichter hat hiernach mit Recht in dem Drohen mit der Faust und in der Äußerung des Klägers gegenüber dem Zeugen D., einem Mann mittleren Alters, eine Beleidigung gesehen, die in unmittelbarem Zusammenhang mit dem Streik erfolgt ist. Der Senat verkennt nicht, daß zwischen Arbeitskollegen, namentlich auch in Streikzeiten, manchmal ein rauher Ton in Rechnung gestellt werden muß; aber die hier in Frage kommenden Worte gehen durchaus über das zulässige Maß hinaus.

Daß es der Wille des Schiedsspruchs ist, solche Handlungen, wie sie der Kläger nach den Feststellungen des Vorderrichters begangen hat, als den Wiedereinstellungsanpruch beseitigend anzusehen, folgt auch aus dem dritten Absatz des § 8 des Schiedsspruchs, der zwar von Beleidigungen handelt, die n a c h der Arbeitswiederaufnahme erfolgt sind, aber doch erkennen läßt, daß auch frühere Ehrverletzungen nicht bedeutungslos sein sollten.

Der Senat kommt also zu dem Ergebnis, daß der Kläger mehr getan hat, als sich nur am Streik zu beteiligen, falls die Feststellungen des Vorderrichters zutreffen. Hat aber der Kläger mehr getan, als zur Teilnahme am Streik als solcher gehört, so bietet ihm auch § 19 Abs. 5 SchwBeschG keinen Sonderschutz. Auch nach dieser Vorschrift ist eine Wiedereinstellungspflicht nur gegeben, wenn der Schwerbeschädigte nicht mehr getan hat, als „lediglich" am Streik teilzunehmen. Wenn er jedoch darüber hinausgegangen ist, so kommt es auch hier nicht darauf an, zu welchem Zeitpunkt er das getan hat, insbesondere ob vor oder nach der Kündigung (vgl. Willrodt-Gotzen, SchwBeschG § 19 Anm. 48). Sind die tatsächlichen Feststellungen des Vorderrichters hierzu rechtlich einwandfrei getroffen, so ist das Berufungsurteil also zutreffend, zumal der Kläger nichts vorgetragen hat, was seine Verhaltensweise zu rechtfertigen vermöchte. Deshalb kommt es entscheidend nur noch darauf an, ob die prozessuale Rüge des Klägers durchgreift.

Im ersten Rechtszug war dem — übrigens nicht beweispflichtigen — Kläger zur Beibringung seiner Beweismitel eine Ausschlußfrist gesetzt worden, die er ungenutzt hatte verstreichen lassen. In der Berufungsbegründung hat er zu dem maßgeblichen Vorfall die Zeugen F., S. und G., in der Schlußverhandlung 2. Instanz dazu noch den Zeugen S. benannt. Von dessen Willen will er erst kurz vorher Kenntnis erhalten haben. Das hat er jedoch erst im dritten Rechtszug vorgebracht. Weder im — nicht berichtigten — Protokoll der zweitinstanzlichen Schlußverhandlung noch im — nicht berichtigten — Berufungsurteil ist davon etwas gesagt.

Das Landesarbeitsgericht hat, nachdem die Berufungsbegründung am 24. August 1955 eingegangen war, am 3. September 1955 Termin auf den 4. Oktober 1955 bestimmt und die Beklagte ersucht, den Zeugen D. zum Termin zu stellen. Der Zeuge wurde im Termin vernommen. Weitere Beweiserhebung hat das Landesarbeitsgericht abgelehnt. Ob der Kläger, wie dieser vorgetragen hat, seinen Prozeßbevollmächtigten gebeten hat, die Zeugen schon im ersten Rechtszug zu benennen, hat es als unerheblich bezeichnet.

Zutreffend ist es zwar, wenn das Berufungsgericht auch im Falle der §§ 67 ArbGG, 529 ZPO das Verschulden des Prozeßbevollmächtigten dem der Partei gleichstellt (vgl. Baumbach, ZPO, 24. Aufl., § 279 Anm. 1 C); denn § 232 Abs. 2 ZPO enthält einen allgemeinen Rechtsgedanken, der auf den gesamten Zivilprozeß anwendbar ist. Auch stellt der Vorderrichter ein solches Verschulden zutreffend fest.

§ 529 Abs. 2 ZPO verbietet die Zulassung neuer Beweismittel, die (wie hier hinsichtlich der in der Berufungsbegründung benannten 3 Zeugen nach dem eigenen Vortrag des Klägers) schon im ersten Rechtszug hätten geltend gemacht werden können, wenn das Nichtvorbringen in 1. Instanz weder auf Verschleppungsabsicht noch auf grober Nachlässigkeit beruht, wenn bereits in 1. Instanz eine Zurückweisung hätte erfolgen können und wenn die Berücksichtigung der neuen Beweismittel die Erledigung des Prozesses verzögern würde. Daß die letztere Voraussetzung zuträfe, wird zu Unrecht und ohne jede Begründung vom Vorderrichter angenommen.

Es muß sich im Fall des § 529 Abs. 2 ZPO um eine objektive Verzögerung handeln (Dietz-Nikisch, ArbGG, § 67 Anm. 6). Kann eine Verzögerung dadurch ausgeschlossen werden, daß das Gericht von der Möglichkeit des § 272 b ZPO Gebrauch macht, so darf keine Zurückweisung erfolgen (Baumbach, a. a. O., § 529 Anm. 2 B). Die Vorschrift des § 529 ZPO ist weder Selbstzweck, noch trägt sie Strafcharakter. Auch § 67 ArbGG kann hier eine Zurückweisung nicht rechtfertigen, da er sich lediglich auf eine Verzögerung innerhalb der Berufungsinstanz bezieht (Dersch-Volkmar, ArbGG, 6. Aufl., § 67 Anm. 5, 7 und 11).

Hiernach durfte der Vorderrichter die Beweisanträge aus der Berufungsbegründung nicht übergehen. Ebenso wie den Zeugen D. konnte er die drei Zeugen des Klägers noch zum Termin bestellen und vernehmen. Da er den Zeugen D. noch vernommen hat, wäre, wenn er den Beweisanträgen des Klägers nachgegangen wäre, eine Verzögerung des Rechtsstreits nicht eingetreten.

Es kann auch nicht unterstellt werden, die drei Zeugen des Klägers hätten das Gericht doch nicht von der Unrichtigkeit der Aussage des Zeugen D. überzeugen können. Das würde eine unzulässige, weil vorweggenommene Beweiswürdigung bedeuten. Zudem ergibt die Begründung des Berufungsurteils, daß der Vorderrichter die Beweisaufnahme nicht auf Grund einer solchen Erwägung unterlassen hat.

Ist hiernach die — den prozessualen Vorschriften entsprechende — Prozeßrüge des Klägers hinsichtlich der Nichtvernehmung der in der Berufungsbegründung benannten 3 Zeugen begründet, so daß eine Zurückverweisung erfolgen muß, so gilt das jedoch nicht hinsichtlich der Zeugenbenennung S. Weder nach dem Protokoll noch nach dem Urteil des Berufungsrechtszuges hat der Kläger darauf hingewiesen, daß er den Zeugen nicht eher hätte benennen können. Der Vorderrichter konnte das also bei seiner Entscheidung nicht berücksichtigen. Dann aber ist ein Ermessensverstoß bei der Nichtzulassung dieses Beweismittels nicht festzustellen, da dieser Zeuge gemäß § 67 ArbGG grundsätzlich spätestens in der Berufungsbegründung hätte benannt werden müssen. Ob der Vorderrichter den Zeugen S. bei der erneuten Verhandlung vernimmt, unterliegt seinem Ermessen im Rahmen des § 67 ArbGG.

## 11

**1. Zur Entscheidung über die Fragen des Besitzrechts an den Betriebsratsakten sind die Arbeitsgerichte zuständig.**

**2. Urteils- und Beschlußverfahren schließen einander aus. Alle Streitigkeiten über betriebsverfassungsrechtliche Fragen sind im Be-**

**schlußverfahren zu entscheiden. Hierzu gehört auch ein Streit über das Besitzrecht an den Betriebsratsakten, mag er innerhalb des Betriebsrats selbst oder zwischen dem Arbeitgeber und dem Betriebsrat oder einzelnen seiner Mitglieder ausgetragen werden.**

ArbGG §§ 2 Abs. 1 Ziff. 4, 80; BetrVG § 82.

I. Senat. Beschluß vom 3. April 1957 i. S. W.-G. (Kl.) w. L. (Bekl.)
1 AZR 289/55.

Aus den Gründen:

I.

Der Beklagte war Betriebsratsvorsitzender im Betrieb der Klägerin. Am 30. Oktober 1954 wurde ihm und zwei anderen Betriebsratsmitgliedern fristlos gekündigt. Zwei weitere Betriebsratsmitglieder verblieben im Betrieb. Diese forderten am 16. November 1954 den Beklagten auf, die in seinem Besitz befindlichen Betriebsratsakten an sie herauszugeben. Am 22. November 1954 lehnte der Beklagte die Herausgabe ab und stellte Einsichtnahme anheim. Der Betriebsrat wurde nach dieser Einsichtnahme auf die Zahl von fünf Mitgliedern ergänzt. Er erteilte der Klägerin Auftrag, auf Herausgabe der Betriebsratsakten an ihn gegen den Beklagten zu klagen.

Der Beklagte erhob gegen die Kündigung Widerrufsklage, mit der er am 17. Januar 1955 abgewiesen wurde. Seine Berufung wurde am 13. Dezember 1955 zurückgewiesen, seine Revision am 25. Januar 1957 verworfen.

Am 11. Dezember 1954 hat die Klägerin gegen den Beklagten Klage auf Herausgabe der Betriebsratsakten an den amtierenden Betriebsrat erhoben.

Der Beklagte hat Klageabweisung beantragt.

Das Arbeitsgericht hat der Klage stattgegeben. Das Landesarbeitsgericht hat auf die Berufung des Beklagten unter Zulassung der Revision die Klage abgewiesen.

Gegen dieses Urteil wendet sich die Revision der Klägerin. Im Laufe der Revisionsinstanz haben beide Parteien die Hauptsache für erledigt erklärt, und zwar die Klägerin unter Hinweis darauf, daß der Betriebsrat inzwischen neu gewählt sei, ohne daß der Kläger mitgewählt worden sei, der Beklagte deswegen, weil inzwischen der Kündigungsprozeß rechtskräftig zu seinen Ungunsten entschieden sei.

Beide Parteien beantragen nunmehr, der Gegenpartei die Kosten des Rechtsstreits aufzuerlegen.

II.

Die Kosten des Rechtsstreits sind der Klägerin aufzuerlegen.

Beide Parteien haben die Hauptsache für erledigt erklärt. Es bedarf deshalb nicht mehr der Prüfung, ob die Erledigung tatsächlich eingetreten ist. Es darf vielmehr nur noch über die Kosten entschieden werden. Eines gerichtlichen Ausspruchs hinsichtlich der Erledigung bedarf es nicht. Die Entscheidung ergeht durch Beschluß, jedoch auf Grund mündlicher Verhandlung, falls nicht die Parteien auf eine solche verzichten. Ein solcher Verzicht liegt hier von beiden Parteien vor. Das Gericht entscheidet über die Kosten nach billigem Ermessen. Jedoch ist der bisherige Sach- und Streitstand zu berücksichtigen (§ 91 a ZPO).

Die Zuständigkeit der Gerichte für Arbeitssachen ist entgegen der Ansicht des Beklagten gegeben. Vor diese Gerichte gehören auf der Grundlage der Zuständigkeitsbestimmungen des ArbGG grundsätzlich alle Streitigkeiten, die im Arbeitsleben wurzeln, es sei denn, daß das Gesetz ausdrücklich etwas anderes bestimmt. Eine solche Ausnahmebestimmung besteht in diesem Fall jedoch nicht. Zwar betrifft der hier zu entscheidende Streitfall nicht unmittelbar das zwischen den Pareien begründete Arbeitsverhältnis. Er ist vielmehr aus der Stellung des Beklagten innerhalb der Verfassung des Betriebes der Klägerin entstanden. Es wäre nicht — jedenfalls nicht mit diesem Streitgegenstand — zu dem Streit gekommen, wenn der Beklagte nicht Betriebsratsmitglied gewesen wäre. Aber dieses sein Betriebsratsamt setzte das Bestehen eines Arbeitsverhältnisses voraus. Somit handelt es sich um eine Streitigkeit aus dem Arbeitsverhältnis, so daß die Gerichte für Arbeitssachen zuständig sind.

Für die Rechtsstreitigkeiten, die von den Gerichten für Arbeitssachen zu entscheiden sind, stehen zwei verschiedene Verfahrensarten zur Verfügung, das Urteils- und das Beschlußverfahren. Das dem ordentlichen Zivilprozeß weitgehend angenäherte Urteilsverfahren dient der Entscheidung bürgerlich-rechtlicher Streitigkeiten aus Arbeitsverhältnissen. Es findet vor allem statt, wenn Arbeitnehmer und Arbeitgeber einander als Parteien gegenüberstehen. Dagegen dient das Beschlußverfahren der Durchführung betriebsverfassungsrechtlicher Vorschriften. Es soll gewährleisten, daß das betriebliche Geschehen sich in dem im BetrVG gesteckten Rahmen hält. In ihm geht es um die Entscheidung von Streitigkeiten, die aus der Verfassung des Betriebs heraus entstanden sind. Wesentlich ist hierbei der Zusammenhang mit Fragen der Betriebsverfassung, mag der einzelne Anspruch nun auf Eigentum, Besitz, Geschäftsbesorgung oder Delikt gestützt werden.

Dieses gegenüber dem Urteilsverfahren besonders geregelte Verfahren will alle aus der Betriebsverfassung des BetrVG entstandenen Streitigkeiten umfassen (vgl. Dietz-Nikisch, ArbGG, § 80 Anm. 3). Die Aufzählung in § 2 Abs. 1 Ziff. 4 ArbGG ist vom Gesetzgeber sowohl erschöpfend wie aber auch umfassend beabsichtigt gewesen. Daß infolge der Vielzahl der denkbaren Fälle die Aufzählung des Gesetzes gleichwohl lückenhaft geblieben ist, ist nur natürlich (so bereits Beschluß des Senats vom 8. Februar 1957, 1 ABR 11/55). Zudem hat der Gesetzgeber, mindestens soweit mit dem Betriebsrat zusammenhängende Fragen in Betracht kommen, in § 2 Abs. 1 Ziff. 4 Buchst. i ArbGG eine beschränkte Generalklausel geschaffen (vgl. Dietz-Nikisch, a. a. O., § 2 Anm. 177; Galperin, BetrVG, 2. Aufl., § 82 Anm. 16).

Das Beschlußverfahren ist vom Gesetzgeber abweichend vom Urteilsverfahren ausgestaltet. Die Fristen sind zum Teil kürzer, Begründungsfristen sind nicht vorgesehen, Gebühren und Auslagen werden nicht erhoben. Seit der Neufassung des ArbGG vom Jahre 1953 kann gemäß § 85 ArbGG aus den Beschlüssen auch vollstreckt werden. Angesichts dieser Besonderheiten kann nicht angenommen werden, daß es dem im Gesetz zum Ausdruck gekommenen Willen des Gesetzgebers entspräche, daß ein und derselbe Anspruch, sei es auch mit abweichender Begründung, sowohl im Urteils- wie auch im Beschlußverfahren sollte geltend gemacht werden können. Im Beschlußverfahren kann in solchen Fällen dasselbe Ziel erreicht werden wie im Urteilsverfahren. Es ist daher anzunehmen, daß in den Fällen, in denen der Gesetzgeber dem Rechtsuchenden ein besonderes, beschleunigtes und billiges Verfahren zur Verfügung stellt, er davon — und zwar ausschließlich davon — Gebrauch machen muß. Daraus folgt, daß Urteils- und Beschlußverfahren einander ausschließen (so auch Dietz-Nikisch, a. a. O., § 80 Anm. 1).

Wenn entgegen dieser Ansicht des Senats Galperin (a. a. O., § 82 Anm. 18) das Urteils- und Beschlußverfahren in ein und derselben Streitfrage zulassen will und unter Umständen sogar für erforderlich erklärt, so kann dem nicht gefolgt werden. Vielmehr ist der Ansicht von Dietz-Nikisch zuzustimmen, daß da, wo das Beschlußverfahren zum Ziele (d. h. zur Vollstreckungsmöglichkeit) führt, das Urteilsverfahren ausgeschlossen ist (vgl. a. a. O., § 2 Anm. 181). Damit wird eine reinliche Scheidung zwischen Urteils- und Beschlußverfahren vollzogen, die sowohl dem Willen des Gesetzgebers wie dem Wesen des Beschlußverfahrens entspricht. Fragen der Betriebsverfassung sind zu wichtig, um sie allein der Parteidisposition des Urteilsverfahrens zu überlassen.

Wie ein Streit um Verfassungsfragen im staatlichen Bereich undenkbar ist außerhalb der Offizialmaxime, so muß es auch der mit ihm vergleichbare Betriebsverfassungsstreit sein. Auch seine Wirkungen erstrecken sich über die „Beteiligten" hinaus. Für die Existenz und das Gedeihen des Betriebs in das reibungslose Zusammenspiel der betrieblichen Sozialpartner nach den Regeln des BetrVG von wesentlicher Bedeutung. Deshalb ist das für die Entscheidung der damit zusammenhängenden Fragen zulässige Verfahren das Beschlußverfahren, für das weitgehend die Offizialmaxime gilt.

Aus dem Grundsatz des gegenseitigen Ausschlusses von Urteils- und Beschlußverfahren ergeben sich für den hier zu entscheidenden Fall folgende Schlußfolgerungen:

Soweit die Klägerin aus eigenem Recht klagt, tut sie das als Gegenspieler des Betriebsrats im betriebsverfassungsrechtlichen Bereich. Sie trägt selbst vor, daß es ihre Arbeitgeberpflicht sei, dem Betriebsrat die Mittel zur Verfügung zu stellen, die es ihm ermöglichen, seine betriebsverfassungsrechtlichen Aufgaben zu erfüllen. Es handelt sich also um Fragen, die das Verhältnis der Partner im Betrieb zueinander betreffen. Die entsprechende Verpflichtung der Klägerin folgt aus § 39 BetrVG. Für Fragen dieser Art ist aber gerade das Beschlußverfahren vorgesehen.

Soweit die Klägerin ihren Anspruch auf Auftrag oder Ermächtigung stützt, macht sie einen Anspruch der übrigen Betriebsratsmitglieder geltend. Es handelt sich also insoweit um einen internen Streit innerhalb eines und desselben betrieblichen Verfassungsorgans. Dietz-Nikisch, ArbGG, § 2 Anm. 180, weisen mit Recht darauf hin, daß auch solche Streitigkeiten bereits vom RAG (ARS 1, 76; 13, 533) als im Beschlußverfahren zu entscheiden bezeichnet worden sind. Galperin, BetrVG, 2. Aufl., § 27 Anm. 16 stimmt dem zu, während er a. a. O. § 82 Anm. 20 den entgegengesetzten Standpunkt vertritt.

Obwohl das Gesetz auf diese Frage keine eindeutige Antwort gibt, läßt sich hier die Zulässigkeit des Beschlußverfahrens zwanglos aus § 2 Abs. 1 Ziffer 4 Buchst. i ArbGG, der beschränkten Generalklausel, herleiten. Dort ist unter anderem von der Geschäftsführung und der Tätigkeit des Betriebsrats die Rede. Diese Begriffe sind umfassend und betreffen auch Geschäftsordnungsstreitigkeiten. Solche können aber gerade innerhalb des Betriebsrats selbst auftreten. Wenn das Landesarbeitsgericht feststellt, daß hier eine Geschäftsordnung des Betriebsrats nicht bestanden habe, so schließt das doch nicht aus, daß ein Streit über den Verbleib der Betriebsratsakten ein echter Streit aus der Geschäftsführung und Tätigkeit des Betriebsrats ist. Es handelt sich also auch hier um einen betriebsverfassungsrechtlichen Streit. Dieser verliert sein Wesen als solcher nicht dadurch, daß er sich innerhalb ein und desselben Verfassungsorgans abspielt. Wenn, wie ausgeführt, all das, was mit der Betriebsverfassung nach dem BetrVG zusammenhängt, in das Beschlußverfahren gehört, so muß auch ein Streit vorliegender Art hierzu gerechnet werden; denn auf diese betriebsverfassungsrechtlichen Fragen ist das Beschlußverfahren zugeschnitten, ihrer Bedeutung wird es durch das hier herrschende Amtsprinzip gerecht, und es vermag dank der Vollstreckbarkeit auch zum selben Ziel zu führen wie das Urteilsverfahren. Daß gleichwohl das langwierigere und teurere Urteilsverfahren dort eingeleitet werden könnte, wo das Beschlußverfahren möglich ist, entspricht nach der Auffassung des Senats nicht dem Sinn und Zweck des Gesetzes.

Aus der Zulässigkeit des Beschlußverfahrens folgt für den von der Klägerin geltend gemachten Anspruch die Unzulässigkeit des Urteilsverfahrens. Die Klage hätte somit ohne ihre Erledigung als in der gewählten Prozeßart unzulässig durch Prozeßurteil abgewiesen werden müssen. Nach ihrer Erledigung ist über die Kosten unter Berücksichtigung dieses Streitstandes zu entscheiden. Die Kosten müssen deshalb der Klägerin auferlegt werden.

## 12

**1. Auch im Sinne des Hessischen Betriebsrätegesetzes ist zwischen dem Mitbestimmungsrecht und dem Mitwirkungsrecht zu unterscheiden. Das Mitbestimmungsrecht bedeutet die Notwendigkeit einer Zustimmung der Betriebsvertretung, d. h. ein Übereinkommen zwischen Betriebsleitung und Betriebsvertretung. Das Mitwirkungsrecht bedeutet, daß die beabsichtigte Maßnahme vor der Durchführung mit dem Ziele einer Verständigung rechtzeitig und eingehend mit der Betriebsvertretung erörtert werden muß.**

**2. Dem Betriebsräteausschuß Justitz steht nach dem Hessischen Betriebsrätegesetz ein Mitwirkungsrecht bei der Aufstellung und Änderung von sogenannten Pensenschlüsseln für die Justizbehörden zu.**

Hessisches Betriebsrätegesetz §§ 34, 35, 37, 38, 56 u. 57.

I. Senat. Urteil vom 7. Dezember 1956 i. S. Betriebsräteausschuß d. H. I. (Kl.) w. Land Hessen (Bekl.) 1 AZR 327/54.

I. Arbeitsgericht Wiesbaden. — II. Landesarbeitsgericht Frankfurt a. M.

Bei den einzelnen Behörden und Gerichten der Hessischen Justizverwaltung sind die nach dem Betriebsrätegesetz für das Land Hessen vom 31. Mai 1948 (Hessisches Betriebsrätegesetz, Hess.GVBl. S. 117) gewählten Betriebsräte zur Mitbestimmung in sozialen und personellen Fragen berufen. Neben diesen Einzelbetriebsräten bestehen auf Grund des § 18 Hessisches Betriebsrätegesetz Betriebsräteausschüsse, und zwar einmal für die Gerichte und Staatsanwaltschaften (Kläger), zum anderen für den Bereich der Gefängnisverwaltung, die beide von den jeweiligen Einzelbetriebsräten gewählt wurden. Zwischen den Parteien schwebten in den Jahren 1952 und 1953 Verhandlungen darüber, ob der sogenannte Pensenschlüssel, den die Beklagte als Hilfsmittel für die Berechnung des Kräftebedarfs an Richtern, Beamten, Angestellten und Arbeitern verwendet, dem Kläger offenzulegen ist. Die Beklagte lehnte dieses Ansinnen schließlich mit Schreiben vom 8. August 1953 ausdrücklich mit der Begründung ab, der Pensenschlüssel stelle ausschließlich ein organisatorisches Hilfsmittel der Justizverwaltung dar, aber keine Arbeitsnorm für die Bediensteten. Der von der Beklagten verwendete Pensenschlüssel wird als geheim behandelt.

Der Kläger hat mit der daraufhin erhobenen Klage zunächst die Feststellung begehrt, daß ihm bei der Gestaltung des Pensenschlüssels ein soziales Mitbestimmungsrecht nach den §§ 34 bis 36 des Hessischen Betriebsrätegesetzes zusteht. Der Klageantrag ging weiter dahin, das beklagte Land zu veranlassen, dem Kläger den Pensenschlüssel zur Handhabung der Mitbestimmung offenzulegen.

Das Arbeitsgericht hat der Klage mit der Einschränkung stattgegeben, daß sich die Offenlegung des Pensenschlüssels nicht auf die Richter erstreckt. In der von beiden Parteien gegen diese Entscheidung eingelegten Berufung hat der Kläger beantragt, die begehrte Feststellung der sozialen Mitbestimmung bei der Aufstellung von Pensenschlüsseln auch auf die Richter zu erstrecken und das beklagte Land auch insoweit zur Mitteilung des Pensenschlüssels zu verurteilen. Das beklagte Land hat beantragt, die Klage in vollem Umfange abzuweisen und hat im Wege der Widerklage die Feststellung begehrt, daß dem Kläger ein Mitbestimmungsrecht bei der Aufstellung von Grundsätzen für die zahlenmäßige Bemessung des Personalbedarfs der einzelnen Justizbehörden nicht zusteht. Das Landesarbeitsgericht hat die Klage abgewiesen und der Widerklage stattgegeben.

Mit der Revision begehrt der Kläger außer der Abweisung der Widerklage die Feststellung, daß ihm ein Recht auf Mitbestimmung oder Mitwirkung oder Anhörung bei der Aufstellung oder Änderung von

Pensenschlüsseln sowie auf Offenlegung der Pensenschlüssel der einzelnen Justizbehörden der Beklagten zustehe, und zwar sowohl bezüglichlich der Richter wie auch der sonstigen Beamten, Angestellten und Arbeiter.

Das Bundesarbeitsgericht hat das Urteil des Landesarbeitsgericht aufgehoben, festgestellt, daß der Kläger von Mitwirkungsrecht bei der Aufstellung und Änderung von Pensenschlüsseln für die Justizbehörden der Beklagten hat, und im übrigen die Klage sowie die Widerklage abgewiesen.

Aus den Gründen:

Nach § 56 des Hessischen Betriebsrätegesetzes vom 31. Mai 1948 entscheidet das Arbeitsgericht über Streitigkeiten aus dem Mitbestimmungsrecht des Betriebsrats, soweit es sich um das Bestehen und den Umfang des Mitbestimmungsrechts handelt. Nach diesem Gesetz ist daher die Arbeitsgerichtsbarkeit zuständig, weil im vorliegenden Falle der Umfang des Mitbestimmungsrechts zur Entscheidung steht. Die §§ 73 und 93 des Bundespersonalvertretungsgesetzes, die eine Zuständigkeit der Verwaltungsgerichte begründen, sind hier nicht anzuwenden, weil sie nur für Bundesbehörden gelten und es sich für die Länder um eine Rahmenbestimmung handelt, der die Länder bei der künftigen gesetzlichen Regelung ihrer Personalvertretungsfragen zwar Rechnung zu tragen haben, die aber für sie nicht geltendes Recht ist.

Die Streitigkeiten über das Bestehen und den Umfang des Mitbestimmungsrechts sind nach dem Aufbau des Hessischen Betriebsrätegesetzes ihrer Natur nach Feststellungsklagen und im Urteilverfahren zu verfolgen. Nach der Vorschrift des § 113 ArbGG vom 3. September 1953 verbleibt es für den Geltungsbereich des Hessischen Betriebsrätegesetzes auch hinsichtlich der Verfahrensart bei dem Urteilsverfahren.

Was die Parteifähigkeit des klagenden Betriebsräteausschusses betrifft, so ist sie zwar ebensowenig wie die Parteifähigkeit des Betriebsrats selbst in dem Hessischen Betriebsrätegesetz ausdrücklich festgelegt. Maßgebend ist aber insoweit heute das Arbeitsgerichtsgesetz der Bundesrepublik. Mit dem Inkrafttreten dieses Gesetzes sind alle prozessualen Vorschriften der Arbeitsgerichtsgesetze der Länder aufgehoben, soweit sie nicht durch das Bundesarbeitsgerichtsgesetz selbst im § 112 und vor allem im § 113 ArbGG aufrecht erhalten sind. Maßgebend ist, weil über die Frage der Parteifähigkeit Vorbehalte in den genannten Übergangsbestimmungen des Arbeitsgerichtsgesetzes des Bundes nicht gemacht sind, hierfür § 10 des Arbeitsgerichtsgesetzes des Bundes. Nun handelt diese Bestimmung zwar nur von Streitigkeiten aus dem Betriebsverfassungsgesetz des Bundes und erklärt insoweit die beteiligten Stellen, also namentlich die Betriebsvertretungen, als parteifähig im Beschlußverfahren. Da es aber für den Geltungsbereich des Hessischen Betriebsrätegesetzes hinsichtlich der Zuständigkeit und der Verfahrensart bei der Zuständigkeit der Arbeitsgerichte und dem Urteilsverfahren bleibt, ist es geboten, denjenigen Stellen, die nach dem Hessischen Betriebsrätegesetz zwingend Funktionen der Beteiligung wahrzunehmen haben — wie hier der Kläger nach § 18 Hessisches Betriebsrätegesetz —, im Verfahren nach § 56 des Hessischen Betriebsrätegesetzes die Parteifähigkeit in entsprechender Anwendung des § 10 des Bundesarbeitsgerichtsgesetzes zuzuerkennen. Desgleichen ist die Aktivlegitimation des Klägers im Hinblick auf § 18 des Hessischen Betriebsrätegesetzes mit dem Berufungsrichter im vollen Umfang zu bejahen, und zwar auch hinsichtlich der Bediensteten des Strafvollzugs. Die Wahl des klagenden Betriebsräteausschusses ist weder nichtig noch ist sie angefochten, so daß dieser Ausschuß zu Recht besteht und im vollen Umfange die ihm zustehenden Beteiligungsrechte, d. h. auch hinsichtlich der Bediensteten des Strafvollzugs wahrnimmt.

Auch gegen den Feststellungsantrag im einzelnen, wie er insbesondere im Revisionsschriftsatz vom 24. September 1954 vom Kläger näher präzisiert ist, sind Einwendungen nicht zu erheben. Hiernach ist die Klage zulässig.

Dagegen ist die Widerklage als unzulässig anzusehen und war ohne Sachprüfung zurückzuweisen. Soweit nämlich die Widerklage mit ihrem negativen Feststellungsantrag unter den „Grundsätzen für die zahlenmäßige Bemessung des Personalbedarfs" den Pensenschlüssel versteht, ist sie deshalb unzulässig, weil sie sich inhaltlich mit dem Klageabweisungsantrag des beklagten Landes deckt. Soweit sie darüber hinaus auf die Verneinung eines Mitbestimmungsrechts (im weiteren Sinn des Wortes) bei der Aufstellung von irgendwelchen anderen Grundsätzen für die zahlenmäßige Bemessung des Personalbedarfs der einzelnen Justizbehörden sich richtet, ist sie zu unbestimmt, um Gegenstand einer Widerklage im Rahmen des § 56 des Hessischen Betriebsrätegesetzes zu sein. Die dort vorgesehene Feststellungsklage ist nur dann zulässig, wenn konkret über Bestehen und Umfang eines einzelnen bestimmten Mitbestimmungsrechts zu bestimmt bezeichneten Maßnahmen gestritten wird. Das trifft zwar für die Klage zu, die nur den Pensenschlüssel zum Gegenstand hat, nicht aber für die Widerklage, die sich auf die Aufstellung von Grundsätzen irgendwelcher Art für die zahlenmäßige Bemessung des Personalbedarfs in allgemeinster und daher ganz abstrakter Form erstrecken soll.

In der Sache ist zunächst rechtlich die scharfe Trennung und genaue Bestimmung der Begriffe der Mitbestimmung im engeren Sinne und der Mitwirkung von entscheidender Bedeutung. Schon nach der bisher herrschenden Ansicht bedeutet Mitwirkung im Gegensatz zu Mitbestimmung, daß die beabsichtigte Maßnahme vor der Durchführung mit dem Ziele einer Verständigung rechtzeitig und eingehend mit der Betriebsvertretung erörtert wird. Diese Auffassung der Mitwirkung ist inzwischen im Bundespersonalvertretungsgesetz, und zwar im § 61 Abs. 1 a. a. O., zu einem geltenden Rechtssatz geworden. Zwar findet der § 61 PersVG auf den vorliegenden Fall keine unmittelbare Anwendung, weil dieses Gesetz nur für die Bediensteten des Bundes und der bundesunmittelbaren Körperschaften gilt. Insbesondere können auch die §§ 61 Abs. 2 ff. a. a. O. im vorliegenden Fall nicht angewendet werden. Wohl aber muß dem allgemeinen Rechtsgedanken der genannten Bestimmung auch im Bereich des Hessischen Betriebsrätegesetzes Rechnung getragen werden. Im Interesse der Rechtsklarheit und Rechtssicherheit ist es geboten, den Begriff der Mitwirkung im Hessischen Betriebsrätegesetz eine feste Abgrenzung zu geben. Sie wird gewonnen aus dem Grundgedanken des § 61 Abs. 1 PersVG, dem im Bereich des Hessischen Betriebsrätegesetzes eine entsprechende Anwendung zu verleihen ist. Danach ist auch im Hessischen Betriebsrätegesetz ein Begriff der Mitwirkung von dem der Mitbestimmung zu unterscheiden. Das Mitbestimmungsrecht bedeutet die Notwendigkeit der Zustimmung der Betriebsvertretung zu einer Maßnahme, d. h. ein Übereinkommen zwischen Betriebsleitung und Betriebsvertretung. Ohne die Zustimmung der Betriebsvertetung kann die Maßnahme nicht rechtswirksam getroffen werden (§ 62 Abs. 1 PersVG).

Dem Berufungsrichter ist darin zuzustimmen, daß dem klagenden Betriebsräteausschuß ein Mitbestimmungsrecht nach dem Hessischen Betriebsrätegesetz nicht zusteht. Ein solches Recht könnte nur auf § 34 Ziffer 3 Hessisches Betriebsrätegesetz gestützt werden, wonach der Betriebsrat u. a. bei der Festsetzung der Arbeitszeit, insbesondere bei Verlängerung und Verkürzung der regelmäßigen Arbeitszeit, mitzubestimmen hat. Unter Festsetzung der Arbeitszeit im Sinne des § 34 Ziffer 3 des Hessischen Betriebsrätegesetzes ist aber nur die unmittelbare Festsetzung von Beginn und Ende der Arbeitszeit, der Pausen und der Dauer der Arbeitszeit für den betrieblichen oder verwaltungsmäßigen Ablauf der Tages- und Wochenarbeit zu verstehen. Eine solche Feststsetzung der Arbeitszeit kann der Pensenschlüssel schon seiner Natur nach nicht enthalten, denn er ist nicht auf die Zeit, sondern auf die Zahl von Urteilen und sonstiger richterlicher Leistungen abgestellt. Zwar kann der Pensenschlüssel mittelbare Rückwirkungen auf die Arbeitszeit haben. Er kann auch zur Anhäufung von Rückständen führen. Aber diese nur mittelbare Einwirkung ist keine Festsetzung der Arbeitszeit selbst im Sinne des § 34 a. a. O. Der Schutz für die richtige Festsetzung der eigentlichen Arbeitszeit wird durch das geltende Arbeitszeitrecht gewährleistet.

Ein Mitbestimmungsrecht hinsichtlich des Pensenschlüssels ergibt sich aber auch nicht aus § 35 Abs. 1 Ziffer a Hessisches Betriebsrätegesetz, wonach der Betriebsrat berechtigt ist, mit dem Arbeitgeber Betriebsvereinbarungen unter anderem über Löhne und sonstige Arbeitsbedingungen abzuschließen, denn der Pensenschlüssel regelt die Arbeitsbedingungen ebenfalls nicht unmittelbar. Es handelt sich bei ihm vielmehr um die zweckmäßige und verhältnismäßige Verteilung des Personals, die zwar wiederum Rückwirkungen auf die Arbeitsbedingunhaben mag, aber nicht die Regelung der Arbeitsbedingungen selbst betrifft.

Schließlich kann ein Mitbestimmungsrecht in dem Sinne, daß die Maßnahmen des Arbeitgebers der Zustimmung des Betriebsrats oder hier des Betriebsräteausschusses bedürfen, auch nicht daraus hergeleitet werden, daß im § 34 des Hessischen Betriebsrätegesetzes die unter Ziffern 1 bis 7 aufgeführten Materien durch das einleitende Wort „insbsondere", d. h. — wie der Kläger meint — nur beispielhaft aufgeführt werden. Denn das echte Mitbestimmungsrecht, das im § 34 geregelt ist, wird im § 36 des Hessischen Betriebsrätegesetzes dahin gekennzeichnet, daß die Durchführung einer Maßnahme des § 34 a. a. O. ohne Zustimmung des Betriebsrats unzulässig ist, und daß bei Streitigkeiten aus diesem Mitbestimmungsrecht nach § 57 a. a. O., wenn eine Einigung nicht zustande kommt, der Schiedsausschuß entscheidet, dessen Spruch die Wirkung einer Betriebsvereinbarung hat. Das kann sich nur auf die im § 34 unter Ziffern 1 bis 7 genannten Materien beziehen oder auf solche, die ihnen auf das allerengste verwandt sind und ihrem Wesen nach gleichartige Materien betreffen. Denn sonst könnte über jede Maßnahme irgendwelcher sozialer Art im Streitfalle zunächst eine Entscheidung nach § 56 herbeigeführt werden, um nach etwa erfolgreicher Durchführung des arbeitsgerichtlichen Verfahrens nunmehr ein Verfahren nach § 57, also eine Entscheidung des Schiedsausschusses, herbeizuführen. Würde jede Angelegenheit der sozialen

Gestaltung eines Betriebes unter § 34 — wegen des Wörtchens „insbesondere" — in Verbindung mit § 36 fallen, so würde sich auch ein unverständlicher Widerspruch zwischen § 35 Ziffer 4 einerseits, wonach der Betriebsrat allgemein an der sozialen Gestaltung des Betriebes nur mitzuwirken hat, und den §§ 34 und 36 andererseits ergeben. § 35 Ziffer 4 würde überflüssig und widerspruchsvoll sein.

Scheidet also ein Mitbestimmungsrecht im engeren Sinne des Wortes hinsichtlich des Pensenschlüssels aus, so ist die Revision, soweit die Festellung eines echten Mitbestimmungsrechts im Sinne eines Zustimmungserfordernisses des Betriebsräteausschusses begehrt wird, unbegründet.

Es kann sich daher nur fragen, ob dem Kläger ein Mitwirkungsrecht zusteht. Diese Frage ist zu bejahen. Der § 35 Abs. 4 des Hessischen Betriebsrätegesetzes bestimmt, daß der Betriebsrat berechtigt ist, allgemein an der sozialen Gestaltung des Betriebes mitzuwirken, besonders durch Vorschläge und durch Beratung des Arbeitgebers. Soweit hier nur ein Mitwirkungsrecht der Betriebsvertretung begründet wird, verstößt es nicht gegen Art. 37 der Hessischen Verfassung. „Mitbestimmung" im Sinne jenes Artikels ist dort in einem weiteren Sinne von Beteiligung des Betriebsrats oder des Betriebsräteausschusses überhaupt gemeint. Im übrigen heißt es im Art. 37 Abs. 3 a. a. O., daß das Nähere durch ein Gesetz geregelt wird. Die Einzelheiten der Ausgestaltung der Beteiligungsrechte der Betriebsvertretung sollten daher dem künftigen (inzwischen erlassenen) Hessischen Betriebsrätegesetz vorbehalten bleiben.

Auf dieses Mitwirkungsrecht des § 35 Abs. 4 beruft sich der klagende Betriebsräteausschuß zu Recht. Im Sinne des § 35 Abs. 4 ist es nicht erforderlich, daß eine Maßnahme unmittelbar auf den Betrieb oder die Verwaltung einwirkt. Hier genügt eine allgemeine Rückwirkung auf die soziale Gestaltung des Betriebes. § 35 Abs. 4 will eine weitgehende Mitwirkung des Betriebsrats an der sozialen Gestaltung sicherstellen. Dies ist um so unbedenklicher, als im Rahmen der Mitwirkung die letzte Entscheidung dem Betriebs- oder Behördenleiter verbleibt. Die Aufstellung eines Pensenschlüssels für Behörden hat Rückwirkungen auf die soziale Gestaltung des Betriebes, weil hierdurch mittelbar die Arbeit betroffen oder zum mindesten die vom Arbeitgeber erwarteten Anforderungen beeinflußt werden. Es handelt sich um einen vorbereiteten Plan, der für die allgemeine Ausgestaltung des Betriebes, für Maßnahmen der Verwaltungsgestaltung, der Verwaltungsvereinfachung und der Rationalisierung, der Besetzung der Ressorts und

Dienststellen von Bedeutung ist. Der Pensenschlüssel fällt daher unter das allgemeine Mitwirkungsrecht an der sozialen Gestaltung, insbesondere unter das Recht, durch Vorschläge und durch Beratung des Arbeitgebers mitzuwirken, wie es im § 35 Abs. 4 Hessisches Betriebsrätegesetz vorgesehen ist. Auch der Berufungsrichter gibt dem § 35 Abs. 4 des Hessischen Betriebsrätegesetzes eine weitgehende und umfassende Auslegung. Er meint nur, daß der Kläger auch ohne den Pensenschlüssel hinreichend Gelegenheit gehabt habe, seine allgemeinen Vorschläge zu machen und die Beklagte allgemein zu beraten, zumal ihm das statistische Material über die Geschäftsbelastung hinreichend bekannt sei und er — genau wie die Beklagte — das Ziel verfolge, die Bewilligung von weiteren Planstellen über den sogenannten Pensenschlüssel hinaus durchzusetzen. Damit verkennt aber der Berufungsrichter das weitere Vorbringen der Beklagten, daß nämlich der Pensenschlüssel immerhin eine nicht unwesentliche Grundlage dafür ist, die Zahl des erforderlichen richterlichen und nichtrichterlichen Personals für die einzelnen Dienststellen zu errechnen und danach die vorhandenen Kräfte möglichst zu verteilen. Es mag, wie der Berufungsrichter meint, keine Ursächlichkeit zwischen Pensenschlüssel und Kräftebewilligung bestehen, wohl aber besteht nach dem eigenen Vorbringen der Beklagten ein Zusammenhang zwischen dem Pensenschlüssel und der Aufschlüsselung und Verteilung der bewilligten Kräfte sowohl innerhalb der verschiedenen Ressorts ein und derselben Dienststelle als auch — soweit nicht die richterliche Unversetzbarkeit entgegensteht — der Verteilung des Personals auf die verschiedenen Dienststellen der Hessischen Landesjustiz. Daß unter diesen Umständen eine zum mindesten mittelbare Rückwirkung auf die soziale Ausgestaltung der einzelnen Betriebe besteht, kann schlechterdings nicht geleugnet werden und wird auch nicht durch eine vom Präsidium des Gerichts nach ganz anderen Gesichtspunkten vorgenommene Verteilung der richterlichen Amtsgeschäfte ausgeschlossen.

Daraus ergibt sich aber, daß der Kläger nach der tatsächlichen Bedeutung, die der Pensenschlüssel hat — selbst wenn man nur von der Darstellung des beklagten Landes ausgeht —, seine Offenlegung und darüber hinaus auch die Erörterung mit dem Ziele der Verständigung mit Recht verlangen kann. Kommt allerdings eine Verständigung nicht zustande, so entscheidet der Dienstherr allein. Im Rahmen des Mitwirkungsrechts bleibt das Direktionsrecht und die Verantwortung der Behördenleitung bestehen.

Diese Grundsätze gelten auch hinsichtlich des Pensenschlüssels für Richter. Denn nach dem Hessischen Betriebsrätegesetz besteht ganz allgemein ein Mitwirkungsrecht des Klägers, unter das auch — außer den Angestellten und Arbeitern — die Beamten und Richter fallen. Die insbesondere von dem arbeitsgerichtlichen Urteil gegen die Einbeziehung der Richter unter die Offenlegung und Erörterung des Pensenschlüssels geltend gemachten Argumente sind nicht zutreffend. Denn es handelt sich dabei gar nicht um einen irgendwie gearteten Eingriff in die richterliche Unabhängigkeit.

Da hiernach sich ein Mitwirkungsrecht des Betriebsräteausschusses bereits auf Grund des Hessischen Betriebsrätegesetzes ergibt, brauchte auf die Behauptung des Klägers, daß ein solches Mitwirkungsrecht ihm durch eine Zusicherung des Ministerialdirektors Dr. K. eingeräumt sei, nicht näher eingegangen zu werden.

## 13

**Verstößt der Arbeitgeber gegen ein tarifliches Verbot, indem er statt Gewährung von Freizeit oder Urlaubsmarken eine durch den Tarifvertrag verbotene Abgeltung des Urlaubs gewährt, so steht seinem Rückforderungsanspruch aus Bereicherung die Vorschrift des § 817 Satz 2 BGB entgegen.**

BGB § 817; TVG § 4.

I. Senat. Urteil vom 7. Dezember 1956 i. S. P (Kl.) w. K. (Bekl.)
1 AZR 480/55.

I. Arbeitsgericht Hannover. — II. Landesarbeitsgericht Hannover.

Der Beklagte ist Inhaber einer ungarischen Gaststätte. Der Kläger leitete dort die aus drei Mitgliedern bestehende Musikkapelle. Am 5. Februar 1954 hatte der Beklagte an den Kläger u. a. geschrieben:

„Ich nehme Bezug auf unsere persönliche Unterredung und verpflichte Sie mit Ihrer Kapelle in der jetzigen Besetzung für die Monate Juni, Juli und August ds. Js. zu einer Gesamtgage von DM 2500,— pro Monat. In dieser Summe sind die Ausgänge — geldlich abgelöst — enthalten."

Am 24. Mai 1954 schrieb der Beklagte dem Kläger u. a. nochmals:

„In Ergänzung zu obigem Vertrag teile ich Ihnen mit, daß vereinbarungsgemäß in der Gesamtgage von DM 2500,— pro Monat je ein Ausgang pro Woche und ein Urlaubstag pro Monat enthalten sind."

Am 6. Juli 1954 verlängerten die Parteien den Vertrag bis zum 31. Dezember 1954.

Die Parteien sind an den Tarifvertrag des Arbeitgeberverbandes Landesverband Niedersachsen des Gaststätten- und Beherbergungsgewerbes und des Arbeitnehmerverbandes DGB Deutscher Musikerverband vom 15. November 1949 gebunden. Dieser lautet auszugsweise:

„§ 7

Mehrarbeit und Zuschlag an gesetzlichen Feiertagen

(III) Am 1. Mai, Neujahrstag und dem ersten und zweiten Weihnachtstag, sofern diese Feiertage auf einen Wochentag fallen, sowie am Oster- und Pfingstmontag ist bei ständig beschäftigten Arbeitnehmern (über 20 Wochenarbeitsstunden) ein zusätzlicher dienstfreier Tag innerhalb von 5 Wochen zu gewähren.

§ 9

Urlaub und dienstfreie Tage der ständig beschäftigten Musiker und Kapellenleiter

(I) Ständig beschäftigten Musikern und Kapellenleitern steht in jeder Woche ein dienstfreier Tag unter Fortzahlung der Bezüge zu. Beträgt die wöchentliche Arbeitszeit weniger als 34 Stunden, ist in jeder zweiten Woche ein dienstfreier Tag zu gewähren.

(II) Der Jahresurlaub beträgt 12 Tage oder aber monatlich ein Zwölftel.

(III) Die vorbezeichneten Ansprüche können nur durch Gewährung der vorgeschriebenen Freizeit innerhalb der Vertragsdauer oder durch Entwertung von Urlaubsmarken des DGB Deutscher Musikerverband erfüllt werden."

Der Kläger erhielt keinen freien Tag und keinen Urlaub. Er verlangt noch für 7 Urlaubstage und für 30 Wochen auf je einen freien Tag die Urlaubsmarken. Er hat beantragt, den Beklagten zu verurteilen, Urlaubsmarken im Werte von 945,— DM zu entwerten. Der Beklagte hat um Abweisung der Klage gebeten mit dem Hinweis, daß der Kläger den Betrag für Urlaub und freie Zeit im Rahmen der Gesamtgage von 2500,— DM abgegolten erhalten und weitere Ansprüche nicht habe.

Das Arbeitsgericht hat ein Teilurteil über die 30 dienstfreien Wochentage erlassen und den Beklagten verurteilt, Urlaubsmarken im Betrage von 810,— DM zu Gunsten des Klägers zu entwerten. Über den Rest, der die vom Kläger beanspruchten Urlaubstage betrifft, hat es noch nicht entschieden.

Gegen dieses Teilurteil wendet sich die Berufung des Beklagten mit dem Antrage, unter Aufhebung der angefochtenen Entscheidung die Klage abzuweisen. Das Landesarbeitsgericht hat dieser Berufung stattgegeben und die Klage abgewiesen. Die Revision des Klägers führte zur Wiederherstellung des Urteils des Arbeitsgerichts.

Aus den Gründen:

Nach § 9 Ziffer III des Tarifvertrages können die Ansprüche auf dienstfreie Tage nur durch Gewährung der vorgeschriebenen Freizeit oder durch Entwertung von Urlaubsmarken des DGB Deutscher Musikerverband erfüllt werden Die Abgeltung des Urlaubsanspruchs durch eine erhöhte Gehaltszahlung ist tariflich verboten und daher nichtig. Das ergibt sich mit voller Klarheit aus der genannten Bestimmung des Tarifvertrages in Verbindung mit § 4 Abs. 1 Satz 1 TVG. Es ist auch nicht zutreffend, wenn der Beklagte meint, daß die Abmachung des höheren Gehalts in Verbindung mit der Abgeltungsvereinbarung günstiger für den Kläger und daher gemäß § 4 Abs. 3 TVG zulässig sei. Denn gegenüber Verboten in einem Tarifvertrag kann die Frage der Günstigkeit überhaupt nicht aufgeworfen werden (vgl. Hueck-Nipperdey-Tophoven, TVG § 4 Bemerkung 72 Abs. 2). Der Kläger hat daher Anspruch auf die Entwertung von Urlaubsmarken für die ihm nicht gewährten freien Tage.

Es kann sich nur darum handeln, ob diesem Anspruch des Klägers die Einwendung der unzulässigen Rechtsausübung, wie der Vorderrichter angenommen hat, entgegengesetzt werden kann. Das Berufungsgericht hat dazu ausgeführt: Eine Arglist des Klägers könne zwar nicht darin gesehen werden, daß er entgegen der vertraglichen Abmachung und nachdem er während des ganzen Vertragsverhältnisses keinen Widerspruch erhoben habe, Ansprüche aus dem Tarifvertrag erhebe, sich also insoweit zu seinem früheren Verhalten in Widerspruch setze. Die gegenwärtige Arglist des Klägers liege vielmehr darin, daß er etwas einklage, an dem ein gerechtfertigtes wirtschaftliches Interesse nicht bestehe, weil nämlich der Kläger um den Barbetrag der abgegoltenen freien Tage ungerechtfertigt bereichert sei und diese Bereicherung alsbald eventuell in einem neuen Rechtsstreit umgekehrten Rubrums herauszugeben habe.

Dem Berufungsgericht ist beizupflichten, wenn es meint, der Einwand der gegenwärtigen Arglist könne sich nicht daraus ergeben, daß der Kläger bei Entgegennahme des Schreibens vom 24. Mai 1954 und später jeweils bei Entgegennahme der vollen Gage geschwiegen und dennoch Klage erhoben habe. Das Verbot der Abgeltung dient dem Schutz der Arbeitskraft des Arbeitnehmers, der um deswillen gerade nicht durch Geld abgefunden, sondern wirklich seiner Erholung leben soll. Es kommt hinzu, daß die Abgeltungsvereinbarung in erster Linie dem wirtschaftlichen Interesse des Arbeitgebers dienen soll. Denn der Arbeitgeber hat ein Interesse daran, daß in seinem Cafébetrieb ohne Unterbrechung durch Urlaub oder freie Tage gespielt wird, weil er sonst an diesem Tage u. U. schließen muß. Bereits diese Abwägung der Interessenlage und die Tatsache, daß der Arbeitgeber — wie er nicht bestreitet— bewußt vom Abgeltungsverbot abgewichen ist und die Abmachung veranlaßt hat, schließt die Annahme einer gegenwärtigen in der Geltendmachung des Anspruchs liegenden Arglist des Arbeitnehmers aus.

Dem Berufungsgericht kann aber nicht beigetreten werden, wenn es die gegenwärtige Arglist des Klägers darauf stützt, daß dieser gleichzeitig Bereicherungsschuldner des Beklagten sei. Dabei übersieht es, daß ein Bereicherungsanspruch des Beklagten durch § 817 Satz 2 BGB ausgeschlossen ist. Es ist richtig, daß namentlich in der Zeit der Bewirtschaftungsmaßnahmen und der Preisgesetzgebung Einwendungen gegen die Anwendung der Vorschrift des § 817 Satz 2 BGB erhoben worden sind und eine wesentlich eingeschränkte Anwendung gefordert wurde. Es kann hier dahingestellt bleiben, ob insbesondere im Bereich der Preisgesetzgebung zugunsten des überzahlenden Käufers § 817 Satz 2 auszuscheiden hatte. Abgesehen davon, daß der Bundesgerichtshof (BGHZ 8, 348) wieder zu der strengen Anwendung des § 817 Satz 2 zurückgekehrt ist, handelt es sich im vorliegenden Falle um die Abgeltung von freien Tagen und von Urlaub. Würde man hier dem Arbeitgeber, der bewußt die Tarifbestimmung über das Abgeltungsverbot übertreten hat, entgegen dem § 817 Satz 2 BGB einen Rückforderungsanspruch für ein übertariflich gezahltes Entgelt geben, so würde die Durchführung des Verbots der Barabgeltung gefährdet. Es ist daher geboten, an der Regel des § 817 Satz 2 BGB festzuhalten, daß derjenige, der durch seine Leistung gegen ein gesetzliches Verbot — und hierzu gehört auch das Verbot einer Bestimmung des normativen Teiles des Tarifvertrages — verstößt, die Leistung nicht zurückverlangen kann. Es ist daher unrichtig, wenn der Berufungsrichter eine gegenwärtige Arglist des Klägers darin sieht, daß er etwas einklage, nämlich den Anspruch auf Urlaubsmarken, was er in seinem wirtschaftlichen Wert, nämlich als Bereicherung in Geld, dem Beklagten demnächst zurückgeben müsse. Denn einem solchen Bereicherungsanspruch des Beklagten steht § 817 Satz 2 BGB entgegen. Ob auch Gesichtspunkte des Aufrechnungs- oder des Zurückbehaltungsrechts der Annahme des Berufungsrichters entgegenstehen — vgl. dazu Tophoven in Anmerkung zu SAE 1953 Nr. 43 — kann dahingestellt bleiben.

Es bleibt daher nur noch die Frage, ob aus anderen Umständen sich eine Arglist ergibt. Zwar schließt die Bestimmung des § 4 TVG, nach der ein Verzicht auf Tarifansprüche und die Annahme einer Verwirkung von Tarifansprüchen unzulässig sind, nicht aus, auch die Einwendungen der vergangenen Arglist (der sogenannten exeptio doli spezialis) zu erheben. Es war nicht die Absicht des Gesetzgebers, den Einwand eines grob arglistigen Verhaltens des Arbeitnehmers von vornherein auszuschließen. Soll jedoch den Tarifbestimmungen Respekt und Achtung verschafft werden, so kann auch dieser Einwand nur in besonders krassen Fällen durchgreifen. Ein solcher Fall liegt hier aber nicht vor. Dafür, daß etwa der Kläger schon den Vertrag vom 5. Februar 1954 in der Absicht späterer Geltendmachung der Nichtigkeit des Abgeltungsrechts geschlossen hätte, ist nichts vorgetragen.

## 14

**1. Es ist unschädlich, wenn die Rechtsbeschwerdeschrift nach § 94 ArbGG neben der Unterschrift eines bei einem deutschen Gericht zugelassenen Rechtsanwalts auch die Unterschrift des Beschwerdeführers selbst trägt.**

**2. Bei Wahlbeeinflussung nach § 19 Abs. 2 ist die Wahl nur dann nichtig, wenn eine so grobe Wahlbeeinflussung vorliegt, daß auch von dem Anschein einer Wahl überhaupt nicht mehr gesprochen werden kann.**

**3. Eine Betriebsratswahl ist jedenfalls dann wegen Verstoßes gegen wesentliche Vorschriften über das Wahlverfahren anfechtbar, wenn eine Wahlbeeinflussung nach § 19 Abs. 2 in das Wahlverfahren selbst aufgenommen worden ist.**

**4. Auch eine unzulässige Beeinflussung der Abstimmungen über Einführung der Gemeinschaftswahl und die Erhöhung der Sitzzahl für eine Gruppe kann die Anfechtung der vollzogenen Betriebsratswahl rechtfertigen.**

**5. Werden im Wahlverfahren selbst einer Gruppe nur für den Fall, daß Gemeinschaftswahl durchgeführt wird, zusätzliche Sitze im Betriebsrat versprochen, so liegt eine Wahlbeeinflussung vor, die zur Anfechtung der Wahl berechtigt.**

**6. Vorteilsgewährung und Nachteilszufügung sind selbständige Mittel der Wahlbeeinflussung. Eine Wahlbeeinflussung durch Vorteilsgewährung an eine Gruppe liegt auch dann vor, wenn der anderen Gruppe Nachteile daraus nicht erwachsen.**

ArbGG § 94; BetrVG §§ 10, 12 Abs. 1, 13 Abs. 2, 18, 19 Abs. 2.

I. Senat. Beschluß vom 8. März 1957 i. S. Gewerkschaft d. B. (Antragstellerin) w. Betriebs von d. Z. W.-V. (Antragsgegner) 1 ABR 5/55.

I. Arbeitsgericht Gelsenkirchen. — II. Landesarbeitsgericht Hamm i. Westf.

Aus den Gründen:

Vor der im März 1955 durchzuführenden Wahl des Betriebsrats auf der Zeche W.-V. bereitete der für diese Wahl gebildete und nur aus Mitgliedern der Industriegewerkschaft Bergbau bestehende Wahlvorstand auf Antrag einiger Belegschaftsmitglieder Vorabstimmungen darüber vor, ob der neue Betriebsrat in Gemeinschaftswahl der Arbeiter und Angestellten gewählt werden sollte und auch darüber, ob für den Fall, der Gemeinschaftswahl die Zahl der Angestelltenvertreter über die nach § 10 BetrVG sonst geltende Zahl von 2 auf 4 erhöht werden sollte. Für diese Vorabstimmungen hatte der Wahlvorstand einen von ihm gestalteten Stimmzettel mit folgendem Wortlaut herstellen lassen:

a) Soll die Wahl des Betriebsrates als gemeinsame Wahl der Arbeiter und Angestellten durchgeführt werden?

ja nein

b) Soll in der kommenden Wahlperiode für den Fall, daß gemeinsame Wahlen stattfinden, der Betriebsrat abweichend von § 10 BetrVG aus 13 Arbeitervertretern und aus 4 Angestelltenvertretern gebildet werden?

ja nein

Bereits vor den nach diesem Stimmzettel geplanten Vorabstimmungen wies die Antragstellerin, eine auf der Zeche vertretene und der DAG angehörige Angestellten-Gewerkschaft, in einem Rundschreiben an die Angestellten darauf hin, daß sie in der Fassung der Frage b) eine unzulässige Wahlbeeinflussung erblicke. Der Wahlvorstand ließ nunmehr den Stimmzettel zwischen den Fragen a) und b) durchschneiden; über beide Fragen wurde an den gleichen Tagen abgestimmt. Bei dieser Abstimmung ergab sich unter den an der Abstimmung teilnehmenden Angestellten eine knappe Mehrheit für die Beantwortung der Frage a) mit „ja". Die Frage b) wurde ebenfalls von einer Mehrheit der Angestellten mit „ja" beantwortet. In der Gruppe der Arbeiter ergab sich eine

Mehrheit für die Beantwortung beider Fragen mit „ja". Der Betriebsrat wurde daraufhin am 24. März und 25. März 1955 in Gemeinschaftswahl gewählt; er umfaßte 17 Mitglieder, und zwar 13 Arbeiter und 4 Angestellte. Sämtliche Betriebsratsmitglieder gehören der Industriegewerkschaft Bergbau an; die Antragstellerin als der DAG angeschlossene Gewerkschaft hatte nach den Vorabstimmungen davon Abstand genommen, eigene Kandidaten für die Betriebsratswahl aufzustellen, da sie sich davon keinen Erfolg mehr versprach.

Die Antragstellerin hat nunmehr Feststellung dahin beantragt, daß die Wahl des Betriebsrats ungültig sei. Zur Rechtfertigung dieses Antrages hat sie vorgetragen, die Wahl sei unter unzulässiger Wahlbeeinflussung durchgeführt worden.

Während das Arbeitsgericht die Wahl für ungültig erklärt hat, wies das Landesarbeitsgericht unter Aufhebung des Beschlusses des Arbeitsgerichts den Antrag zurück.

Der zugelassenen Rechtsbeschwerde war der Erfolg nicht zu versagen.

Für die Entscheidung über die Anfechtung der Betriebsratswahl nach § 18 BetrVG sind nach § 82 Abs. 1 Buchst. r. BetrVG und nach § 2 Ziff. 4 Buchst. r ArbGG die Arbeitsgerichte zuständig, die im Beschlußverfahren nach §§ 80 ff. ArbGG entscheiden. Die zugelassene Beschwerde ist auch rechtzeitig eingelegt.

Die Form für die Einlegung der Beschwerde ist ebenfalls gewahrt. Zwar ist die Beschwerdeschrift auf einem Kopfbogen der antragstellenden Gewerkschaft geschrieben und auch von dieser unterzeichnet worden. Auf dem Kopf der Rechtsbeschwerdeschrift befindet sich aber gleichzeitig der Gummistempel des Rechtsanwalts, der die Beschwerdeführerin im Verfahren vertritt. Dieser Anwalt hat auch die Beschwerdeschrift mit unterzeichnet. Damit ist die Formvorschrift des § 94 Abs. 1 Satz 3 ArbGG beachtet. Daß auch die Beschwerdeführerin selbst die Schrift unterzeichnet hat, steht der Zulässigkeit der Beschwerde nicht entgegen. Wenn das Gesetz die Unterschrift eines Rechtsanwalts unter die Rechtsbeschwerdeschrift verlangt, so bringt es nur zum Ausdruck, daß ein nach der deutschen Rechtsordnung im Revisionsverfahren zur Vertretung von Parteien und Beteiligten allein berufener Rechtsvertreter die Ausführung der Rechtsbeschwerde und insbesondere deren Begründung decken muß. Ob sich noch eine zweite Unterschrift unter der Rechtsbeschwerde befindet und welcher Kopfbogen verwendet worden ist, hat daneben keine Bedeutung.

Die Antragsberechtigung der Antragstellerin ergibt sich nach § 18 BetrVG daraus, daß sie nach den Feststellungen der Vorinstanzen als Gewerkschaft auf der Zeche W.-V. vertreten ist. Die Anfechtung ist auch ordnungsgemäß gegen den Betriebsrat gerichtet worden. Denn dieser ist unmittelbar von der Anfechtung betroffen und deshalb Anfechtungsgegner für die Wahlanfechtung (vgl. Fitting-Kraegeloh, BetrVG, 3. Aufl., § 18 Anm. 11; Galperin, BetrVG, 2. Aufl., § 18 Anm. 10; Dietz, BetrVG, 2. Aufl., § 18 Anm. 16; Erdmann, BetrVG, 2. Aufl., § 18 Anm. 5; Sahmer, BetrVG, § 18 Anm. 9).

Der beschwerdeführenden Gewerkschaft kann auch nicht das Rechtsschutzinteresse an der Durchführung der Beschwerde — auch der Wegfall des Rechtsschutzinteresses, gleich zu welchem Zeitpunkt im Laufe des Verfahrens, würde die Rechtsbeschwerde unzulässig machen — deswegen versagt werden, weil die Amtszeit des nach ihrer Darstellung anfechtbar gewählten Betriebsrats sich ohnehin dem Ende nähert. Denn jedenfalls ist zur Zeit der vorliegenden Entscheidung der Betriebsrat noch im Amte. Er wird immer noch in seiner auf Grund der Wahl vom März 1955 bestehenden Zusammensetzung tätig und kann so das Betriebsgeschehen gestalten oder mitgestalten. Insbesondere liegt das Rechtsschutzinteresse auch deshalb vor, weil der Betriebsrat den Wahlvorstand gemäß § 15 BetrVG bildet.

In der Sache selbst beruht der Beschluß des Landesarbeitsgerichts auf unrichtiger Anwendung der in den §§ 18, 19 BetrVG enthaltenen Rechtsnormen.

Nach § 19 Abs. 2 BetrVG darf die Wahl des Betriebsrats nicht durch Zufügung oder Androhung von Nachteilen oder durch Gewährung oder Versprechen von Vorteilen beeinflußt werden. Der Geltungsbereich dieser Bestimmung umfaßt nicht nur die eigentliche Betriebsratswahl, sondern auch alle vorausgehenden Abstimmungen und auf die Betriebsratswahl Bezug habenden Beschlußfassungen der Wähler oder des Wahlvorstandes. Alle diese Vorgänge gestalten unmittelbar die Zusammensetzung des Betriebsrats mit. Zu diesen Vorabstimungen gehören auch die Abstimungen innerhalb der Gruppen der Arbeiter und Angestellten nach § 12 Abs. 1 und § 13 Abs. 2 BetrVG (vgl. Galperin, BetrVG, 2. Aufl., § 19 Anm. 8; Fitting-Kraegeloh, BetrVG, 3. Aufl., § 19 Anm. 4; Erdmann, BetrVG, 2. Aufl., § 19 Anm. 2). Denn durch diese Vorabstimmungen soll in Abweichung von der durch das Gesetz selbst als Regelfall gedachten Gruppenwahl und der gesetzlichen Sitzverteilung ein anderes Wahlverfahren und eine andere Sitzverteilung ermöglicht werden. Auch eine Beeinflussung dieser Vorabstimmung mit den Mitteln, die in § 19 Abs. 2 BetrVG erwähnt sind, ist danach unzulässig. Daß es sich bei der Vorschrift des § 19 Abs. 2 BetrVG ferner um eine wesentliche Vorschrift für die Wahl des Betriebsrats handelt, kann ernstlich nicht bestritten werden. Die Vorschrift will eine unbeeinflußte Abgabe der Stimmen und eine unbeeinflußte Durchführung der Wahl sicherstellen und gehört damit geradezu zu den tragenden Grundsätzen einer diesen Namen verdienenden Wahl überhaupt. Welchen Wert der Gesetzgeber auf eine nicht unzulässig beeinflußte freie Wahl legt, ergibt sich schon daraus, daß er die Behinderung bei der Wahl oder deren Beeinflussung mittels Zufügung oder Androhung von Nachteilen oder Gewähren oder Versprechen von Vorteilen unter die Strafandrohung des § 78 Abs. 1 Buchst. a) BetrVG stellt. Jeder Verstoß gegen die Regelung des § 19 Abs. 2 BetrVG stellt also einen schwerwiegenden gesetzwidrigen Eingriff in die Grundsätze der unbeeinflußten Wahl dar. Handelt es sich dabei um Maßnahmen, die dazu führen, daß auch der Anschein einer ordnungsmäßigen freien Wahl überhaupt nicht mehr vorliegt, so tritt sogar schlechthin Wahlnichtigkeit ein (vgl. BAG vom 2. 3. 1955, BAG 1 S. 317 und Dietz, BetrVG, 2. Aufl., § 18 Anm. 26). Da für die Annahme einer Wahlnichtigkeit jedoch aus Gründen der Rechtssicherheit enge Grenzen zu setzen sind, wird von ihrem Vorliegen allerdings nur dann gesprochen werden können, wenn durch die in § 19 Abs. 2 BetrVG genannten Mittel eine ganz grobe Wahlbeeinflussung vorgenommen ist, die der Abstimmung schon rein äußerlich den Charakter einer Wahl eindeutig genommen hat. In Fällen minder schwerer Art führt eine Wahlbeeinflussung mit den Mitteln des § 19 Abs. 2 BetrVG nur zur Anfechtbarkeit der Wahl selbst, sofern die Voraussetzungen des § 18 BetrVG vorliegen.

Es kann hier dahingestellt bleiben, ob § 19 Abs. 2 BetrVG zu den Vorschriften über das Wahlverfahren selbst gehört (hiergegen könnte die Stellung der Vorschrift im Gesetz sprechen). Jedenfalls aber rechtfertigt der dort zum Ausdruck gekommene Grundsatz, der einen umfassenden Schutz der Wahl gewährleisten will, dann die Anfechtung der Wahl wegen Fehlerhaftigkeit des Wahlverfahrens, wenn Handlungen, die mit jener Vorschrift verboten sind, geradezu zum Bestandteil des Wahlverfahrens gemacht worden sind (vgl. Fitting-Kraegeloh, BetrVG, § 19 Anm. 1). Nicht jeder Versuch einer Behinderung oder Beeinflussung eines Wahlberechtigten oder einer Gruppe von Wahlberechtigten muß sich zwar unbedingt auf das Wahlverfahren selbst auswirken; wird er aber zu einem Bestandteil des Wahlverfahrens, so ist das durch § 19 BetrVG eben umfassend geschützte Wahlverfahren selbst grundsätzlich mangelhaft. Auf diese Mangelhaftigkeit des Wahlverfahrens kann die Anfechtung der vollzogenen Wahl nach § 18 BetrVG gestützt werden. Ob die Anfechtung auch auf die unzulässige Beeinflussung eines einzelnen Wahlberechtigten dann gestützt werden kann, wenn dieser einzelnen Stimme im Hinblick auf das sonstige Abstimmungsergebnis besonders Gewicht zukommt, kann für den vorliegenden Fall dahingestellt bleiben. Das Wahlverfahren selbst ist jedenfalls dann mangelhaft, wenn die nach § 19 Abs. 2 BetrVG verbotenen Mittel in dem Wahlverfahren zur Beeinflussung einer unbestimmten Vielzahl von Wählern angewendet und damit nun einmal zum Bestandteil des Wahlverfahrens gemacht worden sind. Dies ist namentlich dann der Fall, wenn durch die Fassung der zur Abstimmung gestellten Frage, durch Aufnahme von Zusätzen in diese Frage oder durch sonstige Verfahrensmaßnahmen der Wähler mit den Mitteln des § 19 Abs. 2 BetrVG dazu veranlaßt werden soll, seine Stimme in einer bestimmten Richtung abzugeben. Besonderes Gewicht kommt der Anwendung von verbotenen Maßnahmen für die Frage, ob das Wahlverfahren mangelhaft ist, dann zu, wenn der Wahlvorstand selbst derartige Mittel im Wahlverfahren und bei dessen Ausgestaltung angewendet oder doch ihre Anwendung geduldet hat. Denn Aufgabe des Wahlvorstandes ist es gerade, für eine unbeeinflußte ordnungsmäßige Durchführung der Wahl Sorge zu tragen. Er ist das für die Vorbereitung, Ausgestaltung und Durchführung der Wahl maßgebende Wahlorgan.

Liegt die Vornahme einer Wahlbeeinflussung durch die Ausgestaltung des Wahlverfahrens und damit auch eine Verletzung wesentlicher Vorschriften über das Wahlverfahren vor, so ist die Wahl auch nicht nur dann anfechtbar, wenn diese Wahlbeeinflussung die Abstimmung über die gestellten Fragen tatsächlich beeinflußt hat, sondern bereits dann, wenn sie diese Wirkung gehabt haben konnte. Es braucht also nicht festgestellt zu werden, daß ohne die Wahlbeeinflussung ein anderes Ergebnis zustande gekommen wäre; es reicht vielmehr aus, wenn feststeht, daß ohne die Wahlbeeinflussung ein anderes Ergebnis möglich gewesen wäre. Dies ergibt sich daraus, daß nach der eindeutigen gesetzlichen Regelung des § 18 Betr.VG die Wahlanfechtung nur dann ausgeschlossen ist, wenn festgestellt wird, daß ein vorliegender Verstoß gegen wesentliche Vorschriften über das Wahlverfahren deshalb ohne Einfluß auf das Wahlergebnis blieb, weil durch ihn dieses Ergebnis im konkreten Fall gar nicht geändert werden konnte (vgl. Fitting-Kraegeloh, BetrVG, 3. Aufl., § 18 Anm. 22).

Von dieser Rechtslage ausgehend hätte das Landesarbeitsgericht den seiner Entscheidung unterbreiteten Sachverhalt prüfen müssen. Die von dem Landesarbeitsgericht gezogenen Schlußfolgerungen sind aber rechtsirrtümlich.

Wenn das Landesarbeitsgericht ausführt, unstreitig seien die Fragen a) (Gemeinschaftswahl) und b) (Erhöhung der Sitzzahl für die Angestellten) getrennt zur Abstimmung gestellt worden, es habe danach den Angestellten frei gestanden, sich für die Gruppenwahl oder für die Gemeinschaftswahl zu entscheiden, so berücksichtigt es nicht ausreichend, daß ursprünglich auf einem einzigen einheitlichen Stimmzettel sowohl die Frage a) wie die Frage b) zur Abstimmung gestellt werden sollte und daß dieser einheitliche Stimmzettel erst dann durch Zerschneiden in zwei nur äußerlich getrennte Stimmzettel geteilt wurde, als die Antragstellerin in ihrem Rundschreiben gegen diese Art der Abstimmung Bedenken erhoben hatte. Trotz der äußerlichen Trennung des früheren einheitlichen Stimmzettels war es für jeden Wahlberechtigten klar, daß die Sitzerhöhung nur für den Fall zugestanden werden sollte und nach der Fassung der Abstimmungsscheine von den Stimmberechtigten selbst auch nur unter der Voraussetzung zugestanden werden konnte, daß bei der Abstimmung zur Frage a) (Gemeinschafts- oder Gruppenwahl) sich die Mehrheit der Wahlberechtigten für die Gemeinschaftswahl entschieden hatte. Dies ergab sich aus der Wortfassung der Frage b). Es lag also bei der Fragestellung zu b) eine untrennbare und auch als solche gewollte Verkoppelung mit der Fragestellung zu a) vor. Daß diese Verkoppelung gewollt war, ist eindeutig daran zu erkennen, daß ursprünglich beide Abstimmungsfragen eben auf einem einzigen Stimmzettel niedergelegt waren. Insbesondere enthielt die Fragestellung zu b) ihrer Art und ihrer Wortfassung nach eine innerliche Verbindung mit der Fragestellung zu a), die schon deswegen als gewollt angesehen werden muß. Gewiß war es denkbar, daß trotz einer Mehrheit für eine Gemeinschaftswahl dann bei der Abstimmung über die Frage der Sitzerhöhung die dafür erforderliche Mehrheit der Stimmberechtigten nicht erreicht wurde; dies steht aber dem nicht entgegen, daß die Sitzzahlerhöhung in dem Wahlverfahren nach der Fassung der Frage b) überhaupt nur für den Fall vorgeschlagen wurde, daß sich die Mehrheit der Stimmberechtigten bei der Beantwortung der Frage a) für die Gemeinschaftswahl entschied. Nur für diesen Fall also sollte die Erhöhung der Zahl der Angestelltenvertreter in Aussicht gestellt und in Aussicht genommen werden. Für den Fall, daß es nicht zur Gemeinschaftswahl kam, ließ der Stimmzettel alles weitere offen. Aus der Wortfassung der Frage b) war jedoch zu erkennen, daß für den Fall der Ablehnung der Gemeinschaftswahl eine Erhöhung der Sitzzahl der Angestelltenvertreter nicht in Frage kommen sollte, es vielmehr dann bei der gesetzlichen Sitzverteilung sein Bewenden hätte.

Dieses Verfahren, insbesondere die innerlich fortbestehende Verbindung zwischen den Abstimmungen über die Erhöhung der Sitzzahl und die Einführung der Gemeinschaftswahl so, wie diese aus der Wortfassung der zur Abstimmung gestellten Fragen folgte, stellt ein Mittel zur Wahlbeeinflussung dar. Nach der Fassung der zur Abstimmung unter b) gestellten Frage war kein Wahlberechtigter in der Lage, auch dann einer Erhöhung der Sitzzahl der Angestellten zuzustimmen, wenn es bei der Gruppenwahl verblieb, die Frage a) also mit „nein" beantwortet wurde. Jeder Wahlberechtigte, der eine Erhöhung der Sitzzahl für die Angestellten als wünschenswert ansah, mußte zuvor für Gruppenwahl stimmen. Mit dem Inaussichtstellen der höheren Zahl der Sitze wurde also die Abstimmung zur Frage a) maßgeblich betroffen.

Wenn das Landesarbeitsgericht ausführt, es habe jedem Angestellten frei gestanden, sich für die Gruppenwahl oder die Gemeinschaftswahl zu entscheiden, und daraus offenbar herleiten will, daß eine Beeinflussung im Sinne der Gemeinschaftswahl nicht vorgelegen habe, so verstößt das Landesarbeitsgericht bei dieser Auslegung gegen den Rechtsbegriff der Wahlbeeinflussung. Denn eine Wahlbeeinflussung liegt nicht nur dann vor, wenn der Wahlberechtigte überhaupt nur noch in einem bestimmten Sinne abstimmen kann, sondern auch dann, wenn er zum Stimmen in einer von mehreren an sich möglichen Arten der Stimmabgabe veranlaßt werden soll. Diese Auslegung des Begriffs der Wahlbeeinflussung ergibt sich aus dem unbedingten Sicherungszweck des § 19 Abs. 2 BetrVG.

Nicht entscheidend — im Gegensatz zur Ansicht des Landesarbeitsgerichts — ist auch, ob die Wortfassung zur Fragestellung zu b) einer eigenen Willensentschließung des Wahlvorstandes entsprungen ist oder aber auf einem Antrag wahlberechtigter Arbeitnehmer beruht. Für die ordnungsmäßige Durchführung des Wahlverfahrens mit dem Ziel einer unbeeinflußten Stimmabgabe ist, wie bereits hervorgehoben, der Wahlvorstand verantwortlich. Ihm obliegt es kraft seiner eigenen Pflicht, dafür zu sorgen, daß jede Beeinflussung der Wahl unterbleibt. Er darf weder selbst die Wahl beeinflussen noch eine Beeinflussung der Wahl durch Dritte dulden, auch nicht durch wahlberechtigte Arbeitnehmer. Wenn der Wahlvorstand Fragen zur Abstimmung stellt, aus denen eine unzulässige Wahlbeeinflussung folgt, so ist die Wahl daher auch dann anfechtbar, wenn die Fragestellung auf Anregungen anderer Arbeitnehmer beruht. Aufgabe des Wahlvorstandes ist es jedenfalls, unzulässige Fragen nicht zur Abstimmung zu stellen. Stellt er sie gleichwohl zur Abstimmung, so übernimmt er auch damit die Verantwortung für diese Fragen.

Entsprechend dem eben Gesagten ist es auch, wiederum offenbar im Gegensatz zur Auffassung des Landesarbeitsgerichts, unerheblich, ob der Wahlvorstand selbst durch die Art der Fragestellung auf das Abstimmungsergebnis Einfluß nehmen wollte oder ob dieses Ziel nur in der Absicht (mag der Wahlvorstand diese Absicht billigen oder auch ablehnen) anderer Arbeitnehmer lag. Es kommt nach dem Zweck des § 19 Abs. 2 BetrVG, eine freie unbeeinflußte Wahl sicherzustellen, überhaupt nicht darauf an, ob die Willensentschließung der Wähler beeinflußt werden s o l l, sondern nur darauf, ob sie beeinflußt werden k a n n, was selbst mit der Frage des gewollten Zusammenhangs der hier in Rede stehenden Fragen als einer Voraussetzung für das Vorliegen einer Beeinflussung nichts zu tun hat.

Aus der Tatsache, daß nach § 13 Abs. 2 BetrVG gemeinsame Wahl und nach § 12 Abs. 1 Erhöhung der Sitzzahl der Vertreter einer Gruppe beschlossen werden kann, das Gesetz also diese Möglichkeiten einräumt, folgt — abermals offenbar im Gegensatz zu der Ansicht des Landesarbeitsgerichts — nicht, daß die Stimmzettel für die Abstimmung über diese Fragen mit einem die Abstimmung möglicherweise beeinflussenden Inhalt abgefaßt werden dürfen. Gerade weil nach dem Betriebsverfassungsgesetz grundsätzlich die Gruppenwahl durchzuführen ist, muß besonderes Gewicht darauf gelegt werden, daß keine Wahlbeeinflussung zugunsten der Gemeinschaftswahl erfolgt. Es mag nach Lage des einzelnen Falles zulässig sein, darüber abzustimmen, ob unter gewissen Bedingungen eine Erhöhung der Sitzzahl einer Gruppe eintreten soll. Diese Bedingungen dürfen aber dann nicht in einer Weise gestellt werden, die die Gefahr einer Wahlbeeinflussung nicht ausschließen, sondern gerade zum Inhalt haben.

Auch die Folgerungen, die das Landesarbeitsgericht daraus zieht, daß andere Vorschläge über die Verteilung der Sitze bei Beibehaltung der Gruppenwahl nicht gemacht morden sind, weiter daraus, daß die Mehrheit sich in Kenntnis des Widerstandes der Antragstellerin für Gruppenwahl entschieden hat — aus beidem folgert das Landesarbeitsgericht, daß eine Wahlbeeinflussung nicht vorgelegen habe — sind ebenfalls nicht frei von Bedenken. Sie verkennen, daß eben nach der Wortfassung der Frage b) (Erhöhung der Sitzzahl bei Gemeinschaftswahl) nur für den Fall der Gemeinschaftswahl diese Sitzzahlerhöhung zugestanden werden sollte. Gerade darin, daß in Abweichung der sonst eingreifenden gesetzlichen Regelung des § 10 BetrVG für den Fall der Einführung der Gemeinschaftswahl die Erhöhung der Sitzzahl versprochen werden sollte, liegt eine Wahlbeeinflussung. Eine solche Wahlbeeinflussung entfällt nicht deshalb, weil für den Fall, daß es bei der Gruppenwahl blieb, keine Anträge über anderweite Verteilung der Sitze gestellt waren. Daraus, daß sich die überwiegende Zahl der Stimmberechtigten in Kenntnis der bereits zuvor geäußerten Bedenken der Antragstellerin gleichwohl für die Gemeinschaftswahl entschieden hat, könnte sowohl folgen, daß sich diese Wahlberechtigten der Wahlbeeinflussung nicht verschlossen haben, wie aber auch, daß sie auf die Wahlbeeinflussung kein Gewicht gelegt haben, weil sie ohnehin für Gemeinschaftswahl gestimmt hätten. Nicht aber wird damit ein gegebener Tatbestand der Wahlbeeinflussung beseitigt.

In der Fragestellung zu a) und b) ist sonach entgegen der Ansicht des Landesarbeitsgerichts eine gegen die Angestellten der Zeche gerichtete Wahlbeeinflussung deshalb zu sehen, weil beide Fragen trotz der rein äußerlichen Trennung in einem unmittelbaren Zusammenhang standen, der auch gewollt war; den Angestellten sollte bei der von ihnen zu entscheidenden Frage, ob sie statt der gesetzlichen Gruppenwahl (die ohne ihre Zustimmung nicht durch Gemeinschaftswahl ersetzt werden konnte) in Gemeinschaftswahl mit den Arbeitern den neuen Betriebsrat wählen wollten, in Aussicht gestellt werden, daß sie dann mit 4 Angestellten im Betriebsrat vertreten sein würden, während sie bei der gesetzlichen Sitzverteilung nur mit 2 Vertretern rechnen konnten. Dies kann durchaus das Wahlergebnis beeinflußt haben; denn die Erwägung ist nicht von der Hand zu weisen, daß die Mehrheit der Angestellten sich für die Beibehaltung der gesetzlichen Gruppenwahl entschieden hätte, wenn sie auch für diesen Fall mit 4 Vertretern im Betriebsrat hätte rechnen können. Wenn aber den Angestellten durch die Fassung des Stimmzettels gesagt wird, daß sie entweder Gruppenwahl und 2 Vertreter im Betriebsrat oder aber Gemeinschaftswahl und 4 Vertreter haben könnten, so liegt es gemäß der Lebenserfahrung nahe, daß sich wenigstens eine Reihe von stimmberechtigten Angestellten gerade wegen der in Aussicht gestellten 4 Vertreter für die Gemeinschaftswahl entschieden hat.

Bei dieser Wahlbeeinflussung handelt es sich auch um eine solche durch Gewährung oder Versprechen von Vorteilen im Sinne des § 19 Abs. 2 BetrVG, die unzulässig ist und einen Verstoß gegen wesentliche

Vorschriften über das Wahlverfahren beinhaltet. Dadurch, daß die Zahl der Vertreter im Betriebsrat von 2 auf 4 erhöht werden sollte, sofern es zur Gemeinschaftswahl kam, wurde einmal der Gruppe der Angestellten als solcher ein Vorteil versprochen, darüber hinaus aber auch jedem einzelnen Angestellten auf der Zeche. Jeder einzelne Angestellte konnte davon ausgehen und dies seiner Stimmabgabe zu Grunde legen, daß nicht nur die Belange der Angestelltenschaft, also seiner eigenen Gruppe, im allgemeinen, sondern auch seine eigenen Belange der Zeche gegenüber und innerhalb des Betriebsrats selbst besser vertreten sein würden, wenn die Zahl der Vertreter der Angestellten im Betriebsrat größer sein werde. Die stärkere Vertretung der Gruppe und damit das stärkere Zurgeltungbringen der Belange der Gruppe im Betriebsrat stellt nicht nur einen Vorteil für die Gruppe selbst dar, sondern sie ist auch für jeden einzelnen Angehörigen der Angestelltengruppe ein Vorteil; die Anliegen der einzelnen Angestellten können gründlicher bearbeitet werden, wenn die insoweit im Betriebsrat anfallende Arbeit auf mehrere aus den Kreisen der Angestellten kommende Betriebsratsmitglieder verteilt zu werden vermag. Auch die Abstimmungsergebnisse im Betriebsrat selbst können dadurch eine Änderung zugunsten der Angestellten erfahren, daß die Angestelltengruppe im Betriebsrat stärker vertreten ist. Es liegt also in der Erhöhung der Sitzzahl eine Besserstellung sowohl der Gruppe wie des einzelnen Angestellten. Die Gewährung eines Vorteils im Sinne des § 19 BetrVG ist nun in jeder Begünstigung zu sehen, die durch die in einem bestimmten Sinne erfolgenden Abgabe der Stimme eingekauft wird (vgl. Galperin, BetrVG, 2. Aufl., § 19 Anm. 9), also sowohl in der Einräumung eines Vorteils an die Gruppe wie an den gruppenangehörigen Wahlberechtigten selbst.

Wenn das Landesarbeitsgericht ausführt, das Versprechen von Vorteilen setze auf seiten desjenigen, der diese Vorteile verspreche, „eine gewisse Absicht" voraus, für deren Vorliegen aber weder bei dem Wahlvorstand noch bei den Arbeitnehmern, auf deren Anregung die Fragestellung zu b) aufgenommen sei, etwas dargetan sei, so ist diese Erwägung nicht frei von Rechtsirrtum. Welches Ziel mit der Fragestellung zu b) verfolgt wurde (z. B. besonderes Entgegenkommen den Angestellten gegenüber, Ausschaltung der Angehörigen einer bestimmten Gewerkschaft oder anderer Erwägungen) mag dahingestellt bleiben; jedenfalls wollten diejenigen, die die Fragestellung zu b) veranlaßten, durch das Inaussichtstellen der höheren Sitzzahl für Angestellte ein bestimmtes Abstimmungsergebnis erreichen. Gerade das ist aber eine unzulässige Wahlbeeinflussung. Es ist auch insoweit wieder entscheidend zu berücksichtigen, daß § 19 BetrVG eine völlig unbeeinflußte Wahl sichern will. Das Inaussichtstellen der zusätzlichen Angestelltensitze für den Fall der Gemeinschaftswahl reicht aus, um die darauf gestützte Anfechtung der Abstimmung über die Einführung der Gemeinschaftswahl und damit der ganzen Betriebsratswahl für gerechtfertigt anzusehen.

Der Annahme eines Vorteils im Sinne des § 19 BetrVG steht nicht entgegen, daß die Angestelltenschaft auch in dem bis zum Jahre 1955 amtierenden Betriebsrat mit 4 Sitzen vertreten war. Denn die Fragestellung zu b) gab gerade Anlaß zu der Befürchtung, daß bei Ablehnung der Gemeinschaftswahl die Zahl der Angestelltenvertreter der Regelung des § 10 BetrVG entsprechend auf 2 Vertreter herabgesetzt werde. Auch die Zusicherung der Beibehaltung einer Sitzverteilung, auf die die Angestelltengruppe nach der gesetzlichen Regelung keinen Anspruch hatte, stellt das Inaussichtstellen eines Vorteils dar.

Unrichtig ist ferner die Ansicht des Landesarbeitsgerichts, aus dem Abstimmungsergebnis folge, daß die Arbeitergruppe, die 2 ihrer Sitze an die Angestellten habe abgeben sollen, sich dadurch nicht benachteiligt gefühlt habe und daß deshalb keine unzulässige Wahlbeeinflussung vorliegen könne. Es mag dahingestellt sein, ob objektiv in dieser Übertragung der Sitze eine Benachteiligung der Arbeiterschaft liege. Denn dem Vorteil auf der einen Seite braucht entgegen der Meinung des Landesarbeitsgerichts nicht unbedingt ein Nachteil auf der anderen Seite gegenüberzustehen. Wie sich aus § 19 BetrVG ergibt, sind die Vorteilsgewährung und die Nachteilszufügung als unzulässige Mittel der Wahlbeeinflussung nebeneinander gestellt. Auch wenn die Arbeiter einen Nachteil durch die Übertragung ihrer Sitze auf die Angestellten nicht erlitten haben, kann doch eine Bevorteilung der Angestellten vorliegen.

Wenn das Landesarbeitsgericht schließlich ausführt, aus der Tatsache, daß die Antragstellerin keine Vorschlagslisten mehr eingereicht habe, nachdem gemäß dem Ergebnis der Abstimmung die Gemeinschaftswahl durchgeführt werden sollte, folge auf jeden Fall, daß selbst bei Annahme eines Verstoßes gegen wesentliche Vorschriften über das Wahlverfahren die Anfechtung nicht möglich sei, weil durch diesen Verstoß das Wahlergebnis nicht geändert werden konnte, so ist ihm ein Trugschluß unterlaufen. Nahm die Antragstellerin als der DAG angehörige Gewerkschaft im Hinblick auf das stimmenmäßige Übergewicht, das bei gemeinsamer Wahl der Arbeiter und der Angestellten die Arbeiterschaft haben würde, von der Aufstellung eigener Vorschlagslisten Abstand, so beruht dies gerade auf dem durch unzulässige Wahlbeeinflussung zustande gekommenen Abstimmungsergebnis in den Vorabstimmungen. Das Landesarbeitsgericht durfte nicht auf die Entwicklung abstellen, die eingetreten ist, nachdem in einem mangelhaften Wahlverfahren Gemeinschaftswahlen und in diesem Falle erhöhte Sitzzahlen für die Angestellten beschlossen worden waren. Es hätte vielmehr prüfen müssen, wie die Betriebsratswahl hätte ablaufen können, wenn es nicht zur Gemeinschaftswahl gekommen, sondern der neue Betriebsrat der gesetzlichen Regelung entsprechend in Gruppenwahl gewählt worden wäre. Es ist durchaus möglich, daß in diesem Falle die antragstellende Gewerkschaft eigene Wahlvorschläge aufgestellt hätte und mit diesen auch zum Zuge gekommen wäre. Es wäre dann ein anderes Wahlergebnis möglich gewesen.

Nach alledem mußte der angefochtene Beschluß aufgehoben werden und der Beschluß des Arbeitsgerichts durch Zurückweisung der gegen ihn erhobenen Beschwerde wieder hergestellt werden.

## 15

**1. Die Lohnfortzahlungspflicht im Falle einer Arbeitsversäumnis von Betriebsratsmitgliedern im Einzelfall setzt nicht voraus, daß der Arbeitgeber der Arbeitsversäumnis zustimmt, sondern nur, daß das Betriebsratsmitglied sich abmeldet und bei der Abmeldung die Gründe der Arbeitsversäumnis in großen Zügen angibt. Einer Angabe dieser Gründe bedarf es dann nicht, wenn es sich um die Regelung von Angelegenheiten handelt, die nur den Betriebsrat oder die Belegschaft betreffen, ohne die Belange des Arbeitgebers zu berühren.**

**2. Ob die Arbeitsversäumnis i. S. des § 37 Abs. 2 BetrVG erforderlich war, beurteilt sich nicht nur nach dem subjektiven Ermessen des Betriebsrats. Hinzukommen muß vielmehr, daß ein vernünftiger Dritter die Arbeitsversäumnis bei Berücksichtigung der Interessen des Betriebs einerseits, des Betriebsrats und der Belegschaft andererseits für sachlich geboten halten würde.**

BetrVG § 37.

I. Senat. Urteil vom 8. März 1957 i. S. der Firma N. (Bekl.) w. K. (Kl.)
1 AZR 113/55.

I. Arbeitsgericht Hamburg. — II. Landesarbeitsgericht Hamburg.

Der Kläger ist seit 1937 bei der Beklagten als Monteur beschäftigt und seit 1946 Vorsitzender des Betriebsrats. Im März 1954 arbeitete er auf einer Baustelle der Beklagten bei der D. W. Am 19. März wollte er in seiner Eigenschaft als Betriebsratsvorsitzender andere Baustellen aufsuchen. Er erschien deshalb frühmorgens im Betrieb der Beklagten. Der Obermontagemeister B. der Beklagten forderte ihn jedoch auf, sogleich seine Arbeit auf der D. W., die keinen Aufschub dulde, wieder aufzunehmen. Andernfalls werde der Kläger keinen Lohn erhalten. Der Kläger fuhr gleichwohl mit dem Ingenieur D. der Beklagten, der an diesem Tag die Baustellen zur Auszahlung der Löhne aufsuchte, mit dem Wagen zu 10 von den damals insgesamt 12 Hamburger Baustellen und kehrte erst zu Ende der Arbeitszeit zurück. Die Beklagte verweigerte ihm deshalb die Zahlung des Arbeitslohnes für den 19. März 1954 in der unstreitigen Höhe von 18,70 DM.

Der Kläger hat auf Zahlung dieses Betrages Klage erhoben und sich auf § 37 Abs. 2 BetrVG berufen. Er hat ausgeführt, die Fahrt vom 19. März 1954 sei notwendig gewesen, um Akkordstreitigkeiten zu schlichten und Beschwerden der Belegschaft entgegenzunehmen. Er habe sich ordnungsmäßig abgemeldet, was ausreichend sei, da die Beklagte nicht das Recht habe, ihm die Ausübung seiner Betriebsratstätigkeit zu verweigern. Auch habe er Vorsorge getroffen, daß die Arbeit an seinem Arbeitsplatz während seiner Abwesenheit reibungslos weitergelaufen sei.

Die Beklagte hat Klageabweisung beantragt. Dem Kläger sei keine Erlaubnis erteilt worden, am 19. März 1954 seinem Arbeitsplatz fern zu bleiben. Eine solche Erlaubnis sei notwendig gewesen, da eine Lohnfortzahlung nur im Fall einer Freistellung infrage komme. Notfalls hätte der Kläger durch ein arbeitsgerichtliches Beschlußverfahren klären lassen müssen, daß seine Fahrt zu den Baustellen erforderlich gewesen wäre. In Wirklichkeit sei diese Fahrt übrigens auch nicht erforderlich gewesen. Zwar hätten bei höchstens drei Baustellen Beschwerden einzelner Arbeitnehmer über Akkordabrechnungen vorgelegen. Gleichwohl habe es für den Kläger nichts zu regeln gegeben. Die vom Kläger zu verrichtende Arbeit in der Werft sei sehr dringlich gewesen.

Das Arbeitsgericht hat der Klage stattgegeben. Die Berufung der Beklagten hat das Landesarbeitsgericht zurückgewiesen. Es hat festgestellt, daß am 19. März 1954 Akkorddifferenzen bestanden haben. Es ist der Ansicht, daß mit Rücksicht auf diese damals vorliegenden Akkorddifferenzen die in seiner Eigenschaft als Betriebsratsvorsitzender von dem Kläger vorgenommene Fahrt erforderlich gewesen sei. Der Kläger habe sich ausreichend abgemeldet. Eine Freistellung durch die Beklagte sei nicht erforderlich gewesen.

Die Revision der Beklagten führte zur Aufhebung des angefochtenen Urteils und zur Zurückverweisung.

Aus den Gründen:

Das Berufungsgericht erhebt keine Bedenken dagegen, daß der Kläger den von ihm geltend gemachten Anspruch im Urteilsverfahren, nicht im Beschlußverfahren verfolgt. Diese Frage der Zulässigkeit der Verfahrensart ist in jedem Stadium des Verfahrens von Amts wegen zu prüfen, da Urteils- und Beschlußverfahren einander ausschließen.

Nach Ansicht des Senats konnte der Kläger seinen Anspruch nur im Urteilsverfahren geltend machen; denn es handelt sich dabei um einen Lohnanspruch, der in dem Arbeitsverhältnis gründet. Zwar beruft sich der Kläger zur Rechtfertigung seines Lohnanspruchs für eine Zeit, in der er unstreitig nicht die ihm nach dem Arbeitsvertrag obliegende Arbeit verrichtete, darauf, daß er während dieser Zeit Betriebsratstätigkeit ausgeübt habe. Das ändert jedoch an dem Charakter seines Anspruchs nichts, sondern ist ohne Einfluß darauf deswegen, weil es sich dabei nach wie vor um einen Lohnanspruch handelt. Für einen solchen aber ist allein das Urteilsverfahren zulässig.

Hiernach hängt die Entscheidung des Rechtsstreits davon ab, ob der arbeitsvertragliche Lohnanspruch des Klägers dadurch berührt wird, daß dieser seine Arbeit versäumt hat, weil das in einem einzelnen Fall durch die Wahrnehmung von Betriebsratsaufgaben notwendig geworden war, ferner davon, ob entweder in solchen Fällen eine formelle Freistellung des Arbeitgebers erforderlich ist oder aber ob das Betriebsratsmitglied völlig frei in der Gestaltung seiner Arbeitszeit ist oder ob eine Verpflichtung seinerseits besteht, sich bei dem Arbeitgeber abzumelden. Nach Ansicht des Senats ist in Fällen vorliegender Art keine Freistellung seines des Arbeitgebers erforderlich. Wohl aber bedarf es einer Abmeldung seitens des Betriebsratsvorsitzenden. In einem Fall, in dem es sich um Akkordstreitigkeiten handelt, bedarf es darüber hinaus der allgemein gehaltenen Angabe, aus welchem Grunde die Betriebsratstätigkeit gerade zu dieser Zeit notwendig ist und welche Gründe dafür vorliegen, daß nicht die arbeitsvertraglich geschuldete Arbeitsleistung, sondern die Betriebsratstätigkeit ausgeübt werden muß.

Daß in einem Fall, in dem es sich um eine Arbeitsversäumnis aus einem für den einzelnen Fall gegebenen Anlaß handelt, eine Zustimmung des Arbeitgebers nicht erforderlich ist, ergibt sich bereits aus dem Aufbau des § 37 BetrVG. Zunächst wird dort in Absatz 2 die generelle Lohnfortzahlungspflicht des Arbeitgebers für den Fall, daß das Betriebsratsmitglied Betriebsratsaufgaben wahrzunehmen hat, bestimmt. Erst in Absatz 3 folgt die Regelung im Fall einer Freistellung. Das zwingt zu der Annahme, daß nicht in jedem Fall der Lohnzahlungspflicht trotz Arbeitsversäumnis eine Freistellung erforderlich ist. Andernfalls hätte das Gesetz an erster Stelle die Freistellung regeln und durch die daran anschließende Regelung der Lohnfortzahlungspflicht zum Ausdruck bringen müssen, daß nur in diesen — zuvor angesprochenen — Fällen der Freistellung die Pflicht zur Fortzahlung des Lohnes bestehe.

Zwar ergibt sich auch für den Fall der Freistellung nach § 37 Abs. 3 BetrVG, daß eine Lohnfortzahlung nur aus Abs. 2 hergeleitet werden kann, da in Abs. 3 selbst keine Verpflichtung hinsichtlich der Lohnzahlung enthalten ist. Gleichwohl folgt eben aus der Systematik des Gesetzes, das an erster Stelle die Lohnzahlung und erst an zweiter Stelle die Freistellung geregelt hat, daß jener der Vorrang gebührt und sie nicht nur auf die Fälle der Freistellung beschränkt ist. Entscheidend, wenn es sich um eine Arbeitszeitversäumnis infolge einer Betriebsratstätigkeit in einem einzelnen, nicht auf lange Sicht im voraus zu regelnden Fall handelt, ist, daß andernfalls die Betriebsratstätigkeit zu sehr von der formellen Genehmigung durch den Arbeitgeber abhängig wäre. Wenn dieser auch die Pflicht zur Freistellung des Betriebsratsmitgliedes hat, soweit das für die Erfüllung der Betriebsratsaufgaben erforderlich ist, so würde, wollte man in jedem Fall eine Freistellung fordern, das doch darauf hinauslaufen, daß letzten Endes in einem ganz einschneidenden Maße der Arbeitgeber es zu beurteilen hätte, welche Fälle den Betriebsrat zur Arbeitsversäumnis berechtigen. Das würde in unzulässiger Weise die Rechte des Betriebsrats beschränken, zumal auch ein Beschlußverfahren über die Notwendigkeit der Freistellung dann nicht rechtzeitig genug durchgeführt werden kann, wenn es sich um eine Arbeitsversäumnis in einem einzelnen, nicht vorhersehbaren Fall handelt. Auch würde dadurch dem Arbeitgeber ein Einblick in die interne Betriebsratsarbeit gewährt, wie er ihm nicht zugebilligt ist. Dies folgt auch daraus, daß dem Arbeitgeber grundsätzlich ein Recht zur Einsicht in die Betriebsratsakten verwehrt bleibt (u. a. Dietz, BetrVG, § 33 Anm. 11, § 39 Anm. 17).

Es besteht hier eine Konfliktsituation, die dazu zwingt, das Schutzbedürfnis für die Tätigkeit des Betriebsrats gegen die Interessen des Arbeitgebers an der Arbeitsleistung des Betriebsratsmitgliedes abzuwägen. In Fällen plötzlich notwendig werdender Arbeitsversäumnis ist mit Rücksicht darauf, daß die Betriebsratsaufgaben nicht weniger wichtig sind als die nach dem Arbeitsvertrag zu leistende Arbeit, eine Regelung gewollt, die nicht den Betriebsrat einseitig belastet. Eine Freistellung des Betriebsratsmitgliedes ist hier also nicht erforderlich, so daß es auch einer Einwilligung des Arbeitgebers nicht bedarf. Ein Eingriff in das Direktionsrecht liegt dabei wegen der gesetzlich begründeten unabhängigen Stellung, die der Betriebsrat gegenüber dem Arbeitgeber einnimmt, nicht vor, und die für die Erledigung von Betriebsratsaufgaben erforderliche Arbeitsversäumnis ist in einem solchen Fall grundsätzlich nicht rechtswidrig. Ob im Bereich des Personalvertretungsgesetzes, das wegen seines Zuschnitts auf die Besonderheiten des öffentlichen Dienstes andere Lösungen zulassen mag, die Frage anders zu beurteilen ist, mag dahingestellt bleiben. Im Bereich des Betriebsverfassungsgesetzes ist jedenfalls die einseitige Abmeldung in Fällen des § 37 Abs. 2 ausreichend. Handelt es sich allerdings um längere Zeit voraussehbare oder abschätzbare Arbeitsversäumnise regelmäßig wiederkehrender Art, so greift § 37 Abs. 3 BetrVG Platz, und es bedarf einer Freistellung, also der Zustimmung des Arbeitgebers, da hier seine Interessen in besonderem Maße betroffen werden. Diese kann aber auch in solchen Fällen erforderlich sein, in denen sich die längere Zeit voraussehbare Arbeitsbehinderung auf eine geraume Zeitspanne, etwa von mehreren Wochen erstreckt, ohne daß es sich hierbei um ein wiederkehrendes Ereignis handelt.

Auf der anderen Seite ist stets zu beachten, daß von der Befugnis, die Betriebsratsmitglieder selbst von der Arbeit freizustellen, vom Betriebsrat und seinen Angehörigen nur Gebrauch gemacht werden darf, wenn es zur Durchführung von Betriebsratsaufgaben wirklich erforderlich ist. Entscheidend ist hierfür nicht nur das subjektive Ermessen des Betriebsrats und der Betriebsratsmitglieder, sondern die Arbeitsversäumnis muß nach Art und Umfang des Betriebes unter Berücksichtigung der betrieblichen Belange (vgl. BAG 1, 158) durch die Wahrnehmung von Betriebsratsaufgaben objektiv geboten sein. Wollte man hierbei nur auf das subjektive Ermessen des Betriebsrats und der Betriebsratsmitglieder abstellen, so würde der gesetzlichen Vorschrift nicht genügend Rechnung getragen, daß die Arbeitsversäumnis eben wirklich erforderlich sein muß. Andererseits handelt es sich insoweit teilweise auch um Ermessensfragen. Entscheidend für die Frage des Erfordernisses ist hiernach, ob ein vernünftig denkender Dritter unter Berücksichtigung der Interessen des Betriebs einerseits, des Betriebsrats und der Belegschaft andererseits die Arbeitsversäumnis für sachlich geboten halten würde.

Aus diesem Grunde ist es in den Fällen des § 37 Abs. 2 BetrVG immer erforderlich, daß sich das Betriebsratsmitglied bei dem Arbeitgeber abmeldet. Diese Pflicht ergibt sich schon daraus, daß es gleichzeitig auch Arbeitnehmer ist und der Arbeitgeber bei dem Ausfall der Arbeitskraft des Betriebsratsmitgliedes die Möglichkeit haben muß, umdisponieren zu können. Auch dann, wenn der Betriebsratsangehörige sich selbst von der Arbeit freistellen darf, bedarf es also der Unterrichtung des Arbeitgebers. Das ist schon deshalb erforderlich, um eine Gewähr dafür zu geben, daß von einer solchen Selbstbefreiung von der Arbeitspflicht nur in wirklich begründeten Fällen, d. h. bei Vorliegen einer wirklichen Notwendigkeit, Gebrauch gemacht wird.

Glaubt der Betriebsrat, in solchen Fällen eingreifen zu müssen, in denen sowohl die Belange des Arbeitgebers wie die des Betriebsrats berührt werden, ist es weiter zu fordern, daß er dem Arbeitgeber in großen Zügen Mitteilung von den Gründen macht, die die Arbeitsversäumnis bedingen. In diesen Fällen, in denen es sich nicht um vertrauliche Angelegenheiten des Betriebsrats oder der Belegschaft handelt, kann der Arbeitgeber verlangen, daß er vom Betriebsrat über dessen Tun in einer allgemeinen Weise unterrichtet wird. Um einen solchen Fall aber handelt es sich hier, da nach den Feststellungen des Berufungsgerichts Akkordstreitigkeiten zu regeln waren. Hier genügte deshalb nicht die Abmeldung ohne Grundangabe, da es sich nicht um interne Angelegenheiten des Betriebsrats oder der Belegschaft handelte, sondern um Streitfragen, die auch den Arbeitgeber berühren. Wenn im ersteren Falle auch eine Offenlegung der die Arbeitsversäumnis bedingenden Gründe bei der Abmeldung selbst nicht verlangt werden kann, sondern diese Gründe in Streitfällen erst im Laufe des Gerichtsverfahrens darzutun sind, so verlangt doch in Fällen letzterer Art eine verständige Abwägung der Konfliktsituation, daß gleichmäßig die Unabhängigkeit des Betriebsrats und die Interessen des Arbeitgebers gewahrt werden. Das setzt aber hier eine vorherige Unterrichtung des Arbeitgebers über die Gründe der Arbeitsversäumnis voraus.

Mit Rücksicht auf diese Erfordernisse sind die Feststellungen des Berufungsgerichts nicht ausreichend, um die angefochtene Entscheidung zu tragen. Das Landesarbeitsgericht führt zwar rechtsirrtumsfrei aus, daß der Kläger hinsichtlich der Dauer der Fahrt vom 19. März 1954 nicht gegen die in BAG 1, 158 entwickelten Grundsätze verstoßen hat. Hinsichtlich der Vorfragen der Abmeldung und des Erfordernisses dieser Fahrt stellt es jedoch lediglich fest, daß Akkordstreitigkeiten vorgelegen haben, und zwar erst seit kurzer Zeit, und daß deshalb nach Ansicht des Klägers die Möglichkeit bestanden habe, sie schneller zu regeln, wenn ihre Regelung sofort versucht wurde. Diese Feststellungen sind aber ungenügend; denn es ist aus ihnen nichts über die Art dieser Akkordstreitigkeiten, über ihren Umfang und ihre Bedeutung zu erkennen. Eine gerechte Wertung der Frage, ob der Kläger gerade am 19. März 1954 zur Regelung dieser Streitigkeiten die Baustellen besuchen mußte, setzt eine genaue Kenntnis dieser Umstände voraus. Nur danach kann das Erfordernis im Sinne des § 37 Abs. 2 BetrVG beurteilt werden. Der Grund für die Arbeitsversäumnis des Klägers kann sich allerdings ggf. aus der Sachlage selbst ergeben, so daß es seiner besonderen Angabe nicht bedarf.

Da die tatsächlichen Feststellungen hinsichtlich des vom Landesarbeitsgericht seiner Entscheidung zugrundegelegten Sachverhalts nicht ausreichen, um die Nachprüfung zu ermöglichen, ob der Vorderrichter den Begriff des Erfordernisses im Sinne des § 37 Abs. 2 BetrVG richtig erkannt hat, mußte die Sache zur weiteren Aufklärung an die Vorinstanz zurückverwiesen, das angefochtene Urteil mußte aufgehoben werden. In der neuen Verhandlung wird das Berufungsgericht zu klären haben, ob die Gründe, die dem Kläger Anlaß zu der Fahrt vom 19. März 1954 gaben, wirklich so schwerwiegender Art waren, daß sie gemäß den in § 37 Abs.2 BetrVG genannten Voraussetzungen den Vorrang vor den Arbeiten in der D. W. verdienten. Auch ist vom Landesarbeitsgericht weitere Aufklärung zu schaffen zu der Frage, ob der Kläger bei seiner Abmeldung den Grund seiner Arbeitsversäumnis in ausreichender Weise bekanntgegeben hat.

## 16

**1. Ein Verstoß gegen § 551 Ziffer 7 ZPO liegt noch nicht dann vor, wenn ein am 3. August 1955 verkündetes Urteil erst am 22. November 1955 den Parteien zugestellt wird.**

**2. Liegt zwischen Verkündung und Zustellung des Urteils ein Zeitraum von über drei Monaten, so ist das Urteil aufzuheben, wenn der Revisionskläger überzeugend darlegt, daß er einen Tatbestandsberichtigungsantrag gestellt hätte, und wenn das Urteil auf dem Satze, dessen Berichtigung beantragt wäre, beruht.**

ZPO § 551 Ziff.7; ArbGG § 60 Abs. 4 Satz 2; ZPO § 320 Abs. 2.

I. Senat. Urteil vom 3. Mai 1957 i. S. C. (Kl.) w. Kleinbahn L.-A.-W. GmbH. (Bekl.) 1 AZR 563/55.

I. Arbeitsgericht Emden. — II. Landesarbeitsgericht Hannover.

Durch das angefochtene Urteil hat das Landesarbeitsgericht auf die Berufung der Beklagten, einer privaten Kleineisenbahn GmbH, die Klage des Klägers auf Nachzahlung arbeitnehmerseitiger Pensionskassenbeiträge, die die Beklagte vom 1. April 1952 ab den Arbeitnehmern abgezogen hatte, abgewiesen.

Das am 3. August 1955 verkündete Urteil ist am 22. November 1955 den Parteien zugestellt worden.

Mit der Revision rügt der Kläger u. a., daß zwischen Begründung und Zustellung des Urteils ein Zeitraum von über drei Monaten liegt und ihm daher die Frist des § 320 ZPO zur Berichtigung des Tatbestandes verstrichen sei; er hätte sonst eine solche Berichtigung beantragt, da weder der Kläger noch sein Prozeßbevollmächtigter im ersten oder zweiten Rechtszuge in der angegebenen Weise befragt worden seien noch solche Erklärungen abgegeben hätten. Auf diesem Satze aber beruhe das angefochtene Urteil.

Das angefochtene Urteil wurde aufgehoben und die Sache an das Landesarbeitsgericht zurückverwiesen.

Aus den Gründen:

Ein Verstoß gegen § 551 Ziff. 7 ZPO liegt allerdings nicht vor. Zwar ist anzunehmen, daß die am 22. November 1955 zugestellte Entscheidung erst kurz vor diesem Zeitpunkt abgesetzt wurde. Wenn der Kläger unter Hinweis auf Pohle in dessen Anmerkung AP § 60 ArbGG Nr. 1 zur Entscheidung des Zweiten Senats des Bundesarbeitsgerichts vom 15. September 1955 (= BAG 2, 194) vorträgt, daß Urteile, die länger als zwei Monate nach der Verkündung abgesetzt würden, als Urteile ohne Gründe angesehen werden müßten, da dann keine Gewähr für die Übereinstimmung zwischen den beratenen und den schriftlich niedergelegten Gründen bestehe, so kann der Senat dem jedoch nicht folgen. Der Richter pflegt nach aller Erfahrung die Gedankenführung der beratenen Begründung länger im Gedächtnis zu behalten. Im Kollegialgericht besteht zudem noch eine wirksame Gegenkontrolle, die auch dann gegeben ist, wenn, wie im Falle der landesarbeitsgerichtlichen Entscheidung, außer dem berufsrichterlichen Vorsitzenden zwei nichtberufsrichterliche Beisitzer mitwirken. Vor allem setzt auch die Zivilprozeßordnung selbst ein den Zeitraum von drei Monaten übersteigendes Gedächtnis des erkennenden Richters voraus, wenn sie in § 320 Abs. 4 ZPO bestimmt, daß über den Berichtigungsantrag ohne Beweisaufnahme zu entscheiden sei. Dahingestellt bleiben kann, ob etwas anderes dann gilt, — wofür beachtliche Gründe sprechen —, wenn es sich um einen weit längeren Zwischenraum zwischen Urteilsverkündung und Urteilsabsetzung handelte wie etwa im Falle der Entscheidung des Bundesgerichtshofs vom 18. September 1952 (BGH 7, 155), in dem ein Zeitraum von über sieben Monaten zwischen Verkündung und Fertigstellung des Urteils lag und in dem ferner bereits Revision eingelegt war. Ein derart besonderer Sachverhalt liegt dem hier zu entscheidenden Falle nicht zugrunde.

Wenn hiernach auch ein Verstoß gegen § 551 Ziff. 7 ZPO zu verneinen war, so lag doch ein Verstoß gegen § 60 Abs. 4 Satz 2 ArbGG in Verb. mit § 320 ZPO vor, auf dem im Sinne des § 73 ArbGG das Urteil beruht.

Zwar ist die Vorschrift des § 60 Abs. 4 Satz 2 ArbGG, nach der Urteile innerhalb einer Frist von drei Tagen nach Verkündung abgesetzt der Geschäftsstelle übergeben werden sollen, nur eine Ordnungsvorschrift, die, zum mindesten in sehr vielen Fällen, auch gar nicht eingehalten werden kann, wie schon der Zweite Senat in dem oben angeführten Urteil vom 15. September 1952 entschieden hat. Der Zweite Senat hatte in seiner Entscheidung aber auch bereits darauf hingewiesen, daß anders zu entscheiden wäre, falls der Revisionskläger durch die verspätete Absetzung des Urteils nicht nur die Frist des § 320 ZPO zur Tatbestandsberichtigung, gegen die es keine Wiedereinsetzung in den vorigen Stand gibt (vgl. Baumbach-Lauterbach, § 320 Anm. 4), versäumt hat, sondern der Revisionskläger darüber hinaus auch einen solchen Antrag hatte stellen wollen. Der Kläger hat nun überzeugend vorgetragen, daß er, falls die Dreimonatsfrist nicht verstrichen gewesen wäre, Antrag auf Tatbestandsberichtigung gestellt und im Wege der Tatbestandsberichtigung die Streichung eines bestimmten Satzes beantragt hätte. Ob er mit diesem Antrag durchgedrungen wäre, hat das Revisionsgericht nicht zu prüfen; das ist Sache des Tatsachengerichtes, das allein auch die diesbezügliche Kenntnis besitzen kann. Das Revisionsgericht hat nur zu untersuchen, ob auf dem beanstandeten Satz, dessen Berichtigung der Kläger nach seiner Darstellung beantragt hätte, das angefochtene Urteil beruht. Das war zu bejahen. Denn in seinen Entscheidungsgründen nimmt das Urteil auf diesen Satz Bezug und folgert aus ihm die Rechtmäßigkeit des Widerrufs. Ob diese Entscheidung des angefochtenen Urteils richtig ist, war dabei nicht zu untersuchen; es genügte die Feststellung, daß das angefochtene Urteil auf dem Satze beruht, dessen Berichtigung durchzusetzen dem Kläger wegen der verspäteten Absetzung und Zustellung des Urteils gemäß § 320 ZPO versagt geblieben war.

## 17

**Der Streit über die Wirksamkeit eines Prozeßvergleichs ist jedenfalls grundsätzlich in demselben Verfahren fortzusetzen.**

ZPO § 794; BGB § 779.

II. Senat. Urteil vom 9. Mai 1957 i. S. H. (Kl.) w. V. b. L. (Bekl.) 2AZR 67/55.

I. Arbeitsgericht Marburg a. d. Lahn. — II. Landesarbeitsgericht Frankfurt a. M.

Der Kläger war vom Jahre 1946 an selbständiger Steuerberater. Im Frühjahr 1950 wurde der beklagte Verein gegründet, der den Kläger als Geschäftsführer und Leiter der Buchstelle anstellte. Dieses Anstellungsverhältnis endete am 15. März 1951.

Am 12. Oktober 1951 erhob der Kläger Klage auf Zahlung von Restgehaltsansprüchen für die Zeit bis zum 31. März 1951 sowie auf Zahlung von Gehalt für die Monate April bis Juni 1951 im Gesamtbetrage von 5403,37 DM. Der Beklagte bestritt die Berechtigung der Forderung und machte außerdem geltend, der Kläger habe unberechtigterweise 820,75 DM an Mitgliedsbeiträgen eingezogen, jedoch nicht gebucht. Dieser andererseits hielt sich unter Berufung auf seinen Anstellungvertrag zur Einziehung dieses Betrages berechtigt, weil es sich dabei um ihm persönlich zustehende Rückstände aus der Zeit vor der Gründung des beklagten Vereins gehandelt habe.

Im Verfahren vor dem Arbeitsgericht schlossen die Parteien am 18. Januar 1952 einen Vergleich, wonach der Beklagte sich verpflichtete, an den Kläger ohne Anerkennung einer Rechtspflicht zur Abgeltung aller gegenseitigen Ansprüche, gleich welcher Art, 420,— DM zu zahlen.

Der Kläger hält nunmehr diesen Vergleich wegen Irrtums über die Vergleichsgrundlage, wegen Sittenwidrigkeit, wegen arglistiger Täuschung und Drohung sowie wegen unerlaubter Handlung für unwirksam. Unter Geltendmachung weiterer Ansprüche hat er beantragt, den Beklagten zur Zahlung von 12 000,— DM zu verurteilen.

Das Arbeitsgericht hat das Vorgehen des Klägers gegen den Vergleich vom 18. Januar 1952 als neue Klage angesehen, diese Klage jedoch abgewiesen. Das Landesarbeitsgericht steht demgegenüber auf dem Standpunkt, der Streit um die Gültigkeit eines gerichtlichen Vergleichs sei im bisherigen Verfahren auszutragen. Es hat alsdann die Berufung des Klägers aus sachlichen Gründen zurückgewiesen. Die Re-.ion des Klägers hatte keinen Erfolg.

### Aus den Gründen:

I. Zu Recht hat das Landesarbeitsgericht im Gegensatz zum Arbeitsgericht die Ansicht vertreten, daß der Streit um die Gültigkeit eines Prozeßvergleichs nicht im Wege einer neuen Klage, sondern durch Fortsetzung des bisherigen Verfahrens auszutragen ist.

Für den Fall des Widerrufs eines gerichtlichen Vergleichs hat dies der Erste Senat des Bundesgerichts bereits in seiner Entscheidung vom 24. Juni 1955 (AP Nr. 1 zu § 794 ZPO) zum Ausdruck gebracht. In der Entscheidung BAG 3, 43 (= BAG AP Nr. 2 zu § 794 ZPO) hat der erkennende Senat dieselbe Rechtsansicht für den Fall vertreten, daß ein Rücktritt vom Vergleich gemäß § 326 BGB oder wegen positiver Vertragsverletzung erfolgt.

Der tragende Gedanke, auf dem beide Entscheidungen beruhen, ist der, daß durch die Rücktritts- oder Widerrufserklärung einer Vergleichspartei der Vergleich sowohl materiell-rechtlich als auch prozeßrechtlich unwirksam wird, weil wegen der sowohl materiell-rechtlichen als auch prozessualen Natur des Prozeßvergleichs die Rücktritts- oder Widerrufserklärung dieser Doppelnatur folgt und die entsprechenden Rechtswirkungen zeitigt.

Der Prozeßvergleich kann nämlich trotz seiner Doppelnatur nur als Einheit behandelt werden. Die Nichtigkeit und die Unwirksamkeit in materiell-rechtlicher Hinsicht zerstören sachlich auch den prozeßrechtlich wirksamen Vergleich; die nach unserem Prozeßrecht zulässige prozessuale Einigungshandlung der Parteien kleidet ihrem Zweck nach die materielle Einigung in eine prozeßrechtliche Form. Ist daher die materiell-rechtliche Seite der Doppelnatur von vornherein unwirksam oder wird sie später hinfällig, so wird auch die prozessuale Seite und damit der gesamte Vergleich als Prozeßvergleich schlechthin unwirksam; denn die prozessuale Form verliert ihren Sinn, wenn der materiell-rechtliche Inhalt fehlt (a. A. BGHZ 16, 388 sowie Pohle in Anm. zu AP Nr. 2 zu § 794 ZPO für den Fall des Rücktritts vom Prozeßvergleich; es wird aber verkannt, daß der Vergleich aus den dargelegten Gründen auch in diesem Fall, wenigstens in der Regel, in jeder Hinsicht, also auch bezüglich der zunächst eingetretenen Beendigung des Prozesses, in Fortfall kommt. Demgegenüber kann man nicht sagen, die Parteien seien an die von ihnen selbst geschaffene prozessuale Situation gebunden). Die Prozeßparteien stehen einander folgerichtig dann so gegenüber wie vor dem Abschluß des Vergleichs, und zwar sowohl materiell-rechtlich als auch prozessual. Dies ist jedenfalls eindeutig, wenn der Prozeßvergleich auf Grund von § 779 BGB wegen Sittenwidrigkeit, arglistiger Täuschung und Drohung und unerlaubter Handlung angegriffen wird.

Das Landesarbeitsgericht hat auch den Prozeß zu Recht nicht zurückverwiesen, obwohl doch das Arbeitsgericht die Anstrengung eines neuen Verfahrens für erforderlich gehalten hatte. Der Grundsatz der Prozeßbeschleunigung gebietet, daß die Zurückverweisung durch das Berufungsgericht auf die in § 538 ZPO genannten Fälle beschränkt bleibt.

II.–V. . . .

## 18

**Nach § 23 Abs. 2 BMT-G, § 7 Abs. 4 BZT-G Schleswig-Holstein werden Erschwerniszuschläge nicht gewährt, soweit die außergewöhnlichen Arbeiten durch Einreihung des Arbeiters in eine höhere Lohngruppe abgegolten sind. Diese Voraussetzung wird nicht schon durch die richtige Einreihung des Arbeiters nach den Tätigkeitsmerkmalen des Lohngruppenverzeichnisses zur TO.B erfüllt (hier: Arbeiten an Schmutzwasserleitungen und Kläranlagen, Lohngruppe VII — früher B — des Lohngruppenverzeichnisses zur TO.B).**

§ 23 Abs. 2 des Bundesmanteltarifvertrages für Arbeiter gemeindlicher Verwaltungen und Betriebe – BMT-G – vom 22. Mai 1953, § 7 Abs. 4 des Bezirkszusatztarifvertrages zum BMT-G für Schleswig-Holstein – BZT-G – vom 4. Dezember 1953.

Abgeltung von Erschwerniszuschlägen durch Einreihung des Arbeiters in eine höhere Lohngruppe.

IV. Senat. Urteil vom 27. März 1957 i. S. K. (Kl.) w. Stadt H. (Bekl.) 4 AZR 22/55.

I. Arbeitsgericht Heide. — II. Landesarbeitsgericht Kiel.

Der Kläger ist bei der Beklagten, einer Stadtgemeinde, als Kanalarbeiter beschäftigt. Aufgabe der Kanalarbeiter ist es, das städtische Rohrnetz mittels Seilen, Handwinden und sogenannten Igeln von Schlamm zu befreien und Fremdkörper zu beseitigen. Ferner werden Hausanschlüsse an das Rohrnetz durch die Kolonne verlegt.

Der Kläger erhält Lohn nach der jetzigen Lohngruppe VII (früheren Lohngruppe B) des Lohngruppenverzeichnisses zur TO.B. Außerdem zahlt ihm die Beklagte einen Erschwerniszuschlag von 0,05 DM zum Stundenlohn. Der Kläger hingegen fordert einen Zuschlag in Höhe von 0,15 DM je Stunde. Der Streit der Parteien geht dabei um folgendes:

Nach § 23 Abs. 3 des Bundesmanteltarifvertrages für Arbeiter gemeindlicher Verwaltungen und Betriebe — BMT-G — vom 22. Mai 1953 (Ambrosius, Tarifrecht der Arbeiter im öffentlichen Dienst, 1956, S. 41) ist auf bezirklicher Ebene zu vereinbaren, für welche außergewöhnlichen Arbeiten und in welcher Höhe ein Erschwerniszuschlag zu zahlen ist. Dies ist für Schleswig-Holstein geschehen durch den Bezirkszusatztarifvertrag zum BMT-G (BZT-G) vom 4. Dezember 1953. Als Anlage I (Ambrosius, S. 580) ist dem BZT-G ein Erschwerniszuschlagplan mit einer erschöpfenden Aufzählung der mit einem Zuschlag zu vergütenden Arbeiten und der verschiedenen Zuschlagsbeträge beigefügt. In diesem Plan sind Kanalisationsarbeiten, die von der Erdoberfläche aus durchgeführt werden, mit einem Zuschlag von 0,11 DM und solche, die unterhalb der Erdoberfläche durchgeführt werden, mit einem Zuschlag von 0,18 DM aufgeführt. Zwischen den Parteien ist unstreitig, daß unter Kanalisationsarbeiten im Sinne des Erschwerniszuschlagplans auch die vom Kläger ausgeführten Kanalreinigungsarbeiten zu verstehen sind. Da diese Arbeiten sowohl über wie unter der Erdoberfläche zu verrichten sind, hat die Beklagte an Stelle einer getrennten Abrechnung der Zuschläge von 0,11 DM bzw. 0,18 DM einen Mittelwert von 0,15 DM errechnet. Hiergegen erhebt der Kläger keine Einwendungen. Er fordert vielmehr einen Erschwerniszuschlag in Höhe dieses Mittelwertes von 0,15 DM je Arbeitsstunde und hat mit der Klage unter Anrechnung der gezahlten 0,05 DM einen rechnerisch unstreitigen Anspruch auf Zahlung von 81,75 DM geltend gemacht.

Die Beklagte hat Klageabweisung beantragt. Sie beruft sich auf die dem § 23 Abs. 2 BMT-G entsprechende Bestimmung des § 7 Abs. 4 BZT-G, daß Erschwerniszuschläge nicht gewährt werden, soweit die außergewöhnlichen Arbeiten durch Einreihung des Arbeiters in eine höhere Lohngruppe (Lohnklasse) oder durch Festsetzung eines Akkordes abgegolten sind. Die Beklagte ist der Auffassung, daß der Kläger als ungelernter Arbeiter an sich in die Lohngruppe C (VIII) des Lohngruppenverzeichnisses zur TO.B gehöre. Wenn „Arbeiter an Schmutzwasserleitungen und Kläranlagen" im Lohngruppenverzeichnis in die Lohngruppe B (VII) eingereiht worden seien, so sei das wegen der mit ihrer Arbeit verbundenen Erschwernis geschehen. In Höhe des Unterschiedes von 0,10 DM zwischen dem Stundenlohn dieser beiden Lohngruppen sei daher die Erschwernis durch Einreihung in eine höhere Lohngruppe abgegolten, so daß der Zuschlag nur noch in der von der Beklagten gewährten Höhe von 0,05 DM beansprucht werden könne.

Das Arbeitsgericht hat nach dem Klageantrag erkannt, das Landesarbeitsgericht dagegen die Klage abgewiesen.

Die Revision des Klägers führte zur Wiederherstellung des Urteils des Arbeitsgerichts aus den folgenden

Gründen:

Wenn die Bestimmung des § 7 Abs. 4 BZT-G die Gewährung von Erschwerniszuschlägen ausschließt, soweit die außergewöhnlichen Arbeiten „durch Einreihung des Arbeiters in eine höhere Lohngruppe (Lohnklasse)" abgegolten sind, so spricht schon der Wortlaut dafür, daß die Einreihung eines einzelnen Arbeiters in eine höhere als die ihm tariflich zustehende Lohngruppe durch den Dienstherrn gemeint ist, d. h. die einzelvertragliche Vereinbarung einer übertariflichen Vergütung wegen der besonderen Erschwernisse einer Arbeit, nicht aber eine allgemeine tarifliche Höherbewertung einer Tätigkeit wegen solcher Erschwernisse.

Auch aus dem Zweck der Bestimmung, die eine doppelte Vergütung für die gleiche Erschwernis vermeiden will, kann eine andere Auslegung nicht hergeleitet werden. In die Lohngruppe VII (B) des Lohngruppenverzeichnisses zur TO.B sind zwar angelernte Arbeiter eingestuft, d. h. solche Arbeiter, die in einem handwerksmäßigen oder dem gleichzuachtenden Betriebe nach näherer Bestimmung der Dienstordnung eine ausreichende Zeit in einer handwerksmäßigen Tätigkeit verwendet worden sind. Unabhängig von diesen Tätigkeitsmerkmalen sind aber in der Lohngruppe VII (B) „ferner" rund dreißig weitere Arbeitergruppen aufgeführt, darunter auch Arbeiter an Schmutzwasserleitungen und Kläranlagen. Für diese Arbeiter ist also die Lohngruppe VII die richtige tarifliche Lohngruppe. Sie könnte als eine „höhere" als die diesen Arbeitern an sich zustehende Lohngruppe nur dann angesehen werden, wenn im Tarif eindeutig zum Ausdruck käme, daß mit der Einreihung in die Lohngruppe VII eine besondere Erschwernis abgegolten werden sollte. Das ist nicht der Fall. Die in der Lohngruppe VII unter „ferner" aufgeführten zahlreichen Tätigkeiten sind vielmehr der Tätigkeit der handwerksmäßig Angelernten in der Leistungsbewertung schlechthin gleichgesetzt.

Es ist auch zu berücksichtigen, daß es beim Abschluß des BMT-G und des BZT-G im Jahre 1953 nicht mehr die ursprünglichen drei Lohngruppen der Facharbeiter (A), der Angelernten (B) und der Ungelernten (C) gab, sondern den viel stärker gegliederten Aufbau von 8 Lohngruppen. Auch das spricht gegen die Annahme, daß die Tarifpartner im Jahre 1953 bei der Regelung von Erschwerniszuschlägen in § 7 Abs. 4 BZT-G es darauf abgestellt hätten, ob einzelne in einer Lohngruppe genannte Tätigkeiten „an sich" in eine niedrigere Gruppe gehörten, in die höhere aber aufgenommen seien, um besondere Erschwernisse abzugelten.

Diese Auffassung liefe mangels jeden Anhaltspunktes im Tarifvertrag selbst auch dem Grundsatz der Tarifklarheit zuwider. Tarifverträge sind nicht nur für die Tarifpartner, die das Tarifabkommen geschlossen haben, von Bedeutung, sondern in erster Linie für die tarifgebundenen Mitglieder der Tarifpartner, die in der Lage sein sollen, den Tarif ohne Schwierigkeiten zu verstehen und anzuwenden. Dieses Ziel wäre verfehlt, wenn im Einzelfall Überlegungen und Ermittlungen angestellt werden müßten, aus welchen im Tarif nicht zum Ausdruck gebrachten Beweggründen eine Arbeitergruppe in einer bestimmten Lohngruppe des Lohngruppenverzeichnisses aufgeführt ist. Das hätte eine große Rechtsunsicherheit zur Folge, zumal sich diese Fragen häufig nur nach einer Beweisaufnahme und auch dann nicht einmal eindeutig beantworten lassen, wie schon die vom Arbeitsgericht im vorliegenden Falle von mehreren Stadtverwaltungen eingeholten Auskünfte zeigen.

Hiernach kann nicht angenommen werden, daß die Tarifpartner eine Regelung treffen wollten, die bei der praktischen Anwendung des Tarifs in zahlreichen Fällen Zweifel und Unklarheiten zur Folge hätte. Weder der Wortlaut noch der Zweck der einschlägigen tariflichen Bestimmungen weisen auf eine solche Auslegung hin. Es muß vielmehr angenommen werden, daß die Ausnahmebestimmung des § 7 Abs. 4 BZT-G unter der Abgeltung der Erschwernis durch Einreihung in eine höhere Lohngruppe einen den Beteiligten klar erkennbaren Tatbestand versteht, wie er auch bei der Abgeltung durch Festsetzung eines Akkordes oder bei der Gewährung von Schutzkleidung gegeben ist. Eine Abgeltung der Erschwernis durch Einreihung des Arbeiters in eine höhere als die nach den Tätigkeitsmerkmalen gegebene Lohngruppe liegt vor, wenn hierüber eine Vereinbarung mit dem Arbeitgeber getroffen wird. Eine solche wird insbesondere dann vorkommen, wenn der Arbeitgeber sich die Abrechnung der Zuschläge, die nur für die tatsächlich geleisteten außergewöhnlichen Arbeiten zu zahlen sind, ersparen will. Eine tarifliche Einreihung in eine Lohngruppe fällt jedenfalls dann nicht unter die Bestimmung des § 7 Abs. 4 BZT-G, wenn sie nicht klar zum Ausdruck bringt, daß die Einreihung die mit außergewöhnlichen Arbeiten verbundene Erschwernis abgelten soll. Bei der Einreihung der Arbeiter an Schmutzwasserleitungen in die Lohngruppe

VII (B) des Lohngruppenverzeichnisses zur TO.B ist das nicht der Fall, weil sie schlechthin in diese Lohngruppe gehören.

Der Erlaß des Reichsministers des Innern vom 29. April 1939 (Ambrosius, S. 346) kann zur Auslegung des § 23 Abs. 2 BMT-G und des § 7 Abs. 4 BZT-G schon deshalb nicht herangezogen werden, weil er durch § 63 BMT-G aufgehoben worden ist.

## 19

**Wird durch Urteil gemäß § 3 KSchG festgestellt, daß das Arbeitsverhältnis durch eine Kündigung nicht aufgelöst ist, so muß über einen Eventualantrag des Beklagten auf Auflösung des Arbeitsverhältnisses gegen Abfindung gemäß § 7 KSchG gleichzeitig entschieden werden; eine Aufteilung der Entscheidung in ein Teilurteil (wegen Unwirksamkeit der Kündigung) und ein Schlußurteil (wegen Auflösung gegen Abfindung) ist nicht zulässig.**

KSchG §§ 3, 7; ZPO §§ 301, 254.

II. Senat. Urteil vom 4. April 1957 i. S. der Firma P. U. GmbH (Bekl.) w. B. (Kl.) 2 AZR 456/54.

I. Arbeitsgericht Heidenheim. — II. Landesarbeitsgericht Stuttgart.

Das Arbeitsgericht hat den Antrag des Klägers auf Feststellung, daß das Arbeitsverhältnis durch die von der Beklagten ausgesprochene Kündigung nicht aufgelöst worden sei, abgewiesen. Auf die Berufung des Klägers hat das Landesarbeitsgericht durch Teilurteil der Klage stattgegeben und die Entscheidung über den von der Beklagten in zweiter Instanz „fürsorglich" gestellten Antrag auf Auflösung des Arbeitsverhältnisses durch richterlichen Urteilsspruch dem Endurteil vorbehalten. Auf die Revision des Klägers wurde das Urteil des Landesarbeitsgerichts aufgehoben und die Sache zur anderweiten Verhandlung und Entscheidung an das Landesarbeitsgericht zurückverwiesen aus folgenden

Gründen:

Das Landesarbeitsgericht begründet die Zulässigkeit des erlassenen Teilurteils damit, daß der Kündigungsstreit im engeren Sinne und der Auflösungsprozeß nach § 7 KSchG in einem gesetzlich begründeten Stufenverhältnis miteinander verbunden seien (§ 254 ZPO). Daran ändere auch nichts die besondere rechtliche Gestaltung des Auflösungsverfahrens durch das Kündigungsschutzgesetz. Der vorliegende Fall zeige auch deutlich, daß es zweckmäßig sein könne, die beiden Prozesse getrennt zu erledigen, und zwar den ersten, den eigentlichen Kündigungsstreit, mittels Teilurteils.

Die Revision rügt demgegenüber mit Recht eine Verletzung des § 301 ZPO durch das Landesarbeitsgericht. Danach hat das Gericht in der Regel ein Teilurteil zu erlassen, wenn von mehreren in einer Klage geltend gemachten Ansprüchen nur der eine oder nur ein Teil eines Anspruchs oder bei erhobener Widerklage nur die Klage oder die Widerklage zur Entscheidung reif ist. Voraussetzung für den Erlaß eines Teilurteils ist somit stets die Teilbarkeit des Streitgegenstandes (Rosenberg, Lehrbuch des Deutschen Zivilprozeßrechts, 7. Aufl., § 55 II 2). Das Teilurteil erledigt einen quantitativ begrenzten Teil des Streitgegenstandes, der vor dem übrigen spruchreif geworden ist (Seuffert-Walsmann, ZPO, 12. Aufl., § 301 Anm. 1 a; Schönke-Schröder-Nies, Lehrbuch des Zivilprozeßrechts, 8. Aufl., S. 326; Stein-Jonas, ZPO, 18. Aufl., § 301 Anm. I; Dietz-Nikisch, ArbGG, § 60 Anm. 8). Es spaltet den Prozeß in zwei voneinander unabhängige Teile. Dagegen ist ein Teilurteil unzulässig über einen von mehreren evtl. gehäuften Klagegründen oder über einen von mehreren Eventualanträgen, da hier die Partei nur e i n e Rechtsfolge für sich in Anspruch nimmt (Stein-Jonas, ZPO, 18. Aufl., § 260 Anm. II B 2).

Der Antrag der Beklagten auf Abweisung der Klage und auf Auflösung des Arbeitsverhältnisses gegen eine Abfindung für den Fall, daß dem Antrag auf Klagabweisung nicht stattgegeben werden sollte, ist nicht teilbar in dem vorstehend dargelegten Sinne. Es handelt sich bei letzterem Antrag vielmehr um einen Eventualantrag, der für den Fall gestellt ist, daß dem in erster Linie gestellten Antrag auf Abweisung der Klage nicht entsprochen wird (Herschel-Steinmann, KSchG, 3. Aufl., § 7 Anm. 12 a). Die Beklagte will damit zum Ausdruck bringen, daß ihr Vorbringen zum Prozeßstoff wird, wenn sich ihr erstes, auf Abweisung der Klage überhaupt gerichtetes Begehren als unbegründet erweist (Stein-Jonas, a. a. O., § 260 Anm. II B 2 b). Für diesen Fall leitet sie aus demselben Tatbestand den schwächeren Rechtsanspruch auf Auflösung des Arbeitsverhältnisses gegen Zahlung einer Abfindung ab. Daraus folgt, daß das Gericht, wenn es feststellt, daß das Arbeitsverhältnis durch die Kündigung seitens des Arbeitgebers nicht aufgelöst ist, z u g l e i c h über den Antrag auf Auflösung des Arbeitsverhältnisses und Zahlung einer Entschädigung zu befinden hat (so auch Hueck, KSchG, 3. Aufl., § 7 Anm. 15). Demgemäß ist es auch, wenn das Gericht der Feststellungsklage gemäß § 3 KSchG stattgeben, das Arbeitsverhältnis aber nach § 7 KSchG gegen Abfindung auflösen will, nicht notwendig, im Urteilstenor zunächst ausdrücklich festzustellen, daß das Arbeitsverhältnis durch die Kündigung des Arbeitgebers nicht aufgelöst sei, vielmehr genügt es, wenn diese Feststellung in den Gründen getroffen wird (so BAG, AP Nr. 2 zu § 7 KSchG; Herschel-Steinmann, a. a. O., § 7 Anm. 6 a und 12 a; Hueck, a. a. O., § 7 Anm. 17; Kaufmann, BB 1952, S. 750). Aus dem gleichen Gesichtspunkt hat der erkennende Senat auch entschieden, daß, wenn der Arbeitnehmer die Unwirksamkeit der Kündigung geltend machen will und zugleich Auflösung des Arbeitsverhältnisses gegen Zahlung einer Abfindung begehrt, es genügt, wenn er den letzteren Antrag stellt, da in diesem die Feststellung der Unwirksamkeit der Kündigung seitens des Arbeitgebers zwangsläufig mitenthalten ist (BAG vom 13. Dezember 1956 — 2 AZR 353/54 —).

Verfehlt ist auch der Hinweis des Landesarbeitsgerichts auf die sogenannte Stufenklage nach § 254 ZPO. Eine solche liegt vor, wenn mit der Klage auf Rechnungslegung oder auf Vorlegung eines Vermögensverzeichnisses oder auf Leistung des Offenbarungseides die Klage auf Herausgabe desjenigen verbunden ist, was der Beklagte aus dem zugrunde liegenden Rechtsverhältnis schuldet. In diesem Fall kann die bestimmte Angabe der Leistungen, die der Kläger beansprucht, vorbehalten werden, bis die Rechnung mitgeteilt, das Vermögensverzeichnis vorgelegt oder der Offenbarungseid geleistet ist. Das Gesetz läßt in diesen besonderen Fällen die Verbindung von mehreren selbständigen Ansprüchen in einer Klage zu, obwohl jeder weitere Anspruch die Erledigung des vorhergehenden voraussetzt, woraus sich zwangsläufig eine stufenweise Erledigung des Rechtsstreits ergibt (vgl. Baumbach-Lauterbach, ZPO, 24. Aufl., § 254 Anm. 1). Eine analoge Anwendung der Vorschrift des § 254 ZPO auf die Kündigungsschutzklage gemäß § 3 KSchG und den Abfindungsantrag des Kündigenden gemäß § 7 KSchG kann jedoch nicht in Betracht kommen, weil es sich in diesem Fall im Gegensatz zur Stufenklage um einen untrennbaren, einheitlich zu entscheidenden Streitkomplex handelt.

Auch der Gesichtspunkt des Landesarbeitsgerichts, daß sich der Erlaß eines Teilurteils über die Kündigung auch aus Zweckmäßigkeitsgründen rechtfertige, vermag nicht zu überzeugen. Zwar würde sich eine Beweisaufnahme über die Gründe, die den Auflösungsantrag nach § 7 KSchG rechtfertigen sollen, erübrigen, wenn die Kündigungsschutzklage endgültig abgewiesen wird, da in diesem Fall der Eventualantrag aus § 7 KSchG von selbst hinfällig wird. Demgegenüber ist aber zu beachten, daß einmal das endgültige Ergebnis des Rechtsstreits, wenn ein Rechtsmittel gegen das Urteil zulässig ist, auch von dem erkennenden Gericht nicht vorausgesehen werden kann und daß zum anderen in den meisten Fällen schon bei der Prüfung der Kündigungsgründe zwangsläufig auch die Tatsachen geklärt werden oder jedenfalls ohne besondere Schwierigkeiten geklärt werden können, die gegebenenfalls den Antrag aus § 7 KSchG rechtfertigen.

Daß das angefochtene Urteil nicht als Zwischenurteil gemäß § 304 ZPO angesehen werden kann, hat das Landesarbeitsgericht selbst richtig erkannt, da nicht ein Anspruch nach Grund und Betrag streitig ist.

## 20

**1. Ein mittelbares Arbeitsverhältnis ist dann gegeben, wenn ein Arbeitnehmer von einem Mittelsmann (Zwischenmeister), der seinerseits selbst Arbeitnehmer eines Dritten (Unternehmers) ist, beschäftigt wird, wobei jedoch die Arbeit mit Wissen des Unternehmers für diesen unmittelbar geleistet wird.**

**2. Der Unternehmer kann als sogenannter mittelbarer Arbeitgeber vom Arbeitnehmer nur dann in Anspruch genommen werden, wenn dieser gegenüber dem Mittelsmann selbst nicht zu seinem Recht kommt. Das gilt vor allem für eine ordentliche Kündigung, die der Mittelsmann aus einem Grunde, der in der Person des Arbeitnehmers liegt, ausgesprochen hat.**

**3. Für eine daraus gegen den mittelbaren Arbeitgeber gerichtete Kündigungsschutzklage fehlt es vorerst am Rechtsschutzinteresse. Diese Kündigungsschutzklage ist vielmehr zunächst allein gegen den Mittelsmann zu richten.**

**4. Wird das unmittelbare Arbeitsverhältnis durch eine Kündigung rechtswirksam aufgelöst, dann endet damit ohne weiteres auch das mittelbare Arbeitsverhältnis.**

BGB § 611 mittelbares Arbeitsverhältnis; KSchG § 3.

III. Senat. Urteil vom 9. April 1957 i. S. K. (Kl.) w. S. R. (Bekl.)
3 AZR 435/54.

I. Arbeitsgericht Stuttgart. — II. Landesarbeitsgericht Stuttgart.

Der im Jahre 1922 geborene Kläger war seit Ende 1950 als zweiter Trompeter in der von dem Kapellmeister W. geleiteten Tanzkapelle der klagten Rundfunkanstalt tätig. Im Frühjahr 1951 wollte die Beklagte eine bessere und größere Tanzkapelle für ihre Rundfunksendungen zusammenstellen lassen. Sie entließ deshalb den Kapellmeister W. und beauftragte den Kapellmeister Erwin L., ein Tanzorchester mit 24 Musikern zusammenzustellen und einige Mitglieder der bisherigen Tanzkapelle W. zu übernehmen. Auch der Kläger wurde in dieser Weise übernommen. Die Beklagte schloß mit L. den schriftlichen Vertrag vom 1. April 1951, der im wesentlichen folgendes bestimmt:

1. Herr E. L. verpflichtet sich, mit seinem Tanzorchester für den Rundfunk monatlich 33 bis 36 Produktionstitel auf Tonband aufzunehmen. ...
   Die Auswahl der Kompositionen trifft der Rundfunk im Einvernehmen mit Herrn L.
2. Herr L. ist verpflichtet, mit seinem Tanzorchester auch bei öffentlichen Veranstaltungen des Rundfunks — bis zu 10 Veranstaltungen im Vertragsjahr — mitzuwirken.
   ......
3. ......
4. Herrn L. ist es gestattet, mit seinem Orchester auch anderweitige Verpflichtungen einzugehen (z. B. für Schallplattenfirmen), sofern die oben festgelegten Leistungen nach Zahl und Qualität nicht beeinträchtigt werden. Herr L. kann im Einvernehmen mit dem Rundfunk auch Konzertreisen durchführen. Er firmiert bei solchen Gelegenheiten „E. L. mit seinem Funk-Tanzorchester".
5. Der Rundfunk stellt die für die Proben und Aufnahmen erforderlichen Räume und technischen Einrichtungen zur Verfügung, ebenso das für die Aufnahmen erforderliche Personal.
6. Der Rundfunk zahlt für die nach diesem Vertrag von Herrn L. und seinem Tanzorchester zu erbringenden Leistungen eine monatliche Vergütung in Höhe von 27 500,— DM.
   Es ist Sache des Herrn L., die Mitglieder seines Orchesters zu entlohnen und alle gesetzlichen, insbesondere die sozialversicherungsrechtlichen und steuerlichen Verpflichtungen gegenüber den Orchestermitgliedern zu erfüllen. Für die Erfüllung dieser Verpflichtungen haftet er dem Rundfunk. Zwischen dem Rundfunk und den Mitgliedern des Orchesters bestehen keine Rechtsbeziehungen.
7. Die Kosten für die Beschaffung der Noten für sämtliche Arrangements auch bei Mitwirkung von Solisten — ebenso die Kosten für die notwendigen Notenschreib- und Kopierarbeiten trägt Herr L.
   .........

L. schloß mit den Musikern des von ihm zusammengestellten Tanzorchesters Einzelarbeitsverträge ab. Sein Vertrag mit dem Kläger vom 2. April 1951 setzt eine Monatsgage von 700,— DM fest, bestimmt eine Kündigungsfrist von 4 Wochen zum Monatsende und gewährt dem Kläger eine Urlaubszeit von 4 Wochen im Jahr.

Mit Schreiben vom 24. November 1953 kündigte L. dem Kläger wegen unzureichender Leistungen zum 31. Dezember 1953. Darauf hat der Kläger gegen L. und die Beklagte Klage erhoben mit dem Antrag, festzustellen, daß die Kündigung rechtsunwirksam und die Beklagte verpflichtet sei, das Arbeitsverhältnis mit dem Kläger fortzusetzen. Im Laufe des Verfahrens vor dem Arbeitsgericht hat er ferner die Hilfsanträge gestellt

1. gegenüber L. festzustellen, daß dessen Kündigung rechtsunwirksam sei,
2. gegenüber der Beklagten festzustellen, daß zwischen ihr und dem Kläger ein ungekündigtes Arbeitsverhältnis bestehe.

Das Arbeitsgericht hat über die Vorgänge bei der Gründung des neuen Tanzorchesters Zeugen gehört und durch Teilurteil die Klage abgewiesen, soweit sie sich gegen die Beklagte richtet. Gegen dieses Teilurteil hat der Kläger Berufung eingelegt und in der letzten mündlichen Verhandlung nur noch den Antrag gestellt,

unter Abänderung des angefochtenen Urteils festzustellen, daß zwischen dem Kläger und der Beklagten ein ungekündigtes Arbeitsverhältnis bestehe.

Das Landesarbeitsgericht hat die Berufung zurückgewiesen. Es nimmt an, daß zwischen der Beklagten und L. kein Dienstvertrag, sondern ein Werkvertrag zustande gekommen sei, und daß ein Arbeitsverhältnis nur zwischen L. und dem Kläger, aber nicht zwischen dem Kläger und der Beklagten bestanden habe. Die geschlossenen Verträge verstießen weder gegen das Kündigungsschutzgesetz noch gegen das Tarifvertragsgesetz. Insbesondere sei L. kein bloßer Strohmann gewesen.

Die Revision des Klägers hatte keinen Erfolg.

Aus den Gründen:

Der gegen die Rundfunkanstalt gerichteten Feststellungsklage fehlt das Rechtsschutzbedürfnis, sie ist deshalb unzulässig und das klageabweisende Urteil im Ergebnis richtig. Der Mangel eines Rechtsschutzbedürfnisses wird allerdings erst aus der materiellen Rechtslage erkennbar.

I. Der Berufungsrichter ist davon ausgegangen, daß zwischen der Beklagten, d. h. dem Rundfunk, und dem Kapellmeister L. ein Werkvertrag abgeschlossen sei, demzufolge dieser Kapellmeister als selbständiger Unternehmer angesehen werden müsse, so daß die von ihm eingestellten Musiker weder in vertraglichen noch in sonstigen arbeitsrechtlichen Beziehungen irgendwelcher Art zur Beklagten stünden. Dieser Auffassung kann nicht gefolgt werden. Der Vertrag zwischen L. und der Beklagten scheint allerdings auf den ersten Blick und nach dem Willen der Parteien ein Werkvertrag zu sein. Jedoch darf die Tatsache, daß die von der Kapelle hervorgebrachte Musik sogleich auf Tonband aufgenommen und dann nur über Tonband reproduziert und verwendet wird, nicht dazu verleiten, ohne weiteres einen Werkvertrag anzunehmen und dabei als Werk die fertige Bandaufnahme anzusehen. Für die rechtliche Beurteilung des Vertrages vom 1. April 1951 ist nicht die Rechtsansicht der Vertragsparteien, sondern sind in erster Linie sein Inhalt und seine tatsächliche Handhabung maßgebend. Diese sprechen aber ganz überwiegend dafür, daß in Wirklichkeit kein Werkvertrag, sondern ein Dienstvertrag in Gestalt eines Arbeitsvertrages vorliegt.

Das entscheidende Merkmal für einen Arbeitsvertrag ist die Leistung abhängiger Arbeit. Der feststehende Sachverhalt läßt erkennen, daß die von L. für die Beklagte geleistete Arbeit abhängig und unselbständig war. Darauf deutet schon die Vereinbarung hin, daß die Auswahl aller Stücke — im Einvernehmen mit dem Kapellmeister L. — durch die Beklagte erfolgt und die Musik im Betrieb der Beklagten aufgenommen wird. Hinzu kommt, daß die vertragliche Verpflichtung L's, monatlich 33 bis 36 Produktionstitel herzustellen, seine Arbeitskraft in so hohem Maße in Anspruch nahm, daß er nur noch wenig Zeit für die ihm an sich freigestellte Nebentätigkeit seines Orchesters hatte. Diese Nebentätigkeit war auch unstreitig bis zur Entlassung des Klägers verschwindend gering. Selbst bei dieser geringen Nebentätigkeit war aber L. noch von der Beklagten abhängig. Konzertreisen durfte er nur im Einvernehmen mit ihr unternehmen und mußte dabei sein Orchester als „Funk-Tanzorchester" bezeichnen. Eine weitere Beschränkung seiner Unabhängigkeit lag darin, daß er der Beklagten für richtige Entlohnung der Musiker und Erfüllung der sozialversicherungsrechtlichen und steuerlichen Pflichten haftete. Was die Arbeit des Orchesters anlangt, so stellte die Beklagte nicht nur die für Proben und Aufnahmen erforderlichen Räume und technischen Einrichtungen sowie das technische Personal zur Verfügung, sondern sie stellte sogar die wöchentlichen Dienstpläne für das Orchester auf. Ohne diese Mitwirkung konnte L. seine Verpflichtungen nicht erfüllen. Er hat auch zu Beginn seiner Tätigkeit bei der Beklagten kein eigenes Orchester mitgebracht, sondern mußte es erst zusammenstellen, wobei er verpflichtet war, Mitglieder der früheren Kapelle W. zu übernehmen. Über seine Ausgaben hat er der Beklagten jeden Monat Rechnung gelegt. Zwar hat das Berufungsgericht festgestellt, daß dies „freiwillig" geschehen ist. Doch kann das nach Lage der Sache nur bedeuten, daß L. nicht von sich aus, sondern auf Wunsch der Beklagten zur Rechnungslegung bereit war, obwohl er in seinem Vertrag zu einer solchen nicht verpflichtet ist. Aus der von der Beklagten gezahlten Pauschale von monatlich 27 500,– DM entnahm L. selbst jeden Monat den festen Betrag von 2000,– DM und übertrug etwaige Überschüsse auf den nächsten Monat. Seine Abrechnungen zeigen, daß er von dem Pauschalbetrag keine wesentlichen Rücklagen machen konnte, um beim Auftreten unerwarteter Umstände eine Sicherung zu haben. In diesem Zusammenhang hat die Beklagte vor dem Arbeitsgericht zugegeben, daß sie L. in solchen Notfällen durch Geldzuwendungen (Vorschüsse) helfen würde.

Diese unstreitigen Tatsachen beweisen zusammengenommen zur Genüge die persönliche Abhängigkeit L's von der Beklagten. Er war praktisch nicht imstande, ein wirkliches Unternehmerrisiko zu tragen. Wäre er von der Beklagten entlassen worden, dann wäre dem Fortbestehen des von ihm geleiteten Tanzorchesters die tatsächliche Grundlage entzogen gewesen. Der dargestellte Zustand der Abhängigkeit L's war auch kein bloß vorübergehender, sondern hatte zur Zeit der Entlassung des Klägers bereits etwa 2½ Jahre gedauert. Aus alledem muß entgegen der Ansicht des angefochtenen Urteils, das diese Umstände nicht ausreichend gewürdigt hat, die Folgerung gezogen werden, daß zwischen L. und der Beklagten kein Werkvertrag, sondern ein Arbeitsverhältnis bestanden hat.

Daraus ergibt sich freilich noch nicht, daß in gleicher Weise auch zwischen der Beklagten und den Musikern, insbesondere dem Kläger, unmittelbare arbeitsrechtliche Beziehungen bestanden haben. Solche sollten nach Ziffer 6 (letzter Satz) des Vertrages vom 1. April 1951 ausdrücklich gerade ausgeschlossen sein. Indessen kann diese Vereinbarung einer kritischen Betrachtung nicht standhalten. Vielmehr müssen auch die rechtlichen Beziehungen zwischen der Beklagten und dem Kläger, nachdem der beabsichtigte Werkvertrag zwischen der Beklagten und L. anders gedeutet werden mußte, einer selbständigen Prüfung unterzogen werden. Diese Prüfung führt zur Annahme eines mittelbaren Arbeitsverhältnisses.

Ein solches ist allgemein gesehen dann gegeben, wenn jemand von einem Mittelsmann (Zwischenmeister), der seinerseits selbst Arbeitnehmer eines Dritten ist, beschäftigt wird, wobei jedoch die Arbeit mit Wissen des Dritten für diesen geleistet wird. Da dem Dritten der Nutzen aus den geleisteten Arbeiten unmittelbar zugute kommt, soll er auch — wenigstens subsidiär — für die Erfüllung der Ansprüche des Arbeitnehmers einstehen. Hieraus ergibt sich, daß ein mittelbares Arbeitsverhältnis nur dann angenommen werden kann, wenn auch die Mittelsperson Arbeitnehmer ist (Nikisch, Arbeitsrecht, 2. Aufl., Bd. I, S. 209; Dersch, Arbeitsrecht-Blattei, Arbeitsvertrag — Arbeitsverhältnis III, Mittelbares Arbeitsverhältnis I 1). Denn die Arbeitnehmer eines selbständigen Unternehmers brauchen keinen zusätzlichen Schutz. Dem Mittelsmann, der selbst nur Arbeitnehmer ist, fehlen dagegen regelmäßig die materiellen Grundlagen, um das Arbeitgeberrisiko tragen zu können. Aus diesen Erwägungen hatte schon im Jahre 1938 der Arbeitsrechtsausschuß der Akademie für Deutsches Recht in seinen Entwurf eines Gesetzes über das Arbeitsverhältnis als § 120 folgende Vorschrift aufgenommen:

> Hat ein Gefolgsmann eine Arbeit unter Heranziehung anderer Gefolgsmänner zu leisten oder muß dem Unternehmer bekannt sein, daß er die Arbeit nur unter Heranziehung anderer leisten kann, so besteht ohne Rücksicht auf entgegenstehende Vereinbarungen auch zwischen diesem Dritten und dem Unternehmer ein Arbeitsverhältnis (mittelbares Arbeitsverhältnis).

Diese Vorschrift ist zwar nicht Gesetz geworden, muß aber als allgemeiner Rechtsgrundsatz angesehen werden (vgl. Staudinger-Nipperdey, 10. Aufl., Vorbem. 269 vor § 611 BGB). Gemessen an diesem Grundsatz war der Kapellmeister L. ein Zwischenmeister und als solcher der unmittelbare Arbeitgeber des Klägers, wie es auch dem Sinn und Wortlaut des zwischen beiden abgeschlossenen Arbeitsvertrages entspricht. Zwischen dem Kläger und der Beklagten hingegen bestand nur ein mittelbares Arbeitsverhältnis.

Bei dieser Auslegung der rechtlichen Beziehungen zwischen drei Personen bleibt kein Raum dafür, daß die Verträge zwischen ihnen im allseitigen Einverständnis nur zum Schein abgeschlossen worden sind (vgl. § 117 BGB). L. stand nicht, wie der Kläger meint, als Strohmann zwischen ihm und der Beklagten, sondern hatte eine von der

Rechtsordnung anerkannte Funktion, nämlich die eines Zwischenmeisters.

Die Annahme eines mittelbaren Arbeitsverhältnisses führt nun zwangsläufig zu einer Teilung der Arbeitgeberfunktion (vgl. Nikisch a. a. O. S. 206 ff.; für die Möglichkeit einer Teilung der Arbeitgeberfunktion neuerdings auch Hueck in Hueck-Nipperdey, Lehrbuch des Arbeitsrechts, 6. Aufl., S. 18). In welcher Weise diese Teilung praktisch durchzuführen ist, kann im einzelnen zweifelhaft sein, braucht aber hier nicht abschließend entschieden zu werden. Allgemein kann jedoch gesagt werden, daß in einem solchen Falle der Arbeitnehmer sich mit seinen Ansprüchen in erster Linie an seinen unmittelbaren Arbeitgeber halten muß (so für Lohnansprüche Hofrichter, Das mittelbare Arbeitsverhältnis, Kieler Diss. 1939, S. 146 f.). Den mittelbaren Arbeitgeber kann er nur dann in Anspruch nehmen, wenn dafür besondere Gründe vorliegen, insbesondere wenn er gegenüber dem unmittelbaren Arbeitgeber nicht zu seinem Recht kommen kann. Dies gilt insbesondere für den hier vorliegenden Fall einer Kündigung aus einem Grunde, der in der Person des Arbeitnehmers liegt. Da die Kündigung von L. als unmittelbarem Arbeitgeber zutreffend in eigenem Namen und aus eigenem Recht ausgesprochen worden ist, und da eine Auseinandersetzung über die angeblich unzulänglichen Leistungen des Klägers, die zu der Kündigung geführt haben, zunächst überhaupt nur mit dem Kapellmeister L. erfolgen könnte, mußte der Kläger seine Kündigungsschutzklage (§ 3 KSchG) gegen L. richten (vgl. Nikisch, a. a. O., S. 208 Anm. 27). Eine solche Klage hat er auch erhoben. Es ist aber bisher noch nicht über sie entschieden worden; sie ist noch im ersten Rechtszug beim Arbeitsgericht anhängig.

II. Bei dieser Sach- und Rechtslage fehlt es dem Kläger an einem rechtsschutzbedürftigen Interesse für eine Kündigungsschutzklage gegen den mitverklagten Rundfunk. Der Kläger kann in einem Fall wie dem vorliegenden nicht gleichzeitig gegen seinen unmittelbaren und seinen mittelbaren Arbeitgeber vorgehen, d. h. nicht doppelt auf Kündigungsschutz klagen. Wird er mit seiner Klage gegen L. abgewiesen, weil die Kündigung tatsächlich durch seine unzureichenden Leistungen bedingt war, dann kann er auch mit einer Kündigungsschutzklage gegen den Rundfunk nichts mehr ausrichten, weil zugleich mit dem unmittelbaren auch das mittelbare Arbeitsverhältnis rechtswirksam beendet worden ist. Dringt er jedoch mit seiner Kündigungsschutzklage gegen den Kapellmeister L. durch und fügt sich dieser dem Urteil, d. h. behält er den Kläger in seiner Kapelle oder zahlt er ihm eine etwa festgesetzte Abfindung, dann hat der Kläger keinen Anlaß, außerdem noch gegen den verklagten Rundfunk vorzugehen. Ein solcher Anlaß könnte nur dann bestehen, wenn L. sich nach verlorenem Prozeß seinen Verpflichtungen entzöge oder zu ihrer Erfüllung unfähig wäre. Erst dann könnte der Kläger nach der oben dargestellten Rechtsnatur des mittelbaren Arbeitsverhältnisses den verklagten Rundfunk subsidiär in Anspruch nehmen. Ein solcher Fall ist aber zur Zeit nicht gegeben.

Nun hat allerdings der Kläger im zweiten Rechtszug seinen Klageantrag geändert. Er hat den auch gegenüber dem verklagten Rundfunk im ersten Rechtszug in erster Linie gestellten Kündigungsschutzantrag im Sinne des § 3 Satz 1 KSchG fallengelassen und stattdessen seinen bisherigen Hilfsantrag (festzustellen, daß zwischen dem Kläger und dem Beklagten ein ungekündigtes Arbeitsverhältnis bestehe) gegenüber dem verklagten Rundfunk zu seinem alleinigen Hauptantrag gemacht. Damit will er seine rechtlichen Beziehungen zum verklagten Rundfunk, auch abgesehen von der Kündigung vom 24. November 1953, ganz allgemein klarstellen lassen. Ein rechtliches Interesse im Sinne von § 256 ZPO an der alsbaldigen Feststellung dieses mittelbaren Arbeitsverhältnisses hätte er aber nur dann, wenn dieses Verhältnis auch jetzt noch besteht. Er verlangt auch ausdrücklich die Feststellung, daß ein „ungekündigtes" Arbeitsverhältnis bestehe. Ob aber das mittelbare Arbeitsverhältnis trotz der Kündigung nicht beendet wurde, läßt sich noch nicht feststellen, sondern hängt wiederum vom Ausgang der Kündigungsschutzklage gegen L. ab. Erst wenn der Kläger mit dieser Klage durchdringt und der verklagte Rundfunk dann noch bestreitet, daß er mittelbarer Arbeitgeber des Klägers ist, steht diesem ein schutzbedürftiges Interesse an der von ihm begehrten Feststellung zur Seite. Zur Zeit läuft sein geändertes Begehren praktisch darauf hinaus, daß er die Klärung einer hypothetischen Rechtsfrage verlangt. Dafür gewährt aber die Rechtsordnung keinen Schutz.

Unter diesen Umständen bleibt nur zu erwägen, ob das Revisionsverfahren entsprechend dem Hilfsantrag des Klägers gemäß § 148 ZPO auszusetzen war, bis über die weiterzubetreibende Kündigungsschutzklage gegen L. entschieden ist. Indessen läßt sich eine solche Aussetzung nicht rechtfertigen. Denn, gleichviel wie der Prozeß des Klägers gegen L. ausgeht, das darin ergehende Urteil würde eine neue Tatsache darstellen, deren Verwertung im Revisionsverfahren durch § 561 ZPO ausgeschlossen sein würde. Insofern hängt der Ausgang des Revisionsverfahrens nicht von der noch ausstehenden Entscheidung über die Kündigungsschutzklage gegen L. ab.

## 21

**1. Der Dritte Senat schließt sich dem Urteil des Zweiten Senats vom 3. Januar 1957 — 2 AZR 281/56 — dahin an, daß die Kündigung eines Schwerbeschädigten auch dann der Zustimmung der Hauptfürsorgestelle bedarf, wenn der Arbeitgeber die Schwerbeschädigteneigenschaft des Arbeitnehmers nicht kennt.**

**2. Bei der Kündigung eines Schwerbeschädigten beginnt nicht nur die in § 15 SchwBG vorgesehene Mindestkündigungsfrist von 4 Wochen, sondern auch jede andere längere Kündigungsfrist erst am Tage des Eingangs des Antrags bei der Hauptfürsorgestelle.**

SchwBG §§ 14, 15.

III. Senat. Urteil vom 7. Mai 1957 i. S. Land H. (Bekl.) w. G. (Kl.) 3 AZR 482/56.

I. Arbeitsgericht Fulda. — II. Landesarbeitsgericht Frankfurt a. M.

Der Kläger war seit 1. Oktober 1947 Wachmann und Wachleiter beim Munitionssprenglager N. im Dienste des beklagten Landes. Er wurde nach der Vergütungsgruppe IX TO.A bezahlt. Nach seiner Einstellung wurde eine 50%ige Minderung seiner Erwerbsfähigkeit infolge einer Kriegsbeschädigung anerkannt, was der Beklagte jedoch zunächst nicht erfuhr. Am 26. November 1955 kündigte der Beklagte dem Kläger sein Arbeitsverhältnis zum 31. März 1956 wegen Auflösung des Lagers. Erst am 12. Dezember 1955 beantragte der Beklagte die Zustimmung der Hauptfürsorgestelle, die am 10. Februar 1956 erteilt wurde.

Bereits am 17. Dezember 1955 hat der Kläger beim Arbeitsgericht auf Feststellung geklagt, daß die Kündigung zum 31. März 1956 unwirksam sei. Der Beklagte hat zunächst die Schwerbeschädigteneigenschaft des Klägers bestritten und außerdem geltend gemacht, daß der Kläger ihm diese Eigenschaft verschwiegen habe.

Das Arbeitsgericht hat festgestellt, daß die Kündigung zum 31. März 1956 rechtsunwirksam und daß durch sie das Arbeitsverhältnis des Klägers nicht aufgelöst sei. Das Landesarbeitsgericht hat dieses Urteil unter Zurückweisung der Berufung des Beklagten geändert und festgestellt, daß das Arbeitsverhältnis der Parteien durch die Kündigung vom 26. November 1955 mit dem 30. Juni 1956 geendet habe.

Die Revision des Beklagten hatte keinen Erfolg.

Aus den Gründen:

1. Der erkennende Senat hat durch seinen Beschluß vom 20. Dezember 1956 die vorliegende Revision für zulässig erklärt, weil das angefochtene Urteil mit seiner Rechtsansicht, daß die Unkenntnis des Arbeitgebers von der Schwerbeschädigteneigenschaft des Arbeitnehmers diesem nicht den Kündigungsschutz des Schwerbeschädigtengesetzes nehme, von den beiden in AP 52 Nr. 175 und 53 Nr. 23 abgedruckten Entscheidungen des Landesarbeitsgerichts Mannheim abweiche und auf dieser Abweichung auch beruhe (§ 72 Abs. 1 Satz 3 ArbGG). Inzwischen hat der Zweite Senat am 3. Januar 1957 (BAG 3, 203) zu derselben Rechtsfrage im gleichen Sinne wie das angefochtene Urteil Stellung genommen. Dadurch wird jedoch die Zulässigkeit der Revision nicht in Frage gestellt. Denn für die Zulässigkeit der sogenannten Divergenzrevision kommt es darauf an, ob die Divergenz zur Zeit der Einlegung der Revision besteht, und mithin nicht darauf, ob sie zur Zeit der Entscheidung über die Revision durch ein in der Zwischenzeit ergangenes Urteil des Bundesarbeitsgerichts beseitigt war (BAG 1, 224). Außerdem ist der Senat an seinen die Revision zulassenden Beschluß in entsprechender Anwendung des § 318 ZPO auch formell gebunden (AP Nr. 2 zu § 554a ZPO).

2. Bei der Beurteilung des Sachverhalts ist davon auszugehen, daß das angefochtene Urteil die Schwerbeschädigteneigenschaft des Klägers tatsächlich festgestellt und die Unkenntnis des Beklagten von dieser Eigenschaft im Zeitpunkt der Kündigung zu Gunsten des Beklagten unterstellt hat. Der erkennende Senat schließt sich der Ansicht des Zweiten Senats in seiner bereits genannten Entscheidung an, daß diese Unkenntnis des Beklagten dem Kläger seinen Kündigungsschutz aus § 14 ff. Schwerbeschädigtengesetz nicht ohne weiteres nimmt, und zwar selbst dann nicht, wenn der Beklagte bei Einstellung des Klägers zur Einstellung weiterer Schwerbeschädigter nicht mehr verpflichtet war.

Auch die Revision hat an ihrer früher gegenteiligen Ansicht im Hinblick auf jene Entscheidung des Zweiten Senats nicht mehr festgehalten.

3. Nach § 14 Schwerbeschädigtengesetz bedarf die Kündigung eines Schwerbeschädigten der Zustimmung der Hauptfürsorgestelle. Nach § 15 beträgt die Kündigungsfrist mindestens vier Wochen; sie läuft erst vom Tage des Eingangs des Antrages bei der Hauptfürsorgestelle. Dem Kläger steht nach § 16 TO.A ebenso wie nach § 2 des Gesetzes über die Fristen für die Kündigung von Angestellten vom 9. Juli 1926 (RGBl. S. 399) eine Kündigungsfrist von vier Monaten

zum Schluß des Kalendervierteljahres zu, da er zur Zeit der Kündigung länger als acht Jahre beim Beklagten beschäftigt war. Den Antrag bei der Hauptfürsorgestelle hat der Beklagte unstreitig am 12. Dezember 1955 gestellt. Es fragt sich also, ob durch den Antrag vom 12. Dezember 1955 die vierwöchige Mindestfrist des § 15 Schwerbeschädigtengesetzes oder die viermonatige Frist in Lauf gesetzt worden ist. Im ersten Fall würde die Kündigung zum 31. März 1956 wirken, im zweiten erst zum 30. Juni 1956. Auf diesen zweiten Standpunkt hat sich ohne nähere Begründung das angefochtene Urteil gestellt. Diese Auffassung ist schon nach dem Wortlaut des § 15 Schwerbeschädigtengesetzes richtig und wird, soweit ersichtlich, von Rechtsprechung und Rechtslehre durchweg geteilt (vgl. für § 13 des Schwerbeschädigtengesetzes von 1923 RAG in ARS 5, 243; 20, 264; ferner die Kommentare zu § 15 des Schwerbeschädigtengesetzes von 1953 von Becker, Anm. 2; Gröninger, Anm. 3; Monjau, Anm. 2; Sellmann, Anm. 9; Wilrodt-Gotzen, Anm. 7 und Zigan, Anm. 2). Wenn das Gesetz bestimmt, daß die Kündigungsfrist für Schwerbeschädigte mindestens vier Wochen beträgt, und daran anknüpfend sagt, sie beginne erst mit dem Eingang des Antrages bei der Hauptfürsorgestelle, dann bedeutet das, daß nicht nur die Mindestfrist, sondern j e d e Kündigungsfrist auch wenn sie länger ist, erst von diesem Zeitpunkt an läuft. Selbst wenn man aber den Wortlaut des § 15 für zweifelhaft halten würde, müßte man nach dem Zweck der Vorschriften in § 15 zu dem gleichen Ergebnis kommen. Denn es wäre wenig sinnvoll, den Arbeitgeber nur dann zu einer möglichst frühzeitigen Anrufung der Hauptfürsorgestelle anhalten zu wollen, wenn das Arbeitsverhältnis mit kurzer Frist kündbar ist, nicht aber auch bei längeren Kündigungsfristen.

Hiernach würde das Arbeitsverhältnis des Klägers, nachdem die Hauptfürsorgestelle am 10. Februar 1956 der Kündigung zugestimmt hat (mit der Maßgabe, daß dem Kläger sein Gehalt vom Tage der Kündigung an gerechnet für die Dauer von mindestens drei Monaten weitergezahlt wird) am 30. Juni 1956 geendet haben. Dies hat auch das angefochtene Urteil angenommen. Auch die Revision hat gegen die vorstehend dargelegte Auffassung keine grundsätzlichen Bedenken erhoben.

4. Sie meint nur noch, unter den besonderen Umständen des vorliegenden Falles komme dabei ein unbilliges Ergebnis heraus. Es müsse nämlich berücksichtigt werden, daß der Beklagte bei Ausspruch der Kündigung die Schwerbeschädigteneigenschaft des Klägers noch nicht kannte, weil der Kläger sie ihm treuwidrig verschwiegen habe, und daß

der Beklagte den Antrag bei der Hauptfürsorgestelle immerhin so bald wie möglich nach Erlangung dieser Kenntnis gestellt habe mit dem Erfolg, daß die Hauptfürsorgestelle die Zustimmung noch etwa sechs Wochen vor dem 31. März 1956 erteilte. Alle Ausführungen, die der Beklagte in diesem Zusammenhang macht, laufen darauf hinaus, daß der Kläger in Anbetracht seines eigenen früheren Verhaltens treuwidrig, wenn nicht gar arglistig handle, indem er unzulässigerweise eine formale Rechtsstellung für sich in Anspruch nehme.

Diesen Ausführungen kann indessen nicht gefolgt werden, weil sie in dem feststehenden Sachverhalt keine Grundlage haben. Das angefochtene Urteil hat zwar zu Gunsten des Beklagten unterstellt, daß der Beklagte am 26. November 1955, als er dem Kläger kündigte, noch keine Kenntnis von der Schwerbeschädigteneigenschaft des Klägers hatte. Es hat aber auch durch ausdrückliche Bezugnahme auf die Berufungsschriftsätze und den übrigen Inhalt der Akten alles das zum Gegenstand der Rechtsfindung gemacht, was der Kläger im ersten und im zweiten Rechtszuge zu diesem Punkte vorgetragen und was der Beklagte darauf erwidert hat. Der Kläger hat nach dem Tatbestand des arbeitsgerichtlichen Urteils bereits im ersten Rechtszug vorgebracht, er habe seine Eigenschaft als Schwerbeschädigter anläßlich einer Fragebogenaktion schon zu Beginn des Jahres 1954 seiner vorgesetzten Dienststelle, dem Polizeikommissariat F., gemeldet, und er habe über diese Eigenschaft auch öfter mit seinen Vorgesetzten gesprochen. In seiner Berufungsbeantwortung hat der Kläger weiter behauptet, in seiner Lohnsteuerkarte sei ein Steuerfreibetrag auf Grund der Beschädigteneigenschaft eingetragen gewesen, und er habe auch ständig Zusatzurlaub als Schwerbeschädigter (§ 33 Schwerbeschädigtengesetz) erhalten. Außerdem habe er seinen Rentenbescheid dem Polizeikommissariat F. zur Einsicht vorgelegt. Alle diese Behauptungen hat der Beklagte nach dem Inhalt der Akten nicht bestritten, sondern sich auf den Einwand beschränkt, daß die behaupteten Tatsachen nicht in die Personalakten und nicht zur Kenntnis der Personalstelle beim Regierungspräsidenten gelangt seien. Bei dieser Sachlage muß aber gesagt werden, daß der Beklagte, wenn er schon die Schwerbeschädigteneigenschaft des Klägers nicht kannte, sie doch hätte kennen müssen. Seine Unkenntnis kann bei einem solchen Sachverhalt nur auf Fahrlässigkeit entweder der Personalstelle selbst oder der nachgeordneten Dienststellen beruht haben. Es kann daher keine Rede davon sein, daß der Kläger dem Beklagten seine Schwerbeschädigteneigenschaft treuwidrig oder gar arglistig verschwiegen hat, und daß der Kläger sich wider Treu und Glauben auf die Rechtsstellung beruft, die ihm nach dem Schwerbeschädigtengesetz zukommt.

## 22

**Die durch gesundheitspolizeiliche Verfügung angeordnete Untersuchung der Belegschaften in den Lebensmittelbetrieben auf ansteckende Krankheiten geschieht sowohl im Interesse der Allgemeinheit wie, im unmittelbaren Ergebnis, auch im Interesse der einzelnen Unternehmen. Die dafür aufgewendete Zeit ist Arbeitszeit. Sie ist, gegebenenfalls als Überstundenarbeit, auch dann zu vergüten, wenn die Untersuchung auf Veranlassung des Betriebs an einem sonst arbeitsfreien Tag vorgenommen wird.**

BGB § 611, Lohnanspruch.

II. Senat. Urteil vom 10. Mai 1957 i. S. St. (Kl.) w. die Firma S. (Bekl.) 2 AZR 56/55.

I. Arbeitsgericht Hamburg. — II. Landesarbeitsgericht Hamburg.

Die Klägerin ist als Arbeiterin bei der Beklagten, einer Dauerbackwarenfabrik, zum Stundenlohn von 1,09 DM brutto beschäftigt. Im Betrieb der Beklagten wird wöchentlich regelmäßig 47½ Stunden gearbeitet; der Sonnabend ist arbeitsfrei.

Unter dem 21. April 1954 gab die Beklagte durch Aushang ihrer Belegschaft bekannt,daß auf Anordnung der städtischen Gesundheitsbehörde in den Lebensmittelbetrieben Untersuchungen auf Typhus, Parathyphus und Ruhr sowie Röntgenreihenuntersuchungen zum Befund der Atmungsorgane durchzuführen seien. Am 5. Mai 1954 gab die Beklagte, nachdem die übrigen Untersuchungen am 26. April 1954 stattgefunden hatten, ihrer Belegschaft durch Aushang folgendes bekannt:

> „Die im Aushang bereits bekanntgegebene Röntgen-Reihenuntersuchung ist auf Anordnung der Gesundheitsbehörde in sämtlichen Lebensmittelbetrieben durchzuführen, um den einwandfreien Gesundheitszustand der Betriebsangehörigen festzustellen. Zu diesem Zweck ist für die Firma S.
>
> Sonnabend, der 8. 5. 54
>
> vorgesehen, an dem die Gesundheitsbehörde sonst geschlossen, aber entgegenkommenderweise für die Firma S. ab 8,00 Uhr geöffnet ist.

Zur Feststellung des Gesundheitszustandes ist jeder Betriebsangehörige verpflichtet. Weigerungen kann der Arbeitgeber als Arbeitsverweigerung auffassen und demnach das Arbeitsverhältnis lösen. Wer an einem anderen Tag, an dem öffentliche Untersuchungen, und zwar von 8.00 bis 12.00 Uhr stattfinden, die Untersuchung vornehmen lassen will, erleidet Lohnausfall, da diese Zeit nicht als ambulante Erkrankung bewertet wird.

Ich bitte, der Anordnung der Gesundheitsbehörde Folge zu leisten . . ."

Die Klägerin nahm am 8. Mai 1954 an der Röntgen-Reihenuntersuchung teil und wandte dafür nach ihrer Behauptung 3 Stunden auf, deren Bezahlung sie, da darin 2½ Überstunden enthalten seien, mit 3,27 DM brutto und 0,68 DM netto von der Beklagten verlangt. Die Beklagte bestreitet diese Forderung nach Grund und Höhe. Arbeitsgericht und Landesarbeitsgericht haben die Klage abgewiesen. Auf die Revision der Klägerin wurde die Beklagte antragsgemäß verurteilt aus folgenden

Gründen:

Das Landesarbeitsgericht geht davon aus, daß eine polizeiliche Anordnung ergangen sei, auf Grund deren die Belegschaft der Beklagten verpflichtet gewesen sei, sich untersuchen zu lassen. Hierin sei ein Verwaltungsakt zu sehen, der sich gegen die Verwaltungspflichtigen gerichtet habe. Verwaltungspflichtig seien die Angehörigen der Belegschaft der Beklagten gewesen, und diesen sei durch den Verwaltungsakt auferlegt worden, sich untersuchen zu lassen. An wen der Verwaltungsakt adressiert gewesen und zugestellt worden sei, sei rechtsunerheblich. Durch den Aushang sei er den Verwaltungspflichtigen bekanntgeworden. Die Beklagte habe jedoch durch den Aushang den Verwaltungsakt nicht zum Bestandteil des Arbeitsvertrages gemacht, da er seine Grundlage ausreichend und allein im öffentlichen Recht gehabt habe. Auch dadurch, daß die Beklagte im Aushang von Arbeitsverweigerung gesprochen und ggf. die Entlassung angedroht habe, habe sie nicht erklärt, daß die für die Untersuchung erforderliche Zeit zu entlohnende Arbeitszeit sei. Auch sei es unerheblich, daß die Beklagte die Gesundheitsbehörde gebeten habe, die Untersuchung an einem arbeitsfreien Sonnabend stattfinden zu lassen. Der Manteltarifvertrag für die Süßwarenindustrie bestimme in seinem § 10, daß Entgelt für nicht geleistete Arbeit nur zu zahlen sei, wenn während der Arbeitszeit der Arbeitnehmer staatsbürgerliche Pflichten zu erfüllen habe, die nur während der Arbeitszeit erledigt werden könnten, z. B. behördlichen Vorladungen folgen müsse, die nicht auf Grund eines Verschuldens des Arbeitnehmers erfolgt seien. Das Landesarbeitsgericht sieht in der Untersuchung zwar die Erfüllung einer staatsbürgerlichen Pflicht, weil diese nicht den Schutz des einzelnen Arbeitnehmers oder des Betriebs des Arbeitgebers, sondern den Schutz der Allgemeinheit bezwecke. Es hält jedoch § 10 des Manteltarifvertrags deshalb nicht für anwendbar, weil es an dem Erfordernis fehle, daß die Untersuchung nur während der Arbeitszeit möglich gewesen sei. Vielmehr sei sie im Streitfall an einem arbeitsfreien Sonnabend vorgenommen worden, wodurch gerade ein Lohnausfall habe vermieden werden sollen. Sinn und Zweck des Manteltarifvertrages sei es nicht, die Erfüllung staatsbürgerlicher Pflichten zu einer zu entlohnenden Arbeit zu machen. Wenn die Beklagte auch im betrieblichen Interesse, um Störungen zu vermeiden, den Wunsch geäußert habe, die Untersuchung an einem Sonnabend stattfinden zu lassen, so könne die Klägerin daraus doch keinen Schadensersatzanspruch herleiten; denn dieser Wunsch der Beklagten sei rechtlich oder sittlich nicht zu beanstanden. Auch könne die Klägerin ihren Anspruch nicht auf Bereicherung stützen, da die Untersuchung nicht nur während der Arbeitszeit möglich gewesen wäre. Die Klägerin würde auch dann keinen Lohnanspruch haben, wenn die Untersuchung während der Arbeitszeit stattgefunden hätte.

Diese Ausführungen des Landesarbeitsgerichts halten einer rechtlichen Prüfung nicht stand. Grundlage des Klageantrags sind die arbeitsvertraglichen Beziehungen zwischen den Parteien, nicht aber das Rechtsverhältnis der Klägerin oder der Beklagten zu der Behörde, die nach den Feststellungen des Landesarbeitsgerichts die Anordnung zur Untersuchung erlassen hat. Daß aus den letzteren Beziehungen der geltend gemachte Anspruch begründet werden könnte, ist nicht ersichtlich, abgesehen von der Frage, ob die Arbeitsgerichte dieserhalb zur Entscheidung zuständig wären.

Zu den arbeitsvertraglichen Pflichten der Beklagten als Arbeitgeberin gehört es, durch das Bereitstellen eines funktionierenden Betriebs es ihren Arbeitnehmern zu ermöglichen, die von diesen nach dem Arbeitsvertrag zu leistenden Arbeiten zu erbringen. Aus der Anordnung der Gesundheitspolizei ergibt sich, daß die Behörde als funktionierenden Betrieb der Lebensmittelbranche nur einen solchen ansah, hinsichtlich dessen durch die Untersuchung festgestellt wurde, daß seine Belegschaft nicht mit ansteckenden Krankheiten behaftet war. Deshalb wurde die Anordnung zur Untersuchung erlassen, der sich die Beklagte, wie der von ihr vorgenommene Aushang beweist, ohne weiteres gebeugt hat.

Sie hat dadurch zu erkennen gegeben, daß sie die Berechtigung der behördlichen Anordnung anerkannte und deren Befolgung durch ihre Belegschaft verlangte.

Indem die Beklagte die behördliche Anordnung durch den Aushang an ihre Belegschaft weitergab, handelte sie keineswegs im Interesse ihrer Arbeitnehmer; denn die Untersuchung sollte nicht zum Schutz der Arbeitnehmer durchgeführt werden, sondern zum Schutz der Allgemeinheit, und zwar nicht zuletzt gerade zum Schutz der Kunden der Beklagten, so daß auf jeden Fall auch das Interesse ihres Unternehmens als eines Unternehmens der Lebensmittelbranche entscheidend berührt war. Der Ansicht der Beklagten, sie sei an der Untersuchung ihrer Belegschaft nicht interessiert gewesen, kann somit nicht gefolgt werden. Vielmehr war, vom öfentlich-rechtlichen Standpunkt aus betrachtet, das Interesse der Beklagten an der Untersuchung erheblich größer als das der Belegschaft; denn die Beklagte war es, die damit rechnen mußte, daß bei einem Unterlassen der Untersuchung die Gesundheitspolizei gegen ihren Betrieb einschreiten, diesen vielleicht sogar schließen und damit ihr Unternehmen treffen würde. Jedenfalls mußten die Arbeitnehmer der Beklagten das vor allem aus der Tatsache entnehmen, daß in dem Aushang sogar die Entlassung angedroht war, wenn ein Arbeitnehmer sich der Untersuchung entziehen würde.

Hiernach ist die Untersuchung zum mindesten maßgeblich auch, wenn nicht sogar in erster Linie, im Interesse der Beklagten vorgenommen worden. Die Ansicht des Landesarbeitsgerichts, daß die Untersuchung der Belegschaft der Beklagten nicht zugute gekommen sei, ist unhaltbar. Die von den Arbeitnehmern für die Untersuchung aufgewendete Zeit ist nicht allein auf Weisung — vgl. den Aushang — der Beklagten, sondern auch aus einem Grunde erfolgt, der in der Interessensphäre der Beklagten seinen Ursprung hat. Schon hieraus ergibt sich die Verpflichtung der Beklagten, für diese Zeit das vereinbarte Entgelt zu bezahlen; denn es macht rechtlich keinen Unterschied, ob die Klägerin in dieser Zeit ihre übliche vertragsmäßige Arbeit verrichtet oder ob sie die Zeit für Handlungen aufgewendet hat, die Voraussetzung waren, im Interesse des Unternehmens das weitere Funktionieren des Betriebs zu gewährleisten.

Es kommt hinzu, daß die Beklagte mit ihrer Aufforderung an ihre Arbeitnehmer, sich untersuchen zu lassen, von diesen etwas verlangte, was über den Rahmen ihrer an sich vorgesehenen arbeitsvertraglichen Pflichten beachtlich hinausging. Wenn nach dem Grundsatz von Treu und Glauben für außergewöhnliche Leistungen, die über den vertragsmäßigen Rahmen hinausgehen, sogar bei unabhängigen Dienstverhältnissen eine besondere Vergütung gefordert werden kann (BGH vom 13. Juli 1956, I ZR 197/54, AP Nr. 1 zu § 612 BGB), so muß das erst recht im Rahmen eines abhängigen Arbeitsverhältnisses gelten. Daher hat die Klägerin, die mit der Untersuchung mehr getan hat, als die durch den Vertrag versprochenen und durch die normale Lohnzahlung abgegoltenen Dienste zu leisten, vielmehr einen aller Erfahrung nach auf jeden Fall ins Gewicht fallenden Teil ihres sonst freien Sonnabends im Interesse der Beklagten zum Zwecke der Vornahme der Untersuchung aufwandte, einen Anspruch auf Bezahlung.

Die Beklagte kann sich demgegenüber nicht darauf berufen, daß die Klägerin an dem Sonnabend nicht gearbeitet habe. Wenn die Klägerin im Interesse der Beklagten ihre freie Zeit zur Verfügung stellte, so kann sich die Beklagte nicht mit Erfolg gegen eine Bezahlung der an dem freien Tag für den Betrieb aufgewendeten Arbeitszeit wehren; diese Zeit kann mit Rücksicht auf die Vornahme der Untersuchung nicht mehr als freie Zeit, sondern sie muß als echte Arbeitszeit gewertet und deshalb bezahlt werden. Das gilt im Streitfall um so mehr, als nach den Feststellungen des Landesarbeitsgerichts die Untersuchung deshalb auf Sonnabend verlegt worden ist, um eine Unterbrechung in der regulären Arbeitszeit zu vermeiden.

Der Klageanspruch ist schließlich aber auch deshalb dem Grunde nach gerechtfertigt, weil die Klägerin den Aushang der Beklagten gar nicht anders auffassen konnte, als daß die Beklagte selbst davon ausging, daß die Teilnahme der Arbeitnehmer an der Untersuchung auf Grund des Arbeitsvertrags verlangt würde, nicht aber Ausfluß einer den Arbeitnehmern obliegenden öffentlich-rechtlichen Pflicht sei. Der ausdrückliche Hinweis in dem Aushang auf die Arbeitsverweigerung und die Androhung der Auflösung des Arbeitsverhältnisses durch die Beklagte sind in der Tat nicht anders zu verstehen, als daß die Beklagte durch den Aushang von ihrem Direktionsrecht als Arbeitgeber Gebrauch machte. Sie kann sich dann aber ihrer Lohnzahlungspflicht nicht mit dem Hinweis darauf entziehen, die Untersuchung sei nur im Interesse der Allgemeinheit oder gar der Arbeitnehmer selbst durchgeführt worden, ohne daß sie, die Beklagte, daran ein Interesse gehabt habe. Ein solcher Standpunkt wäre, da die Klägerin der ihr gegebenen direktionären Weisung gefolgt ist, mit dem das Arbeitsrecht besonders beherrschenden Grundsatz von Treu und Glauben und mit der der Beklagten als Arbeitgeberin obliegenden Fürsorgepflicht nicht zu vereinbaren, ganz abgesehen davon, daß der Hinweis der Beklagten auf die Interessenlage objektiv falsch ist, wie oben ausgeführt wurde.

Kann hiernach die Auffassung des Landesarbeitsgerichts zum Grunde des Klageanspruchs nicht gebilligt werden, so ist die Sache auch der Höhe nach zur Entscheidung reif.

Die Beklagte hat die Berechnung der Klageforderung nicht im einzelnen bestritten, sondern nur ausgeführt, die Klägerin habe an dem fraglichen Sonnabend sowie sonnabends zuvor und danach überhaupt nicht gearbeitet. Es sei daher begrifflich ausgeschlossen, daß sie Überstunden mit dem entsprechenden Zuschlag geleistet haben wolle. Hiermit verkennt die Beklagte, daß nach den vorstehenden Ausführungen die Zeit, die die Klägerin für die Untersuchung aufgewendet hat, als Arbeitszeit zu behandeln und zu bezahlen ist. Deshalb ist es unerheblich, ob aus § 10 des Manteltarifvertrages ein Anspruch auf Zahlung herzuleiten ist oder nicht und ob die Parteien, was das Landesarbeitsgericht nicht untersucht hat, überhaupt tarifgebunden sind. Wenn § 10 des Manteltarifvertrages von der Lohnzahlung für die Zeit spricht, in der keine Arbeit geleistet wird, so gelten diese Bestimmungen im vorliegenden Fall schon deshalb nicht, weil es sich hier um Arbeitszeit handelte. Deshalb spielt auch die Frage keine Rolle, die im Urteil des Senats vom 6. Dezember 1956 — 2 AZR 192/56 —, AP Nr. 8 zu § 616 BGB zur Klagabweisung geführt hat; denn dort handelte es sich um einen Lohnanspruch für eine Zeit, in der keine Arbeit geleistet worden war, während hier ein Lohnanspruch für tatsächlich geleistete Arbeit in Rede steht. Deshalb ist es auch unerheblich, daß die Beklagte in dem Aushang vom 5. Mai 1954 die Ansicht vertreten hat, derjenige Arbeitnehmer erleide Lohnausfall, der während der Arbeitszeit in den ersten 5 Wochentagen zur Untersuchung gehe. Diese Ansicht war deshalb rechtsirrig, weil entgegen der Auffassung der Beklagten die für die Untersuchung aufgewandte Zeit Arbeitszeit war.

Die Dauer der von der Klägerin für die Untersuchung aufgewandten Zeit hat die Beklagte ebensowenig bestritten, wie die Berechnung der Klägerin im einzelnen. Da die betriebliche Arbeitszeit wöchentlich 47½ Stunden und die regelmäßige tarifliche Arbeitszeit wöchentlich 48 Stunden betrug, war die über 48 Stunden hinausgehende Zeit der Untersuchung Überstundenarbeit. Hierfür kann die Klägerin Überstundenzuschlag verlangen, dessen Höhe im einzelnen nicht bestritten ist.

## 23

**1. Liegen bei zwei zur Arbeitsunfähigkeit führenden Erkrankungen jeweils zwei medizinisch völlig neue Erkrankungen, sei es auch desselben Organes, vor, sind zwei selbständige Unglücksfälle im Sinne des § 63 HGB gegeben.**

**2. Es ist ein allgemeiner Erfahrungssatz, daß die Ärzte auf Grund der Ergebnisse der medizinischen Forschung und der ärztlichen Erfahrungen und im einzelnen Falle auch an Hand der Krankenberichte noch nach längerer Zeit genaue Feststellungen über die Ursache und den Charakter einer Krankheit treffen können.**

HGB § 63 Abs. 1; ZPO § 550.

II. Senat. Urteil vom 18. Mai 1957 i. S. K. (Kl.) w. K. V. (Bekl.) 2 AZR 600/56.

I. Arbeitsgericht Bremen. — II. Landesarbeitsgericht Bremen.

Die Klägerin, die im Betrieb der Beklagten als Angestellte tätig ist, war in der Zeit vom 20. Februar bis zum 26. März 1956 und sodann vom 14. April bis zum 6. Mai 1956 an einer Cystopyelitis (Nieren- und Blasenentzündung) arbeitsunfähig erkrankt. Während der Zeit der Arbeitsbehinderungen zahlte ihr die Beklagte das Gehalt für die Dauer von insgesamt sechs Wochen weiter. Die Klägerin ist der Auffassung, daß sie für jeden der beiden Krankheitsfälle Anspruch auf Zahlung des Gehalts bis zur Dauer von sechs Wochen habe.

Das Arbeitsgericht und das Landesarbeitsgericht haben die Klage abgewiesen. Auf die Revision der Klägerin wurde das Urteil des Landesarbeitsgerichts aufgehoben und die Sache an das Landesarbeitsgericht zurückverwiesen aus folgenden

### Gründen:

Das Landesarbeitsgericht hat den Anspruch der Klägerin für unbegründet erklärt, weil ihre beiden Nierenentzündungen in rechtlicher Hinsicht als eine einheitliche Arbeitsbehinderung angesehen werden müßten und infolgedessen der mit § 63 HGB gegebene Anspruch auf Fortzahlung des Gehalts für sechs Wochen nur einmal entstanden sei, selbst wenn die zweite Nierenentzündung im medizinischen Sinne eine neue Erkrankung gewesen wäre. Die Rechtslage werde auch nicht dadurch verändert, daß die Klägerin zwischen den beiden Erkrankungen kurze Zeit — insgesamt fünfzehn Tage — gearbeitet habe. Bei wiederholten Erkrankungen, die auf dasselbe Grundleiden zurückgingen, könne der

Arbeitnehmer für den neuen Krankheitsfall einen Anspruch auf Fortzahlung seines Arbeitsentgelts durch den Arbeitgeber nur dann geltend machen, wenn er zwischen den beiden Erkrankungen im Sinne des Arbeitslebens längere Zeit voll arbeitsfähig gewesen sei. Es komme nicht darauf an, ob im Falle mehrerer aufeinander folgender Erkrankungen die vorausgehende Krankheit im medizinischen Sinne zur völligen Ausheilung gekommen sei, was in der Regel auch kaum mit der erforderlichen Sicherheit festgestellt werden könne. Entscheidend sei vielmehr, ob im Rechtssinne eine zeitlich durchlaufende und einheitliche Arbeitsbehinderung bestanden habe. Ob der zweite Krankheitsfall durch eine Schwangerschaft der Klägerin eine mehr oder weniger starke Beeinflussung erfahren hätte, sei bedeutungslos, da jedenfalls beide Erkrankungen im medizinischen Sinne ähnlichen Charakter trügen und dasselbe Grundleiden beträfen. Auch wenn etwa entgegen der Überzeugung des Landesarbeitsgerichts beide Erkrankungen der Klägerin, oder jedenfalls die zweite Erkrankung, durch Schwangerschaft begünstigt oder ausgelöst worden seien, wäre der Anspruch der Klägerin nicht begründet, da die gewöhnlichen Folgen der Schwangerschaft nach durchaus überwiegender Ansicht die Anwendung des § 63 HGB nicht rechtfertigten. Bestehe in rechtlicher Hinsicht zwischen gewöhnlichen Erkrankungen und Erkrankungen, die mit der Schwangerschaft zusammenhingen, kein Unterschied, so könnten im zweiten Falle keine anderen Grundsätze angewandt werden als im ersten. Die beiden Nierenentzündungen der Klägerin müßten auch dann als eine einzige Krankheitserscheinung angesehen werden, wenn die zweite Erkrankung wirklich als eine Schwangerschaftsfolge anzusehen wäre.

Demgegenüber rügt die Revision Verletzung des § 63 HGB. Aus dem Gutachten des die Klägerin behandelnden Arztes Dr. K., der die Klägerin am 23. März 1956 arbeitsfähig geschrieben habe, ergäbe sich, daß die erste Krankheit im medizinischen Sinne voll ausgeheilt gewesen sei. Im zweiten Fall habe es sich also nicht um dasselbe Grundleiden gehandelt, so daß im Sinne des § 63 Abs. 1 HGB zwei völlig voneinander unterschiedliche Ereignisse vorlägen. Das Landesarbeitsgericht habe den Begriff des Grundleidens verkannt. Es habe auch gegen § 286 ZPO verstoßen, wenn es unterstellt habe, ein Sachverständiger hätte höchstens die Ansicht des Dr. K. bestätigen können, daß die Schwangerschaft bei der zweiten Erkrankung möglicherweise ursächlich gewesen sei. Wenn dem Landesarbeitsgericht die Darstellung der Klägerin zu allgemein gewesen sei, so hätte es das Fragerecht nach § 139 ZPO ausüben müssen.

Der Revision ist zuzugeben, daß das angefochtene Urteil auf einer Verletzung des § 63 HGB beruht. Dieser bestimmt, daß der Handlungsgehilfe, der durch unverschuldetes Unglück an der Leistung der Dienste verhindert ist, seinen Anspruch auf Gehalt behält, jedoch nicht über die Dauer von sechs Wochen hinaus. Als unverschuldetes Unglück im Sinne dieser Bestimmung ist regelmäßig auch eine Krankheit und die im Gefolge der Krankheit auftretende Dienstverhinderung zu verstehen. Die Vorschrift kommt, wie der erkennende Senat bereits entschieden hat (BAG 3, 37 [38]), in gleicher Weise zum Zuge bei wiederholten Erkrankungen, wenn die Arbeitsbehinderung auf einer neuen selbständigen Erkrankung beruht. § 63 Abs. 1 HGB soll nämlich seiner Fassung nach bei jedem zur Verhinderung seiner Dienstleistung führenden unverschuldeten Unglück des Handlungsgehilfen und somit auch bei jedem neuen Unglück zur Anwendung kommen. Handelt es sich dagegen um wiederholte Erkrankungen, die auf dasselbe Grundleiden zurückzuführen sind, so entsteht entsprechend der Tragweite der Vorschrift ein neuer Anspruch nur dann, wenn die neue Erkrankung als ein neues unverschuldetes Unglück anzusehen ist (BAG, a. a. O.). Das Vorliegen einer solchen Voraussetzung hat das Bundesarbeitsgericht nicht nur dann angenommen, wenn das Grundleiden, auf das der neue Krankheitsfall zurückzuführen ist, in medizinischem Sinne völlig ausgeheilt ist und nunmehr eine medizinisch neue Erkrankung eintritt, sondern auch dann, wenn das Grundleiden zwar vom medizinischen Standpunkt aus nicht völlig ausgeheilt war, praktisch eine Ausheilung der Krankheit aber doch deshalb anzunehmen ist, weil der Handlungsgehilfe zwischen den beiden Erkrankungen im Sinne des Arbeitslebens längere Zeit die völlige Arbeitsfähigkeit wiedererlangt hatte.

Das Landesarbeitsgericht vertritt nun die Auffassung, daß es sich im vorliegenden Fall um dasselbe Grundleiden, nämlich eine Cystopyelitis (Nieren- und Blasenentzündung) handele, weil beide Erkrankungen im medizinischen Sinne ähnlichen Charakter gehabt hätten. Damit verkennt das Landesarbeitsgericht, und zwar in seinen gesamten Ausführungen, jedoch den Begriff des Grundleidens. Ein Grundleiden liegt nämlich nur dann vor, wenn die wiederholte Erkrankung auf die gleiche chronische Veranlagung des Patienten zurückzuführen ist. Liegt hingegen eine medizinisch völlig neue Erkrankung, sei es auch desselben Organs vor, so handelt es sich nicht um dasselbe Grundleiden; vielmehr sind in diesem Fall zwei voneinander unabhängige Erkrankungen und damit nach dem Zweck des § 63 HGB zwei selbständige Unglücksfälle gegeben. In letztem Fall kommt also das in der oben angeführten Entscheidung des Bundesarbeitsgerichts erörterte Problem der wiederholten Erkrankung auf Grund desselben Grundleidens gar nicht zum Tragen.

Das Landesarbeitsgericht hätte somit, gegebenenfalls durch Einholung eines Sachverständigen-Gutachtens, klären müssen, ob es sich tatsächlich, wie es ohne weiteres unterstellt, bei den Erkrankungen der Klägerin um dasselbe Grundleiden gehandelt hat oder ob nicht zwei voneinander unabhängige und selbständige Erkrankungen vorlagen.

Wenn das Landesarbeitsgericht meint, daß ein zur Zeit der letzten mündlichen Verhandlung in der Tatsacheninstanz beauftragter ärztlicher Sachverständiger, dessen Bestellung die Klägerin beantragt hat, deshalb zu einer auch nur einigermaßen sicheren Beurteilung des Krankheitsverlaufs nicht in der Lage sein könnte, weil inzwischen fast ein Jahr vergangen sei, und daß ein solcher Sachverständiger bestenfalls die von dem behandelnden Arzt Dr. K. vertretene Auffassung bestätigen könne, nur möglicherweise, nicht aber mit Sicherheit komme die Schwangerschaft bei der zweiten Erkrankung ursächlich in Frage, so liegt hierin eine Verletzung eines allgemeinen Erfahrungssatzes. Es ist bekannt, daß die Ärzte auf Grund der Ergebnisse der medizinischen Forschung und der ärztlichen Erfahrungen und im einzelnen Falle auch an Hand der Krankenberichte noch nach längerer Zeit genaue Feststellungen über die Ursache und den Charakter einer Krankheit treffen können. Die Auskunft, die Dr. K. am 7. Mai 1956 erteilte, kann schon um deswillen nicht als ausreichend angesehen werden, weil sie sich nur auf eine Anfrage der Krankenkasse bezog, nicht aber in einem Prozeßverfahren, das doch in einem ganz besonders betonten Sinne der Wahrheitsfindung dient, abgegeben wurde.

## 24

**1. Besteht im Falle des § 20 MieterSchG Streit darüber, ob der Arbeitnehmer gesetzlich begründeten Anlaß zur Auflösung des Arbeitsverhältnisses gegeben hat, so sind die Arbeitsgerichte für die Entscheidung dieser Frage auch dann zuständig, wenn ein Verfahren bei dem Arbeitsgericht noch nicht anhängig ist oder wenn das Kündigungsrecht, um das gestritten wird, nicht mehr besteht, sondern wegen einer zweifellos eingetretenen Beendigung des Arbeitsverhältnisses der Vergangenheit angehört.**

**2. Das Arbeitsgericht hat darüber, ob ein gesetzlich begründeter Anlaß zur Auflösung des Arbeitsverhältnisses vorgelegen hat, auf**

**Grund einer entsprechenden Feststellungsklage des Arbeitgebers oder des Arbeitnehmers zu entscheiden.**

MieterSchG § 20 Abs. 1 Satz 3; ArbGG 1953 § 2.

II. Senat. Urteil vom 20. Mai 1957 i. S. N. (Kl.) w. H. (Bekl.) 2 AZR 530/56.

I. Arbeitsgericht Stade. — II. Landesarbeitsgericht Hannover.

Der Kläger war als landwirtschaftlicher Arbeiter oder Melker bei der Beklagten, einer Bäuerin, beschäftigt und hat eine im Zusammenhang mit dem Arbeitsverhältnis überlassene Werkwohnung inne. Das Arbeitsverhältnis ist Anfang Juli 1955 beendet worden, der Kläger räumte jedoch die Werkswohnung nicht. In dem beim Landgericht in der Berufungsinstanz anhängigen Räumungsprozeß hat das Gericht die Verhandlung ausgesetzt und dem Kläger aufgegeben, durch ein Urteil des Arbeitsgerichts nachzuweisen, daß er keinen gesetzlich begründeten Anlaß zur Auflösung des Arbeitsverhältnisses gegeben habe. Der Kläger hat daraufhin Klage erhoben mit dem Antrag, festzustellen, daß die Beklagte dem Kläger begründeten Anlaß zur Auflösung des Arbeitsverhältnisses gegeben habe, hilfsweise festzustellen, daß der Kläger der Beklagten keinen gesetzlich begründeten Anlaß zur Auflösung des Arbeitsverhältnisses gegeben habe.

Das Arbeitsgericht hat die Klage als unbegründet abgewiesen, da nicht der Kläger, sondern die Beklagte das Arbeitsverhältnis mit Recht fristlos gelöst habe. Das Landesarbeitsgericht hat die Klage als unzulässig abgewiesen. Den Arbeitsgerichten stehe im gegebenen Falle keine Möglichkeit zur Beurteilung und Entscheidung zu.

Auf die Revision des Klägers wurde das Urteil des Landesarbeitsgerichts aufgehoben und die Sache an das Landesarbeitsgericht zurückverwiesen aus folgenden

Gründen:

Das Landesarbeitsgericht hat die Klage des näheren deswegen als unzulässig abgewiesen, weil gemäß § 256 ZPO nur auf Feststellung des Bestehens oder Nichtbestehens eines Rechtsverhältnisses geklagt werden könne, es sich aber im vorliegenden Fall nicht um die Feststellung eines derartigen Rechts, sondern um die Feststellung einer Tatsache, nämlich eines konkreten, nach Raum und Zeit bestimmten vergangenen Geschehnisses handele. Die Zulässigkeit der Feststellungsklage lasse sich entgegen Gerstel (Anm. zu RAG, ARS 3, 43) auch nicht mit der Begründung halten, daß sie auf Feststellung einer Rechtsposition gerichtet sei und die Rechtsposition dem Rechtsverhältnis gleichgeachtet werden müsse. Eine Rechtsposition sei ein Tatbestand, an dessen Verletzung die Rechtsordnung Folgen wie an die Verletzung eines subjektiven Rechtsgrundsatzes knüpfe; das sei z. B. beim Besitz mit seinem umfassenden Rechtsschutz der Fall. Das gleiche träfe jedoch nicht auf bloße schuldrechtliche Beziehungen zu.

Die Zulässigkeit ergäbe sich auch nicht aus § 20 MieterSchG. Diese Bestimmung regele nicht selbst die Voraussetzungen für die Zulässigkeit einer Feststellungsklage; ihr Zweck könne vielmehr nur darin bestehen, zu verhindern, daß mehrere Gerichte mit der gleichen Streitfrage befaßt würden und widersprechend begründete Entscheidungen ergingen. Diese Gefahr sei aber nur vorhanden, wenn zwischen den Parteien neben der Mietstreitigkeit noch andere Streitigkeiten aus dem Arbeitsverhältnis bestünden, weil das Amtsgericht — das Wort „Arbeitsgericht" im Urteil des Landesarbeitsgerichts beruht offenbar auf einem Schreibfehler — dann möglicherweise als Vorfrage auch darüber entscheiden müßte, ob der Mieter einen gesetzlich begründeten Anlaß zur Auflösung des Arbeitsverhältnisses gegeben habe. § 20 MieterSchG wolle nicht bezwecken, die Entscheidung dieser Vorfrage beim Arbeitsverhältnis allgemein den Arbeitsgerichten zu überlassen.

Der vom Landesarbeitsgericht vertretenen Auffassung kann nicht gefolgt werden.

Nach § 20 MieterSchG gelten die Mieterschutzbestimmungen auch über die Dauer des Dienst- und Arbeitsverhältnisses hinaus, wenn ein Raum nur mit Rücksicht auf ein zwischen den Vertragsteilen bestehendes Dienst- oder Arbeitsverhältnis vermietet ist. Dies gilt aber nicht, wenn der Mieter durch sein Verhalten dem Vermieter gesetzlich begründeten Anlaß zur Auflösung des Dienst- oder Arbeitsverhältnisses gegeben hatte oder wenn der Mieter das Mietsverhältnis aufgelöst hatte, ohne daß ihm vom Vermieter ein solcher Anlaß gegeben war. Ist streitig, ob ein begründeter Anlaß zur Auflösung des Dienst- oder Arbeitsverhältnisses vorlag, und ist für die Entscheidung die Zuständigkeit einer anderen Stelle begründet, so ist gemäß § 20 Abs. 1 Satz 3 MieterSchG die Verhandlung bis zur endgültigen Erledigung des Streites auszusetzen. Die Entscheidung der anderen Stelle ist für das Gericht bindend, das über den Mietstreit entscheidet. Die „andere Stelle" kann, wenn ein Arbeitsverhältnis in Rede steht, bei der Gestaltung unserer allgemeinen Gerichtsverfassung selbst immer nur das Arbeitsgericht sein.

Zur rechtlichen Tragweite der Bestimmung des § 20 Abs. 1 Satz 3 MieterSchG über die Aussetzung der Verhandlung vor dem ordentlichen Gericht gehen die Ansichten in Rechtsprechung und Schrifttum auseinander. Die eine, insbesondere von Nikisch (BB 51, 200 und Lehrbuch, 2. Aufl., S. 338) sowie von Bettermann (MieterSchG Komm. § 20 Anm. 187) vertretene Auffassung geht dahin, daß durch die fragliche Vorschrift eine absolute Vorfragenkompetenz der Arbeitsgerichte festgelegt worden sei. Zur Begründung weist Nikisch u. a. hin auf die strenge Trennung der ordentlichen und der Arbeitsgerichtsbarkeit, darauf daß arbeitsrechtliche Fragen ausschließlich von den Arbeitsgerichten zu entscheiden seien und daß die Mietgerichte nach ihrer Besetzung wenig geeignet erscheinen dürften, zum Vorliegen eines Kündigungsgrundes Stellung zu nehmen, was doch immerhin gründliche Erfahrungen auf diesem Lebensgebiet erfordere. Demgegenüber wird von anderen, insbesondere von Böttcher (JZ 1955, 334 ff.), die Ansicht vertreten, daß die Funktion des § 20 Abs. 1 Satz 3 MieterSchG nur in der Vermeidung widersprechender Entscheidungen zu erblicken sei, d. h. widersprechender Beurteilungen des wichtigen Grundes zur Kündigung. Diese u. a. auch von Hans (MieterSchG, 6. u. 7. Aufl., S. 94) und Roquette (Mietrecht, 4. Aufl., S. 374 Anm. 73) vertretene Meinung will die Vorschrift also nur zum Zuge kommen lassen, wenn gleichzeitig mit dem Mietprozeß auch eine arbeitsrechtliche Streitigkeit mit dem in der Vorschrift genannten Gegenstand schwebt oder wenigstens noch akut werden kann.

Nach Auffassung des Senats verdient die erstgenannte Ansicht den Vorzug. Gemäß § 2 ArbGG 1953, der in seiner Grundkonzeption mit den entsprechenden Bestimmungen der früheren Arbeitsgerichtsgesetze übereinstimmt, sind die Arbeitsgerichte in allen dort aufgeführten arbeitsrechtlichen Streitigkeiten ausschließlich zuständig. § 20 Abs. 1 Satz 3 MieterSchG will den Gedanken zur Geltung bringen, daß im Interesse der Sicherstellung einer Rechtsprechung, welche die besonderen Verhältnisse des Lebenstatbestandes der abhängigen Arbeit hinreichend berücksichtigt, eine arbeitsrechtliche Streitfrage auch nur durch die Arbeitsgerichte entschieden und nicht von anderen Gerichten am Rande mitentschieden werden solle. Es ist zwar Böttcher (Anm. zu AP 51 Nr. 126) zuzugeben, daß eine solche Auslegung des § 20 Abs. 1 Satz 3 MieterSchG zur Statuierung einer ausschließlichen Vorfragenkompetenz der Arbeitsgerichte in der genannten Frage führt, die im deutschen Recht exzeptionell ist und über den Rahmen des § 148 ZPO hinaus geht, der lediglich eine bloße Aussetzungs*möglichkeit* eröffnet. Es ist aber zu beachten, daß nach § 20 Abs. 1 Satz 3 MieterSchG die Beurteilung einer konkreten juristischen Situation durch die Stellen erfolgen soll, die hierfür auf Grund ihrer Aufgabenstellung und ihrer Zusammensetzung die erforderlichen Voraussetzungen erfüllen, nämlich durch die Arbeitsgerichte. Der Sinn des § 20 Abs. 1 Satz 3 MieterSchG kann sich dann nicht darin erschöpfen, widersprechende Entscheidungen der Mietgerichte und der Arbeitsgerichte im konkreten Fall zu vermeiden, er besteht vielmehr darin, die Entscheidung einer besonders wichtigen Frage auf dem Gebiet des Arbeitsrechts, nämlich der Begründetheit einer Kündigung, durch die hierfür eigens eingesetzten Gerichte nach einheitlichen Gesichtspunkten zu gewährleisten.

Statuiert somit § 20 Abs. 1 Satz 3 MieterSchG eine ausschließliche Vorfragenkompetenz der Arbeitsgerichte, soweit es sich um die Frage handelt, ob ein begründeter Anlaß zur Kündigung vorlag, so ergibt sich zwangsläufig, daß das Verfahren nicht nur auszusetzen ist, wenn bereits ein entsprechender Rechtsstreit vor dem Arbeitsgericht schwebt oder doch noch möglich ist (vgl. hierzu §§ 3, 4 KSchG). Das Verfahren ist vielmehr allgemein dann auszusetzen, wenn über die Berechtigung der Kündigung des Arbeitsverhältnisses zwischen den Mietparteien Meinungsverschiedenheiten bestehen. Die Bestimmung des § 20 Abs. 1 Satz 3 MieterSchG — „Ist streitig, ob ein begründeter Anlaß zur Auflösung des Dienst- oder Arbeitsverhältnisses vorlag" — meint nämlich ihrem insoweit eindeutigen Wortlaut nach ganz offenbar den materiellen Streit, die Uneinigkeit der Parteien über die Frage, ob ein begründeter Anlaß zur Kündigung des Arbeitsverhältnisses gegeben war. Es deutet nichts darauf hin, daß mit dem Wort „Streit" nicht der materielle, sondern nur ein prozessualer Streit, und zwar ein anhängiger Rechtsstreit, gemeint sei. Hätte der Gesetzgeber dies im Auge gehabt, dann hätte er es durch eine Anlehnung an den Wortlaut des § 148 ZPO, der ausdrücklich vom „Rechtsstreit" spricht, auch wohl zum Ausdruck gebracht (so auch OLG München JZ 1955, 334; vgl. auch LG Münster JMBl. Nordrhein-Westfalen 1955, S. 100; a. A. LG Berlin und LG Mannheim Deutsche Rechtsprechung II [277] 7b, 43a und OLG Düsseldorf JMBl. Nordrhein-Westfalen 1952, 215). Es ist also keineswegs so, wie das Landesarbeitsgericht Frankfurt (AP 51, Nr. 126) meint, daß denknotwendig aus der Bestimmung des § 20 Abs. 1 Satz 3 MieterSchG zu folgern sei, es müsse ein arbeitsgerichtlicher Streit über den begründeten Anlaß zur Kündigung vorliegen.

Die Zuständigkeit des Arbeitsgerichts kann danach entgegen Bötticher (BB 1953, 682 und JZ 1955, 335 insbesondere auch dann nicht verneint werden, wenn die Kündigung bereits wirksam geworden ist. Bötticher meint, es handele sich in diesem Falle um ein nicht mehr bestehendes Rechtsverhältnis; es könne dann auch kein Streit mehr bestehen. Der Arbeitnehmer könne sich nur auf die Rechtsfolge berufen, daß er gemäß § 20 Abs. 1 Satz 1 MieterSchG Bestandschutz genieße. Selbst wenn man die Verpflichtung, eine Werkswohnung zu räumen, als Nachwirkung des Arbeitsverhältnisses erachten würde, habe hierüber kraft seiner ausschließlichen Zuständigkeit (§§ 7, 27 MieterSchG) das Amtsgericht zu erkennen. Es fehle in einem solchen Falle an der sachlichen Zuständigkeit des Arbeitsgerichts, die nach § 20 Abs. 1 Satz 3 MieterSchG die Voraussetzung dafür sei, daß das Amtsgericht den bei ihm anhängig gemachten Rechtsstreit auszusetzen habe. Bötticher übersieht bei seiner Argumentation jedoch, daß nach Wortlaut und Sinn des § 20 Abs. 1 Satz 3 MieterSchG eben ein Streit über eine konkrete juristische Situation gemeint ist, wobei die Entscheidung über eine bestimmte rechtlich bedeutsame Frage in die Kompetenz der Arbeitsgerichte gestellt wird.

Auch der Gesichtspunkt der Prozeßökonomie, auf den sich Bötticher (JZ 1955, 335) zur Begründung der von ihm vertretenen Auffassung weiterhin stützt, kann nicht zu einer anderen rechtlichen Beurteilung führen. Bötticher weist darauf hin, die seiner Auffassung gegenüberstehende Meinung habe zum Ergebnis, daß der Vermieter einer Werkswohnung, die nach Auflösung des Dienst- oder Arbeitsverhältnisse geräumt werden solle, notwendig zwei Urteile erstreiten müsse: eines des Mietgerichts und eines des Arbeitsgerichts. Das sei vom Standpunkt der Prozeßökonomie aus schwer verständlich, wenn das Arbeitsverhältnis unstreitig beendet sei und keine Ansprüche mehr aus ihm hergeleitet werden könnten. Die Notwendigkeit, gegebenenfalls eine Klärung durch mehrere Verfahren herbeizuführen, liegt jedoch bei dem oben dargelegten rechtspolitischen Zweck, der mit § 20 Abs. 1 Satz 3 MieterSchG verfolgt wird, in der Natur der Sache. Sie ergibt sich übrigens auch in allen Fällen der Aussetzung gemäß § 148 ZPO.

Steht somit fest, daß die ordentlichen Gerichte in allen Fällen, in denen Streit darüber besteht, ob ein begründeter Anlaß zur Auflösung des Dienst- oder Arbeitsverhältnisses vorlag, gemäß § 20 Abs. 1 Satz 3 MieterSchG das Verfahren aussetzen müssen, bis eine rechtskräftige Entscheidung der Arbeitsgerichte über die Begründetheit der Kündigung vorliegt, so ergibt sich weiterhin, daß diese Entscheidung nur im Wege einer Feststellungsklage gemäß § 256 ZPO getroffen werden kann. Das dort geforderte rechtliche Interesse ist allein schon aus Wortlaut und Sinn des § 20 Abs. 1 Satz 3 MieterSchG zu folgern; die Klärung der Arbeitsrechtlichen Situation ist Voraussetzung für die Entscheidung des Mietprozesses (so auch RAG, ARS 3, 45; Bettermann, MieterSchG Komm. § 20 Anm. 181 u. a. m.).

Es liegt aber auch ein Rechtsverhältnis im Sinne des § 256 ZPO vor, und zwar auch dann, wenn das Arbeitsverhältnis beendet ist. Zwar hat das Reichsarbeitsgericht verneint, (u. a. in der Entscheidung ARS 3, 46), daß es sich um das Bestehen oder Nichtbestehen eines Rechtsverhältnisses im Sinne des § 256 ZPO handele, wenn das unter den Parteien zunächst in Betracht kommende Rechtsverhältnis, nämlich das Arbeitsverhältnis, durch die Kündigung des Klägers beendet sei. Die Frage, ob ein gesetzlich begründeter Anlaß zur Auflösung des Dienstverhältnisses vorgelegen habe, könne keinesfalls als ein Rechtsverhältnis, sondern nur als eine Vorfrage zur Entscheidung über die Räumungsverpflichtung erachtet werden. Diese Auslegung des Begriffs „Rechtsverhältnis" ist aber zum mindesten im Hinblick auf § 20 Abs. 1 Satz 3 MieterSchG zu eng.

Unter dem Begriff „Rechtsverhältnis" versteht man jedes durch die Herrschaft der Rechtsnorm über einen konkreten Tatbestand als Rechtsfolge dieses Tatbestandes entstandene Rechtsverhältnis einer Person zu einer anderen Person oder zu einem Sachgut (Stein-Jonas, ZPO, 18. Aufl., § 256, II, 1), so insbesondere auch ein Gestaltungsrecht (Rosenberg, Lehrbuch, 7. Aufl., § 86 II A; zweifelnd Bötticher, BB 1953 S. 682). Es gehören hierher die subjektiven Rechte jeder Art, mögen daraus Ansprüche auf Leistung, Duldung oder Unterlassung hervorgehen oder nicht. Als Rechtsverhältnis im Sinne des § 256 ZPO muß aber auch jede Rechtsposition anerkannt werden, die sich als Ausfluß eines Rechtsverhältnisses darstellt (Kipp, „Über Doppelwirkungen im Recht" in der Festschrift für v. Martitz, S. 230; Gerstel, Anm. zu LAG Stettin, ARS 2, 45; Volkmar, Rechtsprechung in Arbeitssachen 1928, S. 102; Sello, Juristische Rundschau 1929 S. 73 ff.; a. A. Walder, Juristische Rundschau 1929 S. 36; vgl. auch Volkmar, JW 1929, 1814). Feststellbar ist nicht allein ein selbständiges Rechtsverhältnis im ganzen, feststellbar sind auch die einzelnen Berechtigungen, die nur Ausflüsse jenes weitergehenden Rechtsverhältnisses sind (JW 1909, 497, Nr. 21; RGZ 92, 7). Wenn mit der Feststellungsklage des § 256 ZPO Rechtsklarheit geschaffen werden soll, so entspricht es dem Sinn dieser Funktion, jene Klage auch über die Berechtigung als Ausfluß des Rechtsverhältnisses erheben zu können, vorausgesetzt, daß auch an der — positiven oder negativen — Feststellung der Berechtigung ein Rechtsschutzinteresse besteht. Ein solches Klagbegehren hält sich im Rahmen des Rechtsverhältnisses, dessen Feststellung zweifellos möglich ist.

Der gleiche Grundsatz muß aber auch dann gelten, wenn das Kündigungsrecht, um das gestritten wird, nicht mehr besteht, sondern wegen einer zweifellos eingetretenen Beendigung des Arbeitsverhältnisses der Vergangenheit angehört. Auch bei vergangenen Rechtsverhältnissen kann nämlich ihre nachträgliche Feststellung begehrt werden, wenn ihr früheres Bestehen die Grundlage für einen gegenwärtigen Anspruch bildet (RGZ 27, 205; vgl. ferner Volkmar, Die Feststellungsklage in der arbeitsrechtlichen Rechtsprechung, Judicium I, 33 ff., 36 ff.; ders., Rechtsprechung in Arbeitssachen 1928, 102 f., 298 f.; JW 1928, 1124; Bettermann, MieterSchG § 20, Anm. 181; Stein-Jonas, 18. Aufl., § 256 II 4 bei Note 47). Nur eine solche Auslegung entspricht dem Sinn und Zweck des § 256 ZPO, insbesondere im Falle des § 20 Abs. 1 Satz 3 MieterSchG, der die konkrete juristische Situation zum Gegenstand des Feststellungbegehrens macht. Das Bedenken von Bötticher (BB 1953, 682), man würde ein Urteil provozieren, an dessen rechtskräftigem Inhalt re vera kein Interesse bestehe, trifft für den vorliegenden Fall ebenfalls nicht zu, weil es, entsprechend dem Streitgegenstand im arbeitsgerichtlichen Verfahren, im Urteilsausspruch um die konkrete juristische Situation geht.

Das Urteil des Landesarbeitsgerichts muß daher aufgehoben werden. Da das Berufungsgericht zu dem sachlichen Vorbringen der Berufung nicht Stellung genommen, sondern aus prozessualen Gründen die Berufung zurückgewiesen hat, war der Rechtsstreit zur anderweiten Verhandlung und Entscheidung an das Landesarbeitsgericht zurückzuverweisen.

## 25

**1. Die praktische Vorbereitung des Pflichtassistenten in einer Krankenanstalt nach Maßgabe der Bestimmungen der Reichsärzteordnung vom 13. Dezember 1935 (RGBl. I S. 1433) und der Reichsbestallungsordnung vom 15. Juli 1939 (RGBl. I S. 1273) mit dem Ziele, die zur Vollapprobation erforderliche Bescheinigung nach § 16 Abs. 4 der Reichsbestallungsordnung zu erlangen, ist grundsätzlich als „Ausbildung" im Sinne des § 1 Abs. 3 Buchstabe b) KrT anzusehen und läßt in der Regel einen Anspruch auf tarifliche Vergütung nicht zur Entstehung ge-**

**langen, wenn die Beschäftigung für einen fest umgrenzten Zeitraum erfolgt.**

**2. Im Einzelfall kann auch einem Pflichtassistenten eine tariflich zu entlohnende ärztliche Arbeit übertragen sein, wenn seine Einstellung oder seine spätere mit Kenntnis und mit Billigung der Krankenanstalt vorgenommene Verwendung im Interesse der Krankenversorgung in der Weise erfolgt, daß er als notwendige und vollwertige ärztliche Kraft anzusehen ist.**

BGB § 611; § 1 Abs. 3 Buchstabe b) der TO für das Krankenpflegepersonal der Krankenanstalten.

IV. Senat. Urteil vom 6. Februar 1957 i. S. B. (Kl.) w. Stadt W. (Bekl.) 4 AZR 338/54.

I. Arbeitsgericht Wilhelmshaven. — II. Landesarbeitsgericht Hannover.

Die dem Kläger mit Geltung ab 20. Januar 1949 durch den Sozialminister des Landes Nordrhein-Westfalen erteilte Bestallung als Arzt gewährte ihm die Berechtigung zur Ausübung seines Berufes in eigener Praxis unter der Voraussetzung, daß auf der Bestallungsurkunde die Erfüllung der Bestimmungen der Bestallungsordnung für Ärzte über die Pflichtassistentenzeit und das Landvierteljahr bescheinigt werde. Nachdem der Kläger dieses beendet hatte, übertrug ihm die Beklagte auf seine Bewerbung ab 24. Mai 1950 für ein Jahr eine freiwerdende Pflichtassistentenstelle bei den Städtischen Krankenanstalten in W. Während der Dauer seiner Tätigkeit erhielt er freie Unterkunft und Verpflegung sowie ein Taschengeld von 50,— DM monatlich.

Der Kläger hat behauptet, das Pflichtassistentenjahr sei nicht mehr zur Ausbildung zu rechnen. Er sei als „sonstiger Arzt" im Sinne der Vergütungsgruppe III der Anlage 1 zu § 7 Abs. 1 der Tarifordnung für Belegschaftsmitglieder in den Kranken-, Heil- und Pflegeanstalten des Reichs, der Länder, der Gemeinden (Gemeindeverbände) und der Träger der Reichsversicherung (KrT) vom 2. Dezember 1939 i. d. F. der 3. Änderung vom 18. Juni 1944 (RABl. 1940, S. IV, 73; 1943, S. IV, 342; 1944, S. IV, 174) beschäftigt, und habe zu verschiedenen Zeiten, insgesamt an 23 Tagen, den jeweiligen Stationsarzt vertreten. Für die Tätigkeit an diesen Tagen hat er Gehalt nach Vergütungsgruppe III der Anlage 1 zur KrT verlangt und beantragt,

die Beklagte zur Zahlung von 345,77 DM zu verurteilen.

Die Beklagte hat gebeten

die Klage abzuweisen.

Sie hat geltend gemacht, der zwischen den Parteien befristet abgeschlossene Vertrag habe der Ausbildung des Klägers gedient, zumindest habe der Ausbildungszweck überwogen.

Das Arbeitsgericht hat dem Klageantrag entsprochen. Auf die Berufung der Beklagten hat das Landesarbeitsgericht die Klage abgewiesen.

Die Revision des Klägers hatte keinen Erfolg.

Aus den Gründen:

Die KrT nimmt in § 1 Abs. 3 Buchst. b diejenigen Personen von ihrem Geltungsbereich aus, die für einen festumgrenzten Zeitraum ausschließlich oder überwiegend zum Zwecke ihrer Vor- oder Ausbildung, z. B. als Volontäre oder Praktikanten beschäftigt werden. Der Kläger war nach den Feststellungen des Berufungsgerichts für die durch die vertraglichen Abmachungen der Parteien von vornherein festgelegte Zeit von einem Jahr als Pflichtassistent in den Krankenanstalten der Beklagten tätig. Nur dann also, wenn er währenddessen auch nicht überwiegend zu Ausbildungszwecken beschäftigt worden ist, könnte überhaupt die Frage zur Erörterung stehen, ob und inwieweit die Verwendung des Klägers die Tätigkeitsmerkmale der Vergütungsgruppe III KrT erfüllt und er demgemäß Anspruch auf entsprechende Vergütung hat. Daß seine Beschäftigung den vertraglichen Abreden zuwider nicht oder nicht überwiegend dem Ziele seiner Ausbildung gedient habe, hätte auch durch die Bekundung des Arztes Dr. R. nicht bewiesen werden können. Denn der Kläger hat diesen als Zeugen lediglich dafür genannt, daß er mindestens an 23 verschiedenen Tagen innerhalb des Zeitraumes von einem Jahr die Voraussetzungen einer Entlohnung nach Vergütungsgruppe III KrT erfüllt habe, wie sich aus dem Sitzungsprotokoll und dem Beweisbeschluß des Arbeitsgerichts vom 29. Januar 1954 ergibt. Selbst wenn er für diese im Verhältnis zur Gesamtbeschäftigungsdauer geringfügige Zeit nicht zu seiner Ausbildung tätig gewesen, sondern als Arzt im Sinne der Merkmale der erwähnten Vergütungsgruppe verwandt worden wäre, könnten in einem solchen Falle nach § 1 Abs. 3 Buchstabe b KrT die Bestimmungen dieser Tarifordnung auf das Vertragsverhältnis der Parteien nicht angewandt werden, weil seine Beschäftigung gleichwohl überwiegend im Interesse seiner Ausbildung erfolgt wäre. Im übrigen fehlt es, wie das Berufungsgericht feststellt, an jedem schlüssigen Vortrag des Klägers dafür, daß seine Tätigkeit über die 23 Tage hinaus während der ganzen Zeit seiner Beschäftigung den Voraussetzungen der Vergütungsgruppe III KrT entsprochen habe.

Die Ansicht des Klägers schließlich, die Ausnahmevorschrift des § 1 Abs. 3 Buchst. b KrT betreffe ihn deshalb nicht, weil das Pflichtassistentenjahr nicht mehr als Ausbildung im Sinne dieser Bestimmung anzusehen sei, beruht auf einem Rechtsirrtum. Allerdings hatte er am 13. März 1949 mit Wirkung ab 20. Januar 1949 entsprechend der Regelung der Reichsärzteordnung (RAeO) vom 13. Dezember 1935 (RGBl. I S. 1433) und der 5. Verordnung zur Durchführung und Ergänzung der Reichsärzteordnung vom 15. Juli 1939 (RGBl. I S. 1273 — Reichsbestallungsordnung) seine Bestallung als Arzt erhalten. Damit stand ihm nach § 2 Abs. 1 RAeO die Befugnis zur Ausübung des ärztlichen Berufes unter der Bezeichnung als Arzt zu. Zu dessen Ausübung in e i g e n e r Praxis war er aber trotz erfolgter Approbation nach § 76 Abs. 4 Reichsbestallungsordnung erst dann berechtigt, wenn ihm auf der Bestallungsurkunde bescheinigt war, daß er den Bestimmungen der §§ 8, 77 a. a. O. über die Pflichtassistentenzeit und eine dreimonatige Landpraxis entsprochen hatte (Vollapprobation). Die Frage, ob sich ein solcher Arzt während seiner Pflichtassistentenzeit in seiner Ausbildung im Sinne des § 1 Abs. 3 Ziff. b KrT befinde, haben allerdings der frühere Reichminister für Wissenschaft, Erziehung und Volksbildung in dem Erlaß vom 26. Juli 1943 und in gleicher Weise der frühere Reichstreuhänder für den öffentlichen Dienst in einer Stellungnahme vom 30. Juli 1940 (Amtliche Mitteilungen des Reichstreuhänders 1940, Nr. 16 S. 234) dahin beantwortet, daß der Pflichtassistent bereits eine volle ärztliche Tätigkeit ausübe und i n d e r R e g e l für seine Herausnahme aus der KrT kein Raum sei. Diese Auffassung, die durch die besonderen Verhältnisse während des Krieges und den damals bestehenden Ärztemangel beeinflußt sein dürfte, berücksichtigt, wenngleich sie Ausnahmen anerkennt, nicht in ausreichendem Maße das Wesen und den Zweck der Pflichtassistentenzeit. Wie bereits aus der Überschrift zu § 8 und dem Inhalt des § 77 Reichsbestallungsordnung zu entnehmen ist, sollte die Beschäftigung des zwar bestallten, aber noch nicht im Besitz der Vollapprobation befindlichen Arztes der Vertiefung und Erweiterung der bereits erworbenen praktischen Kenntnisse dienen. Jedenfalls insoweit hält also auch die Reichsbestallungsordnung eine weitere Ausbildung des Jungarztes für erforderlich, ehe er zur praktischen Ausübung des erwählten Berufes zugelassen wird. Deshalb kann ein Arzt, der die Vollapprobation noch nicht erlangt hat, nicht schlechthin und in jedem Falle als „Arzt“ im Sinne der KrT angesehen werden. Der erkennende Senat ist daher in Übereinstimmung mit der Entscheidung des Zweiten Senats vom 21. Dezember 1954

— 2 AZR 76/53 — (AP Nr. 1 zu § 611, Ärzte Gehaltsansprüche) der Auffassung, daß die praktische Vorbereitung mit dem Ziele, die Bescheinigung nach § 76 Abs. 4 Reichsbestallungsordnung zu erhalten, grundsätzlich als „Ausbildung" im Sinne des § 1 Abs. 3 Buchst. b KrT anzusehen ist und in der Regel einen Anspruch auf tarifliche Vergütung nicht zur Entstehung gelangen läßt, wenn die Beschäftigung für einen festumgrenzten Zeitraum erfolgt (vgl. auch Hueck-Nipperdey, Lehrbuch des Arbeitsrechts, 6. Aufl., Bd. II S. 393).

Dies schließt jedoch nicht aus, daß im Einzelfalle auch einem Pflichtassistenten in einem Krankenhaus eine ärztliche Tätigkeit übertragen sein kann, die die Merkmale der Vergütungsgruppe III oder sogar der Vergütungsgruppe II KrT erfüllt. Entscheidend kommt es hierbei aber darauf an, ob die Einstellung des Pflichtarztes oder seine später mit Kenntnis und mit Billigung der Krankenanstalt vorgenommene Verwendung im Interesse der Krankenversorgung in der Weise erfolgt ist, daß er als notwendige und vollwertige ärztliche Kraft anzusehen ist. Hierfür hat der Kläger aber nichts vorgetragen. Um ein Ausbildungsverhältnis auszuschließen, genügt es nicht, wie er zu meinen scheint, wenn der Pflichtassistent in den Krankenhausbetrieb voll eingegliedert ist und regelmäßig ärztlichen Dienst tut. Denn es versteht sich von selbst, daß auch ein in der Ausbildung befindlicher Arzt sich in den Krankenhausbetrieb einfügen muß. Ebensowenig zwingt die Tatsache der Übertragung einer kleineren Abteilung zur mehr oder minder selbständigen und verantwortlichen Betreuung oder der Umstand der Vertretung erkrankter oder beurlaubter Kollegen dazu, ohne weiteres ein den Regeln der KrT unterworfenes Anstellungsverhältnis anzunehmen (vgl. BAG a. a. O).

## 26

**1. Eine Tarifklausel, die generell und schematisch weiblichen Arbeitnehmern bei gleicher Arbeit nur einen bestimmten Hundertsatz der tariflichen Löhne als Mindestlohn zubilligt, verstößt gegen die Lohngleichheit von Mann und Frau. Sie ist wegen Verstoßes gegen Art. 3 Abs. 2, Abs. 3 GG nichtig.**

**2. Es vertößt gegen die Lohngleichheit von Mann und Frau, den gleichen Lohn nur unter der Voraussetzung der wirtschaftlichen Gleichwertigkeit der Frauenarbeit für den Arbeitgeber zu gewähren.**

**3. Nichtige tarifliche Abschlagsklauseln für weibliche Arbeitnehmer enthalten keine zulässigen tariflichen Minderleistungsklauseln. Sie**

**können grundsätzlich auch nicht in eine zusätzliche, nach Tätigkeitsmerkmalen bestimmte Lohngruppe umgedeutet werden.**

**4. Die Tarifvertragsparteien handeln beim Abschluß von Tarifverträgen auf Grund ihrer eigenen Tariffähigkeit nicht als rechtsgeschäftliche Vertreter ihrer Mitglieder.**

**5. Tarifliche Abgeltungsregelungen, die den weiblichen Arbeitnehmern astelle des ihnen aus ihrer Tätigkeit in der Vergangenheit gebührenden Tariflohnes nur eine dessen Höhe nicht erreichende Abgeltung gewähren, sind als normative Regelungen wegen Verstoßes gegen die Lohngleichheit nichtig.**

**6. In der Annahme einer solchen tariflichen Abgeltung liegt kein von der Arbeitnehmerin ausgesprochener Vergleichsverzicht auf den restlichen Tariflohn.**

GG Art. 3; TVG §§ 1, 4; BGB §§ 134, 140.

I. Senat. Urteil vom 23. März 1957 i. S. Bundesrepublik (Bekl.) w. 1. R. 2. Sch. (Kl.) 1 AZR 203/56.

I. Arbeitsgericht Duisburg. — II. Landesarbeitsgericht Düsseldorf.

Die Klägerinnen stehen als Reinemachefrauen im Dienst der Beklagten und werden bei dem Wasser- und Schiffahrtsamt in D. beschäftigt. Sie wurden vom 1. April 1953 an nach der Lohngruppe VIII des zwischen der Beklagten und der ÖTV am 31. März 1953 abgeschlossenen Tarifvertrages bezahlt. § 8 dieses Tarifvertrages bestimmte:

> Arbeiterinnen erhalten den Lohn der Arbeiter, wenn sie die gleiche Arbeit wie diese ausüben und ihre Leistungen denen der Arbeiter gleichwertig sind, andernfalls erhalten sie 90 v. H. der sich nach der Anlage zu § 7 ergebenden Stundenlöhne.

Nach der Lohngruppe VIII wurden Arbeitnehmer besoldet, die Arbeiten mit folgenden Tätigkeitsmerkmalen leisteteten:

> Arbeiter mit einfachen Tätigkeiten, die eine handwerkliche oder besondere Anlernung nicht erfordern, insbesondere:
> Arbeiter als Hausarbeiter und Boten.
> Arbeiter als Gebäude-Desinfektoren.
> Arbeiter als Fahrstuhlwärter für Fahrstühle mit selbsttätiger Steuerung.
> Arbeiter als Reiniger von Straßen, Treppen u. dgl.
> Arbeiter in den Stangenzubereitungsanstalten.
> Arbeiter in den Batterieladestellen.
> Arbeiter in Werkstätten, Betrieben und Lagern bei einfachen Arbeiten.

Badewärter.
Bauwächter.
Hausdiener.
Heizer an einfachen Heizanlagen (unter 200 qm Heizfläche).
Lampenreiniger.
Nachtwächter.
Ofenheizer (Raumbeheizung).
Telegraphenhilfsarbeiter.
Torwächter.
Wagenreiniger.
Werkstätten- und Hofreiniger.

Die Klägerinnen haben mit der Begründung, die Lohnabschlagsklausel in § 8 des Tarifvertrages vom 31. März 1953 verstoße gegen den Gleichberechtigungsgrundsatz von Mann und Frau und das Benachteiligungsverbot des Art. 3 Abs. 2, Abs. 3 GG und sei deshalb nichtig, Nachzahlung des Unterschiedsbetrages zwischen dem ihnen ihrer Ansicht nach gebührenden vollen Lohn der Lohngruppe VIII und den ihnen gezahlten 90 v. H. dieses vollen Lohnes für die Zeit vom 1. Oktober 1953 bis zum 30. Juni 1955 durch im August 1955 erhobene Klagen verlangt. Die Klägerin R. bezifferte diesen Anspruch auf 380,08 DM, die Klägerin Sch. auf 374,16 DM. Durch Urteile vom 30. September 1955 entsprach das Arbeitsgericht Duisburg diesen Anträgen.

Nach Erlaß dieser Urteile trat am 1. Oktober 1955 ein zwischen der Beklagten und der ÖTV am 20. September 1955 abgeschlossener Tarifvertrag in Kraft, dessen § 1 für die Zukunft eine weitere Anwendung des § 8 des Tarifvertrages vom 31. März 1953 ausschloß. Für die Arbeiterinnen, deren Löhne bis zum 1. Oktober 1955 unter Anwendung des § 8 des Tarifvertrages vom 31. März 1953 berechnet worden waren und die in der Zeit vom 1. April 1953 bis 30. September 1955 ununterbrochen bei demselben Arbeitgeber im Arbeitsverhältnis gestanden hatten, wurde in § 3 des Tarifvertrages vom 20. September 1955 eine einmalige Zahlung nach näherer Maßgabe der Abs. 2—5 des § 3 vorgesehen.

Die Klägerinnen haben diese einmaligen Zahlungen erhalten, sind aber der Ansicht, durch deren Gewährung und Annahme hätten sie ihren Anspruch auf Nachzahlung des restlichen Unterschiedsbetrages zwischen den Männern in der Lohngruppe VIII gezahlten Vergütungen und den ihnen gewährten Vergütungen nicht verloren. Die Klägerin R machte, nachdem die Beklagte gegen die Urteile des Arbeitsgerichts Berufung eingelegt hatte, diesen Anspruch in Höhe von restlichen 283,05 DM geltend, während die Klägerin Sch. Zahlung von 277,13 DM verlangte. Die eingeklagten Beträge sind in rechnerischer Hinsicht der Höhe nach unstreitig.

Das Landesarbeitsgericht hat die Berufungen der Beklagten mit der Maßgabe zurückgewiesen, daß die Beklagte nur nach den in der Berufungsinstanz ermäßigten Anträgen der Klägerinnen verurteilt worden ist.

Die Revisionen der Beklagten hatten keinen Erfolg.

Aus den Gründen:

§ 8 des Tarifvertrages vom 31. März 1955 enthält eine generelle und schematische Abschlagsklausel, die weiblichen Arbeitskräften bei gleicher Arbeit, wie sie auch männliche Arbeitskräfte leisten, nur einen bestimmten Hundertsatz der tariflichen Löhne als Mindestlohn zubilligt. Derartige Tarifklauseln sind, wie der Senat bereits in seiner einen gleichartigen Sachverhalt betreffenden Entscheidung vom 6. April 1955 (BAG 1 S. 348) im Anschluß an seine frühere Rechtsprechung (Urteil vom 15. Januar 1955, BAG 1 S. 258, und Urteil vom 2. März 1956, AP Nr. 6 zu Art. 3 GG) ausgeführt hat, mit dem in Art. 3 Abs. 2 GG enthaltenen Lohngleichheitssatz unvereinbar und deshalb nichtig. Der Senat hat diese Rechtsansicht erneut überprüft, sieht jedoch keinen Anlaß, von ihr abzugehen. Um Wiederholungen zu vermeiden, wird auf die Entscheidungsgründe des Urteils vom 23. März 1957 in der Sache 1 AZR 326/56, das zur Veröffentlichung vorgesehen ist, verwiesen.

Für die Entscheidung dieses Rechtsstreites ist danach davon auszugehen, daß

1. der Gleichberechtigungssatz (Art. 3 Abs. 2 GG) und das Benachteiligungsverbot (Art. 3 Abs. 3 GG) als unmittelbar geltendes Recht auch den Lohngleichheitssatz umfassen, so daß Rechtsnormen, die Frauen nur ihres Geschlechtes wegen den gleichen Lohn, wie ihn Männer bei gleicher Arbeit erhalten, versagen, rechtsunwirksam sind;
2. an den Lohngleichheitssatz auch die Tarifvertragsparteien bei der Setzung von Tarifnormen gebunden sind;
3. den Gerichten für Arbeitssachen die Prüfung der Verfassungsmäßigkeit von Tarifverträgen obliegt, daß insbesondere in dieser Hinsicht keine ausschließliche Zuständigkeit des Bundesverfassungsgerichts zur negativen Normenkontrolle besteht.

Dem Lohngleichheitssatz widerspricht aber § 8 des Tarifvertrages vom 31. März 1955, weil er ganz schematisch und allgemein den Frauen, die mit gleichen Arbeiten wie Männer beschäftigt werden, nicht den Lohn als Mindestlohn gewährt, wie er Männern gewährt wird. Wenn z. B. Reinigungsarbeiten auf Straßen, Treppen und dergleichen nach der Lohngruppe VIII mit 100 % des tariflichen Lohnes bezahlt wurden, wenn Männer diese Arbeiten verrichteten, aber nur mit 90 % desselben Lohnes, wenn diese Arbeitsleistungen von Frauen erbracht wurden, so erhellt daraus, daß durch diese tarifliche Regelung die Frauen nur ihres Geschlechtes wegen benachteiligt wurden. Wenn ferner alle Arbeiten, die von den unter die Lohngruppe VIII fallenden Arbeitnehmern zu leisten waren, einheitlich nach dieser Lohngruppe bezahlt werden sollten, so folgt daraus, daß es sich dabei um gleiche Arbeiten handelte, die, wenn und soweit sie nicht gleichartig sind, doch alle abeitsbewertungsmäßig von den Tarifvertragsparteien als gleichwertig angesehen wurden. Dann ist es aber nicht angängig, den zu Lasten der weiblichen Arbeitnehmer vorgenommenen Lohnabschlag damit zu rechtfertigen, daß die Arbeitsleistung der weiblichen Arbeitnehmer nicht den gleichen wirtschaftlichen Erfolg für den Arbeitgeber habe und deshalb von seinem Standpunkt aus nicht „gleichwertig" sei. Auch kann entgegen der Ansicht der Revision eine solche Lohnabschlagsklausel nicht mit der „typisch andersartigen sozialen Stellung der Frau" gerechtfertigt werden. Alle diese Erwägungen müssen deshalb ausscheiden, weil der Verfassungsgesetzgeber in Kenntnis der tatsächlichen Gegebenheiten die Gleichberechtigung von Mann und Frau und damit den Lohngleichheitssatz zum Bestandteil des Verfassungsrechts gemacht hat (vgl. hierzu BAG 1, 349 ff.).

Die Abschlagsklausel in dem Tarifvertrag vom 31. März 1953 läßt sich auch nicht mit der Erwägung rechtfertigen, daß es sich bei ihr um eine tarifliche Minderleistungsklausel handelt. Es ist zwar grundsätzlich nicht unzulässig, in Tarifverträgen für generell minderleistungsfähige Arbeitnehmer eine untertarifliche Entlohnung zu gestatten (vgl. hierzu Hueck-Nipperdey, Lehrbuch des Arbeitsrechts, 6. Aufl., § 29 IV b). Minderleistungsklauseln aber, die allein mit einer angeblichen minderen Leistung aus Gründen des Geschlechtes des Arbeitnehmers gerechtfertigt werden sollen, würden ihrerseits gegen den Gleichberechtigungsgrundsatz verstoßen. Eine Auslegung des § 8 TV dahin, daß es sich um eine auf Frauen anwendbare tarifliche Minderleistungsklausel handelt, würde also verfassungswidrig sein; denn dann würde sich die Minderleistungsklausel nur gegen weibliche Arbeitnehmer richten, während männliche Arbeiter auch bei objektiv gegebener Minderleistung den Anspruch auf den vollen Tariflohn hätten. Im übrigen sind auch ohne Berücksichtigung sich aus dem Geschlecht ergebender Unterschiede tarifliche Minderleistungsklauseln nur dann zulässig, wenn, wie bereits das Reichsarbeitsgericht in ständiger Rechtsprechung ausgeführt hat (vgl. die bei Hueck-Nipperdey a. a. O. in Anm. 17 a angeführte Rechtsprechung), die Minderleistung der von einer generellen Minderleistungsklausel betroffenen Arbeitnehmer auf den ihnen zugewiesenen Arbeitsplätzen objektiv feststeht. Dafür bietet sich aber bei den mit Reinigungsarbeiten in den Dienstgebäuden der Beklagten betrauten Frauen keinerlei Anhalt.

Schließlich kann der generelle Abschlag auf die Löhne der Frauen nach § 8 des Tarifvertrages vom 31. März 1953 auch nicht über den Weg des § 140 BGB aufrechterhalten werden, wie die Revision meint. Es ist nämlich nicht möglich, die Abschlagsklausel in eine rechtswirksame tarifliche Lohngruppe „leichte Reinigungsarbeiten" oder „Reinigungsarbeiten, die üblicherweise Frauen verrichten" umzudeuten. Eine Umdeutung nach § 140 BGB ist nur dann möglich, wenn einmal ein nichtiges Rechtsgeschäft den Erfordernissen eines anderen — natürlich wirksamen — Rechtsgeschäftes entspricht und wenn zum anderen anzunehmen ist, daß die Geltung dieses anderen Rechtsgeschäfts bei Kenntnis der Nichtigkeit gewollt sein würde. Daraus, daß später die Parteien des Tarifvertrages vom 31. März 1953 eine solche Lohngruppe „Reinigungsarbeiten, die üblicherweise Frauen verrichten" eingeführt haben, ist aber nicht die Feststellung zu rechtfertigen, daß sie diese Lohngruppe bereits mit dem Tarifvertrag vom 31. März 1953 eingeführt haben. Im Rahmen der Umdeutung nach § 140 BGB ist nicht zu prüfen, was die Parteien getan hätten, wenn ihnen die Nichtigkeit des von ihnen geschlossenen Rechtsgeschäfts bekannt gewesen wäre, sondern nur zu prüfen, ob das von ihnen abgeschlossene nichtige Rechtsgeschäft so, wie es geschlossen ist, g l e i c h z e i t i g den Erfordernissen eines anderen wirksamen Rechtsgeschäfts entspricht. In der nichtigen Bestimmung, daß weibliche Arbeitnehmer nur 90 v. H. der Tariflöhne erhalten sollen, liegt aber nicht gleichzeitig eine tarifliche Bestimmung, daß Reinigungsarbeiten, die üblicherweise Frauen verrichten, nur mit einem bestimmten Hundertsatz der Tariflöhne für andere Arbeiten (z. B. schwierigere Arbeiten oder Arbeiten, die üblicherweise von Männern verrichtet werden) bezahlt werden. Eine solche Umdeutung ist weiter auch deshalb nicht möglich, weil dann entgegen dem von den Tarifvertragsparteien verlautbarten Willen auch männliche Arbeitnehmer, sofern sie mit derartigen „Reinigungsarbeiten, die üblicherweise Frauen verrichten", beschäftigt würden, nur den Anspruch auf die für diese Arbeiten ausgesetzten Tariflöhne hätten. Denn eine Umdeutung dahin, daß nur Frauen unter diese neue Lohngruppe fallen, würde wiederum mit dem Lohngleichheitssatz in Widerspruch stehen. Eine solche Regelung, daß alle Arbeitnehmer ohne Rücksicht auf ihr Geschlecht dann unter die neue Lohngruppe fallen, wenn sie Arbeiten verrichten, die üblicherweise Frauen verrichten, ist von den Tarifvertragsparteien in dem Tarifvertrag vom 31. März 1953 nicht bestimmt, ein solcher Wille kann auch nicht im Wege der Lückenergänzung durch den Senat ermittelt werden, ohne daß sich der Senat selbst an die Stelle der Tarifvertragsparteien setzte und damit in die den Tarifvertragsparteien gewährte Tarifhoheit eingriffe (vgl. hierzu Palandt, BGB, 13. Aufl., § 140 Anm. 1). Es kann deshalb dahingestellt bleiben, ob die Einteilung der Reinigungsarbeiten in solche, die üblicherweise Frauen verrichten, und solche, die üblicherweise Männer verrichten, im Sinn arbeitswissenschaftlicher Erkenntnisse überhaupt hinreichend eindeutig vorgenommen werden könnte und nicht ihrerseits die Möglichkeit beinhaltet, daß es sich dabei um eine lediglich aus Gründen des Geschlechtes der mit diesen Arbeiten üblicherweise beschäftigten Arbeitnehmer vorgenommene Differenzierung handelt.

Wenn sonach die tarifliche Abschlagsklausel als solche nichtig ist und auch nicht als tarifliche Minderleistungsklausel oder eine neue Lohngruppe „Reinigungsarbeiten, die üblicherweise Frauen verrichten" aufrecht zu erhalten ist, so hat dies jedoch nicht zur Folge, daß damit der ganze Tarifvertrag vom 31. März 1953 nichtig wäre, die Klägerinnen also nur Anspruch auf den üblichen Lohn nach § 612 BGB hätten. Vielmehr ist der Senat in Übereinstimmung mit seiner Entscheidung vom 6. April 1955 (BAG 1 S. 348, [358]) der Auffassung, daß die Tarifvertragsparteien bei Kenntnis der Nichtigkeit des § 8 des Tarifvertrages vom 31. März 1953 diesen Tarifvertrag gleichwohl abgeschlossen hätten, und zwar dahin, daß sie den Frauen den gleichen Lohn wie den Männern ausgesetzt hätten. Dafür spricht neben den Gründen, die der Senat schon in der Entscheidung vom 6. April 1955 angeführt hat, insbesondere noch, daß die Tarifvertragsparteien in dem Tarifvertrag vom 20. September 1955 den § 8 des Tarifvertrages vom 31. März 1953 ausdrücklich aufgehoben haben. Dem steht nicht entgegen, daß die Tarifvertragsparteien in diesem neuen Tarifvertrage eine eigene Vergütungsgruppe für „Arbeiten, die üblicherweise Frauen verrichten", eingeführt und damit den Versuch gemacht haben, dem Gleichberechtigungsgrundsatz von Mann und Frau auf dem Gebiet tariflicher Lohnregelung gerecht zu werden.

Die Klägerinnen haben also für die Zeit ihrer Beschäftigung nach dem 1. April 1953 den Anspruch auf den ungekürzten Lohn der Lohngruppe VIII so erworben, wie ihn die ebenfalls unter die Lohngruppe

VIII fallenden männlichen Arbeitnehmer erworben haben, also in Höhe von 100 v. H. des Tariflohnes, nicht nur in Höhe von 90 v. H.

Sie haben diesen Anspruch auch nicht durch den Tarifvertrag vom 20. September 1955 und dessen Durchführung, insbesondere nicht durch Gewährung und Annahme der als Abgeltung der entstandenen Ansprüche gedachten, in diesem Tarifvertrage geregelten Zahlungen verloren.

Dieser Tarifvertrag stellt keinen Verzicht auf entstandene tarifliche Rechte im Sinne des § 4 Abs. 4 TVG dar, den die Klägerinnen mit Billigung der Gewerkschaft im Wege des Vergleichs ausgesprochen haben. Denn die Klägerinnen sind bei diesem Tarifvertrag als Partei eines Vergleichs überhaupt nicht beteiligt gewesen, insbesondere hat auch die ÖTV nicht als rechtsgeschäftliche Vertreterin der Klägerinnen bei den Verhandlungen, die zum Abschluß des Tarifvertrages vom 20. September 1955 geführt haben, gehandelt. Die Tarifvertragsparteien haben vielmehr den Tarifvertrag vom 20. September 1955 auf Grund der ihnen durch das Gesetz übertragenen Befugnis zum Abschluß von Tarifverträgen geschlossen, nicht als rechtsgeschäftliche Vertreter der Klägerinnen. Aus diesem Grunde kann die Beklagte nicht geltend machen, die Klägerinnen hätten durch einen von ihrem Vertreter in ihrem Namen geschlossenen Vergleich den Anspruch auf Nachzahlung des ihnen gebührenden Lohnes verloren. Aus dem gleichen Grunde entfällt aber auch die Annahme, die Klägerinnen müßten sich so behandeln lassen, als hätten sie durch einen Vertreter auf ihren Anspruch hinsichtlich des den Abfindungsantrag übersteigenden Teiles des Lohnanspruchs verzichtet. Die Grundsätze über die sogenannte Scheinvollmacht, die die Rechtsprechung entwickelt hat, könnten nur dann Anwendung finden, wenn die Klägerinnen geduldet hätten, daß die ÖTV wie ein von ihnen bestellter Vertreter auf ihre Ansprüche verzichtet hätte, es also zugelassen hätten, daß die ÖTV sich in den Verhandlungen wie ein von den Klägerinnen bestellter rechtsgeschäftlicher Vertreter verhalten hätte. Aus der auch der Beklagten bekannten Stellung der Tarifvertragsparteien ist aber eindeutig ersichtlich, daß keine Tarifvertragspartei bei diesen Verhandlungen als rechtsgeschäftlicher Vertreter ihrer Mitglieder handelt, daß vielmehr jede Tarifvertragspartei kraft ihrer eigenen Tariffähigkeit handelt.

Auch dadurch, daß die Klägerinnen die Abgeltungszahlung nach dem Tarifvertrag vom 20. September 1955 angenommen haben, haben sie ihren Anspruch auf den überschießenden Betrag nicht verloren. In dieser Annahme liegt nicht die Genehmigung eines von der ÖTV als

Vertreter ohne Vertretungsmacht geschlossenen Vergleiches im Sinne des § 4 Abs. 4 TVG. Diese Annahme scheitert schon daran, daß die ÖTV gar nicht als Vertreterin der Klägerinnen gehandelt hat, als sie den Tarifvertrag vom 20. September 1955 abschloß. Die Annahme der Zahlung nach diesem Tarifvertrag als Annahme eines Teilbetrages der den Klägerinnen insgesamt gebührenden Nachzahlung stellt auch keinen damit von den Klägerinnen selbst ausgesprochenen Verzicht auf den überschießenden Betrag dar. In dem Verhalten der Klägerinnen kann nämlich nicht die Abgabe einer Verzichtserklärung erblickt werden. Aus dem der Beurteilung des Revisionsgerichts zugrundeliegenden Sachverhalt ist in keiner Weise erkennbar, die Klägerinnen hätten sich mit der ihnen auf Grund des Tarifvertrages vom 20. September 1955 gewährten Abgeltungszahlung als vollständig abgefunden angesehen. Inwiefern das Verhalten der Klägerinnen bei diesem Sachverhalt arglistig sein soll, ist nicht ersichtlich.

Daß schließlich auf kollektiver Ebene der Tarifvertrag vom 20. September 1955 den Klägerinnen den Anspruch nicht nehmen konnte, hat der Senat in dem zur Veröffentlichung bestimmten Urteil vom 23. März 1957 1 AZR 326/56 für eine inhaltsgleiche tarifliche Regelung des öffentlichen Dienstes ausgesprochen. Eine solche kollektive Regelung verstößt gegen Art. 3 Abs. 2, Abs. 3 GG und ist deshalb nichtig. Der Senat verweist hierzu auf die Ausführungen in dem vorgenannten Urteil.

## 27

**1. Enthält ein Tarifvertrag neben einer nach Tätigkeitsmerkmalen geordneten Lohnregelung für männliche Arbeitnehmer eine einzige, und zwar die niedrigste, mit der Überschrift „Arbeiterinnen" versehene Lohngruppe für weibliche Arbeiterinnen, in der unterschiedliche Tätigkeitsmerkmale nicht aufgestellt sind, so k a n n darin eine dem Gleichberechtigungsgrundsatz von Mann und Frau widersprechende Behandlung der weiblichen Arbeitnehmer und damit ein Verstoß gegen Art. 3 Abs. 2, Abs. 3 GG liegen. In diesem Fall ist die vereinbarte Lohngruppe „Arbeiterinnen" nichtig.**

**2. Ob ein solcher Verstoß vorliegt, ist aus dem Inhalt des Tarifvertrages und dem auch in seiner Durchführung zum Ausdruck gekommenen Willen der Tarifvertragsparteien zu entscheiden. Er liegt nicht vor, wenn die Bezeichnung der niedrigsten Lohngruppe mit „Arbeiterinnen" lediglich eine Kurzbezeichnung für Tätigkeiten ist, die den von**

**männlichen Arbeitnehmern zu leistenden Tätigkeiten weder gleichartig noch gleichwertig sind.**

**3. Für die Entscheidung von Feststellungsklagen über die Rechtswirksamkeit tariflicher Normen sind die Gerichte für Arbeitssachen auch dann zuständig, wenn die Rechtsunwirksamkeit aus einem Verstoß der tariflichen Normen gegen das Grundgesetz hergeleitet wird.**

**4. Eine Tarifvertragspartei kann auf Feststellung der Nichtigkeit einer normativen Regelung des TV auch dann klagen, wenn sie den TV gekündigt hat. Dies gilt auch dann, wenn sie selbst den TV abgeschlossen und die als nichtig bezeichnete Regelung selbst mitgestaltet hat.**

Art. 1 Abs. 3; 3 Abs. 2, Abs. 3; GG 100; BGB §§ 133, 157; ZPO § 256.

I. Senat. Urteil vom 23. März 1957 i. S. Firma M. (Bekl.) w. Gewerkschaft N.-G. u. G. (Kl.) 1 AZR 64/56.

I. Arbeitsgericht Radolfzell. — II. Landesarbeitsgericht Freiburg.

Die Klägerin, eine Gewerkschaft (I. N., G. und G.), schloß am 31. August 1954 mit der Beklagten, einem Unternehmen der Nahrungsmittelindustrie, einen als Werktarif bezeichneten Firmentarif ab, der in Abschnitt I die folgende Lohngruppeneinteilung enthielt:

1. Gelernte Arbeiter aller Berufe,
2. Angelernte Arbeiter des Laboratoriums und der technischen Abteilung einschließlich Kesselhaus sowie Pförtner und Nachtwächter,
3. Arbeiter der Fabrik, Hof- und Landwirtschaftsarbeiter sowie Hilfsarbeiter der technischen Abteilung,
4. Arbeiter des Versandes und der Aufmachung,
5. Arbeiterinnen.

Die Anfangs- und die Endlöhne für Arbeiterinnen lagen nach der Lohngruppe 5 dieses Tarifs niedriger als die Anfangs- und Endlöhne der Arbeiter in den anderen Gruppen der tariflichen Lohnregelung. Innerhalb der Gruppe der „Arbeiterinnen", nicht auch innerhalb der Gruppen 1 bis 4 für „Arbeiter" war für die ersten 6 Monate der Beschäftigung eine niedrigere Entlohnung vorgesehen. Dieser Tarifvertrag ist von beiden Parteien gekündigt worden. Er wurde ersetzt durch einen Lohn- und Gehaltstarifvertrag zwischen den Parteien vom 7. November 1955, der mit Wirkung vom 1. Oktober 1955 abgeschlossen ist. In diesem neuen Tarifvertrag sind die Lohnempfänger in 9 nach Tätigkeitsmerkmalen bestimmte Gruppen eingeteilt, eine Unterscheidung zwischen Arbeitern und Arbeiterinnen ist nicht mehr gemacht worden.

Mit der am 14. Juni 1955 erhobenen Klage hat die Klägerin Feststellung dahin begehrt, daß die Ziffer 5 des Firmentarifvertrages vom

31. August 1954 wegen Verstoßes gegen den Gleichberechtigungsgrundsatz von Mann und Frau des Art. 3 Abs. 2, Abs. 3 GG nichtig sei. Die Ziffer 5 beinhalte eine Schlechterstellung der Arbeiterinnen allein ihres Geschlechtes wegen. Dies zeige sich auch darin, daß mehrrere Arbeiterinnen gleiche Arbeit wie Arbeiter leisteten, gleichwohl aber nur nach der ungünstigeren Lohngruppe Ziffer 5 bezahlt würden.

Die Beklagte hat demgegenüber geltend gemacht, die Klägerin könne die von ihr beantragte Feststellung deshalb nicht begehren, weil sie bereits zur Zeit der Klageerhebung die Möglichkeit gehabt habe, den Tarifvertrag durch Kündigung zu beseitigen, und diese Befugnis später auch ausgeübt habe. Dem Klagebegehren stehe auch entgegen, daß die Klägerin selbst Partei des jetzt von ihr als teilweise nichtig bezeichneten Tarifvertrages sei und bei dessen Ausgestaltung auch in der Ziffer 5 mitgewirkt habe. Die Beklagte hat insbesondere erklärt, die Bezeichnung „Arbeiterinnen" enthalte eine ausreichende Kennzeichnung der von diesen Arbeitnehmern zu leistenden Art der Arbeit. Dabei handele es sich um Arbeiten, die der der männlichen Arbeitnehmer nicht gleich seien. Sofern in einzelnen Ausnahmefällen einzelne Männer gelegentlich mit Arbeiten beschäftigt worden seien, mit denen auch Frauen beauftragt worden seien, handele es sich um den Einsatz minderleistungsfähiger Männer aus sozialen Gründen oder um die gelegentliche Miterledigung von Frauenarbeit durch Männer.

Die Vorinstanzen haben dem Klageantrag entsprochen. Die Revision der Beklagten führte zur Aufhebung und Zurückverweisung an das Landesarbeitsgericht.

## Aus den Gründen:

Bei der von der Klägerin zur Entscheidung gestellten Frage, ob die Ziffer 5 in Abschnitt I des Tarifvertrages vom 31. August 1955 rechtsbeständig ist, handelt es sich um die Feststellung des Bestehens oder Nichtbestehens eines Rechtsverhältnisses im Sinne des § 256 ZPO.

Der Tarifvertrag ist seinem Wesen nach ein privatrechtlicher Vertrag, der zwischen privatrechtlichen Parteien in der privatrechtlichen Form des Vertrages und in seinem normativen Teil zur Regelung des Inhaltes, des Abschlusses und der Beendigung von Arbeitsverhältnissen, also zur Regelung privatrechtlicher Rechtsverhältnisse geschlossen wird (vgl. Hueck-Nipperdey, Lehrbuch des Arbeitsrechts, 6. Aufl., Band 2 § 18, mit weiterem Schrifttum). Die Tarifpartner (einzelne Arbeitgeber oder privatrechtliche Verbände) stehen einander bei den Verhandlungen über den Abschluß des Tarifvertrages und bei diesem Abschluß als gleichberechtigte Parteien gegenüber und vereinbaren die Bedingungen des Tarifvertrages wie die Bedingungen eines jeden anderen Vertrages. Sie handeln dabei als Subjekte des Privatrechts, nicht des öffentlichen Rechts. Sie bezwecken auch die Regelung privatrechtlicher Verhältnisse. Dies wird u. a. auch daran erkenntlich, daß die Tarifvertragsparteien bei Abschluß des Tarifvertrages und durch diesen Abschluß eigene privatrechtliche, schuldrechtliche Verpflichtungen eingehen (vgl. z. B. die sog. Friedenspflicht). Der Feststellung, daß Tarifverträge einschließlich der Firmentarifverträge privatrechtliche Verträge sind, steht nicht entgegen, daß durch den Tarifvertrag Arbeitsbedingungen für die Arbeitsverhältnisse tarifgebundener Arbeitnehmer und Arbeitgeber normativ und nur begrenzt abdingbar geregelt werden. Denn dadurch, daß kraft Gesetzes (§§ 1, 4 TVG) der Tarifvertrag echte, objektive, zwingende Rechte enthält, wird nichts an seiner privatrechtlichen Natur geändert. Der Gesetzgeber hat seine Befugnis, Rechtsnormen zu setzen, den Tarifvertragsparteien im gesetzlich bestimmten Rahmen übertragen und ihnen hierzu als Mittel das privatrechtliche Institut des Tarifvertrags zur Verfügung gestellt (vgl. Hueck-Nipperdey-Tophoven, TVG, 3. Aufl., § 1 Anm. 118).

Handelt es sich aber bei dem Tarifvertrag um einen privatrechtlichen Vertrag, so stellt der Rechtsstreit, in dem um die Frage der Wirksamkeit oder der Unwirksamkeit eines Tarifvertrages gestritten wird, einen bürgerlichen Rechtsstreit im Sinne des § 13 GVG dar, zu dessen Entscheidung nach § 2 Abs. 1 Nr. 1 ArbGG die Gerichte für Arbeitssachen berufen sind.

Insbesondere sind auch, wie im Schrifttum (vgl. Dersch-Volkmar, ArbGG, 6. Aufl., 1955 § 2 Anm. 48; Dietz-Nikisch, ArbGG, § 2 Anm. 69, dies. § 47 Anm. 10) anerkannt ist, Feststellungsklagen hinsichtlich der Rechtsgültigkeit einzelner Tarifbestimmungen zulässig. Es handelt sich auch dabei um das Bestehen oder Nichtbestehen eines Rechtsverhältnisses im Sinne des § 256 ZPO. Solche Feststellungsklagen sind insbesondere nicht nur dann zulässig, wenn es sich um einzelne Bestimmungen des schuldrechtlichen Teiles des Tarifvertrages handelt, also um Bestimmungen, die Rechte und Pflichten der Tarifvertragsparteien als Gläubiger oder Schuldner begründen, gestalten oder beseitigen. Sie sind vielmehr als Feststellungsklagen der Tarifvertragsparteien auch dann zulässig, wenn sie normative Regelungen des Tarifvertrages betreffen. Die normativen Bestimmungen eines Tarifvertrages beziehen sich zwar auf die Arbeitsverhältnisse zwischen den tarifgebundenen Arbeitgebern und Arbeitnehmern. Zugleich sind sie aber auch Vertragsinhalt. Die Rechtsstellung der Tarifvertragsparteien wird durch die Frage der Wirksamkeit oder Unwirksamkeit der von ihnen normativ gestalteten Arbeitsbedingungen beeinflußt. Dies zeigt sich schon darin, daß die Unwirksamkeit einer normativen Bestimmung des Tarifvertrags die Tarifvertragsparteien vor die Frage stellt, welche Folgerungen sie aus dieser Unwirksamkeit herleiten wollen, insbesondere ob Tarifverhandlungen zur Ausfüllung der so bestehenden Lücke erforderlich sind. Sodann kann von der Wirksamkeit oder Unwirksamkeit auch einer einzelnen normativen Bestimmung Gültigkeit oder Ungültigkeit des gesamten Tarifvertrages abhängen (§ 139 BGB). Daß auch der Gesetzgeber selbst derartige Feststellungsklagen der Tarifvertragsparteien über die Wirksamkeit normativer Regelungen des Tarifvertrages grundsätzlich für zulässig erachtet, folgt aus § 8 TVG. Dort ist ausgesprochen, daß rechtskräftige Entscheidungen der Arbeitsgerichtsbehörden, die in Rechtsstreitigkeiten zwischen Tarifvertragsparteien aus dem Tarifvertrag oder über das Bestehen oder Nichtbestehen des Tarifvertrages ergangen sind, in Rechtsstreitigkeiten zwischen tarifgebundenen Parteien sowie zwischen diesen und Dritten für die Gerichte, Schiedsgerichte und Schiedsgutachterstellen verbindlich sind. Dabei handelt es sich in diesem Zusammenhang, weil eine erweiterte Rechtskraftwirkung der ergangenen Entscheidungen statuiert wird, in erster Linie grundsätzlich um normative Bestimmungen des Tarifvertrages als Gegenstand des Rechtsstreits und um Feststellungsklagen, weil § 8 TVG nur für den Urteilstenor in Betracht kommt. Sind aber Feststellungsklagen zwischen Tarifvertragsparteien über das Bestehen oder Nichtbestehen eines Tarifvertrages zulässig, so ist kein Grund ersichtlich, die Zulässigkeit dieser Feststellungsklagen auf d i e Fälle zu beschränken, in denen es sich um die Rechtswirksamkeit des g a n z e n Tarifvertrages, damit um das Bestehen eines Tarifvertrages als solchen, handelt. Vielmehr muß der gleiche Grundsatz gelten, wenn nur die Rechtsunwirksamkeit einer einzelnen tariflichen Bestimmung in Frage steht, mag diese dem schuldrechtlichen oder normativen Teil des Tarifvertrages angehören (vgl. Hueck-Nipperdey-Tophoven, TVG, 3. Aufl., § 8 Anm. 6).

Die weiter von der Revision zur Nachprüfung gestellte Frage, ob die Gerichte für Arbeitssachen auch dann zur Entscheidung über die Frage der Wirksamkeit oder Unwirksamkeit eines Tarifvertrages berufen sind, wenn nach dem Klagevortrag die Unwirksamkeit des abgeschlossenen Tarifvertrages aus einem Verstoß gegen verfassungsrechtliche Grundsätze herzuleiten ist, bejaht der Senat. Insoweit wird Bezug genommen auf die Urteile des Senates vom 15. 1. 1955 (BAG 1

S. 258), vom 2. 3. 1955 (AP Art. 3 GG Nr. 6) und 6. 4. 1955 (BAG 1 S. 348), deren insoweit tragende Gründe der Senat neuerdings in der Sache Landkreis Ü. ./. K. — 1 AZR 326/56 — in dem zur Veröffentlichung bestimmten Urteil vom 23. März 1957 geprüft und bestätigt hat.

Dem Bundesverfassungsgericht ist nach geltendem Verfassungsrecht keine ausschließliche, allumfassende Normenkontrolle in dem Sinne übertragen, daß es zur Entscheidung in jedem Fall ausschließlich zuständig wäre, wenn die Verfassungsmäßigkeit einer Rechtsnorm gleich welcher Art zur Erörterung steht. Das Bundesverfassungsgericht ist vielmehr nur dann zur Entscheidung berufen, wenn dem unter der Herrschaft des Grundgesetzes tätig gewordenen staatlichen Gesetzgeber unterstellt wird, er habe in seinem Gesetzgebungsakt zwingende verfassungsrechtliche Regelungen nicht beachtet. Eine Zuständigkeit des Bundesverfassungsgerichtes zur Normenkontrolle besteht aber dann nicht, wenn es sich nicht um von dem staatlichen Gesetzgeber gesetzte Normen, also nicht um Gesetze in formellem Sinne handelt, sondern um Rechtsetzung durch andere Stellen, mögen diese ihre Rechtsetzungsbefugnis auch aus staatlicher Ermächtigung ableiten, wie dies die Tarifvertragsparteien bei der tariflichen Normensetzung auf Grund der in dem Tarifvertragsgesetz enthaltenen einschlägigen Ermächtigung tun.

Nach § 256 ZPO, der auch im arbeitsgerichtlichen Verfahren im allgemeinen und bei der Feststellungsklage einer Gewerkschaft auf Feststellung der Rechtsunwirksamkeit eines Tarifvertrages im besonderen anzuwenden ist, sind Feststellungsklagen nur dann zulässig, wenn der Kläger ein rechtliches Interesse an alsbaldiger Feststellung hat. Ein solches Interesse an alsbaldiger Feststellung steht hier der Klägerin zur Seite, und zwar auch noch bei Schluß der letzten Tatachenverhandlung. Die von der Klägerin erstrebte Feststellung, daß der Tarifvertrag vom 31. August 1954, der bis zum 30. September 1955 gegolten hat und während dieser Zeit die Arbeitsverhältnisse der bei der Beklagten beschäftigten Arbeitnehmer normativ regeln sollte, in seiner Ziffer 5 rechtsunwirksam ist, hat nicht nur für die Rechtsverhältnisse der tarifgebundenen Arbeitnehmer und der Beklagten Bedeutung, sondern auch für die Frage, ob und in welchem Umfang der Tarifvertrag gültig ist. Die alsbaldige Klärung der Rechtslage durch richterliches Urteil dient der Bereinigung dieser bestehenden Rechtsunsicherheit. Es würde mit den Grundsätzen der Prozeßökonomie unvereinbar sein, der Klägerin das Interesse an alsbaldiger Feststellung mit der Begründung abzusprechen, daß nunmehr deshalb, weil der Tarifvertrag vom 31. August 1954 durch den vom 7. November 1955 ersetzt worden ist, die bei der Beklagten beschäftigten Arbeiterinnen nicht mehr nach der von der Klägerin als nichtig bezeichneten Ziffer 5 des Abschnittes I des Tarifvertrages vom 31. August 1954 bezahlt würden und daß die Arbeiterinnen, sofern sie während der Geltungszeit des Tarifvertrages vom 31. August 1954 ihrer Ansicht nach unterbezahlt sein sollten, die ihnen vermeintlich noch zustehenden Nachzahlungsansprüche durch Leistungsklage geltend machen könnten. Dies würde dazu führen, daß eine Vielzahl von Rechtsstreitigkeiten anhängig werden könnte, in denen es sich um die gleiche Frage, wie sie von der Klägerin durch ihre Feststellungsklage zur Entscheidung gestellt wird, handelt. Denn die Entscheidung über alle diese Leistungsklagen wäre von der Frage abhängig, ob die normative Vergütungsregelung der Ziffer 5, Abschnitt I des Tarifvertrages vom 31. August 1954 rechtswirksam ist; diese Frage wäre in allen Leistungsklagen der Arbeiterinnen als Vorfrage zu entscheiden. Wird hingegen diese Frage durch den Feststellungsantrag in diesem Verfahren grundsätzlich entschieden, so schafft das ergehende Urteil im Falle seiner Rechtskraft eine nach § 8 TVG bindende Vorentscheidung über diese auch für von den Arbeiterinnen noch anzustrengende Leistungsklagen erhebliche Frage. Schon aus diesem Grund ist der Klägerin, die als Gewerkschaft auch das Interesse ihrer Mitglieder an der baldigen Klärung dieser Frage zu wahren hat und deshalb im Hinblick auf diese ihre Aufgabenstellung auch ein eigenes Interesse an der beantragten Feststellung hat, ein Interesse an alsbaldiger Feststellung im Sinne des § 256 ZPO zuzusprechen.

Der Bejahung des Feststellungsinteresses steht auch nicht entgegen, daß die Klägerin den Tarifvertrag vom 31. August 1954 kündigen konnte und tatsächlich auch gekündigt hat. Die Rechtswirkungen einer solchen Kündigung sind von denen der hier begehrten Feststellung der bereits anfänglich bestehenden Rechtsunwirksamkeit der Ziffer 5, Abschnitt I des Tarifvertrages vom 31. August 1954 von Grund aus verschieden: die Kündigung beendet den Tarifvertrag und hebt die durch den Abschluß des Tarifvertrages eingetretenen Bindungen und Wirkungen nur für die Zukunft auf, besagt aber nichts darüber, ob der Tarifvertrag in seiner Ziffer 5 überhaupt jemals rechtsbeständig war und als normative Regelung die Arbeitsverhältnisse der Arbeiterinnen und der Beklagten ordnen konnte.

Schließlich kann die Zulässigkeit der Klage auch nicht, wie die Revision meint, deshalb bezweifelt werden, weil die Klägerin selbst den Tarifvertrag vom 31. August 1954 (und die in ihm in Abschnitt I enthaltene Ziffer 5 „Arbeiterinnen") mitgestaltet und als Tarifvertragspartei abgeschlossen hat. Es ist jeder Vertragspartei unbenommen, die Rechtsunwirksamkeit eines von ihr selbst geschlossenen Vertrages im gerichtlichen Verfahren prüfen zu lassen. Dies gilt auch dann, wenn die Vertragsabrede, die nach Ansicht dieser Vertragspartei nichtig sein soll, der Form und dem Inhalt nach nicht nur von dieser Vertragspartei gebilligt, sondern auch veranlaßt worden ist. Aus dem der Beurteilung in der Revisionsinstanz zugrunde liegenden Sachverhalt ist im übrigen nicht ersichtlich, daß der Klägerin bereits im Zeitpunkt der Vertragsverhandlungen bekannt war, daß die Ziffer 5, Abschnitt I des Tarifvertrages zu rechtlichen Bedenken Anlaß geben konnte. Die Rechtsprechung des Bundesarbeitsgerichts zur sog. Frauenlohnfrage stammt aus den ersten Monaten des Jahres 1955, der streitige Tarifvertrag ist im Sommer 1954 vereinbart, die Feststellungsklage im Sommer 1955 erhoben.

Fehlsam ist auch der Angriff der Revision, die Klägerin könne deshalb die von ihr beantragte Feststellung nicht begehren, weil die Tarifvertragsparteien nicht an den Gleichberechtigungsgrundsatz des Art. 3 Abs. 2 GG gebunden seien. Ob die Tarifvertragsparteien an diese Grundsätze gebunden sind, ist eine Frage, die bei der sachlichen Prüfung des Feststellungsbegehrens zu erörtern ist; sie ist jedoch für die Frage, ob die von der Klägerin verfolgte Feststellungsklage zulässig ist, nicht zu prüfen.

Nach alledem ist die Klage vor den Gerichten für Arbeitssachen in der Form der Feststellungsklage zulässig. Der Entscheidung der Vorinstanzen ist insoweit beizutreten.

Das Landesarbeitsgericht ist auch mit Recht davon ausgegangen, daß Inhalt des Gleichberechtigungsgrundsatzes von Mann und Frau (Art. 3 Abs. 2 GG) auch der Lohngleichheitssatz ist, wonach weibliche Arbeitnehmer den gleichen Lohn wie männliche Arbeitnehmer zu beanspruchen haben, wenn sie die gleiche Arbeit wie männliche Arbeitnehmer verrichten. Tarifliche Regelungen, die diesem Lohngleichheitssatz nicht Rechnung tragen, sind wegen Verstoßes gegen den Gleichberechtigungsgrundsatz von Mann und Frau nichtig. Denn der Lohngleichheitssatz bindet auch die Tarifvertragsparteien bei der Gestaltung der Arbeitsverhältnisse durch Setzung tariflicher Normen. Dies hat der Senat schon in den vorerwähnten Entscheidungen vom 15. 1., 2. 3. und 6. 4. 1955 ausgeführt und in der neuerlichen Entscheidung vom 23. März 1957 — 1 AZR 326/56 — bestätigt. Um Wiederholungen zu vermeiden, verweist der Senat auf diese Urteile.

Im vorliegenden Fall war daher zu prüfen, ob die tarifliche Regelung, die „Arbeiterinnen" ohne nähere Bestimmung der Tätigkeitsmerkmale in eine einzige, und zwar die niedrigste Vergütungsgruppe zusammengefaßt hat, während für männliche Arbeitnehmer vier unterschiedliche, nach Tätigkeitsmerkmalen eingeteilte Lohngruppen vorgesehen sind, der Gleichberechtigung von Mann und Frau widerspricht. Das wäre jedenfalls dann der Fall, wenn die Regelung dahin aufzufassen wäre, daß nach der Lohngruppe „Arbeiterinnen" alle Frauen in ihrer Gesamtheit auch dann bezahlt werden sollen, wenn sie die gleiche Arbeit leisten, die Männer leisten, und für die diesen nach den Lohngruppen 1—4 eine höhere Vergütung bezahlt wird. Leisten hingegen die in der Lohngruppe 5 zusammengefaßten Arbeiterinnen andere Arbeit als die Männer, sind also die Tätigkeitsmerkmale dieser Lohngruppe in Wahrheit denen der Lohngruppe 1—4 nicht gleich im Sinne der von dem Senat in seiner Rechtsprechung entwickelten Grundsätze, so verstößt die tarifliche Regelung nicht gegen das Grundgesetz. Ein sicherer Schluß dahin, daß die Arbeiterinnen schon deshalb benachteiligt würden, weil sie — im Gegensatz zu den Männern — in einer einzigen Lohngruppe zusammengefaßt sind und weil bei ihnen — ebenfalls im Gegensatz zu den für männliche Arbeitnehmer getroffenen Regelung — in den ersten 6 Monaten der Beschäftigung geringere Löhne gezahlt werden als in den folgenden Monaten, ist also nicht ohne weiteres gerechtfertigt. Denn der Satz „Gleicher Lohn für Mann und Frau bei gleicher Arbeit" und damit der Gleichberechtigungsgrundsatz des Art. 3 Abs. 2 GG würde nur dann verletzt sein, wenn, wie ausgeführt, alle weiblichen Arbeitnehmerinnen ohne Rücksicht auf ihre Tätigkeit, selbst wenn diese der der Lohngruppe 1—4 gleichartig oder gleichwertig sein würde, in die niedrigste Lohngruppe 5 eingeordnet würden. Bedeutet aber die Bezeichnung „Arbeiterinnen" in der Lohngruppe 5 nichts anderes als eine Kurzfassung zur Bezeichnung von der Art nach besonderen Tätigkeiten, die nicht mit den von männlichen Arbeitnehmern der Lohngruppen 1—4 ausgeübten Tätigkeiten gleichartig oder gleichwertig sind, so liegt kein Verstoß gegen die Gleichberechtigung von Mann und Frau vor, wenn die Tarifvertragsparteien in Kenntnis und unter Berücksichtigung der tatsächlichen Gegebenheiten diese Arbeiten unter der Kurzbezeichnung „Arbeiten für weibliche Arbeitnehmer" oder, wie hier, nur „Arbeiterinnen" zusammenfassen. Dann liegt nämlich sachlich in einer solchen Beschreibung in Wahrheit eine nach Tätigkeitsmerkmalen.

Es muß also geprüft werden, ob die Tarifvertragsparteien bei Abschluß des Tarifvertrages mit der Lohngruppe 5 Tätigkeiten entlohnen wollten, die von den Tätigkeiten der Lohngruppen 1—4 wesensmäßig verschieden sind. Ein Anhaltspunkt hierfür ist, wie der Firmentarifvertrag in diesem Punkt bei der Beklagten als Tarifpartnerin realisiert worden ist. Wenn die weiblichen Arbeiterinnen gerade ohne Rücksicht auf ihre Tätigkeit und auch dann, wenn sie Tätigkeiten ausübten, die für männliche Arbeitnehmer nach den Lohngruppen 1—4 vergütet wurden, in Lohngruppe 5 eingereiht worden sind, so würde das für einen Verstoß der Lohngruppe 5 gegen die Lohngleichheit von Mann und Frau sprechen. Die von dem Landesarbeitsgericht bisher getroffenen Feststellungen reichen aber nicht aus, um seine Entscheidung, die Lohngruppe 5 sei wegen Verstoßes gegen den Lohngleichheitsgrundsatz nichtig, zu tragen. Es ist lediglich festgestellt, daß eine einzige im Versand beschäftigte Arbeiterin die gleiche Arbeit geleistet hat wie die ebenfalls im Versand beschäftigten tariflich nach einer höheren Lohngruppe bezahlten männlichen Arbeitnehmer. Hierbei handelt es sich aber um einen Einzelfall, der für sich allein nicht dazu ausreicht, um die weitreichende Folge der Nichtigkeit der Lohngruppe 5 und damit der tariflichen Vergütungsregelung für die Gesamtheit der Arbeiterinnen in dem Betrieb der Beklagten, in dem nach ihrer unwidersprochenen Darstellung weit über 1000 Frauen beschäftigt werden, zu rechtfertigen. Ein solcher Einzelfall spricht jedenfalls nicht dafür, daß durch die Vergütungsregelung der Lohngruppe 5 die weiblichen Arbeitnehmer in ihrer Gesamtheit benachteiligt werden sollten und benachteiligt wurden. Soweit es sich nur um diesen Einzelfall handelt, ist die betreffende Arbeiterin, wenn sie tatsächlich gleiche Arbeit wie Männer leistet, unrichtig eingestuft worden. Aus der weiteren Feststellung des Landesarbeitsgerichts, daß eine Anzahl von Männern ebenso wie eine Anzahl von Frauen mit dem Reinigen von Toiletten beschäftigt worden ist, wobei aber die Frauen nach der Lohngruppe 5, die Männer nach der Lohngruppe 4 bezahlt worden sind, folgt ebenfalls noch nicht, daß die tarifliche Regelung der Lohngruppe 5 dem Lohngleichheitsgrundsatz widerspricht. Eine solche Feststellung wäre nur gerechtfertigt, wenn der Tarifvertrag für Reinigungsarbeiten in Toiletten eine Lohnregelung enthielte und dabei eine unterschiedliche Bezahlung von männlichen und weiblichen Arbeitnehmern vorsähe. Das ist aber nicht der Fall. Weder enthält der Tarifvertrag eine Regelung des Arbeitsentgelts für Arbeitnehmer, die mit Reinigung von Toiletten beschäftigt werden, noch kann er im Wege der Lückenausfüllung dahin ausgelegt werden, daß Reinigungsarbeiten auf den Toiletten nach einer bestimmten Lohngruppe zu bezahlen sind, die unterschiedliche Löhne für Männer und Frauen aussetzt, oder daß die Leistung dieser Arbeiten durch Männer nach einer der Lohngruppen 1—4, durch Frauen aber nach der Lohngruppe 5 zu vergüten ist. Bei dieser Sachlage ist es einem Arbeitgeber unbenommen, einem Arbeitnehmer, der früher eine im Tarif geregelte Tätigkeit geleistet hat, jetzt aber eine andere, tariflich nicht erfaßte Arbeit leistet, außertariflich ein Arbeitsentgelt zu zahlen, das der Höhe der Bezüge entspricht, die der Arbeitnehmer erhielt, als er noch die im Tarifvertrag nach Tätigkeitsmerkmalen bestimmte Arbeit leistete. Dies gilt insbesondere dann, wenn der Arbeitgeber — wie dies hier nach der unwidersprochenen Darstellung der Beklagten der Fall ist — eine solche außertarifliche Bezahlung in wenigen Einzelfällen männlichen Arbeitnehmern ausnahmsweise deshalb gewährt, weil sie zu der tariflich geregelten früher von ihnen geleisteten Arbeit wegen einer während der Betriebszugehörigkeit eingetretenen Verminderung ihrer Leistungsfähigkeit nicht mehr in der Lage sind, ihnen aber aus sozialen Gründen ein anderweitiger Arbeitsplatz im Betriebe bei gleicher Bezahlung wie früher erhalten bleiben soll.

Das Landesarbeitsgericht wird also noch eingehende tatsächliche Feststellungen in der Richtung zu treffen haben, ob in erheblichem Umfange Frauen trotz gleicher Tätigkeit, wie sie für Männer im Tarifvertrage geregelt ist, nur den Lohn der Gruppe 5 erhalten haben, d. h. wieviele der insgesamt während der Laufzeit des Tarifvertrages bei der Beklagten beschäftigten weiblichen Arbeitnehmerinnen eine Arbeit zu leisten hatten, die, wenn sie von männlichen Arbeitnehmern geleistet worden wäre, nach den Lohngruppen 1—4 zu vergüten gewesen wäre. Stellt das Landesarbeitsgericht dabei fest, daß die überwiegende Mehrzahl der bei der Beklagten damals insgesamt beschäftigt gewesenen Frauen eine andere, den Tätigkeitsmerkmalen der Lohngruppen 1—4 ungleiche Arbeit geleistet hat, es sich bei den Fällen gleicher Arbeit im Sinne der Rechtsprechung des Senats also nur um Ausnahmen gehandelt hat, so wird die Feststellung, die Lohngruppe 5 verstoße gegen die Gleichberechtigung von Mann und Frau, nicht zu treffen sein. Sollte aber das Landesarbeitsgericht zu der Feststellung kommen, daß während der Laufzeit des Tarifvertrages vom 31. August 1954 wesentliche Teile der weiblichen Arbeitnehmerschaft mit Tätigkeiten beschäftigt worden sind, die für männliche Arbeitnehmer nach den Tarifgruppen 1—4 zu entlohnen waren, so ist die Lohngruppe 5 lediglich mit Rücksicht auf die Geschlechtszugehörigkeit eingeführt worden, nicht aber mit Rücksicht auf eine von den weiblichen Arbeitnehmern ausgeübte gegenüber den Tätigkeitsmerkmalen der Lohngruppen 1—4 ungleiche Tätigkeit.

Aus diesen Gründen war der Rechtsstreit unter Aufhebung des angefochtenen Urteils zur erneuten Verhandlung und Entscheidung an das Landesarbeitsgericht zurückzuverweisen.

## 28

**1. Nach § 1 Abs. 1 Buchst. a) der Verordnung über die Gewährung von Weihnachtszuwendungen im öffentlichen Dienst und an Soldaten der Wehrmacht vom 16. Dezember 1939 (RGBl. I S. 2425) kann ein Rechtsanspruch auf eine Weihnachtsgratifikation auch durch wiederholte vorbehaltlose Zahlung begründet werden.**

**2. Auch im öffentlichen Dienst ist in der regelmäßigen, fortgesetzten und vorbehaltlosen Zahlung einer Gratifikation grundsätzlich die stillschweigende Zusicherung der Zahlung auch für die Zukunft zu erblicken. Das schlüssige Verhalten beider Vertragsparteien macht die Weihnachtsgratifikation in einem solchen Fall zu einem festen, zusätzlichen, vertraglich vereinbarten Vergütungsäquivalent, das der Dienstherr zu zahlen verpflichtet ist. Von dieser Verpflichtung kann er sich regelmäßig einseitig nicht lossagen.**

Verordnung über die Gewährung von Weihnachtszuwendungen im öffentlichen Dienst und an Soldaten der Wehrmacht vom 16. Dezember 1939 (RGBl. I S. 2425).

IV. Senat. Urteil vom 3. April 1957 i. S. C. u. a. (Kl.) w. Deutsche Bundesbahn (Bekl.) 4 AZR 270/54.

I. Arbeitsgericht Köln. — II. Landesarbeitsgericht Düsseldorf.

Die Kläger werden von der Beklagten teils als Angestellte teils als Arbeiter in ihrem Dienstzweig „Eisenbahn-Hausbrandversorgung" beschäftigt, der aus den früheren Reichsbahn-Brennstoffversorgungsgenossenschaften, bei denen die Kläger Ziffer 2 und 7 schon seit 1943 tätig waren, hervorgegangen ist. Diese Genossenschaften wurden durch Erlaß des Reichsverkehrsministers vom 18. August 1944 mit der Maßgabe aufgelöst, daß ihr Personal mit Wirkung vom 1. Januar 1945 in den Reichsbahndienst zu übernehmen sei. Seine Rechtsstellung regelte die Reichsbahn im einzelnen mit einer Verfügung vom 18. Januar 1945, die neben der Anordnung, daß diesen Arbeitnehmern zur Vermeidung von Härten der bisherige Besitzstand der Dienstbesoldung bei den aufgelösten Brennstoffversorgungsgenossenschaften erhalten bleiben solle, folgendes bestimmte:

„Die bei den Reichsbahn-Brennstoff-Versorgungen und ihren Verbänden sowie bei den Regie-Kohlenversorgungen abgeleistete Dienstzeit wird unseren Gefolgschaftsmitgliedern als Reichsbahndienst angerechnet. Der Beginn der anrechnungsfähigen Dienstzeit ist somit auf den Tag des Eintritts bei der Reichsbahn-Brennstoff-Versorgung, der Regie-Kohlen-Versorgung oder einem zugehörigen Verband festzulegen."

Die Angehörigen der Brennstoffversorgungsgenossenschaften erhielten in den Jahren 1936 bis 1944 Weihnachtsgratifikationen unter dem ausdrücklichen Vorbehalt der Freiwilligkeit. Nach ihrem Übergang auf die Reichsbahn zahlte diese bzw. die Beklagte als ihre Rechtsnachfolgerin von 1945—1950 sie nicht nur an die Kläger Ziffer 2 und 7, sondern auch an die übrigen nach dem 1. Januar 1945 in die Eisenbahn-Hausbrandversorgung eingetretenen Kläger vorbehaltlos weiter. Ab Dezember 1951 wurden die Zahlungen eingestellt.

Die Kläger vertreten unter Hinweis auf die von den Brennstoffversorgungsgenossenschaften und vor allem die seit 1945 vorbehaltlos gewährten Zuwendungen die Ansicht, ihnen stehe für das Jahr 1951 ein Anspruch auf Weihnachtsgratifikation zu. Sie haben die Feststellung einer entsprechenden Zahlungsverpflichtung der Beklagten beantragt. Diese beruft sich demgegenüber auf die Verordnung über die Gewährung von Weihnachtszuwendungen im öffentlichen Dienst und an Soldaten der Wehrmacht vom 16. Dezember 1939 (RGBl. I S. 2425), die einen Rechtsanspruch der Kläger ausschließe.

Arbeitsgericht und Landesarbeitsgericht haben die Klage abgewiesen. Das Bundesarbeitsgericht hat die von den Klägern begehrte Feststellung getroffen.

### Aus den Gründen:

Bedenken gegen die von dem Berufungsgericht bejahte Zulässigkeit der sich gegen die Beklagte als öffentliche Dienstherrin richtenden Feststellungsklage bestehen trotz der Möglichkeit der Leistungsklage nicht, da die Erwartung berechtigt ist, die Beklagte werde bei einer dem Begehren der Kläger entsprechenden rechtskräftigen Feststellung ohne weiteres leisten (vgl. Stein-Jonas-Schönke, 18. Aufl., § 256 Anm. III 5 b).

In der Sache selbst bedarf es keiner Entscheidung der Frage, ob die Verordnung über die Gewährung von Weihnachtszuwendungen im öffentlichen Dienst und an Soldaten der Wehrmacht vom 16. Dezember 1939 (RGBl. I S. 2425 — im folgenden VO 39) noch geltendes Recht, oder ob sie ganz oder in einzelnen Teilen, etwa wegen einer anzunehmenden zeitlichen Beschränkung oder wegen ihres Inhaltes, als ungültig anzusehen ist. Denn im einen wie im anderen Falle ist die Klage begründet.

Geht man von der Weitergeltung der Verordnung aus, so bestehen keine Zweifel an ihrer Anwendbarkeit auf die Arbeitsverhältnisse der Parteien. Nach ihrer Bezeichnung und ihrem § 1 Abs. 1 ist sie für den öffentlichen Dienst ergangen. Da die Kläger als Angehörige der Bundesbahn gemäß § 19 des Bundesbahngesetzes vom 13. Dezember 1951 (BGBl. I S. 955) im Dienste des Bundes stehen, finden nach §§ 1 und 6 des hier zur Anwendung kommenden Gesetzes zur vorläufigen Regelung der Rechtsverhältnisse der im Dienste des Bundes stehenden Personen vom 17. Mai 1950 (BGBl. I S. 207 — BPGes.) die für Arbeitnehmer im öffentlichen Dienst geltenden Vorschriften auf ihre Arbeitsverhältnisse sinngemäße Anwendung. Welche Bestimmungen neben der ATO, TO.A und ADO hierzu gehören, ergibt sich aus Ziffer I 13 der Ersten Durchführungsverordnung zu diesem Gesetz vom 17. Juni 1950 (BGBl. I S. 274). Zwar ist die VO 39 darunter nicht aufgeführt, sie ist aber auch nicht ausgeschlossen, weil der Vorschriftenkatalog dort nur eine beispielhafte Aufzählung ist, wie die Verwendung des Wortes „insbesondere" zeigt. Demnach folgt ihre Anwendbarkeit aus § 6 Satz 1 BPGes. selbst, da dieser die sinngemäße Anwendung der — d. h., aller nicht als unanwendbar bezeichneten — für den öffentlichen Dienst geltenden Vorschriften anordnet und die VO 39 für diesen erlassen ist.

Die Gewährung von Weihnachtszuwendungen gestattet diese VO u. a. in ihrem § 1 Abs. 1 Buchst. a) dann, wenn ein Rechtsanspruch darauf dem Grunde nach durch eine Tarifordnung oder durch eine ordnungsmäßig nach dem 1. April 1938 erlassene Dienstordnung oder durch den mit dem Arbeitnehmer abgeschlossenen Vertrag begründet ist. Damit ist nicht das Bestehen eines Anspruchs aus dem einen oder anderen Grunde bereits im Zeitpunkt des Inkrafttretens der VO zur Voraussetzung der Zahlung einer Weihnachtsgratifikation erhoben, wie die Fassung der Bestimmung (... begründet i s t) nahelegen könnte. Denn Ziel der VO 39 war nach Ansicht des Senats, für den öffentlichen Dienst das Gratifikationsrecht zu ordnen und in § 1 Abs. 1 Buchst. a) die Begründung eines Anspruches auf Tarifordnung, Dienstordnung oder Vertrag zu beschränken, nicht aber die Entstehung neuer Ansprüche auf diesem Wege für die Zukunft schlechthin auszuschließen, weil im öffentlichen Dienst Gratifikationen über den bis dahin bestehenden Umfang hinaus überhaupt nicht mehr gezahlt werden sollten.

Zwar ist nicht ersichtlich, daß eine Tarifordnung oder eine Dienstordnung den Klägern einen solchen Anspruch einräumen. Diese behaupten auch nicht eine ausdrückliche Vereinbarung über die Zahlung einer Weihnachtsgratifikation. Einer solchen bedarf es indessen gar nicht. Denn wenn § 1 Abs. 1 Buchst. a) der VO die Begründung eines Gratifikationsanspruches durch den mit dem Arbeitnehmer „abgeschlossenen Vertrag" vorsieht, so ist dies, was das angefochtene Urteil übersieht, nach allgemeinen Grundsätzen nicht nur durch eine ausdrückliche, sondern auch eine stillschweigende Vereinbarung möglich. Wie der Dritte Senat (AP Nr. 2 und 3 zu § 611 BGB — Gratifikation) bereits ausgesprochen hat, kann grundsätzlich auch im Bereich des öffentlichen Dienstes eine solche stillschweigende Vereinbarung aus einer wiederholten und vorbehaltlosen Gewährung einer Weihnachtsgratifikation an den einzelnen oder an alle Arbeitnehmer entnommen werden, wenn aus diesen Zuwendungen den Umständen nach der eine Verpflichtung des Dienstherrn begründende Wille erkennbar wird, auch in Zukunft so zu verfahren. Nach den Feststellungen des angefochtenen Urteils hat unstreitig die Reichsbahn und dann die Beklagte in den Jahren 1945 bis 1950 an alle Kläger vorbehaltlos Weihnachtsgratifikationen gezahlt. In einem solchen Verhalten konnten diese nach herrschender Meinung (vgl. Nikisch, Arbeitsrecht, 2. Aufl., Bd. 1 S. 349 ff. und die ständige Rechtsprechung des RAG, z. B. ARS 29, 3; 33, 223 [226]; 38, 50; 40, 369) die Zusage erblicken, die Beklagte werde für die Dauer des Arbeitsverhältnisses die Weihnachtsgratifikation gewähren, so daß deren Zahlung als zusätzliches Arbeitsentgelt zum Vertragsinhalt geworden ist und es einer Änderungskündigung bedurft hätte, wenn die Beklagte davon entbunden sein wollte. Soweit diese das Vorhandensein eines Verpflichtungswillens in Abrede stellt, wäre das nur beachtlich, wenn sein Fehlen den Klägern gegenüber Ausdruck gefunden hätte. Anhaltspunkte dafür sind aber weder in ihrem Vortrag noch in den Feststellungen des Berufungsgerichts sichtbar.

Auch aus den die Entscheidung des Dritten Senats in BAG 2, 264 tragenden Gedanken kann die Beklagte nichts für sich herleiten. Denn der dem angefochtenen Urteil zugrunde liegende Sachverhalt läßt eindeutig erkennen, daß die Zuwendungen an die Kläger nicht im Hinblick auf die in jenen Jahren bestehende Notzeit, sondern mit Rücksicht auf ihre Zugehörigkeit zur Eisenbahnhausbrandversorgung erfolgt sind. Dies wird unterstrichen durch die Tatsache, daß die übrigen Reichsbahn- bzw. Bundesbahnbediensteten in dieser Zeit Weihnachtsgratifikationen nicht erhalten haben. Einem Rechtsanspruch der Kläger steht auch § 3 Abs. 1 der VO 39, der über den Rahmen der §§ 1 und 2 hinaus die Gewährung von Weihnachtszuwendungen untersagt, nicht entgegen, da der Anspruch nach dem vorher Gesagten seine Grundlage eben in § 1 Abs. 1 Buchst. a) der Verordnung findet.

Bestehen danach die Klagansprüche auf der Grundlage der VO 39, so ergibt sich ihre Berechtigung aus den oben dargestellten Grundsätzen mit Rücksicht auf die vorbehaltlose Gratifikationszahlung während mehrerer Jahre in gleicher Weise dann, wenn man die VO etwa als ungültig ansehen will (vgl. LAG Kiel in RdA 1952 S. 199).

Soweit schließlich die Beklagte der Klage mit der Behauptung entgegentritt, die Kläger hätten auf einen etwaigen Gratifikationsanspruch verzichtet, weil mit ihnen im Jahre 1949 bezw. 1950 nach Maßgabe des Lohntarifvertrages (LTV) vom 31. Mai 1949 neue Einzelverträge abgeschlossen worden seien, der Tarifvertrag aber nichts über die Gewährung einer Weihnachtszuwendung enthalte und im übrigen nach seinem § 29 eine abschließende, auch Abweichungen zu Gunsten der Arbeitnehmer nicht zulassende Regelung darstelle, kann das nicht zu einer anderen Entscheidung führen. Auch wenn man von diesem Vortrag ausgeht, ist daraus einmal zu entnehmen, daß die Beklagte selbst in Bezug auf die Weihnachtszuwendungen keine inhaltlichen Veränderungen der Arbeitsverträge mit den Klägern durch den Neuabschluß angenommen hat. Denn sie hat danach noch jedenfalls die Gratifikationszahlung von 1950 vorgenommen. Zum anderen wäre, selbst wenn § 29 LTV Abweichungen zu Gunsten der Arbeitnehmer untersagt, diese Bestimmung nach § 4 Abs. 3 TVG tarifrechtswidrig und damit unwirksam (vgl. Hueck-Nipperdey, Lehrbuch des Arbeitsrechts, Bd. 2 S. 406; Hueck-Nipperdey-Tophoven, TVG, 3. Aufl., § 4 Anm. 77).

Der Gratifikationsanspruch der Kläger ist auch nicht verwirkt. Die sich auf Zahlung einer Weihnachtszuwendung für 1951 richtende Klage ist zwar erst am 10. Dezember 1953, also verhältnismäßig spät erhoben. Zur Annahme einer Verwirkung genügt aber der Fristablauf allein nicht. Vielmehr müssen Umstände hinzukommen, die die verspätete Geltendmachung nach Treu und Glauben als illoyal erscheinen lassen (vgl. Enneccerus-Nipperdey, Allg. Teil des bürgerl. Rechts, Bd. I 2, § 228 IV 2). Das Vorhandensein solcher Umstände ist aber aus dem Vortrag der Beklagten nicht erkennbar.

## 29

**1. Hat ein Sparkassenangestellter unter schuldhafter Verletzung seines Dienstvertrages einem Kunden Kredit eingeräumt, so kann ihn die Sparkasse alsbald auf Ersatz des ihr dadurch entstandenen Schadens in Anspruch nehmen. Sie braucht sich nicht auf die Möglichkeit einer zukünftigen Rückzahlung des Kredits seitens des Kunden verweisen zu lassen.**

**2. Läßt sich der der Sparkasse durch die Kreditgewährung entstandene Schaden ungeachtet der Möglichkeit seiner zukünftigen Verminderung durch Rückzahlung seitens des Kunden genau bestimmen, so hat die Sparkasse kein rechtliches Interesse an der Feststellung der Ersatzpflicht des Angestellten, da sie auf Leistung klagen kann und die Leistungsklage den Streitstoff auch erschöpfen würde.**

**3. Der Übergang vom Feststellungs- zum Leistungsbegehren ist auch ohne Änderung des Klagegrundes als Erweiterung des Antrages in der Revisionsinstanz nicht mehr statthaft.**

BGB §§ 249 ff.; ZPO § 256.

IV. Senat. Urteil vom 10. April 1957 i. S. 1. Sch., 2. T. (Bekl.) w. Kreissparkasse St. (Kl.) 4 AZR 384/54.

I. Arbeitsgericht München, Zweigstelle Weilheim. — II. Landesarbeitsgericht Bayern.

Der Beklagte zu 1) war Leiter einer Zweigstelle der Klägerin, einer Kreissparkasse. Die Beklagte zu 2) war dort als Gegenbuchführerin tätig.

Der Inhaber der Firma C., Dr. F., war Kunde der Klägerin. Er befand sich mit seinem Gewerbebetrieb in Geldschwierigkeiten und hatte sich bei der Klägerin um einen größeren Kredit beworben. Der Kredit war ihm jedoch vom Verwaltungsrat der Sparkasse verweigert worden. Der Beklagte zu 1) hatte hiervon Kenntnis. Dennoch gewährte er dem ihm befreundeten Dr. F. laufend Kredite. Die Schuld des Dr. F. belief sich schließlich auf 52 539,41 DM. Um sein eigenmächtiges Vorgehen vor der Klägerin zu verheimlichen, nahm der Beklagte zu 1) zusammen mit der Beklagten zu 2) laufend Falschbuchungen vor.

Die Klägerin hat Klage erhoben mit dem Antrage festzustellen, daß die Beklagten für alle Schäden gesamtschuldnerisch haften, welche der Klägerin daraus erwachsen sind oder erwachsen werden, daß der Beklagte zu 1) in der Zeit von Mitte des Jahres 1949 bis Mitte des Jahres 1950 als Leiter der Zweigstelle der Klägerin dem Dr. F. eigenmächtig unter Überschreitung seiner Befugnisse Kredit gewährt hat.

Die Beklagten haben Klageabweisung beantragt. Sie haben ein rechtliches Interesse der Klägerin an der begehrten Feststellung bestritten und sind dem Klageanspruch auch aus sachlichrechtlichen Gründen entgegengetreten.

Das Arbeitsgericht hat nach dem Klageantrag erkannt.

Nachdem die Beklagten gegen das Urteil des Arbeitsgerichts Berufung eingelegt hatten, erhielt die Firma C. von der Lastenausgleichsbank zwei staatlich verbürgte Kredite. Zuvor mußte die Klägerin in einem Abkommen auf ihre Sicherheiten sowie auf Zinsen für ihre Forderung gegen die Firma C. in Höhe von rund 20 000,— DM verzichten und sich nach Vergütung von 25 000,— DM durch ein Bankhaus verpflichten, der Firma C. die Restsumme von 35 000,— DM bei einem Höchstzinssatz von 7½ % zu belassen. Ansprüche der Klägerin gegen die Firma C. bestehen in bezug auf diese Restsumme nach dem Abkommen nur, wenn und soweit die Zins- und Tilgungsleistungen für die staatlich verbürgten Kredite gewährleistet sind.

Das Landesarbeitsgericht hat ein Feststellungsinteresse der Klägerin bejaht und hat die Berufung der Beklagten zurückgewiesen. Es ist der Auffassung, daß lediglich in Höhe des Verzichts der Klägerin auf rund 20 000,— DM Zinsen für ihre Forderung gegen die Firma C. ein Schaden bereits feststehe. Da dieser jedoch erst nach Klageerhebung habe beziffert werden können, habe die Klägerin auch insoweit nicht zur Leistungsklage überzugehen brauchen. Darüber hinaus sei ein Schaden noch nicht feststellbar, da noch nicht feststehe, inwieweit sich die Forderung der Klägerin gegen die Firma C. realisieren lasse; es sei nämlich völlig ungewiß, ob diese jemals in der Lage sein werde, auch nur die bevorrechtigten Zins- und Tilgungsraten für die staatlich verbürgten Kredite aufzubringen.

Die Revision der Beklagten führte zur Klagabweisung.

### Gründe:

Die Klage war als unzulässig abzuweisen, weil die Klägerin kein rechtliches Interesse an der von ihr begehrten Feststellung hat (§ 256 ZPO).

An Stelle der Feststellungsklage konnte die Klägerin Klage auf Leistung erheben. Denn es war ihr bereits mit der Gewährung der Kredite an Dr. F. in gleicher Höhe ein Schaden entstanden, der sich um die aufgelaufenen Zinsen erhöht hatte. In dieser Höhe bestand eine Differenz zwischen dem Vermögen der Klägerin im Zeitpunkt der Klageerhebung und dem Bestand, den ihr Vermögen ohne die eigenmächtige Kreditgewährung durch den Beklagten zu 1) zur gleichen Zeit gehabt haben würde.

Dieser Schaden war den Beklagten gegenüber auch bereits verfolgbar. Schadenersatz ist nämlich nach §§ 249 ff. BGB alsbald zu leisten; der Geschädigte braucht sich auch nicht auf die Möglichkeit anderweitigen Ersatzes verweisen zu lassen (vgl. RGR Komm. Vorbem. 1 zu §§ 249 ff. BGB). Das ergibt sich insbesondere aus der Vorschrift des § 255 BGB, die lediglich einer Bereicherung des Geschädigten vorbeugen will und erkennbar davon ausgeht, daß dessen Rechte gegenüber dem Schädiger im übrigen vom Bestehen von Ansprüchen gegen Dritte unberührt bleiben.

Zwar schließt die Möglichkeit, Klage auf Leistung zu erheben, ein Feststellungsinteresse nicht schlechthin aus. Für eine bejahende Feststellungsklage fehlt es jedoch regelmäßig dann an einem Rechtsschutzbedürfnis, wenn der Kläger dasselbe Ziel durch eine Leistungsklage erreichen kann. Denn diese führt zugleich zur zwangsweisen Durchsetzung des Anspruchs, während nach erfolgreicher Feststellungsklage ein Vollstreckungstitel erst noch durch einen neuen Rechtsstreit beschafft werden muß. Zuzulassen ist die Feststellungsklage trotz der Möglichkeit, Leistungsklage zu erheben, jedoch dann, wenn sie nach den Besonderheiten des Falles zu einer abschließenden oder doch prozeßwirtschaftlich sinnvollen Entscheidung führt (BGHZ 2, 250 [253]; LM Nr. 27 zu § 256 ZPO; Rosenberg, Lehrbuch des Deutschen Zivilprozeßrechts, 7. Aufl. 1956, S. 392). Diese Voraussetzungen liegen nicht vor. Wenn der Schaden, den die Klägerin erlitten hat, in Zukunft möglicherweise von der Firma C. beglichen werden wird, so ist dieser Fall nicht etwa dem gleich zu setzen, daß beispielsweise der aus einem Unfall sich ergebende Schaden noch nicht zu übersehen ist oder sich laufend erhöht und deshalb noch nicht beziffert werden kann. Ansprüche der Klägerin gegen die Firma C. sind im Verhältnis der Klägerin zu den Beklagten nur insofern von Bedeutung, als die Beklagten in entsprechender Anwendung des § 255 BGB nur Zug um Zug gegen Abtretung dieser Ansprüche zum Ersatz verpflichtet sind (RG, Deutsches Recht 1941, S. 1959 ff.). Mindert sich andererseits der Schaden der Klägerin durch eine Leistung der Firma C., so können die Beklagten dies notfalls im Wege der Vollstreckungsgegenklage (§ 767 ZPO) geltend machen.

Der der Klägerin entstandene und noch entstehende Schaden läßt sich auch genau bestimmen. Auf die Leistungsklage hin könnte die Verurteilung zum Ersatz des der Klägerin bis zum Zeitpunkt der letzten mündlichen Verhandlung entstandenen Schadens sowie zur Zahlung der nach der Verurteilung bis zur Leistung oder Vollstreckung etwa noch auflaufenden Zinsen ausgesprochen werden. Im Gegensatz zu der von der Klägerin erhobenen Feststellungsklage würde die Leistungsklage also den Streitstoff erschöpfen. Nach allem hat das angefochtene Urteil ein Feststellungsinteresse zu Unrecht bejaht. Da aber ein rechtliches Interesse der Klägerin an der begehrten Feststellung Prozeßvoraussetzung ist (BGH, LM Nr. 5 und 7 zu § 256 ZPO; Stein-Jonas, 18. Aufl., Anm. III zu § 256 ZPO), war die Klage unter Aufhebung der vorinstanzlichen Urteile als unzulässig abzuweisen.

In der Revisionsinstanz konnte die Klägerin auch nicht mehr zur Leistungsklage übergehen. Mit einem neuen Antrage auf Verurteilung zur Leistung würde sie mehr als zuvor begehrt haben (RGZ 171, 202 [204]; Rosenberg, a. a. O., S. 470). Eine Erweiterung des Antrages ist aber in der Revisionsinstanz auch im Rahmen des § 268 Nr. 2 ZPO ausgeschlossen (Stein-Jonas, Anm. VI zu § 268). Der Senat sah sich daher nicht in der Lage, auf eine entsprechende Änderung des Klageantrages hinzuwirken.

Ebensowenig war eine Zurückverweisung zu dem Zwecke, der Klägerin Gelegenheit zur Änderung des Klageantrages zu geben, zulässig. Denn der Senat hatte in der Sache selbst zu entscheiden, weil die Aufhebung des angefochtenen Urteils nur wegen einer Gesetzesverletzung (§ 256 ZPO) bei Anwendung des Gesetzes auf das festgestellte Sachverhältnis erfolgt und nach letzterem die Sache zur Entscheidung reif ist (§ 565 Abs. 3 Ziff. 1 ZPO).

## 30

**1. Die Anwendung unbestimmter Rechtsbegriffe, wie sie in den Tätigkeitsmerkmalen der Vergütungsgruppen der Anlage 1 zur TO.A enthalten sind, unterliegt der Nachprüfung durch das Revisionsgericht nur daraufhin, ob der Rechtsbegriff selbst verkannt ist oder ob bei der Unterordnung des Sachverhalts unter die Rechtsnorm Denkgesetze oder allgemeine Erfahrungssätze verletzt sind oder die Bewertung wegen Außerachtlassung wesentlicher Umstände offensichtlich fehlerhaft ist; im übrigen liegt beim unbestimmten Rechtsbegriff die Bewertung im Ermessensspielraum der Tatsacheninstanz.**

**2. Die Tätigkeitsmerkmale der Anlage 1 zur TO.A für die Angestellten im Bürodienst sind auf die technischen Angestellten weder unmittelbar noch als Bewertungsmaßstab anwendbar.**

**3. Gleichwertigkeit mit einem technischen Angestellten mit technischer Ausbildung nach Nr. 2 der Bemerkung zu allen Vergütungsgruppen im Sinne der Tätigkeitsmerkmale der Vergütungsgruppe VII TO.A erfordert nicht eine gleichwertige Prüfung oder Ausbildung. Es genügt, daß der Angestellte in dem ihm übertragenen Aufgabengebiet einem ausgebildeten Angestellten in Wissen und Können gleichwertig ist.**

TO.A § 3 Abs. 2 Satz 1; TO.A Anlage 1 Vergütungsgruppe VII (technische Angestellte).

IV. Senat. Urteil vom 10. April 1957 i. S. Freie Hansestadt B. (Bekl.) w. B. (Kl.) 4 AZR 515/54.

I. Arbeitsgericht Bremen. — II. Landesarbeitsgericht Bremen.

Der Kläger war bei dem Wohnungsbauamt der Beklagten als Bauaufseher angestellt und erhielt Bezüge nach der Vergütungsgruppe VIII TO.A. Eine technische Fachschule hat er nicht besucht.

Der Kläger hat behauptet, daß er nach mehrjähriger Berufstätigkeit einem technischen Angestellten mit abgeschlossener technischer Mittelschulbildung gleichwertig und in seiner Tätigkeit als Bauaufseher von der Beklagten auch entsprechend beschäftigt worden sei. Er hat Klage erhoben auf Feststellung, daß ihm ab 1. Juni 1951 die Bezüge der Vergütungsgruppe VII TO.A zustehen.

Das Landesarbeitsgericht gab der Klage für die Zeit seit dem 1. Mai 1952 statt. Die Revision der Beklagten wurde zurückgewiesen aus folgenden

Gründen:

Als Bauaufseher war der Kläger technischer Angestellter. In die von ihm beanspruchte Vergütungsgruppe VII gehören nach den Tätigkeitsmerkmalen in Anlage 1 zur TO.A

„Technische Angestellte mit technischer Ausbildung nach Nr. 2 der Bemerkung zu allen Vergütungsgruppen oder gleichwertige Kräfte mit entsprechender Tätigkeit, soweit nicht anderweit eingereiht."

Unter der geforderten technischen Ausbildung ist nach Nr. 2 der Bemerkung zu allen Vergütungsgruppen der erfolgreiche Besuch einer Schule zu verstehen, die in der jeweils geltenden Reichsliste der Fachschulen, deren Abschlußzeugnisse zum Eintritt in die Laufbahn des gehobenen technischen Dienstes berechtigen, aufgeführt ist (MBliV 1942 S. 402).

Da der Kläger eine Fachschule nicht besucht hat, kann er nur als „gleichwertige Kraft mit entsprechender Tätigkeit" unter die Vergütungsgruppe VII TO.A fallen. Das Berufungsgericht bejaht das im Ergebnis zu Recht. Seine Begründung ist aber nicht frei von Rechtsirrtum. Es geht nämlich davon aus, daß lediglich die Tätigkeitsmerkmale der Vergütungsgruppe VIII TO.A erfüllt seien, wenn sich die Tätigkeit überwiegend auf eine Mitwirkung bei der Bearbeitung laufender oder gleichartiger Geschäfte oder auf ständig wiederkehrende Arbeiten in Anlehnung an ähnliche Vorgänge beschränke; für die Vergütungsgruppe VII TO.A dagegen seien gründliche Fachkenntnisse in dem beschränkten Aufgabenkreis des Angestellten erforderlich und auch ausreichend; denn gründliche Fachkenntnisse des gesamten Verwaltungszweiges würden erst für die Vergütungsgruppe VI TO.A gefordert; es genüge daher, wenn der Kläger im Rahmen der ihm übertragenen Tätigkeit einem Angestellten mit technischer Fachschulbildung gleichwertig gewesen sei.

Damit legt das Berufungsgericht seiner Beurteilung die Tätigkeitsmerkmale zugrunde, die in den Vergütungsgruppen VI b, VII und VIII TO.A für die Angestellten im Büro-, Buchhalterei-, Kassen- und ähnlichen Dienst aufgestellt sind. Die Merkmale für diese Gruppe von Angestellten, die bei den einzelnen Vergütungsgruppen jeweils an erster Stelle genannt sind, sind aber nicht etwa der Oberbegriff für sämtliche Tätigkeiten der betreffenden Vergütungsgruppe; vielmehr stehen die unter einer Vergütungsgruppe aufgeführten Tätigkeitsgruppen mit ihren verschiedenen Merkmalen völlig selbständig nebeneinander (BAG 1, 85 [91 f.]). Der Aufbau der Tätigkeitsmerkmale bei den Büroangestellten enthält auch keinen allgemeinen Berwertungsmaßstab für alle sonstigen Angestellten, insbesondere nicht für die technischen Angestellten. Bei diesen ist der Aufbau der Tätigkeitsmerkmale anders gestaltet. Während die Büroangestellten der Vergütungsgruppe VI b TO.A gegenüber denen der Vergütungsgruppe VII TO.A vielseitige Kenntnisse und selbständige Leistungen aufweisen müssen, sind die technischen Angestellten in Vergütungsgruppe VI **a** TO.A eingestuft und schon deshalb nicht mit den Angestellten der Gruppe VI **b** TO.A vergleichbar. Von den technischen Angestellten der Vergütungsgruppe VII TO.A unterscheidet sich die Vergütungsgruppe VI a TO.A durch Bewährung in mehrjähriger Berufstätigkeit. Die Merkmale für die Tätigkeit der technischen Angestellten müssen daher ohne Heranziehung der Merkmale für die Büroangestellten aus sich selbst ausgelegt werden.

Die in diesem Punkt irrige Rechtsauffassung des Berufungsgerichts unterliegt auch der Nachprüfung durch das Revisionsgericht. Soweit das angefochtene Urteil die für die Büroangestellten bestimmten Tätigkeitsmerkmale unmittelbar auf den Kläger anwendet, verkennt es die selbständige Bedeutung der für die technischen Angestellten geltenden Merkmale und damit den Inhalt dieser Tarifnormen. Allerdings handelt es sich bei der Frage, ob der Kläger eine einem technischen Angestellten mit technischer Fachschulbildung gleichwertige Kraft ist, um die Anwendung eines sogenannten unbestimmten Rechtsbegriffs. Bei solchen unbestimmten Rechtsbegriffen kann eine Rechtsverletzung vom Revisionsgericht nur festgestellt werden, wenn entweder der Rechtsbegriff selbst verkannt oder bei der Subsumtion der Einzeltatsachen unter diesen Begriff gegen Denkgesetze oder allgemeine Erfahrungssätze verstoßen ist, oder wenn die Bewertung wegen Außerachtlassung wesentlicher Umstände offensichtlich fehlerhaft ist; im übrigen liegt beim unbestimmten Rechtsbegriff die Bewertung im Ermessensspielraum des Tatrichters (BAG, AP Nr. 1 zu § 23 BetrVG). Auch hier liegt ein revisibler Verstoß in der Rechtsanwendung vor. Denn indem das Berufungsgericht die Frage, was der Begriff der gleichwertigen Kraft hier voraussetzt, irrigerweise nach den für Büroangestellte geltenden Tarifnormen beantwortet, gelangt es zu einem offensichtlich unrichtigen Bewertungsmaßstab.

Gleichwohl war eine Aufhebung des Berufungsurteils und eine Zurückverweisung der Sache an das Berufungsgericht nicht notwendig, weil dessen tatsächliche Feststellungen über die vom Kläger ausgeübte Tätigkeit so erschöpfend sind, daß eine weitere Aufklärung nicht mehr erforderlich war, der Senat vielmehr selbst über den Klageanspruch entscheiden konnte (§ 565 Abs. 3 Ziff. 1 ZPO). Im Ergebnis war das angefochtene Urteil zu bestätigen, weil es sich trotz Gesetzesverletzung aus folgenden Gründen als richtig darstellte (§ 563 ZPO):

Für die technischen Angestellten der Vergütungsgruppe VIa TO.A hat der Dritte Senat des Bundesarbeitsgerichts (AP Nr. 13 zu § 3 TO.A) bereits ausgesprochen, daß die Gleichwertigkeit mit einem technischen Angestellten mit technischer Ausbildung nach Nr. 2 der Bemerkung zu allen Vergütungsgruppen nicht eine gleichwertige Prüfung oder Ausbildung erfordert. Dasselbe gilt für die technischen Angestellten der Vergütungsgruppe VII TO.A. Der Sinn der Gleichstellung gleichwertiger Kräfte mit solchen Angestellten, die eine bestimmte Ausbildung aufzuweisen haben, ist es gerade, daß jene trotz Fehlens der in den Tätigkeitsmerkmalen in erster Linie geforderten Ausbildung wegen ihrer gleichwertigen Leistung auch die gleiche Vergütung erhalten sollen. Etwas anderes hätte in der Tarifordnung klar zum Ausdruck kommen müssen, wie es z. B. bei den Vermessungstechnikern der Vergütungsgruppen IV, V a, VI a und VII TO.A geschehen ist, bei denen entweder abgeschlossene Fachschulbildung oder eine der abgeschlossenen Fachschulbildung gleichwertige Prüfung verlangt wird.

Der Revision kann nicht darin gefolgt werden, daß eine Gleichwertigkeit mit einem Techniker mit Fachschulbildung immer ein so vielseitiges Wissen voraussetze, wie es durch die abgeschlossene Fachschulbildung vermittelt werde. Es muß vielmehr genügen, wenn der Angestellte in dem ihm zugewiesenen Aufgabengebiet einem in einer Fachschule ausgebildeten Angestellten in Wissen und Können gleichwertig ist. Das kann allerdings nicht, wie es das Berufungsgericht irrig getan hat, aus den Tätigkeitsmerkmalen der Vergütungsgruppe VII TO.A für die Büroangestellten hergeleitet werden. Es ergibt sich vielmehr aus dem Leistungsprinzip. Erfordert eine bestimmte Tätigkeit ein Wissen und Können, für das in der Regel eine technische Fachschulausbildung erforderlich ist, und übt der Angestellte diese Tätigkeit überwiegend und nicht nur vorübergehend aus, ersetzt er also auf seinem Arbeitsplatz einen Techniker mit Fachschulausbildung, so hat er auch Anspruch auf die entsprechende Vergütung. Es kann somit vom Kläger als Voraussetzung für den Anspruch auf Bezüge der Vergütungsgruppe VII TO.A nicht schlechthin gefordert werden, daß er auf dem gesamten Gebiet des Hochbauwesens einem technischen Angestellten mit Fachschulausbildung gleichwertig sein müsse.

Unter diesen rechtlichen Gesichtspunkten ist der Anspruch des Klägers auf die Vergütungsgruppe VII TO.A nach den tatsächlichen Feststellungen des angefochtenen Urteils gerechtfertigt, weil der Kläger in der ihm von der Beklagten übertragenen Tätigkeit einem technischen Angestellten mit entsprechender Fachschulausbildung gleichwertig war. (Wird ausgeführt.)

## 31

**1. Die Aufhebungsklage nach § 110 Abs. 1 Nr. 2 ArbGG kann auf die Verletzung einer jeden Rechtsnorm, auch einer tariflichen Norm gestützt werden. Die Gerichte für Arbeitssachen sind in diesem revisionsähnlichen Verfahren nicht an die Auslegung, die das Schiedsgericht der Tarifnorm gegeben hat, gebunden.**

**2. Auch ein Tarifvertrag, der gegenüber einer Tarifordnung einen kleineren räumlichen, betrieblichen oder fachlichen Geltungsbereich hat, kann insoweit eine Tarifordnung gemäß § 9 TVG verdrängen.**

**3. Eine Tarifordnung wird auch dann durch einen Tarifvertrag vollinhaltlich verdrängt, wenn die Tarifvertragsparteien die Absicht**

**hatten, das Sachgebiet, auf das sich die Tarifordnung erstreckte, abschließend zu regeln, dabei aber Einzelheiten der in der Tarifordnung getroffenen Regelung nicht übernommen haben. Enthält aber der Tarifvertrag keine normative Vergütungsregelung, so kann er eine bestehende normative Vergütungsregelung der TO nicht verdrängen. Eine normative Bestimmung der Vergütung ist nicht in einer tariflichen Regelung, die Vergütung solle durch Einzelarbeitsvertrag festgesetzt werden, zu sehen.**

**4. Tarifverträge können durch sinngemäße Einstufung einzelner Arbeitnehmer in die Lohngruppeneinteilung des Tarifvertrages ergänzt werden, wenn die Tarifvertragsparteien nach ihrem aus dem Tarifvertrag erkennbaren Willen bei der Schaffung der Tarifnormen den Willen gehabt haben, alle tarifgebundenen Arbeitnehmer dem Tarifvertrag einschließlich der Lohnregelung zu unterstellen.**

**5. Eine Ergänzung des Tarifvertrages durch Einstufung einzelner Arbeitnehmer in die Lohngruppeneinteilung des Tarifvertrages ist dann nicht möglich, wenn die Tarifvertragsparteien erkennbar bewußt von einer tariflichen Regelung der Löhne dieser Arbeitnehmer Abstand genommen haben.**

BGB §§ 133, 157; TVG § 9; ArbGG § 110 Abs. 1 Nr. 2.

I. Senat. Urteil vom 12. April 1957 i. S. K. (Kl.) w. Bundesrepublik (Bekl.) 1 AZR 559/55.

I. Arbeitsgericht Hamburg. — II. Landesarbeitsgericht Hamburg.

Der Kläger, der der Gewerkschaft Öffentliche Dienste, Transport und Verkehr als Mitglied angehört, war vom 15. November 1952 bis zum 27. Oktober 1953 als Schiffsarzt auf dem Fischereischutzboot „M." der beklagten Bundesrepublik Deutschland tätig. Zu den Aufgaben der Fischereischutzboote gehörte auch die ärztliche Betreuung und Versorgung der auf See befindlichen Fischer.

Der Kläger erhielt für seine Tätigkeit neben einer einzelvertraglich vereinbarten sog. Grundheuer von monatlich 500,— DM Fischereizulagen, Kleidergelder, Mehrarbeitszulagen und Verpflegungsgelder nach der Tarifvereinbarung für die Besatzungen der deutschen Fischereischutzboote vom 6. April 1951, die zwischen dem Bundesminister für Ernährung, Landwirtschaft und Forsten und der ÖTV abgeschlossen ist. Diese Tarifvereinbarung bestimmt in § 1, daß der jeweils gültige Tarifvertrag für die deutsche Seeschiffahrt auch auf die Besatzungen der Fischereischutzboote Anwendung findet. (Der Seeschiffahrtstarifvertrag ist abgeschlossen zwischen dem Verband Deutscher Reeder und dem

Verband Deutscher Küstenschiffer einerseits und der ÖTV und der DAG andererseits.) In diesen tariflichen Regelungen und den dazugehörigen Heuertarifen, insbesondere dem Heuertarif vom 1. Januar 1952 ab, sind Bestimmungen über die Grundheuer der Schiffsärzte nicht enthalten.

Der Kläger ist der Ansicht, sein Arbeitsverhältnis werde nicht durch die Tarifvereinbarung für die deutschen Fischereischutzboote und den Tarifvertrag für die deutsche Seeschiffahrt geregelt, da in beiden tariflichen Regelungen die Heuer für Schiffsärzte nicht bestimmt sei. Seine Grundheuer sei bei dieser Sachlage aus der TO.A, und zwar aus deren Vergütungsgruppe II, zu entnehmen. Die Vertragsparteien der Tarifvereinbarung für die deutschen Fischereischutzboote und des Tarifvertrags für die deutsche Seeschiffahrt hätten bewußt von einer tariflichen Regelung der Arztheuer Abstand genommen, da die Verschiedenheit der Arbeitsbedingungen, unter denen die Schiffsärzte ihren Dienst zu leisten hätten, eine einheitliche tarifliche Regelung der Heuersätze als untunlich hätte erscheinen lassen.

Bei Zugrundelegung der Vergütungsgruppe II der TO.A habe er einen Anspruch auf Nachzahlung von 3087,50 DM.

Die beklagte Bundesrepublik trat dieser Auffassung entgegen und führte aus, das Arbeitsverhältnis des Klägers werde durch die Tarifvereinbarung für die Besatzungen der deutschen Fischereischutzboote und den Tarifvertrag für die deutsche Seeschiffahrt sowie den dazugehörigen Heuertarif geregelt. Diese Regelungen fänden daher Anwendung, obwohl eine Heuer für die Schiffsärzte ausdrücklich nicht ausgeworfen worden sei. Die Tarifvertragsparteien hätten nämlich vorgesehen, daß die tariflich nicht bestimmte Grundheuer der Schiffsärzte im Wege der im Hinblick auf die Verschiedenheit der tatsächlichen Verhältnisse besser geeigneten einzelvertraglichen Abrede festgesetzt werden solle. Durch derartige einzelvertragliche Abreden der Parteien des Arbeitsverhältnisses habe also die von den Tarifvertragsparteien bewußt tariflich nicht geregelte Höhe der Schiffsarztheuer bestimmt werden sollen; überdies könne diese Heuer als tarifliche Heuer dadurch bestimmt werden, daß der Schiffsarzt in die Heuergruppen für Schiffsoffiziere sinngemäß eingestuft werde.

Nachdem in einem Vorprozeß der von dem Kläger geltend gemachte Anspruch auf Nachzahlung des Unterschiedsbetrages zwischen der dem Kläger vertraglich gewährten Grundheuer und einer nach TO.A II berechneten Vergütung rechtskräftig im Hinblick auf die von der Beklagten erhobene Einrede des Schiedsvertrages abgewiesen worden war, hat der Kläger den gleichen Anspruch vor dem Tarifschiedsgericht für die deutsche Seeschiffahrt verfolgt, ist jedoch auch dort abgewiesen worden. Das Tarifschiedsgericht ist in seinem Schiedsspruch davon ausgegangen, daß der Kläger als Schiffsarzt auf einem Fischereischutzboot und damit Besatzungsmitglied dieses Bootes den tariflichen Regelungen der Tarifvereinbarung für die deutschen Fischereischutzboote und des Tarifvertrags für die deutsche Seeschiffahrt unterstehe. Dem stehe nicht entgegen, daß in diesen tariflichen Regelungen eine tarifliche Grundheuer für die Schiffsärzte nicht bestimmt sei. Die insoweit bestehende Lücke müsse und könne durch sinngemäße Einstufung in die Heuersätze für die Schiffsoffiziere geschlossen werden. Die TO.A oder sonstige tarifliche Regelungen seien deshalb auch auf das Arbeitsverhältnis des Klägers nicht mehr anwendbar, insbesondere sei die TO.A mit dem Inkrafttreten der tariflichen Regelungen der Tarifvereinbarung für die Besatzungen der deutschen Fischereischutzboote und des Tarifvertrags für die deutsche Seeschiffahrt insoweit außer Kraft getreten (§ 9 TVG).

Mit der vorliegenden Klage beantragt der Kläger Aufhebung des Schiedsspruchs und Verurteilung der Beklagten zur Zahlung von 3087,50 DM nebst 4 % Zinsen seit dem 27. Oktober 1953. Er ist jedoch in den Vorinstanzen mit diesen Anträgen abgewiesen worden, das Landesarbeitsgericht hat die Revision nicht zugelassen. Mit der Revision, die auf Divergenz gestützt ist, beantragt der Kläger Aufhebung des angefochtenen Urteils, Verurteilung der Beklagten nach Klageantrag, hilfsweise aber Aufhebung des Urteils und Zurückverweisung der Sache an das Landesarbeitsgericht, hilfsweise an das Tarifschiedsgericht. Die Revision hat zur Aufhebung und Zurückverweisung an das Landesarbeitsgericht geführt.

### Aus den Gründen:

Die Revision ist gemäß § 72 Abs. 1 Satz 2 ArbGG zulässig, denn das angefochtene Urteil weicht von den Entscheidungen der Landesarbeitsgerichte Hannover vom 17. Mai 1950 (Betrieb 1950 S. 338, AR-Blattei D Nr. 1062) und Bremen vom 19. Juli 1950 (BB 1950 S. 534) ab und beruht auf dieser Abweichung.

Nach den Entscheidungen der genannten beiden Landesarbeitsgerichte setzt die Verdrängung einer Tarifordnung durch einen Tarifvertrag gemäß § 9 TVG voraus, „daß der Tarifvertrag für den Geltungsbereich der Tarifordnung erlassen wird" bzw. „daß der Geltungsbereich des Tarifvertrags dem der Tarifordnung mindestens gleichkommt oder größer als dieser ist". Die Tarifvereinbarungen für die Besatzungen der deutschen Fischereischutzboote hat einen kleineren Geltungsbereich als die TO.A, könnte also nach diesen Entscheidungen die TO.A nicht gemäß § 9 TVG verdrängen. Im Gegensatz zu diesen Entscheidungen geht das angefochtene Urteil davon aus, daß die Tarifvereinbarung für die deutschen Fischereischutzboote die TO.A nach § 9 TVG verdrängt habe. Daraus ergibt sich, daß das Berufungsgericht die Rechtsansicht vertritt, daß ein Tarifvertrag mit kleinerem räumlichen, betrieblichen oder fachlichen Geltungsbereich eine Tarifordnung mit einem größeren Geltungsbereich verdrängen kann. Die insoweit tragende Rechtsfrage wird also von den Landesarbeitsgerichten Hannover und Bremen einerseits und dem Berufungsgericht andererseits abweichend beurteilt. Eine Entscheidung des Bundesarbeitsgerichts zu dieser Rechtsfrage liegt noch nicht vor. Damit erweist sich die auf Divergenz gestützte Revision als zulässig, ohne daß es darauf ankommt, ob das angefochtene Urteil, wie die Revision dies annimmt, auch noch von Entscheidungen des Bundesarbeitsgerichts oder anderer Landesarbeitsgerichte abweicht.

Mit der Klage verlangt der Kläger gemäß § 110 ArbGG Aufhebung des Schiedsspruchs, den das Tarifschiedsgericht über den von ihm verfolgten Zahlungsanspruch am 19. April 1955 erlassen hat. Gestützt ist die Klage auf § 110 Abs. 1 Nr. 2 ArbGG. Nach dieser Vorschrift kann Aufhebung des Schiedsspruchs dann verlangt werden, wenn der Schiedsspruch auf der Verletzung einer Rechtsnorm beruht. Die Aufhebungsklage kann danach auf die Verletzung einer jeden Rechtsnorm des formellen oder des materiellen Rechts (so des § 9 TVG) gestützt werden, einschließlich der Verletzung normativer Bestimmungen eines Tarifvertrages oder einer Tarifordnung. Als verletzte Rechtsnormen kommen insbesondere auch die Auslegungsregeln der §§ 133, 157 BGB sowie allgemeine Erfahrungs- und Denkgesetze, deren Verletzung der Verletzung einer Rechtsnorm gleichsteht (vgl. Dersch-Volkmar, Arbeitsgerichtsgesetz, 6. Aufl., § 110 Anm. 4), in Betracht. Insbesondere kann im Hinblick auf den revisionsähnlichen Charakter, den § 110 ArbGG der Aufhebungsklage gegeben hat, auch die rechtliche Auslegung, die das Schiedsgericht den tariflichen Regelungen gegeben hat, nachgeprüft werden. Der von Dietz-Nikisch, ArbGG 1954, § 110 Anm. 6, vertretenen Auffassung, im Verfahren nach § 110 ArbGG könne die Auslegung, die das Schiedsgericht den Erklärungen der Parteien und vor allem dem Tarifvertrag und den einzelnen Tarifnormen gegeben hat, nicht nachgeprüft werden, vermag der Senat nicht zu folgen. Die Auslegung insbesondere einer Tarifnorm ist Auslegung einer Rechtsnorm, die fehlerhafte Auslegung Verletzung einer Rechtsnorm.

Nach § 110 Abs. 1 Nr. 2 ArbGG kann aber auf Verletzung einer Rechtsnorm die Aufhebungsklage gestützt werden.

Wenn das Tarifschiedsgericht und ihm folgend die Vorinstanzen davon ausgegangen sind, daß das Inkrafttreten der Tarifvereinbarung für die deutschen Fischereischutzboote in ihrem Geltungsbereich zu einer Verdrängung der TO.A habe führen können, obwohl der räumliche, betriebliche und fachliche Geltungsbereich der TO.A größer als der der Tarifvereinbarung ist, so verstößt diese Auffassung nicht gegen § 9 TVG. Die von den Landesarbeitsgerichten Hannover und Bremen in den angeführten Entscheidungen vertretene Auffassung (so auch Kraegeloh, Betrieb 1950 S. 337; zweifelnd offenbar Galperin, RdA 55 S. 369), hält der Senat nicht für zutreffend. Vielmehr treten mit dem Inkrafttreten eines Tarifvertrags Tarifordnungen, die für den Geltungsbereich des Tarifvertrags oder für Teile dieses Geltungsbereichs erlassen sind, grundsätzlich außer Kraft. Eine Einschränkung dieses Grundsatzes dahin, daß der Tarifvertrag den räumlichen, betrieblichen und fachlichen Geltungsbereich der Tarifordnung haben oder weiter reichen muß, ist aus dem Gesetzeswortlaut nicht zu entnehmen. Es muß mit der auch im Schrifttum überwiegend vertretenen Ansicht (vgl. Hueck-Nipperdey-Tophoven, TVG, 1955, § 9 Anm. 1; Hueck-Nipperdey, Lehrbuch des Arbeitsrechts, 6. Aufl., § 19 II 4 b (mit Angaben); Monjau-Heimeier, TVG, § 9 Anm. 3; Maus, TVG, § 9 Anm. 8; Nikisch, AP 1952 Nr. 14) angenommen werden, daß auch ein Tarifvertrag mit kleinerem Geltungsbereich für diesen seinen Geltungsbereich die im übrigen (außerhalb des räumlichen, betrieblichen oder fachlichen Geltungsbereichs des Tarifvertrags) fortbestehende Tarifordnung nach § 9 TVG verdrängt. Diese Auslegung des § 9 TVG entspricht, wie auch Galperin a. a. O. zugibt, dem Sinn und Zweck des Gesetzes, das die behördlich normierten Tarifbestimmungen möglichst rasch durch vereinbarte Tarifregeln ersetzen wollte.

Die Grenzen der Außerkraftsetzung der Tarifordnung durch einen Tarifvertrag werden bestimmt durch die Tarifbindung, den Geltungsbereich des Tarifvertrags und den sachlichen Umfang der tariflichen Regelung. Nach § 9 TVG würde also die weitere Anwendung der TO.A hinsichtlich des Vergütungsanspruchs des Klägers nur dann ausgeschlossen sein, wenn auch die Heuer des Klägers tariflich geregelt worden wäre, der Kläger also den Anspruch auf eine tarifliche Vergütung nach dem Tarifvertrag hätte. Denn trotz des Inkrafttretens einer tariflichen Regelung bleiben solche Bestimmungen einer zuvor geltenden Tarifordnung in Kraft, die durch den Tarifvertrag nicht geregelt sind, hier also die tarifliche Vergütungsregelung der TO.A, sofern diese auf das Arbeitsverhältnis des Klägers Anwendung finden könnte. § 9 TVG sieht grundsätzlich vor, daß über das Inkrafttreten des Tarifvertragsgesetzes hinaus die vorher erlassenen Tarifordnungen bis auf weiteres in Kraft bleiben. Sie können entweder durch Erlaß des Bundesministers für Arbeit oder aber durch Schaffung neuer, sie ersetzender, d. h. an ihre Stelle tretender Tarifverträge durch die tariffähigen Organisationen beseitigt werden. Den tariffähigen Organisationen steht aber nicht die Befugnis zu, Tarifordnungen ohne Schaffung tarifvertraglicher Normen ersatzlos zu beseitigen. Eine Verdrängung bestehender Tarifordnungen nach § 9 TVG setzt zwar nicht voraus, daß alle Fragen, die die Tarifordnung regelte, nunmehr in einem Tarifvertrag geregelt werden. Es reicht vielmehr aus, daß das Sachgebiet, auf das sich die Tarifordnung erstreckte, nach dem erkennbaren Willen der Tarifvertragsparteien erschöpfend und abschließend tarifvertraglich geregelt wird (vgl. hierzu Witting in BABl. 1950 S. 191, Erlaß des Bundesministers für Arbeit vom 14. 12. 1953, BB 1954 S. 27). In einem solchen Fall treten insbesondere auch Bestandteile der Gesamtregelung bildende Einzelheiten der Regelung in der Tarifordnung außer Kraft, die in den ebenfalls eine Gesamtregelung des Fragenkreises bildenden Tarifvertrag nicht übernommen sind. Um die Regelung einer solchen Einzelheit mit einer — im Gesamtrahmen gesehen — untergeordneten Bedeutung handelt es sich aber dann nicht, wenn die Tarifordnung den Arbeitnehmern tarifliche Mindestvergütungen aussetzte, während der Tarifvertrag die Vergütungsfestsetzung der vertraglichen Vereinbarung im Einzelarbeitsverhältnis überläßt. Durch eine solche Regelung im Tarifvertrag würde den Arbeitnehmern, die bisher nach den Bestimmungen der Tarifordnung den Anspruch auf einen unabdingbaren tariflichen Mindestlohn haben, dieser Anspruch genommen, ohne daß ihnen durch den Tarifvertrag ein ebenso geschützter Anspruch auf Vergütung eingeräumt wird. Eine Regelung des Tarifvertrags, daß die Vergütung in Zukunft im Wege der einzelvertraglichen Vereinbarung bestimmt werden solle, würde sonach praktisch auf eine ersatzlose Aufhebung der zuvor bestehenden normativen Vergütungsregelung der Tarifordnung hinauslaufen und damit dem Arbeitnehmer den besonderen Schutz, unter dem tarifliche Vergütungen stehen, nehmen. Zu einer solchen ersatzlosen Aufhebung einer für den Arbeitnehmer so wichtigen normativen Regelung, wie es die Vergütungsregelung einer Tarifordnung ist, wären aber die Tarifvertragsparteien nach § 9 TVG oder nach anderen gesetzlichen Vorschriften nicht befugt. Dem stünde insbesondere auch entgegen, daß es sich bei den durch Tarifordnung gesetzten Normen um staatliches Recht handelt, das nur im Rahmen des § 9 TVG von den tariffähigen Organisationen durch Schaffung eigenen Rechts im Rahmen ihrer Tarifautonomie beseitigt werden kann.

Wird die Rechtslage unter diesen Gesichtspunkten geprüft, so ergibt sich folgendes:

Die Vorinstanzen sind mit Recht dem Tarifschiedsgericht insofern beigetreten, als dieses angenommen hat, daß der Kläger, der der ÖTV als einer der Tarifvertragsparteien angehört, als Schiffsarzt grundsätzlich tarifgebunden ist auch an die Tarifvereinbarung für die Besatzungen der deutschen Fischereischutzboote und an den Tarifvertrag für die deutsche Seeschiffahrt. Auch der Schiffsarzt gehört zu den Besatzungsmitgliedern eines Fischereischutzbootes. Dies entspricht den Aufgaben der Fischereischutzboote, die auch die ärztliche Versorgung der auf See befindlichen Fischer sichern sollen. Insbesondere folgt aus § 1 des Tarifvertrags für die deutsche Seeschiffahrt, der nach § 1 der Tarifvereinbarung für die Besatzungen der deutschen Fischereischutzboote anwendbar ist, daß der Arzt zur Besatzung gehört. Denn aus § 1 Abs. 1 Satz 2 dieses Tarifvertrags ergibt sich, daß der Tarifvertrag für die deutsche Seeschiffahrt für „alle Personen gilt, die zum Dienst an Bord des Schiffes für die Fahrt und für Rechnung des Reeders angenommen sind" und daß „alle diese Personen" als Schiffsbesatzung bzw. als Besatzungsmitglieder im Sinne des Tarifvertrags für die deutsche Seeschiffahrt gelten, damit aber auch im Hinblick auf die Verweisung in § 1 der Tarifvereinbarung für die Besatzungen der Fischereischutzboote als Besatzungsmitglieder der Fischereischutzboote, wenn sie auf einem Fischereischutzboot Dienst leisten. Wenn das Tarifschiedsgericht und ihm folgend die Vorinstanzen den Kläger auch unter entsprechender Anwendung der in § 481 HGB und § 2 der Seemannsordnung zum Ausdruck gekommenen Grundsätze als Besatzungsmitglied des Fischereischutzbootes „M." angesehen haben, so verstößt diese Auslegung nicht gegen gesetzliche Auslegungsregeln, allgemeine Erfahrungssätze oder die Denkgesetze und läßt auch nicht wesentlichen Auslegungsstoff außer acht.

Der Feststellung, daß der Kläger als Schiffsarzt Besatzungsmitglied der „M." und als solcher tarifgebunden an die Tarifvereinbarung für die Besatzungen der deutschen Fischereischutzboote und an den Tarifvertrag für die deutsche Seeschiffahrt und an den dazugehörigen Heuertarif ist, steht auch nicht ohne weiteres entgegen, daß in diesen tariflichen Regelungen eine Grundheuer für die Schiffsärzte und damit für den Kläger durch ausdrückliche Regelung nicht festgelegt ist. Zum Wesen eines Tarifvertrags gehört nicht, daß er alle Arbeitsbedingungen der tarifgebundenen Personen normativ regelt. Enthält ein Tarifvertrag nur die Regelung einzelner Arbeitsbedingungen, so besteht nur insoweit eine bindende normative Tarifregelung; nicht aber führt die Nichtregelung einzelner Arbeitsbedingungen im Tarifvertrag selbst dazu, daß jegliche Tarifbindung an die im übrigen räumlich, betrieblich, fachlich und persönlich anwendbare tarifliche Regelung entfällt. Dies gilt auch dann, wenn für den Arbeitnehmer so wichtige Fragen wie die der Entlohnung nicht normativ geregelt sind.

Das Tarifschiedsgericht und die Vorinstanzen sind deshalb ohne Rechtsirrtum davon ausgegangen, daß der Kläger als Mitglied der ÖTV nach seiner Tätigkeit tarifgebunden an die Tarifvereinbarung für die Besatzungen der deutschen Fischereischutzboote und den Tarifvertrag für die deutsche Seeschiffahrt ist, obwohl sich Bestimmungen über die an den Schiffsarzt zu zahlende Grundheuer nicht in diesen tariflichen Regelungen befinden.

Für die Anwendung des § 9 TVG genügt das aber, wie dargetan, noch nicht.

Die Vorinstanzen und das Tarifschiedsgericht sehen in der Nichtregelung der Grundheuer für die Ärzte eine Lücke des Tarifvertrags, die sie im Wege richterlicher Vertragsergänzung schließen wollen, und zwar in der Weise, daß sie den Schiffsarzt in die Gruppe der Schiffsoffiziere einreihen und den Tarifvertrag dahin ergänzen, daß der Schiffsarzt den Anspruch auf eine tarifliche Heuer, die etwa der der vergleichbaren Schiffsoffiziere entspricht, haben soll. Wäre das zutreffend, so wäre den Erfordernissen des § 9 TVG in der Tat genügt.

Es ist zwar grundsätzlich nicht ausgeschlossen, solche Arbeitnehmer, die in den Lohnbestimmungen eines Tarifvertrags nicht aufgeführt sind, in das Lohngruppenverzeichnis der tariflichen Regelung sinngemäß einzustufen. Eine solche Ergänzung des Tarifvertrags setzt aber voraus, daß die Tarifvertragsparteien allen Beschäftigten, die unter die tarifliche Regelung fallen, unabdingbare Mindestarbeitsbedingungen durch Setzung entsprechender tariflicher Mindestnormen gewähren wollten (vgl. RAG 4. 10. 1939 in ARS 37, 218; Hueck-Nipperdey, Lehrbuch des Arbeitsrechts, 6. Aufl., § 18 Anm. 5). Eine Ergänzung des Tarifvertrags im Wege richterlicher Vertragsauslegung ist daher nur zulässig, wenn festgestellt wird, daß die Parteien die in dem Tarifvertrag nicht ausdrücklich normativ geregelte Frage in Kenntnis der insoweit bestehenden Lücke normativ geregelt hätten, also (wenn es sich um die Festsetzung der Löhne handelt) die Absicht gehabt haben, auch die Löhne einzelner Arbeitnehmer, die sie in dem Lohngruppenverzeichnis des Tarifvertrags nicht aufgeführt haben, normativ tariflich zu regeln und damit auch diesen Arbeitnehmern insoweit tarifliche Mindestbedingungen zu gewähren. Kommt diese Absicht der Tarifvertragsparteien in dem sonstigen Inhalt der getroffenen tariflichen Regelung, wenn auch unvollkommen, zum Ausdruck, so kann diese Regelung entsprechend ausgelegt bzw. ergänzt werden. Diese Vertragsergänzung geht dann dahin, daß die Arbeitnehmer, die in dem Lohngruppenverzeichnis nicht ausdrücklich erwähnt sind, in das Lohngruppenverzeichnis sinngemäß eingeordnet werden und damit den Anspruch auf einen in der tariflichen Regelung festgesetzten Lohn als tariflichen Mindestlohn erhalten.

Eine sinngemäße Einstufung von Arbeitnehmern, die nicht in dem Lohngruppenverzeichnis genannt sind, in dieses Lohngruppenverzeichnis, und damit die Festlegung tariflicher Mindestlöhne auch für diese Arbeitnehmer, ist aber im Wege der Vertragsauslegung oder Vertragsergänzung dann nicht möglich, wenn die Tarifvertragsparteien von einer Festlegung tariflicher Mindestlöhne für diese Arbeitnehmer bei der Schaffung der tariflichen Regelung b e w u ß t Abstand genommen haben. So, weil sie der Ansicht waren, die Festlegung tariflicher Mindestlöhne auch für diese Arbeitnehmer sei untunlich und deshalb die Vergütungsfestsetzung insoweit der einzelvertraglichen Abrede zu überlassen. Voraussetzung ist allerdings, daß auch ein solcher denkbarer Wille in den tariflichen Erklärungen noch zum Ausdruck gekommen sein könnte. Das ist aber bei Nichterwähnung einer Arbeitnehmergruppe in dem Lohngruppenverzeichnis möglich. In einem solchen Fall dürfen die Gerichte für Arbeitssachen nicht dem Willen der Tarifvertragsparteien zuwider die Arbeitnehmer, die die Tarifvertragsparteien bewußt nicht den tariflichen Vergütungsregelungen unterstellen wollten, im Wege der Vertragsauslegung oder durch Einstufung in vergleichbare Lohngruppen den tariflichen Regelungen unterstellen, ihnen damit also den Anspruch auf einen tariflichen Mindestlohn einräumen, und zwar entgegen dem durch Nichtregelung des Lohnes im Tarifvertrag zum Ausdruck gekommenen Willen der Tarifvertragsparteien. In einem solchen Verfahren läge nicht eine Auslegung, auch nicht die Ergänzung einer Lücke in einer vorliegenden tariflichen Regelung, sondern die Schaffung einer zusätzlichen Tarifregelung, die die Tarifvertragsparteien im Rahmen der ihnen allein zustehenden Tarifautonomie gerade n i c h t schaffen wollten. Mit einer solchen „Vertragsergänzung" würden die Gerichte für Arbeitssachen daher Befugnisse für sich in Anspruch nehmen, die allein den Tarifvertragsparteien nach dem Tarifvertragsgesetz vorbehalten sind.

Unter Zugrundelegung dieser Erwägungen hätten das Tarifschiedsgericht und die Vorinstanzen den Sachverhalt prüfen und insbesondere aufklären müssen, ob die Parteien der Tarifvereinbarung für die Besatzungen der deutschen Fischereischutzboote und des Tarifvertrags für die deutsche Seeschiffahrt b e w u ß t eine tarifliche Regelung der Arztheuer n i c h t vorgenommen haben und nicht vornehmen wollten (z. B. in der Erwägung, daß die Festlegung tariflicher Mindestheuern für Ärzte im Hinblick auf die Verschiedenartigkeit der Arbeitsbedingungen untunlich und deshalb die Vergütungsfestsetzung der einzelvertraglichen Abrede zu überlassen sei) oder aber ob die Parteien dieser tariflichen Regelung der gesamten Besatzung und auch den Schiffsärzten als Mitgliedern der Besatzung den Anspruch auf eine tarifliche Mindestheuer einräumen wollten, die Aufnahme einer einschlägigen ausdrücklichen Regelung in den Tarifvertrag aber trotz eines insoweit bestehenden Vertragswillens unterlassen haben (z. B. weil sie es als Selbstverständlichkeit ansahen, daß alle Besatzungsmitglieder einschließlich der Ärzte in das Lohngruppenverzeichnis einzuordnen seien oder weil ihnen hinsichtlich der Ärzte ein Versehen unterlaufen ist).

Die insoweit von den Vorinstanzen bisher getroffenen Feststellungen reichen nicht aus, um ihre Entscheidung zu rechtfertigen. Vielmehr lassen die von den Vorinstanzen angestellten Erwägungen erheblichen Auslegungsstoff unberücksichtigt, sind deshalb unvollständig und verletzen wesentliche Auslegungsgrundsätze.

Das Landesarbeitsgericht hat am Schluß des Tatbestands seines Urteils „auf den Akteninhalt" verwiesen. Im Hinblick auf diese weitgehende Bezugnahme muß der Senat davon ausgehen, daß alles, was die Parteien im Laufe des Rechtsstreits tatsächlich vorgetragen haben, von ihnen auch bis zum Schluß der letzten mündlichen Verhandlung vor dem Berufungsgericht vorgetragen worden ist. Der Kläger hatte bereits in der Klageschrift vorgetragen, die Tarifvertragsparteien hätten b e w u ß t die Heuer der Schiffsärzte nicht regeln w o l l e n, insoweit vielmehr der freien Vereinbarung auf einzelvertraglicher Grundlage Raum lassen wollen. Die von dem Tarifschiedsgericht vorgenommene „Lückenausfüllung" stelle eine Vereitelung des Willens der Tarifvertragsparteien dar. Dieser Vortrag des Klägers ist auf S. 2/3 des Tatbestands des arbeitsgerichtlichen Urteils wiedergegeben. In der Berufungsbegründung vom 12. August 1955 hat der Kläger wiederum vorgetragen, die Tarifvertragsparteien hätten b e w u ß t von einer tariflichen Festlegung der Heuer für die Schiffsärzte Abstand genommen, und hat ein Schreiben der ÖTV zu dieser Frage beigefügt und damit zum Gegenstand seines Sachvortrags gemacht. Auch die beklagte Bundesrepublik hat in der Berufungsbeantwortung vom 29. August 1955 vorgetragen, daß die Heuer der Schiffsärzte absichtlich nicht tariflich geregelt worden sei, weil die Verhältnisse auf den verschiedenen Schiffen so unterschiedlich seien, daß eine generelle Regelung nicht möglich erschien. Deshalb habe die vorgesehene Einzelabsprache die „Lücke" der tariflichen Regelung schließen sollen. Damit sei die Anwendung des § 9 TVG im Sinne der klägerischen Ausführungen nicht möglich.

Bei dieser Sachlage wird das Landesarbeitsgericht seine Auffassung, die Regelung der Heuer im Tarifvertrag für die deutsche Seeschiffahrt habe für alle Mitglieder der Besatzung, einschließlich der Ärzte, gelten sollen und deshalb seien die Ärzte sinngemäß einzustufen, einer Nachprüfung zu unterziehen haben. Das Landesarbeitsgericht wird — notfalls nach Ergänzung des Parteivorbringens — zu prüfen haben, ob nach der Vorgeschichte der tariflichen Regelungen und nach dem in diesen zum Ausdruck gekommenen Willen der Tarifvertragsparteien die Heuer der Schiffsärzte bewußt nicht als tarifliche Heuer festgesetzt werden sollte oder ob eine Regelung der Schiffsarztheuer trotz des Willens der Tarifvertragsparteien, auch diese Schiffsärzte im Hinblick auf ihre Eigenschaft als Besatzungsmitglieder der tariflichen Vergütungsregelung zu unterstellen, nur versehentlich, jedenfalls von den Tarifvertragsparteien nicht beabsichtigt, unterblieben ist. Im ersteren Fall ist eine Unterstellung der Schiffsärzte unter die tarifliche Heuerregelung nicht möglich, im anderen Fall erscheint sie als zulässig.

Erst nach dieser Prüfung ist eine Entscheidung über den von dem Kläger geltend gemachten Anspruch möglich.

Ist eine Lückenergänzung möglich, so liegt mit der Tarifvereinbarung für die Besatzungen der deutschen Fischereischutzboote und dem Tarifvertrag für die deutsche Seeschiffahrt eine tarifliche Regelung der Arztheuer vor. Der Kläger hätte alsdann den unabdingbaren tariflichen Anspruch, mindestens nach diesen Heuersätzen bezahlt zu werden. Mit dem Inkrafttreten dieser tariflichen Regelung wäre gemäß § 9 TVG die weitere Anwendung der TO.A auf das Arbeitsverhältnis des Klägers auch dann ausgeschlossen, wenn diese Tarifordnung zuvor das Arbeitsverhältnis des Klägers einschließlich seiner Vergütungsansprüche regelte.

Ist jedoch eine solche Lückenergänzung nicht möglich, so enthalten die Tarifvereinbarung für die Besatzungen der deutschen Fischereischutzboote und der Tarifvertrag für die deutsche Seeschiffahrt keine tarifliche Regelung der Heuer der Schiffsärzte und damit der des Klägers, geben also dem Kläger keinen Anspruch auf eine tarifvertragliche Mindestvergütung.

Sollte somit alsdann § 9 TVG nicht anzuwenden sein, so würde das Berufungsgericht den Schiedsspruch des Tarifschiedsgerichts aufzuheben haben. Bei der erneuten Verhandlung würde auch zu prüfen sein, ob dann, wovon die Parteien dieses Rechsstreits ausgehen, auf das Arbeitsverhältnis des Klägers die TO.A oder aber eine besondere Tarifordnung für Ärzte Anwendung findet, schließlich auch, falls die TO.A Anwendung findet, nach welcher Vergütungsgruppe der Kläger zu bezahlen ist.

## 32

**1. Ein gemeindliches Ortsstatut, das eine Ruhegeldregelung enthielt, wurde als eine günstigere Regelung nach § 18 Abs. 2 (§ 17) AOGÖ von der Reichstarifordnung nicht berührt. Auch § 1 des Gesetzes über die ergänzende Regelung der Dienstverhältnisse bei öffentlichen Verwaltungen und Betrieben vom 17. Februar 1938 berührte, wie sich a. a. O. aus Abs. 2 ergibt, bereits bestehende und eine Ruhelohnordnung enthaltende Dienstverträge nicht.**

**2. Der Senat hält an der Entscheidung des Zweiten Senats vom 26. November 1955 (BAG 2, 226) insoweit fest, als Wehr- und Kriegsdienstzeiten auf die 10jährige Frist nach § 2 Ziffer 1 der 3. DVO in der Fassung vom 10. Juni 1955 anzurechnen sind.**

**3. Sowohl die Ermächtigung im § 52 Satz 2 Regelungsgesetz zum Erlaß einer Durchführungsverordnung als auch § 2 Ziffer 1 der 3. DVO selbst sind rechtswirksam.**

§ 2 der 3. DVO zum Regelungsgesetz in der Fassung vom 10. Juni 1955; Regelungsgesetz §§ 52, 52 a, 52 b; ATO § 7; GG Art. 80.

III. Senat. Urteil vom 30. April 1957 i. S. Freie Hansestadt B. (Bekl.) w. G. (Kl.) 3 AZR 118/57.

I. Arbeitsgericht Bremen. — II. Landesarbeitsgericht Bremen.

Der 1954 verstorbene Ehemann der Klägerin, der von 1914 bis 1920 Kriegsdienst geleistet hatte, war seit 1. Juni 1928 als Vermessungstechniker im Angestelltenverhältnis bei der schlesischen Stadt

Liegnitz tätig. Nach dem Zusammenbruch kam er nach B., wo er auf Grund des Regelungsgesetzes bis zu seinem Tode Versorgungsbezüge erhielt. Seiner Witwe, der Klägerin, wurde jedoch die Zahlung von Versorgungsbezügen verweigert.

Im Klagewege begehrt die Klägerin die Feststellung, daß die Beklagte verpflichtet sei, ihr Ruhegeld nach dem Regelungsgesetz zu zahlen. Beide Vorinstanzen haben zu Gunsten der Klägerin entschieden. Die Revision der Beklagten blieb ohne Erfolg.

Aus den Gründen:

Der Klägerin steht ein Anspruch auf Hinterbliebenenversorgung zu, weil ihr Ehemann entsprechend § 52 Regelungsgesetz am 8. Mai 1945 einen Anspruch auf Versorgung nach beamtenrechtlichen Grundsätzen hatte und außerdem nach § 2 Ziffer 1 der Dritten Verordnung zur Durchführung des Regelungsgesetzes (3. DVO) in der Fassung vom 10. Juni 1955 einem Beamten auf Lebenszeit gleichsteht.

1. Nach den Feststellungen des Berufungsurteils bestand bei der Stadt Liegnitz eine Ruhelohnordnung von 1926, die nach einer 10jährigen Tätigkeit im Dienst der Stadt bei Eintritt des Versorgungsfalles die Gewährung von Ruhelohn vorsah. Obwohl der verstorbene Ehemann der Klägerin am 8. Mai 1945 eine mehr als 10jährige Tätigkeit im Dienste der Stadt Liegnitz ununterbrochen zurückgelegt hat, meint die Revision, daß er dennoch keine Anwartschaft auf Ruhelohn habe erwerben können. Durch die GDO Nr. 5 zu § 16 ATO vom 3. Mai 1938 (RMBliV S. 769) seien nämlich sämtliche dem Reichstarifrecht widersprechenden Regelungen auch über Alters- und Hinterbliebenenversorgung außer Kraft gesetzt und nur insoweit erhalten geblieben, als die betreffenden Angestellten bereits am 31. März 1938 daraus eine Anwartschaft auf Grund einer mindestens 10jährigen Dienstzeit erlangt hätten. Der verstorbene Ehemann der Klägerin, der diese Voraussetzung am 31. März 1938 nicht erfüllt habe, hätte daher eine Anwartschaft auf Zahlung von Ruhelohn nur erwerben können, wenn die Stadt Liegnitz die Fortgeltung des Ortsstatuts für die bis zum 31. März 1938 in ihren Dienst getretenen Angestellten und Arbeiter beschlossen hätte und diese Regelung durch den ehemaligen Reichsminister der Finanzen ausdrücklich genehmigt wäre. Eine in diesem Sinne durch die zuständigen Stellen genehmigte Dienstordnung habe es in der Stadt Liegnitz nicht gegeben. Es sei daher nicht richtig, wenn das Landesarbeitsgericht Bremen davon ausgehe, daß der verstorbene Ehemann der Klägerin auf Grund seiner am 8. Mai 1945 bestehenden mehr als

10jährigen Dienstzeit bei der Stadt Liegnitz eine Anwartschaft auf Ruhelohn gehabt habe.

Dieser Revisionsangriff geht fehl. Zwar hat das Landesarbeitsgericht nicht festgestellt, daß die Fortgeltung der Ruhelohnordnung der Stadt Liegnitz von 1926 nach Inkrafttreten der Reichstarifordnung beschlossen und genehmigt worden ist. Trotzdem ist es nicht zu beanstanden, wenn das Landesarbeitsgericht davon ausgeht, daß der verstorbene Ehemann der Klägerin am 8. Mai 1945 eine Anwartschaft auf Ruhelohn nach diesem Ortsstatut hatte. Denn dabei handelt es sich nicht um eine tarifliche Regelung, die durch die Reichstarifordnung ersetzt und daher geändert oder aufgehoben worden wäre. Das Statut ist vielmehr Inhalt des Arbeitsvertrages geworden und als eine günstigere Regelung nach dem AOGÖ (§ 18 Abs. 2 und § 17) von der Tarifordnung unberührt geblieben. In Frage kann nur stehen, ob sich aus § 1 des Gesetzes über die ergänzende Regelung der Dienstverhältnisse bei öffentlichen Verwaltungen und Betrieben vom 17. Februar 1938 (RGBl. I, 206) etwas anderes ergibt. Das ist jedoch nicht der Fall. Aus Absatz 2 des § 1 a. a. O. geht vielmehr hervor, daß eine etwa genehmigungspflichtige Abweichung nur für neu abzuschließende Arbeitsverträge in Betracht kommt, dagegen nicht für bereits bestehende. Da mit Eintritt in die Dienste der Stadt Liegnitz deren Ruhelohnordnung ein Bestandteil des Dienstvertrages des Ehemannes der Klägerin geworden war, greift das Gesetz vom 17. Februar 1938 nicht ein und daher auch nicht die auf diesem Gesetz beruhende ADO, die zudem (vgl. ADO Nr. 2 zu § 16 ATO und die Richtlinien in Anlage D dazu) nur die Versorgung durch zusätzliche Versicherung auf der Grundlage von Versicherungsbeiträgen betrifft. In Übereinstimmung mit dem Landesarbeitsgericht ist somit davon auszugehen, daß der Ehemann der Klägerin die Voraussetzungen des § 52 Regelungsgesetz erfüllt.

2. Fraglich kann nur sein, ob auch der durch die Neufassung der 3. DVO vom 10. Juni 1955 hinzugekommene Tatbestand erfüllt ist, daß der Ehemann der Klägerin bei dem Dienstherrn, bei dem er am 8. Mai 1945 im Arbeitsverhältnis stand (d. h. bei der Stadt Liegnitz), oder seinem Rechtsvorgänger bereits am 31. März 1938 eine Dienstzeit von zehn Jahren abgeleistet hatte. Denn nur dann kann er einem Beamten auf Lebenszeit gleichgestellt werden. Die Entscheidung hängt insoweit davon ab, ob ihm auf die zehn Jahre seine Kriegsdienstzeit anzurechnen ist. Eine solche Anrechenbarkeit hat der Zweite Senat des Bundesarbeitsgerichts in seinem Urteil vom 26. November 1955 (BAG 2, 226) bejaht. Zur Begründung seiner Ansicht hat er ausgeführt, der

Begriff der Dienstzeit im Sinne der 3. DVO sei dem Regelungsgesetz zu entnehmen, das darunter, wie aus den §§ 52a und b hervorgehe, diejenige Dienstzeit verstehe, die sich aus der für Angestellte und Arbeiter geltenden allgemeinen Bestimmung des § 7 ATO ergebe. Dieser Ansicht steht allerdings — jedenfalls in ihrer vom Zweiten Senat geäußerten allgemeinen Form — entgegen, daß die 3. DVO ausdrücklich auf eine Dienstzeit abstellt, die bei dem „Dienstherrn oder seinem Rechtsvorgänger abgeleistet" sein muß. Eine gleiche oder ähnliche Wendung findet sich im § 52a und § 52b des Regelungsgesetzes nicht. Die Beschränkung auf die Ableistung der Dienstzeit bei dem Dienstherrn und seinem Rechtsvorgänger steht darüber hinaus in einem Gegensatz zu der Regelung des § 7 ATO, nach dessen Absatz 1 als Dienstzeit jede Zeit gilt, die der Arbeitnehmer überhaupt bei öffentlichen Verwaltungen und Betrieben verbracht hat. Ein Vergleich des Wortlauts ergibt somit, daß der Begriff Dienstzeit im Regelungsgesetz und in der 3. DVO nicht einheitlich gebraucht wird und daß § 7 ATO nicht schlechthin angewendet werden kann. Andererseits muß aber angenommen werden, daß der Verordnungsgeber bei der Neufassung der 3. DVO von der bedeutsamen und für die §§ 52a und 52b Regelungsgesetz maßgebenden (dazu Anders, Regelungsgesetz, 3. Aufl., Bem. 1 Abs. 2 zu § 52a und Bem. 2 Abs. 1 a. E. zu § 52b) Vorschrift des § 7 ATO ausgegangen ist. Es handelt sich also darum, ob und inwieweit der aus § 7 ATO sich ergebende Begriff der Dienstzeit, der dort die sog. öffentlichen Vordienstzeiten (§ 7 Abs. 1) und den Wehr- und Kriegsdienst (a. a. O. Abs. 2) umschließt, durch die 3. DVO eingeschränkt oder ausgeschlossen ist.

Zu § 2 der 3. DVO hat Plog in „Recht im Amt" 1955 S. 217 u. a. ausgeführt: Dieser Teil der Verordnung sei von der Rechtslage ausgegangen, daß die nach dem früheren Reichsangestelltentarif (RAT) oder Preußischen Angestelltentarif (PAT) erworbene beschränkte Kündbarkeit mit dem Inkrafttreten der Tarifordnung von 1938 wieder verlorengegangen sei; wenn auf die Ableistung einer Dienstzeit von zehn Jahren bis zum 31. März 1938 abgestellt wurde, so sei der Hauptgrund darin zu sehen, daß in Ortsstatuten, insbesondere der ostdeutschen Städte, eine praktische Unkündbarkeit nach einer Dienstzeit von zehn Jahren vorgesehen war; es sei jedoch zweifelhaft und nicht nachweisbar, ob diese statuarischen Bestimmungen die Genehmigung des Reichsfinanzministers gefunden hätten und rechtswirksam geworden seien; es spreche indes vieles für eine solche Annahme; gefordert werde nun also, daß der Angestellte oder Arbeiter, der sich am 8. Mai 1945 in einem Arbeitsverhältnis zu einem öffentlichen Dienstherrn befand, in diesem Dienstverhältnis am 31. März 1938 bereits zehn Dienstjahre abgeleistet habe, also spätestens am 1. April 1928 bei diesem selben Dienstherrn oder dessen Rechtsvorgänger eingetreten sei. Hieran anknüpfend will die Revision den Begriff der Dienstzeit im Sinne der 3. DVO dahin ausgelegt wissen, daß es sich um eine ununterbrochene, bei dem letzten Dienstherrn wirklich abgeleistete Dienstzeit handeln müsse und jede Anrechnung von Vordienstzeiten überhaupt ausgeschlossen sei, daß es also allein auf die vorhergehende Dauer des am 31. März 1938 bestehenden Dienstverhältnisses ankomme, weil nämlich der RAT (§ 43 Abs. 2) und der PAT (§ 43 Abs. 2) sowie ganz überwiegend die früheren Ortsstatuten die Einschränkung der Kündbarkeit auf einen wichtigen Grund von einer ununterbrochenen 10jährigen Dienstzeit abhängig gemacht hätten (vgl. dazu auch „Recht im Amt" 1956 S. 105). Diese Auffassung ist jedoch unrichtig.

Der Annahme, daß es sich bei der 3. DVO um eine ununterbrochene Dienstzeit bei dem gleichen Dienstherrn handeln müsse, steht schon der Wortlaut der Verordnung entgegen, die es bei einer dem gleichen Dienstherrn oder seinem Rechtsvorgänger abgeleisteten Dienstzeit bewenden läßt, ohne zu verlangen, daß diese Dienstzeit ununterbrochen gewesen sein müsse. Nach der Niederschrift des Bundesratsausschusses für Innere Angelegenheiten vom 28. April 1955 ist sogar ein Antrag des Vertreters von Berlin, die im § 2 Nr. 1 der 3. DVO vorgesehene Ergänzung wie folgt zu fassen:

> „die am 8. Mai 1945 bei dem Dienstherrn oder seinem Vorgänger eine ununterbrochene Dienstzeit von zehn Jahren abgeleistet hatten, sowie Angestellte und Arbeiter, die ..."

ohne Unterstützung geblieben, nachdem der Vertreter des BMI darauf hingewiesen hatte, daß die Vorlage mit der Wahrung des Besitzstandes am 31. März 1938 eine Kompromißlösung anstrebe, um die Verabschiedung der im Entwurf vorgelegten Verordnung nicht unnötig zu verzögern. Danach war die Frage einer ununterbrochenen Dienstzeit durchaus Gegenstand der Erörterung. Sie ist aber zusammen mit dem Berliner Antrag fallengelassen worden. Unter die 3. DVO fällt daher jede Dienstzeit, die dem letzten Dienstherrn bis zum 31. März 1938 geleistet wurde, und sei es auch auf Grund verschiedener Dienstverhältnisse und mit wie auch immer gearteten Unterbrechungen. Schon hieraus ergibt sich, daß nicht jede Anrechnung von Vordienstzeiten ausgeschlossen ist.

Wenn man auch bei der Neufassung der 3. DVO davon ausgegangen sein mag, daß nach dem RAT und dem PAT die Unkündbarkeit von einer ununterbrochenen 10jährigen Dienstzeit abhängig und ähnliches vielfach in Ortsstatuten festgelegt war, so kann diese Erwägung doch nicht mehr als nur einen Anlaß für die Einführung der Zehnjahresfrist in die Verordnung darstellen. Sie kann dagegen für deren weitere Auslegung entscheidend nicht in Betracht gezogen werden. Denn die Verordnung erfaßt auch alle diejenigen Angestellten und Arbeiter des öffentlichen Dienstes, für die eine Beschränkung der Kündigung auf einen wichtigen Grund nach zehn Jahren überhaupt nicht in Betracht kam. In einer großen Anzahl von Kommunen bestand eine solche „Unkündbarkeit" nicht, und dennoch ist es schon nach dem insoweit klaren Wortlaut der 3. DVO unzweifelhaft, daß sie auch dort Anwendung finden soll. Andere Kommunen sehen und sahen wiederum in ihren Ortsstatuten nur eine Dienstzeit von fünf Jahren bis zum Eintritt der Unkündbarkeit vor. Vielfach bestanden noch wieder anders geartete Sonderregelungen für Alters- und Hinterbliebenenversorgungen, die nicht mit einer Unkündbarkeit verbunden waren. Danach wurden insbesondere vielfach Kriegs- und Wehrdienstzeiten angerechnet, vornehmlich wenn der Angestellte vor seiner Einberufung schon im Dienste dieses oder eines anderen öffentlichen Dienstherrn stand. Wieder anderes, aber ähnliches galt auf Grund von Verträgen von Vertragsmustern. Der Ausgangspunkt, daß im RAT und PAT sowie in den Ortsstatuten, insbesondere der ostdeutschen Städte, eine praktische Unkündbarkeit nach einer ununterbrochenen Dienstzeit von zehn Jahren vorgesehen war, mag — im großen und ganzen gesehen — typisch gewesen sein, traf aber die Verschiedenheit der Ortsstatuten und Arbeitsverträge im einzelnen in ihrer Buntscheckigkeit keineswegs. Wenn es also, wie das Landesarbeitsgericht im Anschluß an die Niederschrift des Bundesratsausschusses für Innere Angelegenheiten ausführt, das Anliegen der 3. DVO gewesen ist, die Wahrung eines am 31. März 1938 bestehenden Besitzstandes zu sichern, so doch nur in dem Sinn, daß der Verordnung eine Fassung gegeben wurde, wonach bundeseinheitlich ein möglicherweise früher örtlich vorhanden gewesener Besitzstand möglichst nicht verloren gehen solle, aber gleichzeitig durch die 10jährige Dienstzeit ein neuer Status für die Betroffenen ebenso bundeseinheitlich begründet werden sollte. Diese Erwägungen führen dazu, daß es verfehlt ist, die 3. DVO hinsichtlich der Anrechnung von Vordienst- oder Wehr- und Kriegsdienstzeiten mit Hilfe des PAT, des RAT oder gar von Ortsstatuten auslegen zu wollen.

Geht man von der 3. DVO selbst aus, so muß allerdings der Beklagten zugestanden werden, daß die Anrechnung von Vordienstzeiten, die bei einem anderen öffentlichen Dienstherrn geleistet sind, schon durch den Wortlaut ausgeschlossen erscheint, weil es sich um eine Dienstzeit handeln muß, die bei dem Dienstherrn oder seinem Rechtsvorgänger abgeleistet ist, so daß eine Anrechnung von Dienstzeiten nach § 7 Abs. 1 ATO auf die 10jährige Zeit nicht möglich ist. Anders verhält es sich aber mit der hier in Rede stehenden Wehr- und Kriegsdienstzeit. Denn es besteht ein grundsätzlicher rechtlicher Unterschied in der Anrechnung von Vordienstzeiten, die bei einem anderen öffentlichen Dienstherrn abgeleistet sind, einerseits und der Wehr- und Kriegsdienstzeit andererseits. Bei den Vordienstzeiten, die einem anderen öffentlichen Dienstherrn geleistet sind, hat ein echtes Arbeitsverhältnis bestanden; es war ein öffentlicher Dienstherr als Arbeitgeber wirklich vorhanden. Eine Anrechnung von solchen Vordienstzeiten bedeutet daher die zeitliche Zusammenrechnung mehrerer Arbeitsverhältnisse. Anders aber verhält es sich bei dem Wehr- und Kriegsdienst. Hier hat ein echtes Arbeitsverhältnis gar nicht bestanden, und es ist auch ein Arbeitgeber nicht vorhanden gewesen. Es findet also nicht — wie nach § 7 Abs. 1 ATO — die zeitliche Zusammenrechnung mehrerer Arbeitsverhältnisse statt, sondern das jeweilige Dienstverhältnis gilt als um die Wehr- und Kriegsdienstzeit in die Vergangenheit hinein verlängert. Diese rechtliche Entwicklung lag bei Erlaß des Regelungsgesetzes und der 3. DVO und ihrer Neufassung vor und muß Berücksichtigung finden. Sie entspricht einem allgemeinen Rechtsgedanken. Das führt dazu, daß die Wehr- und Kriegsdienstzeit nur dann nicht als bei dem jeweiligen Arbeitgeber abgeleistete Dienstzeit in Betracht zu ziehen wäre, wenn die 3. DVO dies so bestimmt hätte. Das gilt um so mehr, als es sich um die Durchführungsverordnung zu einem Gesetz handelt, welches grundsätzlich den Begriff der Dienstzeit nach § 7 ATO unangetastet läßt. An einem unzweideutigen Ausschluß einer Anrechnung der Wehr- und Kriegsdienstzeit, die nach der bisherigen Rechtsentwicklung als bei dem jeweiligen Dienstherrn abgeleistet gilt, fehlt es aber in der 3. DVO. Ein klarer Ausschluß muß jedoch mit Rücksicht auf das Regelungsgesetz selbst sowie im Hinblick darauf verlangt werden, daß es sich bei der dargelegten Behandlung der Anrechnung von Wehr- und Kriegsdienstzeiten um einen inzwischen Allgemeingut gewordenen allgemeinen Rechtsgedanken handelt.

Hiernach war der Entscheidung des Zweiten Senats insoweit zu folgen, als eine Anrechnung des Wehr- und Kriegsdienstes im Rahmen der

3. DVO auf die 10jährige Frist stattzufinden hat. Der Anspruch der Klägerin, deren Ehemann einem Beamten auf Lebenszeit gleichgestellt werden muß, ist begründet.

3. Die Zweifel der Revision an der Rechtsgültigkeit des § 2 Ziffer 1 der 3. DVO in der Neufassung (soweit darin die Angestellten und Arbeiter mit einer am 31. März 1938 abgeleisteten Dienstzeit von zehn Jahren unter Anrechnung der Wehr- und Kriegsdienstzeit den Beamten auf Lebenszeit gleichgestellt werden) sind unbegründet. Sowohl die Ermächtigung in § 52 Satz 2 Regelungsgesetz zum Erlaß der 3. DVO als auch die 3. DVO selbst sind rechtswirksam.

Nach Art. 80 Abs. 1 GG können durch Gesetz die Bundesregierung, ein Bundesminister oder die Landesregierungen ermächtigt werden, Rechtsverordnungen zu erlassen. Dabei müssen Inhalt, Zweck und Ausmaß der erteilten Ermächtigung im Gesetz bestimmt werden. Die Ermächtigung im § 52 Satz 2 Regelungsgesetz legt zwar Inhalt, Zweck und Ausmaß nicht ausdrücklich fest. Es genügt jedoch, wenn sich dies mit Deutlichkeit aus dem Gesetz ergibt (BVerfGE 5, 71 mit Hinweisen auf weitere Entscheidungen). Das ist hier der Fall. Nach § 52 Regelungsgesetz finden die Vorschriften der für Beamte geltenden Abschnitte II bis IV des Regelungsgesetzes auf ruhegeldberechtigte Angestellte und Arbeiter entsprechende Anwendung. Da sich das Beamtenrecht in wesentlichen Punkten von dem Recht der Angestellten und Arbeiter unterscheidet, ermächtigte der Gesetzgeber die Bundesminister des Innern und der Finanzen, die auftauchenden Einzelfragen durch Verordnung zu regeln. Eine Ermächtigung ist dann nach Inhalt, Zweck und Ausmaß genügend bestimmt, wenn vorausgesehen werden kann, in welchen Fällen und mit welcher Tendenz von einer Ermächtigung Gebrauch gemacht werden wird (BVerfGE 1, 14 [59 f.]). Diese Voraussetzungen sind in § 52 Regelungsgesetz erfüllt, weil die Bundesminister sich im Rahmen der entsprechend anwendbaren Abschnitte II bis IV halten mußten und deshalb vorausgesehen werden konnte, mit welcher Tendenz von der Ermächtigung Gebrauch gemacht werden würde.

Die 3. DVO hält sich auch *inhaltlich* im Rahmen der durch § 52 Satz 2 Regelungsgesetz erteilten Ermächtigung. Nach Auffassung des Bundesverfassungsgerichts (BVerfGE 3, 187 [198 ff.]) und des Zweiten Senats des Bundesarbeitsgerichts (BAG 1, 205 [210 f.]) bedeutet zwar die „entsprechende" Anwendung der Vorschriften für Beamte auf Angestellte und Arbeiter, daß unkündbare Angestellte und Arbeiter den Beamten auf Lebenszeit gleichzustellen sind. Das Regelungsgesetz selbst gewährt indessen nicht nur den Lebenszeitbeamten, sondern in

§ 37 a unter bestimmten Voraussetzungen auch den Widerrufsbeamten Rechte. Der Verordnungsgeber war deshalb berechtigt, ebenfalls bestimmten kündbaren Angestellten und Arbeitern Rechte zu gewähren. Hierbei durfte er auch den 31. März 1938 zum Stichtag nehmen. Das Regelungsgesetz geht zwar weitgehend vom 8. Mai 1945 als dem Stichtag aus. Es stellt damit aber keineswegs das Verbot für den Verordnungsgeber auf, an irgendwelche bereits vor dem 8. Mai 1945 möglicherweise vorhanden gewesene Rechtsstellungen anzuknüpfen. Die Gültigkeit der Neufassung der 3. DVO, die auf inzwischen hervorgetretene Belange der Billigkeit Rücksicht nehmen will, kann deshalb nicht in Frage gestellt werden (so schon das Urteil des erkennenden Senats vom 4. Dezember 1956 — 3 AZR 114/54 —).

## 33

**1. Beschäftigt eine in der Form einer AG betriebene Holdinggesellschaft keine eigenen Arbeitnehmer, so entfällt eine Wahl von Arbeitnehmervertretern für den Aufsichtsrat der Mutter.**

**2. Das gilt nicht, wenn in einer solchen Gesellschaft bei verständiger Würdigung die Beschäftigung eigener Arbeitnehmer geboten ist.**

**3. Das Rechtsbeschwerdegericht hat nur den ihm vorgelegten Sachverhalt rechtlich zu würdigen, darf jedoch nicht von sich aus neuen Streitstoff in das Verfahren einführen.**

BetrVG § 76; ArbGG § 80 ff.

I. Senat. Beschluß vom 24. Mai 1957 i. S. IG M. Vorstand F. u. a. (Antragst. u. Beschwf.) w. G. Aktienverein (Antragsg. u. Rechtsbeschwerdegegner) 1 ABR 4/56.

Landesarbeitsgericht Bayern, Sitz Nürnberg.

Gründe:

I. Der Antragsgegner ist eine H.-Gesellschaft. Er besitzt keinen eigenen Produktions- oder Fertigungsbetrieb. Er hat keine eigenen Arbeitnehmer. Die bei ihm anfallenden Arbeiten läßt er durch Angestellte einer Tochtergesellschaft erledigen. Er besitzt das Aktienkapital und die Geschäftsanteile einer größeren Zahl von Aktiengesellschaften und Gesellschaften mit beschränkter Haftung, und zwar teilweise zu 100 %, teilweise überwiegend.

Nach der Satzung des Antragsgegners hat dessen Aufsichtsrat höchstens 9 Mitglieder. Z. Zt. hat er 6 Mitglieder. Hierunter befindet sich kein Arbeitnehmervertreter. Die Antragsteller, die Industriegewerkschaft Metall und die Betriebsräte einiger Tochtergesellschaften des Antragsgegners, sind der Auffassung, daß im Aufsichtsrat des Antragsgegners die Arbeitnehmer der abhängigen Unternehmen durch Mitglieder aus ihren Reihen vertreten sein müssen. Der Antragsgegner weigert sich, das anzuerkennen. Die Antragsteller haben deshalb im Wege des arbeitsgerichtlichen Beschlußverfahrens die Feststellung begehrt, daß der Aufsichtsrat der Antragsgegnerin zu einem Drittel aus Arbeitnehmern bestehen muß.

Die Antragsteller haben ihren Antrag damit begründet, daß es nicht entscheidend sei, ob der Antragsgegner selbst Arbeitnehmer beschäftige. Bei einem Konzern, wie er hier vorliege, sei es ausreichend, wenn die Tochtergesellschaften Arbeitnehmer beschäftigten.

Der Antragsgegner hat Abweisung des Antrags erbeten und auch geltend gemacht, er übe keinerlei Einfluß auf die Geschäftsführung der Tochtergesellschaften aus. Insbesondere sei eine Wahl von Arbeitnehmervertretern in den Aufsichtsrat einer Muttergesellschaft nur dann erforderlich, wenn diese selbst Arbeitnehmer beschäftige. Treffe das nicht zu, könne eine Wahl nicht stattfinden. An einer Wahl könnten daher die Arbeitnehmer der Tochtergesellschaften nicht „teilnehmen".

Das Arbeitsgericht hat festgestellt, daß der Aufsichtsrat des Antragsgegners zu einem Drittel aus Arbeitnehmervertretern bestehen muß.

Das Landesarbeitsgericht hat der Beschwerde des Antragsgegners stattgegeben.

II. Die Rechtsbeschwerde der Antragsteller ist nicht begründet.

1. Gegen die Zuständigkeit der Gerichte für Arbeitssachen bestehen keine Bedenken (wird ausgeführt).

§ 80 Abs. 1 ArbGG bestimmt, daß die in § 2 Abs. 1 Nr. 4 bezeichneten Streitigkeiten im Beschlußverfahren zu entscheiden sind. Es bestehen also auch keine Bedenken gegen die Zulässigkeit der gewählten Verfahrensart.

2. Unter den Antragstellern befindet sich eine Industriegewerkschaft. Zwar ist es nicht unbestritten, ob hinsichtlich derjenigen Fragen, die die Beteiligung der Arbeitnehmer im Aufsichtsrat betreffen, ein Antragsrecht der Gewerkschaften zu bejahen ist (vgl. hierzu Hueck-Nipperdey, Lehrbuch, 6. Aufl., 2. Bd., S. 893 und die dort befindliche Zusammenstellung der Ansichten). Mit Recht hat der Vorderrichter das Bestehen eines solchen Antragsrechts nicht in Zweifel gezogen (wird ausgeführt).

3. Die von den Antragstellern erstrebte Feststellung, daß ein Drittel der Aufsichtsratsmitglieder bei dem Antragsgegner Arbeitnehmer sein müsse, findet im Gesetz keine Stütze.

Nach § 76 Abs. 1 BetrVG muß der Aufsichtsrat einer Aktiengesellschaft zu einem Drittel aus Vertretern der Arbeitnehmer bestehen. Es entspricht der im Schrifttum überwiegend vertretenen Ansicht, daß solche Aktiengesellschaften, die selbst keine Arbeitnehmer beschäftigen, nicht deshalb Arbeitnehmer einstellen müssen, um dieser Vorschrift des Gesetzes Genüge zu tun (vgl. Hueck-Nipperdey a. a. O. S. 885 mit eingehenden Nachweisen). Ungeachtet des Wortlauts des § 76 Abs. 1 BetrVG bestehen also Aktiengesellschaften, in deren Aufsichtsrat Arbeitnehmervertreter nicht tätig werden.

Nach dem Sachverhalt, der von der Vorinstanz festgestellt ist und deshalb auch vom Rechtsbeschwerdegericht zugrundegelegt werden muß, beschäftigt der Antragsgegner keine Arbeitnehmer. In seinen Aufsichtsrat sind deshalb eigene Arbeitnehmervertreter nicht entsandt worden. Der Senat kann angesichts dieses Sachverhalts die Ansicht der Antragsteller, in den Aufsichtsrat des Antragsgegners müßten deshalb Arbeitnehmervertreter entsandt werden, weil der Antragsgegner herrschendes Unternehmen in einem unter seiner Führung stehenden Konzern sei, nicht teilen. Es trifft zwar zu, daß an der Wahl der Vertreter der Arbeitnehmer für den Aufsichtsrat des herrschenden Unternehmens eines Konzerns auch die Arbeitnehmer der Betriebe der abhängigen Unternehmen „teilnehmen". Aus dieser Wortfassung und insbesondere auch aus der Stellung des Abs. 4 im Gesamtgefüge des § 76 BetrVG ist aber lediglich zu entnehmen, daß in einem solchen Fall eine Erweiterung des Wahlkörpers für die Wahl der Arbeitnehmervertreter in den Aufsichtsrat des herrschenden Unternehmens eintritt. Die Anwendung des § 76 Abs. 4 BetrVG setzt sonach voraus, daß bereits ein Wahlkörper vorhanden ist, der nach § 76 Abs. 1 Arbeitnehmervertreter in den Aufsichtsrat des herrschenden Unternehmens entsenden kann. Ein solcher Wahlkörper ist aber dann nicht vorhanden, wenn das herrschende Unternehmen selbst keine Arbeitnehmer beschäftigt. Die Erweiterung eines nichtvorhandenen Wahlkörpers ist begrifflich nicht möglich. Aus diesem Grunde ist es unmöglich, nach dem geltenden Recht auch bei dem herrschenden Unternehmen eines Konzerns eine Wahl unter Beteiligung nur der Arbeitnehmer des abhängigen Unternehmens nach § 76 Abs. 4 BetrVG durchzuführen, wenn ein Wahlkörper nach § 76 Abs. 1 BetrVG nicht vorhanden ist.

Eine hiervon abweichende Auffassung würde sich mit dem Gesetzeswortlaut auch nicht vereinbaren lassen. Wenn es im Gesetz heißt: „... nehmen auch die Arbeitnehmer der Betriebe der abhängigen Unternehmen teil", so setzt der Gebrauch des Wortes „auch" ebenso voraus, daß die Muttergesellschaft Arbeitnehmer hat, wie der Begriff der Teilnahme an der Wahl. Nach diesem Wortlaut ist somit anzunehmen, daß der Gesetzgeber davon ausgegangen ist, daß die Arbeitnehmer der Muttergesellschaft wählen und daß an dieser Wahl die Arbeitnehmer der Tochtergesellschaften teilnehmen. Die Wahlhandlung der Arbeitnehmer der Tochtergesellschaften ist also ein „Teil" der Wahl der Arbeitnehmer der Muttergesellschaften. Falls diese Wahl nicht durchgeführt werden kann, weil es an dem Vorhandensein von wahlfähigen Arbeitnehmern der Muttergesellschaft fehlt, so kann von einer „Teilnahme" an einer solchen Wahl nicht mehr gesprochen werden.

Nach den Feststellungen des Landesarbeitsgerichts liegt ein Arbeitsvertragsverhältnis zwischen dem Antragsgegner und Arbeitnehmern nicht vor. Das gilt auch für diejenigen Arbeitnehmer, die sich der Antragsgegner zur Erledigung der bei ihm anfallenden Arbeiten entleiht. Damit entfällt auch die Möglichkeit einer Zusammenrechnung der Arbeitnehmer, da die Muttergesellschaft selbst überhaupt keine Arbeitnehmer beschäftigt.

Der Senat hat geprüft, ob die Regelung des Mitbestimmungsrechts, so wie sie im BetrVG getroffen ist, im Wege ergänzender oder rechtsfortbildender Rechtsauslegung zu erweitern ist. Eine solche Rechtsergänzung und Rechtsfortbildung im Wege des Richterspruchs ist dann möglich, wenn in der vom staatlichen Gesetzgeber erlassenen Rechtsordnung Ansätze für eine solche Rechtsfortbildung gegeben sind. Sie wäre insbesondere dann in Erwägung zu ziehen, wenn bereits nach geltendem Recht den Arbeitnehmern des abhängigen Unternehmens grundsätzlich eine Mitbestimmung dem herrschenden Unternehmen gegenüber zustände. Das ist aber nicht der Fall. Wird das herrschende Unternehmen in der Form der Einzelfirma oder in der der Personalgesellschaft geführt, so findet keine Mitbestimmung durch Wahl von Arbeitnehmervertretern aus den Betrieben der abhängigen Unternehmen statt. Gleiches gilt, wenn das herrschende Unternehmen eine Gesellschaft mit beschränkter Haftung ist, die ihrerseits nicht mehr als 500 Arbeitnehmer beschäftigt. Nach geltendem Recht ist also eine umfassende Mitbestimmung aller Arbeitnehmer der abhängigen Unternehmen bei der Willensbildung des herrschenden Unternehmens nicht gegeben.

Bei dieser Rechtslage würde eine ergänzende Auslegung des § 76 Abs. 4 BetrVG im Wege des Richterspruchs dazu führen, daß lediglich auf einem vom Gesetzgeber bisher nicht geregelten Teilgebiet die Mitbestimmung durch Wahl von Arbeitnehmervertretern seitens der Arbeitnehmer des abhängigen Unternehmens eingeführt würde. Diese ergänzende Rechtsauslegung würde also eine Fortentwicklung des Mitbestimmungsrechts nur auf einem beschränkten Sektor bedeuten. Sie wäre nicht zwangsläufig aus dem Wesen der Mitbestimmung als eines bisher nur teilweise verwirklichten Rechtsgedankens zu erklären. Der Senat sieht sich aus diesem Grunde nicht in der Lage, durch „Fortbildung des Rechts" im Wege des Richterspruchs eine Rechtserweiterung vorzunehmen, die bisher vom Gesetzgeber nicht getroffen worden ist. Es ist vielmehr Sache des Gesetzgebers, gegebenenfalls das Mitbestimmungsrecht über den bisherigen Rahmen hinaus zu erweitern. Dem Gericht, das von dem geltenden Recht auszugehen und dieses anzuwenden hat, ist angesichts des Grundsatzes von der Trennung der Gewalten eine solche Möglichkeit nicht gegeben.

Nach dem der Entscheidung zugrundeliegenden Sachverhalt beschäftigt der Antragsgegner keine eigenen Arbeitnehmer. Zwar sind Fälle denkbar, in denen trotz Fehlens eigener Arbeitnehmer nach den Grundsätzen des § 76 Abs. 4 BetrVG eine Wahl von Arbeitnehmervertretern zum Aufsichtsrat allein durch die Arbeitnehmer der abhängigen Unternehmen durchzuführen ist. Ein solcher Fall könnte dann vorliegen, wenn bei dem herrschenden Unternehmen ungeachtet einer bestehenden wirtschaftlichen und betrieblichen Notwendigkeit Arbeitnehmer nicht beschäftigt werden, obwohl ein verständiger Arbeitgeber angesichts des Ausmaßes der anfallenden Arbeit solche beschäftigen würde, insbesondere aber dann, wenn eine solche Beschäftigung in Umgehungsabsicht unterbleibt. Dann müßte geprüft werden, ob gleichwohl eine Wahl von Arbeitnehmervertretern in den Aufsichtsrat des herrschenden Unternehmens erfolgen muß. Der Senat hat jedoch im vorliegenden Fall keinen Anlaß, zu diesen Fragen Stellung zu nehmen, da nichts dafür hervorgetreten und der Antrag auch nicht darauf gestützt und damit begründet ist, daß hier die Beschäftigung eigener Arbeitnehmer unter Nichtbeachtung betrieblicher Notwendigkeiten unterblieben wäre. Obwohl im Beschlußverfahren der §§ 80 ff. ArbGG der Amtsbetrieb herrscht, ist der Senat nicht gehalten, über diese Fragen noch in dritter Instanz Aufklärung zu schaffen. Es entspricht vielmehr dem Wesen des Rechtsbeschwerdeverfahrens, daß das Gericht dritter Instanz unter Zugrundelegung des festgestellten Sachverhalts und des

Vorbringens der Beteiligten, soweit die Tatsacheninstanz dieses wiedergegeben oder in Bezug genommen hat, sich auf eine rechtliche Nachprüfung beschränkt, ohne von sich aus neuen Streitstoff in das Verfahren einzuführen.

## 34

**1. Für Streitigkeiten über die Bildung des Aufsichtsrates nach dem Mitbestimmungsgesetz Kohle und Eisen sind die Gerichte für Arbeitssachen nicht zuständig.**

**2. Für die Zuständigkeit ist von dem an Hand seiner Begründung auszulegenden Antrag auszugehen.**

ArbGG § 2.

I. Senat. Beschluß vom 24. Mai 1957 i. S. Betriebsrat der Firma R.-B. AG. (Antragst.) w. Firma R.-B. AG 1 ABR 3/56.

Landesarbeitsgericht Frankfurt a. M.

Aus den Gründen:

I. Antragsteller ist die Betriebsvertretung im Unternehmen der Antragsgegnerin. Bei dieser handelt es sich um ein Werk, das Rohstahl erzeugt und verarbeitet. Das Unternehmen ist im Anhang C des Gesetzes Nr. 27 verzeichnet, nicht in eine Einheitsgesellschaft überführt und nicht liquidiert, sondern wird in seiner bisherigen Form weiterbetrieben. Der Aufsichtsrat besteht laut Hauptversammlungsbeschluß aus sechs Mitgliedern, unter denen sich zwei Arbeitnehmervertreter befinden. Der Hauptversammlungsbeschluß ist im Handelsregister eingetragen, die Zusammensetzung des Aufsichtsrats im Bundesanzeiger bekanntgegeben. Die Wahl der beiden Aufsichtsratsmitglieder der Arbeitnehmerseite, die am 29. Juli 1953 erfolgte, ist nicht angefochten worden. Der 1953 bestellte Aufsichtsrat befindet sich noch im Amt.

Der Antragsteller vertritt die Ansicht, daß die Antragsgegnerin unter das Mitbestimmungsgesetz falle und daß deshalb der Aufsichtsrat paritätisch zusammengesetzt sein müsse. Zur Klärung dieser Frage hat er beim Arbeitsgericht, das er für zuständig hält, im Wege des Beschlußverfahrens den Antrag gestellt,

> festzustellen, daß die am 29. Juli 1953 erfolgte Wahl von Arbeitnehmervertretern in den Aufsichtsrat der R.-B. AG nichtig sei.

Die Antragsgegnerin hat Zurückweisung des Antrags erbeten.

Arbeitsgericht und Landesarbeitsgericht haben den Antrag als unzulässig zurückgewiesen, da die Zuständigkeit der Gerichte für Arbeitssachen nicht gegeben sei.

Der Antragsteller hat die vom Landesarbeitsgericht zugelassene Rechtsbeschwerde eingelegt und die Ausführungen des Arbeitsgerichts zur Frage der Zuständigkeit bekämpft. Seinem Vorbringen ist die Antragsgegnerin entgegengetreten. Der Aufsichtsrat, der als Beteiligter zum Verfahren hinzugezogen worden ist, hat sich der Rechtsansicht der Antragsgegnerin angeschlossen.

II. Hinsichtlich der Zulässigkeit der Rechtsbeschwerde bestehen keine Bedenken. Sie ist jedoch sachlich nicht begründet.

Das Landesarbeitsgericht hat zutreffend seine Zuständigkeit im vorliegenden Verfahren verneint. Nach seinem Antrag begehrt der Antragsteller die Feststellung, daß die im Juli 1953 durchgeführte Wahl der Arbeitnehmervertreter für den Aufsichtsrat der Antragsgegnerin nichtig sei. Dieser Antrag muß, um die Zuständigkeit der Gerichte für Arbeitssachen im Beschlußverfahren prüfen zu können, aus den antragsbegründenden Behauptungen des Antragssstellers ausgelegt werden (RGZ 145, 374). Aus diesen Behauptungen ergibt sich jedoch, daß nach Ansicht des Antragstellers die Wahl deshalb nichtig sein soll, weil die Arbeitnehmervertreter nicht nach den Vorschriften des BetrVG, sondern nach denen des Mitbestimmungsgesetzes in den Aufsichtsrat der Antragsgegnerin entsandt werden sollten. Mit diesem Antrag verneint der Antragsteller selbst, daß auf die durchzuführende Wahl das BetrVG überhaupt Anwendung finde. Die Anfechtung einer Wahl nach dem BetrVG setzt aber voraus, daß der Antragsteller selbst davon ausgeht, daß das BetrVG und damit die Anfechungsvorschriften des BetrVG Anwendung finden. Mit der Begründung seines Antrags, soweit dieser für die Zuständigkeitsprüfung auszulegen ist, setzt sich der Antragsteller also mit dem Antrage selbst in Widerspruch.

Die Zuständigkeit der Gerichte für Arbeitssachen im allgemeinen und im Beschlußverfahren im besonderen ist nur dann gegeben, wenn eine solche Zuständigkeit ausdrücklich durch Gesetz begründet ist. Für den hier vorliegenden Fall, in dem letztlich die Nichtanwendbarkeit des BetrVG behauptet wird, fehlt es an einer solchen durch Gesetz begründeten Zuständigkeit; denn für Streitigkeiten aus der Wahl von Arbeitnehmern in den Aufsichtsrat eines Mitbestimmungsunternehmens sind die ordentlichen Gerichte zuständig (Hueck-Nipperdey, Lehrbuch, 6. Aufl., Band 2, Seite 908 Anm. 86). Das erklärt sich daraus, daß hier zum Unterschied von den Unternehmen des BetrVG wie auch von den

Holdinggesellschaften nach dem Mitbestimmungsergänzungsgesetz die Wahl von der Hauptversammlung vorgenommen wird, nicht aber von den Betriebsräten oder Belegschaften.

Dem hier gefundenen Ergebnis entspricht auch die Regelung des § 85 Abs. 2 BetrVG. Wenn es dort heißt:

> „Die Vorschriften dieses Gesetzes über Vertreter der Arbeitnehmer im Aufsichtsrat finden keine Anwendung auf die in § 1 des Gesetzes über die Mitbestimmung der Arbeitnehmer in den Aufsichtsräten und Vorständen der Unternehmen des Bergbaues und der Eisen und Stahl erzeugenden Industrie vom 21. Mai 1951 bezeichneten Unternehmen",

so folgt daraus, daß alle Vorschriften des BetrVG auf die Vertreter der Arbeitnehmer in den Aufsichtsräten der genannten Betriebe keine Anwendung finden. Dies bedeutet für die hier zu entscheidende Frage nicht nur, daß die materiellen Vorschriften des BetrVG, wann Arbeitnehmer in die Aufsichtsräte zu entsenden sind, keine Anwendung finden. Dies bedeutet vielmehr auch, daß die verfahrensrechtlichen Vorschriften, die über die Wahl dieser Arbeitnehmer im BetrVG getroffen sind, außer Anwendung bleiben müssen.

Daß § 85 Abs. 2 BetrVG diese Bedeutung hat, folgt insbesondere auch aus der Stellung der Vorschrift im Gesamtaufbau des Gesetzes. Es trifft zwar zu, daß in einzelnen Fällen die Gerichte für Arbeitssachen auch über die Frage zu entscheiden haben, ob bestimmte Unternehmen von den Regelungen des BetrVG über die Entsendung von Arbeitnehmern in den Aufsichtsrat ausgenommen sind. Dies gilt für die Fälle des § 76 Abs. 5, § 77 und § 81 des BetrVG. All diese Vorschriften stehen aber räumlich im Gesetz vor der Zuständigkeitsregelung des § 82. Die hier zur Erörterung stehende Vorschrift des § 85 Abs. 2 folgt dieser Zuständigkeitsregelung nach. Sie umfaßt damit im Gegensatz zu den vorgenannten Vorschriften auch die Zuständigkeitsregelung selbst.

## 35

**Die Einstellung eines Angestellten hat dann „beamtenrechtlichen Vorschriften" widersprochen, wenn sie auf der Verletzung schriftlich niedergelegter veröffentlichter und allgemein anerkannter angestelltenrechtlicher Verwaltungsgrundsätzen von wesentlicher Bedeutung beruht hat.**

Regelungsgesetz § 7.

III. Senat. Urteil vom 4. Juni 1957 i. S. K. (Kl.) w. Stadt M. (Bekl.)
3 AZR 156/55.

I. Arbeitsgericht Mannheim. — II. Landesarbeitsgericht Mannheim.

Der Kläger ist 1885 geboren und war bis 1926 selbständiger Kaufmann. Er trat am 1. November 1932 der NSDAP als Mitglied bei und war von da an bis Juli 1933 Zellenwart. Am 1. Oktober 1933 wurde er von der Beklagten, einer Stadtgemeinde, im Zuge einer Sonderaktion für alte Kämpfer als Fürsorgearbeiter eingestellt. Am 1. Juli 1934 wurde er Angestellter auf Privatdienstvertrag. Am 1. April 1938, bei Inkrafttreten der TO.A, wurde er satzungsmäßig angestellt, d. h. sog. Dauerangestellter mit Anwartschaft auf Altersversorgung und Beschränkung der Kündbarkeit auf das Vorliegen eines wichtigen Grundes. Seine Vergütung erhielt er von da an nach der Vergütungsgruppe 7 a (Sekretärsgruppe) der Reichsbesoldungsordnung. Am 1. April 1943 wurde er in die Vergütungsgruppe 5 b (Obersekretärsgruppe) eingestuft. Er arbeitete in der Steuerabteilung der Beklagten. Nach dem Zusammenbruch im Jahre 1945 schied er wegen seiner politischen Belastung tatsächlich aus dem Dienst der Beklagten aus. Sein Gehalt erhielt er bis zum 30. April 1945. Am 4. Oktober 1945 wurde er auf Anordnung der Militärregierung fristlos entlassen. Durch Entscheidung vom 30. Juni 1948 wurde er von der Spruchkammer an sich als Minderbelasteter angesehen. jedoch ohne Sühnemaßnahmen in die Gruppe der Mitläufer eingestuft. Die Beklagte lehnte die Wiedereinstellung des Klägers ab und erkannte ihm durch Entscheidung des Stadtrats als oberster Dienstbehörde vom 16. August 1952 gemäß § 7 Regelungsgesetz die Ansprüche aus diesem Gesetz wegen enger Verbindung zum Nationalsozialismus ab.

Der Kläger hat daraufhin Klage beim Arbeitsgericht erhoben und sich im Verlauf des Prozesses auf den Antrag beschränkt, den Beschluß des Stadtrats vom 27. August 1952 aufzuheben. Das Arbeitsgericht hat die Klage abgewiesen, das Landesarbeitsgericht die Berufung des Klägers zurückgewiesen.

Die Revision des Klägers führte zur Aufhebung und Zurückverweisung an das Landesarbeitsgericht.

Aus den Gründen:

Das angefochtene Urteil geht davon aus, daß der Kläger zum Kreis der von Art. 131 GG und vom Regelungsgesetz erfaßten Personen gehört, und daß ihm nach §§ 63, 52 dieses Gesetzes in Verbindung mit § 2 Nr. 1 der 3. DVO ein Anspruch auf Altersversorgung nichts schaden (ebenso Anders, Regelungsgesetz, 3. Aufl., Anm. 3 zu § 7). Die Einstellung eines Angestellten hat daher angestelltenrechtlichen Vorschriften dann widersprochen, wenn sie auf der Verletzung schriftlich niedergelegter, veröffentlichter und allgemein anerkannter rechtlicher Verwaltungsgrundsätze von wesentlicher Bedeutung beruht hat. ...

Nach alledem konnte der Senat abweichend von der Auffassung des Landesarbeitsgerichts nicht zu dem Ergebnis gelangen, daß die Daueranstellung des Klägers, aus der er seinen Anspruch herleitet, angestelltenrechtlichen Vorschriften im Sinne des § 7 Regelungsgesetz widersprochen hat.

Es bleibt aber die Frage, ob diese Anstellung, „wegen enger Verbindung zum Nationalsozialismus" vorgenommen worden ist (§ 7 Abs. 1 Regelungsgesetz, zweite Alternative). Auf diese Frage ist das angefochtene Urteil kurz eingegangen, ohne sie jedoch zu entscheiden. Der Senat sieht sich als Revisionsgericht nicht in der Lage, eine solche Entscheidung gemäß § 565 Abs. 3 Ziffer 1 selbst zu treffen, weil es dazu an einer ausreichenden tatsächlichen Grundlage fehlt. Da es nunmehr auf sie ankommt, muß die Sache an das Landesarbeitsgericht zurückverwiesen werden, damit es sie in tatsächlicher und rechtlicher Beziehung abschließend erörtern kann. Insoweit mag auf die in AP Nr. 2 und 3 zu § 7 Regelungsgesetz abgedruckten Entscheidungen des Senats verwiesen werden.

## 36

**1. Der Vierte Senat schließt sich der Auffassung des Zweiten Senats (Beschluß vom 29. 5. 1956, AP Nr. 43 zu § 72 ArbGG) an, wonach die Divergenzrevision gemäß § 72 Abs. 1 Satz 2 ArbGG voraussetzt, daß das Bundesarbeitsgericht die gleiche tragende Rechtsfrage bereits vor Erlaß des angefochtenen Urteils anders als dieses entschieden hat.**

**2. Die Benennung einer für eine Divergenzrevision nach § 72 Abs. 1 Satz 2 ArbGG untauglichen Entscheidung des Bundesarbeitsgerichts enthält nicht zugleich auch die Bezeichnung des dieser zugrunde liegenden Urteils des Landesarbeitsgerichts als abweichende Entscheidung im Sinne des § 72 Abs. 1 Satz 3 ArbGG.**

ArbGG § 72 Abs. 1 Satz 2 und 3.

IV. Senat. Urteil vom 5. Juni 1957 i. S. Land N. (Bekl.) w. J. (Kl.)
4 AZR 82/55.

I. Arbeitsgericht Hildesheim. — II. Landesarbeitsgericht Hannover.

zustünde, wenn ihm dieser Anspruch nicht durch den Stadtrat der Beklagten auf Grund von § 7 Regelungsgesetz aberkannt worden wäre. Für die auf Aufhebung des Beschlusses des Stadtrats vom 27. August 1952 gerichtete Klage sind die Arbeitsgerichte zuständig (§ 7 Abs. 2 Satz 2 Regelungsgesetz i. V. mit § 2 Ziffer 3 der 3. DVO; BAG in AP Nr. 2 zu § 7 Regelungsgesetz).

Der Stadtrat hat dem Kläger seine Rechte deshalb aberkannt, weil der Kläger seine Stellung als satzungsmäßiger Angestellter der Beklagten „wegen enger Verbindung zum Nationalsozialismus" erlangt habe. Das Arbeitsgericht und ihm folgend das Landesarbeitsgericht haben es dahingestellt sein lassen, ob die Voraussetzungen dieser zweiten Alternative des § 7 gegeben sind. Sie haben jedoch übereinstimmend angenommen, daß die satzungsmäßige Anstellung des Klägers, d. h. seine Ernennung zum Dauerangestellten der Beklagten, „beamtenrechtlichen Vorschriften" widersprochen habe (erste Alternative des § 7). Eine solche Änderung des Grundes für die Aberkennung der Rechte ist rechtlich nicht zu beanstanden. Denn die Gerichte hatten als Tatsacheninstanzen allgemein nachzuprüfen, ob dem Kläger seine Rechte nach dem vorliegenden Sachverhalt aus einem der Gründe des § 7 mit Recht aberkannt worden sind, und nicht allein, ob der vom Stadtrat angegebene Aberkennungsgrund zutraf.

Der Senat als Revisionsgericht kann jedoch zunächst nur prüfen, ob bei der satzungsmäßigen Anstellung des Klägers wirklich beamtenrechtliche Vorschriften verletzt worden sind. Unter „beamtenrechtlichen" Vorschriften muß man im Falle eines Angestellten (wegen der in § 52 Regelungsgesetz bestimmten „entsprechenden" Anwendung des § 7) angestelltenrechtliche Vorschriften verstehen. Es muß sich dabei um „Vorschriften", d. h. um geschriebene, veröffentlichte und *als gültig anerkannte* Rechtssätze handeln; daher genügt die Verletzung einer bloßen Verwaltungsübung nicht. Eine solche kann u. U. durch die zweite Alternative „wegen enger Verbindung zum Nationalsozialismus" erfaßt werden. Daß es eine „Rechtsvorschrift" im formellen Sinne, also ein Gesetz oder eine Rechtsverordnung sein muß, die bei der Anstellung des betreffenden Angestellten verletzt worden sind, ist nicht unbedingt erforderlich, weil in § 7 nicht ausdrücklich von „Rechtsvorschriften" die Rede ist, sondern nur von „beamtenrechtlichen Vorschriften", und weil der Rechtsausschuß des Bundestages noch dazu durch Streichung des Wortes „zwingenden" zu erkennen gegeben hat, daß keine zu strengen formellen Anforderungen gestellt werden sollen. Auch kann die Verletzung nebensächlicher Vorschriften

Der Kläger, der bis zum 15. Januar 1954 bei dem V.amt H. als Sachbearbeiter tätig war, findet seitdem in gleicher Eigenschaft Verwendung bei der „Sonderstelle für Vorverfahren des Versorgungsamts des Landes N., H.", einer Außenstelle dieses Amtes in H. Er wird nach Vergütungsgruppe VI b TO.A besoldet. Nach seiner Behauptung erfüllt seine Tätigkeit die Merkmale der Vergütungsgruppe V b TO.A. Dementsprechend hat er Feststellung verlangt, daß er ab 1. Mai 1954 Anspruch auf Entlohnung nach dieser Vergütungsgruppe habe. Das Arbeitsgericht hat der Klage stattgegeben und den Streitwert auf 500,— DM festgesetzt. Mit Urteil vom 10. Januar 1955 hat das Landesarbeitsgericht die Berufung des beklagten Landes zurückgewiesen, ohne die Revision zuzulassen. Das beklagte Land hält die von ihm am 26. Februar 1955 gleichwohl eingelegte Revision für statthaft, weil das Landesarbeits gericht in seiner Entscheidung von dem Urteil des Bundesarbeitsgerichts BAG 1, 250 abweiche.

Die Revision wurde als unzulässig verworfen.

Aus den Gründen:

Nach § 72 Abs. 1 Satz 2 ArbGG findet ohne Zulassung oder Erreichen der Revisionsgrenze durch den festgesetzten Streitwert die Revision gegen das Urteil eines Landesarbeitsgerichts nur statt, wenn es von einer in der Revisionsbegründung bezeichneten Entscheidung des Bundesarbeitsgerichts abweicht und auf dieser Abweichung beruht. Das beklagte Land kann sich jedoch zum Nachweis dieser Voraussetzungen nicht auf das bereits in der Revisionsschrift angeführte Urteil des Bundesarbeitsgericht vom 13. Januar 1955, BAG 1, 250 berufen. Seine Ansicht, es liege auch dann eine Abweichung nach § 72 Abs. 1 Satz 2 ArbGG vor, wenn die Bundesarbeitsgerichtsentscheidung bei Erlaß des angefochtenen Urteils zwar noch nicht vorhanden gewesen sei, aber vor Einlegung der Revision ergehe und in der Revisionsbegründung bezeichnet werden könne, ist unrichtig. Eine Abweichung nach § 72 Abs. 1 Satz 2 ArbGG setzt voraus, daß das Bundesarbeitsgericht die gleiche tragende Rechtsfrage schon vor Erlaß des angefochtenen Urteils anders entschieden hatte (BAG AP Nr. 43 zu § 72 ArbGG.)

Das beklagte Land hat ferner — allerdings erst nach Ablauf der Revisionsbegründungsfrist — die Statthaftigkeit seiner Revision damit zu begründen versucht, die Revision sei statthaft, das angefochtene Urteil weiche von dem Urteil des Landesarbeitsgerichts Baden ab, das dem Urteil des Bundesarbeitsgerichts vom 13. Januar 1955 zugrunde liege. Auch das ist irrig. Denn die Voraussetzungen des § 72 Abs. 1

Satz 3 ArbGG sind nicht erfüllt. Nach dieser Bestimmung muß die abweichende Entscheidung eines anderen Landesarbeitsgerichts in der Revisionsbegründung bezeichnet werden. Das erfordert einmal, daß die ausdrückliche Benennung der abweichenden Entscheidung in der Revisionsbegründung in einer jeden Zweifel über ihre Identität ausschließenden Weise erfolgt und zum anderen, daß darüber hinaus eindeutig erkennbar ist, der Revisionskläger berufe sich auf sie gerade zur Rechtfertigung der Statthaftigkeit seines Rechtsmittels (vgl. BAG 1, 8; 1, 6; AP Nr. 22 zu § 72 ArbGG). An beiden Erfordernissen fehlt es jedoch hier.

Das beklagte Land betont in der Revisionsbegründung ausdrücklich, die eingelegte Revision sei keine nach § 72 Abs. 1 Satz 3 ArbGG; das beklagte Land beruft sich zur Begründung der Statthaftigkeit der Revision also gerade nicht auf Divergenz zu dem der bezeichneten Entscheidung des Bundesarbeitsgerichts vom 13. Januar 1955 voraufgegangenen Urteil des Landesarbeitsgerichts Baden. Das ist aber für die Statthaftigkeit der Divergenzrevision stets Voraussetzung (BAG AP Nr. 22 zu § 72 ArbGG).

Im übrigen enthält die Bezeichnung einer für eine Divergenzrevision untauglichen Entscheidung des Bundesarbeitsgerichts nicht zugleich auch die Bezeichnung der landesarbeitsgerichtlichen Entscheidung, mit der sich das Bundesarbeitsgericht in seiner Entscheidung befaßt. Satz 2 und 3 des § 72 Abs. 1 ArbGG sind vielmehr voneinander scharf zu unterscheiden, umsomehr als der letzteren Bestimmung nur subsidiäre Bedeutung zukommt.

Wenn das als divergierend bezeichnete Bundesarbeitsgerichtsurteil das ihm zugrunde liegende Landesarbeitsgerichtsurteil bestätigt, folgt daraus keineswegs schon, daß die tragenden Gründe dieser beiden Urteile sich decken und somit durch die Benennung des Bundesarbeitsgerichtsurteils auch das von ihm bestätigte Landesarbeitsgerichtsurteil als divergierend benannt ist. Eine Verquickung von Satz 2 und 3 des § 72 Abs. 1 ArbGG, wie sie das beklagte Land vertritt, würde also das Revisionsgericht zu einer Prüfung einer Divergenz nötigen, ohne daß eine solche, wie erforderlich, vom Revisionskläger schlüssig dargelegt worden ist.

Demnach war unter Kostenfolge aus § 97 Abs. 1 ZPO durch Urteil (BAG 1, 231) wie geschehen zu erkennen.

## 37

**Die Lohnfortzahlungspflicht in den Fällen des § 629 BGB regelt sich nach § 616 BGB. Sie ist abdingbar.**

§§ 616, 629 BGB; § 5 Manteltarifvertrag für die Metallindustrie in Nordrhein-Westfalen vom 12. Januar 1952.

II. Senat. Urteil vom 11. Juni 1957 i. S. L. (Kl.) w. Firma G. (Bekl.) 2 AZR 15/57.

I. Arbeitsgericht Oberhausen. — II. Landesarbeitsgericht Düsseldorf.

Der Kläger stand bis zum 15. März 1956 bei der Beklagten im Arbeitsverhältnis. Die Beklagte hatte es am 6. März 1956 fristgemäß gekündigt. Auf seine Bitte erhielt der Kläger am 12. März 1956 3½ Stunde Urlaub, um sich eine neue Arbeitsstelle zu suchen. Die vom Kläger begehrte Bezahlung der hierdurch versäumten Arbeitszeit in der unstreitigen Höhe von 5,67 DM verweigerte die Beklagte.

Auf das Vertragsverhältnis der Parteien finden die Bestimmungen des Manteltarifvertrages, abgeschlossen zwischen dem Verband metallindustrieller Arbeitgeberverbände Nordrhein-Westfalens e. V. sowie verschiedenen Werken der Eisen- und Stahlindustrie einerseits und der Industriegewerkschaft Metall für die Bundesrepublik Deutschland, Bezirksleitungen Essen, Hagen, Köln und Münster, andererseits vom 12. Januar 1952 nebst Protokollnotiz Anwendung.

Das Arbeitsgericht hat der Klage stattgegeben, das Landesarbeitsgericht hat sie abgewiesen. Die Revision des Klägers führte zur Wiederherstellung des Urteils des Arbeitsgerichts.

Aus den Gründen:

Das Landesarbeitsgericht hat zwar den Anspruch des Klägers auf Gewährung des zum Aufsuchen einer neuen Arbeitsstelle erteilten Urlaubs gemäß § 629 BGB bejaht. Es ist jedoch der Ansicht, daß ein Anspruch auf Bezahlung der infolge des Aufsuchens einer neuen Arbeitsstelle versäumten Arbeitszeit nicht bestehe. Ein solcher Lohnzahlungsanspruch sei zwar grundsätzlich nach § 616 BGB zu gewähren, da es sich um ein Arbeitsversäumnis für eine verhältnismäßig nicht erhebliche Zeit handele, an der den Arbeitnehmer ein Verschulden nicht treffe. Das Landesarbeitsgericht ist jedoch der Auffassung, daß diese abdingbare Vorschrift durch die Bestimmung des § 5 des im Tatbestand genannten Tarifvertrages rechtswirksam abgedungen sei. Die Protokollnotiz des Tarifvertrages sehe nur eine Lohnfortzahlung nach pflichtgemäßem Ermessen des Arbeitgebers vor; ein Ermessensmißbrauch verlange mehr als nur das Vorliegen einer Dienstbefreiung oder einer Kündigung als Grund der Dienstbefreiung.

Der Entscheidung des Landesarbeitsgerichts kann nicht beigetreten werden.

Richtig ist allerdings, daß § 629 BGB nur die Gewährung von Freizeit regelt. Weder ihr Wortlaut noch ihr Sinn lassen erkennen, daß die Bestimmung auch eine Regelung über Lohnfortzahlung erhalten soll. § 629 BGB gibt dem Arbeitnehmer einen gesetzlichen Anspruch darauf, daß ihm auf Verlangen angemessene Freizeit zum Aufsuchen einer neuen Arbeitsstelle gewährt wird. Damit enthält die Vorschrift für den Arbeitnehmer gleichzeitig einen Rechtfertigungsgrund, für die ihm zu diesem Zweck vom Arbeitgeber gewährte Zeit seiner Arbeit fernzubleiben, mag die Kündigung selbst vom Arbeitgeber oder Arbeitnehmer augegangen sein.

§ 616 BGB trifft die allgemeine Anordnung, daß der Arbeitgeber den Lohn fortzahlen muß, wenn der Arbeitnehmer für eine verhältnismäßig nicht erhebliche Zeit ohne sein Verschulden aus einem in seiner Person liegenden Grund die Arbeit versäumt. Bei dieser ihrer Fassung kommt die Vorschrift also auch im Falle des § 629 BGB zur Anwendung. Aus dem Gedanken der Fürsorgepflicht heraus will die Bestimmung mit der von ihr vorgenommenen Abwägung der Arbeitgeber- und Arbeitnehmerinteressen die Lohnfortzahlung bei Nichtleistung von Arbeit regeln. Wie der Senat bereits entschieden hat, ist die Norm des § 616 BGB, so wie sie dort Gestalt gewonnen hat, nachgiebigen Rechts (BAG in AP Nr. 9 zu § 616 BGB). Es ist also möglich, sie durch einzelvertragliche oder durch kollektive Regelung abzudingen. Da nun § 629 BGB einen Tatbestand behandelt, für den § 616 BGB eine Regelung hinsichtlich der Lohngewährung enthält, kann hinsichtlich der Abdingbarkeit der letzteren Vorschrift keine Ausnahme von der allgemeinen Regel dann gemacht werden, wenn die Arbeitsversäumnis darauf beruht, daß der Arbeitnehmer eine neue Arbeitsstelle aufsuchen will.

Das Reichsarbeitsgericht (ARS 3, 23) hat allerdings nach dem Grundsatz von Treu und Glauben in den Fällen des § 629 BGB einen Lohnanspruch dergestalt zubilligen wollen, daß eine Abdingung nicht möglich wäre. Dem vermag der Senat nicht zu folgen. § 616 BGB selbst bestimmt bereits für den Fall der unverschuldeten Arbeitsversäumnis die einen Anwendungsfall von Treu und Glauben darstellende Fürsorgepflicht, und zwar eben für alle Fälle der fraglichen Art. Wenn die Vorschrift, wie bereits entschieden, abdingbar ist, so kann nicht aus dem Gedanken von Treu und Glauben heraus beim Tatbestand des § 629 BGB doch eine Abdingbarkeit ausgeschlossen sein. Es ist nicht ersichtlich, daß hier ein besonders gelagerter Sachverhalt gegenüber allen sonst möglichen Anwendungsfällen des § 616 BGB vorliege. Die Möglichkeit einer Abdingung des § 616 BGB auch für den Fall des § 629 BGB stellt auf den wirtschaftlichen Sinn des Arbeitsverhältnisses ab, der nun einmal in der Erbringung von Dienstleistungen für den Arbeitgeber besteht. Deshalb kann auch der Auffassung von Nikisch (Lehrbuch, 2. Aufl., Bd. 1 S. 698) nicht gefolgt werden, wenn dieser ohne weitere Begründung grundsätzlich einer Unabdingbarkeit in den Fällen des § 629 BGB das Wort redet und nur in gewissen Fällen Ausnahmen zulassen will. Ebensowenig vermag die Ansicht von Bobrowski (Das Arbeitsrecht, 2. Aufl., S. 258) zu überzeugen, wenn in den Fällen des § 629 BGB die Lohnzahlungspflicht des Arbeitgebers sowohl aus der Fürsorgepflicht des Arbeitgebers wie aus § 616 BGB ableiten will; denn damit wird übersehen, daß letztere Norm eben eine gesetzliche Bestimmung hinsichtlich der Fürsorgepflicht des Arbeitgebers ist. Ist aber § 616 BGB abdingbar, so verstößt es nicht gegen die Fürsorgepflicht, wenn er auch in den Fällen des § 629 BGB abgedungen wird. Wenn schließlich Ermann (BGB, 1952, § 629 Anm. Abs. 3) die Lohnzahlungspflicht des Arbeitgebers im Falle des § 629 BGB mit einem Gewohnheitsrecht begründen will, so übersieht er, daß ein solches Gewohnheitsrecht nicht ermittelt werden kann. Eine höchstrichterliche Rechtsprechung ist nämlich zu dieser Frage außer der erwähnten Entscheidung des Reichsarbeitsgerichts nicht festzustellen. Die herrschende Auffassung in der Rechtslehre selbst (vgl. Hueck-Nipperdey, Lehrbuch, 6. Aufl., Bd. 1 S. 418 Anm. 10 mit Nachweisen; Palandt, BGB, 15. Aufl., § 629 Anm.; Hueck in der Anm. zu RAG ARS 3, 21; Nipperdey, Dienstvertrag, § 629 BGB Anm. 17; wohl auch Palandt, BGB, 16. Aufl., § 629 Anm.) vertritt die Ansicht, daß auch in den Fällen des § 629 BGB eine Abdingung möglich ist, soweit es sich um die Lohnzahlung handelt. Es ist nicht vorstellbar, daß sich angesichts dieser überwiegenden Meinung ein entgegenstehendes Gewohnheitsrecht entwickelt hätte, ohne in der Rechslehre einen Niederschlag zu finden.

Ist hiernach davon auszugehen, daß § 616 BGB auch die Fälle des § 629 BGB umfaßt, und daß er auch in diesen Fällen abdingbar ist, so ist in dem fraglichen Tarifvertrag zwar in bestimmter Hinsicht eine gewisse Modifikation der ersteren Bestimmung, aber doch keine unbedingte Abdingung vorgenommen worden (wird näher ausgeführt).

## 38

**1. Eine tarifvertragliche typisierende Regelung zur Arbeitsfreistellung von Betriebsratsmitgliedern ist möglich.**

**2. Ein von der Berufsarbeit völlig freigestelltes Betriebsratsmitglied, das ohne diese Freistellung regelmäßig und ständig an mehreren Sonntagen im Monat Sonntagsarbeit verrichtet haben würde, behält den Lohnanspruch hinsichtlich dieser Sonntagsarbeit.**

BetrVG § 37.

I. Senat. Urteil vom 21. Juni 1957 i. S. B. B. AG (Bekl.) w. B. (Kl.) 1 AZR 465/56.

I. Arbeitsgericht Bochum. — II. Landesarbeitsgericht Hamm.

Der Kläger ist Betriebsratsmitglied bei der Beklagten und als solches von der Arbeit völlig freigestellt. Die Parteien sind sich darüber einig, daß der Kläger in den Monaten April bis November 1955, wäre er von der Arbeit nicht freigestellt gewesen, im Durchschnitt an drei Sonntagen im Monat gearbeitet und dadurch 373,20 DM verdient haben würde. Diesen Betrag macht der Kläger mit der Klage geltend, indem er sich auf § 7 des Tarifvertrags über die Betriebsverfassung des rheinisch-westfälischen Steinkohlenbergbaus, gültig ab 1. April 1955, beruft. Dieser § 7 lautet wie folgt:

1. Freigestellte Betriebsratsmitglieder erhalten den Lohn bzw. das Gehalt ihrer Tarifgruppe einschließlich aller Zulagen, Gedingearbeiter mindestens den Hauerdurchschnittslohn des Vormonats der Schachtanlage.
2. Würden freigestellte Betriebsratsmitglieder im Falle der Arbeit Arbeiten verrichten, die werktags und sonntags einen ununterbrochenen Fortgang erfordern, so erhalten sie zur Sicherung ihres Gesamteinkommens zusätzlich drei Schichtlöhne im Monat, wenn sie alle in dem betreffenden Monat für den Betrieb geltenden Pflichtschichten verfahren haben. Werden diese Schichten nicht oder nur zum Teil verfahren, so verringert sich der Betrag von drei Schichtlöhnen anteilig.
3. . . .

Die Beklagte tritt dem Verlangen des Klägers mit der Begründung entgegen, daß der Kläger weder aus dem Tarifvertrag noch aus dem Gesetz seinen Anspruch herleiten könne, da er als Betriebsratsmitglied an Sonntagen nicht habe tätig sein müssen.

Das Arbeitsgericht hat die Klage abgewiesen. Das Landesarbeitsgericht und das Bundesarbeitsgericht haben ihr stattgegeben.

Aus den Gründen:

Der Anspruch des Klägers ist im Hinblick auf seine Freistellung begründet.

a) Zunächst ist die Freistellung des Klägers von seiner Berufsarbeit als gerechtfertigt anzuerkennen.

Die Freistellung beruht auf § 5 des hier interessierenden Tarifvertrags. Danach wird zur ordnungsmäßigen Durchführung der gesetzlichen Aufgaben des Betriebsrats von der Berufsarbeit freigestellt eine bestimmte, sich einfach nach der Belegschaftsstärke richtende Zahl von Betriebsratsmitgliedern. Es handelt sich hierbei also um eine typisierte Freistellung.

§ 37 Abs. 3 BetrVG stellt alerdings auf den konkreten Fall des einzelnen Betriebes ab. Nach dieser Vorschrift ist eine Freistellung nämlich zulässig, wènn und soweit das nach Umfang und Art des Betriebs zur ordnungsmäßigen Durchführung der Betriebsratsaufgaben erforderlich ist. Es soll gewährleistet sein, daß für die Betriebsratstätigkeit, die im Interesse der inneren Unabhängigkeit der Betriebsratsmitglieder und somit der unparteiischen und unabhängigen Wahrnehmung ihres Amtes nach § 37 Abs. 1 BetrVG unentgeltlich als Ehrenamt zu führen ist (Dietz, BetrVG, 2. Aufl., § 37 Anm. 2; Erdmann, BetrVG, 2. Aufl., § 37 Anm. 2; Fitting-Kraegeloh, BetrVG, 3. Aufl., § 37 Anm. 4; Galperin, BetrVG, 2. Aufl., § 37 Anm. 2), Entgelt auch nicht in der Form von Freizeit gewährt wird (Erdmann, BetrVG, § 37 Anm. 19; Fitting-Kraegeloh, BetrVG, § 37 Anm. 4). Aus diesem Grunde hat § 37 Abs. 3 BetrVG zwingenden Charakter (Erdmann, a. a. O.) und kann etwa auch nicht durch Tarifvertrag abgeändert werden (Erdmann, BetrVG, § 37 Anm. 1; Dietz, BetrVG, § 37 Anm. 7 a; Fitting-Kraegeloh, BetrVG, § 37 Anm. 1; Galperin, BetrVG, § 37 Anm. 4). Ebenfalls darf aber auch nach § 37 Abs. 2 BetrVG keine Lohnminderung eintreten wenn das Betriebsratsmitglied Arbeitszeit versäumt und das nach Art und Umfang des Betriebs zur ordnungsmäßigen Durchführung von Betriebsratsaufgaben erforderlich ist. Denn ohne diesen Grundsatz der Lohnsicherung würde die Betriebsratsarbeit von anderer Seite her sehr leicht beeinträchtigt werden; das Betriebsratsmitglied, das seinen Betriebsratsaufgaben nachgehen wollte, müßte in diesem Fall stets das Entstehen finanzieller Nachteile besorgen (Dietz, BetrVG, § 37 Anm. 2; Fitting-Kraegeloh, BetrVG, § 37 Anm. 1,

9). Daher ist die letztere Bestimmung ebenfalls unabänderlich (Dietz, BetrVG, § 37 Anm. 7 a; Fitting-Kraegeloh, BetrVG, § 37 Anm. 1; Galperin, BetrVG, § 37 Anm. 4).

Die Feststellung, ob und inwieweit eine Freistellung nach Art und Umfang des Betriebs erforderlich ist, enthält nun keine reine, stets klar und eindeutig zu treffende Subsumtion (siehe die zur Aufnahme in die Amtliche Sammlung vorgesehene Entscheidung des Senats vom 8. März 1957 in Sachen 1 AZR 113/55). Vielmehr kommen dabei Momente der Beurteilung und des Ermessens in Frage, über die im Einzelfall ein Streit möglich sein kann (Dietz, BetrVG, § 37 Anm. 9). Einen solchen Streit zu vermeiden, ist der Zweck der Vorschrift des § 5 des Tarifvertrags. Diese Vorschrift beschränkt sich in ihrer Wirksamkeit auf eine einheitliche räumlich begrenzte Wirtschaftssparte. Es kann davon ausgegangen werden, daß die Tarifpartner, die diese Vorschrift geschaffen haben, die Sachkunde besitzen, die erforderlich ist, um einen solchen Umfang der nach § 37 Abs. 3 BetrVG erforderlichen Freistellung zu bestimmen, die selbst weder eine Mehrzuwendung noch eine Lohnminderung darstellt. Wenn sie, wie geschehen, eine Typisierung der Freistellung im Tarifvertrag vorgenommen haben, so ist davon auszugehen, daß sie innerhalb des Beurteilungsspielraums, den § 37 Abs. 3 BetrVG zuläßt, die Lösung gefunden haben, die weder gegen die Unabhängigkeit des Betriebsrats noch gegen das Benachteiligungsverbot verstößt. Gegenteilige Anhaltspunkte liegen nicht vor. Es ist vielmehr anzunehmen, daß die Tarifpartner, die das Problem bei den Tarifverhandlungen klar erkannt haben (vgl. Höcker zum Tarifvertrag über die Betriebsverfassung im Wegweiser durch das Betriebsverfassunggesetz S. 7), eine gesetzwidrige Regelung gerade nicht beabsichtigt haben. Daß eine tarifvertragliche Regelung zur Freistellung von Betriebsratsmitgliedern unmöglich sein soll (so anscheinend Erdmann, BetrVG, § 37 Anm. 20), ist nicht einzusehen.

Wollte man jede Typisierung verbieten, so würde das zur Folge haben, daß in vielen Fällen ein Streit über den Umfang der notwendigen Freistellung entstehen würde. Infolge der Notwendigkeit der Austragung dieses Streits würde der Betriebsrat gehindert, seinen eigentlichen Aufgaben nachzugehen. Kann diese Gefahr durch eine auf sachlicher Grundlage beruhende Typisierung abgewendet werden, so ist anzunehmen, daß damit weder das Verbot der Mehrzuwendung noch der Grundsatz der Lohnsicherung berührt werden.

b) Ist der Kläger hiernach zu Recht von der Berufsarbeit völlig freigestellt, so kann er auch Lohn für die in Rede stehende Sonntagsarbeit fordern, die er in Wirklichkeit nicht geleistet hat. Der Kläger macht einen solchen Anspruch für eine verhältnismäßig lange Zeit (April bis November 1955) geltend. Auf Grund der tatsächlichen Feststellungen des Landesarbeitsgerichts steht bindend fest, daß der Kläger, wäre er nicht freigestellt, regelmäßig an drei Sonntagen im Monat für eine verhältnismäßig lange Zeit gearbeitet und dadurch einen Mehrverdienst gehabt hätte. Aus dem Grundsatz der Lohnsicherung heraus ist ihm dieser Verdienst zu gewähren.

Die Freistellung des Klägers beruht darauf, daß die Tarifpartner davon ausgegangen sind, Betriebsratsmitglieder in der Stellung des Klägers seien durch ihre Betriebsratstätigkeit in einem solchen Umfang in Anspruch genommen, daß ihnen daneben keine Zeit bleibt, noch Berufsarbeiten zu verrichten. Würde der Kläger dann ein Entgelt für die Arbeit, die er ohne seine Freistellung an den Sonntagen verrichtet haben würde, nicht erhalten, so würde er schlechter gestellt sein, als wenn er kein freigestelltes Betriebsratsmitglied wäre. Darin liegt keine Besserstellung des Klägers mit Rücksicht auf seine Betriebsratstätigkeit; denn es handelt sich bei der Sonntagsarbeit, die der Kläger infolge seiner Betriebsratseigenschaft nicht zu verrichten braucht, um eine solche von einer gewissen Ständigkeit und Regelmäßigkeit. Es ist daher nicht zu prüfen, ob der Fall anders zu beurteilen wäre, wenn es sich nicht um regelmäßige oder ständige Überarbeit gehandelt hätte, wenn z. B. die Betriebsabteilung, der das Betriebsratsmitglied vor seiner Freistellung angehört hat, einmalige Überstunden aus plötzlich eintretendem Anlaß leisten muß, ohne daß das Betriebsratsmitglied daran teilnimmt. Eine Besserstellung des Klägers liegt eben deswegen nicht vor, weil es sich um regelmäßig anfallende Sonntagsarbeit, die sich auf einen längeren Zeitraum erstreckt, handelt.

Der Sinn der völligen Freistellung liegt im übrigen nicht nur darin, daß der Kläger ausschließlich während der werktäglichen Arbeitszeit Betriebsratstätigkeit entfaltet und gleichsam seine Dienststunden im Betriebsratsbüro absitzt. Der Kläger ist vielmehr hinsichtlich der Einteilung seiner Betriebsratsarbeit frei. Er muß auch außerhalb der betrieblichen Arbeitszeit Gelegenheit haben, sich hinsichtlich der Betriebsratsaufgaben zu unterrichten und fortzubilden, Betriebsratssitzungen und Betriebsversammlungen vorzubereiten u. ä. m. Die Betriebsratsarbeit ist in einem besonderen Maße eine geistige Tätigkeit und kann als solche nicht an Dienststunden gebunden werden. Gerade die Sonntage sind in nicht wenigen Fällen für solche Unterichtung, Weiterbildung und Vorbereitung mehr geeignet als die Werktage, an denen die freigestellten Betriebsratsmitglieder mit Rücksicht auf den laufenden Publikumsverkehr dazu nicht immer die notwendige Ruhe finden werden. Es kann deshalb aus der Tatsache der völligen Freistellung der Schluß gezogen werden, daß die Tarifpartner selbst davon ausgegangen sind, freigestellte Betriebsratsmitglieder würden auch an Sonntagen eine im unmittelbaren Zusammenhang mit ihrem Betriebsratsamt stehende Tätigkeit verrichten müssen. Um so weniger wäre es dann gerechtfertigt, in einem Fall wie dem vorliegenden dem Kläger die Bezahlung für Sonntagsarbeit zu versagen.

## 39

**1. Ein Arbeitgeber, der beim Arbeitsamt für einen bestimmten Tag eine Aushilfskraft anfordert, bietet damit regelmäßig noch keinen Arbeitsvertrag bindend an und bevollmächtigt das Arbeitsamt auch nicht zum Abschluß eines Arbeitsvertrages.**

**2. Ein Arbeitgeber, der eine Aushilfskraft nur für einen Tag anfordert kann unter Umständen seine Sorgfaltspflicht bei Vertragsabschluß verletzen, wenn er die offene Stelle besetzt, ohne dem Arbeitsamt Mitteilung zu machen.**

**3. Die einem Arbeitgeber für einen Tag zugewiesene Aushilfskraft verletzt unter Umständen fahrlässig eine ihr obliegende Sorgfaltspflicht, wenn sie die ihr vom Arbeitsamt ausgehändigte Zuweisungskarte nicht alsbald dem Arbeitgeber weitergibt.**

BGB § 611 (Zustandekommen), § 254; AVAVG § 37 Abs. 1.

II. Senat. Urteil vom 27. Juni 1957 i. S. Z. (Bekl.) w. B. (Kl.)
2 AZR 58/55.

I. Arbeitsgericht Heidelberg. — II. Landesarbeitsgericht Baden in Mannheim.

Der Beklagte, der in H. eine Gastwirtschaft betreibt, forderte am Mittwoch, dem 18. August 1954 fernmündlich beim Arbeitsamt in H. für Sonntag, den 22. August 1954 vormittags 11 Uhr eine Serviererin an.

Beim Arbeitsamt in H. geben die Gastwirte bis Mittwoch einer jeden Woche ihren Bedarf an Aushilfskräften für den kommenden Sonntag an. Das Arbeitsamt sammelt diese Anforderungen und weist dann die Arbeitsuchenden am Samstag zu.

Am Samstag, den 21. August 1954 zwischen 10 und 11 Uhr bot das Arbeitsamt der Klägerin die Aushilfstätigkeit beim Beklagten und eine andere Aushilfstätigkeit zur Auswahl an. Die Klägerin entschied sich für die Aushilfstätigkeit beim Beklagten; das Arbeitsamt gab ihr eine „Zuweisungskarte", auf der als Arbeitsantritt der vom Beklagten benannte Zeitpunkt angegeben war; hierauf wies es die Klägerin auch noch mündlich hin. Den Beklagten benachrichtigte das Arbeitsamt nicht besonders; an ihn ist aber die vom Arbeitsamt der Klägerin gegebene Zuweisungskarte gerichtet.

Der Beklagte stellte am Sonnabend, dem 21. August nachmittags für den folgenden Sonntag eine andere Serviererin ein, die sich ihm über eine private Vermittlung angeboten hatte. Die Klägerin erschien am Sonntag, dem 22. August 1954 vormittags zur Aufnahme der Arbeit. Der Beklagte lehnte ihre Beschäftigung ab, da er schon eine andere Arbeitskraft eingestellt habe. Trotz Bemühung hat die Klägerin für den 22. August eine andere Arbeit nicht mehr erhalten.

Die Klägerin verlangt vom Beklagten 12,18 DM als Ersatz des ihr am genannten Sonntag entgangenen Verdienstes.

Das Arbeitsgericht hat die Klage abgewiesen. Das Landesarbeitsgericht hat dagegen antragsgemäß verurteilt. Die Revision des Beklagten führte zur Aufhebung und Zurückverweisung an das Landesarbeitsgericht aus den folgenden

Gründen:

I. Das Landesarbeitsgericht hält im Gegensatz zu der in den früheren Rechtszügen vorgetragenen Ansicht der Klägerin einen Arbeitsvertrag zwischen den Parteien nicht für zustandegekommen. Es führt aus, ein Vertragsangebot habe der Beklagte nicht abgegeben; denn der Arbeitgeber, der das Arbeitsamt um die Zuweisung eines Arbeitnehmers bitte, sei nicht gehindert, den zugewiesenen Arbeitnehmer abzulehnen.

Diese dem Beklagten und Revisionskläger günstigen Ausführungen bekämpft weder die Revision noch auch in der Revisionsinstanz die Klägerin. Sie lassen auch einen Rechtsirrtum nicht erkennen.

Zu Recht entnimmt das Landesarbeitsgericht dem AVAVG (jetzige § 35 und § 37 Abs. 1), daß das Arbeitsamt grundsätzlich nur die Aufgabe hat, Arbeitsverträge zu vermitteln, aber nicht abzuschließen (Fischer, AVAVG 1928, § 58 Erl. 2; Krebs, AVAVG 1957, § 37 Erl. 14). Daraus folgert es, daß ein Arbeitgeber, der sich an das Arbeitsamt mit der Bitte um Zuweisung von Arbeitskräften wendet, nur eine Tätigkeit in diesem beschränkten Sinne begehrt; diese Schlußfolgerung entspricht der allgemeinen Lebenserfahrung. Daß im vorliegenden Falle der Beklagte darüber hinaus dem Arbeitsamt eine weitere verbindliche Erklärung etwa in dem Sinne eines Vertragsangebots oder einer Vollmacht zum Abschluß eines Arbeitsvertrages gegeben habe, verneint das Landesarbeitsgericht, trotz der entgegenstehenden Auffassung des Landesarbeitsgerichts Berlin (3 LAG 589/52). Diese auf tatsächlichem Gebiet liegenden Erwägungen lassen einen Rechtsirrtum nicht erkennen; insbesondere verstoßen sie auch nicht gegen die Lebenserfahrung.

II. Wohl aber hält das Landesarbeitsgericht das Klagebegehren aus einem „Verschulden bei Vertragsschluß" für begründet. Der Beklagte habe, so führt das Landesarbeitsgericht aus, beim Arbeitsamt eine einzelne Arbeitskraft zur Aushilfe ledglich für den 22. August 1954 vormittags 11 Uhr, also unter genauer Angabe des Arbeitsverhältnisses und des Arbeitsbeginns, angefordert und alles weitere dem Arbeitsamt überlassen. Damit habe er das Arbeitsamt ermächtigt, für ihn die erforderlichen Verhandlungen zu führen, die demnächst zum Abschluß eines Arbeitsvertrages dienen sollten. Diese Verhandlungen habe das Arbeitsamt am 21. August 1954 im Auftrage des Beklagten geführt; es habe der Klägerin die Zuweisungskarte ausgehändigt und sie in dieser und weiterhin mündlich darauf hingewiesen, daß sie die Arbeit beim Beklagten am folgenden Tage um 11 Uhr antreten solle. Dieses durch den Beklagten veranlaßte Geschehen habe bei der Klägerin das Vertrauen erweckt, der Arbeitsvertrag mit dem Beklagten werde zustandekommen; die Klägerin habe die andere ihr angebotene Stelle ausgeschlagen und sei pünktlich zum Arbeitsbeginn erschienen. Das Landesarbeitsgericht führt weiter aus, dem Beklagten habe wegen der auf seine Veranlassung mit der Klägerin vom Arbeitsamt geführten Vorverhandlungen die Sorgfaltspflicht obgelegen, vom Arbeitsamt eine Auskunft darüber einzuholen, ob ihm die angeforderte Aushilfskraft zugewiesen sei oder nicht; dies sei noch am 21. August 1954 möglich gewesen. Diese Pflicht habe er fahrlässig verletzt. Infolge dieser Vorgänge sei der Klägerin ein Verdienstausfall in Höhe der Klagesumme entstanden.

a) Richtig ist der rechtliche Ausgangspunkt des Landesarbeitsgerichts, daß schon bloße Vertragsverhandlungen selbst dann, wenn sie nicht zum Vertragsabschluß führen, ein vertragsähnliches Vertrauensverhältnis unter den Beteiligten erzeugen, das sie im allgemeinen zur Beachtung der im Verkehr erforderlichen Sorgfalt verpflichtet (z. B. RGZ 159, 54). Das schuldhafte Verhalten bei solchen Vertragsverhandlungen kann insbesondere darin liegen, daß der eine Teil in dem anderen das Vertrauen erweckt, es werde demnächst ein Vertrag zustande kommen, und den anderen dadurch zu Aufwendungen veranlaßt (z. B. RGZ 159, 55). Dieser Rechtsgrundsatz ist auch von der Revision nicht in Frage gezogen.

b) Der Anwendung dieses Rechtsgrundsatzes steht nicht entgegen, daß der Beklagte selbst gar nicht in Vertragsverhandlungen mit der Klägerin eingetreten ist, sondern lediglich die Vermittlungstätigkeit des Arbeitsamtes in Anspruch genommen hat und das Arbeitsamt nach dem zu I Ausgeführten nicht befugt war, den Beklagten bei dem Vertragsabschluß zu vertreten. Das Arbeitsamt kann sich, wenn seine Aufgabe sinnvoll sein soll, nicht auf eine bloße Zuweisung beschränken. Daher sieht das Landesarbeitsgericht mit Recht in dem Antrag des Beklagten, ihm eine Aushilfskraft zuzuweisen, den Auftrag an das Arbeitsamt, die Vorverhandlungen mit einem als Aushilfskraft in Frage kommenden Bewerber im Namen des Beklagten zu führen. Eine solche Vertretung bei der Führung der Vorverhandlung muß aber genügen.

c) Die Revision sieht zunächst die Ausführungen des Landesarbeitsgericht für widerspruchsvoll an; einerseits halte es den Beklagten nicht für verpflichtet, mit der Klägerin, wenn sie ihm vom Arbeitsamt zugewiesen worden wäre, einen Arbeitsvertrag abzuschließen, und daher für berechtigt, die Klägerin beliebig abzulehnen, insbesondere wenn ihm eine andere Arbeitskraft mehr zugesagt hätte; andererseits bejahe es eine Verpflichtung des Beklagten gegenüber der Klägerin.

Ein solcher Widerspruch liegt aber in Wirklichkeit nicht vor. Das Nichtzustandekommen eines Arbeitsvertrages ist durchaus vereinbar mit einer Haftung des Beklagten aus einem vertragsähnlichen Vertrauensverhältnis, das durch die in seinem Namen vom Arbeitsamt geführten Vorverhandlungen begründet war. Diese Haftung geht ja auch nicht auf das Interesse an der Erfüllung des Vertrages, sondern auf den Ersatz des sogenannten Vertrauensschadens. Dementsprechend spricht das Landesarbeitsgericht der Klägerin auch nicht etwa den Schaden zu, der ihr dadurch entstanden ist, daß sie die Aushilfsstelle im Betriebe des Beklagten nicht erhalten hat. Vielmehr ist der vom Landesarbeitsgericht der Klägerin zugesprochene Schaden offenbar das Vertrauensinteresse; er besteht darin, daß der Klägerin der Verdienst bei einer anderen Aushilfsstelle entgangen ist, die anzunehmen sie deshalb abgelehnt hat, weil sie darauf vertraut hat, die Stelle im Betriebe des Beklagten zu erhalten. Dies führt das Landesarbeitsgericht allerdings nicht ausdrücklich aus, doch ist dies aus dem Sinnzusammenhang seiner Begründung zu entnehmen. Es kommt nicht, wie der Beklagte meint, darauf an, ob die Klägerin gegen den Beklagten einen Anspruch auf

Einstellung erworben hat, sondern lediglich darauf, ob die Klägerin, wenn sie rechtzeitig erfahren hätte, daß der Beklagte — der mit ihr über das Arbeitsamt in Verbindung getreten war — eine andere Arbeitskraft sich beschafft habe und sie nicht einstellen werde, sich eine andere Stelle noch hätte beschaffen können.

d) Wohl aber überzeugen die Ausführungen des Landesarbeitsgerichts nicht, daß den Beklagten schon auf Grund der Vorverhandlungen die Sorgfaltspflicht getroffen habe, vor der Einstellung einer anderen Kraft sich beim Arbeitsamt über den Erfolg seines Zuweisungsantrags zu erkundigen. Das durch die Vorverhandlungen begründete Vertrauensverhältnis verpflichtet eben nur zu der im Verkehr erforderlichen Sorgfalt, nicht aber zu mehr. Es kommt also darauf an, welche Pflicht der redliche Verkehr dem Beklagten aus seiner geschilderten Inanspruchnahme des Arbeitsamts gegenüber der Klägerin auferlegt, nicht aber darauf, was die Klägerin etwa subjektiv erwartet hat. Insoweit entbehren die Ausführungen des Landesarbeitsgerichts der erforderlichen Klarheit.

Ob das Landesarbeitsgericht diese von ihm aufgestellte Sorgfaltspflicht, eine Auskunft beim Arbeitsamt einzuholen, lediglich aus Treu und Glauben und der Verkehrssitte oder aus einer besonderen in H. herrschenden Verkehrsauffassung entnimmt, ist aus den Entscheidungsgründen nicht ersichtlich.

Das angefochtene Urteil entnimmt diese Pflicht aber möglicherweise lediglich dem subjektiven Verhalten der Klägerin; denn es stützt alle seine Erwägungen auf die Feststellung, daß in der Klägerin das Vertrauen erweckt worden sei, der Arbeitsvertrag mit dem Beklagten werde zustandekommen. Es ist denkbar, daß das Landesarbeitsgericht den weiteren Schluß zieht, daß diese subjektive Vorstellung der Klägerin schon die Sorgfaltspflicht des Beklagten begründet habe. In diesem möglichen Falle hätte aber das Landesarbeitsgericht den Begriff des Verschuldens bei Vertragsabschluß verkannt.

Es kommt nicht darauf an, welche Folgerungen ein Vertragsteil oder ein möglicher Vertragsteil tatsächlich subjektiv gezogen hat, sondern allein darauf, welche Folgerungen nach Treu und Glauben und nach der Verkehrssitte jeder vernünftig denkende Mensch hätte ziehen müssen. Der Beklagte hat ja offenbar gerade den umgekehrten Schluß gezogen, nämlich daß ein Bewerber, solange er nicht bei ihm eingestellt sei, auch nicht mit einiger Sicherheit damit rechnen konnte, die Stellung zu erhalten. Nur wenn jeder rechtlich denkende Mensch — und eben nicht nur, wie das Landesarbeitsgericht feststellt, die Klägerin —

bei dem Verhalten des Beklagten im Verein mit den ganzen Umständen und im Zusammenhang mit einer in H. vielleicht bestehenden verkehrssitte hätte damit rechnen können, daß der Beklagte weiterhin bereit sein werde, die ihm vom Arbeitsamt angeforderte und zugewiesene Aushilfskraft einzustellen, muß auch der Beklagte damit rechnen. Nur dann war er, um dieses Vertrauen nicht zu enttäuschen, verpflichtet, beim Arbeitsamt zu erfragen, ob ihm tatsächlich eine Aushilfskraft zugewiesen sei.

Ohne Klärung der in H. für Aushilfskräfte im Gastwirtsgewerbe herrschenden Verkehrssitte ist dem Revisionsgericht eine Entscheidung aber nicht möglich.

aa) Es ist denkbar, daß das Arbeitsamt, um Mißverständnisse wie das vorliegende zu vermeiden, die Übung hat, den anfordernden Gastwirt von sich aus von der tatsächlichen Zuweisung fernmündlich zu benachrichtigen. Das Schweigen des Arbeitsamtes muß dann — und zwar erst von der Beendigung der Dienststunden des Arbeitsamtes ab — bei jedem vernünftig denkenden Gastwirt die Vorstellung erwecken, daß ihm eine Arbeitskraft nicht zugewiesen sei.

bb) Möglich ist auch das Umgekehrte: nur im Falle der Nichtzuweisung läßt üblicherweise das Arbeitsamt dem Gastwirt eine solche Benachrichtigung zukommen; dann muß er auch den umgekehrten Schluß aus dem Schweigen des Arbeitsamts mit einiger Sicherheit ziehen.

cc) Es ist aber auch denkbar — und vermutlich ist es so —, daß das Arbeitsamt sich stets zunächst unmittelbar dem Arbeitgeber gegenüber passiv verhält und sich darauf beschränkt, dem Stellungsuchenden die Zuweisungskarte auszuhändigen, die sich ja formell an den die Aushilfskraft suchenden Gastwirt richtet. Dann kann kein vernünftig denkender Gastwirt aus dem Schweigen des Arbeitsamtes einen bestimmten Schluß ziehen, er muß also immerhin jedenfalls damit rechnen, daß das Arbeitsamt ihm eine Aushilfskraft zugewiesen habe, und darauf Bedacht nehmen, daß diese zugewiesene Arbeitskraft nicht vergeblich sich Hoffnungen auf die Sonntagsarbeit in seinem Betriebe macht.

In diesem Falle bleibt immer noch ungeklärt, ob das Arbeitsamt in H. üblicherweise nur eine einzige Arbeitskraft oder mehrere zur Auswahl dem anfordernden Gastwirt zuweist. Der tatsächliche Vorgang spricht dafür, daß es den ersteren Weg innehält. Dafür scheint auch zu sprechen, daß bei nur für einen Tag zu beschäftigenden Aushilfskräften eine Auswahlmöglichkeit weniger sinnvoll ist; denn es ist denkbar, daß der Gastwirt regelmäßig mit der ihm zugewiesenen Arbeitskraft, die er ja nur den einen Sonntag zu beschäftigen braucht, vorlieb nimmt. Eine allgemeine Praxis dieser Art ist aber, etwa als Erfahrungssatz, nicht feststellbar.

e) Mußte aber ein vernünftiger Arbeitgeber bei dem Schweigen des Arbeitsamtes immerhin damit rechnen, daß das Arbeitsamt ihm eine Aushilfskraft für den Sonntag zugewiesen habe, so mußte er doch, jedenfalls in dem wahrscheinlichen Falle. zu cc), eben auch mit der umgekehrten Möglichkeit rechnen, daß ihm das Arbeitsamt für den Sonntag die angeforderte Aushilfskraft nicht zur Verfügung stellen konnte. Er war dann genötigt, seinerseits Vorsorge zu treffen, daß er für den kommenden Sonntag genügend Arbeitskräfte hatte.

Diese ungewisse Lage des eine Aushilfskraft anfordernden Gastwirts war aber nicht nur dem Arbeitsamt, sondern auch der arbeitsuchenden Aushilfskraft vernünftigerweise erkennbar. Es wird also weiterhin darauf ankommen, ob nicht die tatsächlich zugewiesene Arbeitskraft ihrerseits, wenn schon das Arbeitsamt die Benachrichtigung unmittelbar nicht übernahm, dem Gastwirt die Zuweisungsmitteilung alsbald überbringen mußte, um seine Ungewißheit über seine Lage zu beenden. Hierzu bestand unter Umständen umsomehr Veranlassung, als der Gastwirt bis zur Beendigung der Dienststunden des Arbeitsamtes immer noch mit der Möglichkeit einer Zuweisung rechnen konnte, er aber die Person des etwa Zugewiesenen durch das Arbeitsamt oder die zugewiesene Arbeitskraft selbst nicht mehr erfahren, die etwa zugewiesene auch gar nicht benachrichtigen konnte. In diesem Falle liegt es nahe, daß die Klägerin selbst dadurch fahrlässig eine ihr obliegende Sorgfaltspflicht verletzt hat, daß sie die ihr ausgehändigte Zuweisungskarte nicht alsbald dem Beklagten, an den sie ja, wie sie aus ihrem Inhalt ersehen mußte, gerichtet war, weitergegeben oder ihn wenigstens fernmündlich von dem Inhalt der Karte unterrichtet, sondern daß sie damit bis Sonntag vormittag gewartet hat. Damit hat sie also seine Ungewißheit ohne Grund fortbestehen lassen. Dann hat sie aber selbst mitverschuldet, daß der Beklagte eine andere Aushilfskraft eingestellt hat, und muß daher nach § 254 Abs. 1 BGB den ihr entstandenen Schaden teilweise oder gar vollständig tragen. Daß das mitwirkende Verschulden jedenfalls auch bei Tatbeständen, in denen ein Verschulden bei Vertragsverhandlungen sich auswirkt, rechtlich von Bedeutung ist, ist in der Rechtsprechung anerkannt (RGZ 151, 357—361).

III. Hiernach sind die Ausführungen des Landesarbeitsgerichts nicht erschöpfend genug, um das von ihm gefällte Urteil zu stützen. Nur auf Grund einer weiteren Aufklärung der tatsächlichen Vorgänge, insbesondere der beim Arbeitsamt in H. hinsichtlich der Aushilfskräfte bei Gastwirten bestehenden Übung und der in H. im Gastwirtsgewerbe bestehenden Verkehrssitte, wird entschieden werden können, ob den Beklagten die Sorgfaltspflicht, auf dessen Verletzung das Landesarbeitsgericht seine Verurteilung stützt, überhaupt trifft und im Falle der Bejahung dieser Frage weiterhin, ob der Klägerin nicht gleichfalls eine Sorgfaltsverletzung vorzuwerfen ist, sowie gegebenenfalls schließlich, inwieweit der Schaden vorwiegend durch die Sorglosigkeit des Beklagten oder der Klägerin entstanden ist.

## 40

**1. Auch zwei selbständige Unternehmer können im kündigungsrechtlichen Sinne einen einheitlichen Betrieb haben.**

**2. Die Beweislast dafür, daß in dem Betriebe, in dem er tätig ist, in der Regel mehr als fünf Arbeitnehmer beschäftigt werden (§ 21 Abs. 1 Satz 2 KSchG), trifft den Arbeitnehmer.**

KSchG § 21 Abs. 1 Satz 2 (Kleinbetrieb).

II. Senat. Urteil vom 4. Juli 1957 i. S. L. (Kl.) w. Fa. V. & Co. (Bekl.) 2 AZR 86/55.

I. Arbeitsgericht Wuppertal. — II. Landesarbeitsgericht Düsseldorf.

Der Kläger war seit dem 2. November 1950 bei der Beklagten, die sich als Textilmaschinenfabrik bezeichnet, und zwar zuletzt als Werkmeister gegen ein Monatsgehalt von 550,— DM, angestellt. Die Beklagte kündigte dem Kläger am 19. Februar 1954 zum 31. März 1954.

Die Beklagte ist am 1. Oktober 1950 in das Handelsregister eingetragen worden; ihre Gesellschafter sind A. V. jun., W. V. und L. K.; den Beruf dieser Gesellschafter stellt das Landesarbeitsgericht nicht fest. Die Beklagte hat zunächst Schermaschinen selbst hergestellt, dabei aber keinen wirtschaftlichen Erfolg erzielt und sich deshalb — nach der Behauptung der Beklagten seit 1954 — auf den Handel mit Schermaschinen beschränkt.

Seit dem 1. Januar 1954 beschäftigt die Beklagte nicht mehr als fünf Arbeitnehmer.

Neben der Beklagten besteht eine Firma Th. V.; diese ist 1927 in das Handelsregister eingetragen. Ihre Inhaber sind Th., A. V. sen. und

O. V. Der Geschäftszweig dieser Firma ist aus den Feststellungen des Landesarbeitsgerichts nicht ersichtlich.

Beide bezeichnete Firmen arbeiten in denselben Räumen und zum größten Teil mit denselben Betriebsmitteln.

Wie die Inhaber der bezeichneten beiden Firmen familienmäßig zusammenhängen stellt das Landesarbeitsgericht nicht näher fest; ebensowenig gehen sonstige Verbindungen zwischen beiden Firmen aus dem angefochtenen Urteil hervor. Daß die Behauptung des Klägers, in beiden Firmen hätten dieselben Arbeitnehmer gearbeitet, zutrifft, sagt das Landesarbeitsgericht nicht.

Der Kläger macht geltend, die Beklagte habe zusammen mit der Firma Th. V. einen einheitlichen Betrieb und damit einen Betrieb mit mehr als 5 Arbeitnehmern geführt; er hat sich gegen seine Kündigung mit der Kündigungsschutzklage gewandt.

Beide Vorinstanzen haben zwei getrennte Betriebe angenommen und die Klage abgewiesen, da der Betrieb der Beklagten ein Kleinbetrieb im Sinne des § 21 Abs. 1 Satz 2 KSchG sei.

Auf die Revision des Klägers ist das Urteil des Landesarbeitsgerichts aufgehoben und die Sache an das Landesarbeitsgericht zurückverwiesen worden.

Aus den Gründen:

1. Rechtlich unklar ist zunächst, wie die Revision mit Recht ausführt, der Ausgangspunkt des Landesarbeitsgerichts. Es stellt die Entscheidung zunächst darauf ab, ob die „Firma" der Beklagten als selbständiger Betrieb oder überhaupt als Betrieb im Sinne des Kündigungsschutzgesetzes anzusehen sei. Indes ist die kaufmännische Firma überhaupt kein Betrieb, sondern — bei einer offenen Handelsgesellschaft wie der Beklagten — der gemeinsame Name, unter dem die offene Handelsgesellschaft als Unternehmen im Handel ihre Geschäfte betreibt und die Unterschrift abgibt (§ 17, § 105 Abs. 1 HGB). Die Firma wird regelmäßig einen Betrieb, kann aber insbesondere auch mehrere Betriebe haben.

Möglicherweise hat das Landesarbeitsgericht sich aber nur im Ausdruck vergriffen und es darauf abstellen wollen, ob die Beklagte einen selbständigen Betrieb unterhalten oder ob sie einen gemeinsamen Betrieb mit der Firma Th. V. geführt hat.

2. Rechtlich ist es nicht ausgeschlossen, daß zwei im Handelsregister eingetragene offene Handelsgesellschaften wie die Beklagte und die Firma Th. V. so eng miteinander zusammenarbeiten, daß sie gemeinsam einen einheitlichen Betrieb führen. Welche Rechtsform eine

solche Zusammenarbeit hat und welche Folgerungen sich für die Haftung nach außen ergeben, braucht hier nicht geprüft zu werden. Ist ein Arbeitnehmer in einem solchen einheitlichen Betriebe beschäftigt, so ist jedenfalls für die Frage, ob er nach § 21 Abs. 1 Satz 2 KSchG vom Kündigungsschutz ausgenommen ist, auf die Zahl der Arbeitnehmer des gemeinschaftlichen Betriebes abzustellen. Von der Zahl der in einem Betriebe beschäftigten Arbeitnehmer macht der klare Wortlaut des § 21 Abs. 1 Satz 2 KSchG den Kündigungsschutz abhängig, nicht von der Zahl der Arbeitnehmer, die gerade der Arbeitgeber beschäftigt, gegen den sich nach § 1 KSchG der Bestandschutz richtet.

Dieses Ergebnis entspricht auch dem Sinn der in § 21 Abs. 1 Satz 2 KSchG enthaltenen Beschränkung des Kündigungsschutzes auf Betriebe mit mehr als fünf Arbeitnehmern. Das Gesetz geht nämlich davon aus, daß bei Betrieben bis zu fünf Arbeitnehmern die persönlichen Beziehungen von Arbeitgeber und Arbeitnehmern so enge sind, daß das Arbeitsverhältnis frei lösbar sein soll (Ob aus anderen Gründen in diesem Falle eine arbeitgeberseitig ausgesprochene Kündigung unwirksam sein kann, interessiert hier nicht). Diese engen persönlichen Beziehungen entfallen aber, weil sich im Betrieb das Arbeitsverhältnis abspielt und der Arbeitsvertrag seine Verwirklichung findet, allein durch die Belegschaftsgröße des Betriebes als solche; sie bleiben nicht dadurch bestehen, daß in einem von mehreren Unternehmern unter einheitlicher Leitung gebildeten gemeinsamen Betrieb der eine Unternehmer Arbeitsverträge nur mit dem einen Teil, der andere Unternehmer Arbeitsverträge nur mit dem anderen Teil der in diesem gemeinsamen Betriebe tätigen Arbeitnehmer abschließt.

Dies setzt auch das Landesarbeitsgericht stillschweigend voraus und zieht auch die Beklagte in der Revisionsinstanz nicht in Zweifel.

3. Das Landesarbeitsgericht entnimmt dem Wesen des Betriebes: „daß nicht nur wirtschaftlicher Organismus und sachliche sowie räumliche Betriebseinrichtungen den Betrieb gestalten, sondern daß daneben entscheidend ist der Wille des Inhabers bzw. Unternehmers zur Zusammenfassung aller betrieblichen Verrichtungen unter einheitlichem Zweck". Richtig ist hieran, daß zwei oder mehrere selbständige Unternehmer allein dadurch, daß sie eine betriebliche Tätigkeit in den gleichen Räumen und mit etwa den gleichen sachlichen Mitteln entwickeln, noch nicht notwendig einen gemeinsamen einheitlichen Betrieb führen; auch unter diesen Umständen bleiben die Betriebe dann selbständig, wenn jeder der beteiligten Unternehmer seinen eigenen Betriebszweck unabhängig von dem der anderen verfolgt, also keine gemeinsame Be-

triebsleitung zustande kommt. Kommt indes noch hinzu, daß die mehreren Unternehmer einen gemeinsamen Betriebszweck verfolgen und die Leitung vereinheitlichen, so kann jedenfalls im Sinne des Kündigungsschutzgesetzes nicht mehr von zwei getrennten Betrieben die Rede sein. Sonst wäre es auch der Willkür der Inhaber überlassen, in unnatürlicher Weise einen einheitlichen Organismus in selbständige Betriebe aufzuspalten und so unter Umständen den Arbeitnehmern den nun einmal von der Betriebsgröße ausgehenden Kündigungsschutz zu nehmen, indem immer nur je einer der mehreren Unternehmer mit einem Teil der gemeinsam tätigen Arbeitnehmer einen Arbeitsvertrag abschließt.

4. Die Ausführungen, mit denen das Landesarbeitsgericht das Vorliegen zweier getrennter Betriebe bejaht, sind unklar und möglicherweise nicht frei von Rechtsirrtum. Es hält für „schlechterdings undenkbar, daß zwei verschiedene Persönlichkeiten zwei verschiedene Betriebe mit verschiedener Zielsetzung organisatorisch — also kaufmännisch und technisch — zusammenschließen".

Hierbei hält es anscheinend wiederum die Betriebe nicht von der Person der Unternehmer auseinander. Es handelt sich doch nur darum, ob die arbeitsmäßige Tätigkeit, wie sie die Beklagte und die Firma Th. V. in den gleichen Räumen mit zum größten Teil gleichen Betriebsmitteln, und zwar möglicherweise sowohl sachlichen wie persönlichen, entfaltet haben, nach natürlicher Auffassung einen einheitlichen Betrieb darstellt.

5. Dafür, daß zwei selbständige Betriebe „gewollt, gestaltet und geführt" worden sind, spricht nach der Meinung des Landesarbeitsgerichts „zwingend", daß es sich um zwei offene Handelsgesellschaften handelt. Rechtliche Persönlichkeiten, wie das Landesarbeitsgericht in diesem Zusammenhang ausführt, sind offene Handelsgesellschaften überhaupt nicht; darauf kommt es aber hier nicht an. Daß es zwei verschiedene Handelsgesellschaften sind, die beide in das Handelsregister eingetragen sind, ist nicht entscheidend; denn auch zwei Handelsgesellschaften können sich, genau so wie zwei natürliche oder juristische Personen, als Unternehmer zusammen tun, um einen einheitlichen Betrieb zu führen; sie brauchen ihn nur als gemeinsamen Betrieb einheitlich zu leiten. Dies übersieht das Landesarbeitsgericht. Daß die Handelsgesellschaften nach außen als zwei Firmen auftreten, schließt, wie oben zu 3 ausgeführt, nicht aus, daß sie gleichwohl einheitlich einen gemeinsamen Betrieb führen.

6. Die vom Landesarbeitsgericht angeführten Gründe tragen daher seine Schlußfolgerung nicht, daß es sich um zwei getrennte Betriebe gehandelt habe und daß somit der Betrieb, in dem der Kläger beschäftigt gewesen ist, ein Kleinbetrieb im Sinne des § 21 Abs. 1 Satz 2 KSchG sei. Ohne die nähere Aufklärung der Frage, ob die beiden Firmen zu einer einheitlichen Leitung eines gemeinsamen Betriebes sich zusammengetan haben, wie der Kläger behauptet, ist der Rechtsstreit nicht zu entscheiden. Hierfür wird aber nicht eine ausdrückliche Vereinbarung einer einheitlichen Führung gefordert werden müssen, es wird vielmehr auf die tatsächliche Handhabung ankommen; denn der Betrieb entsteht nicht durch ein Rechtsgeschäft, sondern durch einen tatsächlichem Vorgang.

In dieser Richtung kann vornehmlich von Bedeutung sein, welche Zwecke die beiden Firmen verfolgten, aus welchen Gründen die Beklagte im Jahre 1950 noch besonders gegründet worden ist, obgleich schon die Firma Th. V. bestand, in welchen Händen die Betriebsführung tatsächlich geruht hat und ob, wie der Kläger behauptet, etwa auch im wesentlichen die Arbeitnehmer für die beiden Firmen ständig tätig waren und ausgetauscht wurden; dabei kann unter Umständen wieder der Behauptung des Klägers eine Bedeutung zukommen, daß die Beklagte am 1. Januar 1954 ihre Arbeitnehmer bis auf fünf an die Firma Th. V. abgegeben hat. Schließlich kann noch der Umstand, ob ein einziger Betriebsrat, wie der Kläger behauptet, oder zwei Betriebsräte gebildet worden sind, einen Fingerzeig für die zu entscheidende Frage bilden. All dies hat das Landesarbeitsgericht nicht geklärt.

7. Die Beweislast für seine Behauptung, daß die Beklagte und die Firma Th. V. einen gemeinsamen Betrieb geführt haben, trägt der Kläger; denn diese Behauptung gehört zur Begründung seiner Klage. Daß ein Betrieb mit mehr als fünf Arbeitnehmern die Regel und ein Betrieb bis zu fünf Arbeitnehmern die Ausnahme sei, die die Prozeßpartei zu beweisen hat, die sich auf diese Ausnahme beruft, ist dem Sinn und Wortlaut des § 21 Abs. 1 Satz 2 KSchG nicht zu entnehmen und folgt auch nicht aus dem tatsächlichen Aufbau unserer Wirtschaft (BAG 1, 276).

## 41

**Der Einspruch gegen ein Versäumnisurteil des Landesarbeitsgerichts kann durch die Partei selbst schriftlich oder durch Abgabe einer Erklärung zur Niederschrift der Geschäftsstelle des Landesarbeitsgerichts eingelegt werden.**

ZPO § 78 Abs. 2, § 339 Abs. 1, § 340 Abs. 1, § 345, § 496; ArbGG § 11 Abs. 2, § 59, § 64 Abs. 2, 3, § 72 Abs. 4, § 87 Abs. 2.

Großer Senat (I. Senat). Beschluß vom 10. Juli 1957 i. S. Land Hessen (Bekl.) w. L. (Kl.) GS 1/57 (1 AZR 434/55).

Gründe:

Bei dem Ersten Senat des Bundesarbeitsgerichts ist der Rechtsstreit 1 AZR 434/55 anhängig.

Die Klägerin war in erster Instanz mit ihrer Klage kostenpflichtig abgewiesen worden. Sie hatte Berufung einlegen lassen, war jedoch im Termin vom 30. März 1955 nicht vertreten. Es erging gegen sie Versäumnisurteil, das ihrem Prozeßbevollmächtigten am 5. April 1955 zugestellt wurde. Hiergegen legte die Klägerin persönlich am 9. April 1955 (der 8. April war als Karfreitag gesetzlicher Feiertag) Einspruch ein. Das Landesarbeitsgericht sah diesen Einspruch zunächst nicht als wirksam an und teilte das der Klägerin durch Schreiben von 12. April 1955 mit. Im weiteren Verlauf der Berufungsinstanz nahm das Landesarbeitsgericht diese Verfügung zurück. Im Termin vom 13. Juli 1955 wurde über den Einspruch der Klägerin und zur Sache verhandelt Das Landesarbeitsgericht hob auf den Einspruch das Versäumnisurteil auf und erkannte nach Klageantrag. Hiergegen legte das beklagte Land die vom Landesarbeitsgericht zugelassene Revision ein und bemängelte in erster Linie, daß das Landesarbeitsgericht den Einspruch, den die Klägerin persönlich eingelegt hatte, als wirksam angesehen habe. Die Klägerin ist dem entgegengetreten.

Der Erste Senat des Bundesarbeitsgerichts ist der Ansicht, daß das Urteil im Prozeß 1 AZR 434/55 zunächst von der Entscheidung folgender Rechtsfrage abhängt:

Kann der Einspruch gegen ein Versäumnisurteil des Landesarbeitsgerichts durch die Partei selbst schriftlich oder durch Abgabe einer Erklärung zur Niederschrift der Geschäftsstelle eingelegt werden?

Der Große Senat sieht die Voraussetzungen des § 45 Abs. 2 Satz 2 ArbGG für die Entscheidung der Rechtsfrage durch ihn als gegeben an. Es handelt sich bei der zu entscheidenden Frage um ein Problem von grundsätzlicher Bedeutung, dessen Klärung im Interesse der Sicherung einer einheitlichen Rechtsprechung erforderlich und im übrigen für die Entscheidung des Rechtsstreits auch tragend ist.

1. § 64 Abs. 3 ArbGG besagt für das Berufungsverfahren, daß die Vorschriften des § 59 ArbGG über das Versäumnisverfahren entsprechend gelten. In § 59 ArbGG, Versäumnisverfahren heißt es:

„Gegen ein Versäumnisurteil kann eine Partei, gegen die das Urteil ergangen ist, binnen einer Notfrist von 3 Tagen nach seiner Zustellung Einspruch einlegen. Der Einspruch wird beim Arbeitsgericht schriftlich oder durch Abgabe einer Erklärung zur Niederschrift der Geschäftsstelle eingelegt. Hierauf ist die Partei zugleich mit der Zustellung des Urteils schriftlich hinzuweisen. § 345 der Zivilprozeßordnung bleibt unberührt."

§ 59 ArbGG befindet sich im Dritten Teil, Erster Abschnitt, Erster Unterabschnitt: Erster Rechtszug, des Arbeitsgerichtsgesetzes. Der in ihm angezogene § 345 ZPO betrifft das sog. Zweite Versäumnisurteil.

§ 78 ZPO, der mit seinem Absatz 1 für die Landgerichte und alle Gerichte des höheren Rechtszugs den Anwaltszwang vorsieht, bestimmt in seinem Absatz 2, daß die Vorschrift über den Anwaltszwang auf das Verfahren vor einem beauftragten oder ersuchten Richter sowie auf Prozeßhandlungen, die vor dem Urkundsbeamten der Geschäftsstelle vorgenommen werden können, nicht anzuwenden ist. Nach § 64 Abs. 2 Satz 1 ArbGG gelten für das Verfahren vor den Landesarbeitsgerichten, soweit das Arbeitsgerichtsgesetz nichts anderes bestimmt, die Vorschriften der Zivilprozeßordnung über die Berufung entsprechend.

2. Das Reichsarbeitsgericht (ARS 9 S. 316 und ARS 14 S. 227) hat die den §§ 64 Abs. 3, 59 ArbGG 1953 inhaltsgleichen Vorschriften der §§ 64 Abs. 3, 59 ArbGG 1926 dahin ausgelegt, daß der Einspruch gegen ein Versäumnisurteil des Landesarbeitsgerichts nur durch einen nach § 11 Abs. 2 ArbGG zugelassenen Vertreter eingelegt werden könne, da § 59 Satz 2 ArbGG als mit den Grundsätzen über den Vertretungszwang unvereinbar auf das Berufungsverfahren vor dem Landesarbeitsgericht nicht angewendet werden könne (so auch Gerstel in den Anmerkungen zu den Entscheidungen, a. a. O.; Baumbach, ArbGG, § 64 Anm. 8, und die folgenden Auflagen: 2. Aufl., § 64 Anm. 8, 3. Aufl., § 64 Anm. 11). Das Reichsarbeitsgericht hat seine Entscheidungen auf den Vorrang des Vertretungszwangs nach § 11 Abs. 2 ArbGG abgestellt. In ARS 9 S. 316 ff. hat es ausgeführt, § 11 Abs. 2 ArbGG enthalte keine Einschränkung im Sinne des § 78 Abs. 2 ZPO. Daraus folge, daß die Anwendbarkeit des § 78 Abs. 2 ZPO für den zweiten und dritten Rechtszug des arbeitsgerichtlichen Verfahrens jedenfalls insoweit ausgeschlossen sei, wie Prozeßhandlungen in Frage kämen, die auch im Verfahren vor den ordentlichen Gerichten dem Anwaltszwang unterworfen seien. Für diese Prozeßhandlungen, welche zweifellos alle Handlungen umfaßten, die der Begründung, Führung und Erledigung des Rechtsstreits dienten und vom Prozeßrecht in ihren Voraussetzungen und

Wirkungen geregelt seien, habe § 11 Abs. 2 ArbGG eine erschöpfende und ausschließliche Regelung getroffen. Zu ihnen gehöre im Urteilsverfahren auch die Einlegung des Einspruchs gegen ein Versäumnisurteil des Landesarbeitsgerichts als Berufungsgericht. Es sei fehlsam, die Zulässigkeit des schriftlichen Einspruchs durch die Partei selbst damit begründen zu wollen, daß § 64 Abs. 3 ArbGG ausdrücklich den § 59 ArbGG aufführe. Es könne unerörtert bleiben, ob die „entsprechende" Anwendung nicht gerade zur Bejahung des Vertretungszwangs führe. Eine entsprechende Anwendung könne jedenfalls nur da in Frage kommen, wo die allgemeinen verfahrensrechtlichen Grundsätze die unmittelbare Anwendung gestatteten. Es sei nicht einzusehen, daß die Partei, die für die Berufungseinlegung, für die Verhandlung im Termin wie überhaupt für alle die Begründung, Führung und Erledigung des Rechtsstreits betreffenden Handlungen einen Vertreter brauche, gerade für eine dieser Handlungen, nämlich die Einspruchseinlegung, einen solchen nicht brauche. „Entsprechende" Anwendung bedeute, daß § 59 ArbGG nur insoweit anzuwenden sei, wie das mit den allgemeinen verfahrensrechtlichen Grundsätzen des § 11 ArbGG vereinbar sei. Auch Billigkeitserwägungen sprächen nicht entscheidend für die Zulassung des privatschriftlichen Einspruchs im Berufungsverfahren.

In ARS 14 S. 227 ff. hat das Reichsarbeitsgericht ausgeführt, auf den Vertretungszwang nach § 11 ArbGG sei in der das Verfahren vor dem Landesarbeitsgericht regelnden Bestimmung des § 64 ArbGG nicht besonders hingewiesen worden. Daraus sei deutlich zu ersehen, daß der Vertretungszwang als allgemeiner Grundsatz das gesamte Verfahren vor dem Landesarbeitsgericht ohne weiteres beherrschen solle. Ausnahmen könnten sich nur aus einer ausdrücklichen Anordnung des Gesetzes ergeben. Zwar sei auch § 78 Abs. 2 ZPO entsprechend anwendbar, aber nur in dem für das Verfahren vor den ordentlichen Gerichten geltenden Umfang. Der Zwang zur Vertretung durch Rechtsanwälte und Organisationsvertreter gelte also nicht, soweit Prozeßhandlungen in Frage kämen, welche auch nach den für das Verfahren vor dem Landgericht geltenden Bestimmungen der ZPO vor dem Urkundsbeamten der Geschäftsstelle vorgenommen werden könnten. Die Verweisung auf § 59 ArbGG in § 64 ArbGG stehe dieser Ansicht nicht entgegen. Eine entsprechende Anwendung des § 59 Satz 2 ArbGG verbiete sich aus dem Grundsatz des Vertretungszwangs. Dieser tragende Grundsatz könne nicht durch Verweisung auf § 59 ArbGG „zur entsprechenden Anwendung" einfach durchbrochen werden. § 59 Satz 2 ArbGG wolle nur klarstellen, daß der Einspruch bei den Arbeitsgerichten nicht nur schriftlich (§ 340 ZPO, für das Amtsgerichtsverfahren § 496 ZPO), sondern auch zur Niederschrift der Geschäftsstelle erklärt werden könne. § 59 Satz 2 ArbGG habe also nur Bedeutung für das arbeitsgerichtliche Verfahren, nicht auch für das vom Vertretungszwang beherrschte Verfahren vor dem Landesarbeitsgericht. Auch die Gesetzesmaterialien besagten nichts in dem Sinn, daß der Vertretungszwang vor dem Landesarbeitsgericht durchbrochen werden sollte.

Das Schrifttum zu den Arbeitsgerichtsgesetzen von 1926 und von 1953 vertritt überwiegend die Auffassung, daß der Einspruch gegen ein Versäumnisurteil des Landesarbeitsgerichts von der Partei selbst ohne Mitwirkung eines nach § 11 Abs. 2 ArbGG zugelassenen Vertreters eingelegt werden kann, und zwar sowohl schriftlich wie durch Abgabe einer Erklärung zur Niederschrift der Geschäftsstelle (vgl. Jonas, ArbRspr. 1929 S. 185 in einer Anmerkung zu der Entscheidung des Landesarbeitsgerichts Berlin vom 6. April 1929, die den schriftlichen Einspruch der Partei für unzulässig angesehen hatte; Flatow-Joachim, ArbGG § 64 Anm. 21; Schmincke-Sell, ArbGG, § 64 Anm. 7; Depène, ArbGG, § 64 Anm. III g; Dersch-Volkmar, ArbGG, 1. Aufl., § 64 Anm. 5 e, ebenso die folgenden Auflagen für das ArbGG 1926, bzw. das ArbGG 1926/1934; dieselben, ArbGG, 6. Aufl. (ArbGG 1953), § 64 Anm. 51; Rohlfing-Rewolle, ArbGG, § 64 Anm. 7 i; Stein-Jonas-Schönke, ZPO, 18. Aufl., § 43 Anm. IV).

Nach Dietz-Nikisch, ArbGG, § 64 Anm. 56 kann die Partei selbst ohne Mitwirkung eines nach § 11 Abs. 2 ArbGG zugelassenen Vertreters Einspruch gegen ein Versäumnisurteil des Landesarbeitsgerichts durch Abgabe einer Erklärung zur Niederschrift der Geschäftsstelle einlegen. Nach dieser Meinung ist jedoch die Mitwirkung eines nach § 11 Abs. 2 ArbGG zugelassenen Vertreters erforderlich, wenn der Einspruch schriftlich eingelegt wird. Dagegen wird von Dietz-Nikisch, a. a. O., § 59 Anm. 6, die Auffassung vertreten, daß der Einspruch auch beim Landesarbeitsgericht entweder schriftlich oder durch Abgabe einer Erklärung zur Niederschrift der Geschäftsstelle eingelegt werden könne, woraus sich ergebe, daß hier auch in der Berufungsinstanz kein Anwaltszwang bestehe.

3. Der Große Senat kann sich der vom Reichsarbeitsgericht vertretenen Auffassung nicht anschließen, sondern hält die in der Literatur vorherrschende Ansicht für zutreffend, daß die Partei selbst schriftlich oder durch Abgabe einer Erklärung zur Niederschrift der Geschäftsstelle des Landesarbeitsgerichts gegen ein Versäumnisurteil des Landesarbeitsgerichts Einspruch einlegen kann.

Neben anderen Vorschriften über den erstinstanzlichen Rechtszug des arbeitsgerichtlichen Urteilsverfahrens soll nach § 64 Abs. 3 ArbGG auch der sich mit dem Versäumnisverfahren befassende § 59 ArbGG im Berufungsverfahren entsprechend gelten. Damit ist gesagt, daß sämtliche vier Sätze des § 59 ArbGG in Bezug genommen sind. Damit ist also auch der zweite Satz, nach dem der Einspruch beim Arbeitsgericht schriftlich oder durch Abgabe einer Erklärung zur Niederschrift der Geschäftsstelle eingelegt wird, in Bezug genommen. Auch dieser Satz soll also „entsprechend" im Berufungsverfahren gelten. Die Auffassung, daß dieser Satz im Berufungsverfahren überhaupt nicht zum Zuge komme, steht mit dem Wortlaut des Gesetzes nicht im Einklang. Es mag im einzelnen Fall oft nicht einfach sein zu bestimmen, was unter der „entsprechenden Geltung" einer Vorschrift zu verstehen ist. Sicher ist jedoch, daß der gänzliche Wegfall einer Bestimmung, die eindeutig für eine entsprechende Geltung vorgesehen ist, überhaupt keine Anwendung mehr darstellt. Die entsprechende Geltung muß aber, wenn die Formulierung des Gesetzgebers einen Sinn haben soll, immer noch zu einer irgendwie gearteten positiven Anwendung des in Bezug genommenen Rechtssatzes führen.

Mit der Bezugnahme des § 64 Abs. 3 ArbGG auf § 59 ArbGG ist kein Normenkomplex angesprochen. Wäre das der Fall, so könnte es denkbar sein, daß die nur entsprechende Geltung verlangt, der eine oder andere der einzelnen Rechtssätze des Komplexes müsse entfallen. Wenn aber, wie hier, eindeutig eine einzige, sich aus vier Sätzen zusammensetzende Gesamtbestimmung eines Paragraphen entsprechend gelten soll, folgt aus der ausdrücklichen Benennung der Vorschrift, daß sie auch in ihrer Gesamtheit eine entsprechende Anwendung zu finden hat. Wenn keiner der Sätze der Vorschrift ausgenommen wird, ist sie hinsichtlich aller ihrer Sätze angesprochen.

Dem steht auch nicht die Erwägung entgegen, § 59 Satz 2 ArbGG sei der Vorschrift des § 496 ZPO insoweit nachgebildet, als sich aus der letzteren Regelung für das amtsgerichtliche Verfahren ergebe, daß auch der Einspruch gegen ein Versäumnisurteil zu Protokoll der Geschäftsstelle erklärt werden könne und daß § 496 ZPO eine Ausnahme von der Regel des § 340 Abs. 1 ZPO darstelle, nach der der Einspruch schriftsätzlich bei dem Prozeßgericht einzulegen sei. Es ist schon fraglich, ob in der Wirklichkeit des Zivilprozesses der hier interessierende Inhalt des § 496 ZPO überhaupt als Ausnahmevorschrift gegenüber § 340 Abs. 1 ZPO aufgefaßt werden darf. Wenn eine Bestimmung von vornherein eine sehr große Zahl von Fällen trifft, ist es nicht unbedenklich, sie lediglich wegen ihrer systematischen Stellung im Gesetz als Ausnahmevorschrift charakterisieren zu wollen. Entscheidend ist jedoch, daß § 59 ArbGG für das arbeitsgerichtliche Verfahren, das der Gesetzgeber als ein besonderes zivilprozessuales Verfahren angesehen und gestaltet hat, vornherein nicht als Ausnahmevorschrift bezeichnet werden kann. Zwar ist § 59 ArbGG in § 72 Abs. 4 ArbGG für das arbeitsgerichtliche Revisionsverfahren nicht in Bezug genommen. Das erklärt sich jedoch zwanglos daraus, daß damit die Anwendbarkeit der Zweiwochenfrist des § 339 Abs. 1 ZPO für den Einspruch gegen ein bei dem Bundesarbeitsgericht ergehendes Versäumnisurteil sichergestellt werden soll, spricht also gerade für die Auffassung, daß § 59 ArbGG für das arbeitsgerichtliche Prozeßverfahren keine Ausnahmevorschrift darstellt.

Die für das arbeitsgerichtliche Berufungsverfahren angeordnete entsprechende Geltung des § 59 Satz 2 ArbGG bedeutet, daß der Einspruch gegen ein Versäumnisurteil des Landesarbeitsgerichts nicht beim Arbeitsgericht, sondern beim Landesarbeitsgericht einzulegen ist. Daß die Einlegung beim Landesarbeitsgericht aber durch die Partei selbst schriftlich oder zur Niederschrift der Geschäftsstelle dieses Gerichts erfolgen kann, folgt auch daraus, daß auf dem Wege über § 64 Abs. 2 ArbGG die den Anwaltszwang ausschließende Vorschrift des § 78 Abs. 2 ZPO zum Zuge kommt. § 11 Abs. 2 ArbGG will im Urteilsverfahren vor den Landesarbeitsgerichten (für das Beschlußbeschwerdeverfahren siehe § 87 Abs. 2 Satz 2 ArbGG) zwar den Vertretungszwang einführen, allerdings in der Art, daß einmal der im Verfahren vor den Landgerichten für Anwälte geltende Lokalisationsgrundsatz nicht gilt und zum anderen die Vertretung durch einen Koalitionsvertreter diejenige durch einen Anwalt ersetzt. Bei der allgemeinen Bedeutung des § 78 Abs. 2 ZPO gerade auch für das zivilprozessuale Berufungsverfahren muß aber auch diese Vorschrift von der Generalinbezugnahme der eben erwähnten Bestimmung des Arbeitsgerichtsgesetzes mit erfaßt sein. Es ist nicht ersichtlich, daß § 11 Abs. 2 ArbGG sie ausschließen will (vgl. Stein-Jonas, ZPO, 18. Aufl., § 78 Anm. VII B 2 b). Der Erste Senat hat im Beschluß BAG 1, S. 29 ausgeführt, § 11 ArbGG gehöre zum 1. Teil „Allgemeine Bestimmungen" des Arbeitsgerichtsgesetzes und sei sowohl auf das Urteils- wie auf das Beschlußverfahren in den höheren Instanzen anzuwenden. Diese Auffassung trifft zu, wenn nicht gesetzlich etwas anderes bestimmt ist. Ein Vertretungszwang bei der Einlegung eines Einspruchs gegen ein Versäumnisurteil im Berufungsverfahren kann somit nur dann angenommen werden, wenn dem nicht gesetzliche Bestimmungen entgegenstehen. Das ist aber hier der Fall. § 11 Abs. 2 ArbGG gilt nur dort, wo § 78 Abs. 2 ZPO nicht eingreift. Das wurde vom Reichsarbeitsgericht verkannt, wenn es zwar einmal § 78 Abs. 2 ZPO anwenden wollte, aber zu Unrecht nur insoweit, als im ordentlichen Prozeßverfahren Prozeßhandlungen vor dem Urkundsbeamten der Geschäftsstelle vorgenommen werden können, während es andererseits seine Anwendbarkeit im Falle des Einspruchs gegen ein Versäumnisurteil des Landesarbeitsgerichts überhaupt ablehnt, weil § 59 Satz 2 ArbGG im zweitinstanzlichen Versäumnisverfahren in der Arbeitsgerichtsbarkeit wegen des allgemeinen Vertretungszwanges nicht anwendbar sei. Damit war die allgemeine Geltung des § 78 Abs. 2 ZPO zu Unrecht beiseite geschoben.

§ 59 Satz 2 ArbGG mit der Gesamtbezugnahme auf § 59 in § 64 Abs. 3 ArbGG und der nach § 64 Abs. 2 ArbGG geltende § 78 Abs. 2 ZPO schließen die Bestimmung des § 11 Abs. 2 ArbGG eindeutig aus, ohne daß es einer ausdrücklichen gesetzlichen Erklärung bedurfte.

Der Erste Senat des Bundesarbeitsgerichts hat bereits in seiner Entscheidung AP Nr. 44 zu § 72 ArbGG, nach der gegen ein Versäumnisurteil des Bundesarbeitsgerichts der Einspruch nur durch einen Rechtsanwalt eingelegt werden kann, des näheren ausgeführt, daß die für das Berufungsverfahren in der Arbeitsgerichtsbarkeit anzuwendende Vorschrift des § 59 ArbGG für das Revisionsverfahren nicht bezogen sei und daher dort nicht angewendet werden könne. Wenn der Erste Senat in dieser Entscheidung auch nicht ausdrücklich die Anwendbarkeit des § 59 Satz 2 ArbGG auf das Versäumnisverfahren in der Berufungsinstanz ausgesprochen hat, so legt seine hier wiedergegebene Formulierung doch die Annahme nahe, daß er schon damals die Ansicht vertreten hat, im Versäumnisverfahren in der Berufungsinstanz gelte nicht der Vertretungszwang des § 11 Abs. 2 ArbGG.

Die hier vertretene Auffassung einer positiven Anwendung des § 59 Satz 2 ArbGG in der zweiten Instanz des arbeitsgerichtlichen Urteilsverfahrens entspricht auch der besonderen Struktur des arbeitsgerichtlichen Prozesses. Der Beschleunigung des Rechtsganges vor den Arbeitsgerichten, die nicht zuletzt mit Rücksicht auf die dort auftretenden Parteien besonders notwendig ist, entspricht es, daß auch im zweiten Rechtszug die kurze Einspruchsfrist von drei Tagen gelten soll. Auf der anderen Seite ist es vor allem bei dem Berufungsbeklagten ohne weiteres möglich, daß er aus Gründen noch nicht zur Bestellung eines Prozeßbevollmächtigten kommen konnte, die selbst zwar irgendwie beachtlich erscheinen, aber bei einer deswegen bedingten Versäumung der Einspruchsfrist doch nicht die Wiedereinsetzung in den vorigen Stand zulassen. In einem solchen Fall hilft die Möglichkeit, daß die Partei selbst den Einspruch einlegen kann. Ein solches Interesse besteht ferner dann, wenn der bisherige Prozeßbevollmächtigte, sei es des Berufungsbeklagten, sei es des Berufungsklägers, sein Mandat unvermittelt niederlegt. Der Gedanke, daß dann die Prozeßvollmacht des bisherigen Vertreters bis zur Anzeige der Übernahme der Prozeßvertretung durch einen neuen Vertreter weitergilt und daß der bisherige Prozeßvertreter für die Wahrung der Einspruchsfrist sorgen müsse, kann, wenn dieser, was doch ohne weiteres denkbar ist, die Frist versäumt, die Wiedereinsetzung nicht begründen. Wenn der bisherige Prozeßbevollmächtigte noch als Prozeßbevollmächtigter angesehen werden muß, kommt es nur darauf an, ob er durch Naturereignisse oder andere unabwendbare Zufälle an der Wahrnehmung der Einspruchsfrist verhindert war. Mag auch, falls es infolge Verschuldens des Prozeßbevollmächtigten zu einer Versäumung der Einspruchsfrist kommt, eine Regreßmöglichkeit bestehen, so ist damit der Verlust des Prozesses doch nicht vermieden. Abgesehen von der Dauer des Regreßverfahrens kann auch die Realisierung eines Regreßanspruchs in manchen Fällen zweifelhaft sein, und immaterielle Gesichtspunkte, wie die Ehre einer Prozeßpartei, können in einem Regreßverfahren überhaupt nicht oder nur ungenügende Berücksichtigung finden. Die Regreßpflicht selbst entfällt im übrigen dann, wenn ein besonderer wichtiger Grund für eine unvermittelte, die rechtzeitige Bestellung eines anderen Prozeßbevollmächtigten nicht mehr zulassende Niederlegung des Mandats vorliegt; es besteht dann keine Verpflichtung des bisherigen Prozeßbevollmächtigten gegenüber dem Mandanten, für ihn noch tätig zu werden. Im Arbeitsgerichtsprozeß, in dem jeder bei einem deutschen Gericht zugelassene Anwalt und unter den Voraussetzungen des § 11 Abs. 2 Satz 2 ArbGG jeder Vertreter einer Koalition postulationsfähig ist, ist es ferner durchaus möglich, daß zwischen der Partei und ihrem Prozeßbevollmächtigten große räumliche Entfernungen liegen. Mit Rücksicht hierauf ist der fruchtlose Ablauf der Einspruchsfrist dann zu besorgen, wenn in einem besonderen Fall der Prozeßbevollmächtigte zunächst eine Rückfrage darüber für zweckmäßig halten darf, ob gegen ein Versäumnisurteil Einspruch eingelegt werden soll. Bei einer hierdurch bedingten Versäumung der Einspruchsfrist wird eine Wiedereinsetzung mindestens nicht immer statthaft sein, so daß sich die Möglichkeit der Einlegung des Einspruchs durch die Partei selbst ebenfalls ersprießlich auswirken kann.

Die Ansicht des Großen Senats führt für die nicht unwichtige Institution des Versäumnisverfahrens im zweitinstanzlichen Rechtszug des arbeitsgerichtlichen Urteilsverfahrens dazu, daß der Beschleunigungsgrundsatz und der Gedanke, möglichst zu einer Sachentscheidung zu kommen, sinnvoll vereint werden. Der Natur des Arbeitsgerichtsprozesses entspricht es, den Parteien Erleichterungen des Verfahrens zu gewähren. Somit besteht also ein gedanklicher Zusammenhang zwischen der Kürze der Einspruchsfrist und der Möglichkeit der Einlegung des Einspruchs durch die Partei selbst. Der Beschleunigungsgrundsatz wird dabei nicht dadurch berührt, daß mit der Möglichkeit einer Einlegung des Einspruchs unmittelbar durch die Partei gerade auch dann geholfen wird, wenn bei sonst leicht eintretender Versäumung der Einspruchsfrist keine Wiedereinsetzung erfolgen kann. Im Hinblick auf den für das Arbeitsgerichtsverfahren bedeutsamen sozialen Gedanken kann man ferner nicht von einer unzulässigen, weil über das Institut der Wiedereinsetzung hinausgehenden Hilfe für die Partei reden. Wenn im übrigen bei der positiven Anwendung des § 59 Satz 2 ArbGG im Berufungsverfahren Fälle, in denen sonst die Wiedereinsetzung zu gewähren wäre, vermieden werden, so entspricht das dem Grundsatz der Prozeßökonomie. Die Wiedereinsetzung selbst, für die ein weites Feld bleibt, wird dadurch nicht ausgehöhlt. Das hier fragliche Prozeßhandeln der Partei selbst ist nach alledem im arbeitsgerichtlichen Berufungsverfahren kein Fremdkörper.

Bedenken gegen die positive Anwendung des § 59 Satz 2 ArbGG im arbeitsgerichtlichen Berufungsverfahren können auch nicht damit begründet werden, daß auf diese Weise eine Prozeßverschleppung erleichtert werde. Ein solches Argument könnte nur dann durchschlagen, wenn davon auszugehen wäre, die Möglichkeit, daß die Partei selbst den Einspruch einlegen könne, werde in der Regel oder doch wenigstens in einer sehr großen Anzahl der Fälle zu einer Verschleppung benutzt. Eine solche Annahme entbehrt aber der tatsächlichen Grundlage.

Weiter kann gegen die Auffassung des Großen Senats nicht vorgebracht werden, die Einlegung des Einspruchs gegen ein Versäumnisurteil durch die Partei selbst sei deswegen nicht sinnvoll, weil das Ziel des Einspruchs nur die Erneuerung der mündlichen Verhandlung sein könne, in der jedoch notwendig der Prozeßbevollmächtigte auftreten müsse. Diese Argumentation übersieht, daß das Mittel zur Herbeiführung der mündlichen Verhandlung nach Erlaß eines Versäumnisurteils ohne weiteres in einer vereinfachten Form zur Verfügung steht. Dem steht auch nicht entgegen, daß das Rechtsmittel der Berufung selbst durch einen postulationsfähigen Vertreter eingelegt werden muß. Mit der Einlegung der Berufung wird entschieden, daß nunmehr der Prozeß im zweitinstanzlichen Verfahren durchgeführt werden soll. Das ist aber erheblich weittragender als die Einlegung eines Einspruchs gegen ein Versäumnisurteil in einem bereits anhängigen Berufungsverfahren. Weder die Einlegung der Berufung als solche noch die Einlegung eines Einspruchs bedürfen aber einer Begründung.

Schlagen hiernach die gegen die vom Großen Senat vertretene Auffassung erhobenen Einwendungen nicht durch, so kann schließlich auch der Ansicht, wie sie von Dietz-Nikisch, ArbGG, § 64 Anm. 56 (richtig aber § 59 Anm. 6), vertreten wird, daß nämlich die Partei zwar nicht schriftlich, wohl aber zur Niederschrift der Geschäftsstelle des Landesarbeitsgerichts selbst den Einspruch einlegen könne, nicht gefolgt werden; denn für eine solche Kompromißlösung findet sich im Gesetz kein Anhalt. Vielmehr ist, wie ausgeführt, mit § 64 Abs. 3 ArbGG die Vorschrift des § 59 ArbGG in seinem vollen Umfang in Bezug genommen, somit hinsichtlich seiner sämtlichen Sätze einschließlich des zweiten Satzes und hinsichtlich dieses Satzes mit beiden Alternativen. Eine Einschränkung des § 78 Abs. 2 ZPO ist nicht erfolgt. Ist eine Prozeßpartei etwa wegen Fehlens oder Nichterreichbarkeit eines Prozeßbevollmächtigten gezwungen, den Einspruch selbst einzulegen, so wird sie das in der Regel gerade auch schriftlich tun müssen. Jedenfalls werden die Fälle, in denen sie zur Beschleunigung den Einspruch selbst einlegen muß, in der Regel so gelagert sein, daß sie sich nicht erst zum Sitz des Landesarbeitsgerichts begeben kann — dann könnte sie auch einen Prozeßbevollmächtigten beauftragen —, sondern daß sie zur Einhaltung der Frist gezwungen ist, den Einspruch durch ein Schreiben einzulegen.

## 42

**Der Betriebsrat kann die Einsicht in die in § 54 Abs. 2 BetrVG genannten Unterlagen verlangen, wenn er eine begründete Vermutung eines erfolgten oder drohenden Verstoßes gegen die in § 54 Abs. 1 Buchst. b BetrVG genannten Normen oder Mängel oder Mißstände im Betrieb schlüssig behauptet. Einen Beweis für die Wahrheit seiner Behauptung braucht er nicht zu führen.**

BetrVG § 54 Abs. 1 Buchst. b, Abs. 2.

I. Senat. Beschluß vom 12. Juli 1957 i. S. Betriebsrat d. F. B. AG. (Antragst., Beschwerdegegner und Rechtsbeschwerdeführer) w. F. B. AG.

(Antragsgegnerin, Beschwerdeführerin und Rechtsbeschwerdegegnerin)
1 ABR 6/56.

Landesarbeitsgericht Frankfurt a. M.

Der Antragsteller (Betriebsrat) hat vorgetragen, daß er von der Antragsgegnerin (Arbeitgeberin) die Einsicht in die Lohn- und Gehaltslisten der Betriebsabteilung M. verlangt habe. Die Antragsgegnerin habe die Vorlage der Listen verweigert und sie nur für den Fall zugestanden, daß der Betriebsrat eine bestimmte Beschwerde zu klären habe. Die Vorlage der Eingruppierungsunterlagen verweigert sie nicht.

Der Antragsteller ist der Ansicht, daß ihm nach § 54 Abs. 1 Buchst. b im Zusammenhang mit § 54 Abs. 2 BetrVG ohne besondere Begründung und generell die Einsichtnahme in die Lohn- und Gehaltslisten gewährt werden müsse. Eines besonderen Anlasses, eines berechtigten Interesses, eines zwingenden Grundes oder eines berechtigten Bedenkens gegen die Handhabung im Betriebe bedürfe es nicht. Die Weigerung der Antragsgegnerin sei auch mit der erwähnten Einschränkung unberechtigt. Der Inhalt der Eingruppierungsunterlagen reiche nicht aus, um ihm die Durchführung seiner Überwachungspflicht zu ermöglichen.

Der Antragsteller begehrt mit dieser Begründung die Feststellung, daß dem Betriebsrat gemäß § 54 Abs. 1 Buchst. b in Verbindung mit § 54 Abs. 2 BetrVG die Einsicht in die Lohn- und Gehaltslisten der Betriebsabteilung M. zu gewähren sei.

Die Antragsgegnerin vertritt die Auffassung, daß sie zur Vorlage der Lohn- und Gehaltslisten nur verpflichtet sei, wenn der konkrete Fall einer Beschwerde eines Arbeitnehmers gegeben sei oder wenn ein vernünftiger Anlaß oder ein berechtigtes Interesse vorlägen. Das ergebe sich sowohl aus einem Vergleich mit dem früheren Betriebsräterecht wie auch aus dem Gebot der vertrauensvollen Zusammenarbeit gemäß § 49 BetrVG und daraus, daß nach § 54 Abs. 2 BetrVG die Vorlage „erforderlich" sein müsse.

Das Arbeitsgericht hat dem Antrag des Betriebsrats stattgegeben, das Landesarbeitsgericht hat ihn auf die Beschwerde der Antragsgegnerin abgewiesen. Die Rechtsbeschwerde des Betriebsrats hatte keinen Erfolg.

Aus den Gründen:

Die Ansichten über den Umfang des Einsichtsrechts des Betriebsrats nach § 54 Abs. 2 BetrVG gehen auseinander. Zwar besteht Übereinstimmung darin, daß zu den in dieser Vorschrift genannten Unterlagen auch die Lohn- und Gehaltslisten gehören können (Galperin, BetrVG, 2. Aufl., § 54 Anm. 13; Erdmann, BetrVG, 2. Aufl., § 54 Anm. 16; Dietz, BetrVG, 2. Aufl., § 54 Anm. 6, beide mit der Einschränkung auf die die nicht übertariflich bezahlten Arbeitnehmer betreffenden Listen; Maus, Handbuch des Arbeitsrechts, VIII. Teil, § 54 BetrVG Anm. 8 mit der gleichen Einschränkung; Fitting-Kraegeloh, BetrVG, 3. Aufl., § 54 Anm. 22; Hueck-Nipperdey, Lehrbuch des Arbeitsrechts, 6. Aufl., (1957) Band 2 S. 823). Dieser Auffassung tritt der Senat mit der Maßgabe bei, daß sich das Einsichtsrecht des Betriebsrats nur auf die Unterlagen erstreckt, die die Arbeitnehmer im Sinne des § 4 BetrVG betreffen. Dagegen bedarf es im vorliegenden Fall keiner Entscheidung der Frage, ob auch die Unterlagen betreffend die übertariflich bezahlten Arbeitnehmer dem Einsichtsrecht des Betriebsrats unterliegen; denn der bewußt weit gefaßte Antrag des Betriebsrats zielt erkennbar nur auf die Feststellung ab, daß ihm das Einsichtsrecht generell und ohne besondere Begründung zustehe. Diese Diese Ansicht ist jedoch rechtsirrtümlich. Vielmehr vertritt der Senat in Übereinstimmung mit dem überwiegenden Teil des Schrifttums (Erdmann, a. a. O. Anm. 18; Dietz, a. a. O. Anm. 7a; Maus, a. a. O. Anm. 9; Hueck-Nipperdey, a. a. O. Anm. 51) und entgegen der allerdings nicht ganz eindeutigen Ansicht von Galperin (a. a. O. Anm. 15) und Fitting-Kraegeloh (a. a. O. Anm. 20, 24) die Auffassung, daß ein derart allgemeines, vielleicht sogar periodisches Einsichtsrecht des Betriebsrats ohne Vorliegen eines vernünftigen Anlasses und eines besonderen berechtigten Interesses nicht besteht.

Zwar tritt der Senat den Ausführungen des Betriebsrats insofern bei, als dieser vorträgt, daß ihm die Rechte aus § 54 Abs. 1 Buchst. b und Abs. 2 BetrVG eigenständig zustehen. Es bedarf deshalb als Voraussetzung des Einsichtrechts keiner bestimmten Beschwerde eines oder mehrerer Arbeitnehmer. Auch kann das Einsichtrecht nicht etwa nur im Zusammenhang mit einem oder mehreren bestimmten Einzel-Arbeitsverträgen geldend gemacht werden. Vielmehr können eigene Beobachtungen und Feststellungen des Betriebsrats ausreichen, um ihm berechtigte Veranlassung zu geben, darüber zu wachen, daß die zugunsten der Arbeitnehmer geltenden Gesetze, Verordnungen, Tarifverträge und Betriebsvereinbarungen durchgeführt werden, und ihm in diesen Fällen das Recht zu geben, demgemäß auch vom Arbeitgeber die zur Durchführung dieser Aufgabe erforderlichen Unterlagen vorgelegt zu erhalten.

Der Antragsteller macht jedoch ausdrücklich geltend, daß ihm das Recht auf Einsichtnahme in die Lohn- und Gehaltslisten der Betriebsabteilung M. schlechthin zustehe, und zwar ohne besonderen Anlaß, ohne Darlegung eines berechtigten Interesses oder zwingenden Grundes und ohne Vorliegen eines berechtigten Bedenkens gegen die ordnungsmäßige Anwendung der Gesetze, Verordnungen, Tarifverträge und Betriebsvereinbarungen durch den Arbeitgeber. Er nimmt somit auch das Recht einer ständig laufenden Überwachung und periodischen Kontrolle im Rahmen des § 54 Abs. 1 Buchst. b für sich in Anspruch. Dieses Begehren des Antragstellers hält der Senat nicht für begründet.

§ 54 BetrVG ist nach seinem Sinn und Zweck und namentlich unter Berücksichtigung der allgemeinen im Gesetz festgelegten Grundsätze über die Zusammenarbeit zwischen Arbeitgeber und Betriebsrat auszulegen. Nach § 49 Abs. 1 BetrVG arbeiten Arbeitgeber und Betriebsrat im Rahmen der geltenden Tarifverträge vertrauensvoll und im Zusammenwirken mit den im Betrieb vertretenen Gewerkschaften und Arbeitgebervereinigungen zum Wohle des Betriebs und seiner Arbeitnehmer unter Berücksichtigung des Gemeinwohls zusammen. § 51 BetrVG bestimmt, daß Arbeitgeber und Betriebsrat darüber zu wachen haben, daß alle im Betrieb tätigen Personen nach den Grundsätzen von Recht und Billigkeit behandelt werden, insbesondere, daß jede unterschiedliche Behandlung aus den in dieser Vorschrift genannten unsachlichen und zu mißbilligenden Gesichtspunkten unterbleibt. Bereits mit diesen Grundsätzen würde es nicht in Einklang stehen, wenn der Betriebsrat, etwa zum Zwecke der Ausforschung, ohne jeden auch nur von ihm behaupteten besonderen Anlaß ein ständiges automatisches Kontrollrecht für sich in Anspruch nehmen könnte. Der Betriebsrat ist kein dem Arbeitgeber übergeordnetes Kontrollorgan (vgl. Hueck-Nipperdey, a. a. O. S. 822). Daher kann auch § 54 Abs. 1 Buchst. b nicht dahin ausgelegt werden, daß dem Betriebsrat wie etwa der Gewerbeaufsicht oder der Betriebsprüfung der Finanzämter ein allgemeines ständiges Überwachungsrecht eingeräumt sei. Wenn das Gesetz dem Betriebsrat die allgemeine Aufgabe, das heißt das Recht und die Pflicht, auferlegt, darüber zu wachen, daß die zugunsten der Arbeitnehmer geltenden Normen durchgeführt werden, so will es ihn im Interesse der Arbeitnehmer aktiv einschalten in den notwendigen Schutz der Arbeitnehmer vor erfolgten oder drohenden Verletzungen der zu ihren Gunsten erlassenen Normen. Das bedeutet aber, daß ein besonderer Anlaß im Betrieb behauptet und eine besondere Begründung für die Geltendmachung des vom Betriebsrat in Anspruch genommenen Rechts angeführt werden muß. Es muß ein begründeter Zweifel hinsichtlich der betrieblichen Handhabung bestehen, so daß die Darlegung erforderlich ist, in welcher Richtung Bedenken bestehen, wenn auch nicht gefordert werden kann, daß bereits Verstöße nachgewiesen werden. Aber die gesamte Sachlage muß objektiv auf die Möglichkeit solcher Verstöße schließen lassen, so daß also zwar nicht die subjektive Meinung des Betriebsrats ausreicht, um das Einsichtrecht im konkreten Einzelfall zu begründen, wohl aber die Darlegung, daß objektive Zweifel bestehen. Es bedarf somit der Darlegung, daß nach der ganzen Sachlage für einen unbefangenen Dritten die Frage, ob Verstöße der genannten Art vorliegen oder drohen, zweifelhaft sein kann. Eine ganz allgemeine Behauptung genügt nicht. Wird jedoch eine begründete Vermutung eines erfolgten oder drohenden Verstoßes gegen die in § 45 Abs. 1 Buchst. b genannten Normen oder werden Mängel oder Mißstände im Betrieb schlüssig behauptet, so kann der Betriebsrat die ihm in § 54 Abs. 1 Buchst. b, Abs. 2 BetrVG gegebenen Rechte in Anspruch nehmen.

Anders ist die Rechtslage dann, wenn ein solcher vernünftiger betrieblicher Anlaß oder der Verdacht einer auch nur objektiven Normenverletzung nicht einmal behauptet wird. Die Inanspruchnahme eines solchen weitgehenden, allgemeinen Kontrollrechts ohne jeden Anlaß müßte der Arbeitgeber mit Recht als einen Verstoß gegen das Gebot vertrauensvoller Zusammenarbeit empfinden. Der Frieden und die Ruhe im Betrieb würden ohne jede Not gestört, und auch den Arbeitnehmern würde kein wirklicher Dienst geleistet.

Auf der anderen Seite steht der Senat auf dem Standpunkt, daß der Betriebsrat den von ihm behaupteten besonderen Anlaß, insbesondere die von ihm behaupeten Normenverletzungen, nicht nach allgemeinen Regeln zu beweisen braucht, wenn er von seinem Recht aus § 54 Abs. 1 Buchst. b, Abs. 2 Gebrauch machen will. Eine solche Anforderung würde in vielen Fällen die genannten, dem Betriebsrat vom Gesetz verliehenen Rechte illusorisch machen. Nach dem Beweis hätte der Vorlageanspruch keinen Sinn mehr. Es muß daher genügen, wenn der Betriebsrat einen besonderen Anlaß für die Inanspruchnahme des Einsichtrechts schlüssig behauptet. Eine solche konkrete Behauptung soll ihm nach dem Willen des Gesetzes die Möglichkeit geben, die Vorlage der in § 54 Abs. 2 BetrVG genannten Unterlagen zu verlangen und festzustellen, ob nach Recht und Gesetz im Betrieb verfahren wird oder nicht. Dabei ist es jedoch nach den allgemeinen Grundsätzen des redlichen Verkehrs im Betrieb selbstverständlich, daß solche Behauptungen des Betriebsrats nicht ausreichend sind, die Vorlagepflicht des

Arbeitgebers auszulösen, die leichtfertigerweise offensichtlich unbegründet aufgestellt werden. Es muß sich vielmehr um Darlegungen handeln, die einem verständigen, sich seiner Verantwortung und seiner Pflichten gegenüber der Belegschaft und dem Betriebsrat bewußten Arbeitgeber im Interesse des Betriebs und der Arbeitnehmer Anlaß zu geben geeignet sind, die Unterlagen vorzulegen, um dadurch entweder zur Beseitigung der behaupteten Normenverletzung beizutragen oder die Unbegründetheit der Behauptung des Betriebsrats zu erweisen.

Nach dem Antrag des Betriebsrats und dessen zu seiner Auslegung heranzuziehenden Begründung verlangt der Betriebsrat vorliegend ein Einsichtrecht in einem Ausmaß, das über die oben genannte Begrenzung weit hinausgeht. Mit Recht hat das Beschwerdegericht diesen Antrag abgelehnt.

## 43

**Ein Arbeitnehmer ist im Sinne von § 7 Abs. 3 ATO trotz eigener Kündigung oder einverständlicher Auflösung des Arbeitsverhältnisses nicht „freiwillig ausgeschieden", wenn das Ausscheiden im Interesse des Arbeitgebers erfolgt ist.**

ATO § 7 Abs. 3 Satz 1.

III. Senat. Urteil vom 16. Juli 1957 i. S. Bundesanstalt f. A. u. A. (Bekl.) w. H. (Kl.) 3 AZR 263/56.

I. Arbeitsgericht Düsseldorf. — II. Landesarbeitsgericht Düsseldorf.

Der Kläger hat von 1912 bis Ende Mai 1945 als Verwaltungsangestellter im öffentlichen Dienst gestanden. Während dieser Zeit war er u. a. vom 1. Februar 1920 bis zum 30. Juni 1932 beim Amt E. beschäftigt. Vom 1. September 1932 bis zum 26. April 1934 war er Geschäftsführer bei der Provinzial-Feuer- und Lebensversicherungsanstalt der Rheinprovinz für den Amtsbezirk E., bei der er vorher schon nebenberuflich gearbeitet hatte. Vom 27. April 1934 bis zum 25. Mai 1936 war er wieder beim Amt E., und vom 27. Mai 1936 bis Ende Mai 1945 beim Arbeitsamt S. Dort wurde er wegen seiner Mitgliedschaft bei der NSDAP entlassen.

Seinen Antrag auf Wiedereinstellung lehnte der Präsident des Landesarbeitsamts Nordrhein-Westfalen durch Bescheid vom 2. Juni 1954 ab. Seine Beschwerde dagegen wurde vom Präsidenten der verklagten Bundesanstalt am 31. Januar 1955 zurückgewiesen.

Daraufhin hat der Kläger beim Bayerischen Verwaltungsgericht in Ansbach auf Aufhebung dieser beiden Bescheide geklagt. Das Verwaltungsgericht hat durch Urteil vom 19. September 1955 den Verwaltungsrechtsweg für unzulässig erklärt und die Sache an das Arbeitsgericht Düsseldorf verwiesen. Das Arbeitsgericht hat dem Antrag des Klägers entsprechend festgestellt, daß dem Kläger als Dauerangestellten Rechte aus dem Regelungsgesetz zustehen. Gegen dieses Urteil hat die Beklagte Berufung eingelegt. Im Berufungsverfahren hat der Kläger seinen Antrag dahin geändert, daß festgestellt werden solle, der Kläger sei nach dem Regelungsgesetz einem Beamten auf Lebenszeit gleichzustellen und habe Anspruch auf Übergangsgeld bzw. Versorgung. Diesem Antrag hat das Landesarbeitsgericht entsprochen. Im übrigen hat es die Berufung der Beklagten zurückgewiesen.

Mit ihrer Revision beantragt die Beklagte, das Urteil des Landesarbeitsgerichts aufzuheben und die Klage abzuweisen. Der Kläger beantragt, die Revision zurückzuweisen. Außerdem stellt er den Hilfsantrag, festzustellen, daß ihm Rechte eines Dauerangestellten gemäß § 52a des Regelungsgesetzes zustehen.

Das Bundesarbeitsgericht hat dem Hilfsantrag des Klägers stattgegeben.

Aus den Gründen:

Die Revision ist nur teilweise begründet.

I. Es ist mit dem angefochtenen Urteil davon auszugehen, daß der Kläger zum Kreis der von Art. 131 GG und vom Regelungsgesetz erfaßten Personen gehört. Denn er hat am 8. Mai 1945 als Angestellter des Arbeitsamts Siegburg im öffentlichen Dienst gestanden, ist dort aus anderen als tarifrechtlichen Gründen, nämlich wegen seiner Mitgliedschaft bei der NSDAP ausgeschieden und bisher nicht seiner früheren Stellung entsprechend wiederverwendet worden (Art. 131 GG, § 63 Abs. 1 Ziffer 1a Regelungsgesetz).

II. Das Landesarbeitsgericht hat nach dem im Berufungsverfahren geänderten Antrag des Klägers festgestellt, daß der Kläger nach dem Regelungsgesetz den Beamten auf Lebenszeit gleichzustellen sei und Anspruch auf Übergangsgeld oder Versorgung habe. Es hat diese Feststellung auf § 52 Regelungsgesetz gestützt, dabei aber anscheinend übersehen, daß § 52 einen am 8. Mai 1945 bestehenden vertraglichen Anspruch auf Versorgung nach beamtenrechtlichen Grundsätzen oder auf Ruhelohn voraussetzt. Ein solcher Anspruch liegt nach § 1 der 3. DVO nur dann vor, wenn dem Angestellten durch Dienstordnung, Satzung oder Einzelvertrag eine Anwartschaft auf vom Dienstherrn zu gewährende lebenslängliche Versorgung bei Dienstunfähigkeit oder bei Erreichen einer Altersgrenze und auf Hinterbliebenenversorgung auf der Grundlage des Arbeitsentgelts und der Dauer der Dienstzeit zugesichert war. Eine derartige Anwartschaft hat aber der Kläger gar nicht für sich in Anspruch genommen, und er hat auch keine tatsächlichen Umstände behauptet, auf Grund deren sie ihm zustehen könnte. Auch das angefochtene Urteil hat solche Umstände nicht festgestellt. Den zutreffenden Darlegungen der Revision, eine Anwartschaft auf beamtenmäßige Versorgung stehe nur solchen Angestellten zu, die bei ihrer Übernahme in den Dienst der verklagten Bundesanstalt bereits über die Sozialversicherung hinaus versorgungsberechtigt waren, was aber beim Kläger nicht der Fall gewesen sei, hat der Kläger nicht widersprochen. Infolgedessen stehen ihm Rechte aus § 52 Regelungsgesetz nicht zu, und das angefochtene Urteil läßt sich in dieser Form nicht halten.

III. Jedoch hat der Kläger nach den insoweit zutreffenden Gründen des angefochtenen Urteils die etwas geringeren Rechte aus dem durch das Änderungsgesetz vom 19. August 1953 (BGBl. S. 980) eingefügten § 52a, der dem früheren § 52 Abs. 2 entspricht. Voraussetzung hierfür ist, daß der Kläger am 8. Mai 1945 nach den für ihn geltenden Vorschriften eine Dienstzeit von mindestens fünfundzwanzig Jahren erreicht hatte. Für die Berechnung der fünfundzwanzigjährigen Dienstzeit ist § 7 ATO maßgebend. Rechnet man alle vom Kläger im öffentlichen Dienst verbrachten Zeiten zusammen — und dazu gehören auch der Kriegsdienst und der Dienst bei der Provinzial-Feuer- und Lebensversicherungsanstalt — dann ergeben sich mehr als 25 Jahre. Läßt man jedoch, wie dies die Beklagte will, die Zeit vor seinem Ausscheiden beim Amt E. am 30. Juni 1932 unberücksichtigt, dann werden die 25 Jahre nicht erreicht. Die Entscheidung hängt insoweit davon ab, ob der Kläger beim Amt E. im Sinne von § 7 Abs. 3 TO.A „freiwillig" ausgeschieden ist. Das Landesarbeitsgericht verneint eine solche Freiwilligkeit. Es stellt auf Grund der Aussage des Zeugen K. fest, daß das Amt damals von seinen fünf Dauerangestellten einen als überzählig entlassen wollte. Da alle übrigen unentbehrlich gewesen seien, sei nur der Kläger in Frage gekommen. Um der ihm drohenden, vielleicht sogar fristlosen Kündigung vorzubeugen, habe sich der Kläger auf Zureden des Bürgermeisters notgedrungen mit seinem Ausscheiden einverstanden erklärt und die sich ihm bietende Gelegenheit wahrgenommen, als Geschäftsführer in den Dienst der Provinzialversicherungsanstalt zu treten.

Dieser vom Landesarbeitsgericht bindend festgestellte Sachverhalt läßt in der Tat keinen Raum für die Annahme, der Kläger sei „freiwillig" ausgeschieden. Die Ansicht der Revision, ein Ausscheiden auf Grund eigenen Entschlusses und eigener Kündigung sei immer freiwillig, trifft den vorliegenden Fall insofern schon rein tatsächlich nicht, als der Kläger gar nicht gekündigt hat, sondern im Einverständnis mit seinem damaligen Arbeitgeber, also durch eine sein Arbeitsverhältnis beendende vertragliche Vereinbarung ausgeschieden ist. Davon abgesehen ist jene Ansicht der Revision aber auch rechtlich verfehlt. Nur dem ersten Anschein nach ist es ein Zeichen für freiwilliges Ausscheiden des Arbeitnehmers, wenn die Kündigung von ihm ausgeht. Der Gegenbeweis, daß er trotzdem auf Veranlassung des Arbeitgebers ausscheidet, etwa weil dieser ihm durch sein Verhalten einen wichtigen Grund zur Kündigung gegeben hat, ist niemals ausgeschlossen. Wenn aber der Arbeitnehmer nicht zufolge eigener Kündigung ausscheidet, sondern sich wie hier nur mit der ihm vom Arbeitgeber angesonnenen vertraglichen Beendigung des Arbeitsverhältnisses einverstanden erklärt, kann erst recht von einem freiwilligen Ausscheiden nicht ohne weiteres die Rede sein. Vielmehr kommt es, und zwar in jedem Falle, entscheidend nicht darauf an, ob der Arbeitnehmer oder der Arbeitgeber oder beide gemeinsam es waren, die die das Arbeitsverhältnis förmlich beendende Willenserklärung abgegeben haben, sondern darauf, auf wessen Veranlassung und in wessen Interesse das Arbeitsverhältnis beendet wird. Nur eine solche auf die Willensbildung und ihre Beweggründe zurückgreifende Auslegung des Begriffes „freiwilliges Ausscheiden" wird dem wahren Sinn des § 7 Abs. 3 TO.A gerecht. Im vorliegenden Falle kann auf Grund der vom Landesarbeitsgericht getroffenen Feststellungen kein Zweifel daran sein, daß der Kläger nur unter dem von seinem damaligen Arbeitgeber ausgehenden Druck einer ihm sonst drohenden Kündigung mit der Auflösung seines Arbeitsverhältnisses einverstanden war. Er hat zu dieser Auflösung keinen Anlaß gegeben, hatte auch von vornherein kein eigenes Interesse daran und its mithin nicht „freiwillig" ausgeschieden. Deshalb steht dem Kläger ein Anspruch auf Anrechnung seiner vollen mehr als 25jährigen Dienstzeit zu. Ob er auch verlangen könnte, daß seine volle Dienstzeit gemäß § 7 Abs. 3 Satz 3 ATO „nach billigem Ermessen" berücksichtigt wird, braucht nicht mehr erörtert zu werden.

An diesem Ergebnis ändert auch die Tatsache nichts, daß die Beklagte am 15. August 1938 das Dienstalter des Klägers auf den 3. Juni 1924 festgesetzt hat, wonach am Stichtag des 8. Mai 1945 allerdings noch keine 25 Dienstjahre abgeleistet wären. Denn eine solche Festsetzung des Dienstalters hat, wie vom erkennenden Senat bereits entschieden worden ist, keine konstitutive, sondern nur deklaratorische Bedeutung (Urteil vom 12. März 1957, 3 AZR 538/54).

IV. Hiernach ist der Hilfsantrag des Klägers begründet, der auf Feststellung seiner Rechte aus § 52a Regelungsgesetz gerichtet ist. Obwohl der Kläger einen solchen Antrag vor dem Landesarbeitsgericht nicht gestellt hat, sieht sich der Senat verfahrensrechtlich nicht gehindert, ihm zu entsprechen. Denn mit diesem Antrag verlangt der Kläger nicht etwas anderes, sondern etwas Minderes gegenüber seinem damaligen auf § 52 gestützten Antrag. Das ergibt sich insbesondere daraus, daß § 52 in Verbindung mit § 37 Regelungsgesetz u. a. eine Übergangsvergütung nach Maßgabe des am 8. Mai 1945 erdienten Ruhegehalts gewährt und § 52a nur eine Übergangsvergütung in Höhe der Hälfte des ungekürzten Arbeitseinkommens, was im Regelfall etwas weniger ausmacht.

## 44

**1. Ist vor der Währungsreform ein Versprechen auf einmalige Zahlung einer Ruhegeldsumme für den Fall abgegeben, daß der Arbeitnehmer im Dienst des Arbeitgebers verstirbt, und lebt der Arbeitnehmer am Währungsstichtage noch, so tritt an die Stelle der Rechnungseinheit „Reichsmark“ in dem Ruhegeldversprechen die Rechnungseinheit „Deutsche Mark“.**

**2. Am Währungsstichtage besteht in einem solchen Fall eine umzustellende Reichsmarkverbindlichkeit noch nicht. Vielmehr haben die begünstigten Hinterbliebenen des Arbeitnehmers Anspruch auf Auszahlung des in Reichsmark versprochenen Betrages in Deutscher Mark.**

Erster Abschnitt Ziffer 4c der Verordnung der Kommandanten des französischen, britischen und amerikanischen Sektors von Groß-Berlin vom 24. Juni 1948 = § 2 des WährG der Bundesrepublik.

I. Senat. Urteil vom 19. Juli 1957 in S. M. (Kl.) w. Firma E. E. K. & Co. (Bekl.) 1 AZR 329/56.

I. Arbeitsgericht Berlin. — II. Landesarbeitsgericht Berlin.

Die Klägerin ist die Witwe und Erbin des am 18. Juni 1952 verstorbenen E. M., der als Verkaufsleiter bei der Beklagten Firma langjährig bis zu seinem Tode beschäftigt war. Die Beklagte hat ihren Sitz in Westberlin.

Mit Schreiben vom 15. Oktober 1943 versprach die Beklagte dem E. M. „in Anerkennung Ihrer stets einsatzbereiten Mitarbeit eine Altersversorgung für den Fall, daß Sie als Gefolgschaftsmitglied der Firma E. (Beklagten) nachweislich arbeitsunfähig werden und sich zur Ruhe setzen müssen". Diese Altersversorgung sollte durch einmalige Zahlung eines Rentenkapitals gewährt werden. Für den Fall, daß M. als Gefolgschaftsmitglied nach Vollendung seines 55. Lebensjahres sterben sollte, d. h. nach dem 16. Oktober 1944, versprach ihm die Beklagte die Zahlung eines Betrages von 10 000,— Reichsmark an seine Hinterbliebenen.

Nach dem Tode des E. M. hat die Beklagte an die Klägerin auf Grund dieser Abrede 1000,— Deutsche Mark ausgezahlt. Die Klägerin, der ihre Tochter, die ebenfalls Miterbin nach E. M. ist, die Ansprüche aus der Abrede insoweit abgetreten hat, verlangt mit der Klage die Zahlung weiterer 9000,— DM. Sie vertritt die Ansicht, aus dem Versprechen vom 15. Oktober 1943 müsse die Beklagte insgesamt 10 000,— Deutsche Mark zahlen, während die Beklagte der Auffassung ist, sie schulde auf Grund der Währungs- und Umstellungsgesetzgebung nur 1000,— DM.

Das Arbeitsgericht hat nach dem Klageantrag erkannt, während das Landesarbeitsgericht die Klage abgewiesen hat. Die Revision der Klägerin führte zur Wiederherstellung des Urteils des Arbeitsgerichts.

Aus den Gründen:

Die Vorinstanzen sind zutreffend davon ausgegangen, daß die streitige Rechtsfrage, ob die Klägerin mit den gezahlten 1000,— DM-West befriedigt ist oder noch weitere 9000,— DM zu bekommen hat, nach dem Westberliner Währungs- und Umstellungsrecht zu beurteilen ist. Denn Schuldnerin aus dem Versprechen von 1943 ist eine in Westberlin ansässige Firma. Nach diesem Sitz der Schuldnerin ist auch der Ort des Schuldverhältnisses zu beurteilen. Damit ist auch das für diesen Ort maßgebende Währungs- und Umstellungsrecht anzuwenden.

In der Sache selbst haben beide Vorinstanzen verkannt, daß am 25. Juni 1948 als dem Westberliner Währungstichtag (vgl. VO der Kommandanten des französischen, britischen und amerikanischen Sektors von Groß-Berlin vom 24. Juni 1948, VOBl. für Groß-Berlin S. 363, 6. Abschnitt Nr. 24) überhaupt noch keine umzustellende Reichsmarkverbindlichkeit bestand, sondern lediglich eine Anwartschaft des M. dahin, daß ihm bzw. seinen Hinterbliebenen nach den Abmachungen von 1943 10 000 Reichsmark für den Fall ausgezahlt würden, daß M. als Belegschaftsmitglied der Beklagten versterben sollte.

Nach dem ersten Abschnitt Ziff. 4c der Verordnung der Kommandanten des französischen, britischen und amerikanischen Sektors von Groß-Berlin vom 24. Juni 1948 tritt überall da, wo in Gesetzen, Verordnungen, Verwaltungsakten oder auch rechtsgeschäftlichen Erklärungen die Rechnungseinheit „Reichsmark" verwendet worden ist, an ihre Stelle die Rechnungseinheit „Deutsche Mark". Daraus folgt, daß auch die rechtsgeschäftliche Erklärung der Beklagten von 1943 dahin zu lesen ist, daß nunmehr an die Stelle der Rechnungseinheit „Reichsmark" die Rechnungseinheit „Deutsche Mark", und zwar Deutsche Mark-West, getreten ist. Über das Verhältnis dieser Bestimmungen der Verordnung der Kommandanten vom 24. Juni 1948 zu der Westberliner Umstellungsverordnung für den amerikanischen Kontrollsektor (VO vom 4. Juli 1948, in Kraft seit dem 5. Juli 1948, VOBl. Groß-Berlin 1948 S. 374) gilt das gleiche, was für das Verhältnis des westdeutschen Währungsgesetzes zu dem westdeutschen Umstellungsgesetz gilt. Die Vorschriften des Umstellungsrechts erscheinen danach systematisch als Ausnahme zu der allgemeinen Norm des Währungsrechts, nach der grundsätzlich an die Stelle einer Reichsmark eine Deutsche Mark tritt (Harmening-Duden, Währungsgesetze 1949, S. 158). Die Umstellung von Forderungen nach der Westberliner Umstellungsverordnung setzt sonach voraus, daß bereits zur Zeit der Westberliner Währungsreform eine der Umstellung fähige Forderung begründet war. Es muß sich dabei um eine Reichsmarkverbindlichkeit im Sinne der Währungs- und Umstellungsgesetzgebung handeln; diese Reichsmarkverbindlichkeit muß vor dem 25. Juni 1948 begründet worden und am 25. Juni 1948 noch von Bestand sein (vgl. Harmening-Duden, Währungsgesetze 1949, S. 89). Bevor entschieden werden kann, nach welchem Umstellungsschlüssel eine Forderung umzustellen ist, ob sie im Verhältnis 10 : 1 oder ausnahmsweise im Verhältnis 1 : 1 umzustellen ist, muß daher geprüft werden, ob überhaupt eine umstellungsfähige Forderung, d. h. eine Reichsmarkverbindlichkeit im Sinne des Art. 11 Nr. 26 der Verordnung vom 5. Juli 1948, im Zeitpunkt der Währungsreform bereits und noch bestand.

Eine solche Forderung in Reichsmark bestand nach den rechtsgeschäftlichen Erklärungen der Beklagten aus dem Jahre 1943 am Währungsstichtag überhaupt noch nicht. Der Begriff der nach der Westberliner Umstellungsverordnung umzustellenden Reichsmarkverbindlichkeiten wird in Art. 11 der Berliner Umstellungsverordnung dahin umschrieben, daß darunter alle Verbindlichkeiten aus vor dem 26. Juni 1948 begründeten Schuldverhältnissen fallen, die auf Reichsmark, Rentenmark oder Goldmark lauten oder nach den vor dem Inkrafttreten der Währungsverordnung in Geltung gewesenen Vorschriften in Reichsmark zu erfüllen gewesen wären (ebenso Westdeutsches Umstellungsgesetz § 13 Abs. 3). Ob ein Schuldverhältnis und eine auf Reichsmark lautende Forderung bereits vor dem Währungsstichtag begründet war, ist nach allgemeinen Rechtsvorschriften zu beurteilen.

In der Erklärung vom 15. Oktober 1943 hatte die Beklagte die Zahlung von 10 000 RM an die späteren Hinterbliebenen des M. für den Fall versprochen, daß folgende Voraussetzungen erfüllt waren:

1. M. mußte das 55. Lebensjahr vollendet haben,
2. M. mußte verstorben sein,
3. M. mußte zur Zeit seines Todes Belegschaftsmitglied der Beklagten gewesen sein.

Zur Zeit der Währungsreform konnten daher nach dem Inhalt dieses Versprechens weder der Erblasser noch seine Hinterbliebenen gegen die Beklagte einen Anspruch auf Zahlung von 10 000,— Reichsmark geltend machen. Denn damals lebte der zwar inzwischen über 55 Jahre alt gewordene Erblasser noch; er befand sich auch noch im Dienste der Beklagten. Zur Zeit der Währungsreform konnten daher weder der Erblasser noch die Klägerin Klage auf künftige Leistung der in den Erklärungen von 1943 versprochenen 10 000,— Reichsmark nach den Vorschriften der §§ 257 ff. ZPO erheben, noch konnte die Beklagte mit befreiender Wirkung Reichsmarkzahlungen an den Erblasser oder die Klägerin auf Grund der Abreden des Jahres 1943 erbringen. Denn zu diesem Zeitpunkt waren die Voraussetzungen, von denen die Beklagte die versprochene Zahlung abhängig gemacht hatte, noch nicht erfüllt. Am maßgebenden Stichtag der Währungsreform stand noch nicht einmal fest, ob jemals eine Forderung auf Zahlungen in Reichsmark aus den Abreden des Jahres 1943 gegeben sein würde. Es war immerhin möglich, daß E. M. vor seinem Tode aus den Diensten der Beklagten ausschied. Dann wäre die 1948 bestehende Anwartschaft auf Zahlung einer Reichsmarksumme nicht mehr zu einem Anspruch der Hinterbliebenen und damit zu einer „Reichsmarkverbindlichkeit" der Beklagten geworden. Im Zeitpunkt der Währungsreform bestand daher zwar eine Anwartschaft auf die von der Beklagten versprochenen Reichsmark-Zahlungen, aber noch keine Forderung auf Reichsmark gegen die Beklagte. Die Anwartschaft auf Grund eines Versorgungsversprechens, mag dieses in der Form des Versprechens auf Leistung wiederkehrender Zahlungen oder in der Form des Versprechens auf Leistung einer einmaligen Zahlung abgegeben sein, verwandelt sich erst dann in einen

Anspruch, wenn die Voraussetzungen, unter denen die Zahlung erbracht werden soll, eingetreten sind (vgl. Hueck bei Hueck-Nipperdey, Lehrbuch des Arbeitsrechts, Band 1, 6. Aufl., S. 440; Nikisch, Arbeitsrecht S. 477). Es liegt auch nicht etwa eine bestehende, nur noch nicht fällige Forderung, desgleichen keine befristete Forderung vor. Da es sich in dem Versprechen, wie es die Beklagte am 15. Oktober 1943 ihrem Angestellten M. gegenüber abgegeben hat, um ein aufschiebend bedingtes Zahlungsversprechen auf Zahlung einer in Reichsmark ausgedrückten Summe handelt, so tritt nach der Regel des § 158 Abs. 1 BGB die von der Bedingung, also einem zukünftigen ungewissen Ereignis abhängig gemachte Wirkung, eben das Entstehen einer Verpflichtung zur Auszahlung der Reichsmarksumme, erst mit dem Eintritt der Bedingung ein. Erst mit dem Tode des M. und nur dann, wenn M. zur Zeit seines Todes noch als Arbeitnehmer im Arbeitsverhältnis zur Beklagten stand, war die Beklagte überhaupt gehalten, den versprochenen Betrag in Reichsmark zur Auszahlung zu bringen, während sie am Währungsstichtage noch keine Reichsmarkleistungen schuldete. Es mag dahingestellt bleiben, ob Verbindlichkeiten aus aufschiebend bedingten Schuldverhältnissen im Sinne der Umstellungsgesetzgebung schon mit dem Abschluß des Vertrages dann begründet sind, wenn *nach dem Inhalt des Rechtsgeschäftes* die an den Eintritt der Bedingung geknüpften Folgen auf einen früheren Zeitpunkt zurückbezogen gelten (so wohl Harmening-Duden, Währungsgesetze 1949, S. 89 für den Art. 11 der Westberliner Umstellungsverordnung inhaltsgleichen § 13 des westdeutschen Umstellungsgesetzes). Denn bei einem Rechtsgeschäft der hier vorliegenden Art, bei dem die Zahlung einer in Reichsmark ausgedrückten Summe für den Fall versprochen wird, daß in der Zukunft ein Ereignis und zwar unter bestimmten Umständen (Tod des M. als Belegschaftsmitglied der Beklagten) eintritt, wobei es im Zeitpunkt des Versprechens ungewiß ist, ob diese Umstände im Zeitpunkt des Eintritts des Ereignisses gegeben sein werden, ist es nicht gewollt und auch nicht sinnvoll, daß die an den Eintritt des Ereignisses geknüpften Folgen (Pflicht zur Auszahlung der versprochenen Reichsmarksumme) auf einen früheren Zeitpunkt (Zeitpunkt des Abschlusses des Geschäftes und damit Zeitpunkt vor der Währungsreform) nach dem Inhalt des Rechtsgeschäftes zurückbezogen werden. Ist also die schuldrechtlich wirkende Ausnahmeregelung des § 159 BGB nicht anwendbar, so verbleibt es bei der Grundregel des § 158 Abs. 1 BGB; die von der aufschiebenden Bedingung abhängig gemachte Wirkung tritt erst mit dem Eintritt der Bedingung ein. Die in dem Rechtsgeschäft vom 15. Oktober 1943 von dem

Tode des M. als Belegschaftsmitglied der Beklagten abhängig gemachte Wirkung, daß die Beklagte dann zur Zahlung von 10 000,— Reichsmark an die Hinterbliebenen des M. verpflichtet war, ist sonach erst mit dem Tode des M. als Belegschaftsmitglied der Beklagten am 18. Juni 1952, also nach der Währungsreform in West-Berlin eingetreten, nicht bereits mit der Abgabe des Versprechens vom 15. Oktober 1943.

Auch der Zweite Senat des Bundesarbeitsgerichts hat in der Entscheidung vom 23. Juni 1955 (2 AZR 225/54, AP Nr. 3 zu § 242 BGB mit zustimmender Anmerkung von Molitor) ausgeführt, daß im Sinne der Währungs- und Umstellungsgesetzgebung der Anspruch auf Ruhegehalt nicht schon im Zeitpunkt der Abgabe des Ruhegehaltsversprechens, sondern erst mit dem Eintritt des Ruhestandes entstanden ist. Eine ähnliche Rechtsauffassung hat auch der Bundesgerichtshof in der Entscheidung vom 18. Dezember 1954 in AP Nr. 1 zu § 242 BGB = BGHZ 16 S. 50 für die Frage vertreten, wann im Sinne des § 82 des Bundesvertriebenengesetzes die Verbindlichkeit auf Zahlung von Ruhegehalt entstanden ist. Der vorliegende Fall bietet keinen Anlaß zur Prüfung der Frage, ob dann, wenn vor der Währungsreform Anwartschaften auf Ruhegehaltsansprüche eingeräumt worden sind, im Wege der richterlichen Vertragshilfe auch bei Eintritt des Versorgungsfalles erst nach der Währungsreform der Anspruch betragsmäßig herabgesetzt werden kann (vgl. hierzu BGH, 24. März 1954 in BB 54, S. 445 und BGH, 12. Juli 1956 in AP Nr. 14 zu § 242 BGB mit Anmerkung von Larenz = BB 56 S. 788). Die Frage, ob bei einer vor der Währungsreform begründeten Anwartschaft auf Zahlung von Ruhegeld oder sonstigen Versorgungsleistungen eine vor dem Währungsstichtag begründete Verbindlichkeit im Sinne des § 1 VHG vorliegt, ist von der hier zur Erörterung stehenden Frage, ob trotz Eintritts des Versorgungsfalles erst nach der Währungsreform am Währungsstichtag bereits eine umzustellende Reichsmarkverbindlichkeit im Sinne der Währungsgesetzgebung vorliegt, zu scheiden. Die letztere Frage muß der Senat verneinen.

Nach alledem ist festzustellen, daß am Währungsstichtag eine Reichsmarkverbindlichkeit der Beklagten noch nicht bestanden hat. Vielmehr bestand in diesem Zeitpunkt nur eine Anwartschaft des E. M. bzw. seiner Hinterbliebenen auf Zahlung einer Reichsmarksumme nach der rechtsgeschäftlichen Erklärung der Beklagten vom 15. Oktober 1943. Diese Anwartschaft konnte sich zwar nach der Währungsreform zu einem Anspruch auf Zahlung einer in Reichsmark ausgedrückten Summe verdichten. Ob aber eine solche Umwandlung der Anwartschaft in einen Anspruch eintreten würde, stand im Zeitpunkt der Währungsreform noch dahin und war keineswegs sicher. Dies steht der Annahme entgegen, daß bereits am Währungsstichtag eine Reichsmarkverbindlichkeit begründet war.

Bestand sonach am Währungsstichtag überhaupt noch keine der Umstellung fähige Reichsmarkverbindlichkeit, so ist nach dem Grundsatz des ersten Abschnittes Ziff. 4c der Verordnung der Kommandanten des französischen, britischen und amerikanischen Sektors von Groß-Berlin vom 24. Juni 1948 (VOBl. für Groß-Berlin 1948, S. 363) an die Stelle der Rechnungseinheit Reichsmark die Rechnungseinheit Deutsche Mark getreten. Die Klägerin hat also aus dem so zu lesenden Versprechen von 1943 den Anspruch auf Zahlung von insgesamt 10 000,– Deutsche Mark.

Da keine Umstellung i. S. der Umstellungsgesetzgebung in Frage kommt, so hatte der Senat auch nicht zu der zwischen den Parteien streitigen Rechtsfrage Stellung zu nehmen, ob eine e i n m a l i g e Ruhegeldleistung 10 : 1 oder 1 : 1 umzustellen ist. Es war auch nicht zu prüfen, ob eine einmalige Ruhegeldleistung etwa als Zahlung aufgespeicherten Lohnes angesehen werden kann.

## 45

**1. Durch die Umorganisation der Polizei im Land Nordrhein-Westfalen sind von den Polizeiausschüssen abgeschlossene Betriebsvereinbarungen nicht gegenstandslos geworden.**

**2. Betriebsvereinbarungen können von dem Arbeitgeber und dem Betriebsrat gekündigt werden.**

**3. Auch dann, wenn in der Betriebsvereinbarung Kündigungsfristen vorgesehen sind, ist eine außerordentliche Kündigung der Betriebsvereinbarung ohne Innehaltung der vereinbarten Kündigungsfristen zulässig, wenn ein wichtiger Grund für eine solche Kündigung vorliegt.**

**4. An den Begriff des wichtigen Grundes sind in einem solchen Fall strenge Anforderungen zu stellen.**

BetrVG § 56; Gesetz des Landes Nordrhein-Westfalen über die Organisation der Polizei im Land Nordrhein-Westfalen vom 11. August 1953 (GVBl. S. 330) § 1.

1. Senat. Urteil vom 19. Juli 1957 i. S. Land-N.-W. (Bekl. w. K. (Kl.) 1 AZR 420/54.

I. Arbeitsgericht Köln. — II. Landesarbeitsgericht Düsseldorf

Der Kläger ist sei dem 1. September 1949 als Zivilkraftfahrer bei der Polizei in Köln im Angestelltenverhältnis beschäftigt. Er wurde nach der TO.A als Angestellter von dem Polizeiausschuß der Stadt Köln, dem die Polizei bis zum 1. Oktober 1953 unterstand, besoldet.

Durch das Gesetz über die Organisation und die Zuständigkeit der Polizei im Lande Nordrhein-Westfalen vom 11. August 1953 (GVBl. S. 330), in Kraft seit dem 1. Oktober 1953, wurde die Polizei auch in der Stadt Köln durch das Land Nordrhein-Westfalen übernommen. Dabei trat das Land in alle vermögensrechtlichen Rechte und Pflichten der bisherigen Stadtkreis- und Regierungsbezirkspolizeibehörden ein (§ 30 a. a. O.).

Am 7. September 1953 verlangte der Regierungspräsident in Köln auf Weisung des Innenministers des beklagten Landes Nordrhein-Westfalen, daß der Kläger in das Arbeiterverhältnis überführt werde. Der Kläger erklärte sich mit dieser Maßnahme nicht einverstanden; ihm wurde deshalb am 22. Oktober 1953 (zugegangen am 26. Oktober 1953) zum 31. März 1954 mit dem Ziel der Überführung in das Arbeiterverhältnis gekündigt. Gegen diese Kündigung erhob der Kläger bei dem Betriebsrat der Polizei Einwendungen. Nach einer Betriebsvereinbarung zwischen dem Polizeiausschuß in Köln als dem damaligen Dienstherrn des Klägers und dem Betriebsrat der Polizei vom 30. September 1950/3. März 1952 hatte der Betriebsrat bei der Kündigung von Bediensteten „mitzubestimmen". Vor der Entscheidung des Polizeiausschusses war die Stellungnahme des Betriebsrates einzuholen. Stimmte dieser der beabsichtigten Maßnahme nicht zu, so konnte sowohl der Betriebsrat wie der Polizeiausschuß eine Schiedsstelle anrufen, die sich aus je zwei Vertretern des Polizeiausschusses und des Betriebsrates zusammensetzte und die mit Mehrheitsbeschluß entschied. Falls ein Mehrheitsbeschluß nicht zustande kam, konnte der Polizeiausschuß selbst endgültig entscheiden. Die Betriebsvereinbarung ist nach ihrem § 14 am 1. Oktober 1950 in Kraft getreten; sie galt zunächst bis zum 31. Dezember 1951 und sollte dann von Jahr zu Jahr weiterlaufen, wenn sie nicht drei Monate vor Ablauf des Kalenderjahres gekündigt wurde.

Der Betriebsrat stimmte der dem Kläger gegenüber erklärten Änderungskündigung, vor deren Ausspruch seine Stellungnahme nicht eingeholt war, nicht zu; zu einem Verfahren vor der Schiedsstelle ist es nicht gekommen, da das beklagte Land der Ansicht war, es sei an die von dem Polizeiausschuß abgeschlossene Betriebsvereinbarung nicht gebunden und deshalb die Schiedsstelle weder anrief noch besetzte. Die

Ansicht, daß die von den Polizeiausschüssen abgeschlossenenen Betriebsvereinbarungen mit der Übernahme der Polizei auf das beklagte Land infolge Fortfalles der bisherigen Polizeibehörden gegenstandslos geworden und deshalb nicht mehr anwendbar seien, hat der Innenminister des beklagten Landes in einem Erlaß vom 19. Dezember 1953 vertreten, der an die Regierungspräsidenten gerichtet war und in dem den neugebildeten Polizeibehörden empfohlen wurde, vorläufige Betriebsvereinbarungen entsprechend der in dem Erlaß vom 1. Juli 1949 (MBl. NW S. 738) erwähnten Musterbetriebsvereinbarung abzuschließen. Dieser Erlaß wurde abschriftlich auch dem Polizeipräsidenten in Köln zugeleitet, der ihn am 17. Februar 1954 abschriftlich dem Betriebsrat der Polizei in Köln zur Kenntnisnahme übersandt hat.

Der Kläger begehrt die Feststellung, daß die am 22. Oktober 1953 ausgesprochene und am 26. Oktober 1953 zugestellte Kündigung rechtsunwirksam ist.

Die Klage hatte in allen Instanzen Erfolg.

Aus den Gründen:

Nach der Betriebsvereinbarung vom 30. September 1950/3. März 1952 zwischen dem Polizeiausschuß der Stadt Köln, dem damals die Polizei in Köln unterstand und der der Dienstherr der im Polizeidienst in der Stadt Köln beschäftigten Bediensteten war, und dem Betriebsrat der Kölner Polizei hatte der Betriebsrat bei der Kündigung und Entlassung von Angestellten und Arbeitern in der am Tatbestand mitgeteilten Weise „mitzubestimmen".

Das vorgesehene Verfahren hat das beklagte Land nicht eingehalten; es hat vielmehr vor Abgabe der Kündigungserklärung die Stellungnahme des Betriebsrates nicht eingeholt und, nachdem der Betriebsrat später seine nach der Betriebsvereinbarung erforderliche Zustimmung zu der Kündigung auch nach Ausspruch der Kündigung versagt hatte — das Zustimmungserfordernis gilt auch für eine Änderungskündigung, denn diese ist echte, das Arbeitsverhältnis beendende Kündigung —, davon Abstand genommen, die in der Betriebsvereinbarung vorgesehene Schiedsstelle anzurufen.

Damit hat das beklagte Land die Vorschriften dieser Betriebsvereinbarung außer acht gelassen, obwohl es an die von dem früheren Polizeiausschuß geschlossene Betriebsvereinbarung gebunden war. Denn die Betriebsvereinbarung zwischen dem Betriebsrat bei der Polizei in Köln und dem Polizeiausschuß in Köln vom 30. September 1950/ 3. März 1952, die ein Mitbestimmungsrecht des Betriebsrates bei der ordentlichen Kündigung und Entlassung von Betriebsangehörigen vorsieht, ist nicht im Hinblick auf den Inhalt einer solchen Regelung unwirksam.

Es kann dahingestellt bleiben, ob nach Inkrafttreten des Betriebsverfassungsgesetzes vom 11. Oktober 1952 für Betriebe und des Personalvertretungsgesetzes vom 5. August 1955 für Verwaltungen die dem Betriebsrat und dem Personalrat gegebenen Befugnisse zur Mitwirkung, Mitbestimmung und Beteiligung eine insoweit abschließende Regelung darstellen, als sie nicht durch Betriebsvereinbarung oder Dienstvereinbarung erweitert werden können (vgl. dazu Hueck-Nipperdey, Lehrbuch, 6. Aufl. [1957], Band 2 S. 861; Dietz, BetrVG 1953, § 66 Anm. 12; Galperin, BetrVG 1953, § 66 Anm. 15). Für die Zeit vor den bundesrechtlichen Regelungen bestehen auch im öffentlichen Dienst keine Bedenken gegen die Wirksamkeit derartiger Betriebsvereinbarungen, die dem Betriebsrat ein Mitbestimmungsrecht in der Form der notwendigen Zustimmung zu von dem Arbeitgeber beabsichtigten ordentlichen Kündigungen einräumen. Dieses gilt um so mehr dann, wenn die Betriebsvereinbarung selbst vorsieht, daß die erforderliche Zustimmung des Betriebsrates durch die Entscheidung einer Schiedsstelle ersetzt werden kann, und wenn darüber hinaus bestimmt ist, daß bei ergebnislosem Verfahren vor der Schiedsstelle der Arbeitgeber die von ihm beabsichtigte Maßnahme ohne Mitwirkung und Mitbestimmung des Betriebsrates durchführen kann. In der Einschaltung der Schiedsstelle nach der Betriebsvereinbarung liegt auch kein nach § 101 ArbGG unzulässiger Einbruch in die Arbeitsgerichtsbarkeit. Die Betriebsvereinbarung schaltet die Zuständigkeit der Gerichte für Arbeitssachen für die Beurteilung der Frage, ob eine rechtswirksame Kündigung vorliegt, nicht aus, sondern regelt nur ein Verfahren, in dem die Kündigungserklärung zustandekommen soll. Ob aber die erklärte Kündigung wirksam ist, unterliegt der Entscheidung der Gerichte für Arbeitssachen, nicht der Entscheidung der Schiedsstelle.

Entgegen der Auffassung des beklagten Landes, wie sie in dem Erlaß des Innenministers vom 19. Dezember 1953 und in diesem Rechsstreit vertreten ist, hat die Betriebsvereinbarung vom 30. September 1950/3. März 1952 auch nicht infolge der Umorganisation der Polizei in dem beklagten Land Nordrhein-Westfalen oder des Fortfalles der bisherigen Polizeibehörden ihre Rechtswirksamkeit verloren.

Das Gesetz über die Organisation und die Zuständigkeit der Polizei im Lande Nordrhein-Westfalen vom 11. August 1953 (GVBl. S. 330) bedeute nicht eine völlige Auflösung der bisher bestehenden

Polizeidienststellen, sondern lediglich eine Umorganisation der Polizeiverwaltung im Land Nordrhein-Westfalen dahin, daß die einzelnen Polizeidienststellen zu Landesdienststellen wurden. Die Polizeibediensteten verblieben bei ihren bisherigen Dienststellen, lediglich ihr Dienstherr wechselte. Die Angehörigen der Polizei in Köln waren vor Inkrafttreten des Gesetzes vom 11. August 1953 bei der in Köln mit Polizeiaufgaben betrauten Behörde tätig; bei dieser Behörde war ihr Arbeitsplatz, diese Behörde war ihr Betrieb im Sinne des Betriebsverfassungsrechts. Dieser Betrieb blieb der gleiche im Sinne des Betriebsverfassungrechtes, auch nachdem die Polizei durch Umorganisation nach dem Gesetz vom 11. August 1953 auf das Land überführt wurde. Der Vorgang der Umgestaltung einer Behördenorganisation, der Zusammenfassung bisher organisatiorisch getrennter Behörden in eine einheitliche Behördenorganisation, ist vergleichbar mit dem Wechsel eines Betriebsinhabers bei einem Betrieb der privaten Wirtschaft. Es entspricht anerkannter Auffassung (vgl. Nikisch, Arbeitsrecht, § 46 S. 536 f.; Hueck-Nipperdey, Lehrbuch des Arbeitsrechts, 6. Aufl. [1957], Bd. 2 S. 793), daß bei einem Wechsel des Betriebsinhabers die für den Betrieb bestehenden Betriebsvereinbarungen von Bestand bleiben und deshalb sowohl von der Belegschaft wie insbesondere auch von dem neuen Inhaber des übernommenen und fortgeführten Betriebes zu beachten sind. Dadurch also, daß die Polizeibehörden auf das Land überführt worden sind, das Land damit Dienstherr der bei den Polizeibehörden beschäftigten Arbeitnehmer geworden ist, hat die Betriebsvereinbarung nicht ihre Rechtswirksamkeit verloren.

Eine Rechtsunwirksamkeit ist auch nicht dadurch eingetreten, daß die bisherigen Polizeiausschüsse ihre Zuständigkeiten verloren haben. Das Ausscheiden des bisherigen „Betriebsinhabers" und das Eintreten eines neuen Dienstherrn hat lediglich zur Folge, daß der neue Dienstherr in die Pflichten und Befugnisse eintritt, die bisher dem früheren Betriebsinhaber zustanden, nicht aber fallen damit diese Pflichten und Befugnisse weg.

Die Betriebsvereinbarung hat auch nicht, wie das beklagte Land vorträgt, dadurch ihre Rechtswirksamkeit verloren, daß das in der Betriebsvereinbarung vorgesehene Verfahren vor der Schiedsstelle bei Meinungsverschiedenheiten zwischen der Verwaltung (früher Polizeiausschuß, jetzt das beklagte Land) nicht mehr „sinnvoll" durchgeführt werden könne. Das beklagte Land trägt insoweit vor, die nunmehr von dem beklagten Land in die Schiedsstelle zu entsendenden Vertreter seien weisungsgebunden, es sei somit ausgeschlossen, daß gegen die beabsichtigte oder auch bereits ausgeführte Willensentschließung des Landes (z. B. die Kündigung eines Arbeitnehmers) eine Mehrheit innerhalb der Schiedsstelle in dem Einigungsverfahren vor dieser Stelle zustandekomme. Damit spreche letztlich das beklagte Land doch endgültig ohne Zustimmung des Betriebsrates die beabsichtigte Entlassung aus. Damit verkennt das beklagte Land nicht nur, daß durchaus die Möglichkeit besteht, Vertreter in die Schiedsstelle zu entsenden, ohne ihnen gleichzeitig bindende Weisungen zu erteilen, sondern auch, daß bereits eine Erörterung der beabsichtigten Maßnahmen vor ihrer Ausführung und eine Prüfung der bereits ausgeführten Maßnahmen im Verfahren vor der Schiedsstelle dazu führen kann, daß die geplanten Maßnahmen nicht oder nur in veränderter Form durchgeführt und bereits getroffene Maßnahmen aufgehoben oder geändert werden.

Ist somit die Betriebsvereinbarung wirksam geblieben, so ist der Senat allerdings der Auffassung, daß in dem Erlaß des Innenministers vom 19. Dezember 1953 nicht nur die Bekundung einer Rechtsansicht den nachgeordneten Behörden gegenüber liegt, sondern gleichzeitig eine K ü n d i g u n g der Betriebsvereinbarung, die dem Betriebsrat der Polizei in Köln gegenüber veranlaßt werden sollte und demgemäß auch erklärt ist, und zwar dadurch, daß dieser Erlaß am 17. Februar 1954 dem Betriebsrat mit der Bitte um Kenntnisnahme übersandt worden ist. In dem Erlaß bringt der Innenminister zum Ausdruck, daß die bisherigen von den Polizeiausschüssen abgeschlossenen Betriebsvereinbarungen „infolge des Wegfalles der bisherigen Polizeibehörden ihre Rechtswirksamkeit verloren hätten". Hierin liegt gleichzeitig — und auch für den Betriebsrat als den Erklärungsempfänger ausreichend erkennbar — die Erklärung, sich an diese Betriebsvereinbarungen in Zukunft nicht mehr halten zu wollen. Der Erlaß bringt also den Kündigungswillen hinsichtlich der Betriebsvereinbarung zum Ausdruck. Daß in einer Kündigungserklärung die Worte „kündigen" oder „Kündigung" nicht enthalten zu sein brauchen, entspricht der Rechtsprechung des Bundesarbeitsgerichtes (vgl. Urteil vom 19. Januar 1956, 2 AZR 80/54, AP Nr. 1 zu § 620 BGB). Es genügt vielmehr jede Erklärung, aus der der Erklärungsempfänger eindeutig erkennen kann, daß der Erklärende nicht mehr an den getroffenen Abreden festhalten will. Diese für die Kündigung eines Arbeitsverhältnisses entwickelten Grundsätze sind auch für die Frage der Kündigung einer Betriebsvereinbarung anzuwenden. Es kann auch nicht eingewendet werden, daß es sich dem Betriebsrat gegenüber nur um eine „Mitteilung" also um keine echte rechtsgeschäftliche Erklärung gehandelt habe. Das Schreiben vom 17. Februar

1954 muß vielmehr nach § 133 BGB als Lossageerklärung von der Betriebsvereinbarung angesehen werden und war auch vom Empfänger so zu verstehen.

Wie der Senat bereits in der Entscheidung vom 15. Februar 1957 (1 ABR 10/55, AP Nr. 3 zu § 56 BetrVG) ausgeführt hat, können Betriebsvereinbarungen sowohl von dem Arbeitgeber wie dem Betriebsrat grundsätzlich durch rechtsgestaltende Kündigung zu jeder Zeit aufgehoben werden, es sei denn, daß sich aus der Betriebsvereinbarung selbst oder aber aus allgemeinen Gründen etwas anderes ergibt (vgl. Hueck-Nipperdey, Lehrbuch des Arbeitsrechts, 6. Aufl. (1957), Bd. 2 S. 792/793; Fitting-Kraegeloh, BetrVG, 3. Aufl., § 52 Anm. 15; Dietz, BetrVG, § 52 Anm. 27; Galperin, BetrVG, 2. Aufl., § 52 Anm. 66). Nach § 14 der hier vorliegenden Betriebsvereinbarung war aber die Kündigung in der Weise geregelt, daß die erstmals bis zum 31. Dezember 1951 abgeschlossene Betriebsvereinbarung von Jahr zu Jahr weiter laufen sollte, sofern sie nicht drei Monate vor Ablauf des Kalenderjahres gekündigt wurde. Daraus ergibt sich, daß die Betriebsvereinbarung im Wege einer ordentlichen in der Betriebsvereinbarung selbst geregelten Kündigung, die jedenfalls in dem Erlaß vom 19. Dezember 1953 und dessen Übersendung an den Betriebsrat am 17. Februar 1954 zu erblicken ist, erst zum 31. Dezember 1954 gekündigt werden konnte und gekündigt worden ist, also zu einem Zeitpunkt, der sogar hinter dem 31. März 1954 als dem Tag, zu dem dem Kläger gekündigt worden ist, liegt. Es brauchte somit nicht geprüft zu werden, ob die Kündigung der Betriebsvereinbarung überhaupt keinen Einfluß auf die Kündigung des Arbeitsverhältnisses am 26. Oktober 1953 haben konnte. Durch ordentliche Kündigung ist also die Betriebsvereinbarung nicht zu einem hier rechtserheblichen Zeitpunkt beseitigt worden.

Neben der Befugnis zur ordentlichen Kündigung ist aber auch bei Betriebsvereinbarungen die Befugnis zur außerordentlichen Kündigung, also zur Kündigung ohne Innehaltung der in der Betriebsvereinbarung geregelten Fristen, für den Fall gegeben, daß ein wichtiger Grund für den Arbeitgeber oder den Betriebsrat vorliegt, der ihm das Beharren auf der Betriebsvereinbarung bis zu dem Zeitpunkt, zu dem er sie durch ordentliche Kündigung aufheben könnte, nicht zumutbar macht. Enthält die Betriebsvereinbarung selbst aber Regelungen über die Kündigung, sieht sie insbesondere die Innehaltung von Kündigungsfristen vor, so sind an die Voraussetzungen, unter denen sich der Arbeitgeber oder der Betriebsrat vorzeitig, ohne Innehaltung der vorgesehenen Fristen, von der Betriebsvereinbarung durch Ausübung eines außerordentlichen

Kündigungsrechtes mit sofortiger Wirkung lösen kann, im Interesse der Stabilität der Betriebsvereinbarung und des Betriebsfriedens strenge Anforderungen zu stellen. Der Ausspruch einer außerordentlichen Kündigung mit sofortiger Wirkung ist aber auch dann nicht grundsätzlich ausgeschlossen.

Einer Entscheidung der Frage, ob in der Übersendung des Erlasses des Innenministers vom 19. Dezember 1953 an den Betriebsrat am 17. Februar 1954 die Erklärung einer solchen außerordentlichen Kündigung mit der erforderlichen Eindeutigkeit zum Ausdruck gekommen ist, bedarf es nicht. Denn jedenfalls ist von dem beklagten Land nicht ausreichend dargetan, daß es ihm wirklich unzumutbar war, an der abgeschlossenen Betriebsvereinbarung bis zum 31. Dezember 1954 festzuhalten, also bis zu dem Zeitpunkt, zu dem es nach den Regelungen der Betriebsvereinbarung sich von dieser durch — ordentliche — Kündigung lösen konnte. Die Tatsache der Überleitung der Polizei auf das Land und der dadurch erforderlichen Umorganisation der Polizeibehörden stellt für sich allein noch nicht einen solchen wichtigen Grund dar. Daß dem beklagten Land der Fortbestand gerade einer Betriebsvereinbarung, wie sie der Polizeiausschuß in Köln mit dem dortigen Betriebsrat bei der Polizei abgeschlossen hatte, auch nicht für die Übergangszeit bis zum 31. Dezember 1954 zumutbar gewesen wäre, ist schon deshalb nicht anzunehmen, weil in dem Erlaß vom 19. Dezember 1953 den Polizeibehörden empfohlen war, vorläufige Betriebsvereinbarungen entsprechend der in dem Runderlaß vom 1. Juli 1949 (MinBl. Nordrhein-Westfalen 1949 S. 738) enthaltenen Mustervereinbarung abzuschließen. Dieser Mustervereinbarung entspricht aber auch die hier vorliegende Betriebsvereinbarung in allen wesentlichen Punkten, insbesondere in der Regelung des Mitbestimmungsrechtes der Betriebsräte bei Kündigungen und Entlassungen (vgl. § 2 Nr. 2 hinsichtlich der Mitbestimmung, § 12 hinsichtlich eines Einigungsverfahrens bei Meinungsverschiedenheit zwischen Behördenleiter und Betriebsrat). Auch die geltende Betriebsvereinbarung ist nämlich offensichtlich bereits auf der Grundlage der erwähnten Mustervereinbarung abgeschlossen worden.

Sonach ist festzustellen, daß das beklagte Land sich nicht rechtswirksam durch Ausspruch einer wirksamen außerordentlichen Kündigung mit sofortiger Wirkung von der Betriebsvereinbarung gelöst hat. Eine solche außerordentliche Kündigung wäre deshalb unwirksam, weil nicht dargetan ist, daß ein wichtiger Grund für eine solche Kündigung ohne Innehaltung der Kündigungsfrist nach der Betriebsvereinbarung vorgelegen hat. Es braucht daher auch hier nicht untersucht zu werden, ob eine wirksame außerordentliche Kündigung der Betriebsvereinbarung vom 17. Februar 1954 das beklagte Land von der Beachtung ihrer Bestimmungen bei der Kündigung des Arbeitsvertrages vom 26. Oktober 1953 entbunden hätte.

Ist aber das Land sowohl bei Ausspruch der Kündigung im Oktober 1953 wie bei dem Kündigungszeitpunkt (31. März 1954) an die Betriebsvereinbarung gebunden gewesen, so ist die in der Betriebsvereinbarung vorgesehene, aber nicht eingeholte und auch nicht nachträglich durch die Schiedsstelle oder den Arbeitgeber nach fruchtlosem Verfahren vor der Schiedsstelle allein ersetzte Zustimmung des Betriebsrates Wirksamkeitsvoraussetzung für die Kündigung. Dies ergibt sich aus dem insoweit eindeutigen Inhalt der Betriebsvereinbarung. Da es an dieser Zustimmung des Betriebsrates fehlt und sie auch nicht entsprechend den Regelungen der Betriebsvereinbarung ersetzt ist, kommt der Änderungskündigung keine Rechtswirksamkeit zu.

## 46

**1. Die Verfassungssätze, daß Männer und Frauen gleichberechtigt sind und daß niemand wegen seines Geschlechtes benachteiligt werden darf, sind geltende Rechtsnormen (Bestätigung von BAG 1, 258 und BAG 1, 348).**

**2. Der Gleichberechtigungssatz beinhaltet auch den Grundsatz der Lohngleichheit von Mann und Frau bei gleicher Arbeit, an dessen Beachtung auch die Tarifvertragsparteien bei der Schaffung tariflicher Normen gebunden sind.**

**3. Ob eine Tarifvertragsbestimmung mit dem Grundgesetz vereinbar ist, kann von den Gerichten für Arbeitssachen selbst entschieden werden; es bedarf keiner Vorlage an das Bundesverfassungsgericht gemäß Art. 100 GG.**

**4. Ist die Regelung der Vergütung für Frauen im Tarifvertrag wegen Verstoßes gegen Art. 3 Abs. 2, Abs. 3 GG nichtig (§ 134 BGB), so ist nach den Grundsätzen des § 139 BGB zu prüfen, ob der Tarifvertrag im übrigen rechtsbeständig ist.**

**5. Tarifliche Abgeltungsregelungen, die den Arbeitnehmerinnen an Stelle der ihnen gebührenden tariflichen Vergütung nur einen Teilbetrag gewähren, verstoßen ihrerseits gegen Art. 3 Abs. 2 GG und sind deshalb nichtig.**

**6. Bei der Normierung derartiger Abgeltungsregelungen handeln die Tarifvertragsparteien nicht als Vertreter der Tarifgebundenen; die Abgeltungsregelungen enthalten keinen Vergleichsverzicht im Sinne des § 4 TVG.**

GG Art. 1, Art. 3, Art. 100; TVG §§ 1, 3, 4; BGB §§ 134, 139.

I. Senat. Urteil vom 23. März 1957 i. S. Landkreis U. w. Schwester K.
1 AZR 326/56.

I. Arbeitsgericht Lüneburg. — II. Landesarbeitsgericht Hannover.

Die Klägerin stand in der Zeit vom 16. November 1953 bis zum 31. März 1955 als Krankenschwester im Dienst des beklagten Landkreises. Sie wurde nach zwischen der Tarifgemeinschaft deutscher Länder und der Vereinigung der kommunalen Arbeitgeberverbände einerseits und der Gewerkschaft Öffentliche Dienste, Transport und Verkehr und der Deutschen Angestellten-Gewerkschaft andererseits abgeschlossenen Tarifverträgen besoldet, und zwar zunächst nach dem Tarifvertrag vom 20. April 1953 in der Fassung des Tarifvertrages vom 4. September 1953. Sie war eingestuft in die Gruppe Kr. d der Anlage 4 des Tarifvertrages vom 20. April 1953. Als monatliche Anfangsgrundvergütung waren danach (Fassung des Tarifvertrages vom 4. September 1953) für weibliche Angsetellte 196,70 DM ausgesetzt, als monatlicher Steigerungsbetrag 10,50 DM und als Höchstbetrag der Grundvergütung 275,45 DM. Für männliche Angestellte waren 207,20 DM als Anfangsgrundvergütung, 10,50 DM als monatlicher Steigerungsbetrag und 291,20 DM als Höchstbetrag der monatlichen Grundvergütung vorgesehen. Auf Grund des mit Wirkung vom 1. Juli 1954 in Kraft getretenen Tarifvertrages vom 10. September 1954 wurden während der Dauer des Arbeitsverhältnisses der Klägerin in der Lohngruppe Kr. d die monatlichen Anfangsgrundvergütungen für weibliche Angestellte auf 212,20 DM, für männliche Angestellte auf 222,70 DM und die Höchstbeträge der monatlichen Grundvergütungen auf 290,95 DM bzw. 306,70 DM erhöht. Durch Tarifvertrag vom 26. April 1955 wurden schließlich, nachdem die Klägerin bereits aus den Diensten des beklagten Landkreises ausgeschieden war, in der Anlage 4 des Tarifvertrages vom 10. September 1954 „die Vergütungsspalten für weibliche Angestellte" und die Worte „männliche Angestellte" auch bei den Vergütungsgruppen Kr. d und Kr. e gestrichen — für andere höhere Vergütungsgruppen war dies schon vorher geschehen — und damit den weiblichen Angestellten dieselbe Vergütung ausgesetzt wie den männlichen Angestellten. Für die Zeit vor dem 1. Mai 1955 sah dieser Tarifvertrag folgendes vor:

„Für die Zeit vor dem 1. Mai 1955 erhalten die am 30. April 1955 beschäftigten weiblichen Angestellten der Vergütungsgruppen Kr. d und e eine einmalige Zahlung von 110,— DM. Dieser Betrag verringert sich für jeden vollen Monat, den eine Angestellte weniger als 11 Monate ununterbrochen oder aneinandergereiht in einem Arbeitsverhältnis bei einem unter diesen Tarifvertrag fallenden Arbeitgeber beschäftigt war, um 10,— DM".

Die Tätigkeitsmerkmale der Vergütungsgruppe Kr. d waren in den Tarifverträgen vom 20. April 1953 und 10. September 1954 wie folgt bezeichnet:

„Krankenpfleger, Krankenschwestern, Säuglings- und Kinderschwestern (-krankenpflegerinnen), Hebammen, Pfleger (Pflegerinnen) in Heil- und Pflegeanstalten in besonderer Stelle, z. B. als stellvertretende Oberpfleger (Oberpflegerinnen), Stations- oder Abteilungspfleger (Stations- oder Abteilungspflegerinnen)."

Die Klägerin, die die einmalige Zahlung nach dem Tarifvertrag vom 26. April 1955 nicht erhalten hat, weil sie schon zum 31. März 1955 aus den Diensten des beklagten Landkreises ausgeschieden war, verlangt mit der Klage die Nachzahlung des Unterschiedsbetrages zwischen den tariflichen Bezügen der männlichen Angestellten und der weiblichen Angestellten für die gesamte Zeit ihrer Beschäftigung in der rechnerisch nicht streitigen Höhe von 158,25 DM. Sie hat dazu vorgetragen, die unterschiedliche Bezahlung der männlichen und der weiblichen Angestellten verstoße gegen das Grundgesetz, das weiblichen Arbeitnehmern bei gleicher Arbeit den Anspruch auf den Lohn, wie er männlichen Arbeitnehmern gezahlt werde, einräume. Diesem Grundsatz widerspreche auch die Abgeltungsregelung des Tarifvertrages vom 26. April 1955, da auch diese Regelung im Ergebnis zu einer Benachteiligung der weiblichen Arbeitnehmer allein ihres Geschlechtes wegen führe.

Die Klage hatte in allen drei Instanzen Erfolg.

Entscheidungsgründe:

I. Wie der Senat bereits in seiner Entscheidung vom 15. Januar 1955, BAG 1, 258 ausgesprochen und in den Urteilen vom 2. 3. 1955 (AP Nr. 6 zu Art. 3 GG) und 6. 4. 1955, BAG 1, 348 bestätigt hat, sind die Verfassungsartikel 3 Abs. 2 GG, daß Männer und Frauen gleichberechtigt sind, und 3 Abs. 3 GG, daß niemand wegen seines Geschlechtes benachteiligt werden darf, geltendes Recht und keine bloßen Programmsätze für die künftige Gesetzgebung. Das ist heute allgemein anerkannt.

Art. 3 GG gehört zwar zunächst zu den klassischen Grundrechten, die die Freiheitssphäre des Einzelnen vor Eingriffen der Staatsgewalt sichern und schützen und die dem Staat die Beachtung des Gleichheitsprinzips bei der Ausübung aller seiner Gewalten zur Pflicht machen. Der Senat hat sich aber bereits in seinem Urteil vom 3. Dezember 1954 (BAG 1, 185 ff. = AP Nr. 2 zu § 13 KSchG) des näheren dahin ausgesprochen, daß zwar nicht alle, aber doch eine Reihe besonders bedeutsamer Grundrechte der Verfassung nicht nur Freiheitsrechte gegenüber der Staatsgewalt garantieren, vielmehr Ordnungsgrundsätze für das soziale Leben sind, die in einem aus dem Grundrecht näher zu entwickelnden Umfang unmittelbare Bedeutung auch für den Rechtsverkehr der Bürger untereinander haben. Auf demselben Standpunkt steht das Bundesverfassungsgericht in seiner Entscheidung vom 17. Januar 1957, wenn es ausführt: „Wie eine ganze Reihe von Verfassungsnormen — insbesondere solche, die das Verhältnis des Bürgers zum Staate bestimmen oder das Gemeinschaftsleben regeln — erfüllt Art. 6 I GG mehrere Funktionen, die miteinander verbunden sind und ineinander übergehen. Aufgabe der Verfassungsrechtsprechung ist es, die verschiedenen Funktionen einer Verfassungsnorm, insbesondere eines Grundrechts, zu erschließen. Dabei ist derjenigen Auslegung der Vorzug zu geben, „die die juristische Wirkungskraft der betreffenden Norm am stärksten entfaltet" (Thoma). Eine Interpretation von Art. 6 I GG nach diesem Prinzip zeigt, daß er nicht nur ein Bekenntnis enthält und als Institutsgarantie wirkt, sondern darüber hinaus zugleich eine Grundsatznorm darstellt, d. h. eine verbindliche Wertentscheidung für den gesamten Bereich des Ehe und Familie betreffenden privaten und öffentlichen Rechts" (JZ 1957, S. 268 ff. [S. 270]). Die Charakterisierung des Art. 6 Abs. 1 GG als Grundrecht und als wertentscheidende Grundsatznorm für den Gesamtbereich des privaten und öffentlichen Rechts gilt in gleicher Weise für Art. 3 Abs. 2, Abs. 3 GG und für den in ihnen enthaltenen Lohngleichheitssatz.

II. Denn der Gleichberechtigungsgrundsatz von Mann und Frau (Art. 3 Abs. 2) und das Benachteiligungsverbot (Art. 3 Abs. 3) als Ausfluß und Konkretisierungen des allgemeinen Gleichheitssatzes des Art. 3 Abs. 1 GG enthalten, wie der Senat in seiner schon erwähnten Entscheidung (BAG 1, 258) unter Anführung des Schrifttums und insbesondere unter eingehender Darlegung der Entstehungsgeschichte des Art. 3 GG ausgeführt hat, auch den Grundsatz der Lohngleichheit von Mann und Frau bei gleicher Arbeit. Inhaltlich verbieten der Gleichberechtigungsgrundsatz und das Benachteiligungsverbot ganz allgemein die unterschiedliche Behandlung von Männern und Frauen nur ihres verschiedenen Geschlechtes wegen. Insbesondere besagen der Gleichberechtigungsgrundsatz und das Benachteiligungsverbot nicht nur, daß nur willkürliche Differenzierungen unzulässig sind. Sie stellen eine Konkretisierung des allgemeinen Gleichheitssatzes des Art. 3 Abs. 1 GG dar, gebieten volle Gleichberechtigung von Mann und Frau (Art. 3 Abs. 2 GG) und verbieten jede Benachteiligung oder Bevorzugung aus Gründen des Geschlechtes (Art. 3 Abs. 3 GG). Der Gleichberechtigungsgrundsatz und das Benachteiligungsverbot stehen zwar grundsätzlich der ungleichen Behandlung von verschiedenen Personen nicht entgegen, sie verbieten sie aber mit der Kraft der verfassungsrechtlichen Norm dann, wenn die unterschiedliche Behandlung nur aus Gründen des Geschlechtes erfolgt. Insoweit besteht kein Ermessensspielraum für den an Art. 3 Abs. 2, Abs. 3 GG Gebundenen; ihm ist jede unterschiedliche Behandlung aus Gründen des Geschlechtes verwehrt. Verfassungswidrig ist daher im Hinblick auf die Konkretisierung des Gleichheitssatzes zum Gleichberechtigungsgrundsatz von Mann und Frau sowie zum Benachteiligungsverbot wegen des Geschlechtes und auf den in beiden enthaltenen Lohngleichheitssatz jede Lohndifferenzierung aus Gründen des Geschlechtes.

Eine Gleichberechtigung, die den Grundsatz der Lohngleichheit nicht in sich schließt, wäre in einer Zeit, in der Millionen von Frauen berufstätig sind und aus dieser Tätigkeit ihren Lebensunterhalt bestreiten müssen und in der die Volkswirtschaft die berufliche Arbeit dieser Frauen ohne schwerste Erschütterungen gar nicht entbehren könnte, keine wirkliche Gleichberechtigung. Wäre es zulässig, weibliche Arbeitnehmer nur deshalb, weil sie Frauen sind, geringer zu entlohnen als männliche Arbeitnehmer, so wäre die vom Verfassungsgesetzgeber erstrebte vollständige Gleichberechtigung der Frau mit männlichen Arbeitnehmern auf dem auch für die Frau immer bedeutsamer gewordenen Gebiete des Erwerbslebens nicht gewährleistet. Mit Recht hat das Bundesverfassungsgericht in seiner schon zitierten Entscheidung vom 17. Januar 1957 (JZ 1957, S. 268 ff.) ausgeführt: „Zur Gleichberechtigung der Frau gehört, daß sie die Möglichkeit hat, mit gleichen rechtlichen Chancen marktwirtschaftliches Einkommen zu erzielen wie jeder männliche Staatsbürger.“ Es muß daher als der im Grundgesetz zum Ausdruck gekommene Wille des Verfassungsgesetzgebers angesehen werden, der Frau hinsichtlich des Anspruches auf Vergütung aus ihrer Erwerbstätigkeit als Arbeitnehmerin wegen ihres Geschlechtes die Gleichberechtigung zu gewähren. Eine ungleichmäßige Behandlung der weiblichen Arbeitnehmer hinsichtlich des ihnen ausgesetzen Lohnes verstößt daher dann gegen Art. 3 Abs. 2, Abs. 3 GG, wenn diese ungleichmäßige Behandlung nur aus Gründen des Geschlechtes der Frau vorgenommen wird. (Insoweit zustimmend auch Dietz „Rechtsgutachtliche Äußerung zu der Frage, ob Art. 3 Abs. 2 und 3 GG der Berücksichtigung einer geringeren Wertigkeit von Frauenarbeit gegenüber der Männerarbeit sowie einer typisch geringeren sozialen Belastung der Frau gegenüber dem Mann bei der Aufstellung einer Norm für den Lohn entgegensteht" S. 8). Nicht beitreten kann der Senat jedoch der Auffassung von Dietz (a. a. O. S. 12), eine Verletzung des Gleichberechtigungsgrundsatzes liege dann nicht vor, wenn sich aus dem Geschlechtsunterschiede „weitere, gleichsam sekundäre Tatsachen oder Tatsachenlagen ergeben" und diese berücksichtigt werden. Wenn der Verfassungsgesetzgeber in Kenntnis der Verschiedenartigkeit der Geschlechter und der sich aus dieser ergebenden Verschiedenheiten den Gleichberechtigungsgrundsatz aufgestellt hat, so muß davon ausgegangen werden, daß er auch bei nur „mittelbaren" Auswirkungen des Geschlechtsunterschiedes in vollem Umfange diese Grundsätze durchgeführt sehen wollte. Auch wenn die Frau wegen einer angeblich geringeren Wertigkeit ihrer Leistungen für den Arbeitgeber *in seiner Eigenschaft als Unternehmer* oder wegen der zu ihren Gunsten erlassenen arbeitsschutzrechtlichen Regelungen von dem Arbeitgeber trotz gleicher Arbeit bei der Lohnregelung benachteiligt würde, so würde eine solche Benachteiligung mittelbar, wenn nicht gar unmittelbar auf das Geschlecht der Frau zurückzuführen sein und deshalb dem Gleichberechtigungsgrundsatz widersprechen (vgl. hierzu BAG 1, 258 ff. [265, 266]; 1, 348 ff. [354 bis 357]).

III. Das Grundgesetz verbietet jedoch die unterschiedliche Behandlung von Arbeitnehmern, mögen dies Frauen oder Männer sein, nicht schlechthin, sondern nur die Versagung der Gleichberechtigung aus Gründen des Geschlechtes und die Benachteiligung aus den Gründen des Art. 3 Abs. 3 GG. Differenzierungen, die sich aus anderen Gründen zwischen verschiedenen Arbeitnehmern ergeben, sind auch im Hinblick auf den Gleichberechtigungsgrundsatz möglich und verstoßen nicht gegen das Grundgesetz. Dies gilt insbesondere auch für die Aussetzung verschieden hoher Löhne je nach der Art der von dem Arbeitnehmer verlangten Arbeit. Der Lohngleichheitsgrundsatz besagt demzufolge nur, daß weibliche Arbeitnehmer bei g l e i c h e r (gleichartiger und — oder gleichwertiger; BAG 1, 357) Arbeit den Anspruch auf den gleichen Lohn wie männliche Arbeitnehmer haben. Wird also von einer Gruppe von Arbeitnehmern eine Arbeit verlangt, die der Arbeit einer anderen Guppe von Arbeitnehmern ungleich ist, so kann selbstverständlich der Verschiedenartigkeit dieser Arbeiten auch in der Lohnbemessung Rechnung getragen werden, auch wenn der einen Gruppe nur männliche Arbeitnehmer, der anderen nur weibliche Arbeitnehmer angehören. In solchen Fällen, in denen die ungleiche Behandlung männlicher und weiblicher Arbeitnehmer nicht auf der Geschlechtszugehörigkeit, sondern auf der Art der verlangten und geleisteten Arbeit beruht, liegt in einer ungleichen Entlohnungsregelung keine verfassungsrechtlich verbotene Versagung der Gleichberechtigung vor.

Auch in den Fällen, in denen die Entlohnung des Arbeitnehmers nach den getroffenen Abreden erfolgsbedingt in dem Sinne ist, daß der Arbeitnehmer nach dem von ihm durch seine Arbeitsleistung erzielten Erfolg bezahlt wird (z. B. bei A k k o r d a r b e i t), liegt dann kein Verstoß gegen den Gleichberechtigungsgrundsatz und das Benachteiligungsverbot vor, wenn z. B. weibliche Arbeitnehmer bei bestimmten Arbeiten im Hinblick auf ihre hinter der männlicher Arbeitnehmer zurückbleibende Leistung bei für alle Arbeitnehmer ohne Rücksicht auf ihr Geschlecht gleichen Entlohnungsgrundsätzen (z. B. bei gleichen Stücklöhnen) nicht zu dem Verdienst kommen, den männliche Arbeitnehmer erzielen, vorausgesetzt, daß bei der Akkordregelung selbst der Gleichberechtigungsgrundsatz beachtet worden ist. Denn auch in einem solchen Fall beruht der unterschiedliche wirtschaftliche Erfolg seiner Arbeit für den einzelnen Arbeitnehmer nicht auf der Geschlechtszugehörigkeit dieses Arbeitnehmers, sondern auf dem von ihm erzielten Arbeitsergebnis, das der Bemessung seines Lohnanspruches zugrunde liegt. Dies wird schon daraus ersichtlich, daß auch unter Arbeitnehmern des gleichen Geschlechtes der Arbeitsverdienst sich in solchen Fällen nach dem Erfolg der von dem einzelnen Arbeitnehmer geleisteten Arbeit richtet. Eine Benachteiligung weiblicher Arbeitnehmer d u r c h d e n A r b e i t g e b e r wegen ihres Geschlechtes liegt in solchen Fällen auch dann nicht vor, wenn die Frauen deshalb nicht den Arbeitserfolg und damit nicht die von diesem abhängige Vergütung erzielen, die männliche Arbeitnehmer erreichen, weil sie ihres Geschlechtes wegen nicht in gleichem Maße leistungsfähig sind. Solche Unterschiede können sich auch unter männlichen Arbeitnehmern im Hinblick auf eine bei diesen gegebene körperlich bedingte unterschiedliche Leistungsfähigkeit ergeben; sie beruhen daher nicht auf einer ungleichen Behandlung der weiblichen Arbeitnehmer aus allein mit ihrem Geschlecht zusammenhängenden Gründen. Jedoch muß immer das Entgelt für eine gleiche nach Akkord bezahlte Arbeit auf Grund der gleichen unter Beachtung der Gleichberechtigung von Mann und Frau und des Benachteiligungsverbots aufgestellten Berechnungsgrundlagen festgesetzt werden.

Werden aber männliche und weibliche Arbeitnehmer mit gleichen Arbeiten im Zeitlohn beschäftigt, so ist es mit dem Gleichberechtigungsgrundsatz des Art. 3 Abs. 2 GG unvereinbar, den Männern höhere Löhne zu gewähren als den Frauen. Denn inhaltlich besagt die Zeitlohnabrede, bei der sich der Lohn gerade nicht nach dem erzielten Arbeitsergebnis bemißt, daß der Arbeitnehmer dafür entlohnt wird, daß er während einer bestimmten Zeit seine Arbeitskraft für den Arbeitgeber einsetzt. Die Vergütung des im Zeitlohn beschäftigten Arbeitnehmers ist gerade nicht erfolgsabhängig in dem Sinne, daß sich die Höhe des Lohnes nach dem Arbeitsergebnis richtet. Der Erfolg der Arbeit des einzelnen Arbeitnehmers mag sich auch im Zeitlohn zugunsten des Arbeitnehmers auswirken (z. B. dadurch, daß er wegen seiner besonderen Tüchtigkeit mit verantwortungsvolleren und deshalb besser bezahlten Arbeiten betraut wird oder daß er seinen Arbeitsplatz für den Fall etwa notwendig werdender Enlassungen besser gesichert sieht), auf den Vergütungsanspruch des im Zeitlohn beschäftigten Arbeitnehmers wirkt sich aber die von ihm erbrachte Leistung und deren wirtschaftlicher Wert für den Arbeitgeber unmittelbar nicht aus. Schon aus diesem Grund ist es als mit dem Wesen des Zeitlohnanspruchs unvereinbar anzusehen, wenn weiblichen Arbeinehmern eine geringere Entlohnung als männlichen, aber mit gleichen Arbeiten beschäftigten Arbeitnehmern mit der Begründung gewährt wird, ihre, der Arbeit der männlichen Arbeitnehmer gleiche Arbeit sei geringwertiger als die männlicher Arbeitnehmer. Denn die Entlohnung der Zeitarbeiter ist die Gegenleistung dafür, daß sie ihre Arbeitskraft für eine bestimmte Zeitspanne für den Arbeitgeber einsetzen. Männliche Arbeitnehmer geben aber insoweit dem Arbeitgeber nicht mehr als weibliche Arbeitnehmer: Beide setzen ihre Arbeitskraft für eine bestimmte Zeitspanne für den Arbeitgeber ein. Mehrere mit gleicher Arbeit im Zeitlohn beschäftigte Arbeitnehmer leisten also auch dann die gleiche Arbeit und erbringen in diesem Sinne durch den Einsatz ihrer Arbeitskraft die gleiche Leistung als Gegenleistung für das ihnen gewährte Arbeitsentgelt, wenn ihre Arbeit für den Arbeitgeber von dessen Standpunkt aus nicht den gleichen wirtschaftlichen Erfolg, den gleichen wirtschaftlichen Wert hat. Alle im Zeitlohn mit gleichen Arbeiten beschäftigten Arbeitnehmer, Männer wie Frauen, erbringen also in diesem Sinne die gleiche Gegenleistung für das ihnen gewährte Entgelt. Dem Lohngleichheitsgrundsatz entspricht es deshalb, daß diese von Männern oder Frauen gleicherweise erbrachte Arbeit auch gleich vergütet wird. Es liegt grundsätzlich unbeschadet eventueller Mitwirkungsrechte des Betriebsrates im Rahmen der dem Arbeitgeber gegebenen Leitungsbefugnis, ob er die Arbeitsplätze in seinem Betrieb mit Männern oder Frauen besetzen will. Er kann also die Arbeitsplätze und damit die Arbeit ihrer Art nach verteilen. Setzt er aber Frauen neben Männern auf gleichen Arbeitsplätzen (ohne die Arbeit ihrer Art nach zu unterscheiden) ein, so kann er die Auswirkungen dieser getroffenen Entscheidung nicht dadurch berichtigen, daß er die von ihm gegebenenfalls unterstellte verschiedene Wertigkeit der Arbeit von männlichen Arbeitnehmern einerseits und weiblichen Arbeitnehmern andererseits zum Anlaß von Lohndifferenzierungen trotz Gleichheit der geleisteten Arbeit nimmt. Denn dem Gleichberechtigungsgrundsatz entspricht es allein, den Lohn aus dem Arbeitsverhältnis zwischen Arbeitgeber und Arbeitnehmer nach der zu leistenden Arbeit zu bestimmen, und zwar ohne Rücksicht darauf, ob diese Arbeit von einem Mann oder einer Frau geleistet wird. Ebensowenig, wie der Arbeitgeber bei einer tariflichen Zeitlohnregelung mit der Behauptung verschiedener Wertigkeit der geleisteten Arbeit unter männlichen Arbeitnehmern einzelne dieser Arbeiter geringer entlohnen darf (vorbehaltlich einer tariflichen Minderentlohnungsklausel), darf er dies tun, wenn es sich um Frauen und Männer handelt.

Werden also bei der Entlohnung im Zeitlohn für die gleiche Arbeit unterschiedliche Vergütungssätze für männliche und weibliche Arbeitnehmer aufgestellt, so liegt ein Verstoß gegen Art. 3 Abs. 2, Abs. 3 GG vor. Auch im Zeitlohn sind aber, wie bereits hervorgehoben, dann Differenzierungen bei der Entlohnung der Arbeitnehmer, mögen dies Frauen oder Männer sein, möglich, wenn die von der Arbeitnehmerschaft verlangte Arbeit der Art nach differenziert wird. Liegt eine solche echte Differenzierung der Art der Arbeit nach vor, so sind auch Lohndifferenzierungen zwischen den Arbeitnehmern möglich, die dieser Verschiedenheit der Arbeit und damit auch des verschiedenen

Wertes der Arbeit Rechnung tragen. Auch dann müssen aber bei gleicher Arbeit Männer und Frauen den gleichen Lohn erhalten, es darf also nur nach Tätigkeitsmerkmalen der Arbeit, nicht nach dem Geschlecht der Arbeitnehmer differenziert werden.

Eine Differenzierung der Art der Arbeit nach kann auch dazu führen, daß die zu leistende Arbeit nach unterschiedlichen Tätigkeitsmerkmalen bestimmt wird und dann Frauen nur für die eine Arbeit und Männer nur für die andere Arbeit eingesetzt werden. Führt eine solche Differenzierung nach Tätigkeitsmerkmalen zu unterschiedlicher Entlohnung der männlichen Arbeitnehmer und der weiblichen Arbeitnehmer, so liegt keine Versagung der Gleichberechtigung und keine Benachteiligung aus Gründen des Geschlechtes, sondern eine Differenzierung aus Gründen der Arbeitsverteilung nach Tätigkeitsmerkmalen vor. So ist es insbesondere zulässig, wie der Senat bereits in der Entscheidung vom 15. Januar 1955, BAG 1, 258 [267], ausgesprochen hat, die Arbeit in leichtere und schwierigere Arbeiten zu differenzieren (sofern es sich dabei um eine nachprüfbare Unterscheidungsmöglichkeit handelt) und alsdann die leichteren Arbeiten geringer zu vergüten, und zwar auch dann, wenn diese leichteren Arbeiten von Frauen und die schwierigeren Arbeiten von Männern geleistet werden. Voraussetzung ist aber, daß es sich um eine echte Differenzierung nach Tätigkeitsmerkmalen handelt, daß also die nach Tätigkeitsmerkmalen bestimmten Arbeiten ungleich von den durch andere Tätigkeitsmerkmalen bestimmten Arbeiten sind. Handelt es sich dagegen nicht um eine echte Abgrenzung ungleicher Arbeiten durch Tätigkeitsmerkmale, sondern nur um die Aufstellung fiktiver Tätigkeitsmerkmale, die tatsächlich gleicher Arbeit den Anschein ungleicher Arbeit geben sollen, in Wahrheit aber nur aufgestellt werden, um trotz gleicher Arbeit zwischen Männern und Frauen allein des Geschlechtes wegen differenzieren zu können, so liegt ein Verstoß gegen den Gleichberechtigungsgrundsatz vor. Entscheidend ist das Gebot, die gleiche Arbeit auch gleich zu vergüten, und zwar ohne Rücksicht darauf, ob sie von Männern oder Frauen geleistet wird. Ist eine Arbeit gleicherweise für Frauen und Männer im Tarifvertrag vorgesehen, so liegt gleiche Arbeit vor; dann darf hinsichtlich der Entlohnung nicht danach unterschieden werden, ob die Arbeit von Männern oder Frauen geleistet wird. Es verstößt gegen den Gleichberechtigungsgrundsatz, ohne Differenzierung nach Tätigkeitsmerkmalen die Frauen deshalb geringer zu entlohnen, weil sie leichtere Arbeit oder weniger wertvolle Arbeit leisten, also das

Unterlassen einer tariflichen Differenzierung nach Tätigkeitsmerkmalen durch eine generelle Schlechterstellung in der tariflichen Entlohnung oder durch eine fiktive, nicht eindeutig bestimmte Minderleistungsklausel, die nur auf Frauen Anwendung findet, auszugleichen.

IV. An den verfassungsrechtlichen Grundsatz der Gleichberechtigung sind auch die Tarifvertragsparteien bei der Schaffung tariflicher Normen gebunden. Dies hat der Senat bereits in seiner grundlegenden Entscheidung vom 15. Januar 1955 hervorgehoben. Die von der Revision gegen diese Rechtsauslegung im Anschluß an die Rechtsgutachten von Klein (Rechtsgutachten über verfassungsrechtliche Fragen des Urteils des Bundesarbeitsgerichts vom 2. März 1955 betreffend Lohngleichheit von Mann und Frau, Düsseldorf 1955) und Maunz (Rechtsgutachten zur Frage, ob Tarifverträge dem Grundsatz der Lohngleichheit von Mann und Frau unterworfen sind, München 1956) vorgebrachten Angriffe haben dem Senat Anlaß gegeben, seine früher bereits geäußerte Ansicht einer erneuten Überprüfung zu unterziehen; diese hat jedoch zu einer Bestätigung der früheren Auffassung geführt.

Nach § 1 TVG regelt der Tarifvertrag die Rechte und Pflichten der Tarifvertragsparteien und enthält Rechtsnormen, die den Inhalt, den Abschluß und die Beendigung von Arbeitsverhältnissen sowie betriebliche und betriebsverfassungsrechtliche Fragen ordnen können. Die von den Tarifvertragsparteien (Gewerkschaften, einzelnen Arbeitgebern und Vereinigungen von Arbeitgebern, vgl. § 2 Abs. 1 TVG) gesetzten Rechtsnormen des Tarifvertrages, die den Inhalt, den Abschluß oder die Beendigung von Arbeitsverhältnissen ordnen, gelten unmittelbar und zwingend zwischen den beiderseits Tarifgebundenen, die unter den Geltungsbereich des Tarifvertrages fallen.

Wie der Senat bereits in der Entscheidung vom 15. Januar 1955 ausgesprochen hat, muß diese Rechtslage zu der Feststellung führen, daß auch die Tarifvertragsparteien bei der Schaffung tariflicher Normen gemäß Art. 1 Abs. 3 GG an die Grundrechte einschließlich des Gleichberechtigungsgrundsatzes nach Art. 3 Abs. 2 und des Benachteiligungsverbots nach Art. 3 Abs. 3 gebunden sind. Dies ergibt sich sowohl daraus, daß sie ihre Befugnis zur Rechtsetzung in der Form der Normensetzung durch Tarifvertrag von staatlicher Ermächtigung nach dem Tarifvertragsgesetz ableiten, wie aber auch sachlich daraus, daß es sich bei dieser auf gesetzlicher Ermächtigung beruhenden tariflichen

Normensetzung um echte Rechtsetzung und damit um Gesetzgebung im materiellen Sinne handelt.

a) Die Tarifvertragsparteien leiten ihre Befugnis zur Rechtsetzung aus der Ermächtigung des Tarifvertragsgesetzes her. Kraft eigenen Rechtes sind die Tarifvertragsparteien nicht zur normativen Regelung der Arbeitsverhältnisse der Tarifgebundenen befugt; sie leiten dieses Recht aus der ihnen durch Gesetz erteilten, aber auch durch Gesetz entziehbaren Ermächtigung her. Sie können dieses Recht nur ausüben, weil es ihnen vom Gesetz übertragen ist. Die Erteilung dieser Ermächtigung durch den Gesetzgeber bedeutet inhaltlich, daß dieser den Tarifvertragsparteien eine Aufgabe übertragen hat, von deren Erledigung in eigener Zuständigkeit, zu der er befugt war und trotz Erteilung der Ermächtigung befugt bleibt, er Abstand genommen hat. Würde der Gesetzgeber allgemein die Rechtsnormen über den Inhalt, den Abschluß und die Beendigung von Arbeitsverhältnissen durch formelles Gesetz selbst setzen, wie er dies auf Einzelgebieten (Gesetz über Mindestarbeitsbedingungen vom 11. Januar 1952, BGBl. I S. 17; § 19 HeimArbG) getan hat, so wäre er gemäß Art. 1 Abs. 3 GG auch an den Lohngleichheitsgrundsatz gebunden. Ein diesen Grundsatz verletzendes staatliches Gesetz wäre verfassungwidrig und damit nichtig. Ist aber der Bundesgesetzgeber selbst bei einer von ihm vorzunehmenden normativen Regelung des Inhaltes, des Abschlusses und der Beendigung von Arbeitsverhältnissen an den Lohngleichheitsgrundsatz gebunden, so folgt daraus zwingend, daß er eine Ermächtigung zu dieser Normensetzung durch Tarifvertrag auch nur mit dem Inhalt und in dem Umfang erteilen kann, den seine eigene Befugnis zur Rechtsetzung durch formelles Gesetz hat. Der Bundesgesetzgeber kann die Tarifvertragsparteien nur zur Rechtsetzung unter Innehaltung der gleichen Beschränkungen ermächtigt haben, denen er selbst bei eigener Rechtsetzung unterliegen würde. Die Ermächtigung des Tarifvertragsgesetzes muß also dahin ausgelegt werden, daß die Tarifvertragsparteien zur tariflichen Rechtsetzung in dem gleichen Umfange und unter Innehaltung der gleichen Beschränkungen wie der staatliche Gesetzgeber befugt sind, nicht aber dahin, daß sie Regelungen treffen könnten, die der staatliche Gesetzgeber im Hinblick auf ihn bindende verfassungsrechtliche Grundrechte selbst nicht treffen könnte, ohne gegen die Verfassung zu verstoßen. Verletzen also die Tarifvertragsparteien bei der tariflichen Normensetzung den Lohngleichheitsgrundsatz, so bewegen sie sich insoweit außerhalb der ihnen gesetzlich erteilten Ermächtigung zur Rechtsetzung, ihre Maßnahmen sind insoweit von der ihnen erteilten Ermächtigung nicht gedeckt und deshalb nicht geeignet, normativ die Arbeitsverhältnisse der Tarifgebundenen zu regeln.

b) *Aus dem in der Erteilung der Ermächtigung zum Ausdruck gekommenen Willen des staatlichen Gesetzgebers, die normative Regelung der Arbeitsverhältnisse der Tarifgebundenen den Tarifvertragsparteien in der Form der tariflichen Rechtsetzung zu überlassen, folgt aber auch, daß es sich bei dieser Rechtsetzung auf Grund staatlicher Ermächtigung um Gesetzgebung im materiellen Sinne handelt, die als solche den durch Art. 1 Abs. 3 GG gesetzten Schranken unterliegt.* Eine Bindung an die Grundrechte besteht jedenfalls dann, wenn eine solche Rechtsetzung *anstelle des staatlichen Gesetzgebers* auf Grund einer von diesem erteilten Ermächtigung mit — ebenfalls auf staatlicher Regelung beruhender — unabdingbarer Wirkung vorgenommen wird, wie es bei der Rechtsetzung auf Grund des Tarifvertragsgesetzes durch Tarifvertrag der Fall ist. Die Tatsache, daß diese Rechtsetzung auf staatlicher Ermächtigung beruht, führt zwar nicht dazu, daß sie als Gesetzgebung im *formellen* Sinn angesehen werden kann, sie kennzeichnet aber diese Rechtsetzung als Gesetzgebung im Sinne des Art. 1 Abs. 3 GG, als Gesetzgebung im *materiellen* Sinne. Es handelt sich bei den Tarifverträgen eben nicht nur „um privatrechtliche Verträge mit normativem Inhalt, die von dem Staat anerkannt werden" (so Klein, Rechtsgutachten S. 20), sondern um Rechtsetzung kraft staatlicher Ermächtigung und damit um Gesetzgebung im materiellen Sinn, um Gesetzgebung im Sinne des Art. 1 Abs. 3 GG.

c) Aber selbst wenn man annehmen würde, daß die Koalitionen aus eigenem Recht (sog. genossenschaftliche Rechtstheorie) Recht (Tarifnormen) setzen, oder wenn man der Auffassung Kleins über das Wesen des Tarifvertrags beizutreten geneigt wäre, könnte das Ergebnis kein anderes sein, wie sich aus den Ausführungen oben unter I und denen der Entscheidung des Bundesverfassungsgerichts vom 17. Januar 1957 ergibt (vgl. auch Krüger in RdA 1957, S. 201 ff.).

V. *Die Revision hat zur erneuten Nachprüfung gestellt, ob die Gerichte für Arbeitssachen in eigener Zuständigkeit die Unvereinbarkeit einer tariflichen Regelung mit dem Grundgesetz feststellen können oder ob sie für den Fall, daß sie* eine solche Regelung für verfassungswidrig und deshalb nichtig halten, die Entscheidung dem Bundesverfassungsgericht überlassen müssen. Aber auch diese Prüfung hat dazu geführt, daß an der in den Urteilen vom 15. Januar 1955, BAG 1, S. 258, und vom 6. April 1955, BAG 1, S. 348 vertretenen Auffassung, die Vorlage an das Bundesverfassungsgericht sei in solchen Fällen nicht zulässig, festzuhalten ist.

Die Gerichte für Arbeitssachen sind nach § 2 Abs. 2 Ziff. 2 ArbGG für bürgerliche Rechtsstreitigkeiten zwischen Arbeitnehmern und Arbeitgebern aus dem Arbeitsverhältnis ausschließlich zuständig. Um eine solche bürgerliche Rechtsstreitigkeit handelt es sich hier. Denn die Klägerin macht gegen den beklagten Landkreis einen Lohnanspruch aus ihrem Arbeitsverhältnis geltend. Daß die Klägerin zur Rechtfertigung ihres Begehrens vorträgt, die für ihr Arbeitsverhältnis gedachte tarifliche Bestimmung über die ihr gebührende Vergütung sei aus verfassungsrechtlichen Gründen nichtig, sie habe deshalb einen anderen, höheren Lohn zu bekommen, nimmt dem Rechtsstreit nicht seinen Charakter als den eines bürgerlichen Rechtsstreites. Die Frage, ob die normative Vergütungsregelung verfassungswidrig und deshalb nichtig ist, stellt lediglich eine für die Entscheidung über den bürgerlich-rechtlichen Anspruch der Klägerin erhebliche Vorfrage dar, ist aber nicht Gegenstand der Endentscheidung selbst. Nach allgemeinen Grundsätzen des Verfahrensrechts hat jedes Gericht über die für seine Endentscheidung erheblichen Vorfragen selbst zu entscheiden, es sei denn, daß ausdrücklich auch für die Entscheidung einer solchen Vorfrage die ausschließliche Zuständigkeit eines anderen Gerichtes oder einer anderen Behörde begründet ist. Für die Entscheidung der hier erheblichen Vorfrage ist aber eine solche anderweite ausschließliche Zuständigkeit nicht begründet.

Insbesondere ist insoweit nicht das Bundesverfassungsgericht zur Entscheidung berufen.

Im Gegensatz zur Ansicht der Revision ist davon auszugehen, daß das Grundgesetz dem Bundesverfassungsgericht nicht eine ausschließliche und allumfassende Normenkontrolle auf Verfassungsmäßigkeit dahin übertragen hat, daß die Verfassungsmäßigkeit einer jeden Rechtsnorm (im weitesten Sinne) nur von dem Bundesverfassungsgericht verneint werden könnte. Wenn Klein, Rechtsgutachten S. 4 annimmt, für eine absolut endinstanzliche, negativ-normenkontrollierende Verfassungsauslegung und Verfassungsanwendung (Verfassungsrechtsprechung) sei ausschließlich das Bundesverfassungsgericht zuständig, diese Zuständigkeit zu begründen sei der eindeutige Zweck des Art. 100 GG, so vermag der Senat dem nicht zu folgen. Gewiß wäre es begrifflich nicht ausgeschlossen, dem Bundesverfassungsgericht die alleinige Befugnis zu einer solchen umfassenden Normenkontrolle zu übertragen; die Frage, ob eine solche Regelung zweckmäßig und durchführbar wäre, würde nicht der Prüfung des Senats unterliegen. Entscheidend für die hier zur Erörterung stehende Frage ist vielmehr nur, ob das Grundgesetz dem Bundesverfassungsgericht eine solche allumfassende Normenkontrolle übertragen hat, nicht aber, ob es sie dem Bundesverfassungsgericht hätte übertragen können und ob eine solche Regelung wünschenswert wäre. Die Aufgaben des Bundesverfassungsgerichts bei der Normenkontrolle regelt Art. 100 Abs. 1 GG, der nach Auffassung des Senats entgegen der von Klein offenbar (S. 6) vertretenen Ansicht nicht ausdehnend ausgelegt werden kann. Danach ist das Bundesverfassungsgericht dann zur Entscheidung berufen, wenn ein Gericht ein Gesetz, auf dessen Gültigkeit es bei der Entscheidung ankommt, für mit dem Grundgesetz unvereinbar hält. Das Bundesverfassungsgericht hat in der Entscheidung vom 24. Februar 1953, BVerfGE 2, 125, dazu ausgeführt: „Das Grundgesetz hat gerade nicht bestimmt, daß die Entscheidung über die Vereinbarkeit von Bundes- oder Landesrecht mit dem Grundgesetz in jedem Falle von dem Bundesverfassungsgericht zu treffen sei." „Ein Entscheidungsmonopol des Bundesverfassungsgerichts besteht im Verfahren nach Art. 100 Abs. 1 GG nur für die Fälle, in denen gegenüber dem unter der Herrschaft des Grundgesetzes tätig gewordenen Gesetzgeber festgestellt wird, er habe durch einen Gesetzgebungsakt das Grundgesetz verletzt." Es besteht danach keine ausschließliche Zuständigkeit des Bundesverfassungsgerichts für die negativ-normenkontrollierende Verfassungsauslegung und Verfassungsanwendung. Es würde also eine Zuständigkeit des Bundesverfassungsgerichts nach Art. 100 GG für die Entscheidung der hier als Vorfrage erheblichen Frage, ob die Tarifverträge gegen das Grundgesetz verstoßen, dann und nur dann begründet sein, wenn diese Tarifverträge als „Gesetz" im Sinne des Art. 100 Abs. 1 anzusehen wären. Die Entscheidung hierüber hängt davon ab, ob unter „Gesetz" im Sinne des Art. 100 Abs. 1 GG nur das formelle (im Wege staatlicher Gesetzgebung zustande gekommene) Gesetz zu verstehen ist oder ob darunter (wie in Art. 1 Abs. 3 GG) auch die Gesetzgebung im materiellen Sinne, also auch Rechtsverordnungen und die kraft staatlicher Ermächtigung gesetzten Normen eines Tarifvertrages zu verstehen sind. Es mag der Revision zugegeben werden, daß diese Frage nicht zwingend eindeutig aus dem Wortlaut des Art. 100 Abs. 1 GG und aus sonstigen Vorschriften der Rechtsordnung zu beantworten ist. Denn das Wort „Gesetz" wird nicht nur in dem engeren Sinne des formellen Gesetzes, sondern auch in dem weiteren Sinne jeder Rechtsnorm in der Rechtssprache verwendet, worauf auch Maunz, Rechtsgutachten S. 2 f. insoweit zutreffend hinweist. Die Fassung des Art. 100 Abs. 1 GG zwingt aber nicht dazu, eine erneute Entscheidung des Bundesverfassungsgerichts zur Klärung des von ihm in seiner Rechtsprechung bereits behandelten Begriffes „Gesetz" in Art. 100 GG herbeizuführen. Denn Aufgabe des Bundesverfassungsgerichts im Rahmen des Art. 100 Abs. 1 GG ist nicht die Auslegung unklarer Bestimmungen der Verfassung, sondern die Entscheidung über die Vereinbarkeit von Gesetzen mit der Verfassung. Die Auslegung des Begriffes „Gesetz" in Art. 100 GG obliegt vielmehr in Arbeitsrechtsstreitigkeiten, in denen eine solche Auslegung erforderlich wird, den Gerichten für Arbeitssachen und damit dem Senat, der sich insoweit auf die ständige Rechtsprechung des Bundesverfassungsgerichts stützen kann. In dieser ständigen Rechtsprechung hat das Bundesverfassungsgericht, wie der Senat bereits in seinen Entscheidungen vom 15. Januar 1955 und 6. April 1955 hervorgehoben hat, ausgeführt, das als Gesetz im Sinne des Art. 100 GG nur das im Wege formeller staatlicher Gesetzgebung zustandegekommene Gesetz anzusehen sei, also das Gesetz im formellen Sinne. So hat das Bundesverfassungsgericht in der Entscheidung vom 20. März 1952 (BVerfGE 1 S. 184) ausgeführt, der Normenkontrolle durch das Bundesverfassungsgericht nach Art. 100 Abs. 1 GG unterlägen nur Gesetze im formellen Sinne einschließlich der im Gesetzgebungsnotstand gemäß Art. 81 GG erlassenen Gesetze, und hat deshalb eine Prüfung der Verfassungsmäßigkeit von Polizeiverordnungen abgelehnt. Das Bundesverfassungsgericht hat also auch in dieser Entscheidung nicht eine ausschließliche negativ-normenkontrollierende Verfassungsrechtsprechung für sich in Anspruch genommen, wie sie Klein, Gutachten S. 5/6, für das Bundesverfassungsgericht in Anspruch nimmt. In einer weiteren Entscheidung (BVerfGE 1, S. 202) hat das Bundesverfassungsgericht ausdrücklich ausgesprochen, die Gerichte seien, wie aus Art. 100 Abs. 1 GG zu folgern sei, befugt, die Vereinbarkeit einer Landesrechtsverordnung mit dem Grundgesetz oder einem Bundesgesetz in positiver und negativer Hinsicht zu prüfen; dem stehe auch § 13 Nr. 11 BVerfGG nicht entgegen. Schließlich hat das Bundesverfassungsgericht in seiner Entscheidung vom 24. April 1952 (BVerfGE 1 S. 261) für Tarifordnungen ausgesprochen, daß die Einholung einer Entscheidung nach Art. 100 GG über die Vereinbarkeit einer Bestimmung einer Tarifordnung mit dem Grundgesetz deshalb unzulässig sei, weil die Tarifordnung eine Rechtsverordnung sei, die ihrem Rang nach einem formellen Gesetz nicht gleichgestellt werden könne. Es ist kein Grund dafür ersichtlich, daß insoweit für Tarifverträge etwas anderes gelten sollte als für Tarifordnungen. Daß die Zuständigkeit des Bundesverfassungsgerichts nach Art. 100 GG sich nur auf formelle Gesetze beschränkt, ist auch aus § 13 Nr. 11 BVerfGG zu entnehmen; wenn dort die Zuständigkeit des Bundesverfassungsgerichts nach Art. 100 GG dahin umschrieben ist, daß es sich um die „Vereinbarkeit eines Bundesgesetzes oder eines Landesgesetzes mit dem Grundgesetz oder die Vereinbarkeit eines Landesgesetzes oder sonstigen Landesrechtes mit einem Bundesgesetz" handele, so ist auch daraus zu folgern, daß nur formelle Staatsgesetze für eine Nachprüfung auf Verfassungsmäßigkeit durch das Bundesverfassungsgericht in Betracht kommen, insbesondere also nicht Tarifverträge. Daß es sich bei den Zuständigkeiten des Bundesverfassungsgerichts nicht um eine ausschließliche, allumfassende Normenkontrolle im Sinne der Ausführungen der Revision handelt, folgt auch daraus, daß das Bundesverfassungsgericht in ständiger Rechtsprechung seine Prüfungszuständigkeit für Gesetze, die vor dem Inkrafttreten des Grundgesetzes verkündet worden sind, verneint hat (vgl. BVerfG 24. 2. 1953, BVerfGE 2, S. 214, 9. 11. 1955, BVerfGE 4, S. 331). In diesen Entscheidungen hat das Bundesverfassungsgericht zwei Grundsätze für die Auslegung des Art. 100 GG entwickelt: Einmal ist es Aufgabe des Bundesverfassungsgerichts zu verhüten, daß sich jedes einzelne Gericht über den Willen des Bundes- oder Landesgesetzgebers hinwegsetzt, indem es die von diesem beschlossenen Gesetze nicht anwendet, weil sie nach der Auffassung des Gerichts gegen das Grundgesetz oder die bundesstaatliche Rangordnung von Bundes- und Landesrecht verstoßen; zum anderen tritt bei der Normenkontrolle nach Art. 100 GG die Aufgabe des Bundesverfassungsgerichtes, Hüter der Verfassung zu sein, zurück. Die Rechtsprechung des Bundesverfassungsgerichtes selbt steht also mit den Ausführungen der Revision über eine allumfassende Normenkontrolle, die allein dem Bundesverfassungsgericht vorbehalten sei, nicht in Einklang. Letztlich ist die Normenkontrolle durch das Bundesverfassungsgericht auf das Bestreben zurückzuführen, die Autorität der gesetzgebenden Staatsgewalt nicht dadurch beeinträchtigt zu sehen, daß in einem einzelnen gerichtlichen Verfahren ein von dem staatlichen Gesetzgeber erlassenes formelles Gesetz als verfassungswidrig bezeichnet wird. Dies würde auch zu unerträglicher Rechtsunsicherheit führen, zumal die Gefahr insoweit widersprechender Entscheidungen nicht auszuschließen wäre. Durch die Normenkontrolle nach Art. 100 GG sollen unterschiedliche Auffassungen über die Verfassungsmäßigkeit eines von dem staatlichen Gesetzgeber erlassenen formellen Gesetzes zwischen der gesetzgebenden Gewalt, die sich durch die Verabschiedung dieses Gesetzes zu dessen Verfassungsmäßigkeit bekannt hat, und der rechtsprechenden Gewalt andererseits bindend entschieden werden. Ob ein von dem staatlichen Gesetzgeber als Organ der Verfassung erlassenes Gesetz mit dem Grundgesetz nicht in Einklang steht, kann nur von einem höchsten Verfassungsorgan entschieden werden, um die Autorität des Gesetzgebers als Organ der Verfassung nicht unerträglich zu beeinträchtigen. Es kann nur einheitlich mit der gleichen Kraft, die auch dem Gesetzgeber zukommt, nämlich mit Gesetzeskraft (§ 31 BVerfGG) entschieden werden. Ein Spannungsverhältnis zwischen staatlicher gesetzgebender Gewalt und rechtsprechender Gewalt besteht nur in den Fällen formeller Staatsgesetze, nicht aber dann, wenn es sich um Rechtsnormen handelt, die auf Grund staatlicher Ermächtigung von anderen Stellen gesetzt sind, wie hier von den Tarifvertragsparteien auf Grund der Ermächtigung nach dem Tarifvertragsgesetz. Alle gedanklichen Erwägungen der Normenkontrolle nach Art. 100 GG rechtfertigen daher nicht die Zuständigkeit des Bundesverfassungsgerichts, wenn es sich nicht um formelle Gesetze des dazu berufenen staatlichen Verfassungsorgans, sondern um kraft Ermächtigung von einer nicht staatlichen Stelle, die also nicht mit der Autorität des staatlichen Gesetzgebers gehandelt hat, gesetztes Recht handelt. Tarifverträge können aber ihrem Range nach nicht einem formellen Gesetz gleichgestellt werden. Denn ihr Zustandekommen beruht nicht auf verfassungsmäßiger Kompetenz. Es steht mit dem Sinn und dem Zweck der dem Bundesverfassungsgericht als Verfassungsorgan nach Art. 100 GG übertragenen Normenkontrolle nicht in Einklang, die Entscheidung des Bundesverfassungsgerichts für den Fall als erforderlich anzusehen, daß ein Gericht für Arbeitssachen den Inhalt eines Tarifvertrages als mit der Verfassung in Widerspruch stehend ansieht. Die Herbeiführung einer Entscheidung des Bundesverfassungsgerichts über die Verfassungswidrigkeit einer tariflichen Regelung, die dann Gesetzeskraft hätte (§ 31 BVerfGG), ist aus diesen Gründen und angesichts der bisherigen Rechtsprechung des Bundesverfassungsgerichts nicht zulässig.

Es sei in diesem Zusammenhang abschließend darauf hingewiesen, daß die Anwendung des Art. 100 GG durch Klein a. a. O. von seinem

Standpunkt aus, der Tarifvertrag sei in seinem normativen Teil auch kein Gesetz im materiellen Sinne, nicht verständlich erscheint.

VI. Dem Lohngleichheitssatz widersprechen die Tarifverträge, nach denen die Klägerin während der Zeit ihrer Beschäftigung bei dem beklagten Landkreis besoldet worden ist. In der Vergütungsgruppe Kr. d, nach der die Klägerin besoldet wurde, ist bereits in der Überschrift der Spalten, in denen die Vergütungen ausgeworfen worden sind, unterschieden zwischen männlichen Angestellten und weiblichen Angestellten; auch sind die Anfangsgrundvergütungen und die Höchstbeträge der monatlichen Grundvergütung für Männer höher festgesetzt worden als für Frauen. Dabei handelt es sich vielfach um gleichartige Tätigkeiten, für die Männer und Frauen in einer Vergütungsgruppe mit unterschiedlichen Vergütungen bezahlt werden (z. B. Krankenpfleger einerseits, Krankenpflegerinnen andererseits). Schon aus dem Tarifvertrag ergibt sich also — und dies wird durch die tatsächlichen, das Revisionsgericht bindenden Feststellungen des Landesarbeitsgerichts noch erhärtet —, daß trotz gleicher Arbeit Männer und Frauen ungleich entlohnt werden.

Es ist entgegen der Ansicht der Revision nicht angängig, daraus, daß in der Vergütungsgruppe Kr.d verschiedene Berufe mit verschiedenen Tätigkeitsmerkmalen zusammengefaßt worden sind, zu schließen, es handele sich bei den einzelnen unter die aufgeführten Berufe fallenden Arbeitnehmern um solche, die ungleiche Arbeit leisten; z. B. sei die Tätigkeit der Klägerin als Krankenschwester, weil es eine vergleichbare männliche Tätigkeit nicht gebe, jeder anderen, auch von Männern dieser Vergütungsgruppe ausgeübten Tätigkeit (Krankenpfleger) ungleich. Demgegenüber steht zunächst bindend fest, daß die Klägerin als Krankenschwester tatsächlich eine im wesentlichen der der männlichen Krankenpfleger gleiche Tätigkeit ausgeübt hat, gleichwohl aber tariflich schlechter vergütet wurde als diese. Sodann und vor allem ist aber gerade von den Tarifpartnern selbst die Tätigkeit der Krankenschwestern der der Krankenpfleger und -pflegerinnen oder der der Stationspfleger oder -pflegerinnen für gleichwertig und damit für gleich erachtet worden. Alle diese Tätigkeiten werden tariflich gleich vergütet, weil sie in jedem Fall gleichwertig sind, nur mit dem Unterschied, daß weibliche Angestellte schlechter als männliche Angestellte vergütet werden. Das aber widerspricht dem Grundsatz der Lohngleichheit von Mann und Frau bei gleicher Arbeit. Bei dieser Sachlage kommt es nicht mehr darauf an, ob es sich bei der Tätigkeit einer Krankenschwester um sogenannte „typische Frauenarbeit" handelt.

Sonach ist festzustellen, daß es sich bei der Schlechterstellung der weiblichen Angestellten in der Vergütungsgruppe Kr.d um eine verfassungswidrige, damit unzulässige und nichtige Schlechterstellung der Frauen allein ihres Geschlechtes wegen handelt.

Dieser Feststellung steht weder entgegen, daß es sich bei den vorliegenden tariflichen Regelungen um solche handelt, die von der ÖTV und der DAG einerseits und der Vereinigung der kommunalen Arbeitgeberverbände und der Tarifgemeinschaft Deutscher Länder andererseits abgeschlossen sind, noch auch, daß den Tarifvertragsparteien ein Ermessensspielraum für die Ausgestaltung der tariflichen Regelungen offen stehen müsse. Alle Tarifvertragsparteien unterliegen den geltenden Normen der Verfassung bei der Ausgestaltung der tariflichen Regelungen; der den Tarifvertragsparteien bei der Ausgestaltung der tariflichen Regelungen offenstehende Ermessensspielraum berechtigt sie nicht, zwingende Normen der Verfassung zu verletzen. Insbesondere steht die Tarifautonomie der Tarifvertragsparteien nicht der Nachprüfung der von den Tarifvertragsparteien getroffenen Regelungen auf ihre Verfassungsmäßigkeit und damit auf ihre Rechtswirksamkeit entgegen.

VII. Diese unterschiedliche Behandlung der Klägerin wegen ihres Geschlechtes führt zur Nichtigkeit der die weiblichen Arbeitnehmer benachteiligenden tariflichen Regelungen der Vergütungsgruppe Kr. d, nicht aber unbedingt zur Nichtigkeit der Vergütungsgruppe Kr. d im übrigen oder der ganzen tariflichen Regelung.

Der Senat ist vielmehr der Auffassung, daß nur die Regelungen der Lohngruppe Kr. d, durch die weiblichen Angestellten die Gleichberechtigung versagt wird, nichtig ist, während im übrigen die Lohngruppe Kr.d und die Tarifverträge in ihrem sonstigen Inhalt in ihrer Rechtsbeständigkeit durch die teilweise Nichtigkeit der Lohngruppe Kr. d nicht berührt werden. Nach § 139 BGB ist das ganze Rechtsgeschäft — der Tarifvertrag stellt ein Rechtsgeschäft in diesem Sinne dar — bei Nichtigkeit eines Teiles des Rechtsgeschäftes dann nichtig, wenn nicht anzunehmen ist, daß es auch ohne den nichtigen Teil vorgenommen sein würde. Aus der Entwicklung, die gerade die hier vorliegenden tariflichen Regelungen über die Besoldung der Arbeitnehmer im Krankenhausdienst kommunaler Arbeitgeber in den Jahren 1953 bis 1955 genommen haben, ist zu ersehen, daß allmählich, und zwar bereits vor dem Bekanntwerden der Urteile des Senats vom 15. Januar, 2. März und 6. April 1955, die tariflichen Regelungen, die weibliche Angestellte in ihren Bezügen männlichen Arbeitnehmern gegenüber trotz gleicher Arbeit benachteiligten, beseitigt wurden und die Bezüge dieser weiblichen Angestellten denen der männlichen Angestellten gleichgesetzt wurden. So ist durch den insoweit bereits am 1. April 1953 in Kraft getretenen Tarifvertrag vom 4. September 1953 die unterschiedliche Besoldung weiblicher Angestellter gegenüber männlichen Angestellten in den Vergütungsgruppen Kr. a bis c beseitigt und ein einheitliches Entgelt für männliche wie weibliche Angestellte dadurch festgesetzt worden, daß die Vergütungsspalte für weibliche Angestellte fortfiel, während die Worte „männliche Angestellte" der anderen Vergütungsspalte gestrichen wurden. Damit wurde zum Ausdruck gebracht, daß die Tarifvertragsparteien die ursprünglich für männliche Angestellte ausgeworfene Vergütung als für alle Arbeitnehmer ohne Rücksicht auf Geschlechtszugehörigkeit maßgebend ansahen. Eine unterschiedliche Vergütung für weibliche Angestellte und männliche Angestellte blieb nach dem Tarifvertrage vom 4. September 1953 nur noch in den Vergütungsgruppen Kr. d und Kr. e bestehen, bis auch diese durch den Tarifvertrag vom 26. April 1955 beseitigt wurde. Diese Entwicklung rechtfertigt den Schluß, daß die Tarifvertragsparteien bei Kenntnis der Nichtigkeit der Benachteiligung der weiblichen Angestellten durch die Vergütungsregelung der Lohngruppe Kr. d den Tarifvertrag bereits für die Zeit, in der die Klägerin noch im Arbeitsverhältnis mit dem beklagten Landkreis stand, mit der Maßgabe geschlossen hätten, daß sie den weiblichen Angestellten den Vergütungsanspruch auch in der Gruppe Kr. d eingeräumt hätten, den sie den männlichen Angestellten der gleichen Gruppe eingeräumt haben. Deshalb mußte der Senat in dem vorliegenden Fall davon ausgehen, daß die Tarifvertragsparteien die tariflichen Regelungen im ganzen wie im einzelnen auch ohne die nichtige Regelung über die ungleiche Vergütung weiblicher Angestellter abgeschlossen hätten, und zwar dahin, daß sie diese weiblichen Angestellten auch in den Vergütungsgruppen Kr. d und Kr. e ebenso wie männliche Angestellte der gleichen Vergütungsgruppen besoldet hätten (vgl. hierzu auch BAG 1, 358).

Damit ist festzustellen, daß die Klägerin für die ganze Zeit ihrer Tätigkeit bei dem beklagten Landkreis den Anspruch auf den Lohn hatte, den nach den tariflichen Regelungen Männer nach der Vergütungsgruppe Kr. d haben.

VIII. Diesen Anspruch in der von ihr geltend gemachten unstreitigen Höhe hat die Klägerin auch nicht durch den Tarifvertrag vom 26. April 1955 verloren.

a) Der Tarifvertrag vom 26. April 1955 stellt keinen Verzicht auf tarifliche Rechte im Sinne des § 4 Abs. 4 TVG dar, den die Klägerin mit Billigung ihrer Gewerkschaft (als Tarifvertragspartei) im Wege des Vergleiches ausgesprochen hat. Denn die Klägerin ist bei diesem Tarifvertrag als Partei eines Vergleiches überhaupt nicht beteiligt gewesen, insbesondere hat keine der Tarifvertragsparteien bei den Verhandlungen, die zum Abschluß des Tarifvertrages vom 26. April 1955 geführt haben, als rechtsgeschäftlicher Vertreter der Klägerin gehandelt. Die Tarifvertragsparteien haben den Tarifvertrag vom 26. April 1955 auf Grund der ihnen durch das Gesetz übertragenen Befugnis zum Abschluß von Tarifverträgen, die den Inhalt, den Abschluß und die Beendigung von Arbeitsverhältnissen regeln, geschlossen, nicht als rechtsgeschäftliche Vertreter ihrer Mitglieder. Wie sich aus der Stellung des Absatzes 4 im Rahmen der Regelung des § 4 TVG ergibt, betrifft § 4 Abs. 4 TVG nur den von einer tarifgebundenen Person selbst vergleichsweise ausgesprochenen Verzicht, also den zwischen Arbeitgeber und Arbeitnehmer vereinbarten Verzicht, nicht aber einen Verzicht auf entstandene tarifliche Ansprüche, den die Tarifvertragsparteien im Rahmen ihrer eigenen Tariffähigkeit bei Abschluß eines neuen Tarifvertrages aussprechen.

b) Es kann sowohl dahingestellt bleiben, ob und inwieweit durch normative Regelung bereits entstandene tarifliche Ansprüche rechtswirksam beseitigt werden können (vgl. dazu RAG in ARS 14, 389; LAG Bremen in BB 1948, S. 609; RdA 49, S. 270; DRZ 49, S. 256; LAG Stuttgart in BB 53, S. 148; Hueck-Nipperdey, Lehrbuch des Arbeitsrechts, 6. Aufl., S. 192 f.; Siebert in Festschrift für Nipperdey 1955, S. 119 f.; ders. BB 1953, S. 241; Galperin BB 1951, S. 257), wie aber auch, ob die normative Regelung des Tarifvertrages über die Abgeltung für die Zeit vor dem 1. Mai 1955 die Klägerin nach dem Willen der Tarifvertragsparteien, soweit dieser in dem Tarifvertrag zum Ausdruck gekommen ist, überhaupt erfassen sollte. Die tarifliche Regelung, nach der nur die noch am 30. April 1955 beschäftigten weiblichen Arbeitnehmer den Abfindungsbetrag erhalten sollten, ist insoweit nicht eindeutig. Sie kann besagen, daß die bereits vorher ausgeschiedenen weiblichen Angestellten, zu denen auch die bereits am 31. März 1955 ausgeschiedene Klägerin gehörte, überhaupt nicht von dieser normativen Regelung erfaßt werden, ihre Ansprüche also in voller Höhe bestehen bleiben und nicht auf den Abgeltungsbetrag beschränkt werden sollten. Sie kann aber auch besagen, daß die Tarifvertragsparteien dadurch, daß sie nur den am 30. April 1955 noch beschäftigten weiblichen Angestellten den Abfindungsbetrag aussetzen, etwa bestehende Ansprüche der vorher ausgeschiedenen Angestellten in vollem Umfange ausschließen wollten.

Jedenfalls konnte der Tarifvertrag vom 26. April 1955 den weiblichen Angestellten der Vergütungsgruppe Kr. d und damit auch der Klägerin den Anspruch auf Auszahlung des gleichen Lohnes, den auch die männlichen Angestellten der Lohngruppe Kr. d erhalten hatten, deshalb nicht nehmen, weil auch eine solche normative Regelung, wenn sie in diesem Tarifvertrage getroffen wäre, gegen den Gleichberechtigungsgrundsatz des Art. 3 GG verstieße und deshalb nichtig wäre. Auch insoweit würden die weiblichen Angestellten nur ihres Geschlechtes wegen benachteiligt; ihnen würde ein Teil ihres tariflichen Verdienstes genommen. Bei einer solchen Regelung würde es sich inhaltlich nicht um einen Verzicht auf einen bereits entstandenen Tariflohnanspruch handeln, der kollektiv und normativ vorgenommen wäre, sondern letztlich um die Beibehaltung einer schlechteren Entlohnung der weiblichen Angestellten als der männlichen, also um die Aufrechterhaltung einer dem Grundgesetz widersprechenden Vergütungsregelung.

Die Klägerin hat also durch die kollektive Regelung des Tarifvertrages vom 26. April 1955 ihren Anspruch auf Nachzahlung des Unterschiedsbetrages zwischen dem ihr gezahlten Entgelt für weibliche Arbeitnehmer und dem ihr gebührenden Entgelt, das auch den männlichen Arbeitnehmern der Lohngruppe Kr. d. gezahlt ist, nicht verloren.

## 47

**Der Heimarbeiter ist dem Betriebsarbeiter hinsichtlich der Entgeltsregelung nicht gleichgestellt.**

BGB § 242, Gleichbehandlung; HAG § 20.

II. Senat. Urteil vom 19. Juni 1957 i. S. Fa. L. (Bekl.) w. K. (Kl.) 2 AZR 48/55.

I. Arbeitsgericht Reutlingen. — II. Landesarbeitsgericht Tübingen.

Die Klägerin war von September 1949 bis Mai 1952 bei der Beklagten als Heimarbeiterin mit dem Besäumen von Taschentüchern auf eigener Nähmaschine beschäftigt. Zu gleicher Zeit beschäftigte die Beklagte mit der gleichen Tätigkeit etwa 70 Heimarbeiterinnen. Vier Betriebsarbeiterinnen der Beklagten führten die gleiche Arbeit wie die Klägerin aus. Diese wurde jedoch im Zeitlohn vergütet.

Die Beklagte ist Mitglied der Fachabteilung Textil des Fachverbandes der Textil- und Bekleidungsindustrie. Zwischen diesem und der Landesberufsgewerkschaft „Textil-Bekleidung" Reutlingen, der die Klägerin angehört, wurden der Tarifvertrag für die Textilindustrie des Landes Württemberg-Hohenzollern vom 16. April 1948 sowie die ihn ergänzenden tariflichen Lohnvereinbarungen vom 12. Oktober 1948, 15. Februar 1950, 20. Oktober 1950 und 8. Mai 1951 abgeschlossen.

Die Klägerin ist der Meinung, die Beklagte habe ihr seit dem 1. Oktober 1950 (Lohnabkommen vom 20. Oktober 1950) zu wenig Entgelt gezahlt. Außerdem habe ihr die Beklagte von Januar 1950 bis Mai 1952 die Zahlung des sogenannten Heimarbeiterzuschlages (Sachkostenersatz für Abnutzung der Nähmaschine, Licht, Heizung und ähnliches in Höhe von 10 % des Bruttoentgelts) in Höhe von 452,59 DM vorenthalten.

Zu Beginn des Beschäftigungsverhältnisses erhielt die Klägerin ein Entgelt, das sich nach einem Geldfaktor von 20 Pfennig und einem Stückleistungsfaktor von 4,41 Dutzend Taschentücher pro Stunde errechnete, also einen effektiven Stundensatz von 88,2 Pfennig.

Im Jahre 1949 zahlte die Beklagte bis zum 31. Januar 1950 den Betriebs- und Heimarbeitern ihres Betriebes auf Grund eines im Jahre 1949 geschlossenen Abkommens, das ausdrücklich die Heimarbeiter mitumfaßte, eine sogenannte Überbrückungsbeihilfe. Bis zu diesem Zeitpunkt betrug der Akkordrichtsatz für die Betriebsarbeiterinnen der Beklagten, wenn sie mit der gleichen Arbeit wie die Klägerin im Akkord beschäftigt gewesen wäre, 81 Pfennig.

Durch die Lohnvereinbarungen vom 15. Februar 1950, gültig ab 1. Februar 1950, wurde der Akkordrichtsatz für die der Klägerin entsprechende Lohngruppe der Betriebsarbeiterinnen um 5 Pfennig auf 86 Pfennig erhöht. Die Beklagte erhöhte ab 1. Februar 1950 das Entgelt der Klägerin durch Heraufsetzung des Geldfaktors von 20 auf 21 Pfennig, was einem effektiven Stundenentgelt von 92,61 Pfennig entspricht.

Die Lohnvereinbarungen vom 20. Oktober 1950, gültig ab 1. Oktober 1950, und 8. Mai 1951, gültig ab 1. Mai 1951, hoben den entsprechenden Akkordrichtsatz auf 94 bzw. 105 Pfennig an. Die Beklagte bezahlte der Klägerin ein Entgelt, das sich weiterhin auf Grund eines Geldfaktors von 21 Pfennig und einem Stückleistungsfaktor von 4,41 Dutzend pro Stunde errechnete, was einem effektiven Stundenentgelt von 92,61 Pfennig entspricht.

Die Klägerin ist der Meinung, sie müsse an den Lohnerhöhungen vom 20. Oktober 1950 und 8. Mai 1951 auch als Heimarbeiterin teilhaben, und errechnete dementsprechend 220,20 DM als noch nicht gezahlten Entgeltsbetrag, woraus sich zusammen mit dem oben genannten Heimarbeiterzuschlag der Betrag der Klageforderung mit 672,79 DM ergebe. Sie ist der Rechtsauffassung, ihr Anspruch rechtfertige sich entweder unmittelbar durch Anwendung der tariflichen Vereinbarungen oder aus dem Verhalten der Beklagten, die zum Ausdruck gebracht habe, daß das Heimarbeiterentgelt dem jeweiligen Tariflohn folgen solle. Es verstoße auch gegen den Gleichbehandlungsgrundsatz, die vier Betriebsarbeiterinnen, welche auch mit Taschentuchsäumen beschäftigt seien, nach der tariflichen Regelung zu behandeln, während die Heimarbeiterinnen trotz gleicher Arbeitsleistung davon ausgeschlossen seien.

Das Arbeitsgericht hat die Klage abgewiesen, das Landesarbeitsgericht ihr dagegen stattgegeben. Die Revision der Beklagten führte zur Wiederherstellung des Urteils des Arbeitsgerichts.

Aus den Gründen:

1. Mit Recht verneint das angefochtene Urteil Ansprüche der Klägerin aus tarifvertraglichen Regelungen. Die Heimarbeiter fallen nach überwiegender Ansicht (Hueck-Nipperdey-Tophoven, TVG 3. Auflage, Anm. 18 zu § 4 TVG; RAG 27, 130; 33, 154; 38, 121; Hueck-Nipperdey, Lehrbuch des Arbeitsrechts, 6. Aufl., Band 2, § 26 V 5 S. 371) nur unter den persönlichen Geltungsbereich eines Tarifvertrages, wenn es besonders bestimmt ist. Von allen hier in Frage kommenden tarifvertraglichen Regelungen nennt nur das Abkommen über die Zahlung einer Überbrückungsbeihilfe vom Jahre 1949 (gültig bis 31. Januar 1950) die Heimarbeiter. Alle anderen Vereinbarungen, der Tarifvertrag vom 16. April 1948 und die Lohnvereinbarungen vom 15. Februar 1950, 20. Oktober 1950 und 8. Mai 1951, haben die Heimarbeiter jedoch nicht aufgenommen. Ihr persönlicher Geltungsbereich erstreckt sich daher auch nicht auf die Klägerin.

2. Auf eine Tarifordnung kann die Klägerin ihren Anspruch ebenfalls nicht stützen. Denn für den örtlichen und fachlichen Geltungsbereich der Arbeit der Klägerin besteht und bestand keine Tarifordnung für Heimarbeiter, die mit Taschentuchsäumen beschäftigt sind.

3. Auch das Heimarbeitergesetz kommt als Klagegrundlage nicht in Betracht, weil in ihm Bestimmungen über die Höhe der Heimarbeiterentgelte nicht enthalten sind.

4. Schließlich läßt sich der Anspruch der Klägerin auch nicht auf eine Einzelvereinbarung zwischen den Parteien gründen mit dem Inhalt, daß das Entgelt der Klägerin sich nach dem jeweiligen Tariflohn berechnen solle. Das Landesarbeitsgericht ist der Rechtsansicht, die Beklagte habe durch ihr Verhalten, insbesondere die zweimalige Erhöhung des Entgelts der Klägerin, konkludent die Willenserklärung abgegeben, sie wolle die Klägerin an allen für die Betriebsarbeiter geschaffenen Lohnerhöhungen teilnehmen lassen. Diese Ansicht ist jedoch nicht frei von Rechtsirrtum, denn das Landesarbeitsgericht läßt bei der Untersuchung, welche Willenserklärung in dem Verhalten der Beklagten zu sehen ist, wesentlichen Auslegungsstoff außer Acht.

Für das Landesarbeitsgericht ist nach seiner Auffassung allein entscheidend, daß die Beklagte der Klägerin einmal die Überbrückungsbeihilfe gemäß dem Abkommen des Jahres 1949 gezahlt und außerdem nach Inkrafttreten des Abkommens vom 15. Februar 1950 ab 1. Februar 1950 den Geldfaktor von 20 auf 21 Pfennig erhöht hat. Dabei hat das Landesarbeitsgericht aber außer Betracht gelassen, daß einmal das Abkommen des Jahres 1949 die Zahlung der Überbrückungsbeihilfe ausdrücklich auch an die Heimarbeiter vorschrieb und zum anderen diese Überbrückungsbeihilfe für Heimarbeiter und Betriebsarbeiter nicht die gleiche Höhe hatte. Deshalb ist in der Auszahlung der Überbrückungsbeihilfe durch die Beklagte an die Klägerin nur die Erfüllung der sich aus diesem Abkommen ergebenden tariflichen Pflichten zu sehen; daraus kann aber nicht auf den Willen der Beklagten geschlossen werden, schlechthin das Entgelt der Klägerin entsprechend dem jeweiligen Tariflohn der Betriebsarbeiter zu bemessen.

Auch die Erhöhung des Geldfaktors von 20 auf 21 Pfennig läßt einen solchen Willen nicht erkennbar werden. Nach dem Abkommen vom 15. Februar 1950 erhöhte sich der entsprechende Akkordrichtsatz von 81 Pfennig auf 86 Pfennig d. h. um 5 Pfennig = 6,18 %. Die Klägerin erhielt durch die Erhöhung des Geldfaktors auf 21 Pfennig jedoch nicht eine gleich große Erhöhung, denn ihr effektives Stundenentgelt hob sich von 88,2 Pfennig nur um 4,41 Pfennig = 5 % auf 92,61 Pfennig an. Diese Berechnung hat das Landesarbeitsgericht als wesentlichen Auslegungsstoff ebenfalls außer Acht gelassen.

Auch das frühere Verhalten der Beklagten ist vom Landesarbeitsgericht unberücksichtigt geblieben. Die Klägerin hat unstreitig von ihrem Eintritt an bis zum 1. Februar 1950 immer ein höheres Entgelt erhalten, als es den im Akkord arbeitenden Betriebsarbeiterinnen der Beklagten nach den tarifvertraglichen Regelungen zugestanden haben würde. Auch dieser Umstand spricht eindeutig dagegen, daß die Beklagte durch ihr Verhalten den Willen zum Ausdruck gebracht hat, die beiderseitigen Entgeltvereinbarungen sollten dem jeweiligen Tariflohn der Betriebsarbeiter entsprechen.

Die Rechtsbeziehungen zwischen den Parteien richten sich daher nach den bei Abschluß des Arbeitsvertrages vereinbarten Bedingungen, die in der Folgezeit auch nicht in irgendeiner Weise abgeändert oder aufgehoben worden sind. Danach bemißt sich das Entgelt der Klägerin nach einem Geldfaktor von 21 Pfennig und einem Stückleistungsfaktor von 4,41 Dutzend pro Stunde. Nach dieser Berechnung hat die Klägerin aber stets unstreitig ihr Entgelt erhalten, so daß ein Mehranspruch nicht besteht.

5. Auch aus dem Grundsatz der Gleichbehandlung läßt sich das Klagebegehren der Klägerin nicht rechtfertigen. Die Anwendung dieses Grundsatzes kommt nur in Betracht, wenn Gleiches unterschiedlich behandelt worden ist. Zwischen Heimarbeitern und Betriebsarbeitern ist aber jedenfalls im Bereich der Entlohnung und des Entgelts ein so großer Unterschied, daß die Anwendung des Gleichbehandlungsgrundsatzes ausscheidet. Der Betriebsarbeiter unterliegt dem Direktionsrecht des Arbeitgebers in Bezug auf Ort, Raum, Zeit und Art der Tätigkeit, während der Heimarbeiter seinen Arbeitsplatz sowie Zeitpunkt und Zeitdauer seiner Tätigkeit frei bestimmen kann; er darf Hilfspersonen hinzuziehen und seine Werkzeuge und Geräte und seine Arbeitsmethode selbständig wählen.

Wenn auch die neuere Rechtsentwicklung dahingeht, die Heimarbeiter den Betriebsarbeitern gleichzustellen (BAG 3, 23), so gilt dies doch nicht in jeder Hinsicht, sondern vorwiegend für den Bereich des Arbeitsschutzes, insbesondere der Sozialversicherungspflicht, des Kündigungsschutzes, des Mutterschutzes, des Pfändungsschutzes und der Urlaubs- und Feiertagsregelung. Auch in diesem Rahmen läßt die neue Rechtsentwicklung die strukturellen Unterschiede zwischen Betriebsarbeitern und Heimarbeitern durchaus nicht außer Acht, wie z. B. beim Kündigungsschutz, der gerade den Besonderheiten der Heimarbeit entsprechend in § 29 HAG eine andersartige Regelung gefunden hat als im Kündigungsschutzgesetz. Das Urteil des Ersten Senats des Bundesarbeitsgerichts (BAG 3, 23) will ebenfalls die Grundsätze des Arbeitsvertragsrechts ausdrücklich nur insoweit angewendet wissen, als dies mit den Besonderheiten des Heimarbeitsrechts vereinbart ist.

Gerade aber bei der Entgeltshöhe gewinnen die oben aufgezeigten Besonderheiten der Heimarbeit gegenüber der Betriebsarbeit ein solches

Gewicht, daß in diesem Bereich die Voraussetzungen für eine Anwendung des Gleichbehandlungsgrundsatzes fehlen.

6. Auch ein Anspruch der Klägerin auf den sogenannten Heimarbeiterzuschlag ist entgegen der Auffassung des Landesarbeitsgerichts unter keinem rechtlichen Gesichtspunkt begründet.

Das Landesarbeitsgericht sieht es auf Grund der „zahlreichen in den Akten befindlichen Tarifregelungen und Tarifordnungen" als Gewohnheitsrecht an, daß den Heimarbeitern ein Anspruch in Höhe von 10 % des Entgelts als pauschalierte Abgeltung für Sachkosten gegen den Auftraggeber zusteht. Diese Ausführungen sind nicht ohne Rechtsirrtum.

Selbst wenn in zahlreichen Tarifordnungen oder Tarifregelungen -- in den Akten befinden sich lediglich drei Regelungen dieser Art — ein Heimarbeiterzuschlag vorgesehen sein sollte, so kann daraus noch nicht auf die Entstehung eines Gewohnheitsrechts geschlossen werden, denn auch bei häufiger Anwendung einer Regel liegt immer noch nicht die für die Entstehung eines Gewohnheitsrechts zunächst zu fordernde gleichförmige, wenn auch nicht unbedingt ausnahmslose, Übung vor. Dieser Feststellung hätte es aber bedurft, wenn das Landesarbeitsgericht den Anspruch der Klägerin auf Gewohnheitsrecht gründen wollte.

Zur Anerkennung eines Gewohnheitsrechts genügt daher nicht die Feststellung des angefochtenen Urteils, daß mehrere Tarifordnungen oder Tarifregelungen vorliegen, die einen Heimarbeiterzuschlag vorsehen. Bei den Akten befinden sich auch lediglich drei Regelungen: Die Reichstarifordnung vom 28. Januar 1942 (Tarifregister Nr. 3228/4) für die in Heimarbeit ausgeführten Fertigungsarbeiten und Ausstattungsarbeiten an maschinen-gestrickten und maschinen-gewirkten Waren (Oberbekleidung und sanitäre Artikel); Tarifordnung für Heimarbeiter für die Taschentuchsäumerei in den Wirtschaftsgebieten Schlesien und Sudetenland vom 30. September 1940 und die Arbeitsordnung der Firma Wilhelm Bleyle oHG, Stuttgart in der Fassung vom 1. Dezember 1953. Bei näherer Betrachtung dieser vom angefochtenen Urteil in Bezug genommenen Regelung ist unter ihnen in Bezug auf den Heimarbeiterzuschlag keine Übereinstimmung zu finden. Denn lediglich die RTO vom 28. Januar 1942 sieht einen Zuschlag von 10 % für Nähen mit eigener Maschine vor, während die AO der Firma Bleyle die Höhe der Zuschläge nicht nennt und die TO vom 30. September 1940 20 % Zuschlag gewährt.

Die drei genannten Regelungen beziehen sich darüber hinaus auch nicht auf denselben fachlichen Bereich. Die Reichstarifordnung vom

28. Januar 1942 und die Arbeitsordnung der Firma Bleyle betreffen nur das Verarbeiten von maschinen-gestrickten und maschinen-gewirkten Waren. Allein die Tarifordnung vom 30. September 1940 umfaßt die von der Klägerin ausgeübte Heimarbeit des Taschentuchsäumens. Zur Feststellung, ob der Klägerin aus Gewohnheitsrecht ein Heimarbeiterzuschlag zusteht, kann daher einzig letztere Regelung herangezogen werden. Sie allein reicht aber nicht aus, um ein Gewohnheitsrecht zu begründen.

Schließlich verwischt das angefochtene Urteil die Grenzen zwischen der wirtschaftlichen Berechtigung des Heimarbeiterzuschlages und einem rechtlichen Anspruch auf sie. Die wirtschaftliche Berechtigung für die Zahlung des Heimarbeiterzuschlages mag bestehen. Damit ist aber nichts über den Bestand eines rechtlichen Anspruchs ausgesagt. Auch die Tatsache, daß die Beklagte die wirtschaftliche Berechtigung des Heimarbeiterzuschlags nicht abgestritten hat, ist kein Indiz dafür, daß sich ein gewohnheitsrechtlicher Anspruch auf Zahlung eines besonderen Heimarbeiterzuschlages neben dem vereinbarten Entgelt und für alle Heimarbeiter, die mit Taschentuchsäumen beschäftigt sind, entwickelt hat.

Unter diesen Umständen fehlt es für das Vorliegen eines Gewohnheitsrechts mit dem Inhalt, daß den Heimarbeitern, die mit Taschentuchsäumen beschäftigt sind, ein Anspruch auf Heimarbeiterzuschlag in Höhe von 10 % des jeweiligen Entgeltbetrages zusteht, bereits an der ersten Voraussetzung, nämlich daß eine gleichförmige und vielfache Übung tatsächlich festgestellt ist.

Es bedarf deshalb nicht mehr der Prüfung, ob die übrigen Voraussetzungen gegeben sind, wie der durch ständigen Gerichts- und Organisationsgebrauch dokumentierte Rechtsgeltungswille und die allgemeine Anerkennung durch Rechtsprechung und Wissenschaft (Enneccerus-Nipperdey, Allgemeiner Teil des bürgerlichen Rechts, 14. Auflage 1952, 1. Halbband, § 39 ff.).

## 48

**1. Auch im arbeitsgerichtlichen Beschlußverfahren kann ein Ergänzungsbeschluß ergehen.**

**2. Auch im arbeitsgerichtlichen Beschlußverfahren bedarf es eines Rechtsschutzinteresses.**

**3. Eine Erledigung der Hauptsache ist im arbeitsgerichtlichen Beschlußverfahren nicht möglich. Ebensowenig können die Antragsteller**

**ihren Antrag zurücknehmen, wenn eine gerichtliche Entscheidung ergangen ist.**

**4. Der Wegfall des Rechtsschutzinteresses ist im arbeitsgerichtlichen Beschlußverfahren auch dann noch zu beachten, wenn er erst in der Rechtsbeschwerdeinstanz eintritt. In diesem Fall sind einfach die Entscheidungen der Vorinstanzen aufzuheben, und es ist auszusprechen, daß sich das Verfahren erledigt hat.**

**5. Im arbeitsgerichtlichen Beschlußverfahren gibt es keine Kostenentscheidung. Dagegen ist die Festsetzung des Verfahrenswerts in einem solchen Verfahren auf Antrag zulässig.**

ZPO § 91, § 91 a, § 321; ArbGG § 80 ff., § 81 Abs. 2.

I. Senat. Beschluß vom 21. Juni 1957 i. S. St. u. a. (Antragst.) w. Betriebsrat ... u. a. (Antragsgegner) ABR 1/56.

I. Arbeitsgericht Hamm. — II. Landesarbeitsgericht Hamm.

Gründe:

I. Im März 1955 fanden auf einer Schachtanlage der Beteiligten zu 3., einer Bergbauaktiengesellschaft, Betriebsratswahlen statt. Diese wurden von den Beteiligten zu 1 a) bis c), drei Bergmännern (Antragsteller) angefochten. Das Arbeitsgericht und das Landesarbeitsgericht gaben dem Anfechtungsbegehren der Beteiligten zu 1 a) bis c),

festzustellen, daß die am 24./25. März 1955 auf der Schachtanlage K. II/V in H. erfolgte Betriebsratswahl nichtig ist,

statt. Das Landesarbeitsgericht ließ die Rechtsbeschwerde zu.

Der Beschluß des Landesarbeitsgerichts vom 14. November 1955, der eine Kostenentscheidung nicht enthält, wurde den Beteiligten am 29. Dezember 1955 zugestellt. Am 31. Dezember beantragten die Beteiligten zu 1 a) bis c), in Ergänzung des vorerwähnten Beschlusses die ihnen entstandenen außergerichtlichen Kosten des Beschwerdeverfahrens dem Antragsgegner, dessen Beschwerde zurückgewiesen sei, nämlich dem Betriebsrat, aufzuerlegen. Sie bezogen sich auf ihren in 2. Instanz gestellten Antrag vom 10. Oktober 1955, der lautete:

1. die Beschwerde des Antragsgegners zurückzuweisen,
2. dem Antragsgegner die Kosten des Verfahrens aufzuerlegen.

Am 10. Januar 1956 erließ das Landesarbeitsgericht folgenden Beschluß:

„Auf Antrag der Antragsteller werden dem Betriebsrat die außergerichtlichen Kosten der Antragsteller auferlegt.

Der Wert des Beschwerdegegenstandes wird auf 500,— DM festgesetzt.

Die Rechtsbeschwerde wird zugelassen."

Der Betriebsrat hat gegen die Entscheidungen des Landesarbeitsgerichts Rechtsbeschwerde eingelegt, deren Zurückweisung die Antragsteller beantragt haben. Mit Eingabe vom 8. April 1957 haben die Antragsteller die Hauptsache für erledigt erklärt und um Kostenentscheidung gebeten, da der Betriebsrat inzwischen neu gewählt sei. Der Betriebsrat hat die Tatsache der Neuwahl bestätigt, jedoch von einer Erledigungserklärung Abstand genommen. Er vertritt die Ansicht, daß der Antrag wegen fehlenden Rechtsschutzinteresses abzuweisen sei, wenn er nicht zurückgenommen werde. Eine Kostenentscheidung könne nicht ergehen.

II. a) Gegen die Statthaftigkeit der Rechtsbeschwerde gegen den Beschluß vom 14. November 1955 bestehen keine Bedenken, da sie das Landesarbeitsgericht ausdrücklich zugelassen hat. Aber auch die Rechtsbeschwerde gegen den Beschluß vom 10. Januar 1956 ist statthaft. Zwar enthält dieser Beschluß nur eine Kostenentscheidung und eine Festsetzung des Verfahrenswerts. Auch bezeichnet er sich nicht ausdrücklich als Ergänzungsbeschluß. Aus seiner Begründung ergibt sich jedoch, daß er als solcher ergangen ist. An diesen dadurch ausgesprochenen und deutlichen Willen des Landesarbeitsgerichts, den Beschluß als Ergänzungsbeschluß zu erlassen, ist der Senat gebunden. § 321 ZPO enthält einen allgemeinen Rechtsgedanken, der auch für das Beschlußverfahren der §§ 80 ff. ArbGG gilt. Der Beschluß vom 10. Januar 1956 ist deshalb als Teil des Beschlusses vom 14. November 1955 zu behandeln und unterliegt somit ebenfalls der Nachprüfung durch den Senat.

b) Wie der Senat in ABR 11/55 (BAG 3, 288 [292]) entschieden hat, gelten die Grundsätze zum Rechtsschutzinteresse auch für das arbeitsgerichtliche Beschlußverfahren. Durch die Neuwahl des Betriebsrats wäre nun eine gerichtliche Klärung der Frage, ob bei der Wahl vom 24./25. März 1955 Verstöße vorgekommen sind, die die Anfechtbarkeit dieser Wahl begründen, ohne praktische Auswirkung. Die gerichtliche Feststellung ihrer Anfechtbarkeit würde lediglich ex nunc wirken, da Beschwerden und Rechtsbeschwerden im Beschlußverfahren nach §§ 87 Abs. 3, 92 Abs. 3 ArbGG eine aufschiebende Wirkung haben. Eine Nichtigkeit der Beschlüsse eines anfechtbar gewählten Betriebsrats träte also nicht ein, wenn die Anfechtung rechtskräftig für begründet erklärt würde. Auch materielle Folgerungen würden sich nicht ergeben, da das Betriebsratsamt ein Ehrenamt ist. Des weiteren ist eine Durchführung des Verfahrens lediglich zu dem Zweck, um festzustellen, wessen Rechtsansicht zutreffend gewesen ist, mit dem Wesen des Beschlußverfahrens, das nur Beteiligte kennt, nicht vereinbar. Der alte Betriebsrat hat zwar den Wahlvorstand für die Neuwahl zu bestellen. Das beeinflußt jedoch die Wirksamkeit der letzteren Wahl nicht, zumal sich im vorliegenden Fall aus dem Vorbringen der Beteiligten ergibt, daß die Neuwahl nicht angefochten ist. Ferner ist aber auch die Amtsführung des Wahlvorstandes nicht notwendig von der rechtlichen Stellung desjenigen abhängig, der ihn bestellt hat; denn der Wahlvorstand muß nicht unbedingt in jedem Fall vom amtierenden Betriebsrat bestellt werden, wie sich aus den §§ 15 und 16 BetrVG ergibt.

Aus dem Vorbringen der Beteiligten geht auch nichts dafür hervor, daß trotz der inzwischen erfolgten Neuwahl des Betriebsrats gleichwohl noch ein Interesse an der Durchführung des Verfahrens besteht, etwa weil ähnliche Vorgänge, wie sie hier zur Wahlanfechtung geführt haben, sich im Betrieb der Beteiligten zu 3. wiederholen würden (Beschluß in Sachen 1 ABR 11/55). Deshalb würde die Durchführung dieses Verfahrens weder geeignet sein, etwa noch verbliebene Streitpunkte zu klären oder einen neuen Streit zu vermeiden, noch wäre sie geignet, zur Befriedung im Betrieb beizutragen. Ein wichtiger Zweck des arbeitsgerichtlichen Beschlußverfahrens ist es aber gerade, eine Befriedung im Betrieb herbeizuführen. Dieser Zweck würde in sein Gegenteil verkehrt, wenn jetzt trotz der durchgeführten Neuwahl noch eine Sachentscheidung ergehen würde; denn dann würde die durch die Neuwahl herbeigeführte Befriedung sehr leicht wieder beseitigt werden.

c) aa) Die Antragsteller wollen dieser Rechtslage dadurch Rechnung tragen, daß sie die Hauptsache für erledigt erklären. Eine solche Erledigungserklärung ist jedoch dem arbeitsgerichtlichen Beschlußverfahren fremd. Diese dem Zivilprozeß eigentümliche Form der Beendigung eines Verfahrens paßt lediglich für den von der Parteimaxime beherrschten Rechtsstreit, in dem zwei Prozeßparteien einander gegenüberstehen und die Herrschaft über den Streitstoff besitzen. Dagegen läßt sie sich auf das von der Offizialmaxime beherrschte Beschlußverfahren, das nur Beteiligte kennt, nicht ohne nähere gesetzliche Regelung über tragen (vgl. § 128 Abs. 2 Bayr. VerwGG).

bb) Aber auch der Ansicht des Betriebsrats, die Antragsteller könnten noch in der Rechtsbeschwerdeinstanz ihren Antrag zurücknehmen, kann nicht beigetreten werden. Nach § 81 Abs. 2 ArbGG ist eine Antragszurücknahme bis zur Entscheidung 1. Instanz möglich. In den höheren Instanzen ist sie ausgeschlossen. Denn das Gesetz erwähnt die Antragszurücknahme lediglich in § 81 ArbGG, der zu den den ersten Rechtszug betreffenden Vorschriften gehört, und dort ist auch nur von dem Vorsitzenden des Arbeitsgerichts die Rede, der das Verfahren im Fall der Antragszurücknahme einzustellen hat. In den Gesetzesvorschriften betreffend den zweiten Rechtszug ist nicht auf § 81, sondern nur auf §§ 83, 84 und 85 Bezug genommen (§§ 87, 90 und 91), in den Vorschriften betreffend den dritten Rechtszug lediglich auf § 85 (§ 92 ArbGG). Liegt ein Beschluß vor, so soll der Antrag, der ihn herbeigeführt hat, mit Rücksicht auf seine über die Beteiligten hinausgehende Rechtswirkung nicht mehr zurückgenommen werden können. Das wird besonders deutlich in einem Fall, in dem ein Antragsgegner in 1. oder 2. Instanz einen den Antrag zurückweisenden Beschluß erwirkte, den der Antragsteller mit der Beschwerde oder Rechtsbeschwerde angefochten hat. Wollte man zulassen, daß der Antragsteller dann in der höheren Instanz noch seinen Antrag zurücknehmen könnte, so würde er dadurch in die dem Antragsgegner als Beteiligtem zugewiesene Prozeß- und Rechtsstellung einseitig eingreifen und diese zunichte machen. Es ist nicht anzunehmen, daß der Gesetzgeber so etwas gewollt hat. Im zweiten Rechtszug ist die Zurücknahme der Beschwerde und im dritten Rechtszug die Zurücknahme der Rechtsbeschwerde möglich.

cc) Ist hiernach weder die Erledigung der Hauptsache noch eine Zurücknahme des Antrags statthaft, so kann auch eine Einstellung des Verfahrens nicht erfolgen, da es hierfür ebenfalls an der gesetzlichen Voraussetzung fehlt. Eine solche Einstellung, und zwar durch den Vorsitzenden der Kammer oder des Senats, ist nach dem Gesetz lediglich für den Fall der Antragsrücknahme in der ersten Instanz oder der Zurücknahme der Beschwerde oder der Rechtsbeschwerde möglich (§§ 81 Abs. 2, 89 Abs. 4, 94 Abs. 3 ArbGG). Keiner dieser Fälle liegt hier vor. Da es bei ihnen einfach nur auf die Zurücknahme des Antrags oder des Rechtsmittels ankommt, hier aber maßgebender Ausgangspunkt der objektiv gegebene Wegfall des Rechtsschutzinteresses ist, verbietet sich eine analoge Anwendung.

dd) Gleichwohl kann der Wegfall des Rechtsschutzinteresses aber nicht ohne jede Bedeutung sein, selbst wenn es erst im Verlauf der dritten Instanz eingetreten ist; denn das Rechtsschutzinteresse gehört zu den Prozeßvoraussetzungen und muß daher bis zum Zeitpunkt der rechtskräftigen Entscheidung vorhanden sein. Ist es, wenn auch erst in dritter Instanz, in Fortfall gekommen, so ist das nicht etwa als neue Tatsache unbeachtlich. Andernfalls würde das Rechtsbeschwerdegericht gezwungen, zu einer Rechtsfrage Stellung zu nehmen, die ohne konkrete Bedeutung ist. Es wäre also nicht mehr richtende, sondern Gutachterstelle, was mit den den Gerichten durch die Rechtsordnung übertragenen Aufgaben nicht zu vereinbaren ist. Da anders als im Bundesverfassungsgerichtsgesetz im arbeitsgerichtlichen Beschlußverfahren durch den Gesetzgeber dem Gericht die Erstattung von Gutachten nicht zur Aufgabe gemacht ist, so würde der Senat, wenn er über einen infolge der Neuwahl des Betriebsrats zu einer abstrakten Rechtsfrage gewordenen Betriebsverfassungsstreit entscheiden würde, die ihm zustehenden Kompetenzen überschreiten.

Ist der Senat somit an einer sachlichen Entscheidung gehindert, so kann der Wegfall des Rechtsschutzinteresses doch nicht ohne Folgen für das Beschlußverfahren selbst sein; denn damit ist den bisher ergangenen Beschlüssen der Boden entzogen. Es bedarf deshalb ihrer Aufhebung, soweit die unteren Gerichte in der Sache selbst entschieden haben.

Der Wegfall des Rechtsschutzinteresses berechtigt den Senat aber nicht, nunmehr den Antrag der Antragsteller abzuweisen, da der Wegfall erst im Verlauf der dritten Instanz eingetreten ist. Mit einer solchen Abweisung des Antrags würde der Senat mehr entscheiden, als er mit Rücksicht darauf, daß er eine sachliche Prüfung nicht mehr vornehmen kann, zu entscheiden in der Lage ist. Auch würde eine solche Abweisung die Antragsteller zu Unrecht beschweren, die die Anfechtung rechtzeitig vorgenommen haben und schuldlos an der langen Verfahrensdauer sind. Wird der Anfechtungsantrag zu einer Zeit, in der noch sachlich über ihn entschieden werden kann, gestellt, so muß sich der Antragsteller darauf verlassen können, daß über den Antrag auch rechtzeitig entschieden wird. Anderenfalls würde die vom Gesetz gewährte Möglichkeit der Antragstellung nicht anerkannt werden.

Insbesondere für den Fall, daß das Rechtsschutzinteresse des Antragstellers erst im dritten Rechtszug in Fortfall kommt, enthält das Gesetz keine ausdrückliche Regelung. Im Wege der ergänzenden Gesetzesauslegung ist der Senat zu der Auffassung gekommen, die Beendigung des Verfahrens in einem solchen Fall sei dadurch zum Ausdruck zu bringen, daß im Beschluß ausgesprochen wird, das Verfahren habe sich erledigt. Ein solcher Ausspruch entspricht der durch den Wegfall des Rechtsschutzinteresses geschaffenen Rechtslage. Er entspricht aber auch den Interessen der Beteiligten, insbesondere der Antragsteller, für die sonst die Gefahr entstehen könnte, daß eine Abweisung des Antrags Raum für die Annahme gäbe, dieser sei von vornherein unbegründet gewesen, worüber aber gerade eine Entscheidung nicht getroffen werden kann und darf. Schließlich ergibt sich aus einem solchen Ausspruch Klarheit darüber, daß das Verfahren seinen Abschluß gefunden hat.

d) Soweit der Ergänzungsbeschluß des Landesarbeitsgerichts eine Kostenentscheidung enthält, kann er nicht aufrecht erhalten werden. Der Senat hat bereits ausgesprochen, daß im gesamten arbeitsgerichtlichen Beschlußverfahren kein Raum für eine Kostenentscheidung ist (BAG 1, 46). Diese Ansicht hat der Senat wiederholt bestätigt, und er sieht auch jetzt keinen Anlaß von ihr abzugehen. Eine Kostenentscheidung, wie sie die §§ 91 ff. ZPO vorschreiben, ist dem Wesen des abeitsgerichtlichen Beschlußverfahrens fremd. Sie setzt das Gegeneinanderstehen zweier Prozeßparteien voraus, woran es im Beschlußverfahren aber gerade fehlt. Demgegenüber vermögen auch die Gründe der angefochtenen Entscheidung nicht zu überzeugen, zumal sie in ihren tragenden Billigkeitserwägungen übersehen, daß nach der Begründung des Antrags das zur Anfechtung berechtigende Verhalten gar nicht vom Betriebsrat, der damals ja noch gar nicht bestand, sondern vom Wahlvorstand ausgegangen sein soll. Warum es dann billig wäre, die Kosten dem Betriebsrat aufzuerlegen, der ferner nicht vermögensfähig und in seiner Zusammensetzung inzwischen übrigens durch einen anderen ersetzt ist, ist schlechterdings nicht einzusehen.

e) Dagegen hat, da eine Grundlage für die Festsetzung der Rechtsanwaltsgebühren bestehen muß, das Landesarbeitsgericht zu Recht den Verfahrenswert festgesetzt (vgl. auch Festsetzungsbeschluß des Senats vom 27. Januar 1956, 1 ABR 26/54). Der für die Festsetzung erforderliche Antrag war gestellt (Dersch-Volkmar, ArbGG, 6. Aufl., § 84 Anm. 4 f.). Auch konnte, entsprechend dem Wesen des Ergänzungsbeschlusses, die fragliche Beurteilung in anderer Besetzung erfolgen, so daß sich dieserhalb aus dem Beschluß des Landesarbeitsgerichts vom 10. Januar 1956 keine Bedenken ergeben. Gegen die Höhe des vom Landesarbeitsgericht festgesetzten Wertes ist von den Beteiligten nichts vorgebracht worden und auch nichts einzuwenden. Insoweit war die Entscheidung des Landesarbeitsgerichts aufrecht zu erhalten.

## 49

**Die Vereinbarung einer auflösenden Bedingung, daß im Falle der Eheschließung der Arbeitnehmerin das Arbeitsverhältnis zu einem bestimmten Zeitpunkt endigt, ist nichtig.**

GG Art. 6 Abs. 1, Art. 1, 2, 3; BGB §§ 134, 138, 139, 158 Abs. 2.

I. Senat. Urteil vom 10. Mai 1957 i. S. L. Rh. (Bekl.) w. K. (Kl.)
1 AZR 249/57.

I. Arbeitsgericht Solingen. — II. Landesarbeitsgericht Düsseldorf.

Die Klägerin war seit dem 1. April 1954 bei der Beklagten als Lernpflegerin in der Landesheilanstalt G. beschäftigt. Die Ausbildung des Lernpflegepersonals (Lernpfleger und Lernpflegerinnen) dauert zwei Jahre und schließt mit einer Prüfung ab. Das Lernpflegepersonal muß innerhalb der Anstalt wohnen und an den gemeinsamen Mahlzeiten teilnehmen. Bei der Einstellung haben sich die Lernpflegerinnen entsprechend den Bestimmungen des Erlasses des früheren Sozialministers Nordrhein-Westfalen vom 12. Mai 1950 — I B 1 b — verpflichten müssen, für den Fall der Eheschließung spätestens mit Ablauf des Monats, in dem die Ehe geschlossen wird, auszuscheiden. Eine solche Verpflichtungserklärung hat auch die Klägerin bei ihrem Dienstantritt abgegeben. Die Klägerin hat am 25. August 1955 geheiratet. Am 29. August 1955 teilte der Beklagte der Klägerin mit, daß das Lehrverhältnis zum 31. August 1955 gelöst sei.

Die Klägerin hält die Vereinbarung, daß das Lehrverhältnis spätestens mit Ablauf des Monats der Eheschließung ende, für nichtig. Ihre auf Feststellung der Nichtigkeit der Vereinbarung sowie auf Zahlung gerichtete Klage ist in allen 3 Rechtszügen durchgedrungen.

Aus den Gründen:

I. Die getroffene Vereinbarung ist rechtlich die Vereinbarung einer auflösenden Bedingung (§ 158 Abs. 2 BGB) dahin, daß im Falle der Eheschließung der Arbeitnehmerin das Arbeitsverhältnis zu einem bestimmten Zeitpunkt endigt. Sie ist nichtig.

Die Vereinbarung einer derartigen Abrede (sog. Zölibatsklausel) verstößt allerdings im vorliegenden Rechtsstreit nicht gegen die guten Sitten und ist daher nicht schon nach § 138 BGB nichtig. Die Vorschrift des § 138 BGB setzt nach anerkannter Rechtsprechung nicht nur den objektiven Widerspruch des Rechtsgeschäfts mit dem Gemeinschaftsgefühl voraus, sondern außerdem ein persönliches Verhalten der Vertragsschließenden, das ihnen zum sittlichen Vorwurf gemacht werden kann (RGZ 150, 1; BGH, NJW 1951 S. 397). Umstände, die hierfür sprechen würden, sind im vorliegenden Rechtsstreit jedoch nicht ersichtlich. Der Beklagte war nicht nur auf Grund des Erlasses des Sozialministers gehalten, die Zölibatsklausel mit der Klägerin zu vereinbaren, sondern glaubte hierzu auch aus sachlichen Gründen, nämlich im Interesse der ordnungsmäßigen Aufrechterhaltung des Betriebes in seiner Heilanstalt, berechtigt zu sein. Diese Auffassung ist zwar, wie zu zeigen sein wird, objektiv unrichtig, hat aber nicht zur Folge, daß dadurch das Rechtsgeschäft, nämlich die Vereinbarung der Zölibatsklausel, schon ohne weiteres dem Inhalt nach als sittenwidrig zu bezeichnen ist.

II. Der Senat ist jedoch der Auffassung, daß die Vereinbarung einer Zölibatsklausel nicht nur in Tarifverträgen, sondern auch in Arbeitsverträgen gegen grundlegende Normen des deutschen Verfassungsrechts verstößt, nämlich gegen Art. 6 Abs. 1 und Art. 1, 2 GG.

Die Grundrechte bezweckten zwar ursprünglich, die Freiheitssphäre des einzelnen vor Eingriffen der Staatsgewalt zu sichern. Inzwischen hat sich jedoch ihre Bedeutung gewandelt und erweitert. Der Senat hat sich bereits in seinem Urteil vom 3. Dezember 1954 (BAG 1, 185 ff.) dahin ausgesprochen, daß zwar nicht alle, aber doch eine Reihe bedeutsamer Grundrechte der Verfassung nicht nur Freiheitsrechte gegenüber der Staatsgewalt garantieren, vielmehr Ordnungsgrundsätze für das soziale Leben sind, die in einem aus dem Grundrecht näher zu entwickelnden Umfang unmittelbare Bedeutung auch für den privaten Rechtsverkehr der Bürger untereinander haben. Der Senat hat in dieser Entscheidung ferner darauf hingewiesen, daß auch privatrechtliche Abmachungen, Rechtsgeschäfte und Handlungen sich nicht in Widerspruch setzen dürfen zu dem, was man das Ordnungsgefüge, den ordre public einer konkreten Staats- und Rechtsordnung nennen kann. Auch das normative Bekenntnis des Grundgesetzes zum sozialen Rechtsstaat (Art. 20, 28 GG), das für die Auslegung des GG und anderer Gesetze von grundlegender Bedeutung ist, spricht für die unmittelbare privatrechtliche Wirkung der grundrechtlichen Bestimmungen, die für den Verkehr der Rechtsgenossen untereinander in einer freiheitlichen und sozialen Gemeinschaft unentbehrlich sind (vgl. die Angaben in BAG 1, 185). Der Senat hat diese Grundsätze erneut in seiner Entscheidung vom 23. März 1957 (AP Nr. 16 zu Art. 3 GG; vgl. auch BAG 1, 258) angewendet und sieht keine Veranlassung, von dieser Rechtsprechung abzuweichen. Auch das Bundesverfassungsgericht vertritt in seinem Beschluß vom 17. Januar 1957 (BVerfGE 6, 55 [71]) den gleichen Standpunkt. Es hat in dieser Entscheidung zu Art. 6 Abs. 1 GG ausgeführt: Diese Verfassungsbestimmung sei eine wertentscheidende Grundsatznorm, die Ehe und Familie als die Keimzelle jeder menschlichen Gemeinschaft, deren Bedeutung mit keiner anderen menschlichen Gemeinschaft verglichen werden könne, unter den besonderen Schutz der staatlichen Ordnung stelle. Hierbei handele es sich nicht nur um eine

Bestimmung im Sinne der klassischen Grundrechte, die dem Schutz der spezifischen Privatsphäre von Ehe und Familie vor äußerem Zwang durch den Staat dienen solle, sondern das verfassungsrechtliche Bekenntnis zu Ehe und Familie umfasse zugleich die Gewährleistung beider Lebensordnungen, enthalte also eine sogenannte Instituts- oder Einrichtungsgarantie. Darüber hinaus — und das ist das Entscheidende — führt das Bundesverfassungsgericht aus: „Die rechtliche Wirkung des Art. 6 Abs. 1 GG erschöpft sich jedoch nicht in diesen Funktionen. Wie eine ganze Reihe von Verfassungsnormen — insbesondere solche, die das Verhältnis des Bürgers zum Staat bestimmen oder das Gemeinschaftsleben regeln — erfüllt Art. 6 Abs. 1 GG mehrere Funktionen, die miteinander verbunden sind und ineinander übergehen. Aufgabe der Verfassungsrechtsprechung ist es, die verschiedenen Funktionen einer Verfassungsnorm, insbesondere eines Grundrechts, zu erschließen. Dabei ist derjenigen Auslegung der Vorzug zu geben, ‚die die juristische Wirkungskraft der betreffenden Norm am stärksten entfaltet' (Thoma). Eine Interpretation von Art. 6 Abs. 1 GG nach diesem Prinzip zeigt, daß er nicht nur ein Bekenntnis enthält und als Institutsgarantie wirkt, sondern darüber hinaus zugleich eine Grundsatznorm darstellt, d. h. eine verbindliche Wertentscheidung für den gesamten Bereich des Ehe und Familie betreffenden privaten und öffentlichen Rechts. ... Nur diese Deutung wird auch dem leitenden Prinzip des sozialen Rechtsstaates und der Einordnung der Norm in den Grundrechtsteil der Verfassung gerecht". Das Bundesverfassungsgericht setzt sich in dieser Entscheidung auch mit dem Bedenken auseinander, daß Generalklauseln unter Umständen zu unbestimmt seien, als daß man Normen niederen Ranges (oder Rechtsgeschäfte) daran messen könne. Für Art. 6 Abs. 1 GG ergebe sich das Maß der Bestimmtheit jedoch aus dem Begriff des „Schützens". Schützen bedeute die Förderung des Schutzgutes sowie die Abwehr von Störungen oder Schädigungen.

Der Senat sieht in dieser Rechtsprechung des Bundesverfassungsgerichts eine Bestätigung seiner eigenen Judikatur zur Frage der Wirkung von Grundrechten als Grundnormen auf die Rechtsbeziehungen der Bürger untereinander und schließt sich den zutreffenden Ausführungen des Bundesverfassungsgerichts über die Bedeutung des Art. 6 Abs. 1 GG an. (Hinsichtlich der Drittwirkung der Grundrechte [Art. 3 GG] siehe auch BVerfGE 6, 84).

Auf dem gleichen Standpunkt steht der Bundesgerichtshof, Wenn er im Anschluß an Enneccerus-Nipperdey, Allg. Teil, 14. Aufl., § 78 I; Nipperdey, Die Würde des Menschen, in Neumann-Niperdey-Scheuner, Die Grundrechte, Bd. 2 S. 40, und Staudinger-Coing, Allg. Teil, 11. Aufl., Vorbem. 17 ff. vor § 1, aus den Art. 1 und 2 GG das allgemeine Persönlichkeitsrecht gerade auch für den Privatrechtsverkehr entwickelt hat (vgl. BGHZ 13, 334, 338 und neuerdings in der Entscheidung vom 2. April 1957, NJW 1957 S. 1146), ausgeführt: „Mit Recht ist es [das Berufungsgericht] davon ausgegangen, daß die Bestimmungen in Art. 1 und 2 GG, in denen die Unantastbarkeit der Menschenwürde ausgesprochen und das Recht eines jeden auf die freie Entfaltung seiner Persönlichkeit anerkannt ist, soweit er nicht die Rechte anderer verletzt und nicht gegen die verfassungsmäßige Ordnung oder das Sittengesetz verstößt, ein Grundrecht gewährleistet, das sich nicht nur gegen den Staat und seine Organe richtet, sondern auch im Privatrechtsverkehr gegenüber jedermann gilt (BGHZ 13, 334 [338] = NJW 54, 1404; Wernicke in Bonner Komm. Art. 1 Bem. II 1 c; Nipperdey in Neumann-Nipperdey-Scheuner, Die Grundrechte, Bd. II S. 18 ff.; Hamann, Das GG, Art. 1 Bem. B.; BGB RGRK, 10. Aufl., Vorbem. II vor § 1; Heimerich in BB 56, 249 [251]; a. A. Mangoldt-Klein, Das Bonner GG, 2. Aufl., S. 65 ff., 147). Denn nicht anders kann es verstanden werden, daß es in Art. 1 Abs. 1 Satz 2 als Verpflichtung aller staatlichen Gewalt erklärt worden ist, die Würde des Menschen zu achten und zu schützen, und das in Art. 1 Abs. 3 die in den nachfolgenden Bestimmungen niedergelegten Grundrechte, darunter in erster Linie das Recht auf die freie Entfaltung der Persönlichkeit, zu unmittelbar geltendem, Gesetzgebung, vollziehende Gewalt und Rspr. bindendem Recht erhoben worden sind."

Der Versuch von Dürig, Grundrechte und Zivilrechtsprechung in der Festschrift für Nawiasky, 1956, S. 157 ff., an der angeblichen grundsätzlichen Eigenständigkeit des Zivilrechts gegenüber dem verfassungsrechtlichen Grundrechtssystem festzuhalten, verkennt die rechtliche Bedeutung der in einer größeren Reihe von Grundrechten enthaltenen absoluten Grundnormen. Denn diese Eigenständigkeit, die rechtlich insbesondere im Prinzip der Vertragsfreiheit (Art. 2 Abs. 1 GG) ihren Ausdruck findet, ist an die verfassungsmäßige Ordnung, also insbesondere auch an das verfassungsmäßige Grundwertsystem gebunden. Es ist also nicht richtig, daß das Zivilrecht gegenüber dem Verfassungsrecht in dem Sinne eigenständig sei, daß es von dem Verfassungsrecht losgelöst betrachtet werden könne. Wenn Dürig im übrigen bestimmten Grundrechten über die wertausfüllungsfähigen und wertausfüllungsbedürftigen Generalklauseln des Privatrechts, insbesondere über § 138 BGB, zivilrechtliche Geltung zuerkennen will, so kommt er der vom Senat vertretenen Auffassung nahe. Er geht aber dabei von seiner Grundauffassung aus, daß die entsprechenden Normen der Verfassung nur die öffentliche Gewalt binden, denkgesetzlich unrichtig vor. Denn wäre das letztere richtig, so könnten die entsprechenden Normen auch nicht auf dem Umweg über § 138 BGB privatrechtliche Bedeutung gewinnen. Es kommt hinzu, daß, wie oben dargetan, die Anwendung des § 138 BGB ein subjektives Vorwurfselement erfordert, was Dürig gleichfalls verkennt. Das Bundesverfassungsgericht, der Bundesgerichtshof und das Bundesarbeitsgericht sind daher mit Recht der von Dürig vertretenen Auffassung nicht gefolgt.

III. Gebietet Art. 6 Abs. 1 GG als verbindliche Grundsatznorm den Schutz der Ehe für den gesamten Bereich des privaten und öffentlichen Rechts, so darf die Rechtsordnung es nicht dulden, daß dem einzelnen Bürger auch nur durch einen mittelbaren Zwang die Eingehung der Ehe erschwert wird. Die Eheschließung ist ein höchstpersönliches Rechtsgeschäft, das von jedem Zwang frei sein muß. Deshalb kennt unser Recht auch keine Verurteilung zur Eingehung der Ehe. Soweit ausländische Urteile eine derartige Verurteilung aussprechen, sind sie nach der ausdrücklichen Vorschrift des § 888 Abs. 2 ZPO nicht vollstreckbar. Die Eingehung der Ehe soll allein dem freien sittlichen Entschluß der Partner unterliegen. Durch die vom Arbeitgeber verlangte Vereinbarung einer Zölibatsklausel wird dies behindert. Wenn sie auch nicht die Eheschließung verbietet, so ist sie doch geeignet, die Eingehung einer Ehe zu verhindern oder doch zu behindern, wenn die Arbeitnehmerin vor die Wahl gestellt wird, entweder unter Aufgabe ihres Arbeitsplatzes zu heiraten oder auf die Eingehung der Ehe zu verzichten. In vielen Fällen kann heute, mag man das auch bedauern, die Ehe erst ermöglicht werden, wenn die Ehefrau mitverdient. Auch gibt es Fälle, in denen die Frau allein die neu zu gründende Familie ernähren muß, wie etwa bei der Eingehung einer Ehe mit einem Erwerbsunfähigen, einem noch nicht arrivierten Künstler, einem Studenten. In diesen und anderen Fällen würde die Zölibatsklausel, wenn man sie für zulässig hielte, sich zuungunsten sozial schwacher oder hilfsbedürftiger Personen auswirken und dazu führen, daß entweder die Eingehung der Ehe verhindert oder die Arbeitnehmerin zur sogenannten „wilden Ehe" getrieben wird, wenn sie es nicht in den Kauf nimmt, ihren Arbeitsplatz durch die Eheschließung zu verlieren. Dabei wird nicht verkannt, daß es Fälle gibt, in denen die Ehefrau mitarbeitet, obwohl hierfür keine wirtschaftliche Notwendigkeit besteht. Jedoch kommt es darauf nicht an, entscheidend ist vielmehr, daß die Zölibatsklausel sich grundsätzlich ehefeindlich auswirkt.

Ihre Zulässigkeit kann auch nicht unter Bezugnahme auf die Vertragsfreiheit gerechtfertigt werden (zutr. Molitor, AuR 1953 S. 353; a. M. Schnorr, Sozial- und Arbeitsrecht 1952, Kurzbrief Nr. 7; Kunze, AuR 1953 S. 76; Küchenhoff, Zeitschrift für das Post- und Fernmeldewesen 1953 S. 253). Der Grundsatz der Vertragsfreiheit ist zwar durch Art. 2 Abs. 1 GG verfassungsrechtlich gewährleistet (vgl. Hamann, Grundgesetz, Art. 2 Anm. C 3) und gilt wie auf anderen Rechtsgebieten so auch im Arbeitsrecht (vgl. BAG 1, 136). Die Parteien des Arbeitsvertrages sind daher berechtigt, den Inhalt ihrer Verträge selbst zu bestimmen. Sie können sich grundsätzlich zu allen Handlungen und Unterlassungen verpflichten und den Beginn oder das Ende einer Verpflichtung von Bedingungen abhängig machen. Jedoch gilt die Vertragsfreiheit, die ein Anwendungsfall des Rechts des einzelnen auf die freie Entfaltung seiner Persönlichkeit ist, nur innerhalb der verfassungsmäßigen Ordnung. Sie findet ihre Grenze jedenfalls in den Vorschriften der Verfassung, die ein höherwertiges Rechtsgut gewährleisten und sichern wollen. Hierzu gehört die in Art. 6 Abs. 1 GG geschützte Ehe. Dabei kommt es nicht darauf an, ob die Klausel mehr oder weniger freiwillig abgeschlossen wird. Es ist das Wesen zwingender Rechtssätze und insbesondere zwingender Verfassungssätze, daß sie schlechthin gelten und einen Vertragspartner unter Umständen auch gegen sich selbst schützen (vgl. Enneccerus-Nipperdey, 14. Aufl., Allg. Teil, § 49 IV).

Man kann dem auch nicht entgegenhalten, die Berufstätigkeit der Ehefrau stehe mit ihren häuslichen und familiären Pflichten derart in Widerspruch, daß sie diese durch ihre Berufstätigkeit vernachlässigen müsse, so daß die Zölibatsklausel sich sogar „ehefreundlich“ auswirke, indem sie die Ehefrau ihrem natürlichen Beruf als Frau und Mutter wieder zuführe (so aber Küchenhoff, Archiv für das Post- und Fernmeldewesen 1952 S. 488 und Zeitschrift für das Post- und Fernmeldewesen 1953 S. 81, 209, 253 für den Bereich der inzwischen aufgehobenen § 63 DBG und § 17 TO.A). Diese Auffassung verkennt, daß viele Frauen sowohl im Beruf als auch in der Familie ihre Pflicht erfüllen. Es ist auch zu berücksichtigen, daß das — insoweit nur eine Konkretisierung der bestehenden Verfassung enthaltende — Gesetz über die Gleichberechtigung von Mann und Frau auf dem Gebiete des bürgerlichen Rechts vom 18. Juni 1957 (BGBl. I S. 609) — in Kraft am 1. Juli 1958 — die Erwerbstätigkeit der Frau erlaubt und sie ihr in gewissen Fällen sogar zur Pflicht macht. (Der Entwurf dieses Gesetzes, dessen hier in Betracht kommenden Vorschriften wörtlich in das Gesetz übernommen sind, lag dem Senat bei der Entscheidung vor, vgl. BT-Drucks., 2. Wahlperiode, Nr. 3409). So bestimmt § 1356 Abs. 1 BGB n. F., daß die Frau berechtigt ist, erwerbstätig zu sein, soweit dies mit ihren Pflichten in Ehe und Familie vereinbar ist. Ferner sind die Ehegatten nach § 1360 BGB n. F. verpflichtet, durch ihre Arbeit und mit ihrem Vermögen die Familie angemessen zu unterhalten. Selbstverständlich soll damit nicht in Abrede gestellt werden, daß es wünschenswert sein kann, wenn eine Ehefrau sich nur der Familie widmet. Jedoch ist es keinesfalls die Aufgabe des Partners des Arbeitnehmers, im Arbeitsvertrag derartige Bestrebungen durchzusetzen. Auch das Bundesverfassungsgericht weist in der bereits genannten Entscheidung darauf hin, daß es der Entscheidungsfreiheit der Ehegatten unterliegt, ob eine Ehefrau sich ausschließlich dem Haushalt widme, ob sie dem Manne im Beruf helfe oder ob sie eigenes marktwirtschaftliches Einkommen erwerbe. Die erwerbswirtschaftliche Tätigkeit der Frau von vornherein als ehezerstörend zu werten, widerspreche nicht nur dem Grundsatz, sondern auch dem Wortlaut des Art. 3 Abs. 2 GG. Tatsächlich sind es aber auch gar nicht ehefreundliche Gesichtspunkte, sondern allein betriebliche Zweckmäßigkeitserwägungen, die zur Vereinbarung der Zölibatsklausel führen. Die in ihnen zutage tretende Tendenz, die durch die Eheschließung (vielfach zu Unrecht) vermuteten Schwierigkeiten in der Arbeitsleistung und geldliche Mehrbelastungen zu vermeiden, ist ehefeindlich und verstößt somit gegen Art. 6 Abs. 1 GG (ebenso Molitor, a.a.O.; Hildegard Krüger, NJW 1953 S. 1774; Hunn, AuR 1953 S. 262; so auch schon zu § 63 DGB und § 17 TO.A; Giese, ZBR 1952 S. 6; Grewe, Arch. d. öffentl. Rechts 1950 S. 162; Meurer, RdA 1953 S. 51; Hildegard Krüger, Anm. zu AP 52 Nr. 63, Anm. zu AP 53 Nr. 57, RdA 1951 S. 276, ZBR 1955 S. 291; a. M. Küchenhoff, a.a.O.; Bachof, RdA 1953 S. 47).

IV. Die Zölibatsklausel verstößt aber auch gegen Art. 1 Abs. 1 und Art. 2 Abs. 1 GG. Art. 1 GG erklärt die Würde des Menschen für unantastbar. Sie zu achten und zu schützen ist Verpflichtung aller staatlichen Gewalt. Es ist anerkannt, daß Art. 1 Abs. 1 GG ein materielles Hauptgrundrecht, zugleich aber auch eine Grundnorm ist, d. h. eine verbindliche Wertentscheidung für die gesamte Rechtsordnung (Nipperdey, Die Würde des Menschen, in Neumann-Nipperdey-Scheuner, Die Grundrechte, Bd. 2 S. 11 ff. Die Einschränkungen von v. Mangoldt-Klein, 2. Aufl., S. 146 ff. und Dürig, Festschrift für Nawiasky 1956, S. 157 ff. und AöR Bd. 81 S. 117 ff. hält der Senat für nicht begründet). Soll die Würde des Menschen die Grundlage unserer Rechtsordnung sein, so muß Art. 1 Abs. 1 GG nicht nur für den Staat Richtschnur seines Handelns sein, sondern muß von jedem Bürger geachtet und darf von ihm nicht verletzt werden. Rechtsgeschäfte verstoßen dann gegen Art. 1 Abs. 1 GG, wenn sie zu einer Handlung oder einer Unterlassung verpflichten sollen, die im Interesse der Würde des Menschen völlig frei sein muß (vgl. Nipperdey, a. a. O. S. 36). Die Würde des Menschen erfordert es, daß er selbst darüber entscheiden kann, wie er sein Leben gestaltet, insbesondere also, ob er heiratet. Es verstoßen deshalb nicht nur Verträge, die eine direkte Beschränkung der Eheschließung begründen sollen, sondern auch solche, die nur einen indirekten Zwang in dem bereits dargelegten Sinne enthalten, gegen Art. 1 Abs. 1 GG. Es darf nicht in einem Vertrag die Eheschließung dadurch erschwert werden, daß sich an sie kraft der vertraglichen Abrede Rechtsfolgen knüpfen, die nach allgemeiner Anschauung als nachteilig für den die Ehe Schließenden angesehen werden. Im gleichen Zusammenhang ist auch Art. 2 Abs. 1 GG zu nennen. Er gewährleistet jedem das Recht auf die freie Entfaltung seiner Persönlichkeit, soweit er nicht die Rechte anderer verletzt und nicht gegen die verfassungsmäßige Ordnung oder das Gesetz verstößt. Auch diese Grundnorm ist durch eine derartige Klausel verletzt (Molitor, a. a. O. S. 355; Hildegard Krüger, ZBR 1955 S. 291; Hunn, AuR 1953 S. 262). Gerade das Recht zur Eheschließung ist ein wesentlicher Bestandteil des Rechts zur freien Entfaltung der Persönlichkeit. Zutreffend sagt Molitor (a. a. O.), daß kaum ein weitergehender Eingriff in die Freiheit der Persönlichkeit denkbar ist, als wenn ein Mensch zur Ehe gezwungen oder wenn der Abschluß der Ehe verboten oder erschwert würde.

Die Zölibatsklausel wird auch nicht etwa durch den Vorbehalt der Rechte Dritter des Art. 2 Abs. 2 GG gedeckt. Selbst wenn man den Begriff „Rechte Dritter" sehr weitherzig auslegt, kann man nicht sagen, daß durch die Eheschließung der Klägerin in die Rechtssphäre des Beklagten in der Weise eingegriffen werde, daß ihm die ordnungsmäßige Führung seiner Heilanstalt unmöglich gemacht würde, wenn er die Klägerin trotz der Eheschließung in seinen Diensten behalten müsse. Der Senat ist der Auffassung, daß auch besondere betriebliche Verhältnisse die Vereinbarung einer Zölibatsklausel nicht rechtfertigen. Er verkennt nicht, daß es Arbeitsverhältnisse gibt, bei denen der Arbeitnehmer im Betrieb wohnen muß und die von ihm ein so großes Maß an Hingabe erfordern, daß die Durchführung der ehelichen Lebensgemeinschaft mit dem anderen Gatten während der Dauer des Arbeitsverhältnisses unter Umständen stark beeinträchtigt ist, wenn die Arbeitnehmerin ihren Verpflichtungen einwandfrei nachkommen will. Aber diese Erwägungen rechtfertigen keine andere Beurteilung der Rechtslage. Man muß nämlich scharf unterscheiden: Nicht die Eheschließung als solche, sondern höchstens das Verhalten des im Arbeitsverhältnis stehenden Ehepartners könnte zu einer besonderen, für den Betrieb möglicherweise nicht tragbaren Situation führen. Abgesehen davon, daß heute die standesamtliche Eheschließung nicht in jedem Fall sofort zur Begründung der ehelichen Lebensgemeinschaft führt, ist es durchaus häufig, daß eine Arbeitnehmerin gewillt ist und diesen Willen auch in die Tat umsetzt, trotz Eheschließung und Begründung der ehelichen Lebensgemeinschaft alle sich aus den besonderen Umständen des Arbeitsvertrages ergebenden Verpflichtungen ebenso sorgfältig und gewissenhaft wie vorher zu erfüllen. Es ist allein Sache der Frau (und ihres verständnisvollen Ehemannes), ihre beruflichen Pflichten mit ihrem privaten Leben in Einklang zu bringen. Solange sie dies ermöglicht, darf der Arbeitgeber sich in die privaten Belange der Arbeitnehmerin nicht einmischen. Die Eheschließung als solche tritt daher, jedenfalls im Arbeitsvertragsrecht, in keinen notwendigen Gegensatz zu den arbeitsvertraglichen Verpflichtungen. Ob dies für besondere Lebensverhältnisse außerhalb des Arbeitsrechts zu bejahen ist, konnte der Senat dahingestellt sein lassen.

Wenn allerdings das tatsächliche Verhalten der Arbeitnehmerin nach der Eheschließung dazu führen sollte, daß sie den vertraglich übernommenen Verpflichtungen nicht nachkommt, so steht dem Arbeitgeber das ordentliche und in besonderen Fällen das außerordentliche Kündigungsrecht zur Verfügung. Wenn die Arbeitnehmerin einen Arbeitsvertrag abschließt, der ihr besondere Verpflichtungen auferlegt, so muß sie diese auch nach der Eheschließung einhalten. Sollte sie das nicht tun, so kann sich ergeben, daß eine gegen sie ausgesprochene Kündigung sozial gerechtfertigt ist. Sollten ferner bei einer schwangeren Arbeitnehmerin besondere Umstände eine Weiterbeschäftigung verbieten, so kann in diesem Falle nach § 9 MuSchG die Zustimmung zur Kündigung herbeigeführt werden. Diese Frage taucht aber nicht nur bei verheirateten, sondern ebenso bei unverheirateten Arbeitnehmerinnen auf. Nur durch die Anwendung der Bestimmungen des Kündigungsrechts in diesen Ausnahmefällen, nicht aber durch den Abschluß der verfassungswidrigen Zölibatsklausel, kann den berechtigten Interessen der Betriebe entsprochen werden. Nur so wird auch die Arbeitnehmerin nicht benachteiligt, die nach ihrer Eheschließung ihre vertraglichen Pflichten weiterhin gewissenhaft erfüllt. Im übrigen spricht das eigene Verhalten des Beklagten gegen die Annahme, daß verheiratete Pflegerinnen weniger leisten als unverheiratete. Denn nach den Feststllungen des Landesarbeitsgerichts arbeiten in der Heilanstalt des Beklagten auch verheiratete Frauen. Wenn diese Frauen zum Zeitpunkt des Erlasses des Sozialministers auch schon verheiratet waren, so beweist doch die Tatsache, daß ihnen inzwischen nicht gekündigt wurde, daß sie ihren dienstlichen Verpflichtungen offenbar voll nachgekommen sind.

Im vorliegenden Rechtsstreit ist schließlich zu beachten, daß die Klägerin in einem Lehrverhältnis oder doch in einem Anlernverhältnis stand. Der Lehrvertrag und der ihm gleich zu behandelnde Anlernvertrag dienen dazu, eine abgeschlossene Berufsausbildung zu vermitteln. Er darf daher grundsätzlich nur unter ganz besonderen erschwerten Bedingungen abgebrochen werden (vgl. den allgemeinen Rechtsgedanken in § 25 HandwO, § 127 b GewO, § 77 HGB). Der Abbruch der Berufsausbildung stellt für den Lehrling eine Schädigung dar. Dann kann aber eine Verehelichung, die nur möglicherweise zu einer Beeinträchtigung der vertraglichen Verpflichtungen der Arbeitnehmerin führt, die Zölibatsklausel nicht rechtfertigen. Andererseits ist auch bei einem auf bestimmte Zeit abgeschlossenenen Lehr- oder Anlernvertrag ein wichtiger Grund zur Lösung des Vertrages zu bejahen, wenn der Lehrling nach seiner Verehelichung die ihm obliegenden Verpflichtungen nicht erfüllt. Hierzu würde im vorliegenden Rechtsstreit auch gehören, daß die Klägerin sich ihrer Verpflichtung entziehen würde, in der Heilanstalt der Beklagten zu wohnen.

V. Dagegen konnte der Senat einen Verstoß gegen den Gleichberechtigungsgrundsatz des Art. 3 GG nicht feststellen. Der Senat vertritt zwar in ständiger Rechsprechung die Ansicht, daß die Verfassungssätze, daß Männer und Frauen gleichberechtigt sind (Art. 3 Abs. 2 GG) und daß niemand wegen seines Geschlechtes benachteiligt werden darf (Art. 3 Abs. 3 GG), geltende etche Rechtsnormen sind, die auch für den Privatrechtsverkehr gelten (BAG 1, 258; 1, 348; 2348; AP Nr. 6, 16, 17, 18 zu Art. 3 GG). Art. 3 GG verbietet es, die an sich bestehende physische Verschiedenheit der Geschlechter in rechtlicher Hinsicht unterschiedlich zu behandeln. Zur Gleichberechtigung gehört, daß die Frau die Möglichkeit hat, mit gleichen rechtlichen Chancen marktwirtschaftliches Einkommen zu erzielen wie jeder männliche Staatsbürger (BVerfG, a. a. O.). Würde daher in Tarifverträgen eine Zölibatsklausel nur für Arbeitnehmerinnen vereinbart werden, so läge eine Benachteiligung der weiblichen Arbeitnehmer vor, die nach Art. 3 GG zur Nichtigkeit der

Vereinbarung führen würde. Das gleiche würde gelten, wenn beim Abschluß von Einzelarbeitsverträgen ein Arbeitgeber schematisch eine derartige Klausel nur mit den weiblichen und nicht mit den männlichen Arbeitnehmern seines Betriebes vereinbaren würde (vgl. Molitor, a. a. O. S. 354; Hunn, Der Funktionär 1953 S. 60; ders., AuR 1953 S. 260; Hildegard Krüger, NJW 1953 S. 1754 f.; Arbeitsgericht Gelsenkirchen, BB 1953 S. 801 für Betriebsvereinbarungen). Wegen Verstoßes gegen Art. 3 GG wurden auch vor deren Aufhebung § 63 DBG und § 17 TO.A überwiegend für verfassungswidrig gehalten, vgl. Hildegard Krüger, a. a. O., mit weiteren Hinweisen. Im vorliegenden Rechtsstreit ist jedoch nicht mit Sicherheit aufgeklärt, ob die Klauseln außer mit den Arbeitnehmerinnen auch mit den männlichen Arbeitnehmern vereinbart worden sind. Da es für die Entscheidung des Rechtsstreits nicht darauf ankam, ob die Zölibatklausel auch gegen Art. 3 GG verstößt, konnte der Senat die Frage dahingestellt sein lassen, und es bedurfte nicht der Aufhebung des Urteils und keiner Zurückverweisung der Sache an das Landesarbeitsgericht.

VI. Wegen Verstoßes gegen Art. 6 Abs. 1, Art. 1 und Art. 2 GG ist die Zölibatsklausel nach § 134 BGB nichtig. Gegen die Anwendung des § 134 BGB bei einer Verletzung verfassungsrechtlicher Vorschriften bestehen keine Bedenken. Nach § 134 BGB ist ein Rechtsgeschäft, das gegen ein gesetzliches Verbot verstößt, nichtig. Gesetz im Sinne des Bürgerlichen Gesetzbuches ist nach Art. 2 BG jede Rechtsnorm, also auch eine Verfassungsnorm. Eine andere Frage ist es, ob auf anderen Rechtsgebieten die Nichtigkeit eines Handelns sich unmittelbar aus den Vorschriften des Grundgesetzes ergibt. Für den Bereich des bürgerlichen Rechts ist § 134 BGB die Vorschrift, die auch dann heranzuziehen ist, wenn das Verbot sich aus einer dem bürgerlichen übergeordneten Norm ergibt (vgl. BAG 1, 258; BAG in AP Nr. 6 zu Art. 3 GG).

Die Nichtigkeit der Zölibatsklausel führt andererseits nicht nach § 139 BGB zur Nichtigkeit des gesamten Vertrages. § 139 BGB bestimmt, daß die Nichtigkeit eines Teils eines Rechtsgeschäfts die Nichtigkeit des gesamten Rechtsgeschäfts zur Folge hat, wenn nicht anzunehmen ist, daß es auch ohne den nichtigen Teil vorgenommen sein würde. Diese Vorschrift kann im vorliegenden Rechtsstreit nicht zum Zuge kommen. Die Nichtigkeit des gesamten Arbeitsvertrages würde mit dem im Arbeitsrecht geltenden Grundsatz, den Arbeitnehmer vor unzulässigen Eingriffen in seine Stellung zu schützen, im Widerspruch stehen. So ist anerkannt, daß bei Nichtigkeit arbeitsvertraglicher Klauseln wegen Verstoßes gegen Verbots- oder Gebotsgesetze, die den

Schutz des Arbeitnehmers bezwecken, die Anwendbarkeit des § 139 BGB zu verneinen ist, weil dies dem Zweck des Schutzgesetzes widersprechen und zu einem dem Arbeitnehmer nachteiligen Ergebnis führen würde. Der gleiche Gedanke muß zur Anwendung kommen, wenn es sich darum handelt, den Arbeitnehmer vor einem Eingriff in seine verfassungsrechtlich gewährleistete Rechtsstellung zu schützen. Daher darf die Nichtigkeit einer einzelnen Vereinbarung des Arbeitsvertrags wegen Verstoßes gegen die Verfassung nicht zur Nichtigkeit des gesamten Arbeitsvertrages führen; denn dann würde der Arbeitnehmer ungünstiger dastehen, als wenn nicht gegen die Verfassung verstoßen worden wäre. Der Senat hat ferner bereits in seiner Entscheidung vom 6. April 1955 (BAG 1, 348) ausgesprochen, daß insbesondere von den Ländern, und ihnen stehen Körperschaften des öffentlichen Rechts gleich, erwartet werden kann und muß, daß sie in jedem Fall verfassungstreu sind. Die Prüfung, ob der Vertrag auch ohne die Zölibatsklausel abgeschlossen worden wäre, wenn die Parteien deren Nichtigkeit gekannt hätten, darf nicht nur subjektiv ohne Berücksichtigung der Vertragszwecke erfolgen. Es ist vielmehr darauf abzustellen, welche Entscheidung die Parteien vernünftigerweise nach Treu und Glauben unter Berücksichtigung der Verkehrssitte (§ 157 BGB) getroffen hätten. Der übrige Inhalt des Rechtsgeschäfts ist daher dann aufrechtzuerhalten, wenn es für beide Parteien so viel praktischen Wert besitzt, daß sie es auch als selbständiges Rechtsgeschäft vereinbart hätten (BAG 1, 258 u. 348). Wenn aber im vorliegenden Rechsstreit die Zölibatsklausel schlechthin nichtig ist, mit welcher Arbeitnehmerin der Vertrag auch immer geschlossen sein möge, dann muß nach den Grundsätzen praktischer Vernunft angenommen werden, daß der Arbeitgeber den Vertrag auch ohne eine solche Klausel abgeschlossen hätte. Denn andernfalls hätte er ja überhaupt keine Arbeitskräfte, jedenfalls keine weiblichen Arbeitskräfte, einstellen können.

## 50

**1. Die Rechtsgültigkeit des § 3 Reichstarifordnung für den Güterfernverkehr wird mit Rücksicht auf die in Nr. 53 Ausführungsverordnung zur AZO enthaltene Ermächtigung zu einer abweichenden Regelung durch Nr. 52 dieser Ausführungsverordnung nicht berührt.**

**2. Unter einem freien Tag von mindestens 24 Stunden Dauer im Sinne des § 3 der vorgenannten Reichstarifordnung ist nicht ein Tag im Sinne der Zeitrechnung zu verstehen, sondern ein Zeitraum von mindestens 24 Stunden.**

**3. Ruhezeiten im Sinne des § 2 Ziff. 4 RTO für den Güterfernverkehr können in die Ruhezeit nach § 3 RTO einbezogen werden.**

**4. Kann eine Entspannungszwecken dienende rechtlich geschuldete Freizeit nicht mehr in Natur gewährt werden, so ist ersatzweise eine Entschädigung in Geld zu leisten.**

Reichstarifordnung für den Güterfernverkehr vom 15. 10. 1936 § 2 Ziff. 4 und § 3; Ausführungsverordnung vom 12. Dezember 1938 zur Arbeitszeitordnung Nr. 52, 53.

II. Senat. Urteil vom 16. Mai 1957 i. S. O. (Bekl.) w. K. (Kl.) 2 AZR 35/55.

I. Arbeitsgericht Berlin. — II. Landesarbeitsgericht Berlin.

Der Kläger war vom 14. März bis zum 24. Juli 1954 bei dem Beklagten, der einen Speditionsbetrieb einschließlich Ferntransportverkehr unterhält, als Fernfahrer tätig. Sein Wochenlohn betrug auf der Grundlage eines Stundenlohnes von 1,08 DM für 60 Wochenstunden 65,— DM, die darüber hinaus geleistete Mehrarbeit sollte vereinbarungsgemäß besonders vergütet werden.

Der Kläger kam jeweils entweder am Freitag jeder Woche von der Fernfahrt zurück, arbeitete am Sonnabend im Betrieb bis 13 oder 14 Uhr und fuhr dann am Sonntag um 14 bzw. 17 Uhr wieder von Berlin ab, oder er traf am Sonntag vormittag um 9 oder 10 Uhr in Berlin ein und fuhr am Montag vormittags wieder ab. Mit der Begründung, er habe während der Zeit seiner Beschäftigung beim Beklagten an allen Tagen gearbeitet, obwohl er nach § 3 Reichstarifordnung für den Güterfernverkehr vom 15. Oktober 1936 (RTO) einen Anspruch auf zwei volle freie Tage innerhalb einer Doppelwoche gehabt habe, verlangt der Kläger über den ihm gezahlten Lohn hinaus eine Vergütung für neun Tage in Höhe von 77,76 DM. Das Arbeitsgericht und das Landesarbeitsgericht haben der Klage stattgegeben. Auf die Revision der Beklagten wurden die Urteile des Landesarbeitsgerichts und des Arbeitsgerichts aufgehoben und die Klage abgewiesen aus folgenden

Gründen:

Das Landesarbeitsgericht legt die Bestimmung des § 3 RTO „Innerhalb von zwei Wochen hat das Gefolgschaftsmitglied Anspruch auf zwei freie Tage zu je mindestens 24 Stunden“ dahin aus, daß hierdurch dem Kraftfahrer im Güterfernverkehr nicht nur eine zusammenhängende Ruhezeit von zweimal 24 Stunden in der Doppelwoche zugesichert werden sollte, vielmehr sollte er in der Doppelwoche Anspruch auf zwei freie Tage, jeweils beginnend um Null Uhr, haben. Nach der Ankunft in Berlin habe dem Kläger zunächst einmal die „Ruhepause" (gemeint ist wohl „Ruhezeit") zugestanden, die im § 2 Ziff. 4 RTO bestimmt sei und die je nach der Dauer der vorhergehenden Schicht acht bis zehn Stunden betrage; auch nach der Arbeit am Sonnabend habe ihm eine solche Ruhezeit zugestanden. Diese der Arbeitsschicht zwangsläufig folgende Ruhezeit nach § 2 RTO dürfte nicht in die Freizeit nach § 3 RTO einbezogen werden; denn dann würde tatsächlich nicht nur an sechs Tagen in der Woche gearbeitet, sondern an sieben Tagen. Nur eine solche Auslegung werde auch den Bestimmungen des § 12 AZO und der Nr. 52 der Ausführungsverordnung zur AZO vom 12. Dezember 1938, die zwingenden Rechts sei, gerecht.

Demgegenüber vertritt die Revision die Auffassung, daß nach § 3 RTO zwischen zwei Arbeitsschichten lediglich eine Freizeit von mindestens 24 Stunden liegen müsse; es sei nicht notwendig, daß ein Kalendertag von Null bis 24 Uhr arbeitsfrei sei. Diese Auslegung widerspreche auch nicht der Nr. 52 der Ausführungsverordnung zur AZO; möglicherweise sei nur die Bestimmung des § 3 RTO durch Nr. 52 dieser Ausführungsverordnung dahingehend abgeändert worden, daß in einer Woche an die Stelle der Ruhezeit von 24 Stunden eine solche von 36 Stunden getreten sei. Die sich an das Ende der Schicht anschließende Ruhezeit selbst müsse in die freien Tage einbezogen werden können.

Der sich aus § 3 RTO ergebende Anspruch auf freie Tage ist seinem Wesen und Zweck nach an sich in Natur zu gewähren und kann nicht von vornherein durch besondere Bezahlung abgegolten werden (so auch Schmelter, Kommentar zur Reichstarifordnung für den Güterfernverkehr, Anm. zu § 3). Da der Kläger aber bereits vor Klageerhebung aus den Diensten des Beklagten ausgeschieden ist, könnten die freien Tage, falls sie ihm zustehen sollten, tatsächlich nicht mehr in Natur gewährt werden. Der von der Rechtsprechung anerkannte Grundsatz, daß der Anspruch auf Gewährung von Erholungsurlaub in Natur unter Umständen in einen Ersatzanspruch auf Zahlung einer Geldleistung übergehen kann, wenn der Erholungsurlaub, z. B. wegen Beendigung des Arbeitsverhältnisses, nicht mehr in Natur gewährt zu werden vermag (vgl. BAG, AP Nr. 7 zu § 611 BGB Urlaubsrecht), ist allgemeiner Art und muß auch auf einen Fall wie den vorliegenden zur Anwendung kommen. Kann der Arbeitgeber eine Entspannungszwecken dienende rechtlich geschuldete Freizeit nicht mehr in Natur gewähren, so muß er ersatzweise eine Entschädigung in Geld leisten und dadurch den Arbeitnehmer so stellen, daß er sich außerhalb des bisherigen Arbeitsvertrages eine entsprechende Auffrischung seiner Arbeitskraft verschaffen kann. Andernfalls könnte sich der Arbeitgeber je nach den Umständen der Wirkung gesetzlicher Vorschriften oder vertraglicher Bestimmungen über die Gewährung von Freizeit überhaupt entziehen und deren bindende Kraft auf diese Weise entfallen lassen. Gegen den vom Kläger geltend gemachten Geldanspruch als solchen beständen somit keine Bedenken, wenn ihm ein Anspruch auf freie Tage in der von ihm geltend gemachten Gestalt und Dauer überhaupt zugestanden hätte. Das ist aber nicht der Fall.

Das Landesarbeitsgericht hat nämlich den Begriff „freie Tage" im Sinne des § 3 RTO verkannt. Diese freien Tage sind eingeführt worden, um dem Kraftfahrer im Güterfernverkehr einen Ausgleich für den häufig stattfindenden Sonntagsdienst, soweit er gemäß § 105 i GewO zulässig ist, zu verschaffen. Die Bestimmung des § 3 RTO soll jedoch entgegen der vom Landesarbeitsgericht vertretenen Auffassung nicht besagen, daß die dort genannten freien Tage jeweils um Null Uhr beginnen und um 24 Uhr enden müssen. Aus der Formulierung der Reichstarifordnung „freie Tage zu mindestens 24 Stunden" ergibt sich vielmehr eindeutig, daß ein Zeitraum von mindestens 24 Stunden gemeint ist, denn ein „Tag" im Sinne der Zeitrechnung kann nur 24 Stunden, aber nicht „mindestens" 24 Stunden umfassen. Daß der Sonntag von Null bis 24 Uhr zu rechnen ist, wie dies als Grundsatz in § 105 b Abs. 1 Satz 3 GewO zum Ausdruck kommt, beruht offenbar auf dem kirchlichen Gedanken, der Heilighaltung des Sonntags, also auf religiösen Rücksichten (vgl. auch Landmann-Rohmer, GewO, 10. Aufl., § 105 b Anm. 4). Im Verkehrsgewerbe ist aber die Freizeit am Sonntag gesetzlich gerade nicht allgemein vorgeschrieben; da ein entsprechender religiöser Gesichtspunkt nicht vorliegt, kann dann aber der Gedanke eines arbeitsfreien Tages von Null bis 24 Uhr hier nicht durchschlagen. Daß in dem vorliegenden Fall jeweils ein mehr oder weniger großer Teil des Sonntags in die fragliche Freizeit fiel, ist als zufällige Erscheinung ohne weitere Bedeutung. Dem Erholungszweck vermag auch ein nicht selbst mit dem vollen Kalendertag zusammenfallender Zeitraum von 24 Stunden in angemessener Weise zu dienen.

Dem Landesarbeitsgericht kann auch nicht darin gefolgt werden, wenn es meint, die Auffassung, der freie Tag im Sinne des § 3 RTO brauchte nicht um Null Uhr zu beginnen, stehe in unüberbrückbarem Gegensatz zur AZO und der hierzu erlassenen Ausführungsverordnung. Nr. 52 der Ausführungsverordnung bestimmt nämlich nur: „Innerhalb zweier Wochen müssen zwei ununterbrochene Ruhezeiten von mindestens 36 und 24 Stunden liegen". Zunächst einmal besagt diese Vorschrift also nichts zu Gunsten der Auffassung des Landesarbeitsgerichts, daß der freie Tag von Null bis 24 Uhr gerechnet werden müsse; im Gegenteil ergibt der Wortlaut eindeutig, daß Nr. 52 lediglich auf Ruhezeiten von bestimmter Dauer abstellt. Im übrigen trägt diese Anordnung aber auch nicht, wie das Landesarbeitsgericht meint, zwingenden Charakter; vielmehr besagt Nr. 53 ausdrücklich, daß für Kraftfahrer und Beifahrer durch Tarifordnung eine von Nr. 50 bis 52 Ausführungsverordnung abweichende Regelung der Dauer des Dienstes am Steuer, der Arbeitsschicht, der Ruhepausen und der Ruhezeiten zugelassen werden kann. Diese Bestimmung bezieht sich ihrem Sinn nach nicht nur auf nach Inkrafttreten der Ausführungsverordnung erlassene Tarifordnungen (heute kommen nur noch Tarifverträge in Frage); sie muß vielmehr auch für den Fall gelten, daß derartige Sonderregelungen bereits vor dem Inkrafttreten der Verordnung bestanden haben. Eine andere Auffassung fände in dem Sinn der Vorschrift, die nach ihrer Fassung abweichende Regelungen schlechthin zulassen will, keine Stütze; es ist nicht ersichtlich, daß gerade im Hinblick auf Nr. 52 der Verordnung noch einmal besonders geprüft werden sollte, ob eine abweichende Regelung vorzusehen sei. Folgerichtig ergibt sich, daß § 3 RTO auch nicht etwa durch Erlaß der Durchführungsverordnung zur Arbeitszeitordnung in Fortfall gekommen ist.

Es kann dem Landesarbeitsgericht auch nicht zugestimmt werden, wenn es meint, daß zwischen dem Dienstende und dem Beginn des freien Tages zusätzlich noch die in § 2 Ziff. 4 RTO vorgesehene Ruhezeit von acht bis zehn Stunden liegen müsse, d. h. also, daß die den Arbeitsschichten zwangsläufig folgenden Ruhezeiten nach § 2 RTO in die Freizeit nach § 3 RTO nicht einbezogen werden dürften. Denn die Bestimmung des § 2 Ziff. 4 RTO will lediglich aus dem Gedanken des Arbeitsschutzes heraus sicherstellen, daß zwischen dem Ende einer Arbeitsschicht und dem Beginn der nächsten eine Ruhezeit von bestimmter Mindestdauer liegt. Daraus folgt, daß die Ruhezeit nicht etwa zu dem freien Tag hinzutreten muß, denn der Zweck der Vorschrift des § 2 Ziff. 4 RTO wird auch im Falle einer Einbeziehung dieser Ruhezeit in die Freizeit des § 3 RTO erreicht. Eine Regelung dahingehend, daß die Ruhezeit nach Schichtende zu dem freien Tag noch hinzutreten solle, wäre zwar, ähnlich wie es gemäß Ziff. 46 Ausführungsverordnung zur AZO für das Gast- und Schankstättengewerbe vorgesehen ist, rechtlich möglich gewesen. Eine derartige Bestimmung enthält aber die RTO nicht. Im übrigen vertritt das angefochtene Urteil seinen Standpunkt selbst nicht konsequent, wenn es ausführt, der Vorschrift des § 3 RTO sei auch dann genügt, wenn die der Ruhezeit vorangehende Schicht erst um zwölf Uhr nachts ende und die folgende Schicht wieder um Null Uhr beginne, d. h. also, wenn der Termin der Ankunft und der Abfahrt des Fahrzeuges am, bzw. vom Sitz des Betriebes auf diese Zeit gelegt werde. In diesem Fall will das Landesarbeitsgericht also die Ruhezeit des § 2 Ziff. 4 RTO gerade selbst in den freien Tag einbezogen wissen.

Schließlich kann dem Landesarbeitsgericht auch nicht darin gefolgt werden, daß die von dem Beklagten getroffene Regelung zu unerträglichen Ergebnissen führe. Das Landesarbeitsgericht übersieht nämlich, daß gemäß § 2 Ziff. 1 RTO die Arbeitszeit einschließlich Arbeitsbereitschaft und Vorbereitungsdienst, jedoch ausschließlich der Pausen, 132 Stunden innerhalb von zwei Wochen nicht überschreiten und daß in keiner der beiden Wochen mehr als 72 Stunden gearbeitet werden darf. Wenn also nach der Feststellung des Landesarbeitsgerichts der Kläger in der Woche vom 5. bis zum 11. Juli 117 Arbeitsstunden oder jedenfalls „weit mehr als 66 Stunden" geleistet hat, so mag hierin ein Verstoß gegen die Bestimmung des § 2 Ziff. 1 RTO liegen, der möglicherweise eine strafrechtliche Ahndung zur Folge haben kann; mit der Frage der arbeitsfreien Tage im Sinne des § 3 RTO hat dies aber nichts zu tun.

Die Urteile des Landesarbeitsgerichts und des Arbeitsgerichts können daher keinen Bestand haben. Da unstreitig ist, daß der Kläger in der fraglichen Zeit innerhalb von zwei Wochen jeweils mindestens zweimal 24 Stunden Ruhezeit gehabt hat und die Klageforderung sich nur auf die Abgeltung der freien Tage bezieht, ist die Sache gemäß § 565 Abs. III Ziff. 1 ZPO zur Endentscheidung im Sinne einer Abweisung der Klage reif.

## 51

**1. Die Bestimung des § 161 ZPO, daß die Protokollierung der Aussagen von Zeugen, Sachverständigen und Parteien unterbleiben darf, wenn die Vernehmung vor dem Prozeßgericht erfolgt und das Endurteil der Berufung nicht unterliegt, gilt entsprechend auch für die Augenscheinseinnahme.**

**2. Unterbleibt gemäß § 161 ZPO die Protokollierung, so ist das Ergebnis der Augenscheinseinnahme in das Urteil aufzunehmen, und zwar richtigerweise in den Tatbestand. Die Aufnahme in die Entschei-**

**dungsgründe genügt, wenn deutlich zwischen der Tatsachenfeststellung und der Beweiswürdigung unterschieden ist.**

**3. Fehlt es an tatsächlichen Feststellungen über das Ergebnis der Augenscheinseinnahme überhaupt, oder sind diese bereits in die Form rechtlicher Bewertung gekleidet, oder sind die tatsächlichen Feststellungen mit der rechtlichen Würdigung derart vermengt, daß keine Klarheit über den der Rechtsanwendung zugrundeliegenden Sachverhalt besteht, so liegt ein Verstoß gegen § 313 Abs. 1 Nr. 3 ZPO vor, der zur Aufhebung des Urteils führt.**

**4. Eine falsche Bezeichnung der verletzten Rechtsnorm in der Revisionsbegründung (§ 554 Abs. 3 Nr. 2 ZPO) ist unschädlich, wenn trotzdem erkennbar ist, welche Rechtsnorm als verletzt angesehen wird.**

ZPO § 161, § 313 Abs. 1 Nr. 3, § 554 Abs. 3 Nr. 2.

IV. Senat. Urteil vom 19. Juni 1957 i. S. F. (Kl.) w. Bundesrepublik D. (Bekl.) 4 AZR 499/55.

I. Arbeitsgericht Berlin. — II. Landesarbeitsgericht Berlin.

Der Kläger wurde mit Wirkung vom 1. Oktober 1952 von der beklagten Bundesrepublik als Ausschußmitglied im Notaufnahmeverfahren in Berlin angestellt und in die Vergütungsgruppe IV TO.A eingestuft. Er hat keine abgeschlossene Hochschulbildung.

Der Kläger ist der Auffassung, daß seine Tätigkeit den Merkmalen der VergGr. III TO.A entspreche. Er beansprucht mit der Klage für die Zeit vom 1. Oktober bis 31. Dezember 1952, in der er Beisitzer eines Beschwerdeausschusses war, den Gehaltsunterschied zwischen den VergGr. III und IV TO.A.

Das Landesarbeitsgericht hat die Klage abgewiesen. Es hat ausgeführt, daß mit Ausnahme der Vorsitzenden der Beschwerdeausschüsse, die nach ausdrücklicher Bestimmung die Befähigung zum Richteramt oder zum höheren Verwaltungsdienst haben müßten, die Mitglieder der Aufnahme- und Beschwerdeausschüsse die Tätigkeitsmerkmale der VergGr. III TO.A nicht erfüllten.

Auf die Revision des Klägers wurde die Sache an die Vorinstanz zurückverwiesen.

Aus den Gründen:

Die Revision rügt, das Berufungsgericht habe das Ergebnis der von ihm durchgeführten und bei der Entscheidung verwerteten Augenscheinseinnahme nicht ordnungsmäßig festgestellt. Die Rüge ist begründet.

Das Landesarbeitsgericht hat beschlossen, über die Art der Tätigkeit des Klägers in den Aufnahme- und Beschwerdeausschüssen durch Einnahme des Augenscheins, nämlich durch Teilnahme an Sitzungen, Beweis zu erheben. Ein Protokoll über die Augenscheinseinnahme ist nicht aufgenommen worden. Im Tatbestand des Berufungsurteils ist hierüber nur gesagt, die Kammer habe am 26. Juli 1955 an Sitzungen des Aufnahme- und des Beschwerdeausschusses beim Notaufnahmeverfahren teilgenommen.

Die Revision erblickt hierin eine Verletzung der §§ 159, 160 Abs. 2 Ziff. 4, 163 ZPO. Das ist allerdings unzutreffend. Diese Vorschriften ordnen die Aufnahme eines Protokolls über die mündliche Verhandlung an und enthalten nähere Bestimmungen über Inhalt und Form des Protokolls; auch das Ergebnis eines Augenscheins ist durch Aufnahme in das Protokoll festzustellen (§ 160 Abs. 2 Ziff. 4 ZPO). Nach § 161 ZPO bedarf es jedoch der Protokollierung der Aussagen von Zeugen, Sachverständigen und Parteien nicht, wenn die Vernehmung vor dem Prozeßgericht erfolgt und das Endurteil der Berufung nicht unterliegt; dann ist im Protokoll nur zu vermerken, daß die Vernehmung stattgefunden hat. Diese Bestimmung gilt entsprechend für die Einnahme des Augenscheins (Stein-Jonas-Schönke, ZPO, § 161, Anm. I; RG JW 38, 2417 Nr. 28). Hiernach konnte das Landesarbeitsgericht davon absehen, das Ergebnis einer Augenscheinseinnahme in einem Protokoll niederzulegen. Ein Verstoß gegen die von der Revisionsschrift als verletzt bezeichneten Gesetzesvorschriften liegt daher nicht vor.

Wenn aber die Protokollierung zulässigerweise unterbleibt (§ 161 ZPO), dann muß das Ergebnis der Augenscheinseinnahme in das Urteil, und zwar richtigerweise in den Tatbestand aufgenommen werden. Auch die Aufnahme in die Entscheidungsgründe ist zulässig, weil die äußere Trennung von Tatbestand und Entscheidungsgründen nicht wesentlich ist. Das Ergebnis der Augenscheinseinnahme muß dann aber in der Form einer Tatsachenfeststellung mitgeteilt werden (BGH LM Nr. 2 zu § 161 ZPO). Wie bei der Mitteilung der Aussagen von Zeugen, Sachverständigen oder Parteien muß dabei deutlich zwischen den tatsächlichen Feststellungen und den aus ihnen gezogenen Schlußfolgerungen (der Beweiswürdigung) unterschieden werden (RGZ 102, 330). Fehlt es an den tatsächlichen Feststellungen, oder sind diese bereits in der Form rechtlicher Bewertung wiedergegeben, oder ist das Ergebnis der Beweisaufnahme mit der rechtlichen Würdigung derart vermengt, daß keine Klarheit über den der Rechtsanwendung zugrundeliegenden Sachverhalt besteht, so liegt ein Verstoß gegen § 313 Abs. 1 Ziff. 3 ZPO vor, der die Aufhebung des Urteils zur Folge hat (vgl. RGZ 145, 390; BGH LM Nr. 2 zu § 1362 BGB; Pohle Anm. zu AP Nr. 1 zu § 161 ZPO).

Das angefochtene Urteil gibt das Ergebnis der Augenscheinseinnahme auch in den Entscheidungsgründen nicht gesondert von seiner Würdigung wieder. Dabei haben die Feststellungen über die Tätigkeit des Klägers als Mitglied eines Aufnahmeausschusses außer Betracht zu bleiben, weil der Kläger nach den Feststellungen des angefochtenen Urteils in dem Zeitraum, auf den sich die Klageforderung bezieht, ausschließlich als Mitglied eines Beschwerdeausschusses tätig war und das Urteil nichts darüber äußert, inwiefern etwa die Feststellungen über die Tätigkeit im Aufnahmeausschuß sinngemäß auch für die Tätigkeit im Beschwerdeausschuß gelten sollen.

Als tatsächliches Ergebnis der Augenscheinseinnahme kann dem angefochtenen Urteil für die Tätigkeit der Beschwerdeausschußmitglieder allenfalls nur entnommen werden, daß das den Einzelfall bearbeitende Mitglied unmittelbar Fragen an den Beschwerdeführer richtet. Die weiteren Feststellungen, daß nämlich diese Tätigkeit ein höheres Maß von Erfahrung und Kenntnis einschlägiger Bestimmungen, jedoch nicht in dem Ausmaß wie etwa bei einem hauptamtlich tätigen Richter der Berufungsinstanz erfordere, daß sie keine wissenschaftliche Ausbildung voraussetze und auch keine wissenschaftliche Tätigkeit darstelle, zu der ein besonderes Maß an Kenntnissen auf gesetzlichem Gebiet erforderlich sei, enthalten bereits Bewertungen, deren tatsächliche Grundlagen im Dunkeln bleiben. Es fehlt also einmal an hinreichenden tatsächlichen Feststellungen überhaupt, die eine Nachprüfung der Rechtsanwendung ermöglichen. Zum anderen muß angenommen werden, daß die vom Berufungsgericht gezogenen rechtlichen Folgerungen im wesentlichen auf der Augenscheinseinnahme beruhen, da andere Erkenntnisquellen nicht angeführt sind. Im übrigen würde schon die Möglichkeit, daß das Urteil auf dem Mangel beruht, seine Aufhebung rechtfertigen.

Ob dieser Verfahrensverstoß auch von Amts wegen zu berücksichtigen gewesen wäre (vgl. Baumbach-Lauterbach, ZPO, 24. Aufl., § 313 Anm. 4 B), bedarf keiner Erörterung, weil die Beklagte den Mangel in der Revisionsbegründung gerügt hat. Daß nicht die richtigen Gesetzesvorschriften, die die verletzte Rechtsnorm enthalten, bezeichnet worden sind, ist unschädlich, weil die Revisionsbegründung trotzdem erkennen läßt, welche Rechtsnorm sie als verletzt ansieht (BGH MDR 53, 165;

Baumbach-Lauterbach, a. a. O., § 554 Anm. 4 C und D). Die Tatsachen, die den Mangel ergeben, sind von der Revision genügend bezeichnet (§ 554 Abs. 3 Ziff. 2 b ZPO).

## 52

**Begriffsmerkmale des den Angestellten mit abgeschlossener Hochschulbildung „gleichwertigen Angestellten mit entsprechender Tätigkeit" (VergGr. III TO.A).**

Anlage 1 zur TO.A, VergGr. III.

IV. Senat. Urteil vom 26. Juni 1957 i. S. B. (Kl.) w. B. D. (Bekl.) 4 AZR 70/55.

I. Arbeitsgericht Gießen. — II. Landesarbeitsgericht Frankfurt/Main.

Der Kläger, der keine Hochschulbildung aufzuweisen hat, wurde von der Beklagten nach Maßgabe der ATO und TO.A nebst den Dienstordnungen und einschlägigen Tarifvereinbarungen als Mitglied eines Aufnahme- oder Beschwerdeausschusses im Bundesnotaufnahmeverfahren angestellt und in die Vergütungsgruppe IV TO.A eingereiht. Er fordert mit der Klage die Bezüge der VergGr. III TO.A.

Das Landesarbeitsgericht hat die Klage abgewiesen. Die Revision des Klägers führte zur Zurückverweisung der Sache an die Vorinstanz aus folgenden

Gründen:

Nach den in Anlage 1 zur TO.A aufgestellten Tätigkeitsmerkmalen gehören in die VergGr. III

> wissenschaftliche und technische Angestellte mit abgeschlossener Hochschulbildung mit entsprechender Tätigkeit sowie gleichwertige wissenschaftliche, technische, kaufmännische und sonstige Angestellte mit entsprechender Tätigkeit.

Da der Kläger eine abgeschlossene Hochschulbildung nicht besitzt, steht ihm die beanspruchte Vergütungsgruppe nur zu, wenn er im Sinne der Tätigkeitsmerkmale als „gleichwertiger" Angestellter mit entsprechender Tätigkeit anzusehen ist. Das Berufungsurteil hat das verneint, weil die Leistungen des Klägers den Leistungen anderer Angestellter mit gleicher Tätigkeit, die in die VergGr. III TO.A eingestuft sind, nicht gleichwertig seien. Damit verkennt es den in den tariflichen Tätigkeitsmerkmalen enthaltenen Begriff der Gleichwertigkeit; zum mindesten legt es bei der Unterordnung des Sachverhalts unter den unbestimmten

Rechtsbegriff des „gleichwertigen Angestellten" einen offensichtlich unrichtigen Bewertungsmaßstab an.

Wenn das Berufungsgericht es entscheidend darauf abstellt, ob der Kläger in seinen Leistungen den in die VergGr. III TO.A eingestuften und mit gleicher Tätigkeit beschäftigten Volljuristen und Nichtakademikern gleichwertig sei, so macht es einerseits den Vergütungsanspruch des Klägers zu Unrecht hiervon abhängig. Das tarifliche Merkmal der Gleichwertigkeit mit einem Angestellten mit abgeschlossener Hochschulbildung kann sehr wohl auch dann erfüllt sein, wenn die in derselben Verwaltung oder Dienststelle beschäftigten Angestellten, denen der Dienstherr die VergGr. III TO.A zugebilligt hat, bessere Leistungen aufzuweisen haben. Dabei kann unterstellt werden, daß die in die VergGr. III TO.A eingereihten Angestellten richtig eingestuft sind. Denn Unterschiede in der Qualität der Leistungen sind auch unter den zur gleichen Vergütungsgruppe gehörenden Angestellten immer gegeben.

Andererseits ist der Begriff der Gleichwertigkeit im Sinn der Tätigkeitsmerkmale für die VergGr. III TO.A nicht schon ohne weiteres dadurch erfüllt, daß die Leistungen den Leistungen bestimmter in diese Vergütungsgruppe eingereihter Angestellter gleichwertig sind. Denn diese Angestellten können, auch soweit sie über eine abgeschlossene Hochschulbildung verfügen, übertariflich eingestuft sein, weil sie keine ihrer Hochschulbildung entsprechende Tätigkeit ausüben; erst recht kann eine übertarifliche Einstufung bei den in die VergGr. III TO.A eingestuften Angestellten ohne abgeschlossene Hochschulbildung gegeben sein.

Gleichwertige Leistungen gegenüber den im konkreten Falle in die VergGr. III TO.A eingestuften anderen Angestellten sind daher für den Anspruch auf die Bezüge dieser Vergütungsgruppe weder erforderlich noch ausreichend. Der tarifliche Begriff der Gleichwertigkeit muß vielmehr aus allgemeinen Maßstäben gewonnen werden, so daß eine bestimmte Tätigkeit auf die Erfüllung der tariflichen Merkmale auch dann untersucht werden kann, wenn im konkreten Falle gerade für diese Tätigkeit keine praktische Vergleichsmöglichkeit mit den Leistungen von Angestellten mit Hochschulbildung gegeben ist. Wird in einem gegebenen Falle die unter die Tätigkeitsmerkmale der TO.A einzuordnende Tätigkeit regelmäßig von Akademikern versehen, so kann dieser Umstand allerdings als Erkenntnisquelle dafür herangezogen werden, daß diese Tätigkeit nach der zu berücksichtigenden Anschauung der beteiligten Berufskreise einen Angestellten mit abgeschlossener Hochschulbildung oder eine gleichwertige Kraft erfordert. Wenn feststeht, daß einzelne mit einer bestimmten Tätigkeit beschäftigte Angestellte mit abgeschlossener Hochschulbildung richtig in die VergGr. III TO.A eingestuft sind, so könnte auch bei einem Angestellten ohne solche Vorbildung dessen Gleichwertigkeit (im Sinne der Tätigkeitsmerkmale bejaht werden, wenn festgestellt wird, daß er dasselbe leistet wie jene Angestellten mit abgeschlossener Hochschulbildung. So liegt der Sachverhalt hier aber nicht. Denn weder werden als Ausschußmitglieder regelmäßig Angestellte mit abgeschlossener Hochschulbildung beschäftigt, noch ist hier unstreitig, daß die als Ausschußmitglieder beschäftigten Akademiker die Tätigkeitsmerkmale der VergGr. III TO.A erfüllen, daß sie also, soweit sie in diese Gruppe eingestuft sind, richtig und nicht übertariflich entlohnt werden. Das Berufungsgericht hätte also zunächst einmal nähere tatsächliche Feststellungen über die zu bewertende Tätigkeit treffen müssen. Das ist weder für die vom Kläger selbst ausgeübte Tätigkeit noch für die Tätigkeit der zum Vergleich herangezogenen anderen Angestellten geschehen. Das Berufungsgericht hat sich vielmehr nur auf die allgemein gehaltene vergleichende Bewertung der Leistungen der einzelnen Angestellten untereinander durch den als Zeugen vernommenen Leiter des Notaufnahmelagers gestützt. Da sich auch aus dem Bundesnotaufnahmegesetz und der zu ihm ergangenen Durchführungsverordnung keine hinreichenden Grundlagen für eine Beurteilung der Tätigkeit der Ausschußmitglieder nach den Merkmalen der Vergütungsgruppen der TO.A, insbesondere der vom Kläger beanspruchten Gruppe, ergeben, mußte die Sache an das Berufungsgericht zurückverwiesen werden. Bei der Auslegung des in den Tätigkeitsmerkmalen für die VergGr. III TO.A enthaltenen unbestimmten Rechtsbegriffe der Gleichwertigkeit und der entsprechenden Tätigkeit wird das Landesarbeitsgericht folgendes zu beachten haben:

Die Tätigkeitsmerkmale der VergGr. III TO.A unterscheiden zwei Fallgruppen. Unter die erste Fallgruppe fallen wissenschaftliche oder technische Angestellte mit abgeschlossener Hochschulbildung und entsprechender Tätigkeit. Hier wird also eine wissenschaftliche oder technische Tätigkeit erfordert, die eine abgeschlossene Hochschulbildung voraussetzt. Dabei ist zu beachten, daß eine über die abgeschlossene Hochschulbildung hinausgehende Fachausbildung nicht verlangt wird; bei einer juristischen Tätigkeit ist also nicht etwa die Befähigung zum Richteramt oder zum höheren Verwaltungsdienst zu fordern.

Die zweite Fallgruppe verlangt „gleichwertige" Angestellte, und zwar entweder wissenschaftliche oder technische oder kaufmännische oder sonstige, sowie eine entsprechende Tätigkeit. Hierzu hat der Dritte

Senat in seinem Urteil vom 31. Januar 1956 — 3 AZR 185/54 — (BAG 2, 310) ausgesprochen, daß bei dieser Fallgruppe eine der abgeschlossenen Hochschulbildung entsprechende Ausbildung vorhanden sein müsse, die allerdings auf andere Weise, etwa durch autodidaktisches Studium erworben sein könne. Dem kann nicht beigetreten werden. Wenn in den tariflichen Tätigkeitsmerkmalen „gleichwertige" Angestellte solche mit einer bestimmten Fachausbildung gleichgestellt werden, so ist es gerade der Sinn dieser Bestimmungen, die gleiche Vergütung für gleichwertige Leistungen zu gewähren, obwohl eine gleichwertige Ausbildung fehlt. Wenn ein gleichwertiges Ausbildungsergebnis nachgewiesen werden soll, so wird das in den Tätigkeitsmerkmalen auch zum Ausdruck gebracht. So wird bei den Vermessungstechnikern der VergGr. IV, V a, VI a und VII TO.A (jetzt tarifvertraglich entsprechend geregelt) entweder die abgeschlossene Fachschulbildung oder eine behördliche Prüfung, die der abgeschlossenen Fachschulbildung gleichwertig ist, gefordert; hier kann sich also der Angestellte das erforderliche Wissen selbst angeeignet haben, muß es aber durch eine Prüfung nachweisen. Für die VergGr. III TO.A wird das in den Tätigkeitsmerkmalen nicht verlangt. Die Gleichwertigkeit mit Angestellten mit abgeschlossener Hochschulbildung kann sich daher nur in den Leistungen zeigen.

Daß bei der zweiten Fallgruppe der VergGr. III TO.A nicht an eine der Hochschulbildung gleichwertige Ausbildung gedacht ist, ergibt sich auch noch aus folgendem: Die erste Fallgruppe, die eine abgeschlossene Hochschulbildung erfordert, nennt nur die wissenschaftlichen und die technischen Angestellten, also die beiden Hauptsparten der Hochschulbildung, nicht dagegen die in der zweiten Fallgruppe aufgeführten kaufmännischen und sonstigen Angestellten. Die Tarifordnung sieht also die abgeschlossene Hochschulbildung bei kaufmänischen Angestellten nicht als typisch an. Wohl aber erkennt sie an, daß kaufmännische Angestellte den Angestellten mit abgeschlossener Hochschulbildung gleichwertig sein können. Ein kaufmännischer Angestellter mit abgeschlossener Hochschulbildung (Diplomkaufmann, Diplomvolkswirt) würde trotz seiner Vorbildung nicht in die erste Fallgruppe gehören, weil dort kaufmännische Angestellte nicht genannt sind; er wäre vielmehr in die zweite Fallgruppe der gleichwertigen Angestellten einzuordnen.

Daraus, daß die Verg.Gr. III TO.A also auch solche Angestellte erfassen will, für deren Tätigkeit die abgeschlossene Hochschulbildung nicht typisch ist, ergibt sich weiter, daß es zu eng wäre, eine Gleichwertigkeit im Sinne der Tätigkeitsmerkmale nur dann anzunehmen, wenn der Angestellte Aufgaben erfüllt, die in der Regel eine abgeschlossene Hochschulbildung erfordern oder die auf dem zugewiesenen Tätigkeitsfeld in der Regel einem Angestellten mit dieser Vorbildung übertragen werden. Wenn im Einzelfall solche Leistungen erbracht und gefordert werden, so wird die Gleichwertigkeit mit dem Angestellten mit abgeschlossener Hochschulbildung gegeben sein. Das kann aber auch bei einer Tätigkeit zu bejahen sein, die regelmäßig nicht von Angestellten mit abgeschlossener Hochschulbildung ausgeübt wird. So könnte etwa ein kaufmännischer Angestellter mit großer Auslandserfahrung, wie sie durch ein Hochschulstudium nicht vermittelt wird, einem Akademiker in seinen Leistungen durchaus gleichwertig sein.

Hiernach kann die Klage nicht etwa deshalb abgewiesen werden, weil im Berufungsurteil nichts darüber festgestellt und vom Kläger auch nichts dafür vorgetragen ist, daß er eine dem Hochschulstudium entsprechende Ausbildung aufzuweisen habe. Die in dem erwähnten Urteil des Dritten Senats geäußerte abweichende Rechtsansicht nötigt aber den erkennenden Senat nicht zur Anrufung des Großen Senats. Sie bildet nämlich keinen tragenden Grund jener Entscheidung. Denn der Dritte Senat hat die geäußerte Rechtsauffassung nicht auf den von ihm zu entscheidenden Sachverhalt, der hierzu keine tatsächlichen Feststellungen enthält, angewandt, sondern hat seine Entscheidung darauf gestützt, das Landesarbeitsgericht habe „jedoch bereits" mit Recht verneint, daß der Kläger jenes Rechtsstreits eine der wissenschaftlichen Hochschulbildung entsprechende Tätigkeit ausgeübt habe.

Ist also eine Gleichwertigkeit der Ausbildung nicht zu fordern, so muß der Angestellte doch fähig sein, Leistungen zu erbringen, die den Leistungen von Angestellten mit abgeschlossener Hochschulbildung gleichwertig sind, und solche Leistungen, d. h. eine entsprechende Tätigkeit, muß der zugewiesene Dienstposten auch erfordern. Ob eine Gleichwertigkeit der Leistungen mit denen eines Angestellten mit abgeschlossener Hochschulbildung gegeben ist, läßt sich nur nach den Umständen des Einzelfalles entscheiden. Ist das übertragene Aufgabengebiet nicht ein solches, für das eine bestimmte Hochschulbildung typisch ist, so können die Größe des Wissensgebietes, das geforderte Maß seiner Beherrschung, die Art und Methode der geistigen Leistung einen Maßstab für den anzustellenden Bewertungsvergleich abgeben.

Das Leistungsprinzip der TO.A erfordert es jedoch nicht, daß etwa der Angestellte auch auf anderen Dienstposten in der Lage sein müsse, Leistungen zu erbringen, die denen von Angestellten mit abgeschlossener Hochschulbildung gleichwertig sind (abweichend Böhm-Jund, Anm. 2 zu § 3 TO.A). Insofern unterscheiden sich die Vergütungsgrundsätze der TO.A von der Besoldungsregelung der Beamten. Der Angestellte erhält seine Vergütung grundsätzlich nach dem Wert der von ihm tatsächlich geforderten und erbrachten Leistung. Der Beamte dagegen wird nicht nach der tatsächlich ausgeübten Tätigkeit besoldet, sondern aus der Planstelle, in die er in der Regel erst auf Grund des Nachweises seiner Eignung für eine bestimmte Laufbahn eingewiesen wird.

Andererseits kann zu Erfüllung der Tätigkeitsmerkmale der Verg.Gr. III TO.A eine Tätigkeit, die nur ein eng umgrenztes Wissen und Können erfordert, nicht genügen. Das ergibt sich aus dem in die Tätigkeitsmerkmale ausdrücklich aufgenommenen, an sich schon aus dem Leistungsprinzip der TO.A folgenden Erfordernis der „entsprechenden Tätigkeit". Es genügt also eine Tätigkeit dann nicht, wenn sie, wie z. B. die Feststellung von Tatbeständen und ihre Unterordnung unter Gesetzesvorschriften, zwar in gleicher oder ähnlicher Art auch von Angestellten mit abgeschlossener Hochschulbildung wahrgenommen wird, wenn aber das erforderliche Wissen und Können nach Umfang und Vertiefung wesentlich geringer ist im Vergleich zu einer Tätigkeit, die eine abgeschlossene Hochschulbildung voraussetzt. Es muß sich vielmehr um eine Tätigkeit handeln, die eine ähnlich gründliche Beherrschung eines entsprechend umfangreichen Wissensgebietes verlangt wie die Tätigkeit der wissenschaftlichen und technischen Angestellten mit abgeschlossener Hochschulbildung, so daß sie deshalb als gleichwertig anzusehen ist.

Die Rüge der Revision, das Landesarbeitsgericht habe der Klage jedenfalls wegen Verletzung des Gleichbehandlungsgrundsatzes stattgeben müssen, ist unbegründet. Es kann hier unerörtert bleiben, ob dieser Grundsatz überhaupt einen Anspruch auf eine die tarifliche oder vereinbarte Vergütung übersteigende Entlohnung rechtfertigen kann. In jedem Falle könnte ein Anspruch, der weder kraft Vereinbarung noch tariflich gegeben ist, aus einer Verletzung des Gleichbehandlungsgrundsatzes nur hergeleitet werden, wenn einzelne Arbeitnehmer willkürlich oder aus sachfremden Gründen gegenüber anderen vergleichbaren Arbeitnehmern schlechter gestellt, also aus einer bestimmten Ordnung willkürlich herausgenommen werden. Davon kann hier nicht gesprochen werden (wird ausgeführt).

## 53

**1. Die in der sowjetisch besetzten Zone tätigen Gerichte sind deutsche Gerichte im Sinne des GVG und der ZPO.**

**2. Die Klagesperre des § 263 Abs. 2 Ziff. 1 ZPO entbehrt ihres Sinnes und entfällt demgemäß, wenn keiner ihrer Zwecke — Vermeidung von doppelten und widersprechenden Entscheidungen, Schutz des Beklagten vor der Durchführung mehrerer sachlich identischer und gleichzeitiger Prozesse sowie Verhinderung unnötiger Anrufung der Gerichte — erfüllt werden kann.**

GVG § 1; ZPO § 263.

II. Senat. Urteil vom 15. Juli 1957 i. S. Th.Vers.AG (Bekl.) w. Dr. G. (Kl.) 2 AZR 330/56.

I. Arbeitsgericht München. — II. Landesarbeitsgericht Bayern in München.

Der Kläger wurde im Jahre 1939 als Sachbearbeiter bei der Beklagten eingestellt. Von dort wurde er im Jahre 1940 zur Wehrmacht eingezogen. Mit Schreiben vom 31. März 1942 kündigte die Beklagte dem Kläger fristlos. Mit weiterem Schreiben vom 27. Mai 1942 focht die Beklagte den Arbeitsvertrag mit dem Kläger an.

Das Vermögen der Beklagten ist nach dem Kriege in der Sowjetzone entschädigungslos enteignet worden.

Am 19. Mai 1942 erhob der Kläger Klage beim Arbeitsgericht in Erfurt nach streitiger Verhandlung, in welcher der Kläger die Feststellung beantragte, daß das Arbeitsverhältnis mit der Beklagten trotz Anfechtung fortbestehe und in der er weiter von der Beklagten die Zahlung von 503,34 RM begehrte, setzte das Arbeitsgericht Erfurt durch Beschluß vom 17. November 1942 das Verfahren aus. Am 28. Oktober 1945 stellte der Kläger den Antrag auf Aufnahme des ausgesetzten Verfahrens. Mit Schreiben vom 17. März 1950 bescheinigte das Arbeitsgericht Erfurt, daß die Prozeßakten vom früheren Arbeitsgericht nicht übergeben worden seien. Am 6. Mai 1953 erhob der Kläger gegen die Beklagte beim Arbeitsgericht München Klage mit dem Antrag festzustellen, daß die im Schreiben der Beklagten an den Kläger vom 31. März 1942 ausgesprochene Kündigung und die mit dem weiteren Schreiben der Beklagten an den Kläger vom 27. Mai 1942 erklärte Anfechtung des Arbeitsvertrages rechtsunwirksam seien und das Arbeitsverhältnis zwischen dem Kläger und der Beklagten bis zum Zeitpunkt der Klageerhebung nicht aufgelöst hätten. Diese Klage wurde durch rechtskräftiges Urteil des Arbeitsgerichts München vom 4. August 1953 wegen Rechtshängigkeit der Sache vor dem Arbeitsgericht Erfurt als unzulässig abgewiesen.

Mit Schriftsatz vom 5. August 1953 beantragte der Kläger beim Arbeitsgericht Erfurt Aktenerneuerung und zugleich Fortsetzung des durch den Beschluß vom 17. November 1942 ausgesetzten Verfahrens. Nach Erneuerung der Akten wurde dieser Rechtsstreit mit Beschluß des Kreisarbeitsgerichts Erfurt vom 11. August 1954 fortgesetzt und am 23. November 1954 durch das gleiche Gericht das Ruhen des Verfahrens angeordnet.

Mit Schriftsatz vom 21. Dezember 1954 teilte der Kläger dem Kreisarbeitsgericht Erfurt mit:

„Ich nehme hiermit als Kläger meine Klage vom 19. Mai 1942 gegen die Beklagte zurück, so daß damit der vor dem Kreisarbeitsgericht Erfurt anhängige Rechtsstreit vor dem dortigen Arbeitsgericht seine endgültige Erledigung gefunden hat."

Das Kreisarbeitsgericht Erfurt erließ daraufhin am 23. Dezember 1954 folgenden Beschluß:

„In dem Rechtsstreit Dr. G. gegen Th. VersicherungsAG wird die Rücknahme der Klage zur amtlichen Kenntnis genommen; das weitere Verfahren entfällt."

Diesen Beschluß teilte das Kreisarbeitsgericht Erfurt den beiden Parteien formlos am 24. Dezember 1954 mit.

Der Kläger hat daraufhin erneut Klage beim Arbeitsgericht München erhoben und zwar auf Feststellung der Unwirksamkeit der fristlosen Kündigung und der Anfechtung des Arbeitsvertrages sowie auf Feststellung des Weiterbestandes seines Arbeitsverhältnisses.

Das Arbeitsgericht München hat die Klage als unzulässig abgewiesen mit der Begründung, die Klage sei wegen der beim Kreisarbeitsgericht Erfurt noch bestehende Rechtshängigkeit unzulässig; die Beklagte habe der Klagerücknahme nicht zugestimmt und der Beschluß des Kreisarbeitsgerichts Erfurt vom 23. Dezember 1954 sei nicht als prozeßbeendende Entscheidung anzusehen.

Auf die Berufung des Klägers hat das Landesarbeitsgericht das Urteil des Arbeitsgerichts aufgehoben und die Sache zur weiteren Verhandlung und Entscheidung an das Arbeitsgericht München zurückverwiesen. Mit der Revision begehrt die Beklagte die Wiederherstellung des arbeitsgerichtlichen Urteils.

Aus den Gründen:

Der Entscheidung des Landesarbeitsgerichts ist im Ergebnis beizutreten.

In Literatur und Rechtsprechung besteht nahezu Übereinstimmung darüber, daß die in der sowjetisch besetzten Zone tätigen Gerichte im Sinne des Gerichtsverfassungsgesetzes und der Zivilprozeßordnung deutsche Gerichte sind. Deshalb ist grundsätzlich auch die Rechtshängigkeit eines in der Sowjetzone schwebenden Rechtsstreites von den Gerichten der Bundesrepublik zu beachten (vgl. z. B. BGH vom 10. Dezember 1955 — ZR 117/55 —; OLG Celle NJW 55, 26; OLG Celle MDR 56, 233; Stein-Jonas ZPO, 18. Aufl., Anm. III 4 und IV 3 zu § 263 ZPO; Rosenberg, Lehrbuch des deutschen Zivilprozeßrechts, 7. Aufl., S. 464; Schiedermair, NJW 49, 306; a. A. etwa KG NJW 48, 306).

Eine Rechtshängigkeit ist aber im vorliegenden Falle nicht gegeben.

Die Rechtshängigkeit bei dem Kreisarbeitsgericht Erfurt ist allerdings nicht deshalb weggefallen, weil die Beklagte etwa in die Klagerücknahme des Klägers eingewilligt hat. Zwar ist — eine ausdrückliche Einwilligung der Beklagten liegt nicht vor — auch eine konkludente Einwilligung möglich (Stein-Jonas, 18. Auflage, Anm. II 2b zu § 271 ZPO). Bei der prozessualen Bedeutung der Einwilligung muß sie jedoch eindeutig erklärt sein. Aus dem gesamten Zusammenhang und auch aus dem Verhalten der Beklagten kann aber hier nur das Gegenteil, nämlich die Nichterteilung der Einwilligung, entnommen werden.

Die Rechtshängigkeit bei dem Kreisarbeitsgericht Erfurt ist auch nicht deshalb beseitigt, weil vieleicht nach der in der Sowjetzone herrschenden Rechtsauffassung die Einwilligung der Beklagten nicht erforderlich wäre. Denn eine solche Rechtsauffassung müßte als ein Verstoß gegen den wichtigen rechtsstaatlichen Grundsatz, daß das Interesse der in einen Rechtsstreit verwickelten beklagten Partei an der Klärung der Streitsache nicht einfach übergangen werden darf, gekennzeichnet werden.

Vielmehr besteht die Rechtshängigkeit vor dem Kreisarbeitsgericht Erfurt nicht mehr, weil ihre Bejahung dem Sinn und dem Zweck des § 263 ZPO zuwiderlaufen und zu einem vom rechtsstaatlichen Standpunkt aus zu mißbilligenden Ergebnis führen würde.

Die Klagesperre des § 263 Abs. 2 Ziff. 1 ZPO bezweckt dreierlei (vgl. etwa Rosenberg, Lehrbuch, S. 464):

a) Vermeidung von doppelten und widersprechenden Entscheidungen,

b) Schutz des Beklagten vor der Durchführung mehrerer sachlich identischer und gleichzeitiger Prozesse und

c) Verhinderung unnötiger Anrufung der Gerichte (Prozeßökonomie).

Wird mit der Einrede der Rechtshängigkeit keiner der drei genannten Schutzzwecke erfüllt, so entbehrt die Klagesperre des § 263 Abs. 2 Ziff. 1 ZPO ihres Sinnes. Von den drei genannten Gründen ist aber in dem zur Entscheidung vorliegenden Fall keiner gegeben.

Das Vermögen der Beklagten ist in der Sowjetzone entschädigungslos enteignet. Das ist in dem angefochtenen Urteil zwar nicht ausdrücklich festgestellt, ergibt sich aber aus der dem Revisionsgericht bekannten Gesetzgebung dort: § 5 des Gesetzes über den Neuaufbau des privaten und öffentlich-rechtlichen Versicherungswesens in Thüringen vom 22. September 1945 (Gesetzessammlung Seite 33) mit Änderungen und Ergänzungen vom 27. Oktober 1945 (Gesetzessammlung Seite 65), vom 24. April 1947 (Gesetzessammlung Seite 49), vom 9. Oktober 1947 (Gesetzessammlung Seite 88) und vom 26. Februar 1948 (Gesetzessammlung Seite 39). Nach § 11 a. a. O. ist die jetzige Landesversicherungsanstalt nicht Rechtsnachfolgerin der privaten Versicherungsunternehmen geworden, vielmehr ist die Beklagte nach der Gesetzgebung und Rechtsauffassung in der sowjetisch besetzten Zone ohne Rechtsnachfolger untergegangen. Wenn auch diese Gesetzgebung und Rechtsauffassung den rechtsstaatlichen Grundsätzen über das Eigentum zuwiderläuft, so bleibt aber doch die sich daraus ergebende Tatsache bestehen, daß der Kläger über seinen behaupteten Anspruch bei dem Kreisarbeitsgericht Erfurt innerhalb des dortigen Verfahrens keine sachliche Entscheidung erhält. Mit seiner Erklärung, daß das weitere Verfahren entfalle, hat das Kreisarbeitsgericht Erfurt hinreichend deutlich zum Ausdruck gebracht, daß es in dieser Sache nicht mehr tätig werden will. Bei vernünftiger und lebensnaher Betrachtungsweise ist auch eine Änderung der Rechtsauffassung und eine anders lautende Entscheidung in der Sowjetzone nicht zu erwarten. Diese Gerichte werden über den Anspruch des Klägers sachlich nicht mehr entscheiden.

Mit dieser Feststellung ergibt sich aber zugleich, daß die oben unter a) bis c) genannten Zwecke der Klagesperre in § 263 Abs. 2 ZPO im vorliegenden Falle nicht gefährdet sind. Die Anwendung dieser Vorschrift würde daher einen reinen Formalismus bedeuten. Das Prozeßrecht ist jedoch nicht um seiner selbst willen da, sondern hat der höheren Ordnung des Rechtsschutzes zu dienen. Im vorliegenden Falle würde die Anwendung der Vorschrift gerade dem primären Grundsatz des durch die Staatsordnung zu gewährenden Rechtsschutzes zuwiderlaufen, weil die Bejahung der Rechtshängigkeit bei dem Kreisarbeitsgericht Erfurt eine sachlich Entscheidung über den behaupteten Anspruch des Klägers verhindern würde und zugleich eine Anerkennung der Unrechtsgesetzgebung der sowjetischen Zone zum Ausdruck brächte.

## 54

**Die Divergenzrevision gemäß § 72 Abs. 1 Satz 2 ArbGG ist nur statthaft, wenn die angezogene Entscheidung des Bundesarbeitsgerichts bereits vor Erlaß der angefochtenen Entscheidung ergangen ist.**

ArbGG 1953 § 72 Abs. 1 Satz 2

Beschluß vom 29. Mai 1956 i. S. L. (Kl.) w. N.-Z. GmbH. (Bekl.). 2 AZR 148/56.

I. Arbeitsgericht Oldenburg. — II. Landesarbeitsgericht Hannover.

### Aus den Gründen:

Da der Streitwert nur 3600,— DM beträgt, die Revision auch nicht zugelassen ist, kann die Revision nur auf § 72 Abs. 1 Satz 2 und 3 ArbGG (Divergenz) gestützt werden. Hierfür ist Voraussetzung, daß das Urteil des Landesarbeitsgerichts von einer in der Revisionsbegründung bezeichneten Entscheidung des Bundesarbeitsgerichts abweicht und auf dieser Abweichung beruht. Das gleiche gilt, solange eine Entscheidung des Bundesarbeitsgerichts in der Rechtsfrage nicht ergangen ist, wenn die Entscheidung des Landesarbeitsgerichts von der Entscheidung eines anderen Landesarbeitsgerichts oder eines obersten Arbeitsgerichts eines Landes abweicht und auf dieser Abweichung beruht. Die Revision ist der Auffassung, daß erstere Voraussetzung im Hinblick auf die Entscheidung des Bundesarbeitsgerichts vom 6. März 1956 — 3 AZR 133/54 — gegeben sei. Auf dieses Urteil kann sich die Revision aber schon deswegen nicht berufen, weil es erst nach Erlaß des angefochtenen Urteils ergangen ist. § 72 Abs. 1 Satz 2 ArbGG setzt nämlich voraus, daß die angezogene Entscheidung des Bundesarbeitsgerichts bereits vor Erlaß des angefochtenen Urteils ergangen ist. Das ergibt sich sowohl aus dem Wortlaut als vor allem auch aus dem Sinn der Vorschrift (a. A. Dersch-Volkmar, ArbGG, 6. Aufl., § 72, Anm. 29 a). Die Revision soll nämlich im Interesse der Einheitlichkeit der Rechtsprechung, die dann allein nur berührt ist, statthaft sein, wenn die gleiche Rechtsfrage zur Zeit des Erlasses des angefochtenen Urteils durch das Bundesarbeitsgericht bereits entschieden war und das angefochtene

Urteil in seinen tragenden Gründen hiervon abweicht. Es kommt daher auf den Zeitpunkt des Erlasses des angefochtenen Urteils an. Auf eine Entscheidung des Bundesarbeitsgerichts, die in der Zeit nach Erlaß des Urteils des Landesarbeitsgerichts bis zur Einlegung der Revision oder während des Revisionsverfahrens ergeht, kann die Statthaftigkeit der Revision somit nicht mehr gestützt werden. Die Rechtseinheit wird durch die bereits früher ergangene Entscheidung des Landesarbeitsgerichts nicht in Frage gestellt.

Der hier zur Entscheidung stehende Fall liegt anders als das im Beschluß des erkennenden Senats BAG 1, 224 ff. behandelte Problem. Dort handelte es sich um den Fall, daß eine vom angefochtenen Urteil divergierende Entscheidung eines Landesarbeitsgerichts durch eine spätere Entscheidung des Bundesarbeitsgerichts überholt wurde. Der Senat hat hinsichtlich des in jenem Fall maßgeblichen Stichtages bewußt auf den Zeitpunkt der Einlegung der Revision abgestellt, da das Abheben auf abweichende Entscheidungen anderer Landesarbeitsgerichte nur ersatzweise, so lange eben eine Entscheidung des Bundesarbeitsgerichts zu der Rechtsfrage noch nicht erging, möglich ist und der Revisionskläger selbst sich dieserhalb zu dem Zeitpunkt der Revisionseinlegung regelmäßig ein klares Bild über die Zulässigkeit seiner Revision machen konnte und mußte. Im vorliegenden Fall handelt es sich dagegen darum, daß die Revision von vornherein auf die Abweichung von einer Entscheidung des Bundesarbeitsgerichts, also einer höchstrichterlichen Entscheidung, gestützt werden soll; als maßgeblicher Stichtag hierfür kann nach dem Vorhergesagten nur der Tag des Erlasses des angefochtenen Urteils in Betracht kommen.

Die Revision war daher gemäß § 74 Abs. 3 ArbGG als unzulässig zu verwerfen.

## 55

**1. An die Altersbegrenzung des KSchG, nach der der Kündigungsschutz erst vom vollendeten 20. Lebensjahr des Arbeitnehmers an eintritt, ist der Richter gebunden, er kann sich über sie auch nicht mit Billigkeitserwägungen hinwegsetzen.**

**2. Kündigt der Arbeitgeber, kurz bevor der Arbeitnehmer das 20. Lebensjahr vollendet hat, und widerspricht ein solches Verhalten Treu und Glauben, so kann nach dem Rechtsprinzip des § 162 BGB die Einräumung des Kündigungsschutzes nach Maßgabe des KSchG auch an einen noch nicht 20 Jahre alten Arbeitnehmer in Frage kommen.**

**3. Der Senat hält an seiner bisherigen Rechtsprechung (vgl. BAG 1 S. 69; BAG 2 S. 87 und AP Nr. 7 zu § 7 KSchG) fest, daß die Anhörung des Betriebsrates nach § 66 Abs. 1 BetrVG bei der Kündigung nicht Voraussetzung der zivilrechtlichen Wirksamkeit der Kündigung ist.**

**Dies gilt allgemein, also auch bei der Kündigung eines Arbeitnehmers, der nicht nach Maßgabe des KSchG geschützt ist.**

**4. Gegen den Arbeitgeber, der entgegen § 66 Abs. 1 BetrVG den Betriebsrat bei der Kündigung von Arbeitnehmern nicht anhört, sind Sanktionen auf betriebsverfassungsrechtlicher Ebene möglich. In der vorsätzlichen, rechtswidrigen, schuldhaften wiederholten Nichtanhörung kann eine Hinderung oder Störung der Betriebsratstätigkeit liegen, die der Strafdrohung des § 78 Abs. 1 b) BetrVG unterliegt.**

KSchG § 1; BGB §§ 162, 242; BetrVG §§ 66, 78.

I. Senat. Urteil vom 20. Sept. 1957 i. S. H. (Kl.) w. A. P. KG (Bekl.). 1 AZR 136/56.

I. Arbeitsgericht Elmshorn. — II. Landesarbeitsgericht Kiel.

Der am 16. Oktober 1935 geborene Kläger trat bei der Beklagten am 1. April 1951 als Lehrling ein und blieb, nachdem das Lehrverhältnis am 31. März 1954 bendet war, als Schlosser weiter im Dienst der Beklagten. Am 5. Oktober 1955 wurde ihm zum 22. Oktober 1955 gekündigt, der Betriebsrat wurde, ohne daß er zuvor angehört war, am 5. Oktober 1955 von dieser Entlassung unterrichtet.

Der Kläger beantragt die Feststellung, daß durch diese Kündigung das Arbeitsverhältnis nicht aufgelöst sei. Zur Rechtfertigung dieses Begehrens hat er in den Vorinstanzen vorgetragen, die ausgesprochene Kündigung sei deshalb unwirksam, weil der Betriebsrat entgegen § 66 Abs. 1 BetrVG nicht vor der Kündigung gehört worden sei.

Die Beklagte hat um Klageabweisung gebeten und vorgetragen, die ausgesprochene Kündigung sei auch ohne Anhörung des Betriebsrats rechtswirksam, sie sei im übrigen auch betriebsbedingt gewesen.

Die Vorinstanzen haben die Klage abgewiesen. Hiergegen richtet sich die Revision des Klägers, in der er sein früheres Vorbringen wiederholt und weiter geltend macht, die Kündigung sei auch deshalb unwirksam, weil sie kurz vor dem Tage, an dem der Kläger sein 20. Lebensjahr vollendet habe, zu einem kurz danach liegenden Tag ausgesprochen worden sei.

Die Revision hatte keinen Erfolg.

Aus den Gründen:

I. Die Revision stellt zunächst die Frage zur Erörterung, ob dem am 16. Oktober 1935 geborene Kläger, dem am 5. Oktober 1955 zum 22. Oktober 1955 gekündigt worden ist, der Schutz des Kündigungsschutzgesetzes zukommen könnte.

Nach § 1 KSchG ist die Kündigung des Arbeitsverhältnisses eines Arbeitnehmers, der länger als sechs Monate in demselben Betrieb oder Unternehmen beschäftigt ist und das 20. Lebensjahr vollendet hat, rechtsunwirksam, wenn sie sozial ungerechtfertigt ist. Beide Voraussetzungen müssen an dem Tage erfüllt sein, an dem die Kündigungserklärung dem Arbeitnehmer zugeht. Daß dieser Tag, nicht der Tag, an dem auf Grund der ausgesprochenen Kündigung das Arbeitsverhältnis enden soll, maßgebend ist, ergibt sich aus dem Wesen der Kündigung als empfangsbedürftiger Willenserklärung und entspricht einhelliger Auffassung (vgl. Hueck, KSchG 1954, § 1 Anm. 14, Anm. 21; Herschel-Steinmann, KSchG 1951, § 1 Anm. 33; Erdmann, KSchG 1951, § 1 S. 30; Molitor, Die Kündigung 1951, S. 228; Nikisch, Arbeitsrecht 1955, Bd. 1, § 51 S. 617). Am Tage des Zugangs der Kündigung, dem 5. Oktober 1955, war der Kläger zwar mehr als sechs Monate bei der Beklagten beschäftigt gewesen, er war aber noch keine 20 Jahre alt. Bei dieser Sachlage erfüllte der Kläger sonach nicht die Voraussetzungen, unter denen nach dem Kündigungsschutzgesetz Kündigungsbeschränkungen bestehen.

An diese vom Gesetz selbst vorgenommene Altersbestimmung ist der Richter bei der Anwendung der gesetzlichen Norm gebunden. Der Sinn derartiger Bestimmungen, insbesondere der Aufstellung von zeitlichen Voraussetzungen oder Fristen besteht darin, unter allen Umständen völlige Rechtssicherheit und Eindeutigkeit zu gewährleisten. Diesem Willen des Gesetzgebers muß der Richter bei der Rechtsanwendung Rechnung tragen. Der Senat verkennt nicht, daß die Anwendung solcher Begrenzungen ebenso wie die Beachtung vom Gesetz geregelter Fristen im Einzelfall zu Härten führen kann. Derartige Härten müssen aber in Kauf genommen werden, wenn die Gesetzestreue nicht schweren Schaden nehmen soll. Es geht nicht an, unter Berufung auf die Grundsätze des § 242 BGB entgegen dem eindeutig erklärten Willen des Gesetzgebers aus Gründen der Billigkeit Entscheidungen zu treffen, die mit dem Gesetz und den in ihm enthaltenen Begrenzungen und Fristen nicht vereinbar sind. Es kommt hinzu, daß sich hier der Gesetzgeber unter Abwägung der für und gegen eine Altersgrenze überhaupt sowie der für die eine oder die andere Höhe der Altersgrenze sprechenden

Gesichtspunkte schließlich für 20 Jahre entschieden und damit eine maßgebende sozialpolitische Entscheidung getroffen hat. Über das Lebensalter, von dem an die Arbeitnehmer in den Genuß des Kündigungsschutzes kommen sollten, haben im Laufe der Vorarbeiten zu dem Kündigungsschutzgesetz und der parlamentarischen Beratungen Meinungsverschiedenheiten bestanden. Der Vorentwurf (sog. Hattenheimer Entwurf, RdA 1950, S. 63) des Gesetzes sah keinerlei Altersgrenzen für die Einräumung des Kündigungsschutzes vor. Dem schloß sich auch der Regierungsentwurf (vgl. RdA 1951, S. 58) an. Auch der Bundesrat machte insoweit keine Änderungsvorschläge (vgl. RdA 1951, S. 178). Wäre dieser Entwurf Gesetz geworden, so hätten auch alle jugendlichen Arbeitnehmer einen Bestandsschutz für die von ihnen eingegangenen Arbeitsverhältnisse erhalten. Im Laufe der parlamentarischen Verhandlungen wurde später erwogen, ein Mindestalter einzuführen und den Kündigungsschutz nur solchen Arbeitnehmern einzuräumen, die bereits das 25. Lebensjahr vollendet hatten. Dies wurde in der 2. Beratung des Entwurfes am 5. Juli 1951 zum Beschluß erhoben (vgl. Protokoll der 156. Sitzung, Verhandlungen des Bundestages I. Wahlperiode 1949 S. 6210 f.). Zur Erörterung stand auch die Frage, ob nicht Kündigungsschutz vom 18. Lebensjahr an gewährt werden sollte. Wenn sich der Bundestag schließlich in der 3. Beratung des Entwurfs (Protokoll der 159. Sitzung vom 10. Juli 1951, Verhandlungen des Bundestages I. Wahlperiode 1949 S. 6357 f., 6372 f.) mit Mehrheit dahin entschieden hat, daß Kündigungsschutz erst vom vollendeten 20. Lebensjahr des Arbeitnehmers an eintreten solle, so ist diese Entscheidung schlechthin bindend.

Der Senat verkennt jedoch nicht, daß im § 162 BGB ein über das Recht der Bedingung hinaus wirkender allgemeiner Rechtsgrundsatz zum Ausdruck gekommen ist, nach dem sich eine Partei nicht auf den Eintritt oder Nichteintritt eines Ereignisses berufen kann, wenn sie in einer gegen Treu und Glauben verstoßenden Weise das Ereignis herbeigeführt oder verhindert hat. Dies käme in Betracht, wenn der Arbeitgeber unter Verstoß gegen Treu und Glauben die Kündigung kurz vor Vollendung des 20. Lebensjahres des Arbeitnehmers ausgesprochen hat, ohne einen vernünftigen, billigenswerten Grund zu haben. Dies könnte z. B. auch gelten, wenn der Arbeitgeber wider Treu und Glauben eine Kündigungserklärung zu einem nach dem Geburtstag liegenden Termin n u r deshalb solange vorher abgegeben hat (obwohl er fristgemäß noch nach dem Geburtstag rechtzeitig hätte kündigen können), um dem Arbeitnehmer den Kündigungsschutz gegen eine auch noch nach dem Geburtstag rechtzeitige Kündigung zu nehmen (vgl. hierzu Herschel-Steinmann, KSchG 1951, § 1 Anm. 33). Dafür aber, daß die Beklagte gerade am 5. Oktober 1955 kurz vor dem 20. Geburtstag des Klägers gekündigt hat, obwohl sie noch nach dem 20. Geburtstag des Klägers (16. Oktober 1955) zum 22. Oktober 1955 eine fristgemäße Kündigung hätte rechtswirksam aussprechen können, ist im vorliegenden Fall nichts vorgetragen oder gar erbracht. Der Senat vermochte sich nicht der Ansicht der Revision anzuschließen, daß bereits dann, wenn kurz vor dem Tage, an dem der Arbeitnehmer in den Schutz des Kündigungsschutzgesetzes gekommen wäre, gekündigt worden ist, in jedem Falle die Behauptungs- und Beweislast in der Weise auf den Arbeitgeber übergehe, daß dieser darzutun und zu beweisen habe, diese Kündigung sei n i c h t ausgesprochen worden, um den Eintritt des Kündigungsschutzes nach dem KSchG zu vereiteln. Nur dann, wenn der Tatbestand in dieser Richtung zu der Annahme Anlaß gibt, daß dieser Zeitpunkt für die Kündigung im Hinblick auf den bevorstehenden Eintritt des Kündigungsschutzes und die Befürchtung, gerade diesen Arbeitnehmer dann nicht mehr entlassen zu können, gewählt ist u n d ein solches Verhalten nach Lage des Einzelfalles gegen Treu und Glauben verstoßen würde, kann es gerechtfertigt sein, daß der Richter gemäß § 139 ZPO auf Ergänzung eines insoweit zwar lückenhaften, aber doch angedeuteten Parteivorbringens hinwirkt. Von der Revision ist jedoch eine Verletzung des § 139 ZPO nicht gerügt worden; es lagen auch nach dem Parteivortrag in den Vorinstanzen keine Anhaltspunkte in der Richtung vor, daß die Beklagte am 5. Oktober 1955 wider Treu und Glauben gekündigt hätte.

II. Die Revision hat erneut die Frage zur Nachprüfung gestellt, ob eine Kündigung, die ohne die nach § 66 BetrVG gebotene Anhörung des Betriebsrates ausgesprochen ist, schon aus diesem Grunde rechtsunwirksam ist.

Der Senat hat bereits in seinen Entscheidungen vom 15. September 1954 (1 AZR 258/54 und 1 AZR 154/54, BAG 1 S. 69 u. S. 80) eingehend begründet und in den Entscheidungen vom 27. Juni 1955 1 AZR 429/54, BAG 2 S. 87) und vom 9. Dezember 1955 (AP Nr. 7 zu § 7 KSchG) nach erneuter Prüfung wiederholt, daß eine von dem Arbeitgeber ausgesprochene Kündigung, bei der der Betriebsrat entgegen § 66 Abs. 1 BetrVG nicht gehört worden ist, nicht zivilrechtlich unwirksam ist. In der erstgenannten Entscheidung hat der Senat insbesondere darauf hingewiesen, daß das Kündigungsschutzgesetz als eine allgemeine Kodifikation des Kündigungsschutzes anzusehen sei. Gerade auch deshalb sei es nicht möglich, dem § 66 BetrVG die Bedeutung beizulegen, daß jede ohne Anhörung des Betriebsrates ausgesprochene Kündigung eines Arbeitnehmers zivilrechtlich unwirksam sei. An dieser nach eingehender Auseinandersetzung mit der zum Teil in Schrifttum und Rechtsprechung vertretenen entgegengesetzten Ansicht muß der Senat auch nach erneuter Prüfung unter Berücksichtigung der gegenteiligen Ausführungen der Revision festhalten. Die Meinung des Senats in dieser Rechtsfrage hat unterdessen auch in Literatur und Rechtsprechung ganz überwiegend Billigung gefunden.

Der Standpunkt des Senats, daß die ohne Anhörung des Betriebsrats ausgesprochene Kündigung nicht wegen des Unterbleibens der Anhörung zivilrechtlich rechtsunwirksam ist, gilt ganz allgemein und nicht nur für Arbeitnehmer, die unter das KSchG fallen. Denn die Gründe, die dem Senat zu der Ansicht Anlaß gaben, die ohne Anhörung des Betriebsrates ausgesprochene Kündigung sei nicht im Hinblick auf diese Unterlassung allein zivilrechtlich unwirksam, treffen in gleichem Maße auch für den Fall eines durch das Kündigungsschutzgesetz nicht geschützten Arbeitnehmers zu. Die gegenteilige Ansicht würde ohne vernünftigen Grund dazu führen, daß an die zivilrechtliche Wirksamkeit der Kündigung eines nicht durch das Kündigungsschutzgesetz geschützten Arbeitnehmers andere, und zwar schärfere Anforderungen gestellt werden als an die eines Arbeitnehmers, der unter das Kündigungsschutzgesetz fällt. Es würden die Arbeitnehmer, die nicht unter das Kündigungsschutzgesetz fallen, bei einer ihnen gegenüber ohne Anhörung des Betriebsrats ausgesprochenen Kündigung wesentlich besser gestellt sein als die unter dem Schutz des Kündigungsschutzgesetzes stehenden Arbeitnehmer. Das muß aber nach dem Sinn und Zweck des Kündigungsschutzgesetzes, das den ihm unterstehenden Arbeitsverhältnissen einen besonderen Bestandsschutz gegenüber anderen Arbeitsverhältnissen einräumen wollte, als ausgeschlossen angesehen werden.

Nach der ständigen Rechtsprechung des Senats ist es dem Arbeitgeber, der den Betriebsrat vor der Kündigung vorsätzlich, rechtswidrig, schuldhaft nicht gehört hat, versagt, sich auf die Sozialgemäßheit der Kündigung gemäß § 1 Abs. 2, 3 KSchG zu berufen. Im Ergebnis liegt dann eine sozial ungerechtfertigte, nach § 1 KSchG rechtsunwirksame Kündigung vor. Ein solches Ergebnis kann aber nur dann überhaupt in Frage kommen, wenn es auf die soziale Rechtfertigung der Kündigung im Sinne von § 1 KSchG oder — anders ausgedrückt — auf das „sozial ungerechtfertigt sein" der Kündigung im Sinne des § 1 KSchG überhaupt rechtlich ankommen kann. Das ist aber eben bei Arbeitnehmern, die nicht unter das KSchG fallen, denen gegenüber vielmehr freies

Kündigungsrecht besteht, nicht der Fall. Der allgemeine Rechtsgedanke der Fürsorgepflicht als einer vertraglichen Pflicht des Arbeitgebers kann zu keinem anderen rechtlichen Ergebnis führen. Denn diese Pflicht des Arbeitgebers hat, was die Kündigung betrifft, ihre Konkretisierung im Kündigungsschutzgesetz gefunden. Die schwere vom Senat näher charakterisierte Verletzung der Fürsorgepflicht durch Nichtanhörung des Betriebsrats führt im Rahmen des § 1 KSchG zur Sozialwidrigkeit der Kündigung. Stärkere Wirkungen hat sie nicht und soll sie nicht haben. Denn mit Recht hat der Vorderrichter betont, daß es folgerichtig ist, wenn die nicht nach Abschnitt I des KSchG geschützten Arbeitsverhältnisse auch dann keinen besonderen Schutz genießen, wenn die Anhörung des Betriebsrats unterlassen worden ist. Denn der Sinn der Anhörung des Betriebsrats liegt darin, daß ihm ermöglicht wird, solche sozialen Gesichtspunkte dem Arbeitgeber gegenüber zur Geltung zu bringen, auf deren Durchsetzung es gerade im Bereich des KSchG ankommt und nach dem Willen des Gesetzgebers ankommen muß.

III. Der Senat hat den Einwand erwogen, daß bei seiner Auffassung die Unterlassung der nach § 66 Abs. 1 BetrVG auch bei jeder Kündigung der nicht unter das KSchG fallenden Arbeitnehmer gebotenen Anhörung des Betriebsrats ohne Sanktion bleiben müsse. Es trifft zu, daß die sich aus dem Kündigungsschutz ergebende Folge, wonach der Arbeitgeber sich bei vorsätzlichem, rechtswidrigem und schuldhaftem Handeln nicht auf die Sozialgemäßheit der Kündigung berufen kann, nicht eintritt, weil ein Verfahren nach dem Kündigungsschutzgesetz von einem solchen Arbeitnehmer nicht durchgeführt werden kann. Eine individualrechtliche Sanktion fehlt somit, weil hier freies Kündigungsrecht Platz greift. Jedoch sind Sanktionen auf betriebsverfassungsrechtlicher Ebene nicht ausgeschlossen. Zwar ist § 66 Abs. 1 BetrVG unter den Strafvorschriften in § 78 Abs. 1 d) BetrVG nicht erwähnt, so daß die Nichtanhörung des Betriebsrats nicht unmittelbar und ausdrücklich unter Strafdrohung steht. Nach dem allgemeinen Grundsatz des § 49 BetrVG gehört aber die Mitwirkung des Betriebsrates auch im Rahmen des § 66 Abs. 1 BetrVG zu den allgemeinen Aufgaben des Betriebsrates. In dem widerholten vorsätzlichen, rechtswidrigen und schuldhaften Unterlassen der nach § 66 Abs. 1 BetrVG gebotenen Anhörung des Betriebsrates vor der Kündigung von Arbeitnehmern kann ein bewußtes Beiseiteschieben des Betriebsrates liegen. Ein solches Verhalten könnte als Hinderung oder Störung der Tätigkeit des Betriebsrates angesehen werden und dann der Strafandrohung nach § 78 Abs. 1 b) BetrVG unterliegen (vgl. Fitting-Kraegeloh, BetrVG 1953, § 78 Anm. 20). Auch ist es nach Lage des Einzelfalles nicht ausgeschlossen, daß der Betriebsrat nach § 82 Abs. 1 i) BetrVG im Beschlußverfahren vor den Gerichten für Arbeitssachen beantragt, daß dem Arbeitgeber entsprechend der gesetzlichen Verpflichtung geboten wird, den Betriebsrat vor jeder Kündigung der gesetzlichen Regelung des § 66 Abs. 1 BetrVG entsprechend anzuhören. In der Zuwiderhandlung gegen einen solchen Beschluß könnte wiederum ein strafrechtlich zu wertender Tatbestand im Sinne des § 78 Abs. 1 b) BetrVG liegen.

## 56

**Auch bei einer langen gesetzlichen Kündigungsfrist darf der Arbeitgeber aus einem wichtigen Grunde mit sofortiger Wirkung kündigen; eine angemessene Kündigungsfrist braucht er nicht innezuhalten.**

HGB § 70 Abs. 1; BGB § 626.

II. Senat. Urteil vom 3. Oktober 1957 i. S. Fa. K. (Bekl.) w. R. (Kl.)
2 AZR 13/55.

I. Arbeitsgericht Bielefeld. — II. Landesarbeitsgericht Hamm (Westf.).

Der Kläger ist im Jahre 1923 geboren und war seit 1939 bei der früheren Firma N. E. und M. R. R. zunächst als Lehrling, dann seit 1946 — nach der Heimkehr aus dem Kriege und der Kriegsgefangenschaft — als kaufmännischer Angestellter, zuletzt gegen ein Monatsgehalt von 685,— DM, tätig. Er ist der Sohn des Fabrikanten P. R., eines der beiden Inhaber der bezeichneten Firma.

Den Betrieb hatte die Firma am 15. September 1938 im Wege der „Arisierung" von einer Familie K. käuflich erworben.

Durch die rechtskräftige Entscheidung des Board of Review vom 19. November 1953 sind die Inhaber der bezeichneten Firma verurteilt worden, den Betrieb an die Witwe J. K. zurückzuerstatten. Der Betrieb wird nunmehr von den Erben dieser inzwischen verstorbenen Witwe unter der Firma der Beklagten weitergeführt. Bei der Übernahme des Betriebes am 2. Januar 1954 kündigte die Witwe K. dem Kläger fristlos.

Der Kläger verlangt die Feststellung, daß die außerordentliche Kündigung vom 2. Januar 1954 rechtsunwirksam sei und das Arbeitsverhältnis bis zum 31. März 1954 fortbestehe.

Das Arbeitsgericht hat die Klage abgewiesen, das Landesarbeitsgericht dagegen hat dieses Urteil abgeändert und in der Hauptsache dahin erkannt, daß das Arbeitsverhältnis bis zum 31. März 1954 fortbesteht.

Die Revision der Beklagten führte zur Wiederherstellung des Urteils des Arbeitsgerichts.

Aus den Gründen:

... (Zunächst erörtert der Senat die Wirksamkeit der fristlosen Kündigung).

Hält hiermit das Landesarbeitsgericht die außerordentliche Kündigung im Ergebnis zu Recht für begründet, so läßt es sie andererseits nicht mit sofortiger Frist, sondern nur mit angemessener Frist gelten, die es bis zum 31. März 1954 bemißt. Zur Begründung seiner Rechtsansicht geht das Landesarbeitsgericht davon aus, daß der § 70 HGB nur davon spreche, daß „ohne Einhaltung einer Kündigungsfrist" gekündigt werden könne, wenn ein wichtiger Grund vorliege, aber nicht besage, daß unter allen Umständen fristlos gekündigt werden müsse. Letztlich aus der Fürsorgepflicht des Arbeitsgebers folgert es, daß der Arbeitgeber die außerordentliche Kündigung nur mit einer angemessenen Frist aussprechen dürfe, wenn dies unter Abwägung der beiderseitigen Belange billig sei.

Das Landesarbeitsgericht setzt sich damit in Widerspruch zu der ständigen Rechtsprechung des Reichsarbeitsgerichts (z. B. RAG 18, 257 [260] und 26, 74 [79]); dieses hat eine außerordentliche Kündigung nur mit sofortiger Wirkung zugelassen und lediglich (RAG 26, 74 [79—80]) als Ausnahme dem Arbeitgeber das Recht zugebilligt — worin ihm das Bundesarbeitsgericht (BAG 1, 185 [188]) gefolgt ist —, aber nicht die Pflicht auferlegt, bei der außerordentlichen Kündigung dem Arbeitnehmer durch Gewährung einer Kündigungsfrist entgegenzukommen. Das Reichsarbeitsgericht hat diese seine Ansicht mit dem Erfordernis der Rechtssicherheit begründet; auch der entlassene Arbeitnehmer müsse die Möglichkeit haben, alsbald anderweit Arbeit aufzunehmen, und könne nicht gezwungen sein, das Ende der gesetzten Frist abzuwarten und dann unter Umständen eine zeitlang ohne Arbeit und Verdienst zu sein (RAG 26, 79—80). Die entgegengesetzte Ansicht bezeichnet das Reichsarbeitsgericht als eine „Zwischenlösung", die auf einer zu weitgehenden Auslegung der Gesetze beruhe, nicht zulässig sei und als unmöglich abgelehnt werden müsse (RAG ARS 17, 257 [258]; 17, 259 [261]).

Die Rechtsansicht des Reichsarbeitsgerichts mag unter Umständen zu nicht vollbefriedigenden Ergebnissen führen. Ob es dem Arbeitgeber zuzumuten ist, einen Arbeitnehmer bis zum Ablauf der Kündigungsfrist weiter zu beschäftigen, hängt im wesentlichen auch von der Länge dieser Kündigungsfrist ab. Kürzere Kündigungsfristen lassen die Fortsetzung des Arbeitsverhältnisses bis zu ihrem Ablauf eher zumutbar erscheinen als lange; dies findet in § 124 a GewO, § 83 a Allg.Bergges. auch seinen gesetzlichen Ausdruck. Für die fristlose Kündigung eines langfristigen Vertrages genügt dann aber unter Umständen ein weniger schwerwiegender Grund als für die fristlose Kündigung eines kurzfristigen. Dieses Ergebnis befriedigt nicht in allen Fällen und ließe sich vermeiden, wenn man bei längeren Kündigungsfristen eine außerordentliche Kündigung mit angemessener Frist zulassen würde.

Gleichwohl muß im Interesse der Sicherheit und Klarheit der Rechtsanwendung an der Rechtsprechung des Reichsarbeitsgerichts festgehalten werden. Denn sonst beschränkt sich die Frage der Zumutbarkeit nicht nur auf die Erwägung, ob dem Arbeitgeber die Fortsetzung des Arbeitsverhältnisses mit dem Arbeitnehmer bis zum Ablauf der Kündigungsfrist zumutbar ist, sondern erstreckt sich darüber hinaus auf die weitere, noch mehr im Beurteilungsermessen des jeweils entscheidenden Gerichts stehende Erwägung, bis zu welchem Zeitpunkt die Fortsetzung nun etwa wirklich zumutbar ist.

Auch soweit die Rechtslehre bei der außerordentlichen Kündigung unter Umständen die Einhaltung einer angemessenen Kündigungsfrist verlangt, so beschränkt sie dies auf besondere Ausnahmefälle und regelmäßig auf durch den Einzelarbeitsvertrag vereinbarte lange Kündigungsfristen (so Hueck in Hueck-Nipperdey, Lehrbuch des Arbeitsrechts, 3. bis 5. Auflage, Band I, Seite 351), die sie auf die Dauer der gesetzlichen Kündigungsfrist abkürzen will (Nipperdey in Staudinger 10. Auflage, § 626, Erl. 7 und Nikisch, Arbeitsrecht, 2. Auflage, 1. Band, Seite 609). Auch das in § 22 Abs. 1 KO dem Konkursverwalter gewährte Kündigungsrecht, das das Landesarbeitsgericht zur Stützung seiner Auffassung anführt, führt lediglich eine vereinbarte längere Kündigungsfrist auf die gesetzliche kürzere Frist zurück. Der Fall, daß eine besonders lange Kündigungsfrist vereinbart ist und auf die gesetzliche zurückgeführt werden soll, liegt hier aber gar nicht vor und braucht daher auch nicht entschieden zu werden. Hier findet ja von vornherein nur die gesetzliche Kündigungsfrist des § 2 Abs. 1 Satz 1 AngKündSchG Anwendung und es kommt lediglich darauf an, ob der Beklagten bis zum Ablauf dieser gesetzlichen Kündigungsfrist die Weiterbeschäftigung des Klägers zugemutet werden kann.

## 57

**1. Die Frist zur Verlängerung der Berufung kann nicht nur nach Tagen oder Wochen, sondern auch nach Tagen und Stunden verlängert werden.**

**2. Der Prozeßbevollmächtigte muß sich bei Anfertigung der Berufungsbegründung auch um den Zeitpunkt des Fristablaufs kümmern.**

ArbGG 1953 § 77, ZPO §§ 232 Abs. 2, 233 Abs. 1, 519 Abs. 1 Satz 2 Halbsatz 2.

I. Senat. Beschluß vom 24. Oktober 1957 i. S. B. (Kl.) w. F. B. (Bekl.) 1 AZR 23/57.

I. Arbeitsgericht Nürnberg. — II. Landesarbeitsgericht Bayern, Sitz Nürnberg.

Gründe:

Der Kläger hat gegen das Urteil des Arbeitsgerichts rechtzeitig am 13. April 1957 Berufung eingelegt. Auf Antrag des Klägers, die Berufungsbegründungsfrist um 14 Tage zu verlängern, erfolgte die Verlängerung bis einschließlich 3. Mai 1957, mittags 12 Uhr. Bevor dieser Beschluß dem Prozeßbevollmächtigten des Klägers zugegangen war, hatte dieser von der Geschäftsstelle des Landesarbeitsgerichts auf Anruf die fernmündliche Mitteilung erhalten, die Frist sei bis zum 3. Mai 1957 verlängert. Ein Hinweis auf die Uhrzeit des Fristablaufs erfolgte bei diesem Telefongespräch nicht. Der Prozeßbevollmächtigte des Klägers veranlaßte seine Sekretärin auf Grund des Telefongesprächs, den Fristablauf vom 3. Mai 1957 im Terminskalender zu notieren, was auch geschah.

Am 26. April 1957, noch vor Ablauf der ursprünglichen Begründungsfrist, ging der die Uhrzeit „mittags 12 Uhr" enthaltende Verlängerungsbeschluß beim Prozeßbevollmächtigten des Klägers ein. Diesen Eingang teilte die Sekretärin dem Prozeßbevollmächtigten ohne Erwähnung der Uhrzeit mit. Der Prozeßbevollmächtigte bat die Sekretärin zu prüfen, ob der im Beschluß bezeichnete Fristablauf mit dem vom Gericht telefonisch mitgeteilten und im Fristenkalender notierten übereinstimme. Die Sekretärin verglich den Beschluß mit der Eintragung im Terminskalender, ohne auch jetzt die Bestimmung der Uhrzeit im Beschluß zu bemerken, und bestätigte dem Prozeßbevollmächtigten die Übereinstimmung. Darauf vermerkte sie auf dem Beschluß: „not.". Auch dem Prozeßbevollmächtigten war die Angabe der Uhrzeit im Verlängerungsbeschluß entgangen.

Der Prozeßbevollmächtigte des Klägers fertigte am 2. Mai 1957 die Berufungsbegründung an, die am 3. Mai 1957 morgens 10 Uhr fertig geschrieben war. Da an diesem Tag die Frist ablief, entschloß sich der Prozeßbevollmächtigte, die Begründungsschrift selbst zum Landesarbeitsgericht zu bringen. Diesen Entschluß führte er, der die Uhrzeitangabe in der Verlängerung eben nicht kannte, am 3. Mai 1957 um 16 Uhr aus.

Das Landesarbeitsgericht hat die Berufung als unzulässig verworfen und den Wiedereinsetzungsantrag des Klägers unter Zulassung der Revisionsbeschwerde zurückgewiesen. Hiergegen hat der Kläger form- und fristgerecht sofortige Beschwerde eingelegt und sich auf das Vorliegen eines unabwendbaren Zufalls berufen. Er hat glaubhaft gemacht, daß die Sekretärin seines Prozeßbevollmächtigten gehörig überwacht worden sei und sich bisher stets bestens bewährt habe. Sein Prozeßbevollmächtigter habe sich bei der Anfertigung der Berufungsbegründung auf das Studium des Ersturteils und des beiderseitigen Vorbringens im ersten Rechtszug beschränkt.

Die sofortige Beschwerde ist zulässig (BAG AP Nr. 6 zu § 77 ArbGG 1953), aber nicht begründet. Nach § 233 Abs. 1 ZPO ist einer Partei, die durch Naturereignisse oder andere unabwendbare Zufälle verhindert worden ist, die Frist zur Begründung der Berufung einzuhalten, auf Antrag die Wiedereinsetzung in den vorigen Stand zu erteilen. Eine solche Wiedereinsetzung kommt jedoch nur in Frage, wenn weder die Partei noch ihren Prozeßbevollmächtigten ein Verschulden trifft und wenn die äußerste zumutbare Sorgfalt beobachtet worden ist. Diese Voraussetzungen liegen hier nicht vor.

Wenn der Berufungsrichter die Verlängerung der Begründungsfrist nicht nur nach Tagen, sondern darüber hinaus nach Stunden berechnet hat, so ist das ein zulässiges Verfahren. Zwar ist die Begründungsfrist selbst eine Frist, die nach Tagen berechnet ist. Durch die Verlängerung wird jedoch nicht eine neue Frist geschaffen, sondern die ursprüngliche, im Gesetz vorgesehene Frist wird erstreckt, wobei nähere Vorschriften über den Zeitpunkt des Endes der Erstreckung nicht bestehen. Es liegt also im Ermessen des Vorsitzenden, ob er bei dieser Erstreckung die nunmehr in Geltung zu bringende Frist nur nach Tagen oder auch nach Stunden berechnen will. Der Kläger hat auch nicht in Zweifel gezogen, daß es möglich ist, die Fristverlängerung nicht nur nach Tagen, sondern des näheren auch nach Stunden zu gewähren. Er hat selbst vorgetragen, daß ein solcher Brauch beim Landesarbeitsgericht Bayern, Sitz Nürnberg, dann besteht, wenn das Fristende auf einen Sonnabend fällt.

Daß die Bestimmung einer Uhrzeit im Verlängerungsbeschluß übersehen worden ist, beruht zunächst auf einem vom Kläger auch nicht in Abrede gestellten Verschulden der Sekretärin seines Prozeßbevollmächtigten. Es kann jedoch dahingestellt bleiben, inwieweit der Kläger ein solches Verschulden gegen sich gelten lassen muß. Hier liegt vielmehr maßgebend ein eigenes Verschulden des Prozeßbevollmächtigten des Klägers vor. Dieses Verschulden liegt darin, daß der Prozeßbevollmächtigte, dem die Übung des Landesarbeitsgerichts, Fristverlängerungen auch nach Stunden zu berechnen, bekannt war, sich in diesem Fall nicht ausreichend darüber vergewisserte, ob auch hier diese Übung angewandt worden war. Der 3. Mai 1957 war zwar kein Sonnabend. Wenn es bei dem Landesarbeitsgericht Bayern, Sitz Nürnberg, aber gebräuchlich ist, eine Uhrzeit als Ende der verlängerten Frist festzusetzen, sofern der letzte Tag der Verlängerung ein Sonnabend ist, kann schon deswegen damit gerechnet werden, daß auch einmal sonst entsprechend verfahren wird. Im übrigen muß, eben weil eine solche Handhabung möglich ist, stets damit gerechnet werden, daß die Frist zur Verlängerung der Berufungsbegründung auch unter einer Tages- und gleichzeitig einer Stundenangabe als Endzeitpunkt vorgenommen wird. Als nun der Prozeßbevollmächtigte des Klägers sich beim Landesarbeitsgericht fernmündlich nach dem Schicksal seines Fristverlängerungsantrags erkundigte, hat er eine Rückfrage in der Richtung unterlassen, ob in dem Verlängerungsbeschluß eine Uhrzeit erwähnt war oder nicht. Dieselbe Unterlassung hat er begangen, als seine Sekretärin ihm den Eingang des Verlängerungsbeschlusses mitteilte. Auch hier hätte es nahegelegen, sich durch Befragung der Sekretärin oder Einsichtnahme in den Beschluß davon zu überzeugen, ob dieser auch eine Uhrzeit erwähnte. Vor allem aber hätte der Prozeßbevollmächtigte des Klägers bei der Bearbeitung der Sache am 2. Mai 1957 feststellen müssen, daß die Frist am 3. Mai 1957 mittags 12 Uhr ablief. Wie die von dem Kläger vorgelegten Handakten des Prozeßbevollmächtigten ergeben, befand sich der Verlängerungsbeschluß in den Akten, und er läßt auch bei nur flüchtiger Betrachtung deutlich die Befristung auf 12 Uhr mittags erkennen. Der Prozeßbevollmächtigte darf sich bei der Bearbeitung der Sache nicht auf die Prüfung der materiellen Rechtsfragen beschränken, sondern er muß bei fristgebundenen Sachen wegen der Bedeutung der Angelegenheit persönlich die Akten auch darauf genau prüfen, ob und welche Fristen eingehalten werden müssen. Dem Prozeßbevollmächtigten des Klägers ist nach dem Vortrag des Klägers die Akte am 2. Mai 1957 deshalb vorgelegt worden, weil am folgenden Tag die Begründungsfrist ablief. Wenn er sogar bei dieser Gelegenheit und auch anschließend nicht mehr sich um die Frist überhaupt nicht gekümmert hat, so bedeutet das ein Verschulden des Prozeßbevollmächtigten, das gemäß § 232 Abs. 2 ZPO der Partei zuzurechnen ist und eine Wiedereinsetzung ausschließt.

## 58

**1. Kann der Arbeitgeber die einem Musiker geschuldeten dienstfreien Tage nicht in Natur gewähren, so ist er grundsätzlich zu ihrer Abgeltung durch Geld verpflichtet.**

**2. Einer solchen nachträglichen Abgeltung steht das tarifliche Verbot einer Abgeltung dann nicht im Wege, wenn der Musiker infolge einer Drucksituation auf der Gewährung der dienstfreien Tage nicht besteht und der Arbeitgeber diese Drucksituation kennt oder wenigstens kennen muß.**

**3. Die Höhe der Abgeltung je Tag richtet sich grundsätzlich nach der täglichen Arbeitsvergütung, die der Arbeitnehmer bei dem Arbeitgeber bezogen hat, der die dienstfreien Tage in Natur zu gewähren versäumt hat.**

§ 7 der Tarifordnung für die in Gaststätten beschäftigten Musiker und Kapellenleiter in Süd-West-Deutschland vom 26. November 1935 (Tarifregister Nr. 1211/1) (Abgeltung von Freizeit).

II. Senat. Urteil vom 11. Juli 1957 i. S. B. u. a. (Kl.) w. K. (Bekl.) 2 AZR 610/54.

I. Arbeitsgericht Stuttgart. — II. Landesarbeitsgericht Stuttgart.

Die Kläger waren in der Zeit von November 1952 bis Januar 1953 in der der Beklagten gehörigen B.-Bar in St. als Musiker tätig. Sie haben täglich, und zwar regelmäßig 8 Stunden gearbeitet; spielfreie Tage hatten sie nicht. Sie haben die ihnen zugesagte Vergütung von zusammen monatlich 2650,— DM, aber keine weitere Vergütung für die nicht gewährten spielfreien Tage erhalten.

Die Kläger berufen sich auf § 7 der Tarifordnung für die in Gaststätten beschäftigten Musiker und Kapellenleiter in Süd-West-Deutschland vom 26. November 1935 (Tarifregister Nr. 1211/1). Diese Bestimmung lautet:

„Freizeit.

Bei einer Arbeitszeit von durchschnittlich 6 Stunden täglich erhält der Musiker in jeder Woche einen dienstfreien Tag unter

Fortzahlung der Bezüge. Bei einer kürzeren Arbeitszeit erhält der Musiker in jedem Monat 2 dienstfreie Tage unter Fortzahlung der Bezüge.

Die Festsetzung der dienstfreien Tage hat bei der Einstellung zu geschehen. Der Führer des Betriebes ist berechtigt, in Ausnahmefällen die dienstfreien Tage innerhalb des Zeitraums von einer Woche zu verlegen.

Mit Zustimmung des Treuhänders der Arbeit können die Beteiligten in Ausnahmefällen eine von Absatz 1 abweichende Regelung vornehmen.

An den dienstfreien Tagen ist dem Musiker jedes entgeltliche Musizieren verboten. Zuwiderhandlungen berechtigen zur fristlosen Entlassung.

Eine Abgeltung der dienstfreien Tage ist unzulässig."

Auf Grund dieser Tarifbestimmung hätten ihnen neun spielfreie Tage zugestanden und auf Grund der Anordnung über die Freizeit in Gast- und Schankwirtschaften vom 5. Dezember 1940 (RABl. III S. 310) je ein weiterer dienstfreier Tag für den zweiten Weihnachtsfeiertag 1952 und den Neujahrstag 1953, insgesamt also elf spielfreie Tage. Deren Abgeltung verlangen sie.

Ihre Klage blieb in den beiden Vorinstanzen erfolglos, erst das Bundesarbeitsgericht hat ihr zum Teil stattgegeben, im übrigen die Sache an das Landesarbeitsgericht zurückverwiesen.

Aus den Gründen:

1. Die im Tatbestand bezeichnete Tarifordnung vom 26. November 1935 bildet den Klagegrund für die Gewährung von neun spielfreien Tagen. Sie gilt wenigstens für die Gaststätten weiter.

Auf die Anordnung vom 5. Dezember 1940 (Denecke, AZO, 3. Aufl., S. 178), auf die der Vorderrichter überhaupt nicht eingegangen ist, stützt sich der Anspruch auf den dienstfreien Tag für den zweiten Weihnachtsfeiertag 1952 und den Neujahrstag 1953. Diese Anordnung ist, mit Ausnahme ihrer hier nicht interessierenden Nummer 3, weiter in Kraft (BAG 3, 83—85ff.). Nach dieser Anordnung steht den Klägern für den zweiten Weihnachtsfeiertag 1952 und den Neujahrstag 1953 je ein spielfreier Tag zu.

2. Die Kläger verlangen mit der Klage nicht die Gewährung der ihnen angeblich zustehenden dienstfreien Tage in Natur, sondern ihre Abgeltung in Geld.

a) Daß der Anspruch auf Gewährung von Erholungsurlaub in Natur u. U. in einen Ersatzanspruch auf Zahlung einer Geldleistung, mit der der Arbeitnehmer sich entsprechenden Ersatz für den nicht gewährten Erholungsurlaub verschaffen kann, übergeht, ist anerkannten Rechtens (BAG in AP Nr. 7 zu § 611 BGB Urlaubsrecht). So hat ferner der erkennende Senat (BAG 4, 288) den Grundsatz ausgesprochen, daß die nicht gewährte Freizeit durch Geld abzugelten ist. Der Arbeitgeber, der eine rechtlich geschuldete Freizeit nicht mehr in Natur gewähren kann, muß an sich ersatzweise eine Entschädigung in Geld leisten und dadurch den Arbeitnehmer so stellen, daß er sich außerhalb des bisherigen Arbeitsvertrags eine entsprechende Freizeit oder Erholung verschaffen kann. Für die Freizeitanordnung vom 5. Dezember 1940 hat dies der Erste Senat (BAG 3, 83 [89 f.]) bereits auch als selbstverständlich angenommen.

b) Daß die Kläger, was sie auch selbst nicht behaupten, die Gewährung von dienstfreien Tagen nicht ausdrücklich und rechtzeitig von der Beklagten verlangt haben, steht dem Abgeltungsanspruch nicht entgegen. Denn die noch unten zu c) näher erörterte Bedeutung der Freizeit, die den Musikern nicht nur im eigenen, sondern auch im öffentlichen Interesse gewährt werden soll, läßt es nicht zu, die Abgeltung etwa wie beim Hausarbeitstag (BAG 1, 60) an die Bedingung zu knüpfen, daß der Musiker den spielfreien Tag ausdrücklich verlangt hat. Es gehört zur Fürsorgepflicht des Arbeitgebers, daß er ihn von sich aus gewährt.

c) Das in § 7 Abs. 5 der Tarifordnung enthaltene Abgeltungsverbot („Eine Abgeltung der dienstfreien Tage ist unzulässig") steht der Abgeltung der auf Grund der Tarifordnung den Klägern zustehenden neun dienstfreien Tage nicht, wie das Landesarbeitsgericht annimmt, in jedem Falle entgegen. Die Abgeltung der für den zweiten Weihnachtsfeiertag und den Neujahrstag nicht gewährten freien Tage berührt, was das Landesarbeitsgericht übersieht, dieses Abgeltungsverbot überhaupt nicht; denn die Anordnung vom 5. Dezember 1940 enthält kein Abgeltungsverbot.

Das Abgeltungsverbot soll offenbar sicherstellen, daß der Musiker die dienstfreien Tage tatsächlich in Natur erhält, und verhindern, daß er für eine besondere Vergütung, also für eine geldliche Abfindung (Abgeltung), auf den freien Tag verzichtet und auch während seines freien Tages bei seinem Arbeitgeber spielt; ebenso ist ihm in § 7 Abs. 4 der Tarifordnung ja verboten, während des dienstfreien Tages anderswo entgeltlich zu musizieren.

Die Bestimmung dient in diesem Fall (vgl. BAG 3, 215) sowohl dem Interesse des einzelnen Musikers, der sich seine Gesundheit und seine menschliche Würde erhalten soll, als damit auch dem Interesse der Gesamtheit, die vor den schädlichen, letztlich von ihr zu tragenden Folgen einer übermäßigen beruflichen Inanspruchnahme von Arbeitnehmern bewahrt werden soll. Hiernach zielt die Vorschrift auf die Verhinderung eines Raubbaus an der Arbeitskraft, also auf den Arbeitsschutz; sie will dieses Ziel in dem Kleid eines privatrechtlichen Anspruchs erreichen (Herschel, Arbeitsschutz im sozialen Rechtsstaat, BArbBl. Nr. 14/1955 S. 578).

Daß hiernach eine vorherige Vereinbarung der Parteien des Arbeitsvertrags, die dienstfreien Tage durch eine besondere Vergütung abzugelten, nach § 134 BGB nichtig ist, bedarf keiner besonderen Ausführung. Die Vereinbarung der Parteien, daß die Kläger keine spielfreien Tage haben sollten, entbehrt daher der rechtlichen Wirkung, ließ aber die Gültigkeit der Anstellungsverträge unberührt (BAG 1, 133).

Hier steht nun die Frage zur Entscheidung, ob das Abgeltungsverbot seinen wahren Sinn und Zweck nach es auch ausschließt, daß der Anspruch auf nicht gewährte dienstfreie Tage abgegolten wird, wenn seine Erfüllung durch den Ablauf der Zeit, insbesondere des Arbeitsvertrages, nicht mehr möglich ist. Würde man dem Abgeltungsverbot für diesen Fall seine Geltung nehmen, wie es für das in § 1 Satz 2 des Hessischen Urlaubsgesetzes vom 29. Mai 1947 enthaltene Abgeltungsverbot angenommen wird (Dersch, Die Urlaubsgesetze, 1954, S. 337 Erl. 703), so würde man allerdings dem Musiker die Möglichkeit geben, sich mit Hilfe des erlangten Geldbetrags die dienstfreien Tage in Natur zu verschaffen. Unbedingte Sicherheit für die Verwirklichung dieser Möglichkeit besteht freilich nicht; der Musiker kann den Abgeltungsbetrag auch für andere Zwecke verwenden. Es besteht auch die Gefahr, daß der Musiker von vornherein auf den dienstfreien Tag keinen Wert legt und lediglich darauf ausgeht, den Abgeltungsbetrag am Ende zu erhalten. Die Erreichung des erstrebten Ziels, die Arbeitskraft des Musikers zu schützen, ist also durch eine solche Einschränkung des Abgeltungsverbots nicht voll gewährleistet.

Andererseits würde die uneingeschränkte Durchführung des Abgeltungsverbotes auf den Musiker den Zwang ausüben, in jedem Falle auf der Gewährung der dienstfreien Tage in Natur zu bestehen; denn sonst ginge er seines Anspruchs ersatzlos verlustig. Ein solcher durch das Abgeltungsverbot auf den Musiker ausgeübte Zwang wird zwar regelmäßig die Erreichung des Gesetzeszweckes begünstigen. Dieses Ziel wird aber nur erreicht, wenn der Musiker gegenüber dem Arbeitgeber in seinen Entschlüssen frei ist. Häufig wird seine wirtschaftliche und soziale Lage es ihm aber nicht erlauben, den Arbeitgeber, der sich gegen die Gewährung der dienstfreien Tage sträubt, zu verärgern und die Folgen einer solchen Verärgerung auf sich zu nehmen. Unterläßt dann der Musiker, seinen Anspruch geltend zu machen, so würde der unsoziale Arbeitgeber, der die Notlage des Musikers benutzt, um sich die dienstfreien Tage zu ersparen, sich vor dem sozialgesinnten Arbeitgeber, der seiner Fürsorgepflicht freiwillig genügt, einen ungerechtfertigten wirtschaftlichen Vorteil verschaffen.

Sieht man das Abgeltungsverbot von dieser Sicht aus, muß es zwar grundsätzlich zum Zug kommen, kann aber nicht unbedingt und ausnahmslos gelten, sondern muß seinem Sinn und Zweck nach dann versagen, wenn der Arbeitnehmer infolge einer irgendwie gearteten Drucksituation auf der Gewährung der dienstfreien Tage nicht besteht und der Arbeitgeber diese Drucksituation kennt oder wenigstens kennen muß. Hiernach erübrigt es sich auch, eine gerechte Lösung der aufgeworfenen Frage von dem Gesichtspunkt der Arglist her zu finden.

Ob die Kläger sich in einer solchen Drucksituation tatsächlich befunden haben und ob sie aus begründeter Furcht vor dem Arbeitgeber ihren Freizeitanspruch nicht geltend gemacht haben, hat das Landesarbeitsgericht nicht geklärt, da es von seinem Standpunkt aus hierauf nicht ankam. Diese tatsächliche Klärung ist Sache des Landesarbeitsgerichts. Zu diesem Zwecke muß die Sache wegen der neun auf die Tarifordnung gestützten arbeitsfreien Tage an das Landesarbeitsgericht zurückverwiesen werden, da die weitere Einwendung, nämlich die der Erfüllung, nicht durchgreift.

3. Der Einwand der Erfüllung greift nicht durch.

a) Daß die dienstfreien Tage nicht in Natur gewährt worden sind, daß also der Anspruch auf die Gewährung der dienstfreien Tage nicht in Natur erfült worden ist, ergibt an sich der vom Landesarbeitsgericht festgestellte Sachverhalt.

Der Anspruch auf die dienstfreien Tage in Natur ist insbesondere nicht dadurch erfüllt, daß die Beklagte den Klägern formell in den Engagementsverträgen die dienstfreien Tage zugestanden und mit ihnen für diese dienstfreien Arbeitstage eine, allerdings nichtige Arbeitsvereinbarung getroffen hat. Ein solcher Gedankengang, den das Landesarbeitsgericht anscheinend anstellt, ist unnatürlich und unrealistisch. Denn die Engagementsverträge sind ein einheitliches Ganzes und die Beklagte kann ihren Musikern nicht — durch die formelle Gestaltung der Anstellungsverträge — mit der einen Hand die dienstfreien Tage gewähren und sie gleichzeitig mit der anderen Hand wieder nehmen. Dies läßt sich mit dem Sinn der dienstfreien Tage auch nicht vereinbaren.

b) Das Landesarbeitsgericht meint, die Kläger hätten eine Abgeltung für die nicht gewährten dienstfreien Tage erhalten. Die beiden schriftlichen Engagementsverträge für November und Dezember 1952 legt es dahin aus, daß die Kläger darin sieben volle Tage die Woche zu spielen übernommen hätten und daß die gezahlte Vergütung eine Arbeitsleistung von diesem Umfange, also auch die eigentlich dienstfreien Tage, habe abgelten sollen; es gliedert die gezahlte Monatsvergütung von insgesamt 2650,— DM in einen Teil von 2000,— DM, der die Vergütung für eine 48stündige Wochenarbeitszeit an sechs Tagen darstellen sollte, und einen weiteren Teil von 650,— DM, der für den siebenten — an sich dienstfreien — Arbeitstag der Woche gezahlt würde.

Wollte man sich zugunsten der Beklagten und zuungunsten der Kläger dieser Auslegung anschließen, so folgt daraus doch noch nicht, daß die freien Arbeitstage tatsächlich durch Geld abgegolten worden sind.

aa) Eine Erfüllung durch Zahlung der Hauptgage nimmt das Landesarbeitsgericht in erster Linie an, indem es ausführt: „Die spielfreien Tage sind an sich ja bereits durch die Monatsgage bezahlt". Damit meint es offenbar in erster Linie die Hauptgage in Höhe von 2000,— DM.

Das Landesarbeitsgericht begeht dabei aber einen Denkfehler; es verwechselt die Verpflichtung zur Zahlung der Vergütung mit der Verpflichtung zur Gewährung der dienstfreien Tage. Der Anspruch der Kläger geht erstrangig dahin, daß die dienstfreien Tage überhaupt in Natur gewährt werden; daß ihnen für diese dienstfreien Tage die Bezüge fortgezahlt werden, ist eine mehr selbstverständliche Nebenverpflichtung. Bei einer Monatsgage wird eben nicht der einzelne Tag oder die einzelne Stunde besonders vergütet, sie enthält vielmehr ihrem Wesen nach auch die Vergütung für die in den Monat fallenden dienstfreien Tage; für diese wird neben der Monatsgage keine besondere Vergütung mehr gezahlt (siehe Entscheidung des Ersten Senats vom 21. Juni 1957 — 1 AZR 460/56 —). Durch die Gewährung dieser Monatsgage wird aber eben dann auch weder die Hauptverpflichtung, die dienstfreien Tage zu gewähren, noch die an die Stelle dieser Hauptverpflichtung tretende Ersatzverpflichtung, für die Nichtgewährung der dienstfreien Tage eine geldliche Entschädigung (Abgeltung) zu zahlen, erfüllt.

bb) Ebensowenig ist durch die Zahlung der Nebengage der Anspruch erfüllt. Denn die 650,– DM hat die Beklagte den Klägern doch eben nicht zur Abgeltung der nicht gewährten freien Tage, sondern als Vergütung dafür gezahlt, daß sie an diesen nicht gewährten freien Tagen in der Bar der Beklagten tatsächlich musiziert haben. Eine Erfüllung im Sinne des § 362 Abs. 1 BGB ist also nicht ersichtlich.

cc) Schließlich erwägt das Landesarbeitsgericht ganz allgemein, daß § 7 Abs. 5 der Tarifordnung – die Anordnung vom 5. Dezember 1940 zieht es gar nicht in Betracht – ausdrücklich die Abgeltung der dienstfreien Tage verbietet und daß daher die Vereinbarung, an allen sieben Tagen der Woche zu spielen, nichtig war, gelangt aber dann doch zu dem Schluß, daß die Kläger für die spielfreien Tage bereits ihre Vergütung bekommen hätten und daß, wenn man ihrer Klage stattgäbe, sie an den dienstfreien Tagen doppelt entlohnt und ihnen diese Tage im Endergebnis dreifach bezahlt würden.

Diese Ausführungen liegen neben der Sache und entspringen einer einseitig wirtschaftlich-geldlichen Betrachtungsweise. Sie verkennen, daß nicht nur der tarifliche Anspruch auf die dienstfreien Tage, sondern auch der vom Landesarbeitsgericht gar nicht erörterte Anspruch aus der Anordnung vom 5. Dezember 1940 den oben erörterten Schutzcharakter hat und daß aus diesem Schutzcharakter selbst der Anspruch auf die geldmäßige Entschädigung (Abgeltung) entspringt. Dieser Anspruch kann aber auch nicht ersatzweise dadurch abgegolten werden, daß der Arbeitgeber dem Arbeitnehmer eine gutbezahlte Arbeitsgelegenheit bietet; denn gerade dadurch verhindert er das, was die Rechtsordnung erreichen will, nämlich daß der Musiker im Interesse seiner eigenen Person und der Gesamtheit die nötige Freizeit und Entspannung erhält und keinen Raubbau an seiner Arbeitskraft treibt.

4. Der Anspruch auf Abgeltung der für den zweiten Weihnachtsfeiertag und den Neujahrstag nicht gewährten dienstfreien Tage ist auch nicht durch die Bestimmung in Ziffer 1 Satz 2 der Anordnung vom 5. Dezember 1940 ausgeschlossen, die besagt, daß der dienstfreie Tag spätestens 5 Wochen nach dem Feiertag zu gewähren ist. Denn diese Bestimmung will lediglich den Arbeitnehmer schützen, indem sie, in Bezug auf den fraglichen Feiertag, eine Frist für die Gewährung des dienstfreien Tages setzt. Sie enthält aber schon ihrem Wortlaut nach nicht etwa eine Ausschlußfrist des Inhalts, daß der Musiker seinen An-

spruch auf den dienstfreien Tag dann verliert, wenn er ihn nicht binnen der fünf Wochen geltend macht.

5. Nach alledem kann das angefochtene Urteil keinen Bestand haben und muß aufgehoben werden.

Die Klage wegen der Abgeltung der für den zweiten Weihnachtsfeiertag und den Neujahrstag nicht gewährten dienstfreien Tage ist zugunsten der Kläger entscheidungsreif. Die Höhe des Abgeltungsanspruchs ergibt sich, dem Zweck der Abgeltung entsprechend, aus der Vergütung, die nach dem vereinbarten Monatsgehalt auf den einzelnen Tag entfällt.

Im übrigen ist entsprechend dem zu 2 c Ausgeführten die Sache zur anderweiten Verhandlung und Entscheidung an das Landesarbeitsgericht zurückzuverweisen.

## 59

**1. Eine Überschreitung der regelmäßigen werktäglichen Arbeitszeit von acht Stunden gilt außer in den Fällen des § 4 Abs. 1 und 2 AZO auch dann nicht als Mehrarbeit im Sinne des § 15 AZO, wenn sich die Berechtigung des Arbeitgebers, an einem Tag ausgefallene Arbeitszeit mit einer an einem anderen Tag über acht Stunden hinaus geleisteten Arbeit auszugleichen, aus dem Gesichtspunkt von Treu und Glauben ergibt. Dies ist insbesondere dann der Fall, wenn es sich um Nachholung schuldhaft versäumter Arbeitszeit handelt oder die Arbeitsversäumnis durch auf die Lebensführung des Arbeitnehmers zurückzuführende Umstände verursacht worden ist.**

**2. Bei schuldhafter oder in dem Risikobereich des Arbeitnehmers liegender Arbeitsversäumnis kann die nachzuholende Arbeitszeit in entsprechender Anwendung des § 4 Abs. 2 AZO allerdings nur auf die Werktage von fünf zusammenhängenden, die Ausfalltage einschließenden Wochen verteilt werden.**

AZO §§ 4, 15.

II. Senat. Urteil vom 25. Juli 1957 i. S. Fa. W. & Co. (Bekl.) w. H. (Kl.).
2 AZR 93/56.

I. Arbeitsgericht Köln. — II. Landesarbeitsgericht Düsseldorf.

Der Kläger arbeitet bei der Beklagten, die eine Skimiederfabrik betreibt, als Zuschneider. Von seinem Urlaub, der mit Samstag, dem 27. August 1955, endete, kehrte er erst am Mittwoch, dem 31. August 1955, zurück, weil er unterwegs Pech mit seinem Motorrad gehabt habe. Der Kläger verlangt von der Beklagten die Bezahlung von Mehrarbeit für insgesamt 16½ Stunden, die er in der Zeit vom 31. August bis 24. September 1955 geleistet habe. Die Beklagte hat die Bezahlung mit der Begründung abgelehnt, sie verrechne die in der fraglichen Zeit über täglich acht Stunden hinaus geleisteten Arbeitsstunden mit den durch die verspätete Rückkehr des Klägers ausgefallenen Stunden.

Das Arbeitsgericht hat die Klage abgewiesen; das Landesarbeitsgericht hat ihr stattgegeben. Die Revision der Beklagten führte zur Zurückverweisung an das Landesarbeitsgericht.

Aus den Gründen:

Das Landesarbeitsgericht hat der Klage stattgegeben, weil eine tägliche Arbeitszeit von acht Stunden die Höchstgrenze der regelmäßigen Arbeitszeit sei und daher jede Arbeit, die über diese Zeit hinaus geleistet werde — von den gesetzlich ausdrücklich vorgesehenen Ausnahmefällen abgesehen — zuschlagspflichtige Mehrarbeit im Sinne der Arbeitszeitordnung darstelle. Demgemäß sei die Nachholung der wegen Krankheit oder sonstiger Behinderung ausgefallener Arbeitsstunden nur an dem Tag, an dem sie ausgefallen seien, möglich, nicht aber an anderen Tagen der Woche, ohne daß es dabei auf ein Verschulden des Arbeitnehmers hinsichtlich der Versäumung der Arbeitszeit ankomme. Wenn ein Arbeitnehmer, der an den ersten beiden Tagen der Woche aus persönlichen Gründen nicht gearbeitet habe, an den weiteren Tagen dieser Woche über die im Betrieb regelmäßige tägliche Arbeitszeit hinaus arbeite, so leiste er genau wie die übrigen Arbeitnehmer des Betriebes Überstunden. Eine Anrechnung der Fehlstunden des Klägers auf die in einer späteren Woche geleistete Mehrarbeit in analoger Anwendung des § 4 AZO sei ebenfalls nicht möglich. Der Schutzcharakter der Arbeitszeitvorschriften stehe einer ausdehnenden Auslegung entgegen. Mit der Behauptung, daß es zu den im Betrieb geleisteten Überstunden erst durch die Arbeitsversäumnis des Klägers und eines mit ihm gleichzeitig unterwegs gewesenen weiteren Zuschneiders gekommen sei, könne die Beklagte schon deshalb nicht gehört werden, weil sie diese Behauptung verspätet vorgetragen und nicht unter Beweis gestellt habe.

Demgegenüber rügt die Revision eine Verletzung der herrschenden Auffassung zum Begriff der Mehrarbeit im Sinne der AZO sowie einen Verstoß gegen § 57 ArbGG.

Die Rügen sind begründet.

1. Gemäß § 3 AZO darf die regelmäßige werktägliche Arbeitszeit die Dauer von acht Stunden nicht überschreiten. Unter bestimmten

Voraussetzungen sieht die Arbeitszeitordnung jedoch eine Arbeitszeitverlängerung vor, so in den Fällen des § 6 (an 30 Tagen durch den Arbeitgeber), des § 7 (durch Tarifvertrag), des § 8 (durch das Gewerbeaufsichtsamt) sowie des § 14 (in außergewöhnlichen Fällen). Wegen einer solchen Mehrarbeit haben die betroffenen Belegschaftsmitglieder gemäß § 15 AZO Anspruch auf angemessene Vergütung über den Lohn für die regelmäßige Arbeitszeit hinaus, wobei ein Zuschlag von 25 % als angemessene Vergütung gilt, wenn nicht die Beteiligten eine andere Regelung vereinbaren. Die Überschreitung der regelmäßigen werktäglichen Arbeitszeit von acht Stunden gilt jedoch nicht als Mehrarbeit in diesem Sinne in den Fällen des § 4 Abs. 1 und 2 AZO. Nach § 4 Abs. 1 AZO kann die ausfallende Arbeitszeit auf die übrigen Werktage derselben sowie der vorhergegangenen oder folgenden Woche verteilt werden, wenn die Arbeitszeit an einzelnen Werktagen regelmäßig verkürzt wird oder soweit die Art des Betriebes eine ungleichmäßige Verteilung der Arbeitszeit erfordert. Gemäß § 4 Abs. 2 AZO kann ferner die durch Betriebsfeiern, Volksfeste, öffentliche Veranstaltungen oder aus ähnlichem Anlaß an Werktagen ausfallende Arbeitszeit auf die Werktage von fünf zusammenhängenden, die Ausfalltage einschließenden Wochen verteilt werden.

Nach dem vorliegenden Tatbestand ist zweifellos keine dieser beiden Voraussetzungen gegeben. Die Arbeitszeit des Klägers ist nicht an einzelnen Werktagen regelmäßig verkürzt worden, die Art des Betriebes hat auch nicht eine ungleichmäßige Verteilung der Arbeitszeit erfordert. Die Voraussetzungen des § 4 Abs. 2 sind nach dem Sachverhalt ebenfalls nicht erfüllt; sie liegen ihrer Natur nach nur dann vor, wenn es sich um bestimmte Veranstaltungen kollektiver Art handelt, nicht aber, wenn wie in dem zur Entscheidung stehenden Fall, Vorgänge in Betracht kommen, die nur in der Person eines oder mehrerer einzelner Arbeitnehmer begründet sind.

Zu diesen beiden im Gesetz ausdrücklich geregelten Fällen tritt aber nach Auffassung des Senats noch der weitere Fall, daß sich die Berechtigung des Arbeitgebers, an einem Tage ausgefallene Arbeitszeit mit einer an einem anderen Tag über acht Stunden hinaus geleisteten Arbeit auszugleichen, aus dem Gesichtspunkt von Treu und Glauben ergibt, von dem jedes Arbeitsverhältnis beherrscht ist.

Das muß in erster Linie dann gelten, wenn der Arbeitnehmer den Ausfall der Arbeit selbst verschuldet hat, insbesondere bei sogenannter Bummelei. In einem solchen Fall muß sich der Arbeitnehmer grundsätzlich Arbeitszeit, die er an anderen Arbeitstagen über acht Stunden hinaus leistet, jedenfalls in einem gewissen zeitlichen Rahmen auf die nicht geleisteten Arbeitsstunden anrechnen lassen, da er andernfalls durch die Gewährung eines Mehrarbeitszuschlages für die von ihm verschuldete Arbeitszeitversäumnis sogar noch belohnt würde. Eine solche Anrechnung ist zulässig, weil andernfalls der Arbeitnehmer es in der Hand hätte, mit Hilfe verschuldeter Arbeitszeitversäumnis zu Überstundenzuschlägen zu kommen. Das wäre aber mit dem Gedanken von Treu und Glauben auf keinen Fall vereinbar (vgl. hierzu auch Denecke, BB 51, 783; Siebert, ArbRBlattei, Arbeitszeit II B V 3 b).

Der vorstehend aufgestellte Grundsatz muß aber auch für den Fall gelten, daß der Ausfall von Arbeitszeit zwar nicht vom Arbeitnehmer verschuldet ist, wohl aber in seinen Gefahrenkreis fällt. Dem Arbeitsverhältnis ist die Verpflichtung des Arbeitnehmers immanent, seine Arbeitskraft dem Arbeitgeber für die ihm von letzterem übertragenen und von ihm, dem Arbeitnehmer, übernommenen Arbeiten zu der festgesetzten Zeit am vereinbarten Arbeitsplatz zur Verfügung zu stellen. Daraus ergibt sich die Verpflichtung des Arbeitnehmers pünktlich an seinem Arbeitsplatz zu sein; ein verspätetes Eintreffen geht daher grundsätzlich zu seinen Lasten.

Wenn ein Arbeitnehmer mit dem Motorrad in die Ferien fährt, so muß er nach aller Erfahrung mit der Möglichkeit rechnen, daß ihm unterwegs eine Panne zustößt und sich hierdurch seine Rückkehr verzögert. Ein solches Risiko muß er von vornherein in seine Dispositionen einkalkulieren. In der Nichtberücksichtigung dieser Möglichkeit braucht zwar kein fahrlässiges Verhalten des Arbeitnehmers zu liegen; es wäre aber mit dem Grundsatz von Treu und Glauben nicht vereinbar, wenn er dieses bei ihm wegen seiner persönlichen Lebensführung auftretende und damit in seinen Bereich fallende Risiko auf den Arbeitgeber abwälzen könnte. Verlangt der Arbeitgeber also in einem solchen Fall die Nacharbeit der ausgefallenen Arbeitszeit, so kann der Arbeitnehmer hierfür grundsätzlich einen Mehrarbeitszuschlag nicht verlangen. Es kann daher im vorliegenden Fall auch dahingestellt bleiben, ob die verspätete Arbeitsaufnahme vom Kläger verschuldet war oder nicht. Den Fall, daß der Ausfall von Arbeit, der etwa infolge einer Erkrankung des Arbeitnehmers eintrat, ohne die Gewährung von Mehrarbeitsvergütung durch zusätzliche Arbeit wettgemacht werden sollte, hatte der Senat nicht zu entscheiden. Er liegt auch gegenteilig. Die Erkrankung tritt zwar bei dem Arbeitnehmer auf, sie ist aber, wenigstens im allgemeinen, nicht von ihm zu vertreten. Weil der Arbeitnehmer keine Macht über die Erkrankung hat, liefe das Verlangen, die Zeit der Erkrankung durch Nachholarbeit ohne die Gewährung von Mehrarbeitszuschlägen einzubringen, auf ein Verkennen des Schutzzweckes der Arbeitszeitvorschriften hinaus. Sie sollen die Arbeitskraft des Arbeitnehmers vor übermäßiger Abnutzung schützen und ihm im Interesse seiner Menschenwürde und der Entfaltung seiner Persönlichkeit Raum für Freizeit und Muße geben.

Etwas anderes ergibt sich auch nicht etwa aus § 616 BGB, wonach der zur Dienstleistung Verpflichtete des Anspruchs auf die Vergütung nicht dadurch verlustig wird, daß er für eine verhältnismäßig nicht erhebliche Zeit durch einen in seiner Person liegenden Grund ohne sein Verschulden an der Dienstleistung verhindert wird. § 616 BGB hat seine gedankliche Grundlage in der Fürsorgepflicht des Arbeitgebers; der Arbeitnehmer soll, falls nichts anderes vereinbart, wegen seiner personalen Beziehung zum Arbeitgeber im Falle einer kurzfristigen, unverschuldeten Verhinderung nicht den Anspruch auf seinen Lohn verlieren. Im vorliegenden Fall handelt es sich hingegen nicht um die Frage der Lohnsicherung aus dem Gedanken der Fürsorgepflicht des Arbeitgebers, sondern um die ganz anders geartete Frage, ob und unter welchen Voraussetzungen der Arbeitnehmer versäumte Arbeitszeit nachholen muß. Der Grundgedanke, daß das Arbeitsverhältnis eingegangen wird, damit der Arbeitnehmer Arbeit leistet und dem Arbeitgeber das Ergebnis dieser Arbeit zugute kommt, rechtfertigt die Nichtzahlung eines Mehrarbeitszuschlages im Falle einer derartigen Nachholarbeit. Es handelt sich nicht um das Problem der dem Arbeitgeber obliegenden Fürsorgepflicht, sondern es geht um die dem Arbeitnehmer obliegende Erfüllung des Arbeitsverhältnisses, das seiner Natur nach nun einmal auf die Leistung von Arbeit gerichtet ist.

Es kann auch nicht entgegengehalten werden, daß es sich bei der Verpflichtung zur Mehrarbeitsvergütung nach § 15 AZO in Wirklichkeit nicht um eine Vorschrift des materiellen Lohnrechts, sondern um eine Arbeitsschutznorm handele. Gewiß besteht der Zweck jener Bestimmung darin, den Arbeitgeber durch Belastung mit besonderen Unkosten anzuhalten, von der ihm in gewissen Fällen gegebenen Befugnis zur Ausdehnung der täglichen Arbeitszeit über acht Stunden möglichst wenig Gebrauch zu machen. Zu den Ausnahmefällen ist aber neben den in § 4 Abs. 1 und 2 AZO ausdrücklich aufgeführten Tatbeständen nach dem vorher gesagten gerade auch der Fall zu rechnen, daß das Verlangen auf Zahlung eines solchen Zuschlages wie hier dem Grundsatz von Treu und Glauben widersprechen würde. Der Schutzzweck der Arbeitszeitvorschriften, die Kräfte des Arbeitnehmers zu bewahren und seine

Menschenwürde zu gewährleisten, verlangt nicht, daß der Arbeitnehmer für von ihm zu vertretende Arbeitsversäumnis freigestellt und, durch die Gewährung von Mehrarbeitszuschlag für Nachholarbeit, sogar noch belohnt wird. Daß die Arbeitszeit des Klägers in der Zeit vom 31. August bis 24. September 1955 an dem einen oder anderen Tag übermäßig ausgedehnt gewesen sei, ist nicht vorgetragenden worden.

Der Ausgleich von an einzelnen Tagen über acht Stunden hinaus geleisteter Arbeit mit Arbeitsstunden, die vom Arbeitnehmer aus eigenem Verschulden oder weil die Ursache in seinem Risikobereich liegt, nicht geleistet worden sind, kann allerdings nicht unbeschränkt erfolgen. Vielmehr muß zwischen dem Ausfall und dem Ausgleich ein gewisser zeitlicher Zusammenhang bestehen. Insoweit trägt der Senat keine Bedenken, auf einen solchen Fall den Grundsatz des § 4 Abs. 2 AZO entsprechend anzuwenden, wonach die ausgefallene Arbeitszeit auf die Dauer von fünf zusammenhängenden, die Ausfalltage einschließenden Wochen verteilt werden kann. Der Rechtsgedanke, der dieser gesetzlichen Regelung zu Grunde liegt, kann unbedenklich auch auf einen Fall wie den vorliegenden zur Anwendung kommen. Wenn schon bei Veranstaltungen der dort genannten Art ein größerer Ausgleichszeitraum vorgesehen ist, so muß ein solch größerer Zeitraum auch gewährt werden, wenn es zur Nachholarbeit wegen vom Arbeitnehmer verschuldeter oder doch in seinem Risikobereich liegender Arbeitsversäumnis kommt. Die kürzere Ausgleichszeit des § 4 Abs. 1 AZO geht davon aus, daß die Verkürzung oder ungleichmäßige Verteilung der Arbeitszeit wegen der Situation des Betriebes eintritt. Eine Ausdehnung der Ausgleichszeit über die in § 4 Abs. 2 AZO genannte Zeitspanne hinaus erscheint andererseits auch nicht gerechtfertigt, weil dann der — letztlich ebenfalls nach Treu und Glauben erforderliche — zeitliche Zusammenhang zwischen Arbeitsversäumnis und Nachholen der Arbeit nicht mehr gegeben wäre.

2. Der Senat ist jedoch nicht in der Lage, eine endgültige Entscheidung zu treffen.

In der Berufungsinstanz hat der Kläger vorgetragen, daß er in Wirklichkeit gar nicht a l l e i n Arbeitszeit nachgeholt, sondern daß der g a n z e B e t r i e b an den fraglichen Tagen Mehrarbeit geleistet habe. Die Beklagte hat demgegenüber, wie sich aus dem letzten Absatz der Entscheidungsgründe des vorinstanzlichen Urteils ergibt, in tatsächlicher Hinsicht auf jeden Fall vorgetragen, daß diese Mehrarbeit ihre Ursache in dem Verhalten des Klägers, nämlich seiner verspäteten Rückkehr von seinem Urlaub, gehabt habe. Die Feststellung der wirklichen

Vorgänge ist nun für die Entscheidung von Bedeutung. Einmal wäre es denkbar — wie offenbar die Beklagte behaupten will —, daß der Kläger und sein Arbeitskamerad, der zusammen mit ihm auf Urlaub gefahren und ebenfalls zu spät zurückgekommen war, im Betrieb der Beklagten eine Schlüsselstellung als Zuschneider einnahm und sich auf Grund ihrer verspäteten Rückkehr für den Gesamtbetrieb oder für die Betriebsabteilung die Notwendigkeit der angeordneten Mehrarbeit ergab. Die Ausführungen des Landesarbeitsgerichts am Schluß des Urteils, es sei unwahrscheinlich und unglaubhaft, daß bei einem Betrieb von etwa 200 Arbeitnehmern das Fortbleiben zweier Zuschneider um zwei Tage über den Urlaub hinaus für den gesamten Betrieb die Notwendigkeit von Überstunden verursacht habe, verkennen offenbar den Erfahrenssatz, daß der Zuschneider in der Bekleidungsindustrie eine Schlüsselstellung inne hat, außerdem den weiteren Erfahrungssatz, daß der Monat August im allgemeinen gerade in der Bekleidungsindustrie Urlaubsmonat ist. In diesem Falle hätte es sich also für den Kläger um echte Nacharbeit und nicht um Mehrarbeit gehandelt.

Daß das Landesarbeitsgericht das Vorbringen der Beklagten gemäß § 67 ArbGG als verspätet zurückgewiesen hat, ist mit der von der Revision erhobenen Verfahrensrüge zu Recht angegriffen worden. Nach § 67 ArbGG sind neue Tatsachen und Beweismittel vom Berufungskläger in der Berufungsbegründung, vom Berufungsbeklagten spätestens in der ersten mündlichen Verhandlung vorzubringen. Da vor dem Landesarbeitsgericht überhaupt nur eine mündliche Verhandlung stattgefunden hat, war das Vorbringen der Berufungsbeklagten, der jetzigen Revisionsklägerin, in der mündlichen Verhandlung in jedem Falle rechtzeitig. Dafür, daß ein Fall des § 529 Abs. 2 ZPO vorliege, hat das Berufungsgericht nichts angeführt.

Es ist aber möglich, daß der Arbeitgeber Mehrarbeit angeordnet hat, ohne daß sie durch das Fehlen des Klägers und seines Arbeitskameraden am 29. und 30. August 1955 veranlaßt worden wäre. Das konnte z. B. dann der Fall sein, wenn die Beklagte noch über eine genügende Anzahl weiterer Zuschneider verfügte, die für den Kläger und seinen Arbeitskameraden einspringen konnten, und die zusätzliche Arbeit für die Belegschaft insgesamt oder zu einem Teil in Wahrheit aus anderen Gründen, z. B. wegen eines plötzlichen, besonders starken Auftragsbestandes, angeordnet worden ist. In diesem Falle würde die Anordnung der Überarbeit nicht durch das Verhalten des Klägers und seines Arbeitskameraden hervorgerufen worden sein, es insofern also an einer Kausalität zwischen der verspäteten Rückkehr des Klägers und der Anordnung der Mehrarbeit ermangeln. Dann wäre die vom Kläger in der Zeit vom 31. August bis 24. September 1955 über täglich acht Stunden hinaus geleistetet Arbeit echte Mehrarbeit gewesen.

Da Feststellungen in dieser Richtung vom Landesarbeitsgericht nicht getroffen worden sind und der Senat nicht in der Lage ist, diese Feststellungen selbst zu treffen, mußte das Urteil des Landesarbeitsgerichts aufgehoben und die Sache zur anderweiten Verhandlung und Entscheidung an das Berufungsgericht zurückverwiesen werden.

Bei seiner Entscheidung wird das Landesarbeitsgericht, auch wenn es das Vorliegen von Mehrarbeit verneinen sollte, dem Anspruch des Klägers allerdings insofern entsprechen müssen, als dieser die Zahlung eines Mehrarbeitszuschlages über 16 Stunden hinaus verlangt, da im Hinblick auf die Versäumnis von zwei Arbeitstagen in keinem Falle mehr als zwei mal acht Stunden ausgeglichen werden können. Auch wird das Gericht, was sich aus der Vorentscheidung nicht ergibt, zu prüfen haben, ob die Parteien tarifgebunden sind und ob sich aus dem gegf. in Frage kommenden Tarifvertrag etwa eine andere Beurteilung der Rechtslage ergibt.

## 60

**1. Es verstößt gegen § 313 Abs. 1 Ziff. 4 ZPO, wenn das Landesarbeitsgericht eine eigene Beweiswürdigung unterläßt und hinsichtlich der Beweiswürdigung lediglich auf diejenige 1. Instanz Bezug nimmt.**

**2. Es spricht eine tatsächliche Vermutung dafür, daß der Arzt, der noch nicht im Besitz der Vollapprobation ist, ärztliche Tätigkeit lediglich zu seiner eigenen Ausbildung ausübt. Ein Ausbildungsverhältnis ist nur dann nicht anzunehmen, wenn der Arzt unter Verwendung seiner bereits erworbenen Fähigkeiten mit Kenntnis und mit Billigung der Krankenanstalt ärztliche Tätigkeit ausübt und zur Versorgung der Patienten für den Krankenhausbetrieb unentbehrlich ist, wenn also für den Fall, daß er ausscheiden würde, an seiner Stelle ein Assistenzarzt eingestellt werden müßte. Dagegen genügt es — das Vorliegen einer echten Befristung im Sinne des § 1 Abs. 3 Buchst. b Kr. T vorausgesetzt — zur Annahme eines Ausbildungsverhältnisses, wenn ein Arzt, der auf anderen Gebieten bereits voll ausgebildet ist, sich auf einem weiteren Spezialgebiet durch Anleitung und Belehrung eine weitere Ausbildung verschaffen will.**

**3. Bei Beurteilung der Frage, ob es sich um ein Ausbildungsverhältnis handelt, kommt es zunächst auf die getroffenen Abmachungen an. Es ist somit davon auszugehen, was die Parteien bei der Einstellung**

**übereinstimmend gewollt haben und was bei Vertragsschluß im Vordergrund gestanden hat, nämlich die Gewährung einer Ausbildung oder die Leistung von Arbeit zur Erledigung betrieblicher Aufgaben, in wessen überwiegendem Interesse der Vertrag somit abgeschlossen ist. Es kommt jedoch nicht allein auf den bei Vertragsabschluß vorliegenden Parteiwillen an. Vielmehr ist auch maßgebend, ob sich die Beschäftigung des Arztes so abgespielt hat, wie es diesem Parteiwillen entsprach.**

**4. Hat sich der Arzt bei seiner Einstellung oder später nicht verpflichtet, dem Träger des Krankenhauses Mitteilung davon zu machen, daß die Chefärzte oder deren Vertreter von ihm eine andere als die vertraglich vereinbarte Arbeitsleistung verlangen, so kann dem Arzt nur in Ausnahmefällen zugemutet werden, sich noch während des Laufs des Dienstvertrages mit auf einer Tarifordnung oder einem Tarifvertrag beruhenden Ansprüchen an den Arbeitgeber zu halten.**

ZPO § 551 Ziff. 7, § 313 Abs. 1 Ziff. 4, § 286; BGB § 611, Ärzte, Gehaltsanspruch; Kr. T § 1 Abs. 3 Buchst. b; ADO zu §2 TO.A Nr. 3 Buchst. B Abs. 1.

I. Senat. Urteil vom 4. Oktober 1957 i. S. R. (Bekl.) w. Dr. M. (Kl.) 1 AZR 463/55.

I. Arbeitsgericht Bochum. — II. Landesarbeitsgericht Hamm (Westf.).

Der im Jahre 1923 geborene Kläger hat am 11. Dezember 1948 seine Approbation als Arzt erhalten. Im Jahre 1950 hat er promoviert. Er stand vom 8. Februar 1949 bis zum 30. Juni 1954 in Diensten der Beklagten und war zunächst im Krankenhaus R., später im Genesungsheim in H. tätig. Zwischen den Parteien waren zeitlich begrenzte Verträge abgeschlossen, die die Beschäftigung des Klägers jeweils für ein Jahr regelten. In diesen Verträgen wurde die Tätigkeit des Klägers als die eines Volontärarztes bezeichnet. Der Kläger erhielt in der Zeit, für die er mit der Klage Nachforderungsansprüche gestellt hat, ein Gehalt in Höhe von 200,— bis 240,— DM monatlich mit Ausnahme von zwei Monaten, während welcher er vertretungsweise im Krankenhaus der Beklagten in H. gegen Vergütung nach TO.A III tätig war. Er ist der Auffassung, daß er auch in der übrigen Zeit nach Gruppe II oder III TO.A hätte bezahlt werden müssen, und hat mit der Klage diese Ansprüche für die Zeit von Januar 1951 bis Ende Februar 1954 geltend gemacht. Die Vorinstanzen haben nach Klageantrag erkannt. Die Revision des Klägers führte zur Zurückverweisung an das Landesarbeitsgericht.

Aus den Gründen:

Der Kläger kann das mit der Klage geltend gemachte Tarifgehalt nur beanspruchen, wenn und solange er sich nicht in einem Ausbildungsverhältnis zur Beklagten im Sinne des § 1 Abs. 3 Buchst. b der Kr. T befunden hat. Die vom Landesarbeitsgericht getroffenen Feststellungen reichen nicht aus zu der Annahme, daß ein solches Ausbildungsverhältnis in der Zeit von Januar 1951 bis Februar 1954 nicht vorgelegen habe.

Das Landesarbeitsgericht kommt, indem es sich die Beweiswürdigung der ersten Instanz zu eigen macht, zu der Feststellung, sowohl für die Zeit, während welcher der Kläger in R. tätig war, wie für die in H. könne von einer echten Ausbildung des Klägers im Sinne einer Anleitung und Belehrung nur in ganz geringem Umfang die Rede sein. In R. sei es zur Not vorübergehend auch ohne den Kläger gegangen. In H. sei der Kläger als normal in den Betrieb eingespannter Assistenz- und Stationsarzt tätig gewesen. Sowohl in R. wie in H. sei der Kläger für den Betrieb notwendig gewesen. Zum weitaus überwiegenden Teil habe der Einsatz des Klägers in den üblichen, sich mehr oder weniger wiederholenden normalen Arbeiten eines Assistenzarztes auf der Station bestanden.

Diese Feststellungen sind, wie die Revision mit Recht rügt, unter Verstoß gegen prozessuale Vorschriften getroffen. Zwar greift die Rüge der Revision, das Landesarbeitsgericht habe zu Unrecht eine erneute Vernehmung des Chefarztes des Knappschaftskrankenhauses in H. in zweiter Instanz unterlassen, nicht durch. (Wird ausgeführt.)

Nicht begründet ist auch die weitere Prozeßrüge der Revision, daß das Landesarbeitsgericht auf das Angebot der Beklagten aus der Berufungsinstanz, weitere Zahlenangaben über die Besetzung des Knappschaftskrankenhauses in H. mit Ärzten zu machen, nicht eingegangen sei (wird ausgeführt).

Schließlich rügt die Revision auch zu Unrecht, daß das Landesarbeitsgericht den Inhalt der Personalakten des Klägers im vollen Umfang verwertet hat. Nach dem nicht berichtigten Tatbestand des Berufungsurteils sind die Personalakten tatsächlich im vollen Umfang zum Gegenstand der Verhandlung gemacht worden. Auch insoweit liegt ein Prozeßverstoß des Landesarbeitsgerichts also nicht vor.

Dagegen ist eine Aufhebung des Berufungsurteils einschließlich des ihm zugrundeliegenden Verfahrens schon deshalb geboten, weil es sich jeder eigenen Beweiswürdigung enthält und nur die Beweiswürdigung der ersten Instanz in Bezug nimmt, ferner weil das Landesarbeitsgericht auch hinsichtlich der Frage, für welche Zeit der Kläger Bezahlung nach Vergütungsgruppe II TO.A, und für welche er eine solche nach Gruppe III TO.A fordern kann, ausschließlich unter Unterlassen einer eigenen Prüfung auf die Ausführungen des Arbeitsgerichts verweist und weil dasselbe der Fall ist hinsichtlich der Frage, ob sich der Kläger die ihm vom Chefarzt bezahlten Gutachtergebühren anrechnen lassen muß; auch insoweit ist eine eigene Begründung in dem Berufungsurteil nicht enthalten, sondern lediglich eine Verweisung auf das Urteil erster Instanz, womit das Berufungsgericht gegen den Grundsatz verstößt, daß es nicht den Parteien überlassen werden darf, sich aus den Akten die Begründung zusammenzusuchen. Hierbei ist hinsichtlich des Fehlens einer eigenen Beweiswürdigung des Landesarbeitsgerichts noch zusätzlich darauf hinzuweisen, daß die bloße Verweisung auf die Beweiswürdigung des Arbeitsgerichts um so bedenklicher erscheint, weil diese keineswegs widerspruchsfrei ist. So stellt das Arbeitsgericht auf Grund der von ihm vorgenommenen Beweisaufnahme fest, daß der Kläger bei seiner Arbeit stärker beaufsichtigt worden ist als die nach der Kr. T-TO.A besoldeten Assistenten. Es stellt weiter fest, daß der Kläger in R. von dem Chefarzt genauer kontrolliert worden ist als bestimmte andere Ärzte und daß ihm die ärztlichen Arbeiten nicht anvertraut worden sind, die der Chefarzt ihm bei seiner Jugend und kürzeren Dienstzeit nicht zutraute. Damit steht die weitere Feststellung des Arbeisgerichts im Widerspruch, wonach der Kläger im selben Umfang tätig gewesen sei wie jeder andere nach der Kr. T-TO.A entlohnte Assistenzarzt. Zu diesem Widerspruch nimmt das Berufungsurteil überhaupt nicht Stellung, sondern es begnügt sich mit einer bloßen Verweisung auf das Urteil erster Instanz.

Selbst wenn in dem Fehlen einer eigenen Stellungnahme zu einigen Streitpunkten, insbesondere aber einer eigenen Beweiswürdigung im Berufungsurteil nicht schon ein Verstoß gegen die Vorschrift des § 551 Ziff. 7 ZPO zu sehen wäre, so ist doch jedenfalls ein solcher gegen § 313 Abs. 1 Ziff. 4 ZPO festzustellen; denn insbesondere die Beweiswürdigung hätte vom Berufungsgericht selbst vorgenommen werden müssen. Eine bloße Bezugnahme auf die Beweiswürdigung erster Instanz reichte nicht aus. Wenn sich das Landesarbeitsgericht weiter auch hinsichtlich der rechtlichen Würdigung des Beweisergebnisses den Ausführungen des Arbeitsgerichts vollinhaltlich anschließen zu können glaubt, andererseits jedoch die Auffassung vertritt, daß sich die Rechtsansicht des Arbeitsgerichts mit der des Zweiten Senats des Bundesarbeitsgerichts decke, so ist auch das widerspruchsvoll. So hat der Zweite Senat (AP Nr. 1 zu § 611 BGB, Ärzte, Gehaltsanspruch) entgegen der Ansicht des

Arbeitsgerichts der Frage der Eingliederung des Arztes in den Betrieb des Krankenhauses gerade keine entscheidende Bedeutung beigemessen. Das Berufungsurteil enthält, wenn es sich der rechtlichen Würdigung des Arbeitsgerichts anschließ, andererseits aber hervorhebt, daß sie sich mit der des Zweiten Senats nicht in Widerspruch setze, somit selbst einen Widerspruch, der allein schon zu seiner Aufhebung zwingt.

Das Landesarbeitsgericht hat es weiter unterlassen, bei der Würdigung des Falles das von der Beklagten vorgebrachte Beweismaterial zu berüchsichtigen. Wenn dessen Berücksichtigung, wie die Revision mit Recht dargelegt, unterlassen wurde, so stellt das einen Verstoß gegen § 286 ZPO dar, wonach das Urteil unter Berücksichtigung des gesamten Parteivortrags ergehen muß. Diese Berücksichtigung ist insoweit unterblieben, als das Landesarbeitsgericht wesentliche Vorgänge aus den Personalakten des Klägers nicht würdigt, obwohl nach dem Tatbestand des angefochtenen Urteils diese Akten Gegenstand der Verhandlung gewesen sind (wird ausgeführt).

Bei der erneuten Verhandlung wird das Berufungsgericht nicht nur Vorgänge aus den Personalakten zu berücksichtigen, sondern sich auch eingehend mit der Rechtsprechung des Bundesarbeitsgerichts zu den Gehaltsansprüchen der sogenannten Volontärärzte auseinanderzusetzen haben (vgl. AP Nr. 1 und 2 zu § 611 BGB, Arzt, Gehaltsansprüche, ferner das Urteil des Vierten Senats vom 27. März 1957, 4 AZR 524/54, sowie RAG ARS 44, 241). Es wird bei seiner Rechtsfindung von der Vorschrift des § 1 Abs. 3 Buchst. b der Kr. T auszugehen haben, wonach jedes Ausbildungsverhältnis eine Befristung voraussetzt. Es fällt auf, daß beide Vorinstanzen jede nähere Untersuchung darüber unterlassen, ob der Dienstvertrag des Klägers in diesem Sinne befristet war oder nicht. Diese Frage hätte jedoch in erster Linie geklärt werden müssen; denn die Annahme eines Ausbildungsverhältnisses setzt, wie betont, eine solche Befristung voraus. Fehlt es an ihr, so würde ein Tarifanspruch schon aus diesem Grunde gegeben sein. Zwar geht das Landesarbeitsgericht davon aus, daß zwischen den Parteien zeitlich begrenzte Verträge abgeschlossen worden sind. Das allein reicht aber nicht aus. Das Landesarbeitsgericht hätte vielmehr prüfen müssen, ob hierin eine echte Befristung im Sinne eines Ausbildungsvertrages gesehen werden kann. Selbst wenn das für die erste Zeit in R. und in H. zu bejahen wäre, würde weiter die Frage zu prüfen sein, ob bei der wiederholten Verlängerung des Dienstverhältnisses immer noch eine Befristung zum Zwecke der Ausbildung von den Parteien des Dienstvertrages gewollt gewesen ist. Es wird deshalb notwendig sein, daß sich das Landesarbeitsgericht bei der erneuten Verhandlung zunächst mit dieser Frage der Befristung beschäftigt.

Weiter fällt auf, daß das Berufungsurteil jede Darlegung zu dem Ausbildungsstand des Klägers vermissen läßt. Nach den Personalakten, die nach dem Tatbestand des angefochtenen Urteils zum Gegenstand der Verhandlung zweiter Instanz gemacht worden sind, hatte der Kläger, als er in die Dienste der Beklagten trat, noch keine praktische Arbeitszeit nach seinem Examen abgeleistet. Insbesondere hatte er auch noch nicht sein Landvierteljahr hinter sich gebracht. Nach der Rechtsprechung des Bundesarbeitsgerichts ist aber bei der Frage der tarifmäßigen Bezahlung mit in erster Linie der jeweilige Ausbildungsstand des Arztes von erheblicher Bedeutung. Nach den damals geltenden Vorschriften mußte der Kläger nach seinem Staatsexamen eine gewisse Zeit zum Zwecke seiner Ausbildung ärztlich tätig sein, ehe er die sogenannte Vollapprobation erreichen konnte. Es spricht eine tatsächliche Vermutung dafür, daß der Arzt, der noch nicht im Besitz der Vollapprobation ist, ärztliche Tätigkeit lediglich zu seiner eigenen Ausbildung ausübt. Mit Rücksicht auf die wesentliche Bedeutung dieser Frage wird sich das Landesarbeitsgericht auch hiermit bei der erneuten Verhandlung eingehend beschäftigen müssen.

Kommt das Landesarbeitsgericht bei diesen Erörterungen und unter Berücksichtigung des Inhalts der Personalakten des Klägers zu der Feststellung, daß es sich um einen befristeten Ausbildungsvertrag gehandelt hat und daß der Kläger trotz seines jeweiligen Ausbildungsstandes volle ärztliche Tätigkeit verrichtet hat, so wird es bei seiner weiteren Rechtsfindung die Überlegungen zu berücksichtigen haben, die das Bundesarbeitsgericht hinsichtlich der Frage der tarifmäßigen Bezahlung der Ärzte angestellt hat. Hiernach kommt es zunächst auf die getroffenen Abmachungen an, und es ist davon auszugehen, was die Parteien bei der Einstellung des Klägers übereinstimmend gewollt haben. Wesentlich ist, was bei Vertragsschluß im Vordergrund gestanden hat, nämlich die Gewährung einer Ausbildung oder die Leistung von Arbeit zur Erledigung betrieblicher Aufgaben. Von entscheidender Bedeutung ist es, in wessen überwiegendem Interesse der Vertrag abgeschlossen worden ist, in dem des Arztes oder in dem des Krankenhauses. Dagegen kommt es nicht darauf an, ob der Arzt in den Betrieb des Krankenhauses eingegliedert worden ist oder ob er volle ärztliche Tätigkeit ausgeübt hat. Auch der Lehrling ist in den Betrieb eingegliedert, und auch seine Arbeit ist, zum mindesten gegen Ende der Lehrzeit, für den Arbeitgeber von wirtschaftlicher Bedeutung. Ein Ausbildungsverhältnis wäre nur dann nicht anzunehmen, wenn der Arzt unter Verwendung seiner bereits erworbenen Fähigkeiten mit Kenntnis und mit Billigung der Krankenanstalt ärztliche Tätigkeit ausübt und zur Versorgung der Patienten für den Krankenhausbetrieb unentbehrlich ist, wenn also für den Fall, daß er ausscheiden würde, an seiner Stelle ein Assistenzarzt eingestellt werden müßte. Andererseits genügt es zur Annahme eines Ausbildungsverhältnisses, wenn ein Arzt, der auf anderen Gebieten bereits voll ausgebildet ist, sich auf einem weiteren Spezialgebiet durch Anleitung und Belehrung eine weitere Ausbildung verschaffen will. Es bedarf somit zunächst der Prüfung, welche Absichten die Parteien in dieser Richtung bei Abschluß des Vertrages verfolgt haben.

Andererseits kommt es nicht allein auf den bei Vertragsabschluß vorliegenden Parteiwillen an. Maßgebend ist weiter, ob sich die Beschäftigung des Arztes auch so abgespielt hat, wie es diesem Parteiwillen entsprach. Dabei ist durchaus der Fall denkbar, daß sich im Laufe der Zeit das Ausbildungsverhältnis in ein reguläres Dienstverhältnis verwandelt hat, und zwar, wenn es an einer ausdrücklichen Willenserklärung beider Parteien in dieser Richtung fehlt, schon durch konkludentes Handeln. In einem solchen Fall kann sich der Vertragszweck im Laufe der Beschäftigungszeit gemäß § 305 BGB entscheidend ändern. Es wird Aufgabe des Landesarbeitsgerichts sein, durch Ausübung des Fragerechts gemäß § 139 ZPO darauf hinzuwirken, daß die Parteien zu diesem Punkt eingehend Stellung nehmen und notfalls den Zeitpunkt bezeichnen, zu welchem sich ein evtl. ursprüngliches Ausbildungsverhältnis in ein reguläres Dienstverhältnis umgewandelt hat.

Dagegen kann der Revision nicht zugegeben werden, daß die Beklagte nicht für die Handlungen ihrer Chefärzte einzutreten habe. (Wird ausgeführt.)

Ebensowenig kann sich die Beklagte auf eine unzulässige Rechtsausübung des Klägers berufen und dessen Verhalten als arglistig bezeichnen. Richtig ist zwar, daß das Landesarbeitsgericht bei Würdigung des Gesuchs des Klägers um eine Assistentenstelle anläßlich seiner Verheiratung sowie der weiteren Gesuche des Klägers um Übertragung einer solchen Stelle einem Denkfehler unterlegen ist. Das allein nötigt jedoch nicht zur Aufhebung des angefochtenen Urteils, weil dieser Fehler für das Urteil nicht tragend ist. Tragend hierfür ist vielmehr der Gesichtspunkt, daß der Kläger noch im Laufe seiner Beschäftigung bei der Beklagten seine Ansprüche gerichtlich geltend gemacht hat. Auch hatte er sich nicht verpflichtet, der Beklagten Mitteilung zu machen, wenn seine Chefärzte oder deren Vertreter von ihm eine Arbeitsleistung verlangten, die mit der angeblich vertraglich vereinbarten nicht übereinstimmte. Insoweit liegt dieser Fall entscheidend anders als der vom Zweiten Senat des Bundesarbeitsgerichts am 21. Dezember 1954 entschiedene, in dem eine solche Verpflichtung des Arztes vorlag. Fehlt es an einer solchen, so ist grundsätzlich an der Rechtsprechung des Bundesarbeitsgerichts (vgl. BAG 1, 85 = AP Nr. 1 zu § 3 TO.A) festzuhalten, daß dem Arbeitnehmer nur in Ausnahmefällen zugemutet werden kann, sich noch während des Laufs des Dienstvertrages mit Ansprüchen vorliegender Art an den Arbeitgeber zu halten; denn dadurch wird oft das persönliche Verhältnis zwischen Arbeitgeber und Arbeitnehmer gestört, und es entstehen Spannungen, die dazu führen können, daß — insbesondere bei befristeten Verträgen — der Arbeitnehmer seinen Arbeitsplatz verliert. Mit Rücksicht auf diese Zwangslage, in der sich der Arbeitnehmer befindet, kann grundsätzlich von ihm nicht verlangt werden, daß er ein tarifwidriges Verhalten des Arbeitgebers unverzüglich rügt.

## 61

**1. Die TO.A einschließlich ihrer Anlage 1 beherrscht noch heute die Arbeitsverhältnisse der Angestellten im öffentlichen Dienst normativ, die unter den Geltungsbereich der TO.A fallen.**

**2. Aus der TO.A ergibt sich der normative Grundsatz, daß jeder Angestellte in die Vergütungsgruppe eingereiht ist, die den Tätigkeitsmerkmalen der von ihm verlangten Arbeit entspricht. An diesem Grundsatz ist auch durch die Aufhebung des § 3 TO.A nichts geändert.**

**3. Außenseiter nehmen an den tarifvertraglichen Erhöhungen der Vergütungssätze nach Anlage 1 der TO.A nicht kraft normativer Wirkung teil.**

**4. Ist einzelvertraglich die TO.A in ihrer jeweiligen Fassung dem Arbeitsvertrag zugrunde gelegt, so haben auch die Außenseiter den Anspruch auf Bezahlung in der jeweiligen Höhe der Vergütung aus der Vergütungsgruppe, in die sie nach den Tätigkeitsmerkmalen der von ihnen verlangten Arbeit gehören. Dem steht nicht entgegen, daß im Arbeitsvertrag eine bestimmte Vergütungsgruppe als Bezahlung des Angestellten erwähnt ist.**

TO.A §§ 1 ff.; TVG § 9.

I. Senat. Urteil vom 4. Oktober 1957 i. S. Sch. (Kl.)
w. J. W. G.-Universität (Bekl.) 1 AZR 31/56.

I. Arbeitsgericht Frankfurt/Main. — II. Landesarbeitsgericht Frankfurt/Main.

Die Klägerin, die einer Gewerkschaft nicht angehört, ist seit dem 1. Mai 1946 als Angestellte bei der beklagten Universität tätig. In ihrem am 17. Juni 1946 von den Parteien unterzeichneten Arbeitsvertrag ist bestimmt:

„Fräulein E. K. wird ab 1. Mai 1946 auf unbestimmte Zeit nach Maßgabe der Allgemeinen Tarifordnung (AT.O) und Tarifordnung A. für Gefolgschaftsmitglieder im öffentlichen Dienst Dienst (TO.A), der Gemeinsamen Dienstordnung für die staatlichen Verwaltungen und Betriebe Großhessens und der besonderen Dienstordnung für Angestellte im Geschäftsbereich des Großhessischen Staatsministeriums unter Einreihung in die Vergütungsgruppe VIII bei der Universitätskasse (Dienststelle) ins Angestelltenverhältnis übernommen. Künftige Änderungen der AT.O und TO.A oder der Dienstordnung oder eine an ihre Stelle tretende Tarifordnung gelten vom Tage des Inkrafttretens der Änderungen auch für das vorstehend bezeichnete Vertragsverhältnis. . . . . ."

Im Oktober 1952 wurde in den Arbeitsvertrag folgender Zusatz aufgenommen:

„Für das Dienstverhältnis gelten ferner die Vorschriften

a) der allgemeinen Tarifordnung (AT.O) und der Tarifordnung A (TO.A);
b) die allgemeinen Dienstordnungen zu diesen Tarifordnungen (ADO).

Künftige Änderungen dieser Bestimmungen gelten vom Tage ihres Inkrafttretens auch für den vorstehenden Dienstvertrag."

Seit dem 1. April 1947 ist die Klägerin als Fakultätssekretärin bei der Juristischen Fakultät der beklagten Universität eingesetzt. Sie erhält seit dem 1. Januar 1952 die Bezüge der Vergütungsgruppe TO.A VII. Mit der vorliegenden Klage erhebt sie Anspruch auf Bezahlung nach der Vergütungsgruppe VI b der TO.A für die Zeit vom 1. April 1954 bis zum 31. Mai 1955.

Arbeitsgericht und Landesarbeitsgericht haben die Klage abgewiesen, und zwar das Arbeitsgericht deshalb, weil die Klägerin nach der Art, wie sie im Dienst der beklagten Universität eingesetzt sei, nicht die Tätigkeitsmerkmale der Vergütungsgruppe VI b erfülle. Das Landesarbeitsgericht hat die Berufung der Klägerin deshalb zurückgewiesen, weil die Klägerin als Außenseiterin nicht tarifgebunden im Sinne des § 3 Abs. 1 TVG sei. Sie könne keinen Anspruch auf Höhergruppierung geltend machen, weil einzelvertraglich die Bezahlung nach der Vergütungsgruppe VII der TO.A zwischen den Parteien vereinbart worden sei. Im Hinblick auf diese Vereinbarung könne sie auch dann nicht Bezahlung nach Gruppe VI b verlangen, wenn sie die Tätigkeitsmerkmale dieser Gruppe erfülle und wenn die TO.A in ihrer jeweiligen Fassung zum Inhalt des Einzelarbeitsvertrages gemacht worden sei.

Die Revision der Klägerin führte zur Zurückverweisung an das Landesarbeitsgericht.

Aus den Gründen:

Auszugehen ist davon, daß das Arbeitsverhältnis der Klägerin bei seiner Begründung durch den Arbeitsvertrag vom 17. Juni 1946 der TO.A unterstanden hat. Dies folgt bereits daraus, daß die TO.A als staatlich gesetztes Recht dieses Arbeitsverhältnis zur Zeit seiner Begründung beherrschte. Es handelt sich um ein Arbeitsverhältnis, nach dem die Klägerin als Angestellte im öffentlichen Dienst tätig sein soll. Der Anwendungsbereich der TO.A erstreckt sich, wie in § 1 Abs. 1 Buchst. k ausdrücklich bestimmt ist, auch auf die Angestellten der Universitäten.

Die TO.A als staatlich gesetztes Recht beherrscht das Arbeitsverhältnis der Klägerin auch heute noch normativ. Die Regelungen der TO.A sind nach wie vor von Bestand, soweit sie nicht, insbesondere durch Tarifvertrag gemäß § 9 TVG, beseitigt sind. Eine vollständige Aufhebung oder Ersetzung der TO.A ist bisher nicht vorgenommen worden. Die Gesamtregelung der TO.A als einer normativen Regelung der Arbeitsverhältnisse der Angestellten im öffentlichen Dienst ist insbesondere nicht durch die wiederholten Änderungen der Gehaltssätze der Anlage 1 zur TO.A in der Zeit nach 1949 in ihrem Bestand berührt worden. Es trifft zu, daß diese Gehaltssätze, wie sie sich aus der Anlage 1 zur TO.A in deren ursprünglicher und bei der Einstellung der Klägerin in den Dienst bei der Beklagten noch geltender Fassung ergeben, tarifvertraglich während des Bestehens des Arbeitsverhältnisses der Klägerin zugunsten der Arbeitnehmer verändert worden sind (vgl. das Königsteiner Abkommen vom 24. Juni 1949, die Tarifverträge zwischen der Tarifgemeinschaft Deutscher Länder und der ÖTV/DAG vom 7. April 1952 und vom 10. September 1954 usf.). Durch diese Regelungen sind aber, dies verkennt das Landesarbeitsgericht, nur die Gehaltssätze der Anlage 1 zur TO.A geändert, nicht aber ist die TO.A selbst, auch nicht ihre Anlage 1, durch diese oder auch andere tarifliche Regelungen in ihren tragenden Grundsätzen beseitigt worden. Dies gilt auch von dem Grundsatz der TO.A, daß die Angestellten nach Tätigkeitsmerkmalen besoldet werden, und zwar nach Tätigkeitsmerkmalen, wie sie sich aus der insoweit noch in Geltung befindlichen Anlage 1 zur TO.A ergeben. Daraus folgt, daß alle Angestellten im öffentlichen Dienst kraft der normativen Wirkung der TO.A in die nach Tätigkeitsmerkmalen bestimmte Vergütungsgruppe der Anlage 1 eingestuft werden müssen, in die sie nach der von ihnen geleisteten Tätigkeit gehören.

An diesen Grundsätzen ist auch dadurch nichts geändert worden, daß der § 3 TO.A durch den Tarifvertrag vom 28. Februar 1951 zwischen der Tarifgemeinschaft Deutscher Länder und der ÖTV/DAG für die Verwaltungen des Bundes und der Länder aufgehoben ist [vgl. Hueck-Nipperdey, Lehrbuch des Arbeitsrechts, Bd. 2 S. 367 f.]. Denn der aus der Gesamtregelung der TO.A folgende Grundsatz, daß normativ der Arbeitnehmer in die nach seiner Tätigkeit richtige Vergütungsgruppe der Anlage 1 der TO.A eingeordnet ist und damit den Anspruch auf das Gehalt dieser Gruppe unabdingbar hat, wird durch die Aufhebung des § 3 TO.A nicht berührt. Die Anlage 1 zur TO.A mit ihren Vergütungsgruppen hat nach wie vor normative Bedeutung. Das ergibt sich auch aus § 4 TO.A, wo auf die die Vergütungsbemessung enthaltende Anlage 1 zur TO.A mit ihren Tätigkeitsmerkmalen Bezug genommen wird. Der unter die TO.A fallende Angestellte wird also automatisch und unmittelbar, gemessen an der ihm aufgetragenen Tätigkeit, einer der in der Anlage 1 zur TO.A aufgeführten Gruppen zugeordnet. Diese auch für die Parteien nach wie vor bestehende normative Wirkung der TO.A und ihrer Anlage 1 begründet das Recht der Klägerin auf Bezahlung nach der Vergütungsgruppe, deren Tätigkeitsmerkmale sie erfüllt. Dieses Recht konnte durch Arbeitsvertrag nicht rechtswirksam zuungunsten der Klägerin abbedungen werden.

Die Klägerin, die weder der ÖTV noch der DAG angehört, hat zwar normativ keinen Anspruch auf die Erhöhungen, die in den Vergütungssätzen der einzelnen Vergütungsgruppen der Anlage 1 zur TO.A tarifvertraglich zwischen der Tarifgemeinschaft Deutscher Länder und der ÖTV/DAG nach der Währungsreform vereinbart worden sind. Denn die normative Wirkung dieser die Vergütungssätze erhöhenden tariflichen Vereinbarungen erstreckt sich nicht auf die Klägerin als Außenseiterin. Es bedarf aber keiner Prüfung in der Richtung, ob die Klägerin kraft Nachwirkung jedenfalls den Anspruch auf die Vergütungssätze in der ursprünglichen Höhe hat und ob sich so der geltend gemachte Zahlungsanspruch ganz oder teilweise rechtfertigen könnte. Denn die im Hinblick darauf, daß die Klägerin nicht tarifgebunden ist, entstehende Lücke hinsichtlich der Höhe der Vergütung in der Vergütungsgruppe, in die die Klägerin nach den Merkmalen der von ihr geleisteten Tätigkeit normativ gehört, ist dadurch geschlossen, daß der Klägerin arbeitsvertraglich der Anspruch auf Bezahlung nach den Vergütungsgruppen der TO.A in der jeweiligen Höhe der Vergütungssätze eingeräumt ist. Kraft dieser arbeitsvertraglichen Vereinbarungen zwischen der beklagten Universität und der Klägerin hat die Klägerin im Gegensatz zu der Ansicht des Landesarbeitsgerichts den Anspruch, an allen Erhöhungen der Vergütungssätze teilzunehmen. Schon aus dem Zeitpunkt der Ergänzung des Arbeitsvertrages im Oktober 1952 folgt, daß es sich dabei auch um solche Erhöhungen handelt, die von Tarifvertragsparteien durch Schaffung tariflicher Normen vorgenommen worden sind. Denn im Oktober 1952 wurden nach dem TVG tarifliche Normen nur durch Tarifvertragsparteien gesetzt. Diese Änderungen der Vergütungssätze durch die Tarifvertragsparteien wirken zwar im Hinblick auf die fehlende Tarifgebundenheit der Klägerin nicht kraft normativer Wirkung auf das Arbeitsverhältnis der Klägerin, sie wirken aber doch kraft der arbeitsvertraglichen Abreden zwischen den Parteien. Eine solche arbeitsvertragliche Erstreckung tariflicher Regelungen auf Außenseiter ist möglich und rechtswirksam (vgl. Hueck-Nipperdey-Tophoven, TVG, 1955, § 3 Anm. 4; Hueck-Nipperdey, Lehrbuch des Arbeitsrechts, 1957, Bd. 2 S. 340).

Das Landesarbeitsgericht legt den Arbeitsvertrag der Klägerin dahin aus, daß die Parteien durch die Bezugnahme auf die Vergütungsgruppe VIII, später Vergütungsgruppe VII, eine feste Gehaltsabrede arbeitsvertraglich getroffen haben. Nach der Ansicht des Landesarbeitsgerichts soll damit ausgeschlossen sein, daß die Klägerin den Anspruch auf Bezahlung aus einer Vergütungsgruppe, in die sie nach der von ihr geleisteten Tätigkeit gehört, in der jeweiligen Höhe dieser Vergütungsgruppe hat.

Wenn das Landesarbeitsgericht annimmt, zwischen der Klägerin und der beklagten Universität sei lediglich Bezahlung des Gehalts einer bestimmten Vergütungsgruppe, und zwar ohne Rücksicht auf die Tätigkeitsmerkmale der von der Klägerin geleisteten Arbeit vereinbart worden und damit seien die Eingruppierungsvorschriften der TO.A vertraglich abgedungen, die TO.A sei deshalb nur noch insoweit anzuwenden, als es sich nicht um das Gehalt handele, so verkennt das Landesarbeitsgericht sowohl die normative Wirkung der nach wie vor in Kraft befindlichen TO.A einschließlich ihrer Anlage 1 wie aber auch den Wortlaut und den Inhalt des Arbeitsvertrags der Klägerin. Nach dem Arbeitsvertrag wird die Klägerin „nach Maßgabe von ATO, TO.A und ADO eingestellt und in die Vergütungsgruppe VIII (später VII) eingereiht". Daraus ist zu entnehmen, daß die Universität die TO.A vollinhaltlich dem Arbeitsverhältnis zugrunde gelegt hat. Dann ist in dem Arbeitsvertrag die Vergütungsgruppe bezeichnet worden, in die nach der Ansicht der Arbeitsvertragsparteien die Klägerin im Rahmen der TO.A eingestuft werden sollte und auch nach der von ihr ursprünglich geleisteten Tätigkeit im Hinblick auf die normative Geltung der TO.A und ihrer Anlage 1 eingestuft werden mußte. Gleichzeitig ist dann bestimmt worden, daß auch künftige Änderungen der TO.A Anwendung finden sollten. Diese einzelvertragliche Regelung, wie sie aus einer Vielzahl bestehender Arbeitsverhältnisse im öffentlichen Dienst allgemein bekannt ist und damit der Lebenserfahrung entspricht, verkennt das Landesarbeitsgericht. Wenn es ausführt, es sei ein bestimmtes Gehalt vereinbart worden und nur im übrigen die TO.A für anwendbar erklärt worden, so übersieht das Landesarbeitsgericht, daß eine nur deklaratorisch wirkende Einweisung in eine bestimmte Vergütungsgruppe vorgenommen worden ist. Die Auffassung des Landesarbeitsgerichts, es sei Bezahlung nach einer bestimmten Vergütungsgruppe ohne Rücksicht auf die von der Klägerin verlangte und geleistete Tätigkeit vereinbart worden, widerspricht den Gepflogenheiten in der öffentlichen Verwaltung. Die Einstellung eines der TO.A unterliegenden Angestellten in den öffentlichen Dienst wird regelmäßig nicht in der Weise vollzogen, daß zunächst eine bestimmte Vergütung zahlenmäßig fest vereinbart und erst dann die TO.A für anwendbar erklärt wird. Die Angestellten im öffentlichen Dienst werden deshalb in eine bestimmte Vergütungsgruppe bei ihrer Einstellung eingewiesen, w e i l ihr Arbeitsverhältnis der TO.A im Hinblick auf deren normative Bedeutung untersteht und w e i l nach dieser auf das Dienstverhältnis anzuwendenden TO.A die Vergütung nach Tätigkeitsmerkmalen durch Einreihung in eine bestimmte Vergütungsgruppe, die auf diese Tätigkeitsmerkmale abgestellt ist, festzusetzen ist. Die Tatsache, daß im Arbeisvertrag eine bestimmte Vergütungsgruppe erwähnt ist, steht danach dem kraft der Normenwirkung der TO.A gegebenen Anspruch auf richtige Eingruppierung nicht entgegen. Bei Außenseitern, die schon vor der Erhöhung der Vergütungssätze im öffentlichen Dienst bei dem Dienstherrn beschäftigt waren, richtet sich dann der Anspruch auf Bezahlung nach der richtigen Vergütungsgruppe in deren alten, nicht durch die späteren Tarifverträge geänderten Höhe, es sei denn, daß — wie hier — arbeitsvertraglich die Teilnahme an tariflichen Änderungen vereinbart ist. Die Ansicht des Landesarbeitsgerichts, es sei eine bestimmte Gruppe ohne Rücksicht auf die Tätigkeitsmerkmale vereinbart, die Klägerin habe deshalb keinen Anspruch auf Eingruppierung nach Tätigkeitsmerkmalen und Bezahlung der Vergütungssätze der für sie anwendbaren Vergütungsgruppe in der jeweiligen Höhe dieser Vergütungssätze, ist deshalb nicht haltbar.

Zusammenfassend ist sonach festzustellen: Den Anspruch auf richtige Eingruppierung nach den Tätigkeitsmerkmalen gibt normativ die TO.A, die insoweit einschließlich ihrer Anlage 1 nach wie vor geltendes Recht ist; den Anspruch auf die Vergütungssätze in ihrer jeweiligen Höhe gibt der Arbeitsvertrag der Klägerin, der die TO.A in ihrer jeweiligen Fassung für anwendbar erklärt hat, also einschließlich der Änderungen der Vergütungshöhen nach der Anlage 1 zur TO.A.

## 62

**§ 73 ArbGG verstößt nicht gegen das Grundgesetz. Das Bundesarbeitsgericht ist zur Nachprüfung von Landesrecht befugt.**

ArbGG § 73; GG Art. 30, 96, 99.

I. Senat. Urteil vom 11. Oktober 1957 i. S. Fa. Z. AG (Bekl.) w. R. (Kl.)
1 AZR 227/56.

I. Arbeitsgericht Heidenheim. — II. Landesarbeitsgericht Stuttgart.

Dem Kläger, der im Jahre 1933 acht Monate lang in politischer Haft gewesen war, kündigte die Beklagte, ein etwa 1200 Arbeitnehmer beschäftigendes Textilunternehmen, im April 1955 zusammen mit 44 andern Arbeitnehmern wegen Arbeitsmangels. Diese Kündigung verstößt nach Meinung des Klägers gegen das Württemberg-Badische Verfolgtenschutzgesetz vom 8. Oktober 1947 — Gesetz Nr. 707, RegBl. der Regierung Württemberg-Baden 1947, 101 — berufen, in dem die Kündigung eines politisch Verfolgten nur mit der — hier nicht erteilten Zustimmung des Landesarbeitsamts zulässig ist; er bittet daher um die Feststellung, daß die Kündigung nichtig sei.

Das Verfolgtenschutzgesetz sei, so führt demgegenüber die Beklagte aus, nicht mehr in Kraft; es sei durch das Grundgesetz oder doch jedenfalls durch das Bundesentschädigungsgesetz aufgehoben worden.

Die Klage hatte in allen Rechtszügen Erfolg.

Aus den Gründen:

Über die Frage der Gültigkeit und der Fortdauer eines für Württemberg-Baden erlassenen Gesetzes zu entscheiden, ist das Bundesarbeitsgericht gemäß § 73 ArbGG berufen. Denn nach § 73 ArbGG kann die Revision auf die Verletzung einer jeglichen Rechtsnorm und damit auch auf die Verletzung von Landesrecht gestützt werden.

§ 73 ArbGG verstößt nicht gegen das Grundgesetz. Zwar vertreten v. Mangoldt (Bonner GG, 1. Aufl. vor Art. 92 in Anm. 3 d), Friesenhahn (Der Rechtsschutz im öffentlichen Recht nach dem GG, D.Verw. 1949, 487, 480) und Haas (Landesrecht vor Bundesgerichten? DVerwBl. 57, 368, 371) die Ansicht, aus Art. 30, 99 GG folge, daß die oberen Bundesgerichte nur zur Entscheidung von Bundesrecht zuständig seien und daß sie nur über die in Art. 99 geschaffene Möglichkeit, also durch Gesetzgebungsakt des Landes, mit der Entscheidung über Landesrecht betraut werden könnten, woraus Haas a. a. O. die sich hieraus ergebende Folgerung zieht, daß § 73 ArbGG — ebenso wie andere verfahrensrechtliche Vorschriften (z. B. § 549 ZPO), soweit sie oberen Bundesgerichten die Nachprüfung von Landesrecht übertragen — verfassungswidrig sei. Aber dieser Ansicht vermochte der Senat nicht zu folgen. Er schließt sich vielmehr dem Bundesgerichtshof an, der in BGH 6, 152 die Verfassungsgemäßheit des § 549 ZPO, soweit dieser die Nachprüfung von Landesrecht zuläßt, bejaht hat.

Zwar hat das Grundgesetz in Art. 30 das nationalsozialistische System der Justizverreichlichung abgelehnt. Es hat aber die oberen Bundesgerichte nicht nur zur Entscheidung und Anwendung von Bundesrecht eingerichtet. Eine solche Einschränkung des Aufgabenbereichs der oberen Bundesgerichte war zwar in Art. 129 des Entwurfs vorgesehen, ist aber in der endgültigen Fassung des Art. 96 GG nicht mehr enthalten.

Eine solche Einschränkung ergibt sich auch nicht etwa aus dem föderalistischen Aufbau der Bundesrepublik, wie er in Art. 30 GG verfassungsmäßig festgelegt ist. Das Recht der einzelnen Länder, Gesetze zu erlassen und Gerichte einzurichten, besagt nicht zugleich, daß die Ländergesetze nur von den Gerichten des Landes, das sie erlassen hat, angewendet werden könnten. Nach den Regeln des Internationalen Privatrechts können sowohl Gerichte des Auslands wie andere Länder des Inlands in die Lage gekommen, das Recht einzelner deutscher Länder anzuwenden. Gerichte haben ihre Aufgabe entsprechend das auf den Fall passende Recht zu finden und anzuwenden ohne Rücksicht darauf, wer dieses Recht gesetzt hat, sei es der Bund, ein ausländischer Staat oder ein deutsches Land. Aus dem bundesstaatlichen Aufbau der Bundesrepublik folgt daher keineswegs zwingend, daß die oberen Bundesgerichte zur Nachprüfung und eigenständigen Anwendung von Landesrecht nicht zuständig wären. Vielmehr ist aus der Tatsache, daß das Grundgesetz obere Bundesgerichte, ohne eine solche Einschränkung ihres Aufgabenbereichs vorzunehmen, eingerichtet hat, zu entnehmen, daß das Grundgesetz zu der Gestaltung der Gerichtsorganisation, wie sie zur Zeit der Weimarer Reichsverfassung bestand, also zu unteren und mittleren Gerichten der Länder und Revisionsgerichten des Reichs, zurückgekehrt ist. Die oberen Bundesgerichte sollten also nach dem Willen des Grundgesetzes etwa die Aufgaben übernehmen, wie sie in der Weimarer Zeit das Reichsgericht, das Reichsarbeitsgericht und der Reichsfinanzhof hatten, wobei die Aufgaben im einzelnen festzulegen dem Bundesgesetzgeber überlassen bleiben sollte. Dabei ist auch zu bedenken, daß zur Zeit des Inkrafttretens des Grundgesetzes die Reichsjustizgesetze noch (oder auch wieder) galten. Dieses Gesetzgebungswerk, das auch eine Grundlage des Staatsgefüges bildet, bestand noch (oder wieder). Hieran hat das Grundgesetz dadurch, daß es in Art. 96 GG ohne Einschränkung ihres Aufgabenbereichs obere Bundesgerichte einrichtete, angeknüpft. Es ist also entgegen den Ausführungen von Haas a. a. O. durchaus zutreffend, wenn der Bundesgerichtshof in seiner sich mit der Nachprüfung der nordrhein-westfälischen 3. SparVO beschäftigenden Entscheidung in BGH 6, 152 ausführt, daß eine Beschränkung des Aufgabenbereichs des Bundesgerichtshofs gegenüber dem für das Reichsgericht geltenden Recht im Grundgesetz ausdrücklich hätte geregelt werden müssen.

Eine solche abweichende ausdrückliche Regelung ist aus Art. 99 GG nicht zu entnehmen. In Art. 99 GG handelt es sich, wie schon der Bundesgerichtshof a. a. O. mit einleuchtenden Gründen ausgeführt hat, sowohl in seinen das Landesverfassungsrecht wie auch das sonstige Landesrecht betreffenden Bestimmungen um eine ausdehnende, nicht aber um eine einschränkende Regelung. Art. 99 sagt nicht, daß n u r dann, wenn der Landesgesetzgeber von der Möglichkeit des Art. 99 Gebrauch gemacht hat, die oberen Bundesgerichte über Landesrecht entscheiden könnten. Er besagt vielmehr, daß der Landesgesetzgeber die oberen Bundesgerichte zur Entscheidung über Landesrecht berufen kann. Das bedeutet im Zusammenhang mit Art. 96, daß der Landesgesetzgeber eine solche Möglichkeit für diejenigen Fälle haben soll, in denen die im Rahmen der bisherigen Gerichtsverfassung eingesetzten oberen Bundesgerichte eine solche Befugnis nicht schon ohnehin haben. So kann also beispielsweise nach Art. 99 der Landesgesetzgeber den Bundesgerichtshof als Revisionsinstanz für Landeszivilrecht einsetzen, das nur in einem Oberlandesgerichtsbezirk gilt, oder auch zur Entscheidung von

Fällen, die gar nicht zur ordentlichen Ziviljustiz gehören (vgl. BGH 16, 159). So verstanden bedeutet Art. 99 nichts anderes, als daß die in der alten Fassung des Art. 3 Abs. 2 EG zum GVG vorgesehene Möglichkeit, auf Antrag eines Landes durch Kaiserliche Verordnung die Zuständigkeit des damaligen Reichsgerichts zur Entscheidung über an sich irrevisibles Landesrecht zu begründen, auf den Landesgesetzgeber übergegangen ist (vgl. hierzu Werthauer, Die Kompetenz der oberen Bundesgerichte zur Anwendung von Landesrecht, NJW 57, 1387).

Das somit das Grundgesetz den oberen Bundesgerichten die Nachprüfung von Landesrecht nicht verbietet, hat auch der Bundesgesetzgeber, der in § 549 der durch das Vereinheitlichungsgesetz vom 12. September 1950 neu gefaßten ZPO, in § 1 des Gesetzes über den Bundesfinanzhof vom 29. Juni 1950 und § 2 in Verbindung mit §§ 306, 288 RAbgO, in § 162 Abs. 2 des Sozialgerichtsgesetzes und in § 73 ArbGG den oberen Bundesgerichten in merh oder minder großem Umfange die Nachprüfung von Landesrecht übertragen hat, nicht gegen das Grundgesetz verstoßen.

Ob für das Gebiet der Verwaltungsgerichtsbarkeit, auf dem es in der Weimarer Zeit noch kein reichseinheitliches Revisionsgericht gab und auf dem die Anwendung von Landesrecht durch das obere Bundesgericht gleichzeitig eine Kontrolle der Länderverwaltung bedeutet hätte, grundsätzlich etwas anderes zu gelten hat, brauchte hier nicht untersucht zu werden, zumal auch der Bundesgesetzgeber — diesen Besonderheiten Rechnung tragend — dem Bundesverwaltungsgericht nur die Nachprüfung von Bundesrecht übertragen hat (vgl. Gesetz über das Bundesverwaltungsgericht vom 23. September 1952 § 56).

## 63

**Stellt ein Urteil fest, daß der Klageanspruch nicht verwirkt sei, weist es aber die Klage aus anderen Gründen ab, so können die zur Frage der Verwirkung aufgestellten Rechtssätze eine Divergenz gemäß § 72 Abs. 1 ArbGG nicht begründen, da die klagabweisende Entscheidung nicht auf ihnen beruht. Das gilt sowohl für das mit der Revision angefochtene Urteil wie für die zur Begründung der Divergenz herangezogene Entscheidung.**

ArbGG § 72 Abs. 1 Satz 3.

IV. Senat. Beschluß vom 19. Oktober 1957 i. S. T. (Kl.) w. Stadt B. (Bekl.) 4 AZR 418/57.

I. Arbeitsgericht Berlin. — II. Landesarbeitsgericht Berlin.

Aus den Gründen:

Die vom Kläger eingelegte Revision ist nicht statthaft. Der Kläger beruft sich für die Statthaftigkeit seines Rechtsmittels auf Divergenz des angefochtenen Urteils von dem Urteil des Landesarbeitsgerichts Bremen vom 23. Juni 1954 — Sa 105/52 —) (PA Nr. 3 zu § 242 BGB, Unzulässige Rechtsausübung — Verwirkung). Eine den Revisionsweg eröffnende Abweichung des angefochtenen Urteils von der Entscheidung des Landesarbeitsgerichts Bremen liegt jedoch nicht vor.

Der Kläger beruft sich darauf, das angefochtene Urteil habe die Grundsätze nicht beachtet, die das Landesarbeitsgericht Bremen in seinem Urteil für den Begriff der Verwirkung aufgestellt habe. Ob insoweit die beiden Urteile in ihrer Rechtsauffassung voneinander abweichen, kann jedoch auf sich beruhen. Denn eine Divergenz im Sinne des § 72 Abs. 1 Satz 2 oder 3 ArbGG ist nur dann gegeben, wenn die beiden Entscheidungen in den sie tragenden Rechtssätzen voneinander abweichen (BAG 1, 18; BAG, AP Nr. 3 und 6 zu § 72 ArbGG und ständig). Das ist hier nicht der Fall. Wohl beruht das angefochtene Urteil darauf, daß es den Klageanspruch für verwirkt hält. Das Urteil des Landesarbeitsgerichts Bremen dagegen stellt zwar für die Erfordernisse der Anspruchsverwirkung Rechtsgrundsätze auf und führt aus, daß diese Erfordernisse gegenüber dem dort geltend gemachten Anspruch nicht erfüllt seien. Es weist die Klage aber unabhängig von der Frage der Verwirkung ab, weil der auf das bremische Versorgungsgesetz vom 25. Dezember 1912 gestützte Klageanspruch durch das neue bremische Versorgungsgesetz vom 19. Dezember 1952 mit rückwirkender Kraft beseitigt worden sei. Die klagabweisende Entscheidung des Landesarbeitsgerichts Bremen beruht also nicht einmal hilfsweise auf den Erwägungen zur Frage der Verwirkung; vielmehr hätte die Frage der Verwirkung überhaupt unerörtert bleiben können, ohne daß si chan den die Klagabweisung tragenden Entscheidungsgründen etwas geändert hätte.

## 64

**Der Begriff „Gewerkschaft" im Arbeitsrecht ist ein einheitlicher. Er setzt Tariffähigkeit voraus.**

ArbGG § 11 Abs. 2; TVG §§ 1, 3; BetrVG §§ 49 ff.
I. Senat. Beschluß vom 6. Juli 1956 i. S. B. (Kl.) w. Land B.-W. (Bekl.).
1 AZB 18/55.

I. Arbeitsgericht Stuttgart. — II. Landesarbeitsgericht Stuttgart.

### Gründe

Der Kläger — früher planmäßiger Staatsbeamter und zuletzt Ministerialrat der Besoldungsgruppe A 1 a beim Reichswirtschaftsministerium — wird seit dem 1. Dezember 1951 als Leiter der Abteilung Berufsbildung bei dem beklagten Land in einer Angestelltenstelle der Vergütungsgruppe II TO.A (vorher III) beschäftigt. Er meint, untertariflich besoldet zu sein, und verlangt Einreihung in die Vergütungsgruppe I TO.A.

Durch Urteil des Arbeitsgerichts Stuttgart vom 30. März 1955 ist die Klage abgewiesen. Hiergegen hat der Vorsitzende des Allgemeinen Beamtenschutzbundes e. V., Kreisverband Ludwigsburg, in Vollmacht des Klägers, der Mitglied dieses Schutzbundes ist, Berufung eingelegt. Mit Beschluß vom 30. Juli 1955 hat das Landesarbeitsgericht die Berufung als unzulässig verworfen, weil der Beamtenschutzbund e. V. keine Gewerkschaft im Sinne des § 11 Abs. 2 ArbGG sei, der Vorsitzende daher nicht als Prozeßbevollmächtigter vor den Landesarbeitsgerichten auftreten könne. Als Gewerkschaft könnte nur eine tariffähige Koalition angesehen werden, die insbesondere den Abschluß von Tarifverträgen, sei es allein, sei es neben anderem, sich zur Aufgabe gesetzt hätte. Davon könne bei dem Allgemeinen Beamtenschutzbund e. V. schon auf Grund des § 2 seiner Satzung keine Rede sein. Danach erstrebe er die Anerkennung und Verwirklichung der auf Verfassung und Gesetz beruhenden Ansprüche der Beamten und Hinterbliebenen. Der Schutzbund habe sich auch nicht in seinem tatsächlichen Verhalten von dem im § 2 umrissenen Ziel entfernt und etwa dennoch Tarifverträge geschlossen. Außer Beamten seien nur solche Angestellte und Arbeiter des öffentlichen Dienstes Mitglieder, die unter das Gesetz zu Art. 131 GG fallen.

Gegen diesen die Berufung verwerfenden Beschluß des Landesarbeitsgerichts richtet sich die sofortige (Revisions-)Beschwerde des Klägers (§ 517 b ZPO in Verbindung mit § 77 ArbGG). Er meint, daß der Begriff der Gewerkschaft vom Berufungsrichter verkannt sei. In neueren gesetzlichen Bestimmungen seien Zusammenschlüsse von Beamten als Gewerkschaften bezeichnet und anerkannt. Es handele sich dabei um Koalitionen, die nicht tariffähig zu sein brauchten und mit Rücksicht auf das Beamtenrecht auch gar nicht tariffähig sein könnten. Zum mindesten sei im Arbeitsgerichtsgesetz die Tariffähigkeit nicht Voraussetzung des Gewerkschaftsbegriffes.

Die sofortige Beschwerde blieb erfolglos.

Es kann dahingestellt bleiben, ob auf dem Gebiete des Beamtenrechts der Begriff der Gewerkschaft einen besonderen und vom Arbeitsrecht abweichenden Inhalt hat (Dazu Bayerischer Verfassungsgerichtshof in AP Nr. 1 zu § 35 Bayer. Verfass.). Jedenfalls kann der Gewerkschaftsbegriff in der arbeitsrechtlichen Gesetzgebung nur einheitlich dahin aufgefaßt werden, daß Tariffähigkeit eines seiner Wesensmerkmale ist. Zur Tariffähigkeit gehört, daß die Koalition die Herbeiführung von Tarifverträgen und Regelung von Arbeitsbedingungen zu ihren Aufgaben zählt, daß sie also tarifwillig ist, weiter, daß sie die Schlichtung sowie den Arbeitskampf (diesen als ultima ratio) zur Herbeiführung von Tarifverträgen anerkennt. Zwar gibt es keine Legaldefinition der Gewerkschaft; aber der Begriff wird vorausgesetzt. Für seine rechtliche Bestimmung ist die bisherige geschichtliche und sozialwissenschaftliche Entwicklung entscheidend (vgl. Hueck-Nipperdey, Lehrbuch Bd. 2, 6. Aufl. § 6 mit Angaben). Danach haben die Gewerkschaften, deren Mitglieder Arbeiter und Angestellte waren, die Regelung von Arbeitsbedingungen und Herbeiführung von Tarifverträgen als ihre besondere Aufgabe angesehen, sie haben entscheidend dazu beigetragen, die Einrichtungen des Tarifvertrags und der Schlichtung überhaupt zu entwickeln und haben den Arbeitskampf angewendet. Gerade hierdurch haben sie ihrerseits das Gepräge erhalten. Diese — hier nur angedeutete — Entwicklung läßt erkennen, daß die Tariffähigkeit eine maßgebliche Voraussetzung für den vom Gesetz vorausgesetzten Gewerkschaftsbegriff im Arbeitsrecht ist.

Es mag von diesen Erfordernissen eine Ausnahme zu machen sein, wenn eine Vereinigung nicht aus eigenem Willen den Abschluß von Tarifverträgen und den Arbeitskampf ablehnt, sondern der Ausschluß des einen oder anderen sich daraus ergibt, daß die gesetzliche Möglichkeit dazu fehlt (vgl. Hueck-Nipperdey, TVG, 3. Aufl. Bem. 38 a zu § 2). Bei solchen Verbänden kann jedoch von der Tarif- und Arbeitskampfwilligkeit nur insoweit abgesehen werden, als die Mitglieder durch ihre rechtliche Stellung (etwa als Beamte) oder durch die vorausgesetzte Berufsauffassung (etwa als Ärzte) oder aus anderen rechtlichen oder rechtstatsächlichen Gründen von Tarifverträgen oder vom Arbeitskampf ausgeschlossen sind. Handelt es sich aber um Verbände, die daneben Arbeitnehmer (ohne solche Sonderstellung) als Mitglieder haben, für die also Tarifverträge geschlossen werden und die ihrerseits in einen Arbeitskampf eintreten können, so ist hinsichtlich dieser Arbeitnehmermitglieder an allen Erfordernissen des Gewerkschaftsbegriffes festzuhalten. Das gilt auch für den Beamtenschutzbund e. V., der Arbeitnehmermitglieder in seinen Reihen hat. Es genügt nicht, wenn er diese etwa nur im Rahmen des Regelungsgesetzes vertreten will und an einer kollektiven Regelung von Arbeitsbedingungen für sie nicht interessiert ist.

Der Beschwerdeführer hat selbst ausgeführt, daß der Verband, dessen Mitglied er ist und dessen Bevollmächtigter ihn in der Berufung vertreten hat, nicht tariffähig ist. Das gleiche ergibt sich aus der Satzung des Beamenschutzbundes, wonach er die Anerkennung und Verwirklichung der auf Verfassung und Gesetz beruhenden Ansprüche der Beamten und Hinterbliebenen erstrebt. Der Beschwerdeführer hat dazu erläuternd vorgetragen, daß seine Arbeitnehmermitglieder im wesentlichen Beamte seien, die zu der Gruppe der nur vorläufig Untergebrachten gehören. Daraus ergibt sich, daß dem Beamtenschutzbund auch hinsichtlich seiner Arbeitnehmermitglieder die Tariffähigkeit fehlt. Er ist keine Gewerkschaft im Sinne des Arbeitsrechts.

Verfehlt ist die Auffassung, daß der Begriff der Gewerkschaft innerhalb der einzelnen arbeitsrechtlichen Gesetze ein verschiedener sei. Der Gewerkschaftsbegriff der arbeitsrechtlichen Gesetzgebung ist ein einheitlicher. Er findet seinen Ausgangspunkt im Tarifvertragsgesetz, das die Gewerkschaften als tariffähig erklärt. Um dieser Tariffähigkeit willen bestehen die weiteren besonderen Regelungen der Rechtsstellung der Gewerkschaften im Betriebsverfassungs- und im Arbeitsgerichtsgesetz. Sie haben ihren gesetzgeberischen Grund in der aus dem Tarifvertragsgesetz sich ergebenden Rechtsfähigkeit der Gewerkschaften auf dem Gebiete des kollektiven Arbeitsrechts. Daß insbesondere der im § 11 Abs. 2 ArbGG vorausgesetzte Begriff der Gewerkschaft die Tariffähigkeit verlangt und mit dem allgemeinen arbeitsrechtlichen Gewerkschaftsbegriff identisch ist, ergibt sich -- worauf schon der Berufungsrichter zutreffend hingewiesen hat — auch aus einem Vergleich mit § 11 Abs. 1 a. a. O., nach dem vor den Arbeitsgerichten vor der ersten Instanz außer Vertretern von Gewerkschaften Vertreter von Arbeitnehmervereinigungen mit sozial- und berufspolitischer Zwecksetzung als Prozeßbevollmächtigte auftreten können. Dieser Zusatz wäre überflüssig, wenn die Auffassung des Klägers richtig wäre (Vgl. auch §§ 20, 23

ArbGG). Hiernach ist der allgemeine Beamtenschutzbund e. V. auch im Sinne des § 11 Abs. 2 ArbGG keine Gewerkschaft, so daß dessen Vorsitzender nicht unter die dort zugelassenen Prozeßbevollmächtigten fällt.

Im vorliegenden Falle handelt es sich nicht darum, ob der Allgemeine Beamtenschutzbund e. V. tariffähig ist oder nicht. Es steht fest und wird auch von den Parteien nicht in Zweifel gezogen, daß er es nicht ist. Zu entscheiden war vielmehr nur, wie der Begriff der Gewerkschaft im Sinne des § 11 Abs. 2 ArbGG auszulegen ist, ob er Tariffähigkeit voraussetzt oder nicht. Eine Aussetzung des Verfahrens nach § 97 Abs. 5 ArbGG kam nicht in Betracht, weil die Frage der Tariffähigkeit des Schutzbundes selbst weder in tatsächlicher noch in rechtlicher Hinsicht in Zweifel war.

## 65

**1. Stellt das Berufungsgericht durch Auslegung fest, daß der vereinbarte jederzeitige Widerruf eines Ruhegeldversprechens nicht dem freien Ermessen des Arbeitgebers vorbehalten sein sollte, so ist im Zweifel anzunehmen, daß er nach billigem Ermessen ausgeübt werden soll.**

**2. Für die Frage, ob die Ausübung des Widerrufs nach billigem Ermessen vorgenommen ist, ist nicht allein maßgebend, ob die wirtschaftlichen Verhältnisse des Unternehmens sich verschlechtert haben. Auch andere Umstände des Einzelfalles können von Bedeutung sein.**

**3. Entspricht die Ausübung des Widerrufs nicht der Billigkeit, so findet § 315 Abs. 3 BGB entsprechende Anwendung.**

BGB §§ 242, 315, 611.

I. Senat. Urteil vom 13. Juli 1956 i. S. Fa. Gebr. B. (Bekl.) w. K. (Kl.)
1 AZR 361/54.

I. Arbeitsgericht Braunschweig. — II. Landesarbeitsgericht Hannover.

Der jetzt im 71. Lebensjahr stehende Kläger war vom 15. Juli 1924 bis zum 30. September 1945 bei der Beklagten, die eine chemische Fabrik betreibt, als Leiter verschiedener Betriebsabteilungen mit einem Jahresverdienst von zuletzt 15 000,— RM tätig. Er schied auf Grund eines Übereinkommens mit Wirkung von 31. Dezember 1945 aus.

Über Zeit und Art seines Ausscheidens hatte der Kläger bereits am 2. August 1945 eine Rücksprache mit dem damaligen Vorsitzenden des Vorstandes und einem Mitglied des Aufsichtsrats der Beklagten sowie einem Vertreter der St. AG, der deswegen hinzugezogen wurde, weil sich die Aktien der Beklagten seit 1936 zur Mehrheit im Besitz der St. AG befinden. Der Leiter dieser AG ist auch Bevollmächtigter des Aufsichtsrats der Beklagten. Im Innenverhältnis zwischen der Beklagten und der St. AG ist sein Einfluß von ausschlaggebender Bedeutung. Zur Zeit der Verhandlungen war er in russischer Internierung. Er kehrte erst 1951 zurück.

Unter dem 7. August 1945 faßte der Kläger in einem Brief an den Vorstand der Beklagten den Inhalt des Gesprächs vom 2. August 1945 dahin zusammen, daß die Beklagte dem Ausscheiden des Klägers, das ohne besondere Kündigung erfolgen solle, nichts in den Weg legen werde. Die Beklagte erwarte für die Zahlung einer Pension, daß der Kläger seine Erfahrungen nicht bei anderen Firmen verwerte, außer bei der Herstellung der üblichen Drogerieartikel, soweit sie in Kleinbetrieben angefertigt werden könnten. Hierauf antwortete die Beklagte erst mit einem Schreiben vom 29. November 1945, wonach die Beklagte dem Kläger vom 1. Januar 1946 eine „jederzeit widerrufliche monatliche Pension" von 400,— RM zahlte und der Kläger verpflichtet war, die Schweigepflicht über alle Erfahrungen etc., die mit dem Betrieb zusammenhängen, auch während seiner Pensionierung einzuhalten und mit Ausnahme bestimmter Verfahren, die im Kleinbetriebe durchführbar sind, der Beklagten keine Konkurrenz zu machen. Hierauf antwortete der Kläger mit Schreiben vom 1. Januar 1946, worin er die jederzeitige Widerruflichkeit auch für sich in Anspruch nahm, was die Beklagte wiederum als zutreffend bestätigte.

Die Beklagte hat daraufhin dem Kläger 400,— RM (nach der Währungsumstellung DM) monatlich gezahlt. Mit Schreiben vom 10. Februar 1949 hat sie eine Herabsetzung auf 300,— DM vorgenommen und diese 300,— DM am 1. Mai 1951 wieder um eine sogenannte Teuerungszulage von 12½ % auf 337,50 DM brutto erhöht. Am 10. Oktober 1952 hat die Beklagte die Vereinbarung mit Wirkung vom 1. Januar 1953 widerrufen und die Zahlungen eingestellt. Der Kläger bestreitet eine Berechtigung der Beklagten zum Widerruf des Vertrages, während die Beklagte sich auf den Vertrag beruft, der nach ihrer Meinung überhaupt von einer Zustimmung des Direktors der St. AG abhängig und nur bis zu dessen Rückkehr befristet gewesen sei, auf jeden Fall aber den Vorbehalt *freien* Widerrufs enthalte, von dem die Beklagte zu Recht Gebrauch gemacht habe. Mit einer im April 1953 erhobenen Klage hat der Kläger zunächst einen Teilbetrag von 310,— DM eingeklagt. Er ist hiermit in beiden Instanzen rechtskräftig durchgedrungen.

Mit der nunmehr erhobenen Klage begehrt der Kläger Zahlung seines weiteren Ruhegehalts seit dem 1. März 1953. Die Beklagte hat um Abweisung der Klage gebeten und gleichzeitig widerklagend Feststellung dahingehend beantragt, daß dem Kläger aus dem Vertrag (vom 29. November 1945/1. Januar 1946) für die Zukunft keine weiteren Ansprüche zustehen. Der Kläger hat um Abweisung der Widerklage gebeten. Beide Instanzen haben der Klage stattgegeben und die Widerklage abgewiesen.

Die Revision der Beklagten führte zur Zurückverweisung an das Landesarbeitsgericht.

Aus den Gründen:

I. Es kann dahingestellt bleiben, ob es sich — wie die Beklagte meint — um einen Vertrag handelt, der durch die Rückkehr des Direktors der St. AG befristet oder durch Versagung seiner Genehmigung auflösend bedingt war. Denn die Beklagte hat länger als ein Jahr nach dessen Rückkehr die laufenden Zahlungen vorbehaltlos fortgesetzt. Darin liegt die stillschweigende Genehmigung oder stillschweigende Fortsetzung des Vertrages auf unbestimmte Zeit.

Entscheidend ist daher in erster Linie die Auslegung des Widerrufsvorbehalts. Die Klage ist nur dann begründet, wenn der Widerruf nicht dem freien, sondern einem billigen Ermessen vorbehalten ist und wenn weiter der ausgeübte Widerruf der Billigkeit nicht entspricht. Für die Annahme eines offenbaren Rechtsmißbrauchs, der auch der Ausübung eines dem freien Ermessen vorbehaltenen Widerrufs entgegenstehen könnte, liegt nichts vor.

II. Um jeweils die gerade für sie günstige Auslegung des Widerrufsvorbehalts zu begründen, streiten die Parteien darüber, ob es sich bei der getroffenen Vereinbarung um einen Pensionsvertrag handelt, der als eine Nebenverpflichtung das Versprechen des Klägers enthält, auf gewissen Gebieten sich nicht zu betätigen, oder ob in Wahrheit ein vertragliches Konkurrenzverbot vorliegt, wobei dem Versprechen des Klägers, sich einer Konkurrenz auf einem begrenzten Gebiet zu enthalten, die vereinbarte monatliche Zahlung äquivalent gegenübersteht. So meint die Beklagte, daß trotz des mehrfach gebrauchten Wortes „Pension" die laufende Zahlung eine Entschädigung für das vereinbarte Konkurrenzverbot sei und sich darin erschöpfe. Die Beklagte will danach die Frage der Widerruflichkeit beurteilt wissen. Aus dem nach ihrer Meinung dem wirklichen Willen der Parteien entsprechenden und hinreichend zum Ausdruck gebrachten Konkurrenzverbot ergebe sich überzeugend, daß der jederzeitige Widerruf nach freiem Ermessen ausgeübt werden könne und solle.

Es kann hier dahingestellt bleiben, ob sich die von der Beklagten vertretene Auslegung des Widerrufsvorbehalts aus ihrer Auffassung der Vereinbarung als eines reinen Konkurrenzverbots ergibt. Denn der Vorderrichter hat die Vereinbarung unter Berücksichtigung des wirklichen Willens der Parteien als eine Pensionsvereinbarung ausgelegt. Diese von dem Berufungsrichter gewonnene Auslegung ist der Nachprüfung durch das Revisionsgericht entzogen. Zwar handelt es sich bei der Subsumtion eines Vertrages unter den einen oder anderen Vertragstypus, wenn dadurch Rechtssätze für die Entscheidung gewonnen und zur Anwendung gebracht werden, um eine Rechtsfrage, die der freien Nachprüfung durch das Revisionsgericht unterliegt. Im vorliegenden Falle soll aber nicht durch die angebliche Unterbringung unter den einen oder anderen Vertragstypus die Grundlage für die Anwendung eines Rechtssatzes, sondern nur für die inhaltliche Auslegung des Vertrages, nämlich hier des vereinbarten Widerrufs — ob er nach freiem oder billigem Ermessen ausgeübt werden solle —, gewonnen werden. In Wahrheit handelt es sich also um die Auslegung des Vorbehalts, genauer sogar darum, was die Beklagte abweichend vom Wortlaut wirklich gewollt hat, wobei die Beklagte weiter meint, daß dieses wirklich Gewollte auch trotz des Ausdrucks „Pension" einen hinreichend für den Gegner erkennbaren Ausdruck als Konkurrenzklausel gefunden habe. Wie das Bundesarbeitsgericht aber in seiner zur Veröffentlichung bestimmten Entscheidung vom 13. Juli 1956 — 1 AZR 492/54 — ausgeführt hat, kann es die von dem Berufungsrichter vorgenommene Auslegung eines Vertrages nur daraufhin überprüfen, ob entweder Auslegungsregeln oder Erfahrungssätze verletzt oder wesentliche Umstände unberücksichtigt gelassen sind.

Davon kann hier nicht die Rede sein. Es braucht nicht entschieden zu werden, ob die weiteren Darlegungen des Berufungsrichters zutreffend und überzeugend sind, daß nämlich die Vereinbarung der Parteien, wenn man sie als Konkurrenzverbot auffasse, gegen die Bestimmungen der §§ 74 ff. HGB verstoße, daß die Parteien, die beide rechtskundig gewesen seien, nicht ein nichtiges Rechtsgeschäft abgeschlossen haben würden, und daß sie schon aus diesem Grunde nur einen Pensionsvertrag im Auge gehabt haben könnten. Denn der Vorderrichter hat keineswegs seine Auslegung hierauf allein oder auch nur entscheidend gestützt. Er hat vielmehr die weiteren Umstände Herangezogen. Insbesondere hat er dem vielfach auch in der vorhergehenden und nachfolgenden Korrespondenz der Parteien verwendeten Ausdruck „Pension“ Beachtung geschenkt und berücksichtigt, daß die Beklagte selbst sich mit ihrer heutigen Auffassung in einen unlöslichen Widerspruch dadurch gesetzt hat, daß sie ihre Leistung von 400,— DM auf 300,— DM zunächst einseitig gesenkt und dann auf 337,50 DM (bezeichnet als Teuerungszulage!) ebenso einseitig wieder erhöht hat. In Übereinstimmung mit aller Lebenserfahrung sieht der Vorderrichter darin einen klaren Ausdruck dessen, daß die Beklagte ihre Leistung als einen Beitrag zum Lebensunterhalt des Klägers betrachtet hat. Ohne Rechtsirrtum führt er auch aus, daß durch die Verbindung eines beschränkten Konkurrenzverbots mit der Pensionszahlung sich an der Absicht der Parteien, einen Pensionsvertrag zu schließen, nichts ändere. Es steht nichts im Wege, die Sicherung des Lebensabends eines Arbeitnehmers, also eine Konkretisierung der Fürsorgepflicht, mit einer Konkretisierung der Treuepflicht des Ruheständlers zu verbinden, sofern eine solche Verbindung nicht gegen § 138 BGB verstößt, wovon hier nicht die Rede sein kann. Wenn der Berufungsrichter sich weiter davon hat leiten lassen, daß beide Parteien einen billigen Ausgleich ihrer Interessen durch eine beide Teile nach mehr als 20jähriger Zusammenarbeit befriedigende Regelung erstrebten, so ist es nicht zu beanstanden, wenn er im Wege einer aus dem Willen der Parteien gewonnenen Auslegung den Widerruf nach freiem ermessen ablehnt.

III. Zu Unrecht hat jedoch der Berufungsrichter nunmehr die Folgerung gezogen, daß der Widerruf nur in Betracht komme, wenn die wirtschaftlichen Verhältnis des Arbeitgebers dies verlangen, d. h. wenn die Erfüllung des Anspruchs den Betrieb oder das Unternehmen nachhaltig gefährdet. Der Berufungsrichter hat dabei übersehen, daß die Bestimmung des § 315 BGB entsprechende Anwendung finden muß. Danach ist, sofern die Leistung durch einen Vertragsschließenden bestimmt werden soll, im Zweifel anzunehmen, daß die Bestimmung nach billigem Ermessen getroffen werden soll. Zwar handelt es sich bei dem vorbehaltenen gänzlichen oder teilweisen Widerruf der wiederkehrenden Ruhegeldzahlungen nicht um die Bestimmung der positiven Leistung. Die Bestimmung der Leistung kann aber auch darin bestehen, daß sie nicht mehr oder nicht mehr in der bisherigen Höhe erbracht werden soll. Wenn eine Änderung des Vertrages einer Partei vertraglich vorbehalten ist, bleibt Raum für eine Leistungsbestimmung. In entsprechender Anwendung des § 315 BGB ist daher davon auszugehen, daß ein Widerruf, der nicht — wie der Berufungsrichter durch Auslegung unangreifbar festgestellt hat — dem freien Ermessen vorbehalten ist, im Zweifel nach billigem Ermessen zu treffen ist. In dieser Richtung bestehen aber Zweifel und zwar schon deswegen, weil die Beklagte die Pension jahrelang gezahlt und daher den Kläger veranlaßt hat, sich auf die weitere Zahlung dieser Pension einzurichten (RAG in ARS 43, 148 [154]). Es muß somit geprüft werden, ob der Widerruf, den sich die Beklagte hier vorbehalten hat, nach billigem Ermessen ausgeübt ist. Inhalt, Umfang und Grenzen dieses Ermessens richten sich einerseits nach der Besonderheit des Rechtsverhältnisses selbst und zum anderen nach den gleichzeitigen oder nachfolgenden besonderen Umständen. Die Meinung des Berufungsrichters, daß nur wirtschaftliche Verschlechterung in Betracht kommen könne, ist zu eng. Es können auch andere Gesichtspunkte eine Rolle spielen. So muß es z. B. der Beklagten möglich sein, auf ihr Konkurrenzverbot zu verzichten (weil es etwa inhaltlos geworden ist), um dann eine der Billigkeit entsprechende Umgestaltung des Vertrages herbeizuführen. Diese Gesichtspunkte, zu denen u. a. auch die Frage treten kann, ob sich die Verhältnisse des Klägers so wesentlich gebessert haben, daß der Beitrag der Beklagten zu seinem Lebensunterhalt als überflüssig erscheint, hat der Berufungsrichter nicht genügend beachtet.

Der Kläger behauptet nun, daß die von der Beklagten getroffene Bestimmung, daß nämlich die Leistung durch den Widerruf ganz wegfallen solle, nicht dem billigen Ermessen entspreche. Nach § 315 Abs. 3 BGB ist daher die Frage, ob der Widerruf in seinem ganzen Umfang billig oder unbillig ist oder etwa eine ermäßigte Leistung, gegebenenfalls unter Wegfall des Konkurrenzverbots der Billigkeit entspricht, zu prüfen und eventuell durch gestaltendes Urteil des Gerichts die Leistung zu bestimmen. Der Berufungsrichter wird dazu entsprechend den dargelegten Gesichtspunkten noch tatsächliche Feststellungen zu treffen haben. Zur Frage einer Beweislast wird er dabei von folgenden Erwägungen ausgehen müssen: Wenn schon nach jahrelanger Zahlung ein Ruhegehalt eingestellt wird und wenn im vorliegenden Falle dies nur entsprechend dem Grundsatz eines billigen Ermessens erfolgen kann, so liegt es im Sinne eines solchen Vertrages, daß auch die für den Widerruf maßgebenden, d. h. seine Billigkeit begründenden, Umstände von demjenigen behauptet und bewiesen werden müssen, der den Widerruf ausübt. Eine entsprechende Verteilung der Beweislast gilt nach überwiegender Meinung auch ohnedem für § 315 Abs. 3 BGB (Staudinger, 9. Aufl., A IV 1 Abs. 2 zu § 315 BGB). Die Beklagte müßte daher behaupten und beweisen, daß und welche Gründe ihren uneingeschränkten Widerruf als der Billigkeit entsprechend erscheinen lassen.

## 66

**1. Die Vertragsauslegung und Vertragsergänzung ist nur insoweit revisibel, als der Berufungsrichter Auslegungs- oder Ergänzungsregeln, Denkgesetze oder Erfahrungssätze verletzt oder wesentliche Umstände unbeachtet gelassen hat.**

**2. Während der Urlaubsanspruch auch ohne gesetzliche oder vertragliche Grundlage namentlich aus der Fürsorgepflicht des Arbeitgebers folgt (BAG AP Nr. 6 zu § 611 BGB Urlaubsrecht), bedarf ein Ruhegeldanspruch für den Arbeitnehmer nach geltendem Recht grundsätzlich einer besonderen vertraglichen Grundlage.**

BGB (Ruhegeld) § 242, BGB §§ 157, 618; ZPO 549, 550.

I. Senat. Urteil vom 13. Juli 1956 i. S. R. (Kl.) w. v. Sch. (Bekl.)
1 AZR 492/54.

I. Arbeitsgericht Fulda. — II. Landesarbeitsgericht Frankfurt/Main.

Der Kläger wurde mit Wirkung vom 1. November 1940 in der Verwaltung der Güter und Besitzungen des Beklagten als Forstmeister und Leiter des Forstamts in Sch. eingestellt. Die Grundlage des Dienstverhältnisse bildete ein schriftlicher Vertrag vom 11. November 1940. Nach § 2 Satz 1 des Dienstvertrages war die Anstellung auf Lebenszeit erfolgt; nach § 4 war für den Fall einer Erreichung der Altersgrenze von 65 Jahren oder bei Eintritt dauernder Dienstunfähigkeit ein Ruhegeld vorgesehen. Das Vertragsverhältnis sollte nach § 2 Satz 2 kündbar sein, wenn Gründe vorlagen, die nach dem Gesetz oder nach der Dienstanweisung eine fristlose Kündigung rechtfertigten (§ 2 Satz 2 Ziffer 1), oder wenn der Kläger nach zuvoriger Feststellung einer Kommission seine Dienstpflicht gröblich verletzt habe (a. a. O. Ziffern 2 und 3). Mit Schreiben vom 25. August 1945 kündigte der Beklagte dem Kläger wegen seiner Zugehörigkeit zur ehemaligen NSDAP fristlos.

Am 28. November 1946 wurde der Kläger von der Spruchkammer in Lauterbach in die Gruppe IV der Mitläufer eingereiht. Irgendwelche Beschäftigungsbeschränkungen wurden ihm nicht auferlegt. Er bot dem Beklagten seine Dienste wieder an und bat um Wiedereinstellung. Der Beklagte lehnte mit Schreiben vom 9. Januar 1947 ab.

Die Klage des Klägers auf die Feststellung, daß die fristlose Entlassung unwirksam sei, wurde im November 1947 — rechtskräftig — abgewiesen.

Im Jahre 1949 erhob der Kläger eine neue Klage mit dem Antrage, die Entlassung vom 25. August 1945 für rechtsunwirksam und den Dienstvertrag für gültig zu erklären; außerdem erbat er die Feststellung, daß er auf Grund des § 4 des Dienstvertrages Anspruch auf Ruhegeld habe. Dieser Rechtsstreit endete mit einem Vergleich, in dem die Parteien übereinkamen, abzuwarten, bis eine gesetzliche Regelung für öffentliche Bedienstete entsprechend dem Art. 131 GG erfolgt sei. Der Beklagte werde vor Erlaß eines solchen Gesetzes die Einrede der Verjährung nicht geltend machen.

Unter dem 20. August 1951 erhob der Kläger erneut Klage mit dem Antrage, festzustellen, daß der Beklagte verpflichtet sei, ihm alle Rechte zuzubilligen, die nach dem Gesetz zur Regelung der Rechtsverhältnisse der unter Art. 131 GG fallenden Personen den im Staatsdienst beschäftigten Forstmeistern zustehen. Die Klage wurde vom Arbeitsgericht und Landesarbeitsgericht abgewiesen. Das Landesarbeitsgericht bestätigte die Auffassung des Arbeitsgerichts, wonach in dem gerichtlichen Vergleich des Vorprozesses keine selbständige Verpflichtung von dem Beklagten übernommen sei, den Kläger mit den im öffentlichen Dienst stehenden Forstbeamten gleichzustellen, und weiter, daß aus Art. 40 des Gesetzes über die Forstverwaltung im Lande Hessen vom 16. November 1923 und der Ausführungsverordnung dazu vom 16. April 1928 nicht eine allgemeine Gleichstellung der im Privatdienst stehenden Forstbeamten mit den im Staatsdienst stehenden hergeleitet werden könne, insbesondere nicht, soweit es sich um das Regelungsgesetz handele.

Mit der nunmehr erhobenen Klage hat der Kläger beantragt, den Beklagten zu verurteilen, dem Kläger von der Erreichung seines 65. Lebensjahres oder einer früheren Invalidität ab Pensionsbezüge gemäß dem zwischen den Parteien abgeschlossenen Dienstvertrage vom 11. November 1940 zu zahlen sowie im Falle des Todes seinen Hinterbliebenen die nach dem genannten Vertrage zustehende Versorgung zu gewähren. Das Arbeitsgericht hat dem Antrage auf Ruhegeld und Hinterbliebenenversorgung stattgegeben.

Auf die Berufung hat das Landesarbeitsgericht die Klage abgewiesen und zur Begründung ausgeführt, daß nach Wortlaut und Sinn des § 4 des Vertrages der Parteien die Ruhegeldzusage „im Stadium der Ruhegehaltsanwartschaft steckengeblieben" und daher durch die Auflösung des Arbeitsverhältnisses fortgefallen sei. Auch aus anderen Gesichtspunkten, insbesondere dem einer Fürsorgepflicht, könne der Kläger einen Pensionsanspruch nicht herleiten. Bei einer vorzeitigen Beendigung des Arbeitsverhältnisses könne eine Ruhegehaltsanwartschaft nur fortbestehen, wenn entweder eine dahingehende Vereinbarung zwischen den Parteien, sei es bei Abschluß des Vertrages, sei es bei seiner Kündigung, bestanden habe oder ein dahingehender Parteiwille im Wege ergänzender Vertragsauslegung gewonnen werden könne oder schließlich allgemeine Billigkeitsgründe die Gewährung eines Ruhegehalts in Auswirkung fortbestehender Fürsorgepflicht des Arbeitgebers erforderten. Für eine Vereinbarung zwischen den Parteien, daß die Ruhegehaltsanwartschaft trotz vorzeitiger Beendigung des Arbeitsverhältnisses bestehen bleiben solle, fehle es an jedem Anhaltspunkt. Voraussetzung für eine ergänzende Vertragsauslegung sei, daß wenigstens Anhaltspunkte für den mutmaßlichen Willen der Parteien zur Gewährung eines Ruhegehalts trotz vorzeitiger Beendigung des Anstellungsvertrages ersichtlich seien. Das sei nicht der Fall. Im § 4 des Vertrages sei vielmehr hinreichend erkennbar gemacht, daß die Gewährung eines Ruhegehalts bei Eintritt der Dienstunfähigkeit oder Erreichung der Altersgrenze nur im Rahmen eines auf Lebenszeit noch weiterbestehenden Vertrages erfolgen solle. Daher könne im Wege der ergänzenden Vertragsauslegung jedenfalls nach so kurzer Vertragsdauer kein dem Kläger günstiger Parteiwille entnommen werden. Auch aus allgemeinen Billigkeitserwägungen habe dem Kläger ein Ruhegehalt nicht zugesprochen werden können. Selbst wenn gewisse Umstände zu Gunsten des Klägers sprechen sollten, so müsse doch die Interessenlage b e i d e r Parteien abgewogen werden. Unter diesem Gesichtspunkt stehe die tatsächlich zurückgelegte Dienstzeit von nur 4½ Jahren zu der normalerweise bei Vertragsabschluß erwarteten Vertragsdauer in einem so großen Mißverhältnis, daß schon aus diesem Grunde jede Gewährung einer laufenden Pension als für den Beklagten unzumutbar bezeichnet werden müsse. Auch dürfe nicht außer Acht gelassen werden, daß dem Kläger, dem nach dem weiteren Inhalt des Vertrages eine beamtenähnliche Stellung hinsichtlich der Höhe seiner Bezüge eingeräumt werden sollte, keinerlei Pensionsansprüche zugestanden haben würden, wenn er Beamter gewesen wäre. Denn hier sei eine Dienstzeit von mindestens 10 Jahren notwendig gewesen. Danach sei für Billigkeitserwägungen kein Raum.

Die Revision des Klägers hatte keinen Erfolg.

Aus den Gründen:

I. Zutreffend sind beide Vorderrichter davon ausgegangen, daß dem jetzt geltend gemachten Anspruch die Rechtskraft eines des früheren Urteils oder der gerichtliche Vergleich nicht entgegensteht. (Wird ausgeführt.)

II. In der Sache rügt der Revisionsführer, daß der Berufungsrichter die Regelung des § 4 des Vertrages der Parteien rechtlich nicht als die Gewährung eines bereits fest begründeten und durch den Pensionsfall befristeten Anspruchs, sondern nur als eine lose „Anwartschaft" auf Ruhegeld aufgefaßt habe, die durch die Auflösung des Arbeitsverhältnisses wieder fortgefallen sei. Die Rüge ist unbegründet. Denn selbst wenn man der Ansicht der Revision folgen wollte, daß ein durch Eintritt der Invalidität oder Erreichung der Altersgrenze befristeter Anspruch entstanden sei, so gelangt dieser doch in der Regel nur dann zur Entstehung, wenn das Arbeitsverhältnis bei Eintritt der Invalidität oder Erreichung der Altersgrenze noch besteht. Etwas Gegenteiliges kann nur gelten, wenn es vereinbart ist. Dafür ergibt sich aber aus dem verlautbarten Inhalt des Vertrages nichts. Es bleibt daher die Frage, ob eine ergänzende Auslegung nach § 157 BGB aus dem Sinn und Zweck des Vertrages in Betracht kommt.

In dieser Hinsicht ist zwar mit dem Kläger davon auszugehen, daß die Parteien selbst unter Berücksichtigung des § 2 Ziffer 1 ihres Vertrages (wonach die Auflösung des Dienstverhältnisses außer bei Pflichtverletzungen auch aus einem gesetzlich sich ergebenden Grunde gerechtfertigt sein solle) an die Besonderheiten des vorliegenden Falles (daß nämlich der Kläger gerade wegen seiner Zugehörigkeit zur NSDAP ausscheiden mußte) bei ihrem noch unter der nationalsozialistischen Herrschaft geschlossenen Vertrage nicht gedacht haben. Die daraus sich ergebende Frage der Möglichkeit und Grenze einer ergänzenden Vertragsauslegung hat der Vorderrichter aber auch geprüft. Er ist zu dem Ergebnis gekommen, daß für einen mutmaßlichen Parteiwillen, wonach der Kläger trotz einer so vorzeitigen Beendigung des Arbeitsverhältnisses ein Ruhegeld haben solle, aus den Umständen des Vertragsabschlusses keine Anhaltspunkte ersichtlich seien. Im Gegenteil habe der § 4 des Vertrages hinreichend erkennbar gemacht, daß die Gewährung eines Ruhegehalts bei Eintritt der Dienstunfähigkeit oder Erreichung der Altersgrenze nur im Rahmen eines auf Lebenszeit noch bestehenden Vertrages erfolgen sollte. Hiergegen richten sich die weiteren Angriffe der Revision.

Soweit sie neues Vorbringen enthalten — wie etwa, daß nach Abschluß eines Vorvertrages der Revisionskläger zwei Angebote von staatlichen Stellen für einen großen Wirkungskreis erhalten, aber zu Gunsten des Beklagten abgelehnt habe, oder daß der Anstoß zur Entlassung des Revisionsklägers keineswegs von der Militärregierung ausgegangen sei, sondern daß der Revisionsbeklagte die Gelegenheit benutzt habe, um dem Revisionskläger zu kündigen —, bewegen sie sich auf tatsächlichem Gebiet, dessen Feststellung oder Nachprüfung dem Revsionsgericht verschlossen ist. Aber auch soweit die Revision ohne Einführung neuer Tatsachen die Auslegung des Berufungsrichters deshalb beanstandet, weil er eine Ergänzung des Vertrages in der vom Kläger gewünschten Richtung als außerhalb des mutmaßlichen Willens der Parteien gelegen und als unvereinbar mit dem vertraglich gezogenen Rahmen abgelehnt hat, ist das Revisionsgericht an diese Auslegung gebunden.

Nach § 549 ZPO kann die Revision nur darauf gestützt werden, daß die Entscheidung auf der Verletzung einer Gesetzesvorschrift beruht. Nach § 550 ZPO ist das Gesetz verletzt, wenn eine Rechtsnorm nicht oder nicht richtig angewendet worden ist. Als Rechtsnorm kann der vorliegende Vertrag, der keinerlei typischen Inhalt hat oder Rechtswirkungen gegenüber Dritten äußert, nicht angesehen werden. Die von dem Revisionskläger verlangte (freie) Nachprüfung der Auslegung des Berufungsrichters kann nicht darauf gestützt werden, daß der Vertrag Rechtsfolgen unter den Parteien hat. Die Norm liegt hier nicht im Inhalte des Vertrages selbst, sondern darin, daß der vereinbarte Inhalt mit der Rechtsfolge des vertraglich Gewollten von der Gesetzesordung ausgestattet ist. Eine (freie) Nachprüfung der Auslegung kann auch nicht damit begründet werden, daß jeweils nur der objektive Erklärungswert des Vertrages zu ermitteln sei. Nach § 133 BGB ist bei jeder Auslegung einer Willenserklärung der wirkliche Wille zu erforschen. Bei der ergänzenden Auslegung eines Vertrages, wie sie nach § 157 BGB möglich und notwendig ist, muß Rücksicht auf den mutmaßlichen Willen der Parteien genommen werden. Das letzte ergibt sich einmal aus dem Grundsatz von Treu und Glauben selbst, zum anderen auch aus dem in § 139 BGB zu besonderem Ausdruck gelangten Rechtsgedanken der privaten Vertragsautonomie, der es verbietet, im Wege der ergänzenden Auslegung der Vertragspartei einen Vertragsinhalt aufzuzwingen, den sie niemals gewollt hat oder gewollt haben würde. Diese Rücksicht nahme auf den wirklichen oder mutmaßlichen Willen der Parteien, von der auch die Revision ausgeht, gehört aber in das Gebiet der Tatsachen. Bei dem Vorgang der richterlichen Auslegung läßt sich das Tatsachengebiet der Erforschung des wirklichen oder mutmaßlichen Willens von dem Erklärungswert der Äußerung nicht trennen. Eines hat Rückwirkungen auf das andere. Es verbindet sich in dem einheitlichen Vorgang der richterlichen Vertragsauslegung beides, nämlich Tatsachenfeststellung und Beurteilung, zu einem einheitlichen Denkvorgang. Diese Verbindung beruht auf ausdrücklicher gesetzlicher Vorschrift, wonach bei jeder Auslegung die Ermittlung des wirklichen (§ 133) oder — bei ergänzender Auslegung — des mutmaßlichen (§ 157) Willens verlangt wird. Auch wo Wille und Erklärung sich vollständig decken, reicht die ausdrückliche oder stillschweigende Feststellung, daß dies der Fall ist, in das Gebiet der Tatsachen. Wenn also nach §§ 549, 550 ZPO der Revisionsrichter sich dem Gebiet der Tatsachen fernzuhalten hat, so ist ihm, dessen gesetzlich zugewiesene allgemeine Aufgabe die Wahrung der Rechtseinheit ist, eine Nachprüfung der einzelnen Vertragsauslegung nur insoweit möglich, als die Auslegungsregeln (insbesondere hier des § 133 und des § 157 BGB) selbst verletzt sind, d. h. wenn etwa der Tatrichter entgegen der Vorschrift des § 133 BGB allein den Wortlaut berücksichtigt und es unter Verkennung dieser Rechtsregel abgelehnt hat, auch den wirklichen Willen der Parteien in Rücksicht zu ziehen, oder wenn er umgekehrt den ermittelten wirklichen Willen einer Partei ohne Einschränkung und ohne Rücksicht darauf zugrunde gelegt hat, ob er in der Erklärung überhaupt noch einen Ausdruck findet. Dasselbe gilt für die ergänzende Vertragsauslegung nach § 157 BGB, wenn etwa der Tatrichter dem mutmaßlichen Willen der Parteien keinerlei Beachtung schenkt und ohne Rücksicht und im Gegensatz dazu eine ergänzende Vertragsauslegung vorgenommen hat, oder wenn er umgekehrt dem mutmaßlichen Willen in einem solchen Grade Beachtung geschenkt hat, daß er durch den Vertragsrahmen nicht mehr gedeckt wird und damit den auch im § 139 BGB zum Ausdruck kommenden Grundsatz verkannt hat, daß ein Vertrag nicht durch angebliche Auslegung gegen den Willen der Partei geradezu verändert werden kann. Einer solchen oder ähnlichen Verletzung der Auslegungsnormen selbst ist die Verletzung der jeder Auslegung zugrunde liegenden Erfahrungssätze und Denkgesetze gleichzustellen. Sie bilden die ebenfalls allgemein gültigen und daher normenmäßigen Grundlagen der richterlichen Auslegung und können aus dem Vorgang dieser Auslegung nicht hinweggedacht werden. Endlich verlangt die Auslegung, die nicht am Buchstaben des Gesetzes haften bleiben soll und nach Treu und Glauben mit Rücksicht auf die Verkehrssitte vorzunehmen ist, immer die Berücksichtigung aller wesentlichen Umstände, um generell der Aufgabe von Vertragsauslegung gerecht zu werden. Zutreffend hat daher das Reichsgericht und ihm folgend der seinerzeitige Oberste Gerichtshof für die Britische Zone die Nachprüfung der Auslegung von Vertragsvereinbarungen darauf beschränkt, ob der Tatrichter Auslegungsregeln, Denkgesetze und Erfahrungssätze verletzt oder wesentliche Umstände unbeachtet gelassen hat (so zuletzt zusammenfassend RGZ 169 S. 124 und neuerdings OGBrZ Bd. I S. 137). Dem schließt sich der erkennende Senat aus den hier dargelegten Gründen an.

III. Der Berufungsrichter hat die Bedeutung der §§ 133 und 157 BGB bei der Auslegung des Vertrages nicht verkannt und Denkgesetze oder Erfahrungssätze nicht verletzt. Nach den Ausführungen der Revision kann nur in Betracht kommen, ob alle für die Auslegung wesentlichen Umstände vollständig beachtet sind. Diese Frage ist zu bejahen. Denn der Berufungsrichter hat als entscheidend angesehen, daß „nach so kurzer Vertragsdauer kein dem Kläger günstiger Parteiwille des Beklagten angenommen werden könne". Er hat damit zum Ausdruck gebracht, daß eine Ruhegeldversorgung nach nur 4½jährigem Dienst und bei einem Alter des Klägers von nur 44 Jahren nicht dem mutmaßlichen Parteiwillen entspreche. Diese Erwägung enthält trotz ihrer Kürze als Entscheidendes den Hinweis auf die ganze Ungereimtheit einer Ruhegeldversorgung, die auch nach Meinung des Klägers erst mit seinem 66. Lebensjahr einsetzen könnte, also u. U. erst mehr als zwei Jahrzehnte nach dem Zeitpunkt der endgültigen Lösung des Vertragsverhältnisses. Wenn der Berufungsrichter schon diese Erwägung für entscheidend hält, so steht er damit in Einklang mit der Lebenserfahrung. Der Berufungsrichter hat weiter auch ausgeführt, daß eine solche dem Kläger günstige Annahme über den Rahmen des Vertrages überhaupt hinausgehe, dessen Grundlagen und Grenzen durch eine auf Lebenszeit vorgestellte Zusammenarbeit bestimmt und umschrieben seien. Die entscheidende Bedeutung aber, die der Berufungsrichter hiernach den genannten Umständen und Erwägungen beimißt, bedeutet gleichzeitig, daß er damit der Vollständigkeit der Begründung genüge getan hat, denn es ist nicht nötig, daß er jeden Umstand, der demgegenüber für ihn nicht entscheidend war und zurücktritt, in den Gründen einzeln erwähnt.

IV. Der Senat hat zwar in seinem Urteil vom 20. April 1956 (BAG 3, 23) entschieden, daß nach deutschem Arbeitsrecht auch ohne ausdrückliche gesetzliche oder tarifliche oder auf Betriebsvereinbarung oder Arbeitsvertrag beruhende Bestimmung jedem Arbeitnehmer ein Urlaubsanspruch zusteht. Denn nach § 618 BGB hat der Arbeitgeber dafür zu sorgen, daß der Arbeitnehmer gegen Gefahr für Leben und Gesundheit geschützt ist. Dazu gehört unabweisbar, daß er jeden Arbeitnehmer einmal im Jahr eine bestimmte Zeit von der Arbeit unter Fortzahlung der Vergütung ausspannen lassen muß. Die Grundsätze, nach denen der Urlaubsanspruch aus der Fürsorgepflicht des Arbeitgebers folgt, können jedoch keineswegs auf das Ruhegeld ausgedehnt werden. Ein Ruhegeldanspruch für den Arbeitnehmer bedarf vielmehr nach geltendem Recht einer besonderen rechtlichen Grundlage. Diese fehlt aber im vorliegenden Fall. Reine Billigkeitserwägungen können in aller Regel, wenn eine Verletzung des Gleichbehandlungsgrundsatzes nicht vorliegt, keine selbständige Grundlage eines Ruhegeldanspruchs sein.

Solche Erwägungen scheiden für den klägerischen Anspruch nach einer Vertragsdauer von nur 4$^1/_2$ Jahren ohnehin aus, wie der Berufungsrichter überzeugend dargetan hat. Auch hier fällt ins Gewicht, daß es für den Beklagten nicht zumutbar sein würde, wenn er nach nur 4$^1/_2$jähriger Dienstzeit eine Ruhegeldversorgung leisten sollte, die u. U. erst um mehr als 20 Jahre nach der endgültigen Trennung der Parteien einsetzen würde. Ein solches an den Beklagten zu stellendes Ansinnen kann nicht aus Billigkeitserwägungen hergeleitet werden, sondern müßte in dem Vertrag der Parteien einen klaren und unzweideutigen Ausdruck gefunden haben. Die Abrede einer gehaltsmäßigen Anrechnung von Vordienstjahren reicht hierfür nicht aus.

# Sachregister

# Gesetzesregister

## Zusammenstellung der Entscheidungen nach der Zeitfolge